オスマン帝国の崩壊

中東における第一次世界大戦

Eugene Rogan
ユージン・ローガン
白須英子◆訳

The Fall of the Ottomans

The Great War in the Middle East

白水社

オスマン帝国の崩壊◆中東における第一次世界大戦

THE FALL OF THE OTTOMANS
by Eugene Rogan

Japanese translation rights arranged with Eugene Rogan
c/o Felicity Bryan Associates, Oxford, U.K.
through Tuttle-Mori Agency, Inc., Tokyo

オスマン帝国の崩壊◆中東における第一次世界大戦

目次

用語の適用について

二十世紀初頭には、「オスマン帝国」を通常「トルコ」と呼ぶのが慣例になっていた。

こういう言い方は、オスマン帝国内の民族的にも、宗教的にも異なるアラブ人、クルド人、ギリシア人、アルメニア人がみな、自分はオスマン帝国民であると自覚している事実を無視したものだ。

だが、本書の長大な記述の中で「オスマン」という言葉をうんざりするほど繰り返すのを避けるために、「オスマン」と「トルコ」を、とりわけ軍隊を指すときに、入れ替え可能な言葉として使った。

国民の大多数を占めるトルコ人とは、民族的、もしくは宗教的に異なる集団であることを明示したいときには、「アラブ系オスマン人」「アルメニア系オスマン人」というように使い分けた。


トルコの都市名は、二十世紀初頭には昔のヨーロッパでの呼び方が一般的だったが、本書ではたとえば、「コンスタンチノープル」を「イスタンブル」、「スミルナ」を「イズミル」、「トレビゾンド」を「トラブゾン」など、現代トルコの都市名を用いている。

そのほうが、読者は現代の地図上でそれらの都市の位置を確かめやすいと思ったからである。

アラブ諸国の都市名も同じような理由から、「バイルト（Bayrut）」「ディマシュク（Dimashq）」「マッカ（Makka）」「マディーナ（Madina）」などは、欧米の標準的な綴り字に合わせて、「ベイルート（Bayrut）」「ダマスカス（Damascus）」「メッカ（Mecca）」「メディナ（Medina）」とした。

凡例

原著者による注は、本文中の該当箇所に(1)(2)と番号を振り、「原注」として巻末にまとめた。

訳者による補足は、本文中の〔　〕内に割注で記した。

引用者による補足は［　］で記した。

はじめに

一九一五年六月二十八日、ジョン・マクドナルド上等兵はガリポリで戦死した。享年十九歳。当人は知る由もないが、彼は私の大伯父に当たる。

ジョン・マクドナルドは、自分の人生がこんな遠いところで終わるとは夢にも思っていなかったであろう。スコットランドのパースに近い小さな村で生まれた彼は、パブリック・スクールのドラー・アカデミーに在学中に級友チャールズ・ベヴァリッジと親友になった。二人は十四歳で学校をやめ、仕事を探しにグラスゴーへ行き、ヨーロッパ最大の機関車製造会社ノース・ブリティッシュ・ロコモーティヴに就職した。一九一四年夏、ヨーロッパで戦争が始まると、ベヴァリッジとマクドナルドはスコットランド・ライフル連隊(「キャメロニアンズ」という名で知られる)に入隊した。その年の秋の数カ月間、第八スコットランド・ライフル連隊の血気盛んな新兵たちは、ほかの大隊がフランスでの戦いに出征していくのをうらやましく思いながら、訓練を受けていた。第八連隊第一大隊に出陣命令が出たのは、やっと一九一五年四月になってからだった。行き先はフランスではなく、オスマン・トルコだった。

マクドナルドとベヴァリッジは、所属部隊が戦場に向かう前の一九一五年五月十七日に家族や友人に最後の別れを告げた。出航先は英国および連合軍がガリポリに配備される前の中途寄港地であるギリシアのレムノス島だった。錨《いかり》を下ろした戦艦や輸送船がずらりと並ぶ大艦隊の脇を通って、一行がこの島の港ムドロスに差しかかったのは、ガリポリ半島への最初の上陸から一カ月後の五月二十九日だった。若い新兵たちは、巨砲を備えた戦艦、そのうちの数隻は洋上に浮かぶ最大の艦船である弩号戦艦を見て畏敬の念に打たれたであろう。多くの艦船のトルコ軍砲兵隊や地上の要塞から受けた弾丸による穴だらけの船体や煙突は、ダーダネルス海峡での激戦を物語っていた。

スコットランド兵らは戦場に出る前、二週間かけて東地中海の夏の気候に身体を慣らした。六月中旬、彼らは、停泊中の船舶の甲板に集まった兵士や水兵らの声援に送られてムドロス港を出航した。ガリポリに出陣したことがあり、若々しい新参兵たちの前にこれからどんなことが繰り広げられるか知っている者たちだけは声援を送らなかった。「キャメロニアンズ」と呼ばれた隊員たちの一人の回想によれば、「船いっぱいのオーストラリア軍傷病兵に対して、同僚の中には、『落ち込んだかって? まさか!』と当時のお決まりのせりふを大声で叫ぶ者もいたし、おどけ者のオーストラリア兵の中には、『おい、おい、おまえら、ギョッとしただけでまさかと思っているだろうが、そのうちこうなるんだぞ』と言い返す者もいた(1)」。

六月十四日、全大隊が無事上陸地点に着いた。四日後、第八スコットランド・ライフル連隊は先陣を切ってガリー峡谷の上方へと移動した。ガリポリといえば、すでに語り草になっていた絶え間ない機銃や砲兵隊による射撃にさらされた「キャメロニアンズ」は、塹壕の中で最初の負傷者を出した。スコットランド・ライフル連隊にトルコ軍陣地攻撃命令が出るころには、兵士たちは青臭い情熱を失っていた。別の将校は、「虫の知らせか、あるいは単に初めて経験する任務の緊張のせいか」、兵士たちの間に「手柄を立てようとする高揚感は感じられなかった」と述べている(2)。

六月二十八日、英国軍の攻撃に先立ち、二時間にわたる海上からの砲撃が行なわれた。目撃者は、この砲撃は効果なしと一笑に付した。断固とした決意で戦うオスマン軍兵士たちを防衛地点から追い払うには十分ではなかったからだ。英国軍の突撃は予定どおり、午前一一時に始まった。西側最前線では、兵士たちが鋭い警笛を合図に塹壕から駆け上がった。「キャメロニアンズ」が「攻撃態勢に入った」途端、英国戦艦からの砲撃にもめげず陣地を保持していたオスマン軍兵士から一斉射撃を浴びた。第八スコットランド・ライフル連隊第一大隊は五分で全滅した。ジョン・マクドナルドは負傷により野戦病院で死亡し、ランカスター・ランディング墓地に埋葬された。チャールズ・ベヴァリッジは担架搬送者が行けない場所で倒れたため、遺体の回収は一九一八年の休戦条約以降になり、遺骨はその周辺で死んだ者たちと判別が不可能だった。そこで共同墓地に葬られ、彼の名はヘレス岬の大きな記念碑に刻まれた。

「キャメロニアンズ」の末路は、スコットランドの彼らの友人や家族に衝撃と悲しみを与えた。ドラー・アカデミーは学校の季刊誌秋号にジョン・マクドナルドとチャールズ・ベヴァリッジの死亡記事を載せた。その記述によれば、二人の青年は親友同士だったという。「二人は一緒に働き、同じところに住み、同時に入隊し、『死によっても分けられることがなかった』。二人とも職務を全うした、立派な人柄の青年だった」と結ばれている。

実際、私の曾祖父にとって、その悲しみは耐え難いものだったことは確かだ。一人息子が戦死した一年後、マクドナルド夫妻は戦時中のスコットランドを去り、アメリカに移住するという尋常でない行動をとっている。一九一六年七月、ドイツのUボートが大西洋航路の船舶攻撃を一休みしている間に、二人の娘を連れて心痛む名前の蒸気船キャメロニア号でニューヨーク市に向かった。彼らは二度と故郷に戻らなかった。一家は最終的にはオレゴン州に住みつき、母方の祖母はのちにここで結婚し、母とおじはここで生まれた。彼らとその子孫全員の命は、ジョン・マクドナルドの早過ぎた死に負うところが大きい。

私と第一次世界大戦との関係はけっしてユニークなものではない。英国の世論調査機関「ＹｏｕＧｏｖ」の二〇一三年の調査によれば、英国人の四六パーセントはこの「大戦」に従軍した家族、もしくは所属集団のメンバーを知っているという。戦争勃発から一〇〇年もの間、第一次世界大戦が多くの人の心を惹きつけてきたのは、そうした個人的なつながりがあったからであろう。この戦争に巻き込まれた諸国の中で、あれほどの大規模な動員と殺戮に無縁だった家族はほんの少数しかない[3]。

私が大伯父の経歴を知ったのは、二〇〇五年にガリポリ旅行の準備をしていたときだった。母マーガレットと、私と、息子のリチャードという三世代の代表者の墓参りは、大伯父にとって、この九〇年あまりの歳月で初めての家族の来訪だった。ガリポリ半島の曲がりくねった道をランカスター・ランディング墓地に向かって進んでいるとき、私たちは曲がり角を一つ間違え、ヌリ・ヤムート慰霊碑がある場所に出てしまった。この慰霊碑はジョン・マクドナルドとチャールズ・ベヴァリッジが死んだのと同じ戦場で六月二十八日に死亡したトルコ兵を追悼するものだった。

「ズグンデレ（ガリー峡谷）の戦い」と呼ばれるトルコ軍戦没者慰霊碑は、私にとってまったく意外な新事実の発見につながった。私の大伯父の部隊が総数の半分に当たる一四〇〇人の死傷者を出し、英国軍全体では死者は合計三八〇〇人に達した一方で、オスマン軍はガリー峡谷で一万四〇〇〇人の死傷者を出していたのである。ヌリ・ヤムート慰霊碑は共同墓地になっていて、「殉教者墓地 一九一五年（Şehitlik 1915）」とだけ彫り込まれた大理石の墓石の下にオスマン軍兵士たちが埋葬されていた。「キャメロニアンズ」について私が読んだ本はすべて、私の大伯父が死んだ日に多くの英国兵の命が無惨に失われたことに触れているが、たくさんのトルコ兵戦死者に言及したものは一冊もなかった。トルコ兵戦没者遺族の数が、同じ悲しみを持つスコットランド兵遺族の数をこれほど上回っていたことを知って、私は心が痛んだ。

ガリポリから帰って、欧米側の私たちはこの「大戦」でのトルコ側およびアラブ側の経験についていかに少ししか知らなかったかに気づいて衝撃を受けた。あちこちの中東戦線での連合軍のさまざまな体験についてはたくさんの英語の本が書かれている。ガリポリでの「チャーチルの完全な失敗」、クート・アル・アマーラでの「タウンゼンドの降伏」、「アラビアのロレンス」の手引きによる「アラブの反乱」、それが「モードのバグダード入城」や「アレンビーによるエルサレム征服」につながったことなど。社会史家たちは、上から目線の公式史のアプローチを離れて、ロンドンの帝国戦争博物館、キャンベラのオーストラリア戦争記念館、ウェリントンのアレクサンダー・ターンブル図書館などの個人文書保管室に保存されている一般兵の経験を記した日記や手紙を熱心に読み漁った。一〇〇年に及ぶ調査研究で、連合軍の塹壕側から見た全体像は把握しているが、相手側、すなわちオスマン軍兵士たちが強大な侵攻軍から生き残るために死闘を余儀なくされた経験をつぶさに知る作業はまだ始まったばかりである。

実際、トルコ側の塹壕からオスマン軍の前線の状況にアプローチするのはなかなか難しい。トルコやアラブ世界で出版されている日記や回想録は山ほどあるが、それらを読む語学力がある欧米の歴史家は少ない。翻訳で読めるのは、出版されている一次資料の断片にすぎない。古文書館にある資料にアクセスするのはさらに困難だ。中東における第一次世界大戦の一次資料をいちばんたくさん保管しているのは、アンカラのトルコ軍事戦略研究資料館（Askeri Tarih ve Stratejic Etut Başkanliği Arşivi ＝ ATASE）であるが、ATASEへの入館は制限が厳しく、研究者が入館許可証を得るための審査に数カ月かかり、しかも不許可になることが多い。ようやく入館できても、閲覧できる資料は限られており、資料のコピーを取ることにも制限がある。それでも、これらのコレクションを閲覧し、「大戦」中のトルコ側の体験についてトルコおよび欧米の多くの学者たちが重要な研究成果を発表しはじめている。中東のほ

かの場所にも、戦後、立派な国立公文書が館設立されているが、「大戦」の資料収集に重点を置いてはいない。(4)

アラブの古文書館が第一次世界大戦資料を軽視しているのは、アラブ人社会全般にそうした傾向があることを反映している。ガリポリ戦の慰霊碑がいくつもあり、毎年戦没者追悼行事が行なわれているトルコと違って、アラブ世界の町や都市には戦没者慰霊碑は一つもない。現代アラブ国のほとんどすべてがなんらかのかたちで「大戦」に巻き込まれていたのだが、その抗争は自分たちのではなく、ほかの人たちの戦争であって、オスマン帝国に敗北をもたらした性急な青年トルコ人指導者層のせいでアラブ人は苦労したと記憶されている。アラブ世界では、あの「大戦」の殉教者はいた（とりわけアラブ人活動家たちはベイルートやダマスカスの中央広場で絞首刑にされたため、その場所はのちに「殉教者広場」と呼ばれるようになった）が、英雄はいなかった。

オスマン軍戦線の模様を再生させ、あの「大戦」と、現代中東史の両方の中に正しく位置づけるときが来ている。なぜなら、オスマン軍の参戦は、ほかのいかなる出来事以上に、ヨーロッパの紛争を世界戦争にまで広げることになったからだ。極東や東アフリカの些細な小競合いとは対照的に、中東では大きな戦闘が丸四年も続いた。それだけではない。中東の戦場はしばしば、これまでにない多くの国々が入り交っての戦争になった。オーストラリア軍、ニュージーランド軍、南アジアの諸民族、北アフリカ、セネガル、スーダンの兵士たちが、フランス、英国、ウェールズ、スコットランド、アイルランドの兵士たちと共通の大義名分を掲げて、オスマン軍に属するトルコ、アラブ、クルド、アルメニア、チェルケスの戦闘員、およびその同盟国であるドイツ、オーストリア軍兵士らと戦ったのだ。オスマン軍戦線は紛れもなくバベルの塔であり、国際的な軍隊の間で行なわれた前例のない紛争であった。

協商国の戦争計画者の大半は、主戦場だった西部戦線、東部戦線と比べてオスマン帝国内での戦闘を付け足しぐらいにしか考えていなかった。ホレイショ・ハーバート・キッチナーやウィンストン・チャーチルのような英国の有力者たちは、連合国が中央同盟国に対して短期間に勝利すれば、戦争を早く終わらせることができるという間違った信念からトルコ軍を戦争に引き込むように議会に働きかけたにすぎなかった。敵対相手を過小評価していたために、連合国はコーカサス、ダーダネルス海峡、メソポタミア、パレスチナでの大きな戦闘に図らずも巻き込まれ、西部戦線から数十万の軍隊を振り向け、この「大戦」を長期化させる羽目になった。

オスマン帝国戦線での連合国の敗北は、英国内で重大な政治危機を喚起した。ダーダネルス海峡戦の戦費調達のために、英国自由党首相H・H・アスキスは一九一五年五月、保守党と連立政権を擁立させざるを得なくなり、それが原因で、翌年、失脚した。ガリポリとメソポタミアでの敗北は、議会内に二つの審議会を発足させ、どちらも政治、軍事両面の意志決定者たちを厳しく非難した。

オスマン帝国がヨーロッパの紛争を世界戦争にしたとすれば、この「大戦」が現代の中東を変貌させたのもまた事実である。実際、中東でこの戦争による損害を免れたところはなかった。兵士たちはオスマン帝国のトルコ、アラブ諸州全土および北アフリカの植民地すべてから徴兵され、民間人もまた、経済的困窮や、戦争で野放しにされた伝染病に苦しめられた。現代中東のエジプト、イエメン、サウジアラビア、ヨルダン、イスラエル、パレスチナ、シリア、レバノン、イラク、トルコ、イランなどは戦場になり、これら諸国の大半が、この第一次世界大戦終結に続くオスマン帝国の崩壊によって生まれたのである。

六〇〇年にわたって世界最大のイスラーム帝国の地位を保持してきたオスマン帝国の崩壊は画期的な出来事だった。十三世紀に中央アジアからやってきた部族によって設立されたオスマン人スルタンの国は、小アジアとバルカン半島で、ビザンツ帝国に挑戦する王朝にまで発展した。一四五三年、スルタン・メフメト二世によるビザンツ帝国の首都コンスタンチノープルの征服以後、オスマン帝国は地中海世界最大の大国になった。

コンスタンチノープル（のちにイスタンブルと改称）を首都とするオスマン帝国は、急速にその版図を広げた。一五一六年、セリム一世はカイロを基盤とするマムルーク朝を敗北させ、シリア、エジプト、ヒジャーズ州の紅海側をオスマン帝国の領土に加えた。一五二九年には、スレイマン大帝がウィーンの城門にまで迫り、ヨーロッパ中を震え上がらせた。帝国はさらに拡大を続け、一六八三年までには、三つの大陸に広がるバルカン半島、アナトリア、黒海、イラクからモロッコの境界線に至る地域を掌中にした。

それからの二〇〇年は、オスマン帝国はヨーロッパのダイナミズムに席巻され続け、エカテリーナ大帝のロシア帝国、かつては脅威を与えたウィーンを首都とするハプスブルク皇帝らの近隣国との戦いに敗れ始めた。一六九九年以降、オスマン帝国の国境線は外部からの諸戦を受けてじりじりと狭められていった。十九世紀初めごろまでには、バルカン半島諸州で始まった新たな民族主義運動によって領土は奪われ始めた。イスタンブル支配に抵抗する八年にわたる戦い（一八二一―二九）で、初めて独立を勝ち取ったのはギリシアだった。一八七八年には、ルーマニア、セルビア、モンテネグロが独立を果たし、ボスニア、ヘルツェゴヴィナ、ブルガリアも同じころに自治州になった。

一八七八年から八二年にかけて英国はキプロスとエジプトを奪い、フランスは一八八一年にチュニジアを、ロシアは一八七八年にコーカサスの三つの県を併合した。オスマン帝国が内外の脅威にさらされて悪戦苦闘するのを見て、二十世紀初頭の政治分析者はオスマン帝国の終焉が差し迫っていると予言した。「青年トルコ人」と呼ばれる愛国心の強い青年将校たちの一団が、憲法改正によって帝国を建て直そうという抱負を表明するようになった。一九〇八年、彼らは自国を救おうとして、専制君主スルタン・アブデュルハミト二世（在位一八七六―一九〇九）に対して蜂起を企てた。この「青年トルコ人」の権力奪取により、オスマン帝国は前例のない騒乱の時代に突入し、やがて最後にして最大の戦争へと突入することになる。

1914年の地中海世界

エディンバラ
デンマーク
北海
英国
ダブリン
アムステルダム
オランダ
ベルリン
ロンドン
ドイツ帝国
ブリュッセル
ベルギー
ルクセンブルグ
プラハ
パリ
大西洋
ウィーン
スイス
フランス
マルセイユ
イタリア
コルシカ島
ポルトガル
スペイン
地中海
サルディーニャ島
ボーネ
シチリア島
アルジェ
チュニス
オラン
コンスタンティーヌ
モロッコ
トリポリ
アルジェリア
リオ・デ・
オロ
フランス領西アフリカ

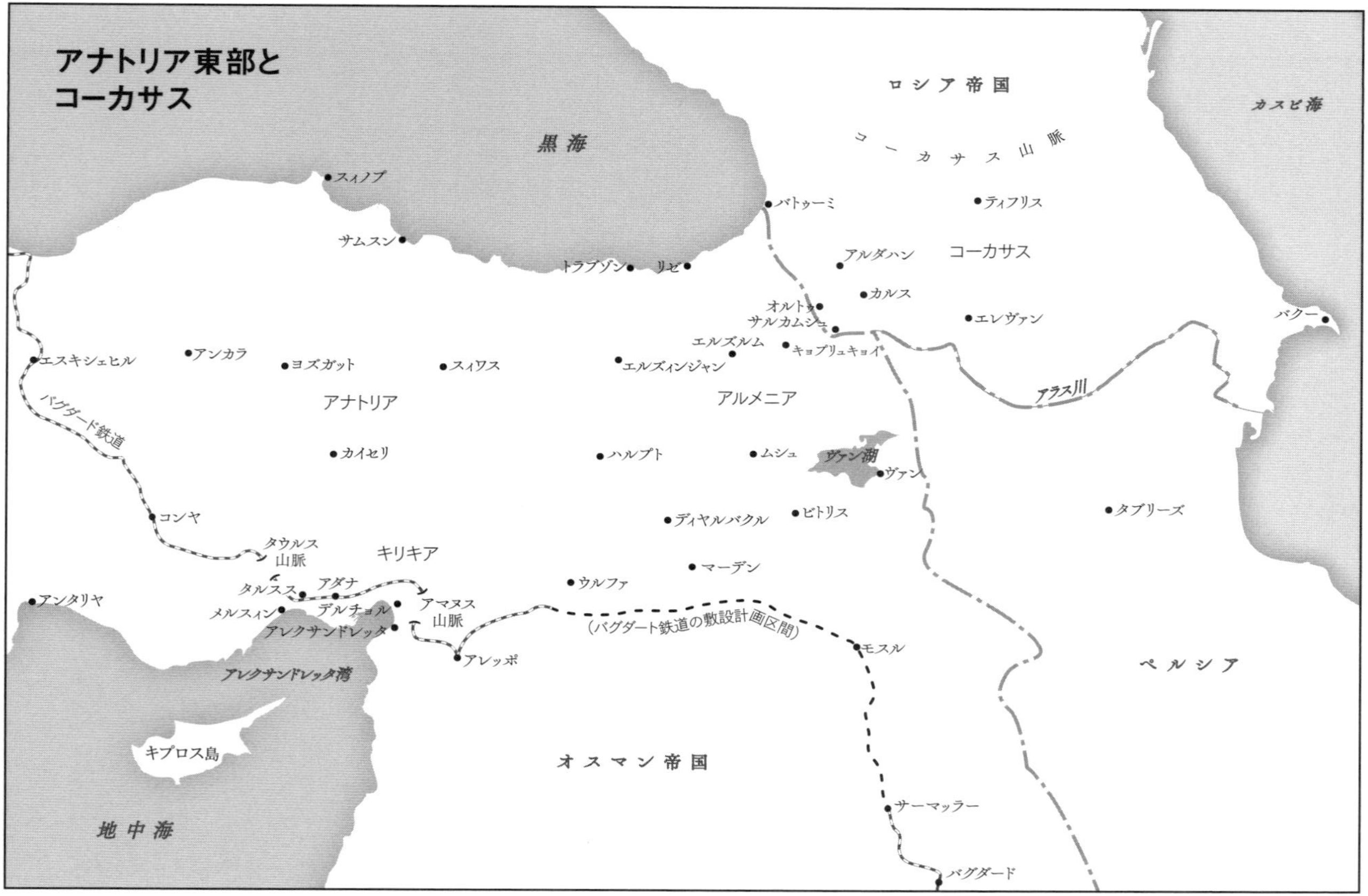
アナトリア東部と
コーカサス
黒海
ロシア帝国
カスピ海
コーカサス山脈
スィノプ
バトゥーミ
ティフリス
サムスン
トラブゾン
リゼ
アルダハン
コーカサス
カルス
オルトゥ
サルカムシュ
エレヴァン
バクー
エルズルム
キョプリュキョイ
エスキシェヒル
アンカラ
ヨズガット
スィワス
エルズィンジャン
アナトリア
アルメニア
アラス川
バグダード鉄道
カイセリ
ハルプト
ムシュ
ヴァン湖
ヴァン
コンヤ
ディヤルバクル
ビトリス
タブリーズ
タウルス
山脈
キリキア
マーデン
ウルファ
アダナ
タルスス
アンタリヤ
メルスィン
デルチョル
アマヌス
山脈
アレクサンドレッタ
(バグダード鉄道の敷設計画区間)
モスル
アレッポ
アレクサンドレッタ湾
ペルシア
キプロス島
オスマン帝国
サーマッラー
地中海
バグダード

ガリポリ作戦

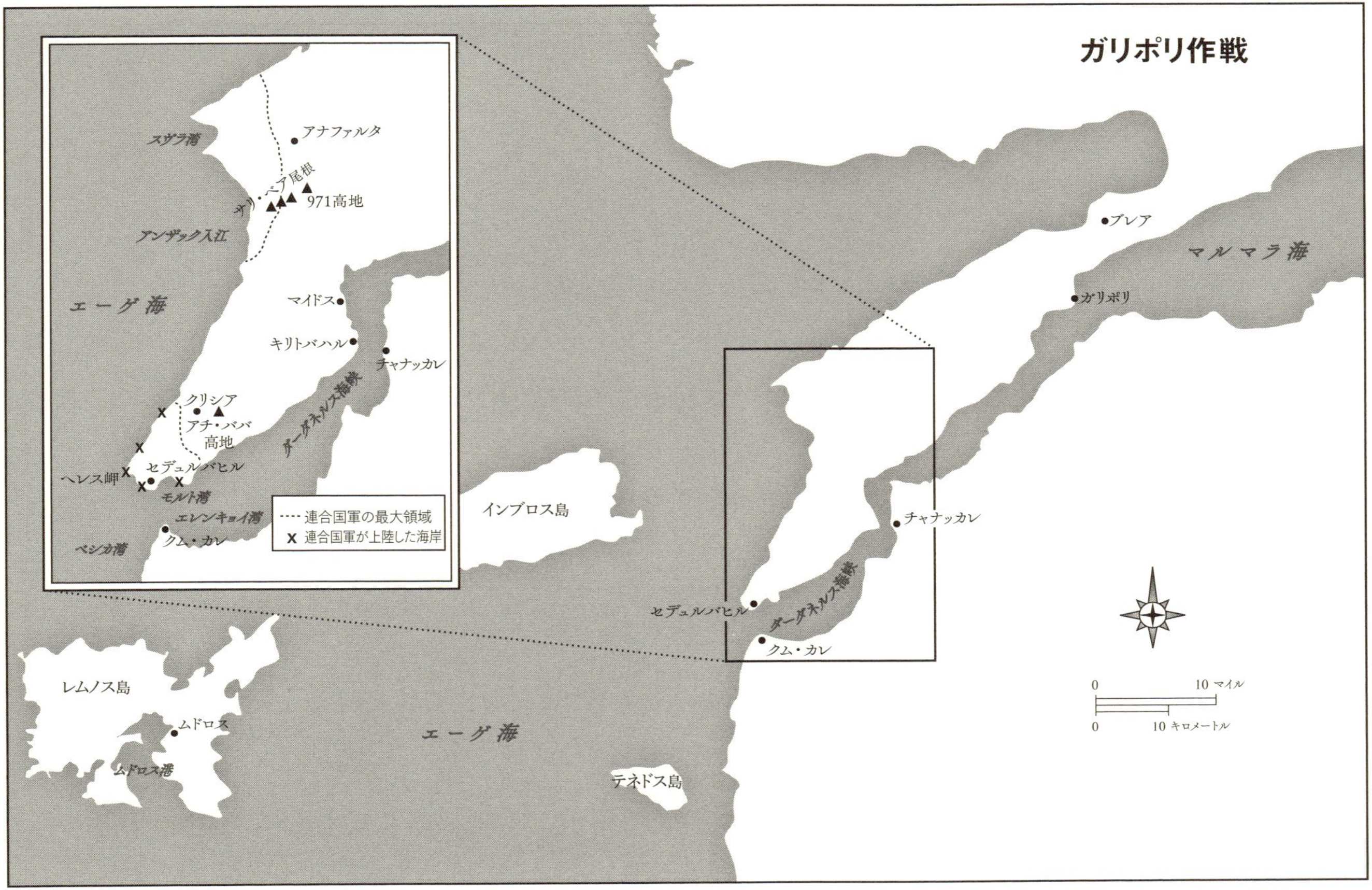
スヴラ湾
アナファルタ
サリ・ベア尾根
971高地
アンザック入江
エーゲ海
マイドス
キリトバハル
チャナッカレ
ダーダネルス海峡
クリシア
アチ・ババ
高地
セデュルバヒル
ヘレス岬
モルト湾
エレンキョイ湾
クム・カレ
ベシカ湾
連合国軍の最大領域
連合国軍が上陸した海岸
インブロス島
ブレア
マルマラ海
ガリポリ
チャナッカレ
セデュルバヒル
ダーダネルス海峡
クム・カレ
0
10 マイル
0
10 キロメートル
レムノス島
ムドロス
ムドロス港
エーゲ海
テネドス島

エジプトとシナイ半島

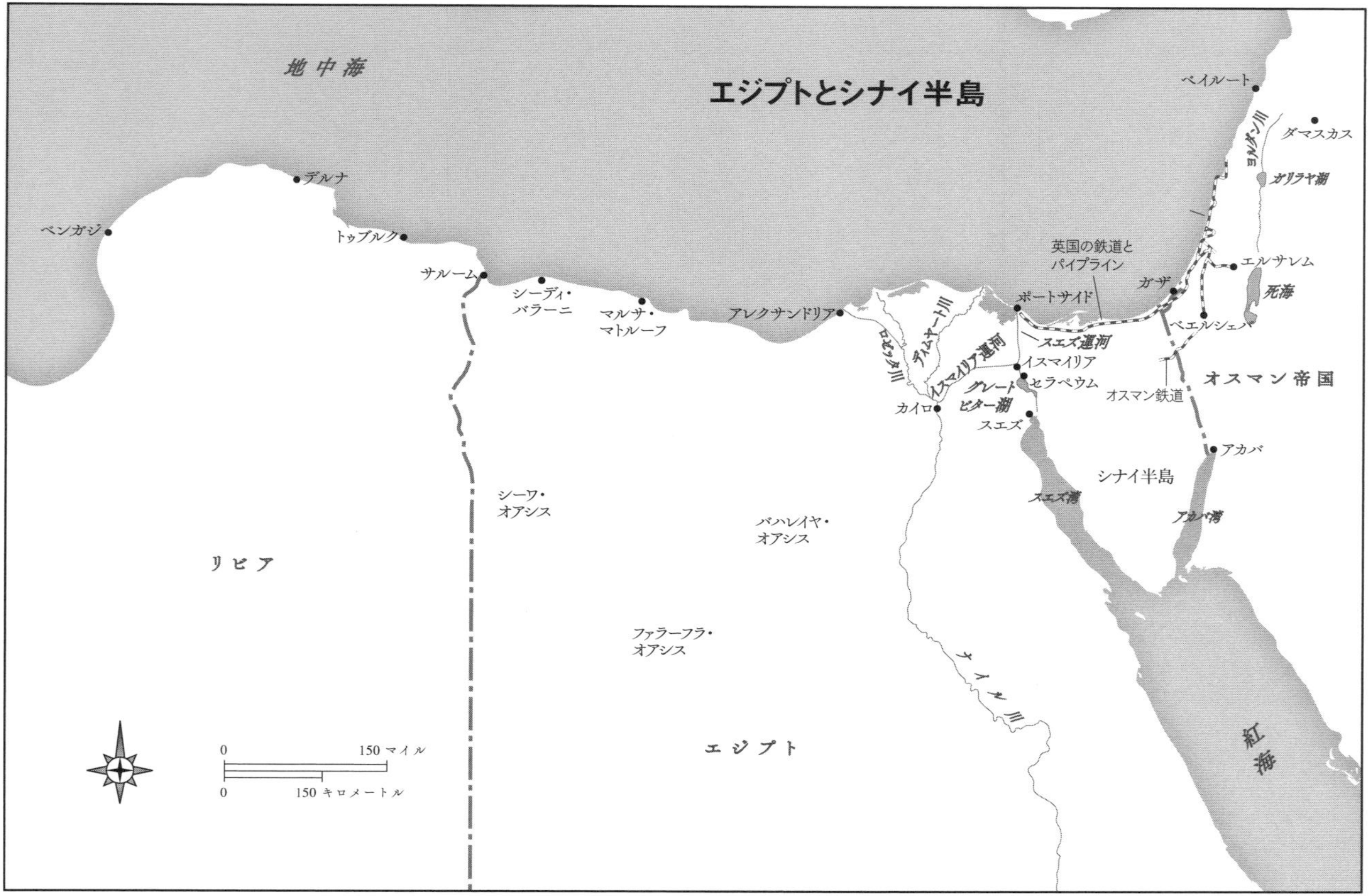

地中海
ベイルート
ダマスカス
ヨルダン川
ガリラヤ湖
デルナ
ベンガジ
トゥブルク
サルーム
シーディ・バラーニ
マルサ・マトルーフ
アレクサンドリア
英国の鉄道とパイプライン
ガザ
エルサレム
死海
ポートサイド
ロゼッタ川
ダムヤート川
スエズ運河
イスマイリア運河
イスマイリア
セラペウム
ベエルシェバ
オスマン帝国
オスマン鉄道
グレートビター湖
カイロ
スエズ
アカバ
シナイ半島
スエズ湾
アカバ湾
シーワ・オアシス
バハレイヤ・オアシス
リビア
ファラーフラ・オアシス
ナイル川
エジプト
紅海
0
150 マイル
0
150 キロメートル

メソポタミア、アデン、ヒジャーズ

シリア、パレスチナ、
トランスヨルダン
地中海
キプロス島
アダナ
アレクサンドレッタ
アレッポ
ラス・アル・アイン
ユーフラテス川
ダイル・アッザウル
ハマ
ホムス
トリポリ（タラーブルス）
オスマン帝国
ベイルート
アレイ
ラヤク
ベイルート－ダマスカス街道
シドン
ダマスカス
ティレ
ヨルダン川
アクレ
ハイファ
カリラヤ湖
ナザレ
ダルアー
イルビド
ナブルス
ヤッフォ
ラムラ
アンマン
エルサレム
ガザ
ヘブロン
死海
ハーン・ユーニス
ラファー
ベエルシェバ
カラク
ポート
サイド
アレクサンドリア
ロゼッタ川
ディムヤート川
エル・アリーシュ
スエズ運河
イスマイリア運河
グレートビター湖
タフィーラ
マアーン
ヒジャーズ鉄道
エジプト
カイロ
ナイル川
スエズ湾
アカバ
アカバ湾
0
100 マイル
0
100 キロメートル

第1章 革命と三つの戦争 一九〇八-一九一三

オスマン帝国は、一九〇八年から一九一三年にかけて、帝国は国内および国外で重大な脅威に直面した。数世紀にわたる帝国の政治制度には、一九〇八年の「青年トルコ人革命」勃発で、かつてない緊張感がみなぎっていた。国内の改革派は、この帝国を二十世紀にふさわしいものにしようとした。ヨーロッパの諸帝国と、新しく出現したバルカン諸国は、オスマン帝国領土を求めてトルコと戦争を始めていた。アルメニアとアラブの活動家たちは衰えかけたトルコ国家からさらに大きな自治を求めた。一九一四年までのオスマン帝国政府を悩ませてきたこれらの問題が、オスマン帝国にとって「大戦」の下地になっている。

老齢のスルタン・アブデュルハミト二世は一九〇八年七月二十三日、危機対応のための閣議を開いた。この専制君主は、三〇年にわたる在位中最大の国内の脅威に直面していた。ギリシア、ブルガリア、マケドニアの近代国家が連なる不安定なバルカン地方の中で、マケドニアのオスマン軍が一八七六年の憲法の復活、議会政治への復帰を要求して蜂起していた。スルタンは憲法の内容について政敵たちよりもよく知っていた。一八七六年にオスマン帝国スルタンに即位してとった最初の政策は、「タンズィマート」(恩恵改革)として知られる四〇年にわたる政府主導の改革の集大成としての憲法の公布であった。この時期には、彼は開明的な改革者であると見られていた。だが、オスマン帝国の統治を進めるうちに、アブデュルハミトは改革者からかたくなな専制君主に変貌していった。

アブデュルハミトの専制政治の根源は、若いスルタンとして統治を始めた時点で直面した一連の危機に由来する。彼が前任者から引き継いだ帝国は混乱期にあった。オスマン帝国の国庫は一八七五年に破産宣告を受けており、ヨーロッパの債権国は直ちにスルタン政府に対し経済制裁を科していた。一八七六年には、西側報道陣により「ブルガリア人の恐怖」と名づけられたブルガリア分離主義者への激しい弾圧に、ヨーロッパの世論は敵対意識を募らせた。英国の「自由党」党首のウィリアム・グラッドストーンはトルコ非難を先導し、ロシアとは戦争が起こりそうだった。このような精神的重圧がオスマン帝国の指導者たちの命を奪っていった。改革派将校の強力なグループがスルタン、アブデュルアズィーズ(在位一八六一―七六)を退位させたが、一週間も経たないうちに彼のアパートで死亡しているのが発見され、手首の静脈が切られていたところから自殺したものと思われた。彼の後継者、ムラト五世は即位後、三カ月も経たないうちに神経衰弱で倒れた。このような幸先の良くない状況の中で、一八七六年八月三十一日、三十歳のアブデュルハミト二世がスルタンに即位した。

強力な閣僚たちが新しいスルタンに圧力をかけ、開明的な憲法と、ヨーロッパ諸国がオスマン帝国の国内問題にさらに介入することを防ぐ方策として、選挙で選んだムスリム、キリスト教徒、ユダヤ人から成る議会の導入を求めた。アブデュルハミトは、政府内の改革派の要求を、信念からではなく、実利主義的観点から仕方なく認めた。一八七六年十二月二十三日、彼はオスマン帝国憲法を公布し、一八七七年三月十九日に、選挙で選ばれた議員による初のオスマン帝国議会を開会した。だが、議会を開くや否やオスマン帝国はロシアとの破滅的な戦争に巻き込まれた。

ロシア帝国は自分たちをビザンツ帝国の後継者であり、東方正教会の宗教上の指導者であると見なしていた。ロシアにはまた、拡張主義的目標があった。ロシアは、一四五三年まで正教会の中心地であり、ビザンツ帝国の首都コンスタンチノープルでもあったオスマン帝国の首都イスタンブルを何としても欲しかった。これには単なる文化的野心以上のものがあった。ロシアがイスタンブルをいったん手に入れれば、黒海沿岸港湾都市と地中海を結ぶ戦略的に重要なボスフォラス海峡とダーダネルス海峡を支配できることになる。だが、十九世紀のヨーロッパ諸国は、オスマン帝国の領土保全によってロシア艦隊を黒海に閉じ込めておくという方針で一致していた。イスタンブルと両海峡を占領したいという野心を阻まれていたロシアは、バルカン諸国の民族独立運動を利用してオスマン問題に介入する一方、オスマン軍との断続的な戦闘によって領土獲得目的を推進していた。一八七六年末には、セルビアとブルガリアのもめごとがロシアに次の拡張戦争の機会を与えることになった。オーストリアの中立性を確保するとともに、ロシア軍がブルガリア領内を行進する許可を取ってから、ロシアは一八七七年四月にオスマン帝国に宣戦を布告した。

帝政ロシア軍はバルカン半島のオスマン帝国領内の土地を次々と掌中にし、またコーカサスからアナトリア東部へ進攻して、これら二方面作戦でトルコ人やムスリムの農民を虐殺した。ロシア軍の進攻はオスマン帝国領内の人びとの怒りをかき立てた。アブデュルハミト二世は、自分のイスラーム教徒としての利点を活用してロシアとの戦いに国民の支持を確保しようとした。十六世紀にオスマン帝国がアラブ人の土地を占領して以来、この国に保持されてきた預言者ムハンマドの旗を取り出し、ロシアに対する聖戦《ジハード》を宣言したのだ。オスマン帝国臣民は武人スルタンを支持し、軍役に進んで志願して、戦争資金に浄財を寄付した。これでトルコ軍もロシアのオスマン領土への侵攻を何とか阻止することができた。

アブデュルハミトは戦争遂行に国民の支持を得つつあったが、国会議員たちは次第に政府の戦争への取り組み方に批判的になっていった。スルタンのジハード宣言にもかかわらず、ロシア軍は一八七七年末にふたたび前進を始め、一八七八年一月下旬にはイスタンブルの郊外にまで達した。二月にスルタンは国会議員を招集し、戦争遂行について協議した。製パン業者組合長だった議員の一人は、「あなたはわれわれの意見を聞くのが遅過ぎた」とスルタンをたしなめた。「破局を避けることができるうちにわれわれに相談すべきだった。議会は何もできない事態に対して、すべての責任を取るわけにはいかない」。製パン業者のこの発言で、スルタンは、議会は国益を助けるよりも、その邪魔になると確信したようだ。その翌日、アブデュルハミトは憲法を停止し、議会を解散して、もっとも批判的な議員の何人かを自宅監禁にした。それからアブデュルハミトは国事遂行の直接支配を始めた。だが、この時点で軍事情勢は救済不可能になり、若いスルタンは一八七八年一月に、首都の城門でロシア軍と休戦することを受け入れるほかなくなった(1)。

一八七八年にロシアに敗北した結果、ベルリン会議（一八七八年六―七月）で締結された講和条約でオスマン帝国は多大な領土喪失を余儀なくされた。主催国のドイツのほか、ヨーロッパ列強（英国、フランス、オーストリア＝ハンガリーとイタリア）が出席したが、この会議はロシアとトルコの戦争だけでなく、バルカン諸国の多くの紛争をも解決しようとした。「ベルリン条約」の条項により、オスマン帝国はバルカンとアナトリアで領土の五分の二と、人口の五分の一を失った。失った領土の中に、アナトリア東部のコーカサス地方の三県――カルス、アルダハン、バトゥーミ――が含まれていた。これらの地方はトルコ人ムスリムの中心地で、敗北に甘んじることができず、やがてオスマン帝国にとってのアルザス＝ロレーヌとなる。

オスマン帝国は、「ベルリン条約」で引き渡した領土に加え、ヨーロッパ列強にもさらなる領土を取られた。英国は一八七八年にキプロスを植民地として確保し、フランスは一八八一年にチュニジアを占領。英国は一八八二年にエジプトの危機に介入した後、このオスマン帝国自治州を植民地として支配下に入れた。これらの領土喪失によりスルタン・アブデュルハミトは、野心的なヨーロッパ列強によるさらなる領土分割を防ぐためにはオスマン帝国を強権的手法で統治する必要があると確信した。一八八二年から一九〇八年にかけて、オスマン帝国領土をさらなる分割から守ったのは、アブデュルハミトの功績による。だが、国家の領土保全は市民の政治的権利の犠牲によって守られたのだ。

アブデュルハミトの専制政治スタイルは、結果的には次第に組織化された反体制運動を生むことになった。「青年トルコ人」は、アブデュルハミトの専制政治の抑制、憲法による統治の復活、議会制民主主義への復帰を共通の目的に掲げたさまざまなグループの連合体であった。「青年トルコ人」傘下のもっとも目立ったグループの中に「統一と進歩委員会」（Committee of Union and Progress＝CUP）があった。これは一九〇〇年代初頭に民間人と軍人により設立された一種の秘密結社のようなものである。CUPはオスマン帝国全土——アラブ人地帯、トルコの諸州、そしてバルカン半島——に支部があったが、この運動はトルコとアラブ諸州でもっとも激しい弾圧を受けた。一九〇八年になると、CUPの活動センターは、バルカン半島でかろうじて手元に残ったオスマン領土——アルバニア、マケドニア、トラキア——に置かれていた。(2)

一九〇八年六月、スルタンのスパイはマケドニアのオスマン帝国第三軍団の中にCUP分子を発見した。軍法会議で裁かれる危機に直面した軍人たちは行動を起こすことを決めた。同年七月三日、CUP分子のリーダー（部隊の副官）のアフメト・ニャーズィ少佐が完全武装の兵士二〇〇人と民間支持者たちを率いて、一八七六年憲法の復活を要求して蜂起した。彼ら全員が決死の覚悟だった。だが、彼らに対する一般市民の支持が増すにつれて反体制軍は大衆の心をつかみ、行動に弾みがついた。マケドニア全市が蜂起に立ち上がり、憲法支持を宣言した。イスマイル・エンヴェル少佐という「青年トルコ人」

将校――のちに有名になり、ただエンヴェルと呼ばれるようになる――が、マケドニアの都市キョプリュリュとティクヴェシュで憲法を公布し、市民たちの賛同を得た。オスマン帝国第三軍団はイスタンブルへ進軍し、帝国首都で憲法を公布すると脅した。

それから三週間で革命運動はあまりにも大きくなり過ぎ、スルタンはもはやマケドニアの決起を抑制するのに軍の忠誠を期待できなくなった。この危機に対処するために、スルタンは七月二十三日に閣議を招集せざるを得なかった。彼らはイスタンブルのヨーロッパ側のボスフォラス海峡を見晴らす丘にあるユルドゥズ宮殿に集まった。六十五歳のスルタンに威圧された大臣たちは、憲政の復活という肝心な話を避け、この危機に対する必要な対策と取り組むよりも、誰に責任を問うべきかという議論に時間を費やした。

アブデュルハミトは閣僚たちの空論を一日中聞いた後、話し合いに終止符を打った。スルタンは「私は時勢に従う」と閣僚たちに告げた。「この憲法は私の統治下で最初に公布されたものである。私がそれを樹立したのだ。必要があって、憲法は停止されていた。私は今、閣僚たちに憲法復活の準備をしてもらいたい」。ほっとした閣僚たちは直ちにスルタンの指示に従い、帝国全域に第二次立憲制時代の幕開けを告げる電報を打った。「青年トルコ人」はスルタンに憲法復活を余儀なくさせることに成功したことで、革命を起こしたとして称賛された(3)。

この出来事の重要性が理解されるまでには少し時間がかかった。新聞には「陛下の命令により、議会は憲法の条項に従って再開された」と、大見出しも付けず、コメントもなしで載っただけだったのは、オスマン帝国の新聞は検閲が厳しくて、国民がニュースに反応するまで二四時間以上かかるせいで、ほとんど誰もその記事を読まないという事実を物語る。七月二十四日、群衆はイスタンブルや帝国中の地方都市の公共広場に集まり、憲法の復活を祝った。エンヴェル少佐は「青年トルコ人」運動の中心地だったサロニカ（現代のギリシア）に列車で入り、そこで喜びにわく群衆に「自由のチャンピオン」として迎えられた。同僚のオスマン鉄道の軍査察官であるアフメト・ジェマル少佐と電報局員のメフメト・タラートがエンヴェルを駅のプラットフォームで迎えた。二人ともCUPの支配層を上り詰めて、エンヴェルと同様にミドルネームでジェマルとタラートと呼ばれていた。「エンヴェル、あなたは今やナポレオンだ」と彼らは叫んだ。(4)

それから数日にわたって、革命のスローガンである「正義、平等、友愛」を描いた紅白の旗が街路を飾った。ニャーズィ、エンヴェルとほかの「自由の英雄」の軍人たちの写真が帝国中の町の広場に掲げられた。政治活動家たちは憲法の恩恵について街頭演説を行ない、希望と夢を一般大衆と分かち合った。

オスマン帝国にはさまざまな住民がいたが、立憲革命によって生じた希望で共通の愛国心を喚起された。オスマン帝国は、トルコ人、アルバニア人、アラブ人、クルド人を含む広範囲にわたる民族グループから構成されるとともに、多数派のスンナ派、シーア派ムスリム、十数種のキリスト教諸派、かなり大きなユダヤ教徒グループなど、たくさんの異なった宗教グループが存在していた。立憲革命が起こるまで、これまでの政権は、こうした多様性の基盤の上に、オスマン帝国民という一つのまとまった帰属意識を涵養しようとしてきた。ある政治活動家が書き残しているように、アラブ人は、「この国家にはもはやアラブ人、トルコ人、アルメニア人、クルド人の区別はなく、誰もが平等の権利と責任を持つオスマン人になったと信じて、心からトルコ人を抱き締めた(5)」。

新しく発見された自由の祝賀ムードは、アブデュルハミトの抑圧機関関係者と目される人びとに対する報復行為で台無しにされた。スルタン治世下のオスマン帝国は警察国家に退化していた。政治活動家は投獄されるか、追放され、新聞と雑誌は厳しく検閲を受け、市民たちは、どこにでもいる政府のスパイを恐れて、話し出す前に肩越しに後ろをのぞき見するありさまだった。パレスチナの丘の上の町ナブルスの住民ムハンマド・イッザド・ダルワザによれば、「立憲革命が起きてから数日の間に、大物であろうと小物であろうと、スパイ、腐敗者、抑圧者として知られていた政府役人に対する怒りが爆発した」という[6]。

だが、大多数の人びとは、「青年トルコ人革命」によってかき立てられた新たな希望と自由に有頂天になった。アラブ人、トルコ人を問わず、いたるところから出現した詩人たちによる「青年トルコ人」と彼らによる革命を祝う抒情詩の一節に、その瞬間の喜びがとらえられている。

今日、自由を謳歌できるのはなんとありがたいことか
私たちは何の懸念も緊張もなく、朝に出かけ、夕べに帰ってくる
自由になった男は屈辱的な牢獄から解放された
そして、最愛の亡命者は故国に帰ってきた
なぜなら、告げ口を恐れるスパイはもういないから
おまけに、手にすることを恐れる新聞もない
夜には不安をかき立てる夢を見ることなく眠り
朝には、心配も恐怖もなく起床する[7]

だが、多くの希望をかき立てた革命はただのまぼろしにすぎなかったことがわかる。政治改革を期待していた人びとは、革命がオスマン帝国政府に大きな変化をもたらさなかったことに失望した。「統一と進歩委員会」(ＣＵＰ)はスルタン・アブデュルハミト二世の在位を据え置くことに決めた。彼は憲法の復活に貢献したことを功績にできたし、オスマン帝国の大衆からスルタンとして、

またムスリム世界の最高宗教指導者であるカリフとして、尊敬を集めていた。一九〇八年の「青年トルコ人」にとって、アブデュルハミトを退位させることは、利益よりも問題を起こすことになりかねなかった。さらに、CUPのリーダーたちはまったく若いトルコ人だった。彼らの大半は二十代後半か三十代の下級将校か下級官僚だったので、権力を自分たちの掌中にする自信がなかった。そこで彼らは政権の運用を大宰相(首相)サイード・パシャと彼の内閣に任せ、自分たちはスルタンとその政府が憲法を確実に順守しているかを見守る監督委員会の役目を果たすことにした。

憲法が彼らの経済問題を解決してくれると信じていたオスマン帝国市民は、すぐに落胆させられることになった。革命によって引き起こされた政治的不安定はトルコ通貨への信用を傷つけることになった。インフレーションは一九〇八年八月と九月に二〇パーセントに上昇し、労働者階級にはそれが大きな圧力になった。オスマン帝国労働者たちはよりよい賃金と労働条件を求めてデモを組織したが、国家財政は労働者の正当な要求に応えるどころではなかった。労働運動活動家たちは革命以来六カ月のうちに一〇〇回以上のストライキを組織したが、厳しい取締法と政府による労働者への弾圧を生んだだけだった。(8)

極めつけは、議会制民主主義への復帰がオスマン帝国の領土保全にヨーロッパの支持と敬意を得られるだろうと信じていた人びとに、屈辱をもたらすことになったことだ。トルコのヨーロッパ近隣諸国は「青年トルコ人」が起こした政情不安を好機と見て、さらに多くのオスマン帝国領土を併合した。一九〇八年十月五日、元オスマン帝国の一州だったブルガリアが独立を宣言した。翌日には、オーストリア=ハンガリー・ハプスブルク帝国がオスマン帝国の自治州ボスニアとヘルツェゴヴィナの併合を宣言した。そして十月六日にはクレタ島がギリシアとの合体を宣言した。トルコの民主主義への転向はヨーロッパ列強から支持されるどころか、逆に帝国の立場をさらに弱めた。

「青年トルコ人」はオスマン帝国議会を通して革命をふたたびコントロールしようとした。CUPは一九〇八年十一月下旬と十二月初旬の選挙で争うわずか二つの政党のうちの一つだった。選挙の結果、下院ではユニオニスト（CUPのメンバーはこう呼ばれていた）が圧倒的な多数を獲得し、多くの無所属議員を党内に吸収した。十二月十七日、スルタンは最初の議会を招集し、憲法の遵守を誓った。選挙制の下院と任命制の上院のリーダーたちはスルタンの演説に応え、立憲政府の復活を示したアブデュルハミトの貢献を称えた。このやりとりで、スルタンとCUP間が融和したかのような錯覚を与えた。だが、専制君主は一夜にして変わることはない。アブデュルハミトは憲法によるスルタンの権力抑制や議会の監視に順応せず、「青年トルコ人」なしですませる好機を待っていたのだ。

革命への熱気が冷めると、CUPはオスマン政界内と、一般社会の有力者層からの激しい反対運動に直面した。イスラームを国教とする既成の宗教界は「青年トルコ人」のいわゆる世俗的文化を非難した。軍部内では、士官学校の卒業生でリベラルな改革者志向の士官たちと、スルタンに誓った忠誠をより重んじる一般兵の間に明らかな亀裂があった。議会内では、リベラル派はCUPの専制的傾向を疑い、マスコミとヨーロッパの役人——とくに英国大使館員——との接触を利用して下院でのCUPの立場を弱めようとした。宮廷からは、アブデュルハミト二世がCUPに挑戦するすべての人たちをひそかに激励した。

一九〇九年四月十二日夜から十三日にかけて、CUPの敵は反革命に立ち上がった。スルタン・アブデュルハミト二世に忠誠を尽くす第一軍団の兵士たちが将校たちに対し反乱を起こし、首都の神学大学の宗教学者と共同戦線を張った。彼らは一緒になってにぎやかにデモ行進をして議会へ向かったが、イスラーム学者と反乱兵は一夜のうちに、数を増していった。彼らは新内閣を要求し、ユニオニスト政治家の追放と、この国は数十年にわたって、異なる法源を持つ法体系下にあったにもかかわらず、イスラーム法の復活を求めた。ユニオニストの議員たちは生命への危険を恐れて、首都から逃げ出した。内閣は辞職した。スルタンは調子よく大衆の要求を容れ、オスマン帝国政治へのスルタンの支配を確約した。

アブデュルハミトの復活は短期間で終わった。マケドニアのオスマン帝国第三軍団はイスタンブルの反革命の動きを、帝国の政治的将来にとって欠くことのできない憲法に対する攻撃であると見なした。マケドニアの「青年トルコ人」信奉者たちは「行動軍」と呼ばれる戦闘部隊を動員し、「青年トルコ人革命」の英雄、アフメト・ニヤーズィ少佐の指揮下でイスタンブルへ進軍した。この救援部隊は四月十七日、サロニカから帝都へ向けて出発。四月二十四日早朝、「行動軍」はイスタンブルを占領し、ほとんど抵抗も受けずに反乱を鎮圧し、戒厳令を発令した。四月二十七日、オスマン帝国議会の上下両院は合同国民会議として再開し、スルタン・アブデュルハミトの退位を決議して、彼の弟、メフメト・レシャトをスルタン・メフメト五世として即位させた。CUPの政権復帰とともに、反革命はすべてが二週間のうちに決定的に敗北した。

反革命はオスマン帝国社会内の深い亀裂を露呈したが、それ以上に危険だったのはトルコ人とアルメニア人の対立だった。「行動軍」がCUPをイスタンブルの政権に復帰させた直後、ムスリム群衆が南東部の都市アダナで数千人のアルメニア人を虐殺した。大虐殺のルーツは一八七〇年代にさかのぼる。第一次大戦の進行に伴い、両者の敵対関係は二十世紀初の大虐殺にまで広がることになる。

一九〇九年、多くのオスマン・トルコ人が、アルメニア人は帝国からの分離を意図する民族主義志向の強いマイノリティ社会であると疑っていた。アルメニア人は、独自の言語とキリスト教の礼拝様式を持ち、オスマン帝国下では何世紀にもわたって明確な「ミッレト」(信仰共同体)という十九世紀の民族主義運動に必要な前提条件は、一つを除いてすべて備えた明確な民族集団を形成していた。その一つとは、彼らが一カ所の地理的領域に集中して住んでいなかったことである。彼らはロシア、オスマン両帝国の間に散らばっており、オスマン帝国領土では、アナトリア東部、地中海沿岸地帯、帝国の主な商業都市に散在していた。アルメニア人の最大居住地は首都イスタンブルだった。地理的にまとまった大きな人口集団がないので、大国の支持なしに独立国家を樹立することは到底望めなかった。

アルメニア人が初めて領土要求を行なったのは、一八七八年のベルリン会議である。露土戦争の賠償の一部として、オスマン帝国は、かなりの数のアルメニア人がいるカルス、アルダハン、バトゥーミの三県をロシアに割譲させられた。数十万人のアルメニア人をロシア支配下に移したことが、アルメニア人がオスマン領内でもっと大きな自治を要求するようになる背景にある。アルメニア人代表団は、自分たちの抱負を成就する手始めとして、オスマン帝国のエルズルム、ビトリス、ヴァンの諸州が「アルメニア人居住地域」であると主張した。代表たちはまた、キリスト教徒とムスリムが一触即発で混在する「マウント・レバノン」をモデルにして、キリスト教徒総督の統治下にある自治区を求めた。それに応えてヨーロッパ列強は、「ベルリン条約」の中に、オスマン帝国政府は「アルメニア人が居住する諸地域で人びとが要求する改善と改革」を直ちに実行する必要があるとともに、多数派のムスリムの襲撃から彼らを守る保障を提供するという一カ条を挿入した。この条約はまた、イスタンブルがアルメニア市民のためにとった手段をヨーロッパ列強に定期的に報告することも義務づけた(9)。

バルカン地方におけるキリスト教徒による民族主義運動に対するヨーロッパの支持が、オスマン帝国内のほかの戦略的地帯へのヨーロッパの介入にオスマン人を用心深くさせたのは無理もない。アナトリアのトルコ民族の中心地域で、アルメニア人の集団としての抱負に対して「ベルリン条約」で新たな立場が認められたことは、オスマン帝国への明確な脅威となった。戦事賠償として、カルス、アルダハン、バトゥーミの三県をロシアに引き渡したばかりのオスマン帝国政府は、アナトリア東部のさらなる領土を手放すことは考えられなかった。それゆえ、アブデュルハミト二世の政府は初期のアルメニア民族運動とその英国とロシアとの結び付きを抑え込むことに全力を尽くした。一八八〇年代の終わりに、アルメニア人活動家たちが民族主義的抱負を追求するための政治組織を形成しはじめると、オスマン帝国政府は彼らをほかの反体制派と同様に扱い、監視、逮捕、投獄、国外追放などの徹底した弾圧行為をとった。

十九世紀末に、二つの明確なアルメニア民族主義結社が出現した。一八八七年、スイスとフランスのアルメニア人学生の一グループがジュネーブで「フンチャク」(アルメニア語で「鐘」の意)という結社を作った。一八九〇年には、ロシア帝国内の活動家の一グループが「ダシュナク」(アルメニア語の「連盟」を意味する「ダシュナクツチュン」を短くしたもの)の名で知られる「アルメニア革命連盟」を創設した。この二つの組織はイデオロギーも手段も異なる、まったく違った政治活動であった。「フンチャク」は社会主義と民族解放の優劣を比較しているのに対し、「ダシュナク」はロシア帝国とオスマン帝国の両方で、アルメニア人共同体内での自衛策を推進しようとしていた。どちらの結社もアルメニア人の政治的目標を成就するためには暴力の使用もやむを得ないとしていた。彼らは自分たち自身を自由の闘士と見ていたが、オスマン人は彼らにテロリストの烙印を押していた。「フンチャク」と「ダシュナク」の活動は、アナトリア東部におけるムスリムとキリスト教徒の間の緊張を高め、これにより、アルメニア人活動家はヨーロッパの介入を望み、オスマン人は生まれたての民族主義運動と見立てて抑圧の口実にした。一触即発の情勢が流血の惨事に至るのは避けがたかった。[10]

一八九四年から九六年にかけて、アルメニア系オスマン人は一連の恐るべき大虐殺の標的にされた。一八九四年夏、クルド人遊牧民が、オスマン帝国役人に支払う税金に上乗せする伝統的な保護代をアルメニア人村民が支払わなかったことを理由に村民を襲撃したことがきっかけで、アナトリア南東部のサスン地方で暴力行為が始まった。アルメニア人活動家たちは過重な税金をかけられたアルメニア人農民の言い分を取り上げ、彼らの蜂起を促した。この大虐殺の直前にサスン地方を旅行した英国人旅行者でビジネスマン、H・E・B・リンチは、アルメニア人煽動者について、「この人たちの目的は、アルメニア人の言い分を鮮明にしつづけるために、あちこちに火をつけ、『火事だ！』と叫ぶことだった」と記している。この叫びはヨーロッパのメディアに取り上げられた。人びとが見物に走っていくと、罠にはまったオスマン帝国役人たちは忌まわしい行為に走った」。オスマン帝国政府は秩序維持のため、クルド人騎兵部隊で補強された第四軍を急派した。その結果、数千人のアルメニア人が殺され、ヨーロッパの介入を招いた。これは「フンチャク」が積極的に求めていたものであり、オスマン帝国政府がもっとも避けたい事態であった。[11]

一八九五年九月、「フンチャク」は、ヨーロッパの人びとが次第にトルコ領アルメニアと呼ぶようになったアナトリア東部地域の改善を訴えるため、イスタンブルへのデモ行進を組織した。彼らはオスマン帝国政府とすべての外国大使館に対し、四八時間前に通告文を送り、アナトリア東部の改革を監督するキリスト教徒の総督を任命すること、完全武装のクルド人隣人に対し自分たち自身を守るためにアルメニア人が武装する権利を認めることなどの要求を突きつけた。オスマン人たちは「崇高門」と呼ばれる大宰相と閣僚たちの執務室のある壁を巡らした建物（「崇高門」は、「ホワイトホール」が英国政府を指すのと同様に、オスマン帝国政府を指す言葉としても使われる）を取り囲み、アルメニア人抗議者の群衆を追い払う警察の非常線が張られた。敵対心溢れるムスリム群衆がアルメニア人に襲いかかったため、暴動を鎮圧しようとした警察官が一人、乱闘中に殺害された。「崇高門」の外側で六〇人の抗議者が殺された。ヨーロッパ列強は平和的なデモ隊の殺害に抗議した。スルタン・アブデュルハミトは、次第に高まる国際的圧力を受けて、十月十七日、アルメニア人が住むアナトリア東部のエルズルム、ヴァン、ビトリス、ディヤルバクル、ハルプト、スィワスの六州の改革を約束する法令を発布した。

スルタンのこの改革法令はこの六州のオスマン人ムスリムたちの恐怖心を高めただけだった。彼らはこの措置をアナトリア東部におけるアルメニア人独立の前ぶれと見た。オスマン帝国がクリミア、コーカサス、バルカンなどをキリスト教徒の統治下に割譲したときと同様、大多数のムスリムがキリスト教徒の統治下に住むか、家を捨ててムスリム地区に移住せざるを得なくなるのではないかと恐れたのだ。これに対し、オスマン帝国役人たちは彼らの恐れを除こうとしなかったので、スルタンの布告から数日のうちに、新たな、もっと致命的な虐殺の波がアナトリア中部、東部の町や村を襲った。アメリカ人宣教師たちの推定によれば、一八九六年二月までに約三万七〇〇〇人のアルメニア人が殺され、三〇万人が家を失った。別の推定によれば、一〇万人から三〇万人のアルメニア人が殺害されるか、負傷したという。これらの地域は地理的に集落が孤立しがちであるために、一八九五年の大虐殺の死傷者数のもっと正確な数字を求めることはできない。だが、アルメニア人に対する暴力行為のレベルはオスマン帝国史上、前例のないものだったのは確かである。(12)

アルメニア人に対する残虐行為の三度目で最後となる出来事が一八九四年から九六年にかけてのイスタンブルにおけるテロ事件だった。荷物運搬人を装った「ダシュナク」活動家二六人が、一八九六年八月二十六日、イスタンブルのオスマン帝国銀行本店へ現金行嚢に隠した武器と爆発物を持ち込んだ。彼らはガードマン二人を殺害し、銀行員と客一五〇人を人質にとり、彼らの要求を容れなければ建物とその中のすべての人もろともに爆破すると脅した。その要求とは、アナトリア東部で改革を遂行するヨーロッパ人高等弁務官を任命し、アルメニア人亡命者すべてに特赦を与えよというものであった。オスマン帝国銀行はその名前とは裏腹の外国企業で、株主のほとんどは英国人とフランス人だった。アルメニア系オスマン人問題にヨーロッパ列強の介入を余儀なくしたことは、まったく逆効果だった。テロリストたちは要求も容れられず、銀行の占拠も断念させられ、フランス船でオスマン帝国圏外に追放された。「ダシュナク」の行動はヨーロッパ列強に非難されたばかりでなく、銀行襲撃はイスタンブル在住のアルメニア人に対する大虐殺を引き起こし、八〇〇〇人近い犠牲者を出した。アルメニア問題ではヨーロッパ列強の政策が割れていたので、オスマン帝国に何一つ改変を迫らなかった。アルメニア民族運動にとって、一八九四年から九六年の血塗られた事件はまさに悲惨な出来事だった。

それから数年間、アルメニア民族運動は戦術を変え、オスマン帝国の改革を求めるリベラルな政党とともに動いた。「ダシュナク」は、一九〇七年にパリで開催された「第二回オスマン帝国野党会議」に「統一と進歩委員会」（CUP）と一緒に出席した。彼らは一九〇八年の「青年トルコ人革命」の熱心な支持者で、初めて法的に認められたグループとして登場した。アルメニア人コミュニティはこの年の暮れ、オスマン帝国議会へ多くの候補者を立て、一四人が下院に選出された。多くの人たちはアルメニア人の政治目標である憲法が保障する市民権、地方分権行政などがオスマン帝国憲法の文脈内で実現されることを望んだ。その願いは、一九〇九年の反革命後、四月二十五日から二十八日にかけて、二万人近いアルメニア人が凶暴な流血の惨事で殺されたことで潰えてしまった。[13]

二十世紀初頭、著名なアルメニア人文人の一人ザベル・エサイヤンは、大虐殺事件後まもなく、救援活動を助けるためにアダナへ旅行した。彼女が目にしたのは、廃墟になった市街地に住み、目撃した惨状に心の傷を負った未亡人、孤児、高齢の男女たちだった。「誰もこのおぞましい現実を一挙に理解することはできない。それは人間の想像力をはるかに超えるものだった」という。「身をもってそれを体験した人たちでさえ、全体像を語ることができない。言い淀み、ため息をつき、泣き、それからやっと特異な出来事を語ることしかできない」。エサイヤンのような影響力の大きい人物が語ることで、大虐殺やオスマン帝国への非難に国際的関心が集まった。[14]

1.トルコ軍がキリスト教徒に発砲したミナレット。1909年4月、ムスリムの暴徒がアダナとその周辺にあるキリスト教徒の家や商店を破壊し、約2万人のアルメニア人を殺害した。アメリカの写真エージェンシー、ベイン・ニュース・サービスは、アダナなど虐殺事件直後に廃墟になったキリスト教徒居住区の光景を撮影していた。

「青年トルコ人」はいち早く動き、暴力行為が収まるとすぐ、ジェマル・パシャを急派した。ユニオニストは、アルメニア人がヨーロッパの介入を強く求めるのを防ぐために「ダシュナク」の信頼を取り戻す必要があった。「ダシュナク」は、政府がアダナの大虐殺に責任のある人びとすべてを逮捕し、アルメニア人生存者の家屋の再建、税の軽減、困窮者への資金供与を条件にCUPに協力することに同意した。ジェマル・パシャの回想録によれば、破壊された家のすべてを四カ月以内に再建し、アダナで少なくとも三〇人、近くのエルズィンで一七人のイスラーム教徒を処刑した。その中には、「最古で、最高位の家族のメンバー」も入っていたという。これらの措置は、ヨーロッパの介入を防ぐためと、アルメニア人をできるだけ安心させるためで、それにより当分の間、「アルメニア問題」で「青年トルコ人」は時間稼ぎをすること

ができた。(15)

オスマン軍がアナトリア東部の領土保全に苦闘している間に、地中海沿岸で新たな危機が浮上していた。近代国家リビアのベンガジとトリポリの二州は、フランスによるアルジェリア（一八三〇）とチュニジア（一八八一）の占領、一八八二年に英国によるエジプト占領以後、北アフリカにおけるオスマン帝国の最後の領地だった。一八七一年に単一王国として統合されたばかりだった新しい国家イタリアは、アフリカに帝国を欲しがっていた。ヴィットーリオ・エマヌエーレ三世国王政権は、帝国主義的野心を満たすため、リビアに目をつけていた。

一九一一年にはオスマン軍はイタリアに対し戦争を挑発するようなことは一切していなかった。だが、英国とフランスからあらかじめ中立の保証を取りつけていたローマは、軍事的手段で北アフリカにおける帝国主義的野心を追求することに何の障害もないことを知っていた。ローマ政府は、リビアのオスマン帝国駐屯地への武器輸送はトリポリとベンガジに住むイタリア市民の安全を脅かすと言いがかりをつけ、九月二十九日に宣戦布告して、リビアの沿岸二都市への全面的な侵攻を開始した。(16)

リビアのオスマン軍陣営は到底保持できなかった。駐屯地にはトルコ兵は四二〇〇人しかおらず、三万四〇〇〇人を超えるイタリア軍の侵攻を防衛する海軍は事実上なきに等しかった。オスマン帝国陸相は部下の将校たちにリビアを守り切れないとあっさり認めた。一九一一年十月の第一週に、オスマン帝国領トリポリ（リビア西部）とベンガジ（リビア東部、別名キレナイカ）の沿岸都市が勝利にわくイタリア軍の掌中に落ちた。(17)

オスマン帝国政府と「青年トルコ人」はこの侵攻に対してまったく違った立場をとった。大宰相とその政府はリビアを救えるとは思わなかったので、勝てない戦争に軍を巻き込むより、重要でない北アフリカを手放すほうを選んだ。だが、ウルトラ・ナショナリストの「青年トルコ人」たちは一戦も交えずオスマン帝国領土を失うのは容認できなかった。

一九一一年十月初旬、エンヴェル少佐はサロニカへ赴き、CUPの中央委員会で演説した。五時間にわたる会議で、彼は同僚を説得して、リビアのイタリア軍相手のゲリラ戦に立ち上がらせた。彼は幼なじみで乳兄弟でもあるドイツ海軍武官のハンス・ヒューマーン宛の手紙にその計画の概要を書いている。「われわれはわが部隊をリビア内陸部に集める。若いオスマン軍将校が指揮する、この国の市民であるアラブ騎兵隊をイタリア軍の近くに待機させ、夜も昼も間断なく攻撃する。個々のイタリア兵や小部隊に奇襲攻撃をかけて殲滅する。敵が強過ぎるときは、われわれの部隊は無防備の田舎に撤退し、あらゆる機会をとらえて敵を攻撃しつづける(18)」

エンヴェルは自分の計画についてCUPの許可を得るためイスタンブルへ向かい、そこでアレキサンドリア行きの汽船に変名で乗船した。数十人の若い将校たちが彼の後を追い、エジプトをイタリアに対するゲリラ戦の出撃地として使った。彼らの中に若い副官のムスタファ・ケマル少佐、のちの「アタチュルク」がいた。チュニジアから入った将校たちもいた。これらの若い将校たちは「オスマン帝国政府の意志に反して行動している冒険家で政府とは無縁」ということになっていた（だが、実際はオスマン財務省がリビアで行動している彼らの指揮官たちに毎月の手当を払っていた）。彼らは自分たちを信念のため喜んで死ぬ闘士《フェダイーン》と呼んでいた(19)。

エンヴェルは十月末にこの国に入った瞬間から、リビアの戦いに情熱的に身を投じた。彼はアラブ服でラクダにまたがり、リビア内陸部に入った。彼は簡素で厳しい砂漠生活に喜びを覚え、ベドウィンの勇気を称えた。アラビア語を話せなかった彼は、通訳を通して意思疎通を図った。部族兵である彼らも、エンヴェルに丁重に敬意を表した。エンヴェルの婚約者はスルタン・メフメト五世の姪、プリンセス・エミネ・ナジエであった。彼女は当時、まだ十三歳であったが（彼女が十七歳になって彼らは結婚する）、この皇室との関係がリビア人の間ではエンヴェルの立場に一目置かせた。「私はスルタンの娘婿で、命令を与えるカリフの使節という絆だけでもずいぶん得をした」という。[20]

エンヴェルは行動を州東部のベンガジに限っていた。イタリア部隊はベンガジ、デルナ、トブルクのキレナイカの三港湾都市に集中していた。リビア部族兵の頑強な抵抗のため、イタリア部隊は沿岸平野部から内陸部への移動を阻止されていた。エンヴェルはデルナの港を見下ろす高台に陣地を構えた。デルナの一万人の住民は約一万五〇〇〇人のイタリア歩兵隊侵攻軍を仕方なく駐留させていたが、エンヴェルの戦いの主要な標的はこの部隊だった。彼はかろうじて捕虜にならずにすんだ士気喪失のオスマン軍兵士たちを集めたほか、部族兵と強力なサヌースィー同胞団（神秘主義教団でリビアの都市や農村部に支部のネットワークがあった）のメンバーをリクルートした。また彼は、「青年トルコ人」の闘士《フェダイーン》たちをアイン・アル・マンスールの基地に集めた。彼のリビアにおける活動は、オスマン軍将校のもとに現地人戦士をリクルートすること、ヨーロッパの敵を打倒するため、外国人支配に対するムスリムの敵意を利用すること、効果的な情報ネットワークを創設することで、それらを通してエンヴェルは新しい特務機関の創設の基礎を築いた。この組織「テシュキラーティ・マフスーサ」（特務機関）は「オスマン帝国大戦争」で非常に重要な役割を果たすことになる。

エンヴェルの計算から判断すると、リビアのアラブ部族兵の多くがオスマン義勇軍に結集している。彼らは「青年トルコ人」の将校がリビア人民の大義のため身を投げ出し、命懸けで部族民を外国支配から解放する行為を高く評価した。彼らは共通言語がなかったが、イスラームの絆は、トルコ語を話す「青年トルコ人」たちとアラビア語を話すリビアの部族民との間で非常に強いものであることが証明された。エンヴェルはリビアのアラブ戦士たちを、「敵前での死は神からの贈り物と見る狂信的なムスリム」と表現している。とりわけ大きな影響力を持つ強力なサヌースィー神秘主義教団の戦士たちは、オスマン帝国スルタンへの帰依をイスラームのカリフとしての彼の役割に結びつけた。だが、世俗的な「青年トルコ人」であったエンヴェルはイスラームへの献身を否定していた。彼はむしろ宗教を、オスマン帝国とその先にあるムスリム世界の敵を打倒するため、カリフとしてのオスマン帝国スルタンの背後にいるムスリムを結集させる強い動員力になると見ていた。イスラームの力を振り返って、エンヴェルは「イスラームの教えは国籍を問題にしない。イスラーム世界を回って何が起きているか見るだけでよい」と書いている。エンヴェルがリビア滞在から得たものは何であれ、国内および国外の敵に対しイスラーム教徒を戦闘配備することができるオスマン帝国の力を確信してリビアを去った。[21]

一九一一年十月から一二年十一月の間に、「青年トルコ人」将校とアラブ部族兵たちはイタリア軍に対し実に巧みなゲリラ戦を展開した。イタリア軍は兵力や近代兵器の優位性があったにもかかわらず、リビア沿岸平野の堅固な陣地から出撃して内陸部を占領することができなかった。アラブ人部隊はイタリア軍に多大な損害を与え、その年を通して三四〇〇人を死亡させ、四〇〇〇人以上を負傷させた。この戦争は、イタリアの財政の大きな負担となった。他方、オスマン軍は、デルナの包囲戦でエンヴェルを支援するために、月に二万五〇〇〇トルコ・ポンド（一トルコ・ポンドは〇・九〇英ポンド、あるいは四・四〇ドル）を消費しただけだった。当時、「青年トルコ人」のリビアでの大冒険は成功し、イタリア軍は海へ追い落とされそうに見えた。[22]

イタリア軍はリビアでは勝てないので、ほかの前線に紛争を拡大した。彼らはオスマン帝国政府が正式な講和条約を結んでリビアをイタリアに割譲して初めて、この戦争が終わることになると知っていた。イスタンブルが講和を求めるように仕向けるため、イタリア海軍艦船が東地中海全域のオスマン領土を攻撃した。一九一二年三月、イタリア軍はレバノンのベイルート港を砲撃し、その年の五月、ドデカネス諸島（ロードス島に代表されるエーゲ海諸島、今日ではギリシア領）を占領。七月には、海軍がダーダネルス海峡へ機雷艇を急派した。最後に、イタリア軍はバルカン・カードを切った。ギリシア、セルビア、モンテネグロ、ブルガリアは元宗主国のオスマン帝国に敵対する同盟を結んでいたが、どの国も、バルカンに残っているオスマン帝国領土――アルバニア、マケドニア、トラキア――を掌中にしたい領土的野心があった。イタリア王室はモンテネグロの王ニコラ一世と姻戚関係にあったので、一九一二年十月八日、モンテネグロにけしかけて、オスマン帝国に宣戦布告させた。ほかのバルカン諸国がそれに追随するのは時間の問題にすぎなかった。

バルカンに戦争が差し迫っている恐れから高まった危機感が、イスタンブルからリビアへと波及した。トリポリやベンガジのような遠方の州を守るために、オスマン政府は帝国のバルカン半島の中核地帯を危険にさらしてしまった。理想主義が新しい現実主義に速やかに道を譲った。モンテネグロが宣戦布告してから一〇日後、オスマン帝国はイタリアと講和条約を結び、リビア諸州をイタリアに割譲した。闘士《フェダイーン》たちはリビアの戦友を捨てることを恥じたが、サヌースィー同胞団に助けなしでゲリラ戦を続けさせ、急いでイスタンブルに戻り、「第一次バルカン戦争」として知られる国家の存亡をかけた戦いに参加した。

バルカン諸国はすべて、かつてのオスマン帝国の一部であった。十九世紀を通してヨーロッパ南東部はさまざまな民族、宗教コミュニティの間にナショナリズムが定着していった。ヨーロッパ列強は彼らがオスマン帝国から分離しようとしたとき、これらのナショナリズム運動を積極的に奨励したために、従属国は一触即発状態になった。ギリシア王国は一〇年にわたる戦争の後、最初に完全な独立国になった。セルビアは一八二九年、オスマン宗主国配下の公国として国際的に承認されたが、一八七八年、

「ベルリン会議」で完全な独立を確保した。同様に、ベルリンでモンテネグロも独立を獲得、ブルガリアはオスマン帝国支配下の自治領となり、一九〇八年九月に完全独立を成し遂げた。独立したバルカン諸国は統治下にある領土に満足せず、アルバニア、マケドニア、トラキアでまだオスマン統治下にある土地を欲しがった。オスマン帝国政府側では、元バルカン半島臣民の要求を次第に拒否するようになり、最後に残ったヨーロッパ諸州のオスマン帝国支配に及ぼす危険を過少評価していた。

オスマン帝国政府の独りよがりは、バルカン諸国が伊土戦争を領土獲得への野心を満足させる機会としてとらえたとき、こなごなに粉砕された。一九一二年十月、モンテネグロ、セルビア、ギリシア、ブルガリアが次々とオスマン帝国に宣戦布告した。バルカン同盟国は最初から、オスマン宗主国に比べて兵力も、戦略も優位性を保っていた。バルカン諸国の全兵力は七一万五〇〇〇人であったのに比べて、戦場のオスマン軍兵士は三二万人だった。(23)

ギリシア軍はオスマン軍に比べて海軍力がすぐれていたので、それを活用した。クレタ島を併合し、エーゲ海の多数の島々を占領したのみならず、海軍を使ってオスマン軍が海からの増強を図るのを阻止した。十一月八日、ギリシア軍は、「青年トルコ人革命」が生まれたサロニカを占領。さらにアルバニア南部の大半を占領した。セルビア軍とモンテネグロ軍はマケドニアとアルバニアを北から攻めてこれらの領土を完全に制圧した。十月二十三日にコソボがセルビア軍の手におちた。

ブルガリア軍はトルコ軍ともっとも激しく戦った。彼らは十月二十四日、クルクラーレリの最初のオスマン防衛線を何とか突破し、十一月二日にはリュレブルガズの第二防衛線を破り、イスタンブルから六〇キロあまりしか離れていないチャタルジャに迫った。エディルネ(昔のアドリアノープル、ギリシアとブルガリアに近い現代トルコの都市)は包囲されたままで取り残され、一九一二年十二月初旬、大宰相府が休戦を申し出たときには包囲攻撃を受けていた。リビアをイタリアに譲渡してから二カ月のうちに、オスマン軍は壊滅状態になり、残った最後のヨーロッパ諸州を失うのは間違いないように見えた。

オスマン帝国政府はリベラル派の宰相カーミル・パシャが率いていた。CUPとリベラル派は長い間ライバル関係にあり、カーミル・パシャは、CUPを意図的に閣僚から排除していた。軍事的敗北が迫ると、リベラル派とユニオニストは正反対の見解を示した。リベラル派はさらなる領土の喪失とイスタンブルを危険から守るため、講和を進めようとしていた。他方、ユニオニストは、欠くことのできないオスマン帝国領土、とりわけ真っ先に、エディルネを取り戻すために、積極的に戦いを再開しようとしていた。ユニオニストが戦況を非難したときに、カーミル・パシャはCUP支部の閉鎖、彼らの新聞の停止を命じ、多くのリーダー格のユニオニストを逮捕した。

エンヴェルはリビアでのイタリア軍との交戦からイスタンブルへ帰ってきたとき、これらの軍事的、政治的緊張の渦中に取り込まれた。「私はまったく敵意に満ちた環境に置かれていた」と、一九一二年十二月末に書いている。「内閣全員のみならず陸相まで非常に友好的であったが、私は彼らがスパイに私を尾行させていることを知っていた」。彼はチャタルジャの前線へ何回も足を運び、オスマン軍はブルガリア軍よりも有利な位置にあることを確信して帰ってきた。それゆえ、エンヴェルがエディルネを救うために声高に戦争継続を主張したのは驚くに当たらない。「もし、内閣が何の努力もせずエディルネを明け渡すならば、私は陸軍を去り、公然と戦いを呼びかけるつもりだ。自分が何をしでかすかわからないし、わかっても言いたくない」(24)

カーミル・パシャがまもなくエディルネを外国支配に明け渡す和平交渉に入ると確信したエンヴェルは激烈な行動を起こした。一九一三年一月二十三日、イスタンブルの大宰相府に向かう舗装道路を一〇人の武装兵の一隊が馬を疾走させた。エンヴェルとその部下たちは閣議中の部屋に突入し、大宰相の護衛兵と撃ち合いになった。陸相ナーズム・パシャを含む四人が殺害され、エンヴェルがカーミル・パシャの頭にピストルを押し付けて大宰相の辞任を要求した。「一五分ですべてが終わった」とエンヴェルは打ち明けている。その後、彼は宮殿へ行き、スルタン・メフメト五世に自分の行動を報告し、新しい大宰相の指名を促した。スルタン・メフメト五世は、老練な政治家で元将軍の、マフムト・シェウケト・パシャを指名し、国民統一政府の形成を命じた。悪名高い「大宰相府襲撃事件」から四時間以内に、戦争で壊滅状態のオスマン帝国の政治に安定をもたらす使命を帯びた新内閣が任命された。[25]

CUPのメンバーがカーミル・パシャ政権に対してクーデターを起こしながら、CUPはこの機会をとらえて政権を奪取しようとはしなかった。マフムト・シェウケト・パシャはCUPに対し同情的ではあったが、ユニオニストではなかった。新しい大宰相は、このところの派閥主義と軍事的惨事の後で、安定と統一を生み出す超党派連合を作るように要請された。彼の内閣には三人のユニオニストのみが任命され、その誰もが穏健な人たちだった。のちにオスマン帝国の三頭政治家となるタラート、エンヴェル、ジェマルは、しばらくの間、政権外にいた。ジェマルはイスタンブル軍政官の職に就き、タラートはCUPの総書記を続け、エンヴェルは戦場に赴いた。

戦いが再開されると、オスマン帝国にとっては不利な方向に展開した。一九一三年二月三日、交戦国間の合意が得られないうちに休戦期間が満了した。重要な都市が包囲下にあり、それらの都市への物資の補給も救済も不可能だったので、オスマン軍は、最後のヨーロッパ所領が次から次へと野心に燃えるバルカン諸国の掌中に入るのをどうすることもできずに眺めるだけだった。三月六日、ギリシア軍はマケドニアのヤニナ（現代ギリシアのイオアニナ）を占領。モンテネグロ軍はイシュコドラ（現代アルバニアのシュコダル）のオスマン防衛軍を釘づけにした。三月二十八日、ブルガリア軍がエディルネの防衛軍を飢餓に追い込み、降伏させると、オスマン帝国全土にもっとも残酷な衝撃が走り、深刻な国家的危機を迎えた。

エディルネ陥落後まもなく、マフムト・シェウケト・パシャは即時停戦を呼びかけた。五月の終わりにロンドンで、オスマン帝国とバルカン諸国との間での交渉が再開され、一九一三年五月三十日に英国の調停のもとで正式に講和条約が締結された。この「ロンドン条約」により、オスマン帝国政府は六万平方マイルの領土と四〇〇万人の住民を失い、ミディエ＝エネズ線〔現代のクユキョイとエネズを結ぶ線〕で規定されたイスタンブル後背地のトラキア東部の小部分を残して、ヨーロッパ領のすべてを失った。トルコ政府は伊土戦争のときと同様に完全な敗北を喫した。

リビアを失ったことは、アルバニア、マケドニア、トラキアの喪失に比べればたいしたことではなかった。五世紀前に、ビザンツ帝国から奪ったこれらのヨーロッパ領土は、オスマン世界の経済、統治上の心臓部であった。そしてまた、これらの領土はオスマン帝国の中で、もっとも豊かで進んだ諸州だった。税収入を失ったことに加えて「第一次バルカン戦争」の多額の戦費がオスマン帝国財政を圧迫した。数千人の避難民の再定住が必要とされ、彼らの非衛生的な収容所で伝染病が蔓延した。オスマン帝国政府はまた、二度の負け戦で被った人材、資材の多大な損失の後で、オスマン軍再建のための途轍もない出費に直面した。

オスマン人が直面した最大の障害はおそらく、一般国民の士気の問題だったであろう。イタリアのような比較的進んだヨーロッパ列強の一つに敗れるのは致し方ないにしても、オスマン軍や一般大衆にとって、かつてオスマン帝国に属していたバルカン小国に敗れるのは容認しがたいことだった。「五世紀にわたるわれわれの臣下の民として一段低く見ていたブルガリア、セルビア、ギリシアがわれわれを打ち負かした」と「青年トルコ人」の知識人、ユースフ・アクチュラが書いている。「想像の中でさえ描くことができなかったこの現実はわれわれの目を開くことだろう……もしわれわれが完全に死んでいなければ」。十九世紀以降、悲観的なヨーロッパ人はオスマン帝国を「ヨーロッパの病人」と呼んでいた。もっとも楽観的な「青年トルコ人」たちでさえ、「第一次バルカン戦争」が終わるころには、病人の死を度外視することができなくなった[26]。

敗北がイスタンブル政界を二極化した。CUPは、一九一三年一月のカーミル・パシャのリベラル派政府に対するクーデターはエディルネの喪失を防ぐために必要だったと正当化していた。だが、エディルネが陥落してしまうと、リベラル派は恨みを晴らすためにユニオニストを政界から追い払おうと決意した。代表的なユニオニストでイスタンブルの軍政官だったジェマルは、スパイを使って、(超党派)政権に対する反逆を企てていると疑われたすべての人を監視させた。彼の最善の努力にもかかわらず、ジェマルは大宰相を守りきれなかった。エディルネ割譲を決めた「ロンドン条約」の調印から数日後の六月十一日、マフムト・シェウケト・パシャは崇高門を出たところで射殺された。

ユニオニストは大宰相暗殺後の混乱を利用して、政治的優位性を勝ち取った。ジェマルはリベラル派の力を断ち切るため、追放に着手した。数十人が逮捕され、一二人の指導者は迅速な裁判の後、六月二十四日に処刑された。国外にいる著名な反体制派で欠席裁判により死刑宣告を受けた者も大勢いた。数十人が国外追放された。リベラル派の政敵を排除してしまうと、ユニオニストが権力を握った。一九〇八年の革命以来、「青年トルコ人」は政界に距離を置く方針で来たが、一九一三年、ついに自分たちで統治する決心をした。

一九一三年六月、スルタンはユニオニストでエジプト王室のメンバーであったサイード・ハリム・パシャを呼び、次政権を樹立するよう要請した。サイード・ハリム・パシャの内閣で、もっとも有力な「青年トルコ人」が初めて国家指導の地位に台頭した。エンヴェル、タラート、ジェマルの三人はすべて、行政官と軍人の最高の地位である「パシャ」に昇格した。タラート・パシャは内相として入閣。エンヴェル・パシャは陸軍のもっとも有力な将軍として登場し、一九一四年一月に陸相になった。ジェマル・パシャはイスタンブルの軍政官にとどまった。一九一三年以降、彼らはオスマン帝国の三頭政治家として台頭し、スルタンや大宰相（オスマン帝国の首相）よりも大きな影響力を持った。

一九一三年七月、ユニオニストが率いる政府がエディルネを奪回すると、CUPは論争の余地のない権力を掌中にした。これは、実際にはブルガリアのバルカン半島のライバル国からの贈り物だった。ヨーロッパ列強がアルバニアの独立宣言を承認すると、「第一次バルカン戦争」後、戦勝国の間で些細な利権の分割が取り返しのつかない結果を招いていた。オーストリアとイタリアがとくにアルバニア建国を支持したのは、セルビアを押し込め、アドリア海の新しい海洋国家ができるのを阻止する緩衝国にしたいためだった。ヨーロッパ列強は、「第一次バルカン戦争」で占領したアルバニア領土からセルビアとモンテネグロを無理やり撤退させた。アルバニアの土地を失って落胆したセルビア人は、ブルガリアとギリシアが占領したマケドニアで憂さを晴らそうとした。トルコ軍ともっとも勇猛に戦ったと確信していたブルガリア軍は、セルビア人に領土を割愛することを拒否し、ロシアの仲介もはねつけた。一九一三年六月二十九日夜から三十日にかけて、ブルガリア軍はマケドニアのセルビア軍とギリシア軍の拠点を攻撃し、「第二次バルカン戦争」が始まった。

ブルガリアは、ルーマニアとモンテネグロがギリシア、セルビアと同盟を組んだため、バルカン半島の隣国すべてと戦うことになった。手を広げ過ぎたブルガリア軍は、ギリシアとセルビア戦の損失を補うため、オスマン戦線から部隊を撤収せざるを得なかった。これがまさにエンヴェルが待ち望んでいた突破口だった。だが、サイード・ハリム・パシャ政権は、さらなる軍事的冒険は帝国の消滅を引き起こしかねないことを恐れて、これに抵抗した。「正式に政権を任された者が軍隊に出陣命令を出す勇気がないならば、私は命令がなくても進軍する」とエンヴェルは書いている。最終的には、エンヴェルは命令を受け、騎兵と歩兵の小部隊を率いて、最近決定したばかりの国境を越え、エディルネへと進軍した。[27]

七月八日、オスマン軍がエディルネに近づくと、ブルガリア防衛軍の銃撃が激しくなった。エンヴェルは部隊を後退させ、ブルガリア兵にこの町から撤退するように説得した後で、翌日、エディルネに抵抗を受けずに入城することができた。彼は撤退するブルガリア兵を追うために騎兵の一隊を急派すると同時に、戦火で荒廃した町のオスマン軍拠点を強化した。エディルネを解放した喜びは、オスマン兵士が直面した人道上の災厄で打ち消された。エンヴェルは、「破壊された家々にうずくまっている哀れなトルコ人たち、残虐行為による傷ついた高齢者、政府の慈善事業に頼るしかない孤児たち、一足進むごとに目に入るたくさんの残虐行為」の恐ろしさを記録している。[28]

七月いっぱいかかって、オスマン軍はブルガリアがバルカン近隣諸国に敗北したトラキア東部の大半を再占領した。八月十日、ブルガリアは講和を求め、エディルネとトラキア東部は確実にオスマン軍の掌中に入った。エンヴェルはふたたび称賛を受け、「自由の英雄」は今や「エディルネの解放者」と宣言された。オスマン帝国全土で国民は喜びで有頂天になった。CUPは、たくさんのみじめな敗北の後で勝利を挙げたことで、オスマン帝国民から前例のない支持を得た。この快挙で、ムスリム世界全土から受けた称賛について、エンヴェルは最新の勝利を誇りとし、「子供のようにうれしかった。たった一夜でエディルネに飛び込むことができた、ただ一人の人間だったからだ」と、ドイツの友人ハンス・ヒューマーンに打ち明けている。[29]

戦争と政治的動乱で傷つけられた「青年トルコ人」政権は、一九〇八年の革命の自由主義的理想を実践することができなかった。ユニオニストは、オスマン帝国支配下に確実にとどまっている諸州の統制を強化することによって、外国からの脅威と国内からの突き上げに対処した。政府は、中央集権化した政府によって効率よく帝国を分断しようとする求心力と戦うためにさまざまな政策を採用した。課税や徴兵など人気がない政策を含めた法律の運用は、帝国のすべての州を通して例外なく、厳格に行なわれるべきであるとされた。そしてすべてのオスマン国民は、政府との公式な折衝にはトルコ語の使用を義務づけられた。

これらの中央集権的政策はアラブ諸州を目標としたもので、バルカン諸国が独立した例にならって、アラブ人が分離主義的ナショナリスト運動を引き起こすのを防ぐためだった。一九〇九年以降、大シリア州とイラクの諸州でオスマン・トルコ語が学校、法廷、官公庁で次第にアラビア語に代わって使われるようになっていった。政府高官はトルコ人官吏が任命されるようになり、経験を積んだアラブ人の役人は低レベルの役職にとどめられた。これらの人気のない政策は、予想どおり、多くの忠実なアラブ人臣民に「青年トルコ人革命」の専制的転向に不満を抱かせ、「トルコ化」に反対する市民結社的協会が結成されるようになった。まだナショナリストにはなっていなかったこれらの戦前の「アラビスト」の協会は、オスマン帝国の枠組みの中でのアラブ人の文化的、政治的権利の拡大を呼びかけた。だが、「大戦」の進展に伴い、こうしたアラブ人活動家は次第に数を増し、やがて完全な独立をめざすようになる。

アラビストの協会は、イスタンブルとアラブ諸州でつくられた。オスマン帝国議会のアラブ人議員たちはイスタンブルを基盤とした「アラブ系オスマン人同胞協会」と、「文人クラブ」の集まりに積極的な役割を果たした。この二つの協会は共通の関心のある文化的事項を討議するものであった。改革のための協会がベイルートとバスラに、「国民科学クラブ」がバクダードに設立された。これらの協会はオスマン当局の了解のもと、オープンに活動したが、秘密警察の完全な監視下にあった。[30]

もっとも影響力のあるアラビストの協会の二つは、検閲官や警察の手が届かないところで設立された。「アル＝ファタート」（アラビア語名、ジャミイーヤ・アッラビィヤ・アル＝ファタートから来ている）として知られる「青年アラブ人協会」は、一九〇九年にパリでシリア人ムスリムにより設立された。オーストリア＝ハンガリー・ハプスブルク帝国をモデルに二民族のトルコ＝アラブ国家であると考えられるオスマン帝国の枠内で、「アル＝ファタート」はアラブ人の平等を求めた。この協会の創立者の一人であるタ－フィク・アル＝ナートゥルの回想によれば、「われわれアラブ人が要求するすべては、オスマン帝国においてトルコ人自身と同様に、同じ権利と義務を持つこと、またトルコとアラブの二つの偉大な国民性を有する人びとから形成される帝国を持つことである」とされている[31]。

カイロでは、同じような考えを持ったシリア人移住者が、一九一二年に「脱オスマン中央集権党」を設立した。「青年トルコ人」の中央集権的政策をきっぱりと拒否したカイロのアラビストは、民族的、人種的多様性を持つオスマン帝国は、諸州にかなりの自治権を与える連邦システムによってのみ統治が可能であると主張している。彼らは理想のモデルとして自治州を持つスイスの脱中央集権化した政府を挙げている。だが、「脱中央集権党」はオスマン帝国スルタン治下の統一性を主張し、各州の言語とともにトルコ語の使用を提唱した。

ユニオニストはアラビストの結社の激増に懸念を深めていた。バルカン戦争が山場を迎えているとき、「青年トルコ人」は脱中央集権化や二重王国の要求に妥協する気はまったくなかった。一九一三年二月、「ベイルート改革協会」が行政の脱中央集権化を呼びかけるマニフェストを出版したとき、オスマン当局は取り締まりを強化した。一九一三年四月八日、警察は「ベイルート改革協会」の事務所を閉鎖し、組織の解散を命じた。この協会の有力メンバーは全市のストライキを呼びかけ、大宰相に事務所閉鎖に抗議する陳情を行なった。数人の協会メンバーが煽動の罪で逮捕された。だが、「ベイルート改革協会」は激しい政治的危機に陥ったが、一週間後に逮捕者が釈放されてストライキは終わった。だが、「ベイルート改革協会」は再開されることはなく、アラビストは地下に潜伏することになった。

高まるオスマン人の反対に直面して、アラビストたちは彼らの主張を国際社会に持ち出した。パリの「アル=ファタート」のメンバーたちはオスマン政府の弾圧を恐れることなく政治を検討する自由を利用するためと、彼らの主張への国際的な支持を得るためにフランスの首都で会議を開くことに決めた。招待状はオスマン帝国、エジプト、ヨーロッパ、アメリカのアラビスト協会に送付された。フランス駐在オスマン帝国大使の会議開催阻止努力にもかかわらず、オスマン帝国内のアラブ諸州すべてから二三人の代表――ムスリム一一人、キリスト教徒一一人、ユダヤ教徒一人が、「第一回アラブ人会議」に出席するためにパリに到着した。会議は一九一三年六月十八日に一五〇人のオブザーバー聴衆を前にして開催された。

バグダード生まれのターフィク・アル=スウェイディは二人しかいないイラク代表の一人だった（スウェイディの友人でユダヤ教徒代表のスレイマン・アンバルもまたバグダードから来ていた）。ほかの参加者のすべてが大シリア出身だった。スウェイディはアラビスト政治への最近の転向者だった。後年の彼の回想によれば、「私はアラブ系オスマン人ムスリムであることは知ってはいた。だが、私はアラブ人としての自分についてひどく曖昧な認識しか持っていなかった」という。トルコ語が流暢なスウェイディは、一九一二年にイスタンブルで法律の学位を取り、その後パリへ移り、法学の勉強を続けた。彼はパリで自分の政治思想に「深い影響を与えた」アラビストたちと知り合った。スウェイディは「アル=ファタート」に加わり、「アラブ人会議」の組織化に重要な役割を果たした[32]。

「第一回アラブ人会議は、はっきりした三つの派閥間のおおっぴらな口喧嘩の場になってしまった」と、スウェイディは振り返っている。第一のグループは「ムスリム・アラブ青年」たちで、「帝国のトルコ人臣民と同等の権利」を求めた。第二のグループはアラブ人キリスト教徒たちで、「トルコ人に対する激しい憎悪感に満ちていた」。スウェイディは第三のグループを「風見鶏」とけなし、彼らは「トルコ人への忠誠心とアラブ人への忠誠心を選ぶことができない日和見主義者」で、最終的には彼らの物質的利害を有利にしてくれるほうにつくであろうと言っている。

六日間にわたる会議で、代表たちの改革協議事項の枠組みとなる一〇件の決議案に会議は同意した。彼らはアラブ人の政治的権利を要求し、脱中央集権化によりオスマン帝国行政にアラブ人の活発な参加をも求めた。彼らはアラビア語を公式言語と認め、国会でアラブ人議員が母語で演説することを許すべきであるとした。彼らはまた、「非常に例外的な場合を除き」、召集兵は出身州に限って兵役に就くことを求めた。会議はまた、「脱中央集権化に基づくオスマン帝国のアルメニア人の要求に同情」する決議を通している。代表たちは、彼らの決定を大宰相府とオスマン帝国に好意的な政府と共有するものであると決議している。会議は六月二十三日夜に閉会した。

アラブ人会議は、「青年トルコ人」との交渉を始めるのがもっとも困難な時期を選んだことになった。オスマン帝国政府は、アルバニア、マケドニア、トラキアを失うことになる「第一次バルカン戦争」終結の「ロンドン条約」に調印し（五月三十日）、大宰相マフムト・シェウケト・パシャが六月十一日に暗殺されていた。パリで会議が開かれたとき、ユニオニストたちはリベラル派の政敵を政府から追放する最中で、初めて権力を掌握しはじめたところだった。だが、パリの会議は無視できない脅威になった。もし、オスマン帝国政府がこれに応えることに失敗すれば、アラビストはヨーロッパ列強に支持を求めることはほぼ確実であり、フランスはすでにシリアとレバノンに関心があることを隠してはいなかった。

「青年トルコ人」は、総書記ミトハト・シュクリュを急派して、被害を最小限度に食い止める対策に当たらせ、会議代表者と交渉し同意した改革事項をまとめようとした。ターフィク・スウェイディは、

「彼らをオスマン帝国政府側に引き寄せようという明確な目的を持って当該者と接触して」日和見主義者たちと会うというミトハト・シュクリュの使命に疑念を抱いた。だが、オスマン帝国政府仲介者たちは「アラブ人会議」の決議に歩み寄った改革同意案を何とかまとめ上げた。「パリ協定」はオスマン帝国政府のあらゆるレベルでアラブ人の参加を広げ、アラビア語の使用を拡大し、召集兵は「郷里の近く」で兵役に就くことを確認した。[33]

大宰相府は「パリ協定」の成立を祝うため、「アラブ人会議」の代表者たちをイスタンブルに招待した。招待に応じた三人の代表は首都で温かい歓迎を受けた。彼らは、皇太子スルタン・メフメト・レシャト、大宰相サイード・ハリム・パシャ、そして三人組統治者のエンヴェル、タラート、ジェマルに会った。彼らは豪華な晩餐会でもてなされ、オスマン帝国政府の最高位の人びととトルコ=アラブ同胞愛について温かい言葉を交わした。

公式晩餐会や優雅なスピーチも、オスマン帝国政府がアラブ人の土地で改革計画を何も実行していない事実を隠すことはできなかった。ターフィク・スウェイディが見抜いていたように、「オスマン帝国政府の内情に詳しい人たちは、こうした現象は時間稼ぎの巧妙な処置にすぎず、潮時を見て、アラブ人会議を組織した者たちを罰する手段にすぎなかった」。一九一三年九月、代表者たちは何も得るところがなくベイルートへ帰ってきた。慌ただしい出来事で高まったアラビストの抱負は最後には失望に変わった。そして、スウェイディの鋭い洞察力が示したようにアラブ人会議の組織者たちは要注意人物としてマークされた。アラブ人会議から三年以内に、そのうちの数人がアラビスト政治活動を理由に絞首台で死を迎えた。[34]

この五年間に、オスマン帝国は革命、外国列強に対する三つの大きな戦争、宗教がらみの虐殺から分離主義者の蜂起に至る多くの国内騒乱など、どれもがさらなる外国介入を招きかねない出来事に耐えてきた。この時期にオスマン帝国が失ったものの大きさは筆舌に尽くせない。オスマン帝国は北アフリカとバルカン半島の最後に残った領土とともに、数百万人の臣民をヨーロッパ人の統治下に引き渡した。その結果起きた緊急事態によりオスマン人改革者たちは、帝国が全面的な崩壊に陥るのを防ぐ必死の企てのために、リベラリズムを放棄するところまで追い詰められた。スルタンの専制政治に挑戦した一九〇八年の制憲運動は次々と起こった危機を経て、一九一三年末には、三人の理想主義ユニオニスト、エンヴェル、タラート、ジェマルが率いるもっと専制的な政府が出現した。

エディルネの解放はオスマン帝国によりよい未来への新しい希望をもたらした。オスマン軍は失地回復能力があることを証明した。「今やわれわれには国家の大事を任せることができる軍隊がある」とエンヴェルは有頂天になった。「われわれが失ったあらゆる損害にもかかわらず、この気の滅入る戦いの開始時より数千倍も義務を貫徹することができる軍隊だ」。北アフリカとバルカン半島での領土喪失は嘆かわしい限りだったが、オスマン帝国はトルコとアラブ諸州にまたがる大きな領土を持つ国として台頭してきた。このようなアジアのムスリム帝国の結合力と論理で行けば、旧オスマン帝国よりも内外からの挑戦にうまく持ち堪えることができそうだった。(35)

ユニオニストはよりよい未来への希望を持ってはいたものの、国境地帯の内外に脅威を感じていた。彼らはアラブ人が彼ら自身のナショナリスト運動で自滅するのではないかと懸念しており、またアルメニア人の抱負はオスマン帝国の存続を脅かすと見ていた。アナトリア東部諸州は、ヨーロッパ列強の後ろ盾のあるアルメニア人の改革要求がいちばん強いところだが、トルコ人にとっても欠くことのできない重要な場所である。ロシアとトルコの国境地帯をまたぐアルメニア人コミュニティ間の交流は、アルメニア人のオスマン帝国からの分離主義の危険を増大させていた。

「青年トルコ人」はロシアをオスマン帝国存続にとって唯一最大の脅威であると見ていた。アナトリア東部、ボスフォラス＝ダーダネルス海峡とオスマン帝国首都そのものに領土的野心があるロシアは、おおっぴらにオスマン帝国の消滅をめざしていた。野心的なヨーロッパ列強は、オスマン帝国が友好的なヨーロッパ大国と手を結んでくれないと心穏やかではいられない。オスマン帝国はそのような防衛同盟国を求めて、一九一四年の運命的な年を迎えた。その模索が、究極的にはオスマン帝国を「大戦」に引き込むことになる。

第2章 「大戦」前の平和

春は新しい楽観主義の波を一九一四年のオスマン帝国にもたらした。第二次バルカン戦争の勝利とエディルネとトラキア東部の奪還は国民の自信にすばらしい影響を与えた。長年にわたる戦時の緊縮財政の後で、オスマン帝国経済は平和の最初の受益者だった。兵役を解除された兵士たちは労働者に戻った。農民たちは記録的な豊作を予想していた。トルコとアラブ諸州全土の町で建築ブームが起こった。航路に軍艦や機雷がなくなると、貿易が再開されて活力が戻った。外国貿易の拡大によってもたらされた近代的な発明品は、その年のうちに、民需から軍需に転用されることになる。

自動車の登場はイスタンブルの街路の静けさを破った。一九〇八年まで、自動車はオスマン帝国では禁止されていた。「青年トルコ人革命」以降、その使用がやっと許可されると、最初のオスマン人運転者たちは多くの障害に出くわした。帝国の道路はほとんど舗装されていなかった。燃料供給や修理のサービスステーションは少なく、ステーション間の距離も長かった。さらに道路交通法もなく、運転者は道路のどちら側を走るかという基本的な問題で意見が違ったりしていた。一九〇八年以降、オスマン帝国ではきわめて少数の自動車しか売られていなかったのは驚くに当たらない。アメリカでは一九一三年末にはすでに一〇〇万台が道路を走っていたのに、アメリカ領事館員の推定によれば、オスマン帝国全体で約五〇〇台の自動車しかなく、そのうち二五〇台がイスタンブルにあったという。バグダードのような辺境地方の都市では、自動車の数は実際に片手で数えられるほどだった。だが、一九一四年半ばには、首都では「リムジン、乗用車、トラック、配送車、救急車」などが道路のスペースを奪い合い、最初の交通渋滞を経験しはじめるようになった。(1)

航空機もまた、「青年トルコ人」時代のオスマン帝国に最初に出現した。航空機産業はまだ生まれたばかりで、一九〇三年十二月、ライト兄弟が機械装置を備えた、空気より重い機体で初飛行に成功したばかりだった。六年後、パイオニアの飛行家ルイ・ブレリオが飛行のすばらしさを伝えるためにイスタンブルにやってきた。彼は一九〇九年七月に、単葉機で英国海峡を越えることに成功しており、イスタンブル訪問が熱烈に待たれていた。このイベントで、強風によりブレリオの飛行機がイスタンブルの民家の屋根に衝突し、パイロットは負傷して、回復するまで三週間、地元の病院に入院することになった。(2)

最初のトルコ軍パイロットが訓練のためヨーロッパへ送られたのは一九一一年である。一九一四年までには、トルコ空軍がオスマン帝国上空の制空権を主張しはじめた。二月にフェトヒ・ベイ中尉がエンヴェル・パシャの副官サードゥク・ベイを伴ってイスタンブルからアナトリアとシリアを経てエジプトへ飛行しようとした。彼らの乗機（ブレリオの設計で、ムアヴェネティ・ミッリエ〔ナショナル・アシスタンス〕と命名されていた）はタルススからアダナまでの約四〇キロの距離を、時速九六キロ以上のスピードで、二〇分で飛んだ。地上の群衆は頭上を飛ぶ飛行機に手を叩いて歓声を上げた。彼らはダマスカスまで何とか安全に飛んだが、エルサレムまでの飛行でエンジン・トラブルが起き、ガリラヤ湖の東側に墜落し、二人のパイロットは死亡した。トルコの軍歴上、死亡した最初のパイロットとして、フェトヒ・ベイとサードゥク・ベイはダマスカスのウマイヤ・モスクのサラディンの墓の隣に埋葬された。二度目の飛行計画も同じような結果に終わったが、一九一四年五月、サリム・ベイとケマル・ベイがイスタンブルからエジプトへの飛行をようやく成功させた。[3]

一九一四年六月、アメリカ人飛行家ジョン・クーパーがイスタンブルで数千人の観客にカーティス飛行艇を紹介飛行した。マルマラ海から飛び立った飛行艇は、平均高度三〇〇メートルで二四キロを飛び、イスタンブルのヨーロッパ側とアジア側を隔てるボスフォラス海峡の水域に着水した。政府、議会、皇室のメンバーがデモ飛行を見守った。それからクーパーは重要人物を旅客席に乗せ、目撃者が語るように、「このような飛行がまったく目新しかった観客たちの称賛と驚きの中で」、七回も飛行を繰返した。翌日、主要なイスタンブルの新聞はすべて、写真入りでこのニュースを報じた。[4]

機械化輸送の普及で一九一四年春のオスマン帝国に楽観的ムードが広がった。五月にフランスとの交渉によって得た一億ドルの借款で、オスマン政府は大きな公共事業に投資し、帝国諸州すべてに電気、街灯、路面電車、都市間鉄道、近代的港湾設備を整えることができた。フランスからの借款の発表は、商業、工業ブームの到来を広く期待させた。

フランス借款は、バルカン戦争の結果、オスマン帝国とその近隣諸国との間の際立った差異を解決するため、ヨーロッパ列強の仲介による平和交渉の結実によるものだった。目に見える経済成長を約束するフランスからの投資資金投入は、オスマン政府にとって、アルバニア、マケドニア、トラキアの喪失を容認する強い動機になった。だが、平和協定が締結され、フランス借款が決まった後でもまだ、イスタンブルとアテネ間に重要な問題が立ちはだかっていた。

「第一次バルカン戦争」を終結させる一九一三年の「ロンドン条約」の条文には、ギリシアがトルコから奪ったエーゲ海のスミルナ（現代のイズミル）への入港航路上にあるキオス島とミティリニ島のほか、ダーダネルス海峡から約八〇キロのところにあり、水深の深いムドロス港を持つレムノス島の三島はギリシア所有のままだった。大宰相府はこれらの島々の喪失をけっして認めず、ギリシアがトルコ沿岸水域でのさばることに不満だった。オスマン帝国外交官はエーゲ海島々の領土回復を求める政府の要求にヨーロッパの支持を求める一方、オスマン帝国の戦争企画者は東地中海の海軍力のバランスを有利に進めようとした。

一九一一年八月、オスマン帝国政府は二隻の弩級戦艦を英国造船所ヴィッカーズ・アームストロング社に発注し、一九一四年七月に引き渡しが予定されていた。これは、オスマン帝国海軍の近代化を助ける英国海軍使節団の発注の一部として扱われた。オスマン帝国の名祖で創始者であるスルタン・オスマンから名づけられたスルタン・オスマン号と、在位中のスルタン・メフメト・レシャトから名づけられたレシャディエ号はオスマン国庫にとって途方もない出費だった。政府はオスマン人の愛国心に訴えて、戦艦の購入資金の大部分を国民の募金で賄った。トルコの小学生たちは小遣いを寄付するように要請された。町の広場には資金募集スタンドが設立され、五ピアスター以上の募金をすると、愛国市民たちは巨大な木のブロックに釘を打ち込むことができた。戦艦はリビアと第一次バルカン戦争敗北後の帝国海軍を再興させるものとして、誇り高いオスマン帝国民の注目の的になる一方、ギリシアとロシアは一九一四年春に完成予定の弩級戦艦に関心を強めていた。巨大なトルコ戦艦は、ロシア黒海艦隊やエーゲ海のギリシア海軍に対して圧倒的優位性を与えそうだったからだ。

エーゲ海諸島をめぐる紛争、差し迫る弩級戦艦の就航で、一九一四年にギリシアとトルコの間には今にも戦争が起きそうだった。ギリシアの役人たちは、オスマン帝国政府が新しい海軍の艦船を掌中にする前に先制攻撃をかけ、トルコを敗北させるべきだと主張した。オスマン帝国政府はふたたび戦争に備えて国民の徴兵準備に取りかかり、一九一四年四月に帝国全土の村長に通達を送って動員の可能性を警告し、キリスト教国ギリシアとの戦争の噂を材料にイスラームへの忠誠を求めた。(5)

ギリシアとトルコの間の戦争再開の予想は、サンクトペテルブルクに警鐘を鳴らした。ロシア人はギリシア人よりも海軍力の勢力均衡にこだわらなかったが、オスマン水域がロシア黒海航路に開放されているかどうかのほうが大きな関心事だった。九〇パーセントの穀物輸出を含むロシア総輸出の五〇パーセントはトルコの海峡を通るからだ。エーゲ海での戦争再開で、オスマン帝国政府は海峡封鎖をすれば、ロシア貿易は行き詰まり、ロシア経済に壊滅的影響を及ぼすことになる。そこでロシアは、ギリシアがトルコと戦争しないように外交努力を重ね、他方、英国には戦艦のオスマン海軍への引き渡しを遅らせるように圧力をかけた。(6)

ロシア外交には大きな魂胆があった。オスマン帝国の崩壊は近いと確信していたロシア皇帝とその政府は、ヨーロッパ列強による将来のオスマン帝国領土の分割の際に、大きな戦略的価値がある領土を取りたいと宣言しておきたかった。ロシアの優先課題のトップは、ほぼ五世紀にわたるトルコ人ムスリム支配下にあったコンスタンチノープルを東方正教会のために奪回するとともに、ロシア黒海の港湾都市を地中海に結びつける二つの海峡をロシアの管理下に入れることになりそうだった。したがって、サンクトペテルブルクはロシアが熱望しているオスマン領土がギリシアやブルガリアの手に落ちることになりそうな戦争を防ごうと決意した。一九一四年二月の閣議で、コンスタンチノープルとボスフォラス＝ダーダネルス海峡の占領を検討し、全面的なヨーロッパ戦争になったときがその好機であろうと判断した。ロシア皇帝ニコライ二世は、一九一四年四月に閣議のプランを承認し、政府ができるだけ早く、イスタンブルとボスフォラス＝ダーダネルス海峡占領に必要な部隊の創設を決めた。(7)

ロシアはオスマン帝国首都の併合計画とともに、アナトリア東部のオスマン領土でも彼らの足場を確保しようとした。オスマン帝国の東側国境地帯はロシアの情勢不穏なコーカサス諸州と国境を接しており、ロシアと大英帝国の対立ゾーンであるイラン北西部にもつながっていた。アナトリア東部は、ヨーロッパ列強がアルメニア人居住州と認定しているエルズルム、ヴァン、ビトリス、ハルプト、ディヤルバクル、スィワスの六州に分かれていた。推定では一二五万人のアルメニア人が国境のロシア側に住み、一〇〇万人のアルメニア人が、国際社会からアルメニア系トルコ人居住区として認められているアナトリア東部のオスマン帝国六州に住んでいた。ロシア皇帝政府は土着アルメニア人の権利を守るためとの口実で、一八七八年以来、オスマン帝国問題に干渉してきた。だが、オスマン領土に対するロシアの野心のために、その努力はオスマン人とアルメニア人との緊張を高めていた[8]。

アルメニア人とクルド人の間の緊張が再燃したのは、「青年トルコ人革命」後、数年経ってからだった。一八九〇年代の暴力を逃れたアルメニア人の一部が一九〇八年の革命後、自分たちの家と村を取り戻そうとした。アルメニア人が放棄した資産を占有していた何人かのクルド部族民は以前の持ち主の返還要求を拒否した。一九〇九年にはすでにアルメニア人とクルド人間の論争が暴力行為にまで発展したが、常にクルド人が優位に立っていた。遊牧民のクルド人は定住民アルメニア人よりもしっかり武装していたし、オスマン帝国役人たちはムスリムのクルド人よりもキリスト教徒のアルメニア人側につくことは稀だった。オスマン軍がアナトリア東部からリビアやバルカン戦争に再配置されたり、アルメニア人召集兵が一九一二年にバルカン前線に送られたりしたときに情勢はさらに悪化した。アルメニア人農夫らは次第に緊張が増してきたクルド人との紛争で、自分自身を守らなければならなかった[9]。

一九一三年六月、ロシアはアナトリア東部におけるアルメニア人の自治拡大を図る改革提案を持って権力の空白地区に乗り込んできた。ロシアのプランは、アブデュルハミト二世が一八九五年に出したアルメニア人への改革勅令を利用して、オスマン帝国の東部六州を二つの半自治区に分け、ヨーロッパ列強に指名された外国人の総督による統治を求めたものである。さらに、同数のムスリムとアルメニア人から成る州議会の設立を提案している。ヨーロッパとオスマン帝国外交官はいずれも、この提言がアナトリア分割の始まりとなり、ロシアが東部諸州に覇権を確立するものであると、強い懸念を示した。サンクトペテルブルクはさらに強気の外交を展開し、ロシアとトルコ国境地帯ばかりでなく、アルメニア人を守るという口実で、オスマン領土内のエルズルム市内にまで、軍の動員配備を提案した。大宰相府は軍事衝突を避けるため、ロシア政府の改革提案に同意し、一九一四年二月八日に調印した。

アルメニア改革提言はロシアとの紛争を先延ばししただけで、「青年トルコ人」のアルメニア人との問題を悪化させた。オスマン政府は、改革プランはアルメニア国家形成の序曲であり、国家存亡の脅威と見ていた。「青年トルコ人」は改革プランの実現を何が何でも阻止すると決めた。内務相で三統領の一人であるタラート・パシャはアルメニア人を六州から追放して、このような改革がまったく必要でなくなる並外れた措置を計画しはじめた[10]。

「青年トルコ人」政府とロシアとの交渉で、オスマン帝国が国際舞台でいかに孤立しているかが明らかになった。大宰相府は帝国領土の安全保障に対するロシアの危険をよく知り過ぎていた。通常ならば、オスマン人はロシアの野心を差し止めるために、英国かフランスに頼ることができたが、これらの三国は今や協商国協定を結んでいる。英国もフランスもオスマン帝国の側に立つことは期待できない。危険なときには、オスマン帝国には強い友人が必要だった。その有力候補がドイツであった。

ドイツとオスマン帝国の友好関係は比較的深かった。一八九八年、ドイツ皇帝ヴィルヘルム二世は国賓としてオスマン帝国を訪れた。イスタンブルを皮切りに、彼はトルコとアラブの諸州を旅行し、重要な都市と歴史的名所を訪れた。ダマスカスでは、皇帝はとくにオスマン人と世界のムスリム全般への永遠の友情を誓って、「スルタンと彼をカリフと仰ぐ三億人のムスリム臣民に対し、ドイツ皇帝はどんなときでも友人であり続ける」と述べた[11]。

ヴィルヘルムの友好宣言はまったく私心のないものではなかった。長い歴史と伝統のある英帝国へのライバル意識から、皇帝は、オスマン帝国とのパートナーシップにドイツの影響力を拡大する好機があると考えた。彼はまた、預言者ムハンマドの後継者であり、全世界のムスリム共同体の指導者であるカリフとしても認められているオスマン帝国スルタンと友好関係を結ぶことによって、全世界のムスリムがどのヨーロッパ列強よりもドイツに共感を持つようになると信じた。英国統治下にあるインド、ペルシア湾沿岸とエジプトの一億人を超えるムスリムがいることから、必要が生じた際には、イスラーム教徒を英国に対する武器として使えるとドイツは見ていた。

トルコはまた、ドイツにとって戦略地政学的に重要な位置を占めていた。ドイツ皇帝の訪問時に、英国とロシアは中央アジアでの覇権をめぐって、のちに「グレート・ゲーム」として知られるようになる厳しいライバル関係にあった。アナトリア東部のトルコ諸州はペルシアと中央アジアへの玄関口であった。オスマン人と同盟を結ぶことにより、ドイツはこの「グレート・ゲーム」のプレイヤーになって、英国とロシアに圧力を加えることができそうだった。

オスマン帝国の南側国境はペルシア湾に達している。ここからドイツは、油断なく守られている「英国の湖」を侵攻したいと願っていた。十九世紀以来、英国は「休戦協定諸国」(今日のアラブ首長国連邦)、オマーン、カタール、バーレーン、クウェートのアラブ人支配者と英国との排他的条約を結ぶことにより、オスマン人やヨーロッパ列強を締め出すことができた。一八九八年のドイツ皇帝のオスマン帝国訪問後、ドイツはこのトルコとの新しい連携を利用して、ベルリンとバグダードを結ぶ鉄道によって英国のペルシア湾独占に挑戦しようとしたのだ。

ドイツは、皇帝訪問後の一八九九年十二月、トルコからバグダードを経てペルシア湾のバスラに至る鉄道敷設の特権を得た。鉄道建設は一九〇三年に始まり、一九一四年までにイスタンブルとアンカラが結ばれ、その先のアダナ近くの地中海沿岸まで達した。だが、鉄道建設はキリキアの二つの山脈で、予期していなかった困難にぶつかり、計画よりだいぶ遅れてしまった。工事はアナトリアの線路の大部分は完成したが、シリアとイラクではかなり長い距離の鉄道がまだ工事中であった[12]。

一九一四年六月一日、最初の列車が何のファンファーレもなくバグダード駅を出発した。鉄道線路は六二キロ北のスマイハと呼ばれる砂漠の何もないところまで続いていた。どこへ行くのか知れない列車に一般の関心がないのにもへこたれず、鉄道会社は時刻表を印刷し、官庁、外国領事館、クラブ、ホテルに配布した。鉄道工事はピッチを上げ、一九一四年十月にはこの線路はサーマッラーまで達した。北方面行きの列車は週一回、午前一〇時にバグダード駅を出発し、三二キロの平均時速で、四時間かけて一一八キロを走行した。帰りの列車は毎木曜日の午前一〇時にサーマッラーを出発し、バグダードへ向かった。バグダードとベルリン間の直通列車の夢はまだ遠いままだったが、このプロジェクトは、ヨーロッパ事情の荒れ狂う時代に、ドイツとオスマン帝国の絆をより緊密にした[13]。

ベルリンとイスタンブルの絆が深まり、一九一三年末に、オスマン帝国へドイツ軍事使節団が任命されると、ヨーロッパの勢力均衡に危機感が広がった。大宰相サイード・ハリムはドイツ皇帝ヴィルヘルム二世に、バルカン戦争後のオスマン陸軍の改革と再編成を助けるため、ドイツ中級士官チームを指導する経験豊かな将軍を指名してほしいと依頼した。ドイツ皇帝はその職に、プロイセン人のオットー・リーマン・フォン・ザンデルスを指名した。当時、リーマンはカッセルに駐屯するドイツ陸軍第二二師団の師団長だった。彼は長い間、参謀職にあり、広く旅行していたが、オスマン帝国勤務の経験はなかった。リーマンは躊躇することなく任命を受諾し、一九一三年十二月中旬にイスタンブルへ向けて列車で出発した。

到着するとすぐに、リーマンはスルタン・メフメト・レシャト、大宰相、「青年トルコ人」の指導者三人組に会った。このドイツ将軍は内相タラートの「魅力」と「好ましい人柄」に印象づけられ、第一軍団司令官ジェマル・パシャを「偉大な知性と決然とした態度を持った」人物であるとコメントしている。だが、エンヴェルとはすぐに仲たがいしてしまった。数カ月前には、「エディルネの解放者」ともてはやされたエンヴェルは、トルコ陸軍の指導をドイツ士官に任せるのを不愉快に思ったに違いない。ぼろぼろの軍服、不衛生な兵舎、栄養不良で、給料なしの兵士たちというオスマン軍のみじめな状況に非常に批判的だったリーマンだったが、これらをエンヴェルの失敗とは見ていなかった。ドイツ将軍はむしろ、彼は経験や能力以上に昇進したからだと信じていた。この問題は一九一四年一月に、「統一と進歩委員会」がエンヴェルを陸相に任命したときに表面化した。びっくりしたスルタン・メフメト・レシャトは新聞で彼の任命を知り、「ここにエンヴェルが陸相になったとあるが、これは考えられないことだ。彼はあまりにも若過ぎる」と、リーマンを弁護するかのようなコメントをしている。(14)

ロシア政府は最初からドイツ軍事使節団の任命に反対していた。サンクトペテルブルクは、イスタンブルとボスフォラス゠ダーダネルス海峡の治安に責任を持つオスマン第一軍団の指揮権をジェマル・パシャがリーマンに手渡したとき、危機感を抱くようになった。ロシアにとってこれは、サンクトペテルブルクがとりわけ深い関心を持つ地域の支配権をドイツに握られているのに等しかった。帝政ロシア政府はこのような勢力均衡のバランスを変えるために、アナトリア東部のエルズルムを占領すると脅した。

英国とフランスは、オスマン帝国の時期尚早の分割になることはほとんど確実と思われるロシアの報復行為を阻止することに決めた。だが、英国は難しい情勢にあった。何といっても、一九一二年以来、七二人のオスマン帝国への海軍使節団を率いてオスマン海軍の最高司令官を務めていたのは、英国海軍のアーサー・リンプス提督だった。英国外交団は、ドイツ軍事顧問団の解体を図るよりも、リーマンを第二軍団長にして、イスタンブルとボスフォラス＝ダーダネルス海峡の陸軍支配から外すことを提案した。リーマンは政治的圧力に妥協して自分の職権を譲る気持ちはなく、ほかの軍団への転任はすべて断った。最終的には、ドイツ皇帝が乗り出し、軍団長には高過ぎる地位に昇進させることで解決した。リーマンは元帥になり、第一軍団長の地位をオスマン軍士官に譲った。ドイツとオスマン帝国は協調して危機を乗り越え、二国間の絆は強固になった。[15]

一九一四年夏までにオスマン帝国は経済ブームによる楽観主義と、外国関係の危機の間を激しく揺れ動いた。この矛盾は、一九一四年六月二十八日、ボスニアの都市サラエヴォでオーストリア皇太子フランツ・フェルディナント大公が暗殺されるという大惨事によって解消した。この暗殺事件で、表向きあるいは秘密の同盟関係が活性化され、ヨーロッパは二つの敵対するブロックに分けられた。オスマン帝国が当てにならない同盟ネットワークに入っていないということは、大宰相府にとって何の慰めにもならなかった。ヨーロッパ全面戦争のおぼろげな予想が、ロシアによるイスタンブル、ボスフォラス＝ダーダネルス海峡、アナトリア東部の併合、究極的には、協商国によるオスマン帝国の解体の恐れが浮上した。フランスはシリアを欲しがっているのはよく知られており、英国はメソポタミアに関心があり、ギリシアはエーゲ海の覇権を広げたいと願っていた。オスマン軍だけではこのように多くの敵を向こうに回して自国の領土を守れる可能性はまったくなかった。

戦争に疲れ、軍と経済を再建するための時間が必要だったオスマン帝国指導者たちは全面的なヨーロッパ戦争に参加することはまったく願っていなかった。それよりもむしろ、このような戦争から自国領土の弱い部分を守ってくれる同盟国を求めていた。オスマン人のドイツとの提携はやむを得ない結果ではなかったのだ。「七月危機」最中のオスマン帝国外交で興味をそそられるのは、ヨーロッパ列強のどの国とでも防衛同盟を結んでしまいそうな大宰相府の屈託のなさだった。
三人の「青年トルコ人」指導者は将来の同盟国について別の見方をしていた。エンヴェルとタラートがドイツとの同盟に傾いていることは知られており、ジェマルは、オスマン帝国領土へのロシアの野心を抑制できるのは協商国しかないと信じていた。彼自身はフランスが好きであり、防衛同盟国としてフランスに目を向ける正当な理由はあった。フランスは、一九一四年五月に一億ドルの借款供与を決めてからオスマン帝国の主な債権国家だった。もしフランスが断れば、代わりに選びたいのは英国である。十九世紀の大部分を通して、英国はオスマン帝国の領土保全をもっとも強固に主唱してきた。最近になってからは、英国はリンプス海軍使節団を通し、またオスマン海軍に最新型戦艦を建造することでオスマン帝国海軍の再建を助けてきた。ジェマルは海相になってから英海軍使節団と密接に提携して働き、その専門家気質を尊敬するようになった。それゆえ、ジェマルが、英国かフランスのどちらかに、オスマン帝国の領土保全のために政府が必要とする保護を確実に与えてほしいと頼むのは、自然な成り行きだった。
一九一四年七月初旬、サラエヴォの暗殺事件の少し後に、ジェマルはフランス政府に招待されて、仏海軍演習を見にフランスを訪問した。ヨーロッパへの旅行のついでに彼は、オスマン帝国の弩級戦艦の建造が最終工程入りしていた英国造船所へ連絡業務で派遣されていたオスマン士官たちと会った。士官たちのジェマルへの報告によれば、「英国人は得体の知れない連中で、彼らは戦艦の完成と引き渡しを遅らせる新しい口実を常に探しているように見える」という。ジェマルは士官たちに、艦船の引き渡しをなるたけ早く受けて帰国し、最後の仕上げ工程はイスタンブルの造船所で行なうように指示した。[16]
ジェマル・パシャはツーロンにおけるフランス艦隊観艦式に出席した後、パリに戻り仏外務省を訪問した。政治問題局長との討議で、ジェマルは単刀直入に、「あなた方はわれわれを協商協定に加入させ、同時に、ロシアからの脅威に対してわれわれを守る必要がある」と述べ、その見返りとして、トルコはフランスと英国が「中央同盟国の周りに架ける鉄の輪を鋳造する」ことを助ける忠実な味方になるだろうと約束した。フランス外交官は、フランス政府はその同盟国の承認があるときのみ、オスマン帝国と同盟関係に入ることができるが、承認がとれるかどうか「非常に疑わしい」と慎重に答えた。ジェマルはこの回答を拒絶と受け取った。「フランスは、われわれがロシアの鉤爪から逃れることは絶対不可能であると確信しており、そしてどんな状況下でもフランスはわれわれを助けることはあり得ないことがよくわかった」。七月十八日、ジェマルは手ぶらでパリを去り、イスタンブルに戻った。

サラエヴォの暗殺事件からひと月後の一九一四年七月二十八日、ハプスブルク帝国はセルビアに宣戦布告した。バルカン紛争で始まったことが、ヨーロッパの軍事大国をたちまち全面戦争に引き込んだ。セルビアとの同盟に縛られていたロシアは、オーストリア＝ハンガリーに戦争になるぞと脅した。ドイツはパートナーであるオーストリアの側に立ち、ロシアの同盟国である英国とフランスは争いに加わった。八月四日までに、三協商国はドイツおよびオーストリアと開戦した(17)。

ヨーロッパで戦争が勃発すると、大宰相府の内閣執務室から、アナトリアやアラブ地方の都市や村落に至るオスマン帝国の全土に警報が発せられた。帝国の領土保全のための防衛同盟の必要性は必須になった。「青年トルコ人」指導者たちは、ジェマルの報告からフランスがそれに同意する見込みはまったくないことを知った。英国へのジェマルの信頼もまもなく同様に裏切られることになる。

ドイツに宣戦布告する三日前の八月一日、英国政府はオスマン政府が発注していた二隻の弩級戦艦を徴発した。この新しい二隻の戦艦をオスマン海軍改革の柱にしようと考えていた海相ジェマルは仰天した。彼はパリでの海軍士官たちとの議論を思い出し、英国のたび重なる遅延は「口実にすぎず、英国がこれら二隻の軍艦を自分たちのものにしようと長く温めていた計画の実現だった」ことを悟った。これらの軍艦の建造費は全額支払われており、しかもかなり大きな額が国民の寄付によるものだったことを考えると、英国の船舶徴発決定はトルコにとって国家的屈辱であるとされ、英国とオスマン帝国間の協定締結見込みはまったくなくなった。翌日の一九一四年八月二日、オスマン帝国はドイツと秘密同盟条約を結んだ(18)。

一九一四年七月中旬、オーストリアが先に立って、オスマン帝国を三国同盟に引き入れる提案をした。オーストリア政府は、イスタンブルと協定を結ぶことでセルビアを孤立させ、ブルガリアを中立化させようとした。ドイツは最初、この案を拒否した。イスタンブル駐在ドイツ大使ハンス・フォン・ヴァンゲンハイム男爵とドイツ軍事顧問団長、リーマン・フォン・ザンデルス将軍の両者は、オスマン人は外交上、軍事上の諸条件から同盟者としては適していないと信じていた。ヴァンゲンハイムは七月十八日、ベルリンに「トルコは今日、どう見ても同盟国としての価値がない。この国は同盟国に対して少しでも利益になるどころか、ただ重荷になるだけだ」と報告している(19)。

七月下旬、エンヴェル、タラート、大宰相サイード・ハリム・パシャは、ヴァンゲンハイムとドイツ＝オスマン帝国同盟交渉について検討した。彼らは、もしドイツとの交渉がうまくいかなければ、オスマン人はギリシアとの同盟を通して協商国の支持を求めざるを得なくなるかもしれないと警告した。ヴァンゲンハイムがベルリンへその旨、報告すると、ドイツ皇帝ヴィルヘルム二世はオスマン帝国との協定締結に賛意を示した。ドイツとオスマン帝国の友好関係を二〇年にもわたって築き上げてきたドイツ皇帝は、トルコがロシアとフランスの腕に抱かれるのを座視するのは耐えがたかった。七月二十四日、ヴィルヘルムはイスタンブル駐在大使に直ちにオスマン帝国の要求に応じるように指示した。「拒否したり、鼻であしらったりしたら、トルコはロシア＝フランス同盟に入ってしまう。そうすればわれわれの影響力はこれを最後に消えてなくなる！」と皇帝は語気を強めた(20)。

ドイツ人とオスマン人は、七月二十七日までにロシアに対する秘密防衛同盟の諸条件を練り上げた。驚くほど簡潔なその八カ条は、両国いずれかに対するロシアの敵対行為があったときにのみ有効になるとされていた。八月一日のロシアに対するドイツの宣戦布告で、条約締結はほぼ確実になった。大事なのは、ドイツがロシアの野心に対してオスマン帝国の領土保全を誓ったことだった。この条約により、ドイツ軍事使節団をオスマン帝国の権力下に置き、その代わり、使節団は「陸軍の全般的運営について効果的な影響を与える」ことになる。この同盟関係は一九一八年末まで有効であるが、その後は両国の協議により更新される。ドイツがこの文書に明記しなかった一つの条件は、戦争に入った場合、オスマン帝国は、ロシアと英領エジプト内のムスリム臣民を協商国に対して奮起させることを狙って、両国に対して直ちに軍事活動を開始することだった。[21]

ドイツとの協定調印前夜、エンヴェル陸相は総動員令を発令した。二十歳から四十五歳までの男子は徴兵に登録する必要があり、すべての予備役軍人は各自の部署に出頭するように命令された。オスマン帝国民にとって爆弾の直撃のようなこの動員令は、「青年トルコ人」が同盟国ドイツに約束を守る意図であることを証明するためのものだった。だが、防衛同盟を締結することに慎重だったオスマン人は、世界戦争に入るのを急がなかった。

一九一四年前半の経済ブームの後、劇的な衝撃が訪れた。若い男性は軍役に召集されたので、畑で働く農夫や、工場労働者が不足がちになった。かつて有望視された貿易は、戦争が始まれば、オスマン帝国の港すべてが閉鎖されるという恐れから壊滅状態になった。補給担当将校たちは食料、家畜、総動員下の陸軍が必要とされる物資の徴発を始めた。トルコ人家庭では最悪の事態に備え始めた。これまで立て続けに起きた三つの戦争の経験から、彼らはさらなる紛争が自分たちの生活をどんなにひどく狼狽させるか知っていた。

　イスタンブル生まれのイルファン・オルガは一九一四年にやっと六歳になったばかりだった。戦争は彼の幼年時代の豊かな生活をめちゃめちゃにした。彼のいちばん古い記憶は、ヨーロッパで戦いが始まってからの家族同士の熱い討論だった。その夏のある夜、彼はベッドから抜け出して大人同士の会話を盗み聞きした。「非常に静かだったので、会話の一語一語を聞くことができた。父は祖母に家を売るように説得しているように見えた！」。すると、「とんでもない！　なんでヨーロッパの戦争で私たちの生活を変えなくちゃいけないの？」と祖母は言い返した。

　オルガの父は、家族の家のみならず、絨毯輸出業をもまた、手放すつもりだと宣言して家族を唖然とさせた。「生き延びるためには売らなくちゃならないのだ」と父は説明した。「問題はいろいろある。仕事、輸出、外国での評判の低下など、ヨーロッパの戦争のせいで、向こうでの商売はもう先がないことがわかった。もし、トルコが参戦すれば――私の見るところ、きっと参戦するに違いないが――私は出征せざるを得ない」。父はそのとき、まだ二十六歳で、戦争になれば、徴兵されることを知っていたのだ。「いま手を引いたほうがいい。帰ってきたら――うちの屋号でまたビジネスを築くのは簡単だ」。びっくりした家族は返す言葉がなかった。

　オルガの回想によれば、「こうした会話が、来るべき変化の最初の兆候だった」という。やがて一家の住居もビジネスも処分された。戦争が長引き、それがトルコに壊滅的な影響を与えるようになれば、家族を養う資金が必要になるとオルガの父は思っていたのだ。だが、これほどの用心深さも、オルガの家族を紛争による極端な貧困から守るには十分でなかったことが証明された。(22)

　八月三日、オスマン帝国政府はボスフォラス＝ダーダネルス海峡を閉鎖したので、オスマン帝国への貿易はストップした。港湾長はすべての外国政府に、海軍が黒海からボスフォラス海峡への入り口、地中海からダーダネルス海峡への入り口に機雷を敷設したのみならず、航路灯をすべて消し、標識ブイを撤去したと通告した。八月四日から九月二十六日の間、オスマン人は、船舶に機雷原を安全に通過させる曳航サービスを行なったが、九月二十七日、このサービスは中止され、両海峡は商業船舶航行が完全に遮断された。ロシア人も痛手を負ったが、オスマン人の貿易への影響は直ちに現れ、悲惨な結果を招いた。黒海から国際市場への海上交通が途絶したので、穀物やその他の商品を積んだ数百隻の船舶が黒海に留め置かれたのだ[23]。

航海制限が行なわれているボスフォラス＝ダーダネルス海峡に最初に入ろうとしたのはドイツ海軍だった。ドイツ地中海艦隊は、フランスに宣戦布告してまもなく、アルジェリアからフランスへの部隊輸送を阻止するために北アフリカ沿岸部へ出撃した。八月四日、モルトケ級重戦艦ゲーベン号と軽巡洋艦ブレスラウ号は、アルジェリアの沿岸都市ボーネ（現代のアンナバ）とフィリップビル（現代のスキークダ）を艦砲射撃した。この攻撃は死傷者を出し、北アフリカの沿岸部にパニックを引き起こした。同じ日にドイツに宣戦布告した英国は、地中海艦隊にドイツ艦艇を撃沈するよう命令し、東地中海に向かったゲーベン号とブレスラウ号の熱い追跡に被害に憤激したフランス艦隊も加わった。

ドイツ海軍省は、艦隊司令官ヴィルヘルム・ズーホン提督（このフランス系の名字〔フランス語ではスーション〕は、彼がユグノー教徒の先祖を持っていることを表している）にトルコ海域への出撃を命じた。エンヴェル・パシャは、ドイツ大使と軍事使節団長リーマン・フォン・ザンデルスとの八月一日のイスタンブルでの会見で、念のため、ドイツとの防衛協定締結前に、ドイツ戦艦をオスマン海域に急派するように要請した。これはその日に英国によって接収された二戦艦の損失を補償し、黒海におけるロシアとの勢力均衡を逆転させるものだった。ヴァンゲンハイム大使は、ドイツ軍艦がトルコを戦争に引き入れて対ロシアの新しい前線を開けると見込んで、ベルリンからの同意を確約した。

ドイツ軍は自国の軍艦をトルコ水域へ送り込むはっきりした理由があった。彼らは、ドイツの艦船が戦力的には英国やフランスに劣っており、さらにゲーベン号はボイラー・トラブルがあることを知っていた。もし、公海にほっておけば、破壊されるのは確実だった。さらに、テオバルト・フォン・ベートマン・ホルヴェーク首相は、トルコ水域にドイツ軍艦がいれば、「オスマン帝国の中立性が守りきれないことになる」と断言した。すると大宰相府は、危機を避けがたいと見て、ドイツとの秘密同盟を結ばざるを得なくなる。そうすれば、ドイツ軍はオスマン帝国に、東のロシア、もしくはエジプト駐留の英国軍に対して、直ちに行動開始を求めることができる。いずれにしても、オスマン帝国水域にいるドイツ艦船は協商国に対して新しい前線を開き、勢力均衡をドイツに優位な方向へ導くであろう(24)。

オスマン軍はドイツ海軍危機を有利に利用した。エンヴェルは、先にドイツ艦船の急派を政府当局の許可を受けずに要請したが、大宰相府は当初、近づく軍艦の停泊を拒否した。八月六日、サイード・ハリム首相はヴァンゲンハイム大使との夜明け前の会見で態度を軟化し、ゲーベン号とブレスラウ号がダーダネルス海峡へ入ることを許可する条件を提示した。サイード・ハリムは、急速に拡大するヨーロッパ戦争の中で、ドイツ艦船はオスマン帝国の中立性を脅かすことは何もしてはならないと念を押した。それから彼はドイツについて六項目の要求を提示した。それは第一次世界大戦に対するオスマン帝国の目的を初めて述べた声明書だった。

サイード・ハリムはまず、特恵制度廃止についてドイツがオスマン帝国を助けるように要求した。この特恵制度は一連の古い相互条約で、オスマン領土に住み、働いているヨーロッパ人へ通商特権と治外法権を与えたものだった。オスマン帝国は国力の最盛期に、通商関係を容易にするため、当時、国力が弱かったヨーロッパ諸国に特恵制度を与えていた。最初の特恵制度は十四世紀のイタリア都市国家に与えられたが、その後この制度は十六世紀に英国とフランスに拡大された。オスマン帝国がヨーロッパの近隣諸国よりはるかに弱くなった二十世紀には、特恵制度は重要ないくつかの点でオスマン帝国の主権を危険にさらす不平等条約に変化してきていた。オスマン帝国は主要なヨーロッパ戦争を利用して、それらを取り除きたいと願い、ヨーロッパの法廷で怒りを引き起こすことを知っていた一方的な処置にドイツの支持を求めていた。

サイード・ハリムの出した条件のうち、二つはバルカン戦争における最近の損失にかかわるものだった。オスマン帝国は、三協商国との戦争に入る前に、バルカン半島の近隣国がトルコ領トラキアとイスタンブルを脅かさないという合意を、ルーマニアとブルガリアとの間に確保しておこうと決めていた。大宰相は、「ルーマニアとブルガリアとの絶対必要な了解」を取りつけることと、「戦利品」の公正な分配に関する「ブルガリアとの公正な協定」交渉において、ドイツに助けを求めた。もう一つの条件は、ギリシアが協商国側について負けた場合、ドイツはキオス、ミティリニ、レムノスのエーゲ海三島をトルコの統治下に返すことを確約してもらいたい、というものだった。

オスマン帝国政府はまた、ロシアに犠牲を払わせて領土を獲得したかった。協商国に勝利した場合、大宰相府はドイツに、「トルコがロシアのムスリムと直接接触できるように、トルコの東部国境の小規模修正を確実にして」もらいたかった。オスマン帝国はまた、一八七八年にロシアに割譲した三県の返還を求めていた。さらにドイツは、戦争の過程で占領されたオスマン領土から外国部隊が撤退し、オスマン帝国に主権が返還されるまで、講和条約の締結を保留することを求めた。基本的には、これはドイツ=トルコ同盟条約の中心である領土保全の再声明である。最後に、サイード・ハリムはドイツ大使に、トルコはその努力に見合った「戦時賠償」を確実に受け取れるよう要請した。[25]

ドイツ大使は大宰相の要求をその場で認めるほかなかった。時刻は真夜中であり、ドイツ艦船は急速に接近しつつあった。そして条件のほとんどすべてが、オスマン帝国の援助によってドイツが勝利したときにのみ適用されることになっていた。だが、オスマン帝国の要求に譲歩することで、ヴァンゲンハイムは、弱い立場にあるオスマン帝国というパートナーがドイツという同盟国から重要な譲歩を引き出し、それが大戦の終わりまで続く前例をつくった。

八月十日の午後、ドイツ艦船はトルコ沿岸に現れた。エンヴェル・パシャはダーダネルス要塞の指揮官に電報を送り、ブレスラウ号とゲーベン号に海峡進入許可を出すよう命じた。翌朝、トルコ魚雷艇が急派され、最近機雷が敷設されたダーダネルス海峡内の水域で安全な停泊地までこれらの艦船を誘導した。ドイツ艦船がダーダネルス海峡に入るや否や、英国とフランスの大使たちは大宰相を訪れ、ドイツ艦船をオスマン領海に入ることを許可したのは、オスマン帝国の中立性を破る行為だと抗議した。

八月十一日夜、「青年トルコ人」三頭領は大宰相官邸で夕食をともにした。ダーダネルス海峡で繰り広げられたばかりの劇的な出来事を知っているのはエンヴェルだけだった。「われわれに息子が生まれたよ!」と、エンヴェルは困惑顔の同僚たちに独特の笑顔で叫んだ。ドイツとの提携を多岐にわたってもっとも声高に提唱してきたエンヴェルは、ドイツ艦船の到着を、息子が生まれたときのような喜びで迎えた。ブレスラウ号とゲーベン号の到着を同僚に説明するに当たって、彼はオスマン帝国が現在直面している政治問題に言及した。戦時法によれば、オスマン帝国政府はその中立性を維持するためには二通りの選択がある。ドイツ艦船に二四時間以内にオスマン帝国水域を去れと要求するか、ドイツ艦船を武装解除させて、オスマン港湾施設に抑留するかである[26]。

オスマン帝国が、ドイツ同盟国の艦船をトルコ水域から追い出すことはあり得ない。沖合に待機している英国とフランス艦隊による全滅の憂き目に遭うのは確実だからだ。大宰相と閣僚たちが艦船の武装解除をドイツ大使に切り出したとき、ヴァンゲンハイムは即座に拒否した。オスマン帝国側は、架空取引でドイツ人が艦船をトルコの所有に移すことを提案した。大使がベルリンの許可を得る前に、ジェマル・パシャが八月十一日、ゲーベン号とブレスラウ号をオスマン帝国政府が八〇〇〇万マルク――ジェマルが何の根拠もなく引き出したように見える値段――で「購入」すると新聞に公式コミュニケを発表した。こうしてドイツ艦船は英国海軍に徴発された弩級戦艦スルタン・オスマン号とスルタン・レシャディーエ号の代わりにされることになる。

オスマン海軍への艦船売却の発表は、「青年トルコ人」にとっても、困惑したドイツ政府にとっても、広報によるクーデターのようなものだった。英国がオスマン帝国政府発注で、代金支払い済みの戦艦を「盗んだ」ことへのトルコの怒りが、オスマン帝国海軍が必要な新型戦艦を提供してくれたドイツへの感謝に代わったわけだ。だが、「青年トルコ人」もこの取引でうまくやった。トルコがロシア黒海艦隊に優る近代的戦艦入手という切り札で英国とフランスをやっつけたのだ。ブレスラウ号とゲーベン号がヤヴズ・スルタン・セリム号とメディッリ号と改名され、ズーホン提督がオスマン艦隊司令長官に任命され、ドイツ水兵たちはオスマン海軍に編入されたことをヴァンゲンハイム大使は既成事実としてベルリン政府に説明するだけだった。オスマン帝国側から見て上出来だったのは、ドイツ艦船が海軍の勢力均衡をオスマン帝国に有利に傾かせ、拡大する大戦の中で、イスタンブルが中立性を失うことなしにドイツとの絆を深めたことだった。

一九一四年八月の危機を乗り切ったオスマン帝国は有利な状況にあった。彼らはロシアの侵略から領土を守るため、ヨーロッパ列強の一国との同盟を確実なものにした。彼らはヨーロッパ列強がトルコに注目するように陸軍を動員した。彼らはエーゲ海と黒海の両方で、海軍の勢力均衡をトルコに有利に傾ける新式戦艦を獲得した。これらのすべてを通して、イスタンブルは拡大を続ける戦争に巻き込まれることを何とか避けることができた。理想を言えば、オスマン帝国はヨーロッパ紛争の間、中立性を保ちたかった。これでヨーロッパ中央同盟国が協商国を打ち負かし、トルコはオーストリア＝ドイツ陣営の勝利が確実になるまで待ってから戦争に参加し、兵士や機材の消耗を少なくして戦争の目的を達することができそうだった。

ドイツは同盟国オスマン帝国にもっと積極的な参加を要求した。ドイツ艦船がオスマン所有に移されたときから、ベルリンはトルコの参戦に圧力をかけた。ドイツ戦争計画者が直面した唯一の問題は、拡大する戦争対策でオスマン軍パートナーをどう利用するのが最善かということだった。ヨーロッパ中央同盟国に対するロシアの戦争遂行力を弱めるために、トルコがロシアに対し新しい前線に打って出るべきだと主張する人たちもいた。これによってドイツ軍は、英国とフランスに対抗する西部戦線へ多くの兵士を動員させることができるようになるからだ。オスマン帝国と親密度の高い人たちは、イスタンブルがロシアに対抗するのに消極的な理由を知っていた。一七一一年以来、オスマン帝国はロシアに対する七回の戦争のすべてで負けているので、イタリアとバルカン戦争のすぐ後では、もっとも危険な隣国であるロシアに対し勝利することに自信がなかったのだ。もし、一九一四年にトルコがロシアと戦って負ければ、国家解体は確実になることがわかっていた。

オスマン軍をエジプトの英国陣地の速やかな攻撃に使えば最大の効果が挙がると説く人たちもいた。もし、オスマン軍がスエズ運河を確保してくれれば、インドと英国の連絡を阻止できるし、インドからばかりでなく、オーストラリアとニュージーランドからの兵員と機材の供給路を断つことができる。ドイツの戦争計画者たちは英国のスエズ運河防衛の力量については何の幻想も抱いてはいなかった。だが、彼ら英軍陣地を脅かす秘密兵器としてはオスマン軍を利用できると考えていた。

オスマン帝国スルタンは、皇帝としての役割に加えて、世界のムスリム・コミュニティのリーダーとして「カリフ座」を保持していた。ドイツは、協商国をそれぞれの帝国の内部から弱体化させるために、エジプトの一二〇〇万人のムスリムのみならず、アジアやアフリカの英仏植民地の数百万のムスリムの宗教的熱情を利用したいと考えていた。イスラーム教徒にとっての聖戦であるジハードの宣言とともにエジプトを攻撃すれば、エジプトのいらいらした民衆の中から蜂起が起こり、この国における英国駐屯地を保持しにくくなる——など、議論は続いた。

一九一六年に刊行されたジョン・バカンの人気小説『緑のマント』は、イスラームの狂信的行為の隠れた力を描いてヨーロッパ人を魅了した。「イスラームは戦闘的な宗教で、その宗教指導者は今でも、片手にコーラン、もう一方の手に抜き身の刀を持って説教壇に立つ」と、バカンの小説に登場するスパイ組織のリーダー、サー・ウォルター・ブリバントが断言している。「仮に辺鄙なところにいるムスリム農夫を天国の夢で狂わせる『契約の箱』があるとしたら?」など、バカンが外務省に設定した架空の会話もどきが、一九一五年末のベルリンの政府オフィスでまじめに語られていた。彼らはそれを「イスラーム・ポリティーク」と呼び、多くのドイツ人は、戦争遂行努力へのオスマン帝国の最大の貢献は、「イスラーム的政治思想」を通して現れると信じていた。[27]

ドイツの「イスラーム・ポリティーク」の予言者はマックス・フォン・オッペンハイム男爵だった。一八六〇年、名門銀行家一族に生まれたオッペンハイムは、オリエントへの魅惑に自分の財産を投じた。彼は一八八三年に初めて中東へ旅し、学者としてまた冒険家としてこの地を広く旅行した。一八九二年にはカイロに移り、一九〇九年までここを拠点にこの地方を旅して回った。彼は多作な著者で、四巻のアラブ部族についての古典的研究『ベドウィン (*Die Beduinen*)』は現在でも基本的な引用文献となっており、のちに「アラビアのロレンス」として有名になるT・E・ロレンスの愛読書でもあった。あまりにも「現地にはまり過ぎる」としてドイツの外交官には嫌われたが、オッペンハイムはドイツ皇帝ヴィルヘルム二世に信頼され、一九〇〇年にはこの一匹狼のオリエント研究者は「主任法律顧問」

(*Legationsrat*)という公式称号を得た。毎年夏にドイツを訪問すると、ドイツ皇帝は彼に会い、ムスリム世界の近況を尋ねた。皇帝にとってムスリム世界は、一八九八年の輝かしいオスマン帝国旅行以来、個人的に心惹かれる世界の一部だったのだ。

大英帝国に強い敵対心を持っていたオッペンハイムは、それに対する武器として、ドイツとムスリム世界の間に芽生えた友情を利用することを提唱した最初の一人だった。早くも一九〇六年に、オッペンハイムはこう予言している。「将来、イスラームはもっと大きな役割を果たすことになる……イスラームの持つ驚くべきパワーと人口統計学的繁栄は、いつかヨーロッパ諸国にとって重要な意味を持つことになるだろう」。男爵はこうした力をドイツの利益になるようにつなぎ止めておきたかった。一九一四年八月に戦争が始まると、オッペンハイムはベルリンに「ジハード・ビューロー」を立ち上げ、フランス領北アフリカ、ロシア領中央アジア、八〇〇〇万のムスリムがいる英領インドで、ムスリムの蜂起を呼びかける汎イスラーム・プロパガンダの旗振りを始めた。オッペンハイムは首相に、もし蜂起が実現するに至らなかったとしても、インドでのムスリム蜂起の恐れだけでも、「英国はわれわれに有利な講和条約に調印せざるを得なくなる」と請け合った。[28]

この戦術は「ドイツ製ジハード」とけなされることが多かったが、多くの世俗的な「青年トルコ人」もまた、宗教的狂信主義を協商国に対して効果的に利用できると信じていた。エンヴェルも、一九一一年、リビアで戦ったとき、イスラーム・パワーをはっきり認識するようになった。リビアに出発する前、彼はイタリア軍に対するゲリラ戦を呼びかけていた。だが、リビアに着くと、この紛争をますますジハードという観点から見るようになった。エンヴェルは手紙の中で、リビア人の志願兵を、「敵前の死は、神からの贈り物と見ている狂信的なムスリム」と書いている。また、彼らの献身的行為はエンヴェルがカリフの娘婿であることに由来していると一度ならず記している。彼の同僚ジェマルもまた、イスラームはアラブ人とトルコ人の絆であると見ており、宗教戦争はこの絆を強めると見ていた。「アラブ人の大多数は、この大戦争でムスリム・カリフ国の解放のためなら、どんな犠牲でも払うことも躊躇しないだろう」とジェマルは論じた。「統一派」指導部の有力メンバーたちはその影響を受けて、イスラームの初期において強力な武器であった「ジハード」は、ヨーロッパ列強との差し迫った戦争で、パワーの源泉として復活するであろうと信じるようになった[29]。

「青年トルコ人」がジハードにどんな希望を託したにせよ、彼らはオスマン帝国をできるだけ長く戦争の局外に置こうとしていた。一九一四年八月から九月にかけて、トルコの役人たちは次第にいらいらしてきたドイツ人に対して言い訳をしていた。彼らが言うには、動員はまだ終わっていない。戦力が充実する前に、トルコ軍がロシア軍と交戦すれば、敗れる危険があり、そうすると、中央同盟国の味方どころか、重荷になるかもしれない。オスマン帝国は、依然としてロシアが自国を脅かす存在と見ているど、はっきりドイツ人に言っている。だが、「青年トルコ人」は、そのロシアと秘密同盟を結ぶ提案をしていることを新しい同盟国には暴露しなかった。ドイツとの決裂を招くことになりかねなかったからである。

ロシアに対し最初に秘密条約を提案したのは、トルコとドイツの同盟をもっとも声高に提唱したエンヴェル・パシャだった。ドイツとの秘密協定を結んで三日も経たない八月五日、エンヴェルはロシアとの防衛協定を提案して、イスタンブル駐在ロシア陸軍武官M・N・レオンティエフ将軍を驚かせた。大宰相サイード・ハリムとエンヴェルの「青年トルコ人」同僚タラート・パシャが交渉に加わり、ロシア大使M・N・ギアスも話し合いに引き入れた。彼らはオスマン帝国の領土保全と、バルカン戦争で失ったエーゲ海三島、ブルガリア領有のトラキア西部の返還についてロシアの保証を求めた。その見返りに、オスマン帝国は協商国の戦争遂行に全面的軍事援助を行ない、当時、オスマン帝国で働いていたすべてのドイツ軍士官と技術者を解雇するという。エンヴェル、タラート、サイード・ハリムはロシア大使と陸軍武官にこれが誠意ある提案であることを確信させることに成功し、二人のロシア役人は、トルコ側から出されていた同盟提案に全面的な支持を表明した。(30)

サンクトペテルブルク駐在トルコ大使ファフレッディン・ベイは、トルコ＝ロシア同盟問題についてロシア政府と協議を続けた。彼は外相セルゲイ・サザノフにトルコの領土保全と、アナトリア東部のアルメニア人ナショナリストへの支持保留の誓約を求めた。だが、サザノフは「青年トルコ人」とイスタンブル駐在ロシア大使の説得に耳を貸さなかった。彼はアルメニア改革プロジェクトの放棄を断り、ドイツと決裂するというエンヴェルの約束をまったく信用しなかった。サザノフのできることはせいぜいロシアの同盟国である英国とフランスの支持を取りつけ、この戦争でオスマン帝国の中立の見返りに、協商国がオスマン帝国の領土保全を認めることであろう。このような保証はエーゲ海やトラキアでのオスマン帝国の失地回復や、戦後のロシアの野心からトルコを守るものでもなかった。

サザノフがアルメニア改革プロジェクトを支持した事実は、オスマン人に将来の帝国解体不安を高めただけだった。ドイツの提案は最善の取引としてテーブル上に残っており、八月末、オスマン帝国は中央同盟国との特別な関係に戻った。「青年トルコ人」のロシアへの接近は、ヨーロッパの戦争に巻き込まれないでいる時間を稼ごうとしたことを物語っている。

一九一四年八月から九月にかけての戦争の成り行きを考えると、オスマン帝国は参戦に慎重にならざるを得ない理由が多々あった。ベルギーを迅速に占領し、早々とパリへ前進したドイツ軍は、「マルヌの戦い」（九月五―十二日）で進攻を阻止された。交戦国の兵士たちは塹壕を掘り始め、これが西部前線の特徴である膠着状況を招いた。すでに九月に明らかになっていた「大戦」のもう一つの特徴は、これまでにない死傷率である。西部前線だけでも、フランス軍の死傷者は三八万五〇〇〇人、ドイツ軍の死傷者は二六万人を超えた。八月下旬の「タンネンベルク戦」でドイツ軍はロシア軍を壊滅させ、死傷者五万人を出し、九万人を捕虜にした。ロシア軍はオーストリア軍に対しては善戦し、ガルシア戦線でオーストリア軍に死傷者三二万人、捕虜一〇万人を出した（ロシア軍の損害もまた、信じられないくらい大きく、死傷者二〇万人、捕虜四万人を出した）。一九一四年夏、オーストリアはセルビアを攻撃したが、成功せず、人口がオーストリア＝ハンガリー帝国の一〇分の一以下だったセルビアを上回る二万四〇〇〇人の死者を出した。一九一四年十一月までに、英軍の死傷者はもともとの英国派遣軍七師団の総数を超える九万人となった。開戦以来六週間で、協商国と中央同盟国の死傷者数は一〇〇万人を超えた。それは「青年トルコ人」を思案させるに十分な数字だった。[31]

一九一四年九月、オスマン帝国の引き延ばし政策にドイツの堪忍袋の緒が切れた。西部戦線でのドイツ軍の膠着状況と、オーストリア軍がロシアとセルビアとの戦いで深刻な打撃を受けていたので、中央同盟国はオスマン軍がロシアに対する新しい戦線を速やかに開いてもらいたかった。「青年トルコ人」は参戦の約束を保持しながら、他方で、資金と戦争機材を要求していた。九月中旬、ドイツ陸相エーリッヒ・フォン・ファルケンハイン将軍は、さらなる「将校、大砲、弾薬などの要求には、オスマン帝国がドイツの敵と開戦するまで」応じないと決めた。ベルリンから見れば、ドイツが引き渡したゲーベン号とブレスラウ号は、オスマン海軍がロシアと開戦し、黒海での制海権を確立するのに申し分のない機材であるはずだった。ロシアへの攻撃はオスマン帝国の中立性を破り、トルコをヨーロッパの戦いに引き込むことになる。その時点で、スルタンは、ドイツ戦争計画者がムスリム植民地を通して協商国を危うくするために大きな期待をかけた「ジハード」を宣言することができる。ドイツにとっての課題は、オスマン帝国がためらわずにロシアを攻撃するように仕向けることだった。[32]

オスマン帝国にとって大きな障害は資金だった。高度の動員を維持し、軍事行動に入るにはかなりの額の資金を必要とした。十月中旬、陸相エンヴェル・パシャは交渉のテーブルにつき、資金援助の見返りにロシアを直ちに海上攻撃すると申し出た。エンヴェルはまた、アナトリア東部でロシア軍を牽制し、エジプトの英軍基地を攻撃する。さらに、スルタンは協商国に対する聖戦を宣言すると約束した。すると、ドイツは速やかにオスマン帝国の申し入れを受諾し、二〇〇万トルコ・ポンドの金塊をイスタンブルに急送し、ロシアに対して開戦したときにトルコ側に渡すことを約束した。オスマン帝国が正式に参戦すれば、さらに三〇〇万トルコ・ポンドを八カ月に分けて提供すると約束した。この資金により、オスマン帝国の戦争計画者たちは彼ら自身の大胆な戦争計画を遂行する財政的安定を得た。

十月二十四日、海相ジェマル・パシャはズーホン提督に黒海での作戦行動を指揮する重大な命令を発した。エンヴェル・パシャは次いでズーホンにロシア艦隊を攻撃するよう命令した。提督はエンヴェルの命令を封筒に密閉し、無線機による命令があれば、封筒を開け、指示に従うことに同意した。だが、十月二十七日、軍艦旗を変えたドイツ艦船が黒海に入ると、主導権はオスマン軍の手を離れた。

ズーホンは一時的にオスマン帝国海軍に配置換えされてはいたものの、ドイツ皇帝への全面的な忠誠心を保持していた。エンヴェルがズーホンに無線連絡をしなかったので、彼は主導権を発動して、十月二十九日、クリミア黒海艦隊を攻撃し、砲艦と機雷艇各一隻撃沈した。ゲーベン号はまた、セヴァストーポリを艦砲射撃した。翌日、オスマン帝国政府はトルコ艦隊に対するロシアの攻撃を非難する声明を発表した。ロシア、次いで英国とフランスはイスタンブルから大使を召還し、十一月二日に宣戦布告した。

オスマン帝国は戦争に入った。あとはジハードの旗を掲げることだけだった。オスマン帝国が臣民を戦争に動員するために宗教を使ったのはこれが初めてではなかった。近年では一八七七年、スルタン・

アブデュルハミト二世がロシアに対しジハードを宣言するため、預言者ムハンマドの旗を掲げたことがある。だが、一九一四年の事情は違っていた。今回、スルタンはムスリムではないロシア人、英国民、フランス人、セルビア人、モンテネグロ人に対して戦争するため、オスマン帝国とオスマン国境を越えた世界のムスリムに結集するように呼びかけたのである。同盟国であるドイツとオーストリアは除外されている。二九人のイスラーム法学者がイスタンブルで会合し、ジハードを権威づける五通の法的見解《ファトワー》（トルコ語では「フェトワ」）を起草した。スルタンは正式にファトワーを承認し、十一月十一日に行なわれた、政治家、軍人、宗教界の指導者による非公開審議に提出された。十一月十四日、聖戦の呼びかけが、「征服者メフメト・モスク」の周りに集まった大群衆に読み上げられた。群衆は支持の歓声を上げた[33]。

オスマン帝国当局は帝国内のアラブ人とトルコ人はスルタンの呼びかけに応えるであろうと自信たっぷりだったであろうが、全世界が戦争に動員されているとき、ジハードが広範囲で反響を引き起こすかどうかは待たねばならなかった。

第3章
世界規模の動員令

一九一四年八月の第一週、戦争勃発のニュースは電信速度で世界を駆け巡った。五大陸の町や村々では、太鼓やラッパで戦争気分を盛り上げた。秘密条約や相互防衛協定で結ばれていたヨーロッパ諸国では戦争の呼びかけに男子が応えるのはごく自然のことだと思われていた。熱心な主戦論でそれに応える人びともいれば、いままで戦ったことのない、憎む理由のない敵と戦うのを大いにためらう人たちもいた。

英国人とフランス人がドイツ人と戦うために志願すると、ロンドンとパリの政府は彼らの帝国領に助けを求めた。カナダ人、オーストラリア人、ニュージーランド人は中央同盟国に対する敵意は少なかったにもかかわらず、英国王ジョージ五世の臣民としての義務感から君主のもとに結集した。「英連邦自治領」の兵士たちは英領諸島の出身の植民者で、英国王は彼らの国の元首でもあった。国王の呼びかけに、カナダ人、オーストラリア人、ニュージーランド人は兵役に就く義務を感じた。

同じことは英国とフランスのアジアやアフリカの植民地の臣民である兵士たちには起きなかった。彼らの大半は外国人支配者に腹を立てていたのだ。英国がインドに援軍を求め、フランスがアフリカ軍団を招集するに当たって、戦争計画者たちが彼らの植民地の忠誠心に疑問を持ったのは無理もなかった。

ドイツは、とくにムスリムの間に、協商国に対する植民地の反抗を積極的に煽っていた。一九一四年の時点で、世界中のムスリム人口二億四〇〇〇万人の大部分が植民地支配下にあり、そのほとんどすべてが協商国の臣民だった。英国支配下に一億人、フランス植民地に二〇〇〇万人、ロシア帝国内に二〇〇〇万人のムスリムがいた。一九一四年十一月に中央同盟国側に立ったオスマン帝国の参戦と、英国、フランス、ロシアに対するスルタンのジハードの呼びかけによって、協商国側へのムスリムの忠誠心が大いに疑われることになった。もしオスマン帝国が全世界のイスラーム教徒への呼びかけに成功すれば、勢力均衡を中央同盟国側に有利に傾けることができそうだったからだ。[1]

実のところ、オスマン帝国は、自国の前線で大きな挑戦を受けるという、六世紀にわたる歴史上最大の脅威に対処するため、戦争疲れした社会に動員令を出さなければならなかった。リビアとバルカンでの戦争の後、兵役年齢の男たちは召集を避けるため、ひそかにオスマン帝国から逃げ出すようになっていた。一九一三年には、北アメリカと南アメリカへの移民数が前年より七〇パーセント増加した。アメリカ領事館の役人の話によれば、大部分の移民は兵役逃れの若い男たちだった。一九一四年前半には、戦争が起こるという噂を聞いた若いムスリム、キリスト教徒、ユダヤ教徒らの移住が加速したため、オスマン帝国はついに総動員令発令とともに、兵役年齢の男性の出国を禁止した。[2]

八月一日、陸軍省はエンヴェル・パシャの戦闘準備開始令を帝国全土に電報で通達した。村長や町の指導者たちは公共広場やモスクの入り口に通達を貼り出した。そのポスターには、「動員令発令あり。すべての兵役適齢期の男は武器を取れ!」とあった。二十一歳から四十五歳のすべての男はムスリム、非ムスリムを問わず、五日のうちに最寄りの徴兵事務所へ出頭すること。地元役人たちは戦意高揚のため、「太鼓を打ち鳴らし、絶望や怠慢でなく、歓喜と感謝を示すよう」命じられた。[3]

最初に動員令が発令されたとき、太鼓の音が響き渡ろうが、役人による歓喜の表明があろうが、アラ

2.ティベリア付近で行なわれた「聖戦」のための徴兵。
オスマン帝国は1914年8月1日、戦時動員令を発令した。地元役人たちは、戦意高揚のため、「太鼓を打ち鳴らし、歓喜と感謝を示すよう」命じられた。オスマン帝国公認のこの写真は、パレスチナの町ティベリアで太鼓や幟を携えて新兵募集を行なう光景をとらえている。

ブ人村民たちの間の不吉な予感を打ち消すことはできなかった。レバノン南部のナバテア村のシーア派ムスリム聖職者が一九一四年八月三日の日記に村民の当惑を次のように記している。

人びとは［総動員令の］ニュースを聞いてひどく不安になり、動揺した。彼らは少人数のグループで公共広場に集まり、「審判の日」を迎えたかのように、驚き、当惑していた。何人かの人びとは逃げたいと思ったが、どこへ行けるのか？　ほかの人たちは脱出したいと思ったが、それは無理だった。そのうちに彼らは、ドイツとオーストリア対連合国との間に戦争が勃発したことを知った。それは、耕作地や乾燥した大地を荒らし尽くす残忍な戦争の勃発に対する恐れと警戒感を高めただけだった。[4]

似たような反応はオスマン帝国全土で記録されている。八月三日、アレッポでは動員令の影響で商店は休業した。ある住民の記録には、「大きな不安が町中に広がっている」とある。黒海沿岸の港町トラブゾンではアメリカ総領事は、「総動員令布告は雷が落ちたようだった」という。召集を逃れようとした者はみな、死刑に処せられることになっているにもかかわらず、多くの若い男たちはオスマン軍とともに戦う方が確実に死を招くと信じていたので、機会があれば身を隠そうとした。(5)

帝国の首都イスタンブルでは、戦闘準備開始令は各地区で、「ベクチ・ババ」と呼ばれる町の触れ役が告知した。「ベクチ・ババ」は、日中、市街地に水を配り、夜は各地区の街路で夜警として働いていた。火事が起きれば、警報を鳴らすのも、戦争に男衆を集めるのも「ベクチ・ババ」の役目だった。

イルファン・オルガは、父親が「ベクチ・ババ」に召集されたときのことを覚えていた。一九一四年夏に始まった動員は、オスマン帝国が参戦すると加速され、年長の男たちも召集されるようになった。十一月の寒い夜、オルガは町の触れ役の告知を聞くために父親と一緒に外へ出て、「ベクチ・ババ」が街路を回り、街灯の下で立ち止まって、「衝撃的なニュースを大声で叫ぶ」のをじっと見つめた。「一八八〇年から八五年の間に生まれた男は、四八時間以内に召集センターへ出頭せよ。そうしなかった者は訴えられる」

家族の男たちの一人が、「それはどういう意味だい、ベクチ・ババ?」と叫んだ。

「戦争! 戦争だよ! おまえはこの国が戦争しているのを知らないのか?」と彼は怒鳴った。(6)

首都の召集センターには兵役年齢の男たちがひしめき、混乱状態になった。疲れ切った役人たちは民間人に大声で伝達事項を叫んでいたが、家畜のように集められた民間人たちは空腹で、希望もなく、無表情だった。徴集兵たちの応募手続きが終わるまで数日かかった。彼らの部署が決まると、所持品をそろえ、家族に別れを告げるために帰宅を許された。首都の各地区では、出征する若者たちを集めるために、にぎやかな音楽隊が家から家へと回った。召集兵が家から出てくると、一人の兵士がオスマン国旗を手渡し、ほかの人たちはバンドの音楽に合わせて跳びはねたり、叫んだりするのが女性たちの涙を誘った。だが、出征する兵士たちには彼らなりの悲しみがあった。オルガの回想によれば、「彼らが家を離れるとき、楽隊は信じられないような悲しい歌を演奏した」。みんながそれに声を合わせた。

おお、勇士たち、わしはさらにもう一度、孤独なよそ者として出発せねばならぬ
溢れるわが溜息、わが涙は山や岩でさえ抑えきれまい(7)

オスマン帝国はこのようにして家々を回り、常備軍として集めた兵士は、一九一四年十一月の開戦時までに、兵士と将校併せて二〇万人から五〇万人に拡大された。戦争開始後は、全人口二三〇〇万人の一二パーセントに当たる二八〇万人が出征することになる。オスマン軍はしかし、動員が一回に最大でも八〇万人を超えることはなかった(8)。

中央同盟国や協商国の動員数は、オスマン帝国の動員数とは比べものにならなかった。オーストリアは一九一四年に三五〇万人を招集したが、それでも慢性的な戦力不足だった。戦争開始以降、ドイツは十七歳から五十歳の男性人口の八五パーセントに当たる一三二〇万人、ロシアは一四〇〇万人から一五五〇万人を動員した。フランスは八四〇万人を動員したが、そのうち五〇万人は植民地出身であった。英国は陸軍と海軍に五四〇万人を動員したが、この数字は戦前の男子労働人口の三分の一に当たる。ヨーロッパ列強がオスマン帝国の軍事力をあまり重視していなかったのも不思議ではない(9)。

軍隊の急速な拡張により、オスマン帝国政府の財政は逼迫した。動員による経済の破壊は壊滅的だった。農業、貿易、工業で活動していた男たちは出征のために仕事を離れざるを得なかったため、生産力は低下していくのに、かつては納税者だった労働者が政府給付金による寄宿者になるにつれて、政府支出は増えるばかりになった。ダーダネルス海峡の閉鎖と、航海の危険から港湾都市は機能を停止した。数十万人の兵士と軍需物資の輸送のため、国内および国際交易に欠くことのできない道路や鉄道が渋滞し、食料と消費物資の不足が生じた。インフレーションは直ちに始まり、心配な市民たちが買いだめを始めると飢餓の恐れがオスマン帝国の諸都市に広まった。

このようなオスマン帝国経済の崩壊は経済生産性の大きな下落を招き、その結果、歳入が減少した。同時代の推計によれば、一九一三年下半期の歳入が六三二〇万ドルだったのに対し、一九一四年下半期には五〇二〇万ドルと二〇パーセントも減った。支出が収入をはるかに上回ったので歳入不足に陥った。領事館員の推定による一九一四年の予算不足は一億ドルを超えると予想され、同年五月のフランス借款の利益を一挙に消してしまうことになりそうだった[10]。

オスマン帝国が戦事体制に入る前に、すでにこの国の経済に対する国際的信用は低下していた。オスマン帝国が軍隊の動員を発表するとすぐ、ヨーロッパ系の銀行は地方の金融機関への貸付金を引き揚げ始めた。アラブやトルコ諸州の交易都市では、パリの銀行家たちが一九一四年八月の最初の週に、未払いローンを金貨で直ちに払い戻すように要求した。金貨の急な引き揚げは帝国の商業界にパニックを引き起こした。預金者たちはトルコ系の銀行に押し寄せ、保有財産を取り戻そうとした。八月に、イスタンブルだけで、銀行は預金者に九〇〇万ドルを支払った。

八月三日、資本逃避を防ぐため、中央政府は銀行業務に支払い猶予期間を設けた。最初一カ月だったが、年四回に延ばされ、それが戦争終結まで続いた。支払い猶予制度下では、債務者は負債の二五パーセントを払えばよく、銀行は預金口座所有者に預金の五パーセント以下の引き出ししか認めなかった。これらの措置は借り手のプレッシャーを緩めたが、銀行システムと経済全体を麻痺させた。銀行は政府にしか融資を認めなくなった。アレッポ、ベイルート、ハルプト、イズミルなどの商業センターでは、支払い猶予制度が、これらの都市のアメリカ領事館員によれば、「事実上、すべての商工業」の停止につながったという。(11)

オスマン帝国は彼らの戦争努力に対してドイツの財政援助を求めた。オスマン帝国参戦への見返りとして、ドイツは金貨で二〇〇万ポンドを約束し、さらにオスマン帝国参戦から八カ月の間に分割払いで三〇〇万ポンドを供与すると約束していた。これらの交付金はオスマン帝国の予備金回復を助け、政府が金貨の裏付けのある紙幣を印刷することができた。ドイツはさらに戦争期間中に、絶対に必要な武器と弾薬を含む軍需物資と援助で推定二九〇〇万ポンドを支給した。(12)

オスマン帝国財務省は戦費を賄うために驚くべき戦時措置をとった。九月九日、オスマン帝国大宰相府は戦争目的の一つとして、一方的に治外法権制度を廃止することで、ヨーロッパ列強からの経済的自立を宣言した。この措置にヨーロッパの首都では非難が巻き起こったが、国内では一般市民の間では、政府が西欧列強に一矢報いたことでお祝いムードが広がり、一般家庭や商店に国旗や横断幕が飾られた。トルコにとって、治外法権制度の廃止はヨーロッパ紛争の最初の明白な利益であったので、九月九日は祝日と宣言された。エディルネ、イスタンブル、キュタヒヤでは、民衆は公共広場に詰めかけ、愛国デモを行なった。

治外法権制度の廃止とともに、オスマン帝国はトルコ在住外国人と彼らの事業だけでなく、西欧列強の被保護者として非課税だったオスマン帝国市民からも徴税する法律を一九一四年十月一日に制定した。この措置により、「数百万ドル」がオスマン帝国の国庫に入ったと報告されている。(13)

徴発は非常時課税の一種で、オスマン帝国臣民だけでなく外国人にも同様に課せられた。この法律で、国家が要求した個人の所有物すべてに対し、政府は公正な補償をしなければならないことになってはいたが、実際には政府は価格を決め、現金を払う代わりに領収書を出すだけだった。所有者は、徴発されたら何も戻ってこないと考えるほかなかった。オスマン帝国臣民は馬、家畜、穀物を騎馬隊や軍人の食料として徴発された。

役人たちは商店に押し入り、戦争に役に立つと思う食品や物資を見つけ次第、徴発した。徴発は一種の強奪のかたちで行なわれた、商店主は手持ちのない品物の配達を命じられると、政府調達者の決めた価格で買わざるを得なかった。オスマン帝国の外国企業も徴発によりかなりの損害を被った。シリア州では、知事が地元の連隊の制服工場への「戦時賦課金」としてシンガー・ミシンを押収した。アダナとバグダードでは、やはり知事がスタンダード石油会社から灯油の入った容器数百個を徴発した。動員令発令後、最初の六カ月間にオスマン政府は徴発により五〇〇〇万ドルを調達したと領事館の役人は推定している。(14)

新税取り立ての主な標的は、相変わらずオスマン帝国市民だった。キリスト教徒とユダヤ教徒は兵役対象にはなっていたが、兵隊としてオスマン人ムスリムから完全に信頼されていなかったので、四三トルコ・ポンド（一八九・二〇ドル）という法外な金を払えば兵役を免除されるという選択肢があった。一九一五年四月、政府はこの兵役免除額を五〇トルコ・ポンド（二二〇ドル）に引き上げた。この税により、動員令発布後九カ月で一二〇〇万ドルの国庫収入があった。政府はまた、砂糖、コーヒー、紅茶、タバコ、アルコール飲料など、必需品ではないが人気のある商品に新税を導入し、その税率は戦争中に、ときどき引き上げられた。政府は農業の一〇分の一税を一〇パーセントから一二パーセントに引き上げた。戦前からある税は戦争目的のため七〇パーセントも引き上げられ、愛国組織、軍事援助団体は個人や法人から「自発的寄付」を搾り取った[15]。

これらの非常時税によって、短期的にはオスマン帝国の戦費数千万ドルが調達されたが、長期的に見れば、帝国の経済に修復不可能な損害を与えることになった。だが、一九一四年のオスマン帝国はごく短期間のことにしか関心がなかった。紛争開始時には、すべての交戦国と同様、手っ取り早く、決定的な結果を予想していた。勝利すれば、経済を正常化する方策はあるであろう。もし負ければ、領土は確実に分割され、占領国はその土地の経済的苦境を引き継ぐことになる。オスマン帝国はこの先、生きるか死ぬかの戦いについて何の幻想も持っていなかったが、勝利を挙げるために、とりあえず持っているものすべてを投げ込んだ[16]。

一九一四年八月初旬、オスマン帝国が軍隊を動員すると、英国もフランスも自分たちの帝国領に戦争遂行への手助けを要請した。フランスの呼びかけに応えて、セネガル、マダガスカル、インドシナの兵士たちは船に乗り、西部戦線へ向かったが、その中でいちばん大きな部隊は「アフリカ軍団」であった。最初に西部戦線へ急送された北アフリカからの植民地出身兵士たちは、のちにオスマン戦線に配置され、どちらも塹壕の中で戦った。

「アフリカ軍団」はアルジェリア、チュニジア、モロッコの植民地の連隊で構成されていた。植民地部隊の歴史的、社会的背景の中での動員は、いろいろとデリケートな問題があった。フランス人は、植民地で二流市民扱いにしている北アフリカ兵に、彼らには何の恨みもないドイツと戦ってフランスを守れと説得しなければならなかった。この仕事は、北アフリカのムスリムをフランスに対抗させるため、イスラーム教徒の忠誠心をうまく利用して聖戦を呼びかけるドイツのプロパガンダと、オスマン帝国のジハード宣言で、いっそう難しいものになった。

北アフリカでの最初の植民地連隊は十九世紀初頭にアルジェリアで創設された。ベルベル・ズワワ族にちなんでズアーブ軽歩兵隊と呼ばれる兵士たちは、だぶだぶの赤いズボン、青いチュニック、「シェシア」または「フェズ」と呼ばれる赤いトルコ帽の派手な制服というイメージで世界中に知られるようになった。十九世紀半ばのヨーロッパとアメリカで、エキゾチックな衣装の西洋人兵士のエリート・ズアーブ連隊がアルジェリアをモデルにして創設された。南北戦争では、北軍と南軍がともにズアーブ部隊を出動させた。十九世紀末までには、ズアーブ衣装のフランス人兵士が次第に増え、アルジェリア人と入れ替わり、ついにすべての兵がヨーロッパ人に代わってしまった。二十世紀に入るころには、ズアーブ衣装を制服とする兵士がアルジェリアで五連隊、チュニジアで一連隊あった。「アフリカ軍団」のほかのヨーロッパ人部隊は「アフリカ騎兵隊」と有名な「フランス外人部隊」があった。

　ズアーブ軍から除外されたアラブ人とベルベル人兵士は先住民部隊に編入された。アルジェリア人とチュニジア人ライフル部隊《テュルコス》と騎兵隊《スパーヒ》である。これらの部隊の兵士はほとんどすべて先住民出身であったが、将校はほとんどフランス人だった。アルジェリア人兵士は中尉まで昇進できるが、どんなときでも中尉全体の半数を超えてはならなかった（実際にはアルジェリア人中尉がフランス人中尉と同数になることはけっしてなかった）。同じランクなら、フランス人はアルジェリア人よりも優位にあった。(17)

　植民地の歴史的、社会的背景や、先住民兵士の上に立つフランス人将校数の制限を考えれば、アラブ人やベルベル人が入隊するのは異例のことだった。あるアルジェリア人退役兵の経験から推測すると、労働者に非常に限られた機会しか与えられない経済状況の中で、軍隊は安定した就職先と見なされていた。オランの後背地出身のアラブ部族民だったムスタファ・タブチは正規の教育を受けていなかったが、一八九二年、十六歳のとき、好奇心と「火遊びしたい」一心で、アルジェリア・ライフル部隊に入隊した。彼は最初の兵役期間が終わると、小さな食品雑貨店主として市民生活に戻った。彼は店の経営と農作業で一七年間苦労したが、三十七歳のとき、アルジェリア第二ライフル部隊に伍長として再入隊した。一九一〇年代初めにヨーロッパの緊張が高まると、フランスは北アフリカでアラブ人とベルベル人に魅力的なボーナスと給料を払うという条件で兵の徴募を積極的に行なった。軍隊は、食事、住居、固定給に加えて、商店主や小作人では享受できない社会的地位を与えた[18]。

一九一〇年代まで、「アフリカ軍団」はアルジェリア、チュニジア、モロッコのヨーロッパ人と先住民コミュニティから集められた志願兵から成り立っていた。一九一二年、軍隊拡大の必要に迫られたフランス政府は、北アフリカに徴兵制の導入を決定した。パリやアルジェの多くの人たちはこの措置に反対した。その理由は、生え抜きのアルジェリア人が反乱を起こすか、ひどい場合は、徴兵制の軍に入隊する見返りに、フランス人と同等な市民権を要求することになりかねないと危惧したためだった。かつて、軍事計画者が植民地ロビーの反対を抑え込むために、機械工を召集しようとしたことがある。一九一二年二月三日の布告では、くじ引きで選ばれる徴集兵の数を二四〇〇人に制限した。フランス人はムスリム有力者の支持を得るため、兵役逃れの権利を保障し、裕福なアルジェリア人は金を払えば息子が兵役を逃れることができるようにした。この権利は収入の少ないアルジェリア人を怒らせ、彼らはこの制度の導入に反対した。「子供が連れ去られるより私たちが死んだほうがましだ」とアルジェリア人の家族は抗議した。だが、くじ引きで召集が決まる制度は、大衆の抗議にもかかわらず、一九一二年以降も毎年行なわれていた。一九一四年の大戦勃発前夜には、フランス軍には二万九〇〇〇人のアルジェリア人兵士がいたが、そのうち三九〇〇人が召集兵だった[19]。

一九一四年八月三日、ドイツのフランスに対する宣戦布告のニュースがアルジェリアに届くと、愛国的フランス人は愛国心の集団的発揚のためにアルジェの街路に溢れ出た。彼らは『マルセイエーズ』ともう一つのフランス革命戦歌である『出征の歌』を、リフレインをつけて歌った。

共和国がわれわれを召集する
征服するか、戦死か
お国のために、フランス人なら生きねばならぬ
お国のために、フランス人なら死なねばならぬ

アルジェリアのフランス人は、犠牲のイメージに生え抜きのアルジェリア人を当てはめて、この最後の行を「お国のために、フランス人なら死なねばならぬ、お国のために、アラブ人なら死なねばならぬ」と歌った。愛国心発揚の瞬間をともにしたトレムセン生まれのメッサーリ・ハッジは、「音楽に限って言えば、こうした愛国的な曲は［アラブ系アルジェリア人を］大いに鼓舞した」と記している[20]。

ドイツが、巡洋艦ブレスラウ号とゲーベン号がフィリップヴィルとボーネ（独立したアルジェリアのスキクダとアンナバ）の港の攻撃で、フランスに対して初めて発砲した。八月四日の夜明け前、英国国旗を掲げたブレスラウ号はボーネの中心部へ一四〇発の砲弾を撃ち込み、港湾施設、鉄道駅、いくつかの主要街路と停泊中の蒸気船に命中した。大戦の最初のフランス人犠牲者として、アンドレ・ガーリヤートネという男が死んだ。一時間後、ロシア国旗を掲げたゲーベン号がフィリップヴィルの沿岸に現れ、二〇発の砲弾を町に撃ち込み、鉄道駅、兵舎、ガス製造所に命中し、さらに一六人を殺害した。二隻の艦船は北アフリカ沿岸から撤退し、英仏艦隊の追跡を受けながらトルコ海域に入り、そこでトルコを戦争に引き入れる重要な役割を果たした。これらの攻撃理由は明らかにされなかったが、ドイツは北アフリカからフランスへの兵員の輸送を妨害し、アルジェリア人のフランスへの信頼を傷つけることをねらったものと広く信じられている。

ドイツ軍の攻撃は広範囲に怒りをかき立て、ヨーロッパ人も生粋のアルジェリア人も軍隊に積極的に志願するようになった。開戦時が断食月《ラマダン》という神聖な月だったので、ムスリムは日の出から日没まで断食するため、土着のムスリムの召集は断食の終わる八月末から真剣に始められた。フランス兵とアラブ兵の新兵募集チームは、マーケットが開かれる日にアルジェリアの町や村を回った。彼らは太鼓のリズムや「ガイタ」と呼ばれるダブルリードの吹奏楽器の甲高い音に合わせて公共広場を練り歩いた。リズミカルな音楽とカラフルな軍服がいつも多くの人びとを集めたが、召集将校が目をつけたのは無職の労働者や農民だった。メッサーリ・ハッジの回想によれば、「特務曹長は音楽が思いどおりの効果を挙げたのを見ると、演奏を中止させ、アラブ人軍曹が辺りを制して、志願兵が受ける恩典のすべてを雄弁に語った。彼の話は魅力的で、とくに空腹な人びとを魅惑した」。他方、息子たちを外国の戦争に取られる恐れのある親たちは、「心痛む日々を送った」。

数週間も経たないうちに北アフリカの多くの親たちの最悪の恐怖が現実になった。「アフリカ軍団」は開戦早々から多数の死傷者を出したのだ。一九一三年に再入隊したムスタファ・タブチ伍長は、最初にフランス戦線に出征した部隊の一員だった。タブチ伍長は体験したことを詩にまとめ、負傷で治療中の病院で、それをアルジェリア軍の翻訳官が記録したものが残っている。一九一四年九月の戦闘後まもなく詠まれたその詩は、西部戦線の兵士の間で広く回覧された。彼は「大戦」の最初の詩人たちの一人だったのではないだろうか[21]。

タブチはアルジェリア・ライフル部隊の一人としてアルジェリア西部のオラン港からフランスのセットへ送られ、そこから部隊は鉄道で戦場へ赴いた。タブチはアルジェリア兵が戦闘を見通した勇気を祝福した。

「男なら」としみじみ思う。「恐れるものか。肝っ玉を見せてやる。ほら喜んで」

「われわれアラブ人は、肝っ玉と火薬でできている！」


北アフリカ部隊はベルギー前線へ送られ、そこで八月二十一日、シャルロワでの戦いを初めて見た。戦場の暴力とはどんなものか、この北アフリカ詩人は何の覚悟もしていなかった。


友よ、話を聞いてくれ。

シャルロワでは、なんと残酷な日だったことか、わが兄弟よ！

砲火と激しい雨のような銃弾が午後の祈り《アスル》のときから日没の祈り《マグリブ》のときまで降り注ぎ、われわれを打ちのめした。


戦闘が翌日以降も続くにつれて、両軍の戦死者は増えていった。タブチの回想によれば、「死者は幾層にも積み重ねられ、共同墓地でムスリムと無信仰者が隣り合わせに埋められた」という。


主よ！　遠くから撃ち込まれる砲弾で大地も岩もみな燃え上がった。

四方八方から襲う銃剣や銃弾で多くの命が消えた。

主よ！　敵は連続六日間、われわれにまったく休息をとらせず、われわれを追跡した。

主よ！　敵は奔流のような激しさでわれわれを襲った。

ベルギーでは敵はわれわれにまったく休息を与えなかった。

フランス軍とその北アフリカ部隊は撤退前にドイツ軍に何とか損害を与えることができた。「われわれは敵をやっつけた」とタブチは自慢した。「あなたがどちらへ足を向けようとも、やつら［ドイツ兵］の埋葬地に行き当たる」。だが、オラン、モロッコ、サハラ出身の北アフリカ兵の戦死者の記憶がこのアルジェリアの戦争詩人の心に重くのしかかっていた。

なぎ倒された多くの若い戦死者たちの光景がわたしの心をつかんで離さない。
主よ！　戦死した英雄たちは田園地帯の静寂の中に眠っている。
彼らは祈りの言葉をささやいてくれる人もなしに死んだ。
主よ！　彼らは野獣、鷲、鳥の餌として横たわっている。
彼らを思い出しながら、わたしは悲しく歌う。
主よ！　あなたが石でできているとしても、あなたは彼らのために涙を流すだろう。

シャルロワの戦いは無駄な虐殺行為で、フランス正規軍ばかりでなく、北アフリカ連隊の多くの兵士を失った。一二〇〇人の歩兵大隊は一日の戦闘で五〇〇人に減った。このチュニジア人ライフル部隊の死傷者の比率は六〇パーセントに達した。ベテラン兵士が倒れると、訓練不足の未熟な召集兵が代わって戦うが、彼らは激しい戦火にパニックを起こし、さらに死傷率を上げた。フランス軍がシャルロワから撤退し、パリ防衛のため再編成されると、北アフリカ軍はマルヌに再配置され、そこでも恐ろしくたくさんの死傷者を出しながら、ドイツ軍の進撃を食い止めるのに重要な役割を果たした。総数では、一九一四年八月から十二月の間だけでも、北アフリカ兵は六五〇〇人あまりが戦死し、数千人が負傷した。(22)

当然のことながら、西部戦線の多大な戦死者の悲報は北アフリカまで漏れ広がった。それほどひどい死傷者が出るとは、フランス兵を最悪の戦闘から守るため、北アフリカ兵を大砲の弾除けに使っているのではないかという噂まで飛び出すほどだった。一九一四年九月から十月にかけて、徴兵や召集に対する抗議行動がアルジェリアの農村部で自然発生的に起こった。家族は息子の応召を拒否したり、一団の人たちが開けた農地で召集チームを襲って志願者が兵舎に着く前に逃がしたりした。

このような蜂起は、オスマン帝国のジハード宣言によって鼓舞された宗教がらみの蜂起で起こりそうな厄介な問題をフランス人に想起させた。全国的な抗議運動に直面したフランス政府は、秩序回復のため、一六〇〇人の兵士をヨーロッパの戦場からアルジェリアへ移動せざるを得なかった。軍が治安を回復し、西部戦線への新しい部隊の召集を始める前に、反徒たちが数人の兵士を捕えて殺害した。農村部の反抗にもかかわらず、徴兵隊は効果を挙げた。戦争中、西部戦線とオスマン戦線の両方でフランス軍として戦った北アフリカ兵は、アルジェリア人一八万人、チュニジア人八万人、モロッコ人四万人の計三〇万人にのぼる(23)。

英国は傘下の帝国領に軍事目的の部隊を提供してくれるように呼びかけた。一九一四年八月四日、英国がドイツに対し宣戦布告すると、同日に三つの自治領オーストラリア、カナダ、ニュージーランドが後に続いた。どの国もヨーロッパ戦線で英国を守るという想定のもとに、出陣する兵士の動員を始めた。カナダ兵は、メソポタミア作戦で河川舟艇隊とサロニカの医療隊の少数を除いて、圧倒的多数が西部戦線で戦った。だが、オーストラリアとニュージーランドからの志願兵たちは最初、オスマン前線に配置された。彼らはトルコ兵、アラブ兵、北アフリカ兵が動員されたと同じ時期に動員され、これらの世界中から集まった兵士たちがヨーロッパの紛争を世界戦争に変えていった。

戦場から見て地球の反対側にあるオーストラリアとニュージーランドは、ヨーロッパの戦争勃発に対し、英国人と同様の帝国への義務感から立ち上がった。オーストラリアでは、野党の労働党指導者アンドリュー・フィッシャーが当時の時代精神をとらえて、「最後の兵士、最後のシリング」までオーストラリアは英国を支持すると誓った。一九一四年八月初旬、オーストラリア連邦はオーストラリア帝国軍を動員し、ニュージーランド自治領はニュージーランド遠征軍を動員した。この二つの連合軍は有名な「アンザックス」（オーストラリア＝ニュージーランド陸軍部隊）という呼称で知られている。

　オーストラリアとニュージーランドはボーア戦争（一八九九―一九〇二）に分遣隊を送り英国を支援したことがある。だが、この最初の外国での戦闘経験は、「大戦」の暴力に対処する地球の反対側の兵士たちにはほとんど役に立たなかった。南アフリカに送られたオーストラリア兵一万六〇〇〇人のうち、戦闘で死んだのはわずか二五一人で、二六七人は病死だった。ニュージーランド軍も同様の死傷者を出している。総勢六五〇〇人の兵士のうち七〇人が戦死、二三人が事故死、一三三人が病死した。先ごろの「ボーア戦争」の記憶を頼りに、ニュージーランド兵とオーストラリア兵は冒険と外国旅行を期待し、ほとんどすべての兵士が栄光に輝いて帰還することを心に描いて大勢が志願した。[24]

　オーストラリアとニュージーランド部隊はどちらも騎兵隊と歩兵隊で構成されていた。騎馬隊の志願者の大多数は農村地帯出身で、自分の馬と一緒に応募した。約一六〇〇万《（原文ママ）》頭が「大戦」に参加した。騎兵隊の応募者は、自分の馬と一緒に登録でき、もし馬が検査に合格すれば、三〇ポンドが支給された。馬は軍の所有物となり、政府の刻印が押され、蹄に番号が焼き付けられた。軍馬は騎兵たちには「補充馬」として呼ばれていたが、厳しい基準があり、去勢馬か牝馬であること、四歳から七歳であること、筋肉隆々としていること、背高が一五五センチ以下であること、性格のよいこと、戦火にも平静であることなどが要求された。サラブレッドと荷役馬の交配種であるオーストラリア産の「ニュー・サウス・

ウェイラー」がこれらの基準にうまく適合していた[25]。

「ニュージーランド遠征軍」の兵士はこの国のあらゆる地方から集まり、職業もいろいろで、農民、機械工、羊飼い、森林居住者、事務員、教師、証券業者、銀行員もいた。彼らは友だちがみな志願していたので応募したようだ。一部には、戦争は大きな冒険のチャンスと思う者もいた。英国と英帝国への愛国心から志願した者もいる。どこへ行って戦うのか誰にもわからなかったが、六週間の訓練の後、出征した。オークランド出身の若い弁護士であるトレヴァー・ホウムデンは、彼と同僚の兵士たちが「一木の丘」の訓練場から港の輸送船まで行進したことを、次のように回想している。

オークランドの市民が大勢見送りに来た。たいていの人は、われわれも含めてならず者と思われている最後の連中を追い出すことができると喜んでいたが、われわれはみな、自分たちは英雄であると考えていたし、自分もそのように振る舞うべきだと思っていた。個人的には、自分は行進に大きな喜びと誇りを感じた。行進曲が演奏され、国旗が振られ、すべてがドラマチックで勇壮だった……われわれはなじみの世界から、クィーン埠頭を遮断する鉄の門を通過し、神のみが知る目的地にわれわれを運ぶ輸送船へと行進した[26]。

オーストラリアとニュージーランドは人口が比較的少ないので、戦争には限られた数の兵員しか供給できなかった。一九一四年のオーストラリアの人口は五〇〇万人、ニュージーランドはわずか一〇〇万人だった。オーストラリアでは十八歳から三十五歳までの男子、ニュージーランドでは二十一歳から四十歳まで、身長は一六七センチ以上、健康状態良好の者が徴兵された。八月末までに、オーストラリア軍は約九〇〇〇人の将校が指揮する一万九五〇〇人の兵士（一万七四〇〇人の歩兵と二一〇〇人の騎兵）を動員した。ニュージーランド遠征部隊の本隊は、ドイツ領サモア占領のために急派された一四〇〇人の小部隊に加えて、八六〇〇人の兵士と三八〇〇頭の馬を三週間以内に動員できた。(27)

兵員輸送船は、南太平洋でドイツ小艦隊が作戦中という報告があって出発が遅れた。志願兵の訓練は九月末には終わっていたのに、一隻の日本軍艦と二隻の英軍艦艇に護衛された一〇隻の輸送船団がウェリントンを出港したのは十月十六日になってからだった。フランク・ホウムデンは一五〇〇人の兵士と六〇〇頭の馬と一緒に「イワシの缶詰のように詰め込まれて」、ワイマナ号に乗船した。彼らはオーストラリアに向かい、そこでオーストラリア帝国軍と合流し、十一月一日、オーストラリア南西部のホバートから出港したが、行く先は不明だった。アンザック輸送船団が出港してまもなくの十一月二日、オスマン帝国が「大戦」に参戦した。英国に向かう代わりに、オーストラリアとニュージーランドの兵士らは、中東戦線で戦うため、エジプトに上陸することになる。

英国とフランスがそれぞれの帝国領をヨーロッパ戦争に引き入れる際、彼らは支配下のムスリム臣民の忠誠心を吟味する必要に迫られた。アルジェリア人は、生来のアラブ人やベルベル人に市民権が与えられていない現状に長い間、不満を抱いていた。インドのムスリムたちは、英国統治下での何十年にもわたる影響力の低下にいらいらしており、世界のムスリム社会のカリフとしてのオスマン帝国スルタンの役割に対し、次第に連帯感を強めるようになっていた。エジプトでは、三〇年にもわたる英国占領により、ナショナリスト運動が生まれるようになったが、独立への要望はことあるごとにくじかれていた。インドや北アフリカでの植民地政策がムスリムをひどく疎外してきたので、ドイツが勝てば独立が保障されるかもしれないと期待して、英国とフランスの敵であるドイツに加担するかもしれないと恐れる者がいても不思議はなかった。(28)

大英帝国の十字路として、エジプトは戦争遂行上、重要な国だった。スエズ運河は、インド、オーストラリア、ニュージーランドへの英国の命綱に等しい大事な連絡路だった。エジプトの軍事基地は帝国軍の訓練地として、また中東の作戦の出撃基地として機能していた。もし、エジプトのナショナリストたちがヨーロッパの戦争を利用するか、あるいは敬虔なムスリムがジハードの呼びかけに応えて反乱に立ち上がれば、英国の全体的戦争遂行力は、破滅的な結果を招くことになりかねなかった。

一九一四年八月、ヨーロッパで戦争が勃発したとき、エジプト政府はすでに夏休みに入っていた。エジプト副王アッバース・ヒルミ二世は休暇でイスタンブルにおり、国会も休会していた。首相のフセイン・ルシュディ・パシャは、急速に進展する危機に迫られて、副王に相談せずに決定を強いられた。八月五日、英国は、本質的には国王の敵にエジプトが宣戦布告するに等しい文書に署名するようにルシュディ・パシャに迫った。この布告のニュースは、英国の戦争遂行に対するエジプト人の忠誠心を得るどころか、エジプト人の反感を買うことになった。「占領国、英国へのあらゆる階級に共通な、根の深い不信感が、言葉には出さないが、苦々しい憎悪の感情を増幅させていった」と、当時、エジプトに勤務していた英国将校が回想している。「エジプトは、大英帝国との気の進まない、軽蔑された関係から、原因もはっきりせず、目的も知らない戦争に引き込まれていった[29]」

八月から十月にかけて、英国の検閲官は、前線からの最悪の報告をエジプトの一般人に隠していた。イスタンブルからのニュースもまた、一九一四年十一月二日にオスマン帝国が参戦するまで英国の検閲を受けていた。エジプトは、一八八二年から英国の占領下にあり、事実上の英国の統治下にあったが、一五一七年以来、法的にはまだ、オスマン帝国に属していた。副王はオスマン帝国のスルタンが任命する総督であり、税金は、オスマン帝国の国庫に納めていた。ところが、今やドイツの同盟国として英国の敵になった。英国の立場は非常に複雑だった。オスマン帝国の参戦で、英国としては敵の領土を占領し、一三〇〇万人のエジプト住民は今や敵国人になったのだ。

オスマン帝国が参戦したその日に、英国はエジプトに戒厳令を発令した。一般大衆の反応はなかったが、英国当局はエジプト人の忠誠心に警戒を続けた。宗教的な絆が植民地行政への尊敬に確実に勝る戦争にエジプト兵を関与させることを嫌って、英国はエジプト人を戦争から完全に除外することを決定した。十一月六日、エジプト駐在英国軍司令官サー・ジョン・マクスウェル将軍は、「エジプトのムスリムがスルタンに払っている尊敬の念を考慮して、[英国は]この戦争の重責を単独で担い、エジプト国民に助力を求めない」ことを誓約した[30]。

老練なエジプト人政治家アフマド・シャフィークは、マックスウエル将軍の布告は、三〇年以上の占領の後でも英国の意図を信用できなかったエジプトの「世論を揺らした」と述べている。英国は、エジプト人を戦争に従事させないと誓約する一方、エジプト内の英軍の活動を妨害することや、オスマン軍の戦争努力に協力することに厳しい制約を課した。さらに、英国はまもなく、エジプト人の協力なしに戦争の重荷を背負うという約束を守ることができなくなった。エジプト人兵士はスエズ運河を防衛することになり、エジプト人労働者は「大戦」の西部前線と中東前線の両方で採用されることになった[31]。

英国の治安維持はしっかりしてはいたが、エジプトにおける英国の立場から派生する法的矛盾を解決する必要があった。十二月十八日、英国は一方的にエジプトをオスマン帝国から切り離して英国の保護領とし、三九七年のトルコ支配を終わらせた。翌日、英国はオスマン帝国の大義名分に共感し過ぎると思われていた副王を退位させ、王族の最高齢者フサイン・カーミルをその地位に就けた。今や、エジプトはもはや隷属国家ではなく、英国はその領主に「スルタン」の称号を与え、彼をオスマン帝国のスルタンと同格の新領主に格上げした。英国のおかげで地位に就いた、言いなりになる新領主の就任で、英国はエジプト、とくにスエズ運河をオスマン軍からの攻撃から守るために自由に動けることになった。

すでにエジプトの英国兵の多くは西部戦線へ送られていたが、オーストラリア、ニュージーランド、インドからの増援部隊がまもなく到着することになっていた。

一八五八年以来、英国の支配下に入ったインドは、英帝国内の最重要国だった。英国のインド統治は、英国を宗主として忠誠を誓った一七五の藩王国を、英国人総督が支配していた。インドはそれ自体の官僚組織と陸軍を持つ、英国連邦内の一国家であった。インドの二億五五〇〇万の住民の四分の一がムスリムであり、その総数は六五〇〇万人にのぼる。ドイツ情報機関は、不満を抱いているインドのムスリムは英帝国のアキレス腱と見ており、オスマン帝国のジハードへの呼びかけで蜂起をそそのかし、英国のインド統治を不安定にし、西部前線での英軍の敗北を早めたいともくろんでいた。(32)

一九一四年に戦争が勃発したとき、英国は南アジアに二つの緊急責務があった。一つは戦争遂行のためにできるだけ多くのインド兵を集めること、もう一つは、オスマン帝国とドイツのジハード宣伝に対抗して、インドのムスリムの忠誠心を保持することだった。この二つの目的を進めるため、英国の「帝王」ジョージ五世は八月四日、「インドの藩王と国民」への布告を出した。彼はドイツに宣戦布告した理由を説明し、英連邦の戦争遂行への支持を呼びかけた。インドの支配階級エリートは英国王の訴えに対し、溢れんばかりの忠誠心を表明したため、英国政府はほっとした。「インドのムスリムが示した帝王への忠誠心は、ドイツ外交が近東その他の地域で、ドイツ製の『軍事力』を好むとんでもない汎イスラーム主義感情をつくり出そうとする試みに対する抵抗を示すものである」とアーガー・ハーンは力説した。インド中の藩王たちは、公的声明の中で彼の言葉を繰り返した。(33)

オスマン帝国の参戦とスルタンのジハード宣言は、英国のインド統治に混乱をもたらす恐れがあった。一般国民の忠誠心は、スルタン＝カリフ派と帝王派に二分された。英国王ジョージ五世は、インドのムスリムの支持を確実なものにするため、英国とその同盟国はアラビアの神聖都市メッカとメディナ、紅海の港湾都市ジェッダ、メソポタミアの聖都を攻撃から守ると確約した。国王の誓約は英国の戦争遂行に対するインドのムスリムの支持を得ることに役立った。だが、エジプト人には戦争の重荷を負わせないという約束のため、ヒジャーズ地方を紛争の危険から守るという誓いを貫くに当たって、大きなプレッシャーがかかることになる。

英国王のムスリム聖地についての声明後、インドのムスリム著名人がこぞって英国の戦争遂行を積極的に支援する意思表示をした。ボーパール、ランプル、ムルシダーバード、ダッカの藩王たちとハイデラバードの君主すべてが、スルタンは「誤った」ジハードの呼びかけでムスリムを誤った方向に導いたが、インドのムスリムは大英帝国を支持する義務があると主張した。アーガー・ハーンは彼のオスマン帝国のカリフ位の承認をついに撤回することになる。「今やトルコは悲惨にもドイツの手にある道具になって、身を滅ぼすばかりでなく、イスラームの管理人としての地位を失い、不善がはびこるだろう[34]」

一九一四年十一月、全インド・ムスリム連盟会議は「今回の戦争へのトルコの参戦」は、英連邦へのインド・ムスリムの「忠誠と貢献」になんら影響を与えるものではないことを確認した。会議はまた、「インド人ムスリムはその統治者である帝王への義務を髪の毛一本の幅もそれることなく最優先する」と自信たっぷりに確認した。一九一四年十一月、インド中のムスリム著名人の集団会議でも同様の決議が採択された[35]。

ムスリムの忠誠心が確認されたので、英国は次にインド部隊を戦争に動員しはじめた。インドはジョージ五世の呼びかけに応えて、ほかの植民地や自治領を合わせたよりも多くの志願兵を動員した。一九一四年から一九年末の間に、九五万人のインド人が徴兵に応じ、四五万人が非戦闘員として働いた。総数一四〇万人が兵士、労働者、医療関係者その他の補助者として戦争遂行に参加するため海外に送られた。インド陸軍の兵士はあらゆる前線で戦い、西部戦線だけでも一三万人が活躍した。だが、英国の戦争遂行にもっとも貢献したのは中東で、インド兵の八〇パーセントがそこで戦い、ガリポリ（九四〇〇人）、アデンとペルシア湾岸（五万人）、エジプト（一一万六〇〇〇人）、メソポタミアでは圧倒的に多数の兵士（五九万人）が戦った[36]。

ムスリム領主たちがスルタンのジハード宣言に対し、激しく反対した英領インドの例にならって、フランスは友好的ムスリム著名人を動員して、オスマン帝国の宗教を根拠にした参戦を非難させた。フランスは、まず社会のトップにいるチュニスの地区長官《ベイ》やモロッコのスルタンの支持を取りつけ、彼らからそれぞれの国の兵士にフランスのために勇敢に戦うように勧めさせ、また国民に植民地当局に従うよう呼びかけさせた。アルジェリアのイスラーム法学のマーリク学派と、ハナフィー学派の法学者たちは、スルタンのジハード呼びかけに反対するインド、コーカサス、エジプトのムスリムの立場を明確に支持した。ほかの宗教指導者——宗教団体の長、裁判官、その他の有名人——は連合国側の大義名分に忠誠を宣言し、ドイツとその「青年トルコ人」子分たちを非難し、スルタンにカリフ位やムスリム社会のためにジハードを宣言する権利はないと言明した。植民地当局はこのような声明を多数、アラビア語で公表したが、その翻訳はフランス人学者が慎重に編集したものだった。英、仏、独の間で、オスマン帝国のジハード作戦に賛成か反対かをめぐるプロパガンダ戦争が展開しつつあった[37]。

ドイツは、敵のムスリム戦士を英国とフランスに対しジハードを戦う兵士に寝返らせることにある程度成功していた。ドイツ軍は、その目的のためにシャイフ・サーリフ・アッシャリーフのようなイスラーム活動家を起用した。彼はフランス統治を嫌ったアルジェリアからの亡命者の息子としてチュニスに生まれたイスラーム学者であり、預言者ムハンマドの血筋を引いていた。一九〇〇年、彼はフランス統治に抗議して、生まれた国を去った。このチュニジア人活動家は、リビア戦争の期間中、エンヴェルの指揮下にいたが、一九一一年に「青年トルコ人」指導部の目にとまった。イタリアに対しジハードを宣言し、この戦争に明白に宗教的含みを与えたのがサーリフ・アッシャリーフだった。ヨーロッパの侵略に対する抵抗を組織的に立ち上げるイスラームの力にすでに感銘を受けていたエンヴェルは、アッシャリーフを彼の特務機関《テシュキラート・マスフーサ》に採用した[38]。

一九一四年、サーリフ・アッシャリーフはベルリンに移り、ドイツ外務省オリエント情報局に新設された広報宣伝班に加わった。このチュニジア人活動家は、西部戦線に出向いて、塹壕を挟んで英仏軍と戦っているムスリム兵士たちに直接アピールした。彼はアラビア語とベルベル語で印刷されたたくさんのパンフレットを作り、スルタンのジハード宣言のニュースとともに、北アフリカ兵が布陣する敵前線の上空からまいた。このイスラーム教徒によるおおっぴらなアピールに応えて、多くの北アフリカ兵がフランス軍前線から脱走した[39]。

ドイツは、西部戦線でムスリム兵を捕虜にしはじめると（一九一四年末までに約八〇〇人）、ベルリン近郊のツォッセン＝ヴュンスドルフに「ハルプモントラーゲル」（三日月収容所）という特別施設を創設した。収容所のドイツ人所長は捕虜とアラビア語で会話した。収容所の食事はムスリムの食習慣に完全に適合するものだった。ムスリム捕虜たちの精神的要求を満たすために、ムスリム世界へのドイツ皇帝ヴィルヘルム二世の厚意を示す華麗なモスクまで建立された。

マラケシュから来た年長の農民アフメド・ビン・フセインは、ベルギー戦線でドイツ軍に降伏した八人のモロッコ兵の一人だった。彼によると、自分がムスリムであると明言した瞬間から、ドイツ兵たちは「われわれに好意を示し……ドイツ兵の誰もがわれわれの肩を叩き、食事と飲み物をくれた」。彼はムスリムの捕虜のための特別収容所——「ハルプモントラーゲル」であることは疑いない——に送られ

3.ツォッセンの捕虜たち。ドイツ軍はベルリン近郊のツォッセン=ヴュンスドルフにムスリムの捕虜用に
特別施設を創設し、オスマン帝国の戦争遂行への志願兵を積極的に勧誘した。
のちに大勢が中東戦線でオスマン帝国軍に応召した。この写真は、ツォッセン収容所で、
フランス戦線で捕虜になった北アフリカ出身の兵士の一団を彼らの将校の一人が閲兵しているところ。

た。「彼らはわれわれに好意を示し、台所を用意してくれた。豚肉はわれわれに与えられなかった。彼らは良質の肉、ピラフ、ヒヨコマメなどをくれた。全員に三日置きに三枚の毛布、下着、靴が与えられた。三日置きに入浴でき、散髪もしてくれた」。収容所の状態は、前線のフランス軍にいたころの経験と比較して非常によかった[40]。

ムスリム活動家の一隊がジハードのプロパガンダを広めるために、ツォッセン収容所の(文字どおりの)捕虜の聴衆の中をパレードした。チュニジア人活動家サーリフ・アッシャリーフは頻繁にここを訪れ、収容者のためにアラビア語の率直この上ない紙名の新聞『アル=ジハード』を編集していた。多くの北アフリカ人活動家や著名人が収容所にやってきて、収容者に会い、ヨーロッパ中央同盟国の大義を売り込んだ。これらのゲスト講演者たちは、連合国側で戦うことが宗教に反する行為であり、

イスラームの敵（つまり英国とフランス）と戦うオスマン帝国のジハードに加わることが宗教的義務であると説いた[41]。

数百人の捕虜たちがオスマン軍に志願し、その中にモロッコ人農民アフメド・ビン・フセインもいた。彼がムスリム兵士のための特別捕虜収容所に入って六カ月経ったころ、一人のドイツ軍将校がヒクメト・エフェンディという名のオスマン軍将校を伴って来所した。彼らは、「イスタンブルへ行きたい者は手を挙げよ」ときっぱり言った。一二人のモロッコ兵と一人のアルジェリア兵がその場で志願した。アフメド・ビン・フセインは、「ほかの者たちは怖がった」と付記している。彼らは民間人の服とパスポートを与えられ、オスマン帝国の戦争遂行に参加するため、イスタンブルへ送られた。

どれだけのムスリム捕虜が信念からオスマン軍に志願したか、そしてどのくらい多くの人が収容所から出所したかはわからない。彼らの動機が何であろうと、インドと北アフリカの兵士たちはスルタンの戦争に参加するため、絶え間なくドイツを離れてイスタンブルに向かった。植民地兵士としてではなくイスラーム兵士として二回目の動員を受けた人たちは、中東戦線で急速に拡大する世界戦争にふたたび参戦することになった[42]。

オスマン帝国が宣戦布告をしたときには、中東で戦うことになる兵士たちはすでに動員され、オスマン帝国のあちこちで露わになった前線へ向かっていた。北アフリカの兵士たちはすでに、西部戦線で戦って、何千人もの戦死者を出し、ドイツ捕虜収容所に収容されたその一部が寝返ってオスマン軍に加わった。アンザック軍団の騎兵および歩兵部隊はエジプトに向けてインド洋を航海中だった。インド軍の一部はメソポタミアに向かってペルシア湾を遡上しつつあり、ほかの部隊はエジプトに向け、オスマン領イエメンを回ったところだった。オスマン軍はコーカサスに駐屯するロシア軍の進出を抑えるため、アナトリア東部とシリアへ、また英軍を抑えるためにエジプトへと兵を送った。ヨーロッパの戦争は、中東の戦争になってしまっていた。

第4章 一斉射撃始まる

バスラ　アデン　エジプト　東地中海

オスマン帝国は戦争によって生まれ、その国境線は数百年にわたる征服と闘争によって引かれたものである。一九一四年十一月、オスマン帝国は初めての世界規模の戦争で、そのすべての国境線で同時に戦わざるを得なくなった。黒海、ペルシア湾、紅海、地中海に広がる国境線と海岸線は全長一万二〇〇〇キロ、敵側の攻撃にさらされやすい地点はいくらでもあった。

オスマン帝国が戦争に突入するや否や、広大な帝国のあちこちで連合軍の一斉攻撃を受けた。協商国の軍艦は、まだ正式な宣戦布告がされないうちから最初の一斉射撃を行なった。一九一四年十一月一日、紅海にいた英国軍艦はアカバ湾の奥にある、一〇〇人の守備隊が守る孤立した要塞を砲撃した。その二日後、ダーダネルス海峡の英仏艦隊は海峡の外側の防衛陣地に激しい砲撃を加えた。たった二〇分の砲撃で、砲弾が弾薬庫に命中し、セデュルバヒル要塞が破壊され、大砲が使えなくなった。オスマン軍はこれらの攻撃に対抗することができなかったので、直ちに沿岸部防衛力の脆弱性と、協商国側の海軍力の優位性が明らかになった。(1)

協商国側は、トルコの中央同盟国との絆は弱く、交戦国の中ではいとも簡単に戦争から敗退させることができると信じていた。西部戦線とロシア＝ドイツ前線の戦いが膠着状態にあったので、オスマン帝国前線だけが連合国のすばやい勝利を期待できそうだった。協商国側は、英国、フランスとロシアの一斉攻撃でトルコはすぐに屈服するだろうと自信満々だった。トルコとの戦争開始早々、ロシアと英国はオスマン帝国の守備が弱い外縁部から侵入して敵国領内に橋頭堡を築こうと部隊を送り込んだ。

ロシアは地上部隊でオスマン帝国を攻撃した最初の国であった。十月二十九日、ゲーベン号とブレスラウ号が黒海の港湾都市と船舶を砲撃してからすぐ、ロシアは分遣隊を、コーカサス国境を越えてアナトリア東部に侵入させた。ロシア軍の情報によれば、トルコ兵は、エルズルム管区に七、八万人しかいないので、オスマン軍がコーカサスのロシア軍基地を脅かす戦力はないということだった。そこでロシアは、国境に沿って緩衝地帯を設けること以上に野心を広げず、指揮官たちがドイツとオーストリアとの戦いにより多くの兵員を振り向けられるようにした。

一九一四年十一月二日夜明け前、ロシア軍のゲオルギー・ベルクマン将軍は部下の兵士らをオスマン帝国領内に導入した。それから三日間、ロシア軍は大きな抵抗を受けずに前進し、十一月五日までに、国境から二四キロ入ったところに国境と並行に走る前線を確保した。作戦は成功したので、ベルクマン将軍は、エルズルム要塞都市から八〇キロ離れたパーシーン峡谷を見下ろせる高地に沿って陣地の強化を部隊に命じた。

このロシア軍司令官の頭にはトルコ領土を楽に占領できたという思いがあったと見え、総司令部に相談することなしに自分の権限を越えた命令を出して、エルズルム州へ深く進攻しつづけた。彼は部下たちに、ロシア前線とエルズルムのちょうど真ん中にあるアラス川をまたいだ戦略上重要なキョプリュキョイ村への進撃を命じた。

ベルクマンは、トルコ軍司令部がロシア軍の進撃に懸念を強めていることを知らなかった。十一月四日、オスマン帝国陸相エンヴェル・パシャは、エルズルムのトルコ軍司令官ハサン・イッゼト・パシャに電報を送り、侵入ロシア軍への反撃を提案した。イッゼト・パシャは配下の第三軍の戦力不足を心配したが、上官に判断を仰ぐよりも自分のほうが情勢をよく知っていたので、ロシア軍と戦うために大部隊を急派した。十一月六日の夕方、両軍はアラス川の堤防で対峙し、この大戦におけるオスマン軍との最初の戦闘が始まった。(2)

アリ・ルザ・エティ伍長は、キョプリュキョイでロシア兵と戦うために送られた部隊の衛生兵だった。エティは教育のある男で、トルコ東部のエルズィンジャンという町に近い農村の生まれであった。軍役に召集されたとき、彼は二十七歳で結婚しており、息子が一人いた。彼は人生ですることがたくさんあったが、ロシア兵と戦うため喜んで命を捧げようとしていた。彼の父は一八七七年から七八年の露土戦争で、オスマン軍の敗北によって重傷を負った退役軍人だった。一九一四年、彼はその仕返しに応召した。(3)

エティの部隊が戦闘に送り込まれたのは十一月七日の夜明けだった。兵士たちは、寒い秋の雨でぬかるむ道をゆっくり進まねばならなかった。彼らがキョプリュキョイの戦線に近づくにつれて、砲撃は勢いを増し、砲弾がおびえた兵士の上に降り注いだ。彼の日記には、ズブッ、ズブッ、ズブッという弾丸音が聞こえたとある。「[戦闘の]最初の日だったので、死ぬのがとても怖かった。ズブッ、ズブッと音がするたびに、歯から足の爪まで、汗が噴き出した」。オスマン兵士たちが所定の位置まで前進すると、熾烈な砲撃にそれ以上我慢できなくなった。戦闘は夜まで続いた。午前三時、エティと戦友たちは「継ぎだらけの」テントを張り、ひどい寒さの中で少し眠ろうとした。「われわれは朝まで震えていた」

戦闘は翌朝早く再開された。ロシア砲兵隊はトルコ軍前線へ激しい榴散弾攻撃を行ない、鋭い金属片が兵士や軍馬に降り注いで殺傷した。「日記をここまで書いていたとき、榴散弾が私の上の丘で『ズドーン』と炸裂した。死者はしだれ柳のように辺り一面に転がった」。戦闘が非常に激しく、衛生兵が負傷者のいるところまで行けなかったので、エティはモーゼル・ライフルをつかみ、前線の戦闘に加わった。「ルザ先輩《エフェンディ》、伏せろ、弾薬は身から離すな」と隊長が叫んだ。弾薬二箱と医薬品を所持したエティは対岸の丘に布陣したロシア兵を狙って発砲した。八三発の弾丸を発射し、ロシア軍中尉一人と三人の兵士を殺したと彼らしい几帳面さで記し、「ほかの弾は無駄になった」と残念そうに付け加えている。

　トルコ兵は彼らの側面に回り込もうとするロシア軍の攻撃を退け、陣地を守った。隊長は弾薬を配って部下を激励した。「敵の弾は当たらんよ」と折悪しく大声で叫んだ途端、彼の首に弾が当たり、膝から崩れ、意気消沈した兵士たちの前で死んだ。「さあ、みんな来いよ、われわれは隊長のために戦っているんじゃなく、神のために戦っているんだ」とほかの将校が叫び、ロシア兵に向かって発砲した。トルコ兵たちは落胆からパッと立ち直り、砲兵隊は敵前線にねらいをつけて命懸けで戦った。一連の正確な砲撃で、多数のロシア兵を殺傷したので、生存兵たちは退却せざるを得なかった。「一〇時に、敵はすべての前線から引き揚げ始めた。みんな大喜びした」とエティは記録している。

　戦闘が終わったので、エティは衛生兵の仕事を再開し、戦場から負傷者を収容して後方へ急送した。衛生兵は死傷者の中に多くの友人を認め、戦争による死傷者をめぐる初めての経験にぞっとした。

　トルコ前線で仕事を終えたエティは、自分が殺した男を近くで見てみようと、ロシア軍の陣地のあったところまで思い切って出かけた。そのロシアの中尉は倒れたところに横たわっていた。エティは射殺した「そいつ《ヘリフ》」に何の同情も感じなかった（彼はその男を、終始一貫、トルコ語で軽蔑的な含みのある「ヘリフ」という言葉で表現している）。そして彼のピストル、肩かけカバン、双眼鏡とサーベルを分捕った。そのカバンの中には一束の手紙、ラベンダーの香りがするハンカチ、手袋、小瓶とロシア紙幣が入っていた。「天の賜物か」とエティは感じ入った。彼は双眼鏡を連隊長に、サーベルをドクターに、カバンを隊長補にあげた。エティは、戦闘初日の自分の大隊の損害——一人の隊長と五人の兵士が死亡——を振り返り、「今朝まで抱いていた戦闘の夢は消えた」と結んでいる。

トルコ軍歩兵隊は、断固とした抵抗により前線を確保することに成功した。ロシア軍は十一月十一日に最後の攻撃を仕掛けてきたが、四〇パーセントの兵員を失った。弾薬も残り少なくなり、陣地の両側面からオスマン軍の断固とした攻撃を受け、戦火の中で撤退を強いられた。ベルクマンの部隊は最初、十一月五日に確保したオスマン領土内へ二四キロ入った線まで後退した。敵、味方ともベルクマンの冒険のために大きな損害を被った。トルコ側の数字は、十一月攻勢で八〇〇〇人が死傷（戦死者一九八三人、負傷者六一七〇人）したほか、三〇七〇人の兵士が捕虜となり、約二八〇〇人が逃亡した。ロシア軍は戦死者一〇〇〇人、負傷者四〇〇〇人、凍死者一〇〇〇人を出した。血まみれになった両陣営は、コーカサスの高地がほとんど通行できなくなる初雪が降る前に、陣地を補強した。両陣営とも春の到来の前に戦闘はできないだろうと予測した。「この比較的満足すべき始まり」に元気づけられたエンヴェル・パシャはやがて彼自身、コーカサスへ来てロシア軍との戦いを検討することになる。しかしこの時期では、オスマン帝国最高司令部は英国軍のメソポタミア侵攻に心を奪われていた。(4)

バスラ市は、ティグリス川とユーフラテス川の合流点からペルシア湾まで流れるシャッタルアラブ川沿いにある戦略的に重要な港町である。それは海路から直接蒸気船の入れる最後の港町で、メソポタミアとペルシア湾間の交易の玄関口に当たる。シャッタルアラブ川はまた、バスラの南数キロのところで、ペルシアとオスマン両帝国間の境界線となり（今日のイランとイラクの境界線と同じ）、国境線は川の両岸の土手の真ん中を走っている。ペルシア側のシャッタルアラブ川に至る地域は、英国にとって特別関心の高い場所だった。ここには、アングロ・ペルシアン石油会社が一九〇八年五月に操業を開始していたからである。
一九〇一年五月、デヴォン州生まれの富豪ウィリアム・ノックス・ダーシーはペルシアでの六〇年間の石油採掘権を獲得した。彼の会社は英国の企業連合からの融資と英国海軍の支援を取りつけた。英国海軍は燃料を石炭から石油に切り替えつつあったので、艦船用の石油の安定した供給原を確保したかったからである。ペルシア南部のアフワーズの近くで石油を掘り当てたアングロ・ペルシアン石油会社は、石油輸出のため、海路に便利なところに精製所を探していたが、油田から二二四キロ南のシャッタルアラブ川に浮かび、直接海路にもつながるアーバーダーン島を理想的な場所と見て、ここに精油所を設立した。この島の所有者シャイフ・ハザアールは近くの町ムハンマラ（現在のイランの都市ホッラムシャフル）の出身で、英国の保護を受けていた。
二万人の騎馬隊を持ち、アラビア語を話すハザアールは強力な地方リーダーだった。一九〇二年、英国は、ペルシア湾のアラブ人領主のほとんどすべてと条約を結び、その体制を尊重する代償として、シャイフ・ハザアールのミニ国家を守ると約束した。石油が発見されてからは、英国はシャイフとの友好関係をいっそう重視するようになった。ペルシア湾駐在の英国政務官サー・パーシー・コックスは、精油所、貯蔵タンク、ドックなどの建設に必要なアーバーダーン島の土地の借地権についてシャイフと交渉するため、ムハンマラに派遣された。一九〇九年七月、一〇年の借地権に、現金で六五〇〇ポンドとローンで一万ポンドを支払うことで交渉がまとまった。パイプラインが敷設され、精油所が建設され、アーバーダーンから石油が搬出され始めたのは一九一二年だった。[5]
英国は、石油、貿易、ペルシア湾における一〇〇年にわたる優勢な地位から、オスマン帝国の戦後分割の際、戦利品としてメソポタミアを選ぶのは理に適っていた。英国は、ロシアやフランスとの交渉開始前に、バスラを確保するために遠征軍を送り込んでいた。

一九一四年九月から十月にかけて、英国のバスラ侵攻計画はロンドンでもインドでも極秘に進められていた。仮にインドのムスリムがイスラームのカリフとしてオスマン帝国のスルタンに敬意を抱いていたとしても、英国は、スルタンの領土への時期尚早の攻撃は宗教がらみの蜂起を促しかねないことを懸念していた。課題は、オスマン帝国が宣戦布告する前に、まだ中立を保っているオスマン帝国に対する敵対行為と見なされないようなかたちで、英国軍部隊をバスラの近くに事前配備しておくことだった。それはこの会戦に参加することになる司令官にも、軍隊にも、軍隊の配備を秘密にしておくことを意味した。

十月十六日、西部戦線へ向かうインド遠征軍（ＩＥＦ）の一部としてボンベイから乗船したウォルター・デラメイン准将は、封印された命令書を受け取り、七二時間後に開封して読み、行動するように指示されていた。海上に出てから三日後、デラメインが命令書を開封すると、ペルシア湾で服務中のインド軍第六プーナ師団（ＩＥＦＤ）の一大隊を指揮せよとの命令だった。五〇〇〇人の兵士と馬（一四〇〇頭の馬と荷役用ラバ）は四つのグループに分けられ、ペルシア湾の浅瀬を航行できる舟艇に乗船した。デラメインは直ちにバーレーンに向かい、次の指示を待った。

十月二十三日、デラメインは自分の大隊とともにバーレーンに着き、そこで元湾岸駐在弁務官でＩＥＦＤの主席政務官に任命されていたサー・パーシー・コックスに会った。デラメインは、バーレーンに到着して初めて、自分がシャッタルアラブ川に向かい、アーバーダーンのアングロ・ペルシアン石油精製所と貯蔵タンクを保持し、トルコ軍の攻撃からパイプラインを守るのが任務であることを知った。デラメインは、このペルシア湾入り口のバーレーンで、英国のアラブ人同盟者——シャイフ・ハザアール、クウェートの支配者シャイフ・ムバラク・アッサバーフ、アラビア半島東部のイブン・サウードらの支持を取りつけることになる。デラメインへの命令書には、トルコが中立を保つ限り、「インド政庁の命令なしに、トルコへの敵対行為を避けよ」とあったが、オスマン帝国が宣戦布告をしてしまったので、デラメインは、自分の立場を「軍事的、政治的行為によって」強化したり、「さらに可能ならばバスラを占領」することもできるようになった。バーレーンに停泊して六日後に、デラメインは十月二十九日にシャッタルアラブ川の河口まで進むよう命令された。その同じ日に、オスマン帝国艦隊は黒海でロシアに対する作戦を開始した。バーレーンからバスラへ作戦始動の命令が伝えられると、直ちに軍事的、政治的準備が慌しく始まった。(6)

兵員輸送船がバーレーンに到着するや否や、英軍の攻撃が近いという噂がバスラに広がった。遠いヨーロッパの戦争が戸口まで迫っているというのに、町の人たちは何を求めたらいいのかよくわからなかった。離任間近の英国領事リーダー・ブーラードは、十月末のバスラには、「強い反ロシア、反英国感情」があったと報告している。だが、この町は貿易に依存しているので、英国とオスマン帝国が敵対関係になって、この町がペルシア湾のほかの地域から孤立すれば、町の経済は深刻な打撃を受けることになる。(7)

オスマン人に対する忠誠心はどう見ても中途半端だった。この町の有名人の多くは、アラブ人の利益に反する「青年トルコ人」の政策に大っぴらに反対してきた。同様な考え方を持つバスラのリーダー格の人たちのグループが、一九一三年にイラクのもっとも有力な協会の一つとなる改革協会を設立した。「アル=ファタート」や「脱中央集権党」と同様、「バスラ改革協会」はアラブ人の文化的権利と、脱中央集権化したオスマン帝国内でより大きな自治を主張していた。この運動のリーダーがサイイド・ターリブ・アンナキブだった。

戦前のバスラでもっとも傑出した人物であったサイイド・ターリブは、一九〇八年にオスマン帝国議会に初めて選出された。彼は最初のうち、「統一と進歩委員会」（ＣＵＰ）に協力的だったが、やがてアラブ人の文化と政治的権利をはっきり主張するようになった。議員としてのキャリアの中で、ＣＵＰのトルコ人ナショナリストの間に危険な敵をつくり出していた。「統一派」は、サイイド・ターリブはバスラの分離を望んでいると信じて、この地方議員を大っぴらに脅した。一九一四年、オスマン帝国議会選挙でバスラ州の改革協会候補者は大勝したが、サイイド・ターリブは「統一派」の暗殺を恐れてイスタンブルの議会には出かけなかった(8)。

一九一四年のオスマン帝国議会選挙で、改革協会から出馬し当選したもう一人のバスラ生まれのスレイマン・ファイディは、英国当局がいかにバスラの占領に協力してもらうためにサイイド・ターリブを取り込もうとしたかを覚えていた。英国の役人は、同盟者シャイフ・ハザアールの仲介を利用して、ＩＥＦＤ部隊がシャッタルアラブ川に着く前のきわどい期間に、サイイド・ターリブをムハンマラの秘密会議に招待した。英国の役人は、彼の協力の見返りに、サイイド・ターリブを英国下にあるバスラ州の総督に任命し、無税の特権と英国の開発援助を与えるという条件を出した。サイイド・ターリブは、オスマン帝国という主人の代わりに英国を選ぶつもりはないと断った(9)。

サイイド・ターリブは、近隣諸国と足並みをそろえて英国の「休戦協定」制度に参加するよりは、オスマン帝国に自分の運勢を懸けようと決心した。ところが、「統一派」が反逆罪で彼の逮捕状を出していたため、その決意はややこしいことになった。サイイド・ターリブは、自分の忠誠を証明し、運勢を逆転させようとして、必死の思いでエンヴェル・パシャに電報を送り、英国の侵攻からバスラを守るために、サウジの領主イブン・サウードの支持を確実に取りつけると誓った。「統一派」は、この戦略から失うものは何もないので、もしそれがうまくいけば、サイイド・ターリブをバスラ総督にして彼の努力に報いてもよいとほのめかした。

すでにアラブ人の忠誠心を懸念していた英国は、オスマン帝国の大義名分に湾岸諸国の首長たちを引き入れようとする戦略や、アラブ人部族兵を協商国に対する世界規模のジハードに参集させる動きに、先手を打とうと懸命だった。十月三十一日、湾岸駐在政務官S・G・ノックスは、「ペルシア湾岸の領主と首長、その臣民たち」へオスマン帝国の参戦を知らせる声明を発表した。「大英帝国とあなた方との関係はすでに長い」ことをノックスは英国のアラブ人同盟者に思い起こさせた。「私はこの機会をとらえて、この戦いにおいてあなた方の自由と宗教を維持するため、最大の努力をすることを確約する」。この点を強調するため、英国は、十一月三日、英国の保護下にあるクウェートにオスマン帝国からの独立を認める公式協定を結んだ。その見返りとして、クウェート領主シャイフ・ムバラクは、「バスラをトルコ支配から解放する一助として」、シャイフ・ハザアール、イブン・サウード、「その他の信頼できるシャイフたち」と協力することを誓った。(10)

IEFDの政務官サー・パーシー・コックスは英国のアラブ人同盟者と常時接触し、メソポタミア南部侵攻への支持を確実にするため、協調行動をとった。十一月五日、コックスはペルシア湾の奥のアラブ人領主たちに声明文を出し、「英国の通商を守り、敵のトルコ軍を追い出すために」、シャッタルアラブ川へ送り込んだ英国軍が接近中であることを知らせた。英国は、サイイド・ターリブがイブン・サウードをオスマン帝国側に取り込もうとする戦略を開始するはるか前に、湾岸諸国の絆を固め上げていた。(11)

サイイド・ターリブ・アンナキブは馬に乗って、バスラからムハンマラ、クウェート、ナジュドへと旅するうちに、湾岸の地方指導者すべてが彼のオスマン帝国戦略に反対であることがわかった。シャイフ・ハザアールは友人のターリブに英国の出した諸条件を再考するよう説得した。クウェート領主はサイイド・ターリブと同僚を英国の指示により自宅監禁にすると脅した。いら立ったアンナキブは、「わたしがクウェートから立ち去ることを阻止するなら、ピストルを二発撃つ。一発目はおまえに、二発目はわたし自身に！」と、シャイフ・ムバラクを脅した。サイイド・ターリブと少人数の友人たちの一行は、何とかクウェートを抜け出して馬を急がせたが、アラビア半島中北部のカスィーム地方のアル・ブライダにいるイブン・サウードのところに着くまで九日かかった。[12]

サウジ領主は同情を持って客をもてなした。イブン・サウードは英国と交信していることを隠そうとはしなかった。サウードによると、英国は彼に中立を保つように要請しているという（英国は一九一五年になってようやく正式条約を結んだ）。イブン・サウードの心は明らかに乱れていた。宗教が彼自身の社会的・政治的活動に与える重要性を考えれば、バスラのアラブ人ムスリムの同胞を犠牲にして、非ムスリムの英国を支持していると見られたくなかった。だが、イブン・サウードは、湾岸地帯における英国の強力な存在を考えれば、英国と敵対するのも嫌だった。そこで彼は引き延ばし戦術をとり、彼がどちらの側をとるかを決める前に、事態が解決されることを望んだ。

イブン・サウードは、九日間待ってから騎馬兵五〇〇人を動員し、ペルシア湾の奥に向けて出発した。緊急事態なら、夜昼を通して駆け抜けることもできるこのサウジのリーダーは、サイイド・ターリブの代表団を伴っての旅では一日に四時間しか進まなかった。十一月末、最初の宿場町に着いたとき、サウジ軍はバスラがすでに英軍によって陥落していたことを知った。スレイマン・ファイディの記録によれば、このニュースはバスラの男たちに「落雷のような衝撃」を与えたという。「とりわけサイイド・ターリブのショックは大きかった。彼は英国の彼に対する憎悪の深さを知っていたからだ」。だが、危機の解決はイブン・サウードにとっては救いであったに違いない。彼はバスラの男たちに同情を示し、中央アラビアでの彼自身の優先事項を片づけるために帰った。[13]

バスラの陥落で、サイイド・ターリブは亡命者になった。彼はオスマン人とうまくやれず、また英国人にも嫌われた。彼はクウェートに引き返して英国軍に投降し、戦争が終わるまでインドに送られた。当時は、誰もが戦争はすぐに終わると見ていた。だが英国軍のバスラの占領は、サイイド・ターリブが予想した以上の、メソポタミアにおけるはるかに長い戦争の始まりだった。

十一月五日、大英帝国はオスマン帝国に対し宣戦布告を行なった。翌日の夜明けに、英領インド遠征軍の一団がシャッタルアラブ川のトルコ領水域に入った。英国海軍のスループ型軍艦オーディン号は、蒸気機関とセーリングマストを備えたハイブリッド軍艦で、シャッタルアラブ川の河口内に陣取り、ファオ半島のトルコ軍砲台を砲撃した。一時間以内に要塞の司令官は戦死し、約四〇〇人の守備兵は陣地を放棄した。デラメインは五〇〇人の兵士を上陸させ、大砲を破壊し、ファオとインドをがっちり結ぶ電信用海底ケーブルを敷設した。これらの作戦は困難なく行なわれたわけではなかった。強い潮の満ち引きは上陸用舟艇を破損し、シャッタルアラブ川の泥の土手には埠頭も桟橋もなかったので、兵士、軍馬、大砲の陸揚げをいっそう難しくした。だが、迅速できびきびした行動で死傷者もなく、英国軍作戦の幸先はよさそうだった。[14]

デラメインはファオの電信局を守るために一個中隊の兵士を残し、大隊の残りの兵士とともにアーバーダーンの石油施設を確保するため、シャッタルアラブ川を上流に向かい、精油所からさらに上流のトルコ領川岸にあるサニイヤに部隊を上陸させた。適切な平底艀《はしけ》がないので、兵員、軍馬、物資を輸送船から岸に揚げるのに二日かかった。輸送問題はメソポタミア戦役を悩ましつづけることになる。適切な道路がないので、すべてのものは川によって輸送せざるを得なかった。だが、川は浅く、オスマン軍が仕掛けた障害物がいっぱいあり、泥の川岸は輸送船への乗降を厄介なものにしていた。だが、ＩＥＦＤ軍兵士のサニイヤの露営地は、アーバーダーンをトルコ軍の攻撃から守るためには、絶好の位置にあった。

　デラメインは、増援軍が到着してから川を遡上して、バスラに向かうことに決めた。十一月十一日、オスマン軍は英領インド軍の陣地に攻撃をかけ、ＩＥＦＤ軍は弾丸を浴びながら撤退する前に最初の死傷者を出した。インド・英国軍部隊は不慣れな環境で自分たちを守る必要があったので、大胆な行動は控えた。突然の土砂降りの雨がシャッタルアラブ川の川岸を泥沼にしたり、他方、強風が砂嵐を巻き起こして視界を遮ったり、信号通信を遮断したりした。蜃気楼は兵士たちにとってもっとも当惑させる自然現象で、戦場の視認がほとんど不可能になる。〝公式目撃証人〟としてＩＥＦＤ部隊と行動をともにしていたジャーナリストのエドモンド・キャンドラーの回想によれば、蜃気楼は、「敵が騎乗兵なのか、歩兵なのか見極めるのが難しく、また数はどのくらいかを推定することもできない。大軍を伴う騎兵連隊などあるはずがないのに、ときとして羊の群れを歩兵隊と見誤ることがある」[15]という。それに対する警戒から、シャッタルアラブ川を遡上する前に遠征軍を増強する必要があったのだ。

　増援軍は十一月十四日に到着した。サー・アーサー・バレット中将はＩＥＦＤの指揮を執るために、第六インド師団の残りの兵士とともにシャッタルアラブ川に向かった。バレットは、アーバーダーンを守り、さらにバスラに進撃するにも十分な部隊の到着で、過度な危険なしに作戦を再開できると確信していた。シャッタルアラブ川用にたくさんの平底の軍艦を派遣してくれた英国海軍の貴重な支援があり、海軍艦艇は兵員の輸送ばかりでなく、重砲でトルコ軍陣地を攻撃する能力があった。バレットは、オスマン防衛軍が再編成して侵攻軍に刃向かう前に、侵攻軍の突然の出現に浮き足立っているところを狙って、攻撃したいと考えていた。

　バレットが到着した翌日、英国軍はオスマン軍陣地を襲い、防衛兵を一六〇人の死傷者を残したまま、追い払った。二日後の十一月十七日、英軍は砂嵐の後の豪雨の中、サーヒルでオスマン軍と戦った。両軍ともに損害を出した。英領インド軍がオスマン軍前線を破り、防衛隊は二度目の退却に追い込まれる前に、英領インド軍で死傷者約五〇〇人を出し、オスマン軍の損害は一五〇〇人から二〇〇〇人であったと推定される。バレットは、この作戦は「わが軍がトルコ軍よりすぐれていることを証明したもので」、トルコ軍は「深刻な損害を受けて、士気を喪失した」と戦況報告書で伝えている[16]。

オスマン軍は一連の矢継ぎ早の連敗の後、バスラの陣地は守れないと判断して、十一月二十一日、この都市を放棄した。政府関係者が去るや否や、暴徒は全市で役所を破壊し、商店を略奪した。バスラのアメリカ領事代理ジョン・ヴァン・エスは、「暴徒を抑え込むに十分な軍隊を送ってほしい」と訴える手紙を川のクーリエを使って英国軍司令官に送った。バスラはまったくの無法地帯に陥り、「昨日中、アラブ人暴徒は空になった政府の建物を襲って略奪し、絶え間ない放火があった[17]」。

英国海軍スループ型軍艦エスピェーグル号とオーディン号が、翌日、陸上から部隊が到着するまで河岸を確保するため、バスラに急派された。十一月二十三日、バレットはバスラへの入城式典を行ない、この町のオスマン帝国から英国統治への移行を記念して、シティ・センターの上に英国国旗が掲げられた。サー・パーシー・コックスは熱烈な布告文を起草し、それを集まった群衆に英語訛りのアラビア語で読み上げた。「英国政府はただいまバスラを占領しました。オスマン帝国政府との戦争状態はまだ続いていますが、われわれは一般民衆に対して何の敵意も悪意も持っていません。われわれはあなた方にとって良き友であり、保護者でありたいと願っています。トルコ行政当局の名残は、もうこの地方にはありません。英国旗が掲げられているこの場所で、あなた方は宗教面ならびに世俗的諸問題の両方で自由と正義の恩恵を受けることになるでしょう」。コックスの布告は英国人とバスラ人を同様に困惑させた。英国人はどの程度の自由をバスラの人たちに与えるべきかわからず、バスラの人たちは英国がどのくらい長くとどまるのか予想もつかなかった。多くの人たちにとって、数世紀にわたるオスマン帝国支配の経験から、トルコ人が戻ってこないとは想像できなかった。オスマン帝国支配復活のチャンスが残されている以上、町の人たちは将来の報復を恐れて英国人から距離を置くことになる。[18]

バスラ入城で、英国軍は事実上、メソポタミアにおける目的を達成した。彼らはオスマン軍をペルシア湾の奥から追い払い、アーバーダーンの戦略的石油施設を保護した。サー・パーシー・コックスは撤退するオスマン軍を追って、バグダードを取ることを強く主張したが、作戦本部とインド政庁に反対されて実現しなかった。その代わり、英国軍はティグリスとユーフラテス両川の合流地点にあるクルナの町まで進出することを認めた。これによってシャッタルアラブ川全域を英国軍の支配下に置くことができるようになる。

クルナ攻略戦は十二月三日に始まった。英国海軍艦艇はこの町の六キロほど南の安全な上陸地点まで兵員を輸送した。侵攻軍がシャッタルアラブ川の左岸を進軍する途中でオスマン軍防衛隊の抵抗が激しくなった。オスマン軍は英領インド軍の進撃を何とか停止させておいて、ティグリス川を対岸に渡って撤退した。オスマン軍の意図は、英領インド軍と川を挟んで対峙する間に、再編成の時間を稼ごうとしたのは明らかだった。だが、侵攻軍がティグリス川に浮橋を架ければ、オスマン軍は陣地を守ることができなくなるのを知っていた。十二月六日の深夜少し前に、三人のトルコ軍指揮官を乗せた一隻の小型蒸気船がすべての明かりをともし、サイレンを鳴らしながら、降伏交渉のため英国軍艦に近づいた。明け渡しは十二月六日に行なわれ、バスラ州総督スブヒ・ベイがインド遠征軍の司令官にクルナの町を引き渡し、四五人の将校と九八九人の兵士が捕虜になった。[19]

シャッタルアラブ川の英国軍作戦は嘘のようにうまくいった。迅速な勝利で、英国軍の死傷者は驚くほど少なくてすんだ。ファオとクルナ間の戦闘で、英領インド軍兵士の死者は一〇〇人、負傷者は六七五人だった。他方、オスマン軍の死傷者は約三〇〇〇人にのぼり、英国軍の四倍にも達した。このような比較的楽な勝利によって、英国軍は自己能力についてゆがんだ認識を持つようになり、敵のオスマン軍を過少評価するようになった[20]。

バスラでの陣地を確保した英国軍は腰を据えてこの地方を統治することになった。占領者としての英国軍は、戦時国際法によってオスマン帝国機構を維持する必要があった。だが、この地方の住民が新統治者に協力しようとしなかったので、仕事はやりにくかった。英国軍は、住民のこうした反抗的態度はオスマン軍が帰ってくるかもしれないという恐れのせいだと考えた。だが、これはまた、住民たちの外国占領軍嫌い——メソポタミアにおける英国軍の安全確保のやり方への反感である可能性もあった。

ＩＥＦＤのドーセット大隊の兵士ウィリアム・バードは、一九一五年一月にバスラ近郊の村で行なわれた典型的な村落捜査の様子をこう書き留めている。英領インド軍兵士たちは夜明けに村落に近づき、最初のノックで返事のない家の扉はすべて打ち破り、「男性全員を捕虜にしてから、武器が隠されていないか、あらゆる物、あらゆる場所を捜索した」。英国軍は占領軍に抵抗しそうな人たちを手荒く取り扱った。「逃げようとしていた者は村の外で待ち構えていた兵士に捕えられた」という。「彼らは戦闘員として扱われ、最後に手錠をかけられた」。もちろん、われわれを撃った者は射殺されるか、捕えられてマーケット広場で絞首刑にされた。このようなやり方ではバスラ州在来の住民から好感を持たれるはずがない[21]。

英国はバスラの人びとを味方につけるためのもっと大きな政治的自由のヴィジョンを提示しようとはしなかった。インド総督ハーディングが一九一五年二月にバスラとクルナを訪れたとき、彼はコックスの「自由と正義」という大ざっぱな約束をトーンダウンして、代わりに「もっと優しい統治」と繁栄の回復を提言した。英国による占領は、自治の拡大よりも、英国による行政管理を約束しているように見えた。サイイド・ターリブ・アンナキブは間違っていなかった。バスラの人びとにとっては、支配者が

オスマン帝国から英国に変わっただけだったのだ。(22)

インド遠征軍の残りは、ペルシア湾岸作戦に従事するデラメイン旅団を見送った後、エジプトへの航行を続けた。艦隊は紅海に入る前にアラビア半島のアデンに寄港した。この港は一八三九年に英国軍によって占領され、インド帝国に併合された小さな植民地(約二〇七平方キロ)の中心にある。英国海軍は当初、アデンを対海賊作戦の基地として利用していた。一八六九年にスエズ運河が開通すると、アデンは英国―インド間航路の蒸気船用の石炭補給基地として理想的な場所であることが判明した。香港と同様、アデンは海運帝国としての英国にとって、なくてはならない飛び石の一つになり、重要な貿易センターに発展した。

十九世紀後半、英国はアデン周辺領域の部族と一連の条約を締結し、アデン保護領として知られている特別区をつくった。この保護領は、それぞれ自治権を持つ領主のいる九つのミニ国家から成り、アラビア半島最南端の沿岸部に合わせて約二万三三一〇平方キロを占める。アデン保護領はオスマン帝国のイエメン州と接していた。一九〇二年から一九〇五年にかけて、英国＝トルコ境界委員会が二領土間の境界を画定した。一九一四年にオスマン帝国が参戦すると、これが突然、敵国間の境界となり、英国とオスマン帝国の第二の前線になった。

オスマン帝国領イエメンと英国のアデン保護領の国境線は、紅海の入り口のバブ・エル・マンデブ海峡[「涙の門」の意]でぶつかる。オスマン帝国領の最南端はシャイフ・サイードで、ここにトルコ軍は一連の丘の上の要塞を築き、海上交通輸送路ににらみを利かせていた。英国は、アデンから西に一六〇キロあまり離れたバブ・エル・マンデブ海峡にあって、シャイフ・サイードに面した一三平方キロの岩礁ペリム島を保持していた。

十一月初旬、英国情報局はトルコ軍がシャイフ・サイードに大軍を集結しつつあると報告した。情報分析官によれば、オスマン軍はアデン保護領の英軍陣地に戦端を開くか、あるいはペリム島の占領さえもくろんでいるという。インドの英国軍作戦企画部は、ニュージーランド、オーストラリア、インドからの兵員輸送船のすべてがスエズ運河に入るためにバブ・エル・マンデブ海峡を通らなければならないという紅海の戦略的重要性を考えて、オスマン軍を追い払い、シャイフ・サイードの要塞を使用不可能にすることを決定した。十一月二日、海峡の英国領のこの島を確保するために、新しい部隊がインドからアデンに急派された。

十一月十日朝、ペリム島沖にいた英国艦艇が、シャイフ・サイードの丘の上にあるオスマン陣地への砲撃を開始した。第六九パンジャブ大隊の通信将校H・V・ゲル中尉は、彼と上陸部隊の残りの兵士が「一番乗り」で上陸するため、砲撃が終わるのをいらいらしながら待っていた。兵士たちは上陸用舟艇に乗り、のろいタグボートに引かれて上陸しようとしていたが、トルコの砲兵隊は海岸を見下ろす高地から、次第に照準の精度を増しながら砲弾を浴びせてきた。彼らが岸に到着する寸前、敵の砲弾がゲルの舟艇から数メートル離れたところに着弾し、予備役の若いインド兵一人を殺した。その他の兵士たちは無事上陸し、再編成してオスマン陣地への攻撃開始の合図を待った。激しい敵の砲火を避けて、英領インド軍上陸部隊はトルコ陣地への登攀を開始するまで四時間以上待たされた。ゲルの回想によれば、「そのころには砲火も少なくなり、ときおり、流れ弾があるだけになった」という。[23]

英領インド軍部隊が最初の稜線に達すると、オスマン軍が陣地を放棄したことがわかった。英国艦艇からの艦砲射撃と上陸部隊の前進で、防衛軍が陣地の保持は難しいと判断したのは確かだった。残された衣類、武器、弾薬の量から察すると、オスマン軍は明らかにパニックに陥って撤退したのだ。「あいにく彼らは逃げ出してしまっていた」とゲルの日記にある。「敵兵の数は約五〇〇人と推定される」。ゲルはオスマン軍の死傷者の数は知らなかったが（彼はトルコ兵の戦死者を見ていない）、英領インド軍では、この作戦で五人が死亡し、一一人が負傷したという。英領インド軍兵士はこの夜をシャイフ・サイードで過ごし、艦船に引き揚げる前に、残ったオスマン軍の砲台をすべて破壊した。十一月十一日、英領インド軍輸送船団は西方のエジプトに向かって航海を再開した。

シャイフ・サイードの作戦は、軍事上は成功だったが、その後の戦争の間、アデンの英国軍にとって、政治的に厄介な問題をもたらした。インド政庁の軍首脳部が、イエメンのオスマン軍を孤立させるためのデリケートな交渉を行なっていたアデンの英国当局に相談せずに、この攻撃を計画したからだ。外交交渉の主眼は、サナア（現在の首都）を取り巻く北方高地のシーア派の流れをくむザイド派のリーダーであるヤフヤー師だった。一九一一年、ヤフヤー師は、オスマン帝国との間に講和条約を結び、一九一三年にイスタンブルと提携してイエメン州を統治することに同意していたので、イスタンブルとの協定を破るわけにはいかなかったが、英国とも親密な関係を樹立したいと考えていた。[24]

シャイフ・サイードの砲撃は事態を一変させた。「ヤフヤー師は激怒し、サナアの［オスマン人］総督は、英国にはイエメン併合の隠れた意図ありと明言する声明を発表した」。アデンの英国人役人ハロルド・ジェイコブは、「われわれの行動はトルコのプロパガンディストたちに都合よく利用された」という。ヤフヤー師は、「シャイフ・サイード事件はあちこちでアラブ人の英国人に対する猜疑心をかき立てた」と断言している。シャイフ・サイードへの攻撃は、南イエメンにおける英国の地位を安泰にするどころか、実際にはアデンをいっそう危険にさらすことになった。孤立した沿岸部の要塞から五〇〇人の兵士を追い払うのは易しかったが、二万三三一〇平方キロのアデン保護領を、イエメンに駐留する一万四〇〇〇人のトルコ兵とともに、ヤフヤー師の手勢が加わった部隊から守るのはずっと難しいことがわかる。[25]

シャイフ・サイードのオスマン軍の大砲は実際には英国船舶を脅かしてはいなかった。バブ・エル・マンデブ海峡は狭いところでも三二キロもあるので、英国船舶はトルコ軍の大砲の射程内を通る必要はなかった。トルコ軍の機雷やドイツ潜水艦の脅威のほうがはるかに大きかったので、これらの脅威を取り除くためには陸上部隊よりも海軍力が必要だった。英国海軍は軍艦を急派し、紅海沿いのトルコ領の港を封鎖し、海上交通輸送路を友好国の船舶通過に支障のないようにした。これらの方策の成功により、紅海を通ってスエズ運河、さらにその先の交戦地へ向かう貨物船や兵員輸送船の数は増加した。

一九一四年九月以降、エジプトは英国および英連邦からの兵士たちでいっぱいになった。東部ランカシャー義勇軍師団は、西部戦線勤務になったエジプトの通常部隊を補うために派遣された部隊であるが、九月末に最初に到着した。ボンベイからのインド遠征軍は十月の終わりにかけて到着し、その兵士たちはスエズ運河地帯の都市に配備された。三万人のアンザック軍団の最初の一波がニュージーランドとオーストラリアからアレクサンドレッタへの旅を終えて、十二月に到着した。数千人の兵力増強がそれからの数週間、数カ月にわたって続いた。アレクサンドレッタとカイロを結ぶ鉄道線路はカイロ周辺の基地まで兵士と軍馬を輸送する列車で混み合った。オーストラリア歩兵軍団は、ピラミッドに近いカイロの西にあるメナに、オーストラリア軽騎馬隊は葉が茂ったマーディの南郊外に、ニュージーランド軍はカイロの北、ヘリオポリス近くのゼイトン基地に入った。

英連邦軍部隊の流入はエジプトの緊張した状況を安定化するのに役立った。戦争勃発以来、エジプトは、オスマン帝国の宣戦布告、カリフのジハードへの呼びかけ、数世紀にわたるエジプトとオスマン帝国との絆の決裂、副王アッパース二世の退位と、英国の保護下でスルタン・フサイン・カーミルの就任など、一連の重大事件により政治的基盤が揺れた。エジプト国民は三二年にもわたる英国による占領にうんざりしていて、ドイツを救世主の有力候補と見るようになっていた。ベルギーの「モンスの戦い」（一九一四年八月二十三―二十四日）のような、英国軍に対するドイツ軍の勝利は、このような希望を叶えてくれるように思えた。英国当局者はドイツとトルコのスパイによる破壊活動、エジプトのナショナリストによる反乱、「興奮した」大衆による宗教がらみの暴動を恐れていた。[26]

数千人の外国人兵士の突然の到着により、エジプトにおける英国の地位は挑戦するにはあまりにも強過ぎるとこの地方の民衆は確信した。アンザック軍訓練キャンプがカイロの町を取り囲み、その数万人の騎兵隊や歩兵隊の兵士たちが訓練と大演習のため、砂埃を巻き上げていた。郊外のキャンプ地で訓練を受けている兵士たちを見たこともないカイロの町の人びとに感銘を与えるため、英国軍当局は新たに到着した部隊にこの町の中心部でパレードすることを命じた。「数日前、曲がりくねったカイロの通りで、私たちは大行進をし、何キロと続く小路やさまざまなにおいがするスラムを通って、古い昔ながらのカイロ人地区の奥まで行きました」と、ニュージーランドのカンタベリーから来た騎兵ゴードン・ハーパーは郷里への手紙に書いている。ハーパーはこの行進の政治的重要性を認識した。「今もトルコ人と伝統的、精神的な関係を保っているエジプト人に、私たちの力を見せつけることが目的でした……その効果は興味深いものでした。行進ルートはフェズ帽の男たちや、ヴェールをかぶった女たちでいっぱいでした。彼らは微笑や歓声のそぶりさえなく、私たちをじっと見つめていました。彼らが英国統治に感銘したことは明らかです[27]」

英国と英連邦の兵士たちは基地から休暇をもらうと観光客に早変わりした。兵士たちはスフィンクスの前で馬やラクダに乗って写真を撮ってもらった。また彼らは、ファラオ時代の骨董品の芸術作品をしつこく売ろうとする押し売りたちに悩まされた。彼らは、「オーストラリアのみなさま、騙されないようにどこへも行かないでね、ここへいらっしゃい！」とか「英語とフランス語を話せます。オーストラリア語もわかります」など、アンザックのご機嫌をとるような看板を出したバザールの店へ引き入れられた。顧客層の変化にすばやく対応して、エジプト観光業はホテルやレストランの名前をオーストラリアやニュージーランドのあらゆる町の名前に変えた。新開地の中には「バルクルーサ・バー」や「ワイプクラウ・リーディング・ルーム」などの名が見られた[28]。

カイロのエズベキヤ・ガーデンを取り巻くヨーロッパ人居住区は、外国人兵士のレジャー用のたまり場だった。将校たちは、有名なシェファード、ニューホテル、ブリストルなどの大ホテルのレストランやテラスに集まり、一般兵は公園北側の「レッド・ブラインド・クォーター」とか「ウォザー」(アラビア語で「ワスアー」と呼ばれる街路)と呼ばれる赤線地帯にある狭い道路に面したカフェやバーに入り浸った。

兵営生活や砂漠の訓練に退屈した兵士たちでいっぱいの赤線地帯の混み合ったバーや売春宿は、一触即発の環境だった。戦場へ送られるのを待つことに疲れたり、安いバーで売られた安酒に悪酔いしたり、多くの兵士たちに性病をうつした売春婦に恨みを持ったり(当時、性病に効く薬はなかった)する英連邦部隊は、カイロ駐留が長引けば長引くほど、法と秩序の脅威になった[29]。

アンザック部隊の兵士たちは一九一五年に少なくとも二回、カイロ中心部で暴動を起こした。四月にガリポリへの出発前夜と七月にふたたび、酔っ払った兵士たちが赤線地帯の売春宿を襲った。暴動勃発の理由は、売春婦に所持品を盗まれたり、性病をうつされたりしたことへの復讐、あるいはマオリ人兵士への人種差別的攻撃への非難など、いくつかあった。いずれの場合も、兵士たちは売春婦の所有物を壊したり、下着や家具を窓から下の街路へ投げ捨てたりした。洋服だんすや化粧箱のように大きくて窓から捨てられないものは五階の建物の屋上へ運んで投げ捨てた。この光景を眺めるために集まっていた群衆が家具類を積み重ねて火をつけた。狭い街路に面した建物はたちまち火に包まれた[30]。

一九一五年四月、英国当局が秩序回復のため騎馬憲兵隊を送り込んだとき、命令を拒絶した、酔っ払って、怒り狂った兵士たちの暴徒と対峙した。「薬缶だの多くの家具だの、あらゆるものが憲兵隊に投げつけられた」と、一人の証言者が報告している。憲兵隊は群衆に向かって発砲する前に、暴徒の頭上に警告発砲した。「四、五人が倒れたが、残りの者たちは何事もなかったかのように、(四、五メートル先にいる)憲兵に立ち向かった」。火を消すために消防車が急派された。消防隊が暴動を起こしている兵士たちに放水すると、暴徒はホースを叩きつぶし、消防車を動かせなくした。英国軍兵士が現場に召集され、発砲位置についた。ある目撃証人によれば、「後列の兵士は立ち、二列目は膝をつき、最前線の兵士たちは腹這いになった。隊長は道路の群衆に、すぐに解散しなければ撃つことになると警告した」という。「このような兵士の配置は無防備の者たちに対処するものではない」。暴動は午後八時ごろ勃発し、アンザック兵五人が負傷し、五〇人が逮捕された。英国軍の報告では、四月の暴動で、エジプト人の死傷者については触れていないが、数軒の家が全焼した。一九一五年七月の暴動ではもっと多くの家が焼失した。[31]

カイロの住民たちには、こうした危険な無秩序状態は、英連邦軍と、彼らをエジプトに連れてくることになった英国占領に対する敵意が増大したせいだと思われた。赤線地帯の暴動の記載の中で、エジプト政治家アフマド・シャフィークは、兵士たちは、仲間が売春宿を放火しているのに、ただ立って見ているだけだったことと、アンザック軍兵士たちは屋内にいる女性たちの命にまったく無関心だったことに当惑を表明している。「もしこれらの事件が戦時中以外の環境のときに起これば、大規模な暴動になったであろう」とシャフィークは結んでいる。「これらの兵士たち、とくに英連邦から来た者たちは、エジプト人を手荒く、軽蔑的に扱った」[32]

英連邦軍部隊の流入は事態を安定させるよりも、エジプトの緊張した状況をさらに悪化させただけだった。だが、エジプト国民はこれから何年もの間、英軍と連邦軍へのホスト役を務めることになる。この国は重要な集結地であり、訓練基地でもあり、この戦争の終わりまで続くエジプト、ガリポリ、パレスチナ作戦で戦う兵士たちの治療基地でもあった。エジプトの北の港町アレクサンドレッタやポートサイドは英国とフランス艦船の重要基地となり、両軍による東地中海の制覇に貢献した。

一九一四年十一月、オスマン帝国が参戦すると、英国とフランスはトラキアの港町デデアーチ（現代のギリシア北西部のアレクサンドルーポリ）からトルコのスミルナ（現代のイズミル）の南にあるサモス島までの海岸線を封鎖した。連合国側の艦艇を集めた東地中海艦隊の全勢力は、戦艦一八、駆逐艦四〇、水雷艇一五、潜水艦一二、砲艦（喫水線の低い艦艇で、海戦に向かない悪名高い重砲を装備していた）二〇であった。艦隊は、ダーダネルス海峡から八〇キロしか離れていない、所属が争われていたレムノス島のムドロス港を基地にしていた[33]。

ヨーロッパの戦争勃発時には、オスマン帝国のボスフォラス＝ダーダネルス海峡沿いの防備は時代遅れで不十分だった。ドイツと「青年トルコ人」が、八月二日に秘密協定を結んでまもなく、ドイツ艦艇は海峡防備を強化するため、兵員や資材を運び入れ始めた。一九一四年十一月三日に起きた連合国艦隊のダーダネルス海峡への砲撃で、海峡入り口のセデュルバヒル要塞の大部分が破壊されたので、防衛強化事業は遅れた。トルコ軍とドイツ軍は努力を倍加した。数百人のドイツ兵と工兵は、海峡のヨーロッパ側とアジア側海岸に新しい要塞を築き、戦略的に重要な水路に入ろうとする艦艇を阻止するため、強力な大砲を備え付けた。一八七六年に建造された老朽軍艦メッソウディエ号は強力な大砲を備えていたので、ダーダネルス海峡内に繋留され、大砲を海に向けて照準を合わせていた。トルコ艦艇はチャナッカレの海峡狭部とボスフォラス海峡入り口周辺に、数百の機雷を敷設した。強力なサーチライトが岬に設置されて夜間航路を照らし、マルコーニ無線通信システムが軍事拠点間の近代的な情報伝達に貢献した。

オスマン軍は首都イスタンブルを連合軍の攻撃から守るため、地中海艦隊をダーダネルス海峡に集結させた。一九一四年八月にオスマン艦隊へ編入された二隻のドイツ戦艦ブレスラウ号とゲーベン号は北からイスタンブルを守るためと、黒海のロシア港湾都市と船舶を攻撃するため、ボスフォラス海峡に配置された。十一月のトルコの参戦時には、ボスフォラス海峡とダーダネルス海峡は海軍の攻撃からはるかによく防備されていた。だが、ドイツ軍もオスマン軍もこれらの海峡が難攻不落であるとは認めていなかった。防御工事を監督していたドイツ提督は、四ないし五隻の艦艇の喪失はあっても、連合国艦隊はダーダネルス海峡の防備を突破できると信じていると一九一四年十二月に報告している(34)。

オスマン軍歩兵部隊は、連合軍のイスタンブル攻撃に対する究極の阻止兵力になる。ドイツ軍もオスマン軍も、連合軍がイスタンブルを占領するためには、海軍力のみでは達成できず、部隊を上陸させる必要があると思っていた。オスマン軍は、首都とその後背地区を守るためにその陸軍の大部分を海峡とトラキアに集めていた。トルコ軍の中ではもっとも経験豊かなオスマン第一軍(兵士一六万人)と、第二軍(八万人)を合わせると二五万人近い兵力になり、一九一四年十一月に動員された兵士の半数にも達する部隊が首都を連合軍の上陸から守っていた(35)。

トルコ海軍が両海峡の防備にかかりっきりになると、エーゲ海と黒海は連合軍の攻撃にさらされやすくなった。両方の海で、協商国軍艦は経済活動と通信線を妨害した。一九一四年十一月十七日、ロシア軍艦による黒海の港湾都市トラブゾンの砲撃で、パニックが広がり、この攻撃を目撃したアメリカ領事によると、「人命と財産に多大な損害をもたらした」。一九一四年十一月から一五年三月にかけて、ロシア海軍はトラブゾンを六回も攻撃し、艦船を沈め、都市を破壊し、市民たちを周辺の田舎へ追いやった。ロシア艦隊はまたゾングルダクの炭鉱を砲撃し、トルコとドイツの艦船用の主要なエネルギー元の供給を途絶させた。エーゲ海では、英仏艦隊は港湾封鎖により多数の商船が閉じ込められたイズミル港を砲撃した。オスマン海軍は、報復として、三隻の英国船を戦利品として捕え、連合国艦船の入港を阻止するため、港の入り口に沈めた。これによって、アメリカ、ギリシア、ブルガリア、オランダ、ドイツの六隻の蒸気船が戦争期間中、閉じ込められた[36]。

トルコのアナトリア地方がシリアと国境を接するキリキアの沿岸部では、オスマン軍は鉄道の保全を危惧した。すべての海上通商路の封鎖で、鉄道はこの地方からコーカサス、メソポタミア、シリアの前線への兵員、軍需品の輸送、補給にとりわけ重要な役割を果たしていた。近くのアダナを通してバグダード鉄道に結ばれているメルスィン港には、戦争が始まった時点で、海上防備がまったくなかった。一九一四年十一月末には、兵員一万六〇〇〇人とともに大量の弾薬の輸送がメルスィン―アダナ間の鉄道線路を通って行なわれていたと報告されている。連合軍の艦船に対して対抗措置をとれなかったオスマン軍は、何の咎めもなくメルスィン港に入ってきたフランス軍艦が意のままに船舶を攻撃し、撃沈するのを座視せざるを得なかった[37]。

メルスィンのすぐ東にあるアレクサンドレッタ湾もまた、鉄道と船舶交通の十字路であった。バグダード鉄道はこの地点で地中海に達していた。だが、一九一四年には、この線路はまだ、タウルス山脈下のトンネルは未完成、アレッポからの線路はアマヌス山脈下で工事中で、アダナとは結ばれていなかった。そのため、旅客と貨物は列車から降ろされ、障害物である山を迂回して未完成のトンネルの反対側に出て、鉄道の旅を続けなければならなかった。このような不便にもかかわらず、アレクサンドレッタは、シリア、メソポタミア、アナトリア間を移動する数万人のトルコ兵士の通過拠点だった。

一九一四年十二月、英国海軍軽巡洋艦ドリス号が、海上から鉄道を砲撃するために、アレクサンドレッタ湾に入った。十二月二十日の日曜日の朝、軍艦はデルチョル村近くで発砲した。在アレクサンドレッタのアメリカ領事代理H・E・ビショップの記録によれば、「軍艦は、鉄道に数発発砲してから、ゆっくりと岸に沿ってアレクサンドレッタに向かって進んだ」。正午すぎ、軍艦は白旗を掲げてアレクサンドレッタ港に入り、ボートを岸に派遣し、この町の役人に最後通牒を渡した。この鉄道線路はオスマン軍の前線への輸送に役立ち、それが英国軍部隊（とくにメソポタミアの）を脅かしているので、英国軍司令官は、オスマン当局に、すべての輸送機材と戦争資材を引き渡し、英国上陸部隊に岸辺でそれらを破壊させるよう要求した。もしオスマン当局が応じなければ、ドリス号は、すべての官庁、鉄道と港湾施設を砲撃するであろう。民間人に被害が出れば、それはオスマン当局の責任である。英国は一九〇七年のハーグ条約に従って、無防備の港を砲撃する前に、そう通達した[38]。

CUP三頭政治家の一人ジェマル・パシャは、シリアの総司令官に任命されたばかりだった。彼はアレクサンドレッタの知事から英国の最後通牒を受けると、衝動的に対抗措置をとった。彼は即座に輸送機材や戦争資材をドリス号の艦長に渡すのを断った。戦争中の国家として、英軍が官庁に砲火を浴びせるのは彼らの権利内のことであると認めた。だが、英国海軍により損傷を受けたオスマン帝国政府官庁ビルのそれぞれに対し、シリアにある同数の英国資産や施設を直ちに破壊するよう命令して対抗すると脅した。ジェマルはさらに挑発的に、戦争勃発以来、多くの英国臣民を捕虜にしていると英国軍司令官に告げた。さらに、ドリス号のアレクサンドレッタ市に対する敵対行為で殺されたオスマン帝国市民一人に対し、英国臣民を一人射殺すると脅した。

ジェマルの挑発的な対処により、「アレクサンドレッタ事件」は一大危機にエスカレートしたが、アメリカの調停により解決した。アメリカはまだ、この大戦では中立国であり（一九一七年四月までそれを維持することになる）、またオスマン帝国とは友好関係を維持していた。アメリカはまた、オスマン帝国内における協商国の利益を代表することに同意していた。最後通牒と報復の脅しで暗礁に乗り上げていた英国とオスマン帝国は、そこから抜け出るために、アメリカの調停を受け入れようとしているように見えた。

アメリカ領事代理ビショップは、アレクサンドレッタのトルコとドイツの役人たちと協議し、解決策をまとめるため二四時間の猶予期間を設けた。ジェマル・パシャはアレクサンドレッタの民間人を疎開させたがらないので、地方知事としてはいかなる代償を払っても砲撃を避けてほしかった。英国軍司令官にとっては、英国臣民への報復的殺害が何といっても気がかりだった。ビショップはドリス号の艦長に、「アレクサンドレッタには部隊はいないし、地元の役人によれば、戦争資材のすべてはすでに内陸部へ移動ずみである」と報告した(ビショップは内輪話として、「後になって、当時ここにはほかの軍需品があったことを発見した」と記している)。ビショップは、オスマン軍は表向きは「アレクサンドレッタにある唯一の戦争資材である」機関車二両の破壊なら受け入れる可能性があるし、またこれによって、軍部の連絡網の破壊を使命としているドリス号の役割も達成することになると提案した。

ビショップののちの報告によれば、「ドリス号から一人の士官、この市の長官と筆者の間で交渉が行なわれた結果、機関車は広い空間に引き出され、ドリス号の代表と筆者の立会いのもとに爆破されることに決まった」。ドリス号はこのために高性能爆薬を提供し、四人の役人(オスマン軍大尉、港湾長、ドリス号の准尉、アメリカ領事代理)は、二両の哀れな機関車破壊の目撃証人として、午後九時三〇分に出発した。爆薬は点火され爆発したが、「幸いに怪我人は一人もなく」、点検後、二両の機関車は「十分に破壊され、将来は使用禁止とされる」と宣言された。領事代理ビショップはいくらかの皮肉を込めて報告書をこう結んでいる。「一〇時四五分、われわれはふたたび鉄道引き込み線埠頭に到着した。英国軍上陸部隊隊長は筆者に、ドリス号艦長は公正な扱いを目撃できたことを感謝すると電信で知らせてきたと告げた。英国軍代表たちは蒸気船に乗り、岸を離れ、この事件は終結した」

英国海軍は、致死力の高い海戦技術の恐るべき卓越性を見せつけるため、一隻の潜水艦を派遣して、ダーダネルス海峡に繋留されていたメッソウディエ号を撃沈させた。十二月の季節外れの快晴と静かな日曜日の朝、潜水艦は約六キロの機雷原を、発見されずに通り抜け、古いオスマン海軍の巡洋艦の艦首に向けて機雷を発射した。午前一一時五五分、恐るべき爆発がメッソウディエ号を揺るがし、艦は煙に包まれた。煙が消えると、メッソウディエ号は、見えない襲撃者に対する報復として重砲の一斉射撃を二回行なったがむなしかった。その直後、オスマン軍巡洋艦の船体は傾き始め、やがて急にガバッと転覆した。目撃証人の話では、巡洋艦は七分ほどで沈んだ。岸近くの浅い海域に繋留されていたメッソウディエ号は船腹の大部分を露出して海底に横たわった。一〇人ほどの水兵たちが砲塔や船腹にしがみつき、生存者を救うため、岸からボートが近づいた。船腹に穴を開け、救出作業は夜まで続いた。この攻撃で、五〇人から一〇〇人の死者が出たと報告されている[39]。

敵の潜水艦に広い機雷原を見事に通り抜けられ、主力軍艦を突然失ったオスマン帝国当局はたいへんな衝撃を受けた。ダーダネルス海峡防衛司令官のヨハネス・メアテン海軍中将は、「実に巧妙な手口だった」と残念そうに認めている。だが、それより何より、メッソウディエ号の襲撃と、その前に行なわれた、ダーダネルス海峡のトルコ軍陣地への砲撃は、連合国がこの海峡に対する大規模攻撃を準備中であるという警告であった[40]。

参戦して二カ月のうちに、協商国と中央同盟国両方にとって、オスマン帝国の脆弱性が明らかになった。トルコ軍は国境のすべてを攻撃から守ることは不可能であり、オスマン帝国の領土の広がりを考えれば、彼らにそれができると期待するのは現実的でなかった。彼らはコーカサス、バスラ、イエメンそしてエーゲ海、キリキアなど領土のあらゆる地点から撤退を強いられていた。ロシア軍はアナトリアの領土を奪取し、英国はオスマン帝国自治州エジプトを奪い、ペルシア湾からオスマン軍を排除し、紅海と地中海で（とくにフランスとともに）海軍の絶対的優位を確立した。オーストラリア、ニュージーランド、インドから毎月、数万人の英帝国領の兵士がエジプトに到着し、エーゲ海の海軍力が増強されるにつれて、協商国はトルコに対して難攻不落の地位を築きつつあった。

ドイツからの強い圧力で、オスマン軍は攻勢に転じることを決めた。彼らは兵士ばかりでなく市民の士気を高めるためにも勝利が必要だった。それに、スルタンのジハードへの呼びかけは、まだ試みられていなかった。

第5章 ジハード開始
オスマン帝国領コーカサスとシナイ半島での戦い

オスマン帝国は、参戦後の最初の数週間に、広大な帝国の周辺で一連の小さな敗北を喫した。だが、陸軍はほとんど無傷で、トルコ軍は連合国に対して決め手となるジハードというカードをまだ使っていなかった。事実、ドイツ最高司令部では、彼らの戦争遂行に対するオスマン人の最大の貢献は、トルコ軍よりも、オスマン帝国の軍事活動により、フランス植民地統治下の北アフリカ、英国支配下のエジプトとインド、ロシア支配下のコーカサスと中央アジアのイスラーム教徒が引き起こす可能性のある国内蜂起のほうが大きいと考える者が多かった。協商国はこのような内部反乱を恐れて、それぞれの支配下のムスリム領域の平和を保つために、少なくとも、アジアとアフリカに軍隊を配備せざるを得なくなる可能性がある。そうすれば、西部戦線のドイツ軍と、東部戦線のドイツ軍およびオーストリア軍にかかる圧力は緩和されそうだった。

一九一四年九月中旬、この圧力が深刻さを増してきた。マルヌでの仏英協調反撃作戦（九月五―十二日）により、ドイツ軍は足止めされて、塹壕戦となった。ヨーロッパ西部での膠着状態により、ドイツの戦争計画では、フランスでの迅速な勝利によりドイツ軍はオーストリア軍を救い、全力でロシア軍に対抗することが可能となるはずだったのが、二前線で戦う羽目になった。オーストリア軍は東部戦線であらゆる援助が必要だった。一九一四年八月から九月にかけて、オーストリア＝ハンガリー軍はバルカン地方ではセルビアに、オーストリア＝ハンガリー領東部のガリシアではロシア軍に敗れた。ガリシア地方だけで、オーストリア軍の損失兵数は三五万人にも達した。オーストリアがたじろぐと、ドイツ軍作戦本部はオスマン軍に、英国とロシアに対して戦端を開くように圧力をかけ始めた[1]。

　ドイツ軍は、オスマン同盟軍がドイツとオーストリアの戦争遂行にもっとも援助が必要とされているところでロシア軍と英国軍に攻撃をかけるよう圧力をかけた。トルコに派遣されたドイツ軍使節団長リーマン・フォン・ザンデルスは、ガリシアのオーストリア陣地を救い、オーストリア軍とトルコ軍でロシア軍を挟み撃ちするため、オスマン軍五個軍団（約一五万人）を、黒海を越えてオデッサに送ることを提案した。ベルリンは、大英帝国の海上通信システムを遮断し、英国軍のエジプト占領に対するエジプト人の敵意を利用するため、スエズ運河沿いの英国軍陣地に遠征軍を派兵するほうがよいと考えていた。ドイツ皇帝と軍首脳陣は、協商国に対するこのような大胆な戦法により、オスマン軍はアジアとアフリカ全土のムスリムがスルタン－カリフのジハードの呼びかけに応じて立ち上がることを期待したのだ[2]。

「青年トルコ人」には彼ら独自の行動計画があり、この戦争を利用してエジプトとアナトリア東部の失った領土を取り戻したいと願っていた。英国が支配するエジプトや、一八七八年にロシアに奪取されたアナトリアの「三県」〔当時アラビア語風に *Elviye-i Selâse* と呼ばれていたカルス、アルダハン、バトゥーミの三地域〕はオスマン帝国のムスリムの土地だった。「青年トルコ人」は、トルコ兵ならきっとオスマン領土を取り返すために戦うと信じており、彼らの成功によって地元のムスリムがロシアと英国に対し立ち上がることを期待していた[3]。

　一九一四年十一月中旬、オスマン帝国陸相エンヴェル・パシャは、同僚の海相ジェマルを自宅に招き、二人だけで協議した。「私は英国軍をエジプトに留め置くためにスエズ運河に対し攻勢をかけたい。それによって、彼らが西部戦線に送っている多数のインド軍師団をエジプトに残さざるを得なくするばかりでなく、ダーダネルス海峡への地上部隊の集結を阻止することにもなる」とエンヴェルは説明した。この目的達成のため、陸相はジェマルに、シリアで軍団を立ち上げ、シナイ半島の英軍基地を攻撃する権限をジェマルに委ねたいと語った。ジェマルは即座にこの申し入れを受諾し、一週間以内に出発することを約束した。(4)

十一月二十一日、ジェマルはイスタンブルのハイダル・パシャ駅で汽車に乗り、シリアへ旅立った。アメリカ大使ヘンリー・モーゲンソーの辛辣な言葉を借りれば、駅は「この出発する副官を熱烈に見送るために」集まってきた閣僚メンバー、主立ったオスマン帝国の政治家たち、外交団の人たちでごった返していたという。「さあ、戦争だ」と意気込む愛国心でいっぱいの群衆は、早過ぎた感はあったが、ジェマルを「エジプトの救世主」と叫んだ。列車が動き出す直前に、ジェマルは支持者たちに「私がエジプトを征服するまで」戻らないと誓った。「青年トルコ人」を好きでなかったモーゲンソーは、「そうした行動すべてが……大げさもいいところだ」と感じた。(5)

エンヴェル・パシャは、ロシア攻撃は自分が主導すると決心していた。彼はオスマン帝国領からはるかに離れた、黒海の北部沿岸で行動を起こすというドイツの計画にはまったく関心がなかった。その代わり、彼はアナトリア東部で失った「三県」に焦点を絞った。コーカサスでは相当数のムスリムがトルコ軍の攻勢に熱烈に反応してくれるとエンヴェルは信じていた。そのうえすでに、トルコ軍はロシアのコーカサス軍の力量を見抜いていると彼は確信していた。ロシア軍はコーカサス戦線で、トルコ軍に対してすでに攻勢をかけていた。エンヴェルは、最近のキョプリュキョイでのロシア軍撃退で気が大きくなっていた。十二月六日、エンヴェルはリーマン・フォン・ザンデルスを訪れ、その日の夜、コーカサス戦線での攻勢を指揮するため、黒海のトラブゾン港へ出発すると告げた。リーマンの後日の回想によれば、「地図を手にしたエンヴェルは、第三軍による作戦意図の概要を説明した。第一一軍団は主要道路の前面でロシア軍と向き合い、第九軍団と第一〇軍団は彼らの左側を進み、数カ所で山を越えて、サルカムシュ付近でロシア軍の側面と後部を襲い、その後、第三軍がカルスを奪うというものだった」。エンヴェルが説明した計画は危険だらけだった。山岳地形と不備な道路は兵員の移動、補給路と通信手段を妨げる。リーマンがそれらに懸念を示すと、エンヴェルは、そうした諸問題は、「すでに考慮ずみで、すべての道路の偵察もすませてある」と反論した(6)。

リーマンとの会談を終わるに当たり、エンヴェルは、オスマン帝国のジハードを、内心もっとも期待しているドイツ政府に受けそうな行動をとった。ドイツ将軍リーマンの記録によれば、エンヴェルは「奇想天外だが、注目すべき考えを口にした。彼は、実はアフガニスタンを通ってインドまで行進しようとまじめに考えていると言った。そして去っていった」。リーマンはエンヴェルがまさか成功するとは思っていなかったが、彼の邪魔をしようとは思わなかった。

「青年トルコ人」の三統領のうち二人が、協商国に対する最初の地上戦を主導するために出発した。もし彼らが一つの作戦に焦点をしぼっていたら、成功のチャンスはあったかもしれない。不十分な準備で、急いで二つの大国に立ち向かったことで、どちらの作戦も悲劇的な失敗に追いやった。

エンヴェル・パシャはイスタンブルから黒海を航行し、十二月八日、目的地トラブゾンに上陸した。同伴のもっとも親しいドイツ軍顧問パウル・ブロンザルト・フォン・シェレンドルフ大佐とオットー・フォン・フェルドマン少佐とともに、彼は陸路、駐屯地エルズルムのオスマン第三軍司令部に着いた。多くのオスマン軍幹部は、ドイツ軍が陸相をいいように牛耳っているとこぼしていた。実際、エンヴェルの大胆なロシア・コーカサス軍撃滅計画の大まかな枠組みは、元をたどれば、ドイツ軍顧問団から提示されたものであった。

一九一四年八月下旬、ドイツ軍は東プロイセンのタンネンベルクで、ロシア軍に対して完璧な側面攻撃を遂行した。前線に沿ってドイツ軍がロシア軍と対峙している間に、ドイツ軍は歩兵部隊と砲兵部隊を道路と鉄道を使ってロシア軍の左翼に回り込ませ、補給路と通信線を遮断し、ロシア皇帝軍の部隊を包囲した。ロシア軍が危機に陥ったことを知ったときにはすでに遅過ぎた。ドイツ軍はロシア第二軍を壊滅させ、三万人の死傷者を出し、九万二〇〇〇人を捕虜にした。これは第一次世界大戦における申し分のないドイツ軍の勝利であった。エンヴェルは、コーカサスのロシア軍に対して同様なオスマン軍の勝利を挙げるため、ドイツ軍の戦術を採用しようと思っていた。(7)

エンヴェルは性急な男で、大胆な、リスクの高い戦略で出世してきた。一九〇八年の革命の歴史に残るリーダーであり、一九一一年のリビアにおけるオスマン主導のジハードの企画者であり、一九一三年に大宰相府襲撃を指揮し、銃口を突きつけて首相を辞めさせた男であり、第二次バルカン戦争で、「エディルネの解放者」であったエンヴェルは、自信を持って行動を起こし、自分の判断や能力を少しも疑わなかった。彼は自分がロシアに対して軍を指揮し、勝利に導くことが可能で、そのような勝利がオスマン帝国の戦争遂行に対する最大の貢献になるはずだと信じていたのは明らかだ。トルコ軍は、一八七八年にロシアに奪われた領土を取り戻すばかりでなく、ロシアのオスマン領土に対するさらなる野心、とりわけボスフォラス゠ダーダネルス海峡とイスタンブルに対する野心をくじくことになる。さらに、エンヴェルがリーマン・フォン・ザンデルスにほのめかしたように、輝かしい勝利が中央アジアのイスラーム教徒の熱狂的な信仰心をかき立てることができれば、アフガニスタンとインドへの道が開ける。

オスマン軍の戦場司令官たちは、夏の盛りのタンネンベルクで作られた戦闘計画を、冬のコーカサス山脈の異なった条件下で応用することに疑念を抱いていた。軍需品が十分に蓄えられている基地のすぐそばで仕事をしていたドイツ軍は、タンネンベルクのロシア軍を完全に包囲するに当たり、多数の将兵を道路と鉄道を利用して配置することができたが、アナトリア東部の山岳高地の未舗装の道路や歩道は、冬季には車両通行がほとんど不可能だった。三〇〇〇メートル級の山々が連なり、冬季降雪量が一・五メートル、気温がマイナス二〇度にもなる厳しい条件下では、戦闘どころか、特別な訓練と装備を持った兵士しか生き残れない。だがそれでも、もっとも疑い深いオスマン軍将校たちでさえ、エンヴェルは好運がついているので、あらゆる予想を覆して確実に勝利を挙げられるだろうと信じていた。(8)

一九一四年夏の間に、エンヴェルはアナトリア東部のコーカサス地方のオスマン軍を、エルズルムに司令部を置く第三軍に統合した。九月には、第一一軍団を基地のあったヴァンから移し、エルズルムの第九軍団に合流させた。十月には、第一〇軍団をエルズィンジャンからひそかに第三軍に移し、戦闘準備を整えた。一九一四年十二月にエンヴェルがエルズルムに着いたときには、第三軍の総戦力は約一五万人（クルド非正規騎兵とほかの補助要員を含む）であった。ロシア軍と戦う兵力は約一〇万人で、残りの兵力はエルズルムとヴァン湖から黒海までの四八〇キロに及ぶコーカサス戦線の防衛用にとっておいた。(9)

オスマン第三軍司令官ハサン・イッゼト・パシャは、エンヴェルの戦闘計画を再検討し、条件付きで支持した。冬季作戦には、寒冷地用の衣服、十分な食料、弾薬の備蓄を含む、部下に対する適切な配慮が必要だと彼は主張した。エンヴェルには、このような適切な兵站的配慮は、過度に慎重な司令官の遅延戦術としか映らなかった。そこでエンヴェルは、代わりにハーフィズ・ハック・ベイという野心家の将校を抜擢した。彼はひそかにエンヴェルに手紙を書き、道路と山道を偵察した結果、冬季でも山岳砲（軽い砲で、ラバで運ぶことができる）を所持した歩兵が通過可能であると断言していた。「ここの司令官たちは粘り強さと勇気が足りないため、冬季作戦を支持していないのです。私の階級をその任にふさわしいものにしていただければ、この仕事を引き受けます」と、彼はエンヴェルに書いた。[10]
エンヴェルが作戦開始のために着任すると、ハサン・イッゼト・パシャは第三軍司令官としての辞表を提出した。彼は単純に兵士たちへの適切な装備なしではこの作戦は成功しないと信じていたのだ。ハサン・イッゼト・パシャの周辺地域の知識を考えれば、彼の辞任はコーカサスでのオスマン軍の戦争遂行にとって大きな損失だった。だが、エンヴェルはこの将軍を信頼できなかったので、辞任を受け入れ、十二月十九日、自ら第三軍の指揮を執ることにした。彼はまた、野心家のハーフィズ・ハック・ベイを第一〇軍団長に昇格させた。十二月二十二日、エンヴェルがサルカムシュのロシア軍鉄道の終点駅への致命的な攻撃を命令したとき、その任務を担当したのは、正式軍事作戦の経験が僅少、あるいは皆無で、危険な地形の知識も不十分な指揮官たちだった。

エンヴェルの作戦がアナトリア東部に至ると、最前線に立たされていることに気づいたアルメニア人の忠誠心は、ロシア帝国とオスマン帝国に二分された。一八七八年に、カルス、アルダハンとバトゥーミの三県にいた相当数のアルメニア人がオスマン帝国統治下からロシア統治下へ移った。ロシア皇帝政府は、トルコ政府と同様、アルメニア人の分離主義への抱負を受け入れようとはしなかったが、サンクトペテルブルクは、キリスト教徒という共通性（ロシア正教とアルメニア正教には教義上の深い亀裂があるにもかかわらず）を利用して、ムスリム・トルコ人に対するアルメニア人の反抗を煽ろうとした。
コーカサスにおけるロシアとトルコの宗教政策にはかなりの相似性があり、ロシア皇帝政府は、トルコに対するキリスト教徒の反乱を誘発することを期待し、同様にオスマン帝国政府は、ムスリムの連帯意識を利用してロシアに対するコーカサス・ムスリムのジハードの喚起をねらっていた。ロシア領コーカサスでは、アルメニア民族協議会はロシア皇帝政府に密接に協力し、戦争勃発の前にすでに、トルコ領へのロシア軍の進攻を助けるため、義勇軍四連隊を組織していた。ロシア領事館員と軍情報将校たちは、このようなアルメニア義勇軍部隊はオスマン帝国内のキリスト教徒がロシア軍の進攻を助けることになると意見が一致したので、一九一四年九月、ロシア外相セルゲイ・サザノフは、予想されるトルコの参戦前に、オスマン帝国内のアルメニア人への武器密輸命令に署名した。多くの著名なオスマン帝国内のアルメニア人がロシア軍に参加するため国境を越えたが、大部分の人たちは、このような連隊に参加すれば、オスマン帝国統治下のアルメニア人の安全を脅かすことになるとして躊躇した。[11]

一九一四年夏の間、オスマン軍将校たちはアナトリア東部のアルメニア人の動静に目を光らせていた。七月から八月にかけて、オスマン軍の動員はピークとなり、ヴァン、トラブゾン、エルズルムのアルメニア人男子は登録に応じたものの、一般市民はおおむね平静だった。だが、ロシア軍の報告によれば、オスマン軍から五万人以上の逃亡者があり、その大部分がアルメニア人で、一九一四年八月から十月にかけてロシア軍前線を越えてきたという。[12]

アルメニア人の忠誠心について懸念が深まるなかで、「青年トルコ人」は十月にエルズルムで会議を開き、アルメニア民族党であるダシュナク党とフンチャク党との同盟を提案した。オスマン人は、ロシアとトルコのアルメニア人社会がロシアへの攻勢を助ける見返りに、アナトリア東部のいくつかの州と、ロシア系アルメニア人に占領されている地域にアルメニア人の自治政府を樹立することを認めると約束した。だが、アルメニア人ナショナリストたちはその申し入れを拒否し、アルメニア人はロシアとオスマン帝国の国境の両側それぞれで、居住地の政府に忠誠を誓うべきだと主張した。この理に適った反応は、アルメニア人の忠誠心に対するオスマン人の疑念を深めただけだった。[13]

アルメニア人とトルコ人との関係は、戦争勃発後、急速に悪化した。キョプリュキョイの戦闘で衛生隊に属していたアリ・ルザ・エティ伍長は、前線で遭遇するアルメニア人に対し、次第に敵対的になっていった。十一月末近く、ロシア軍はアナトリア東部でアルメニア人志願兵部隊を出動させた。彼らは、アラス川に沿ったオスマン帝国内のアルメニア人居住地域の中心地ヴァンから来たトルコ軍と交戦した。これは、アルメニア人がオスマン軍から寝返らせることを意図したものだった。そうした者は大勢いた。ロシア軍とともに戦うために、四〇人から五〇人が群をなして逃亡した。「彼らが敵にわれわれの陣地の情報を伝えたのは明らかだ」とエティは断言している(14)。

十一月にエティの部隊は、アルメニア人住民がロシア側につき、ムスリム住民は逃げたか侵入者に殺され、放棄された多くの村を通って進軍した。「この地域のアルメニア人がロシア軍に与したとき、彼らは哀れな村民にたいへん残酷な仕打ちをした」と、彼は十一月十五日の日記に書いている。家畜の死体で冒瀆された教会や、コーランの破られたページが誰もいない街路に風に舞っていたという。その記述には彼の怒りがありありとにじみ出ている(15)。

アルメニア人の寝返りの話が広がると、トルコ兵の中にいるアルメニア人兵士に対する暴力行為が日増しに増えた。一人のトルコ兵の銃が「発射され」、アルメニア人兵士の同僚が倒れたとさりげなく言及している。エティの記述から、これは事故であるとはとても思えない。「われわれはこの男を埋めた」と冷ややかに書いている。同僚のオスマン軍兵士を殺したことに対する懲罰の話は何も書かれていない。次第に、アルメニア人はもはや同僚のオスマン兵士としては見なされなくなった(16)。

トルコ軍の攻勢が始まる前の数日間に、エンヴェル・パシャは部隊の視察を行なった。第三軍司令官のオスマン兵へのメッセージは厳しいものだった。「兵士たちよ、私は全部隊を視察した。おまえたちの足に履く靴もなく、肩にかけるコートもない。だが、目の前の敵はおまえたちを恐れている。まもなくおまえたちは攻勢に出て、コーカサスへ入ることになる。そこではすべての物がふんだんにあることがわかるだろう。ムスリム世界全体がおまえたちを注目している[17]」

自軍に成功のチャンスありとしたエンヴェルの楽観論は、コーカサス前線における一連の有利な情勢に基づいたものだった。冬が急速に近づくにつれて、ロシア軍は、オスマン軍が春前に攻勢に出るとは思わなかった。ロシア軍は、それを機会に、アナトリア東部にいる部隊の数を削減して、余剰の部隊を緊急性の高い戦線へ移動させた。他方、トルコ軍は、第一〇軍団をロシア軍に知られないように移動させることに成功した。これらの部隊の移動により、オスマン軍は数的にロシア軍より優位に立ち、約一〇万人のトルコ軍兵士が八万人弱のロシア兵と対戦することになった[18]。

エンヴェルは、ロシア軍の冬ごもり期をねらって、警戒不足の敵に奇襲攻撃をかけ、打ち負かそうとした。奇襲攻撃の本領を発揮させるには、トルコ軍がロシア領内に速やかに進攻する必要があった。エンヴェルは、重い背嚢を残し、最小限の糧食と、武器、弾薬を携帯するよう部下に命じた。つまり、装備を軽くするには、燃料、テント、寝具を一切持たず、糧食も半分のみ携帯せよという意味である。サルカムシュへの途上、兵士たちは征服したロシア人村落の家に宿泊させ、食料も調達することを期待していた。「われわれの補給基地は目の前にある」がエンヴェルのマントラであった[19]。

大多数のロシア軍は、十一月の戦闘で獲得したオスマン領土内の最前線に沿って散らばっていた。サルカムシュの補給センターは実際には無防備であり、わずかの国境警備隊員、民兵、鉄道作業員が、唯一の補給と通信連絡路であり、山岳盆地を通りカルスまで続く撤退路を守っているだけだった。

ロシア軍の右翼周辺に大軍を送り、鉄道線路を遮断して、サルカムシュの町を奪取し、ロシア・コーカサス軍を包囲すれば、彼らの唯一の退路を断つことができ、彼らはトルコ軍に降伏するしか選択の余地はない。いったん、サルカムシュを確保し、ロシア・コーカサス軍を敗北させれば、オスマン軍は一八七八年に失ったカルス、アルダハン、バトゥーミの三県を、抵抗を受けずに取り戻すことが可能になる。そのようなオスマン軍のすばらしい勝利は、中央アジア、アフガニスタン、さらにインドのムスリムを鼓舞するであろう。それがエンヴェルの夢だった。戦略的に重要な鉄道終着駅の占領によって、オスマン帝国と野心に満ちた「青年トルコ人」総司令官にこのようなすばらしい可能性が開けるのだ。

十二月十九日に出された戦闘計画により、エンヴェルは第三軍の各軍団（兵士三万人から三万五〇〇〇人）に明確な目的を与えた。第一一軍団は、第九軍団と第一〇軍団が西方と北方からサルカムシュへ回り込むのを援護するため、陽動作戦として南部前線に沿ってロシア軍と交戦するよう命じられた。第九軍団は内回りでサルカムシュへ西から降り、第一〇軍団は外回りで、その一師団（約一万人）を北のアルダハン方面に送り、その二師団が鉄道線路を分断し、サルカムシュを北側から攻撃することを命じられた。作戦開始は十二月二十二日と決まった[20]。

季節外れの晴天が続いた後、冬の雪が十二月十九日の夜から二十日にかけて降り始めた。オスマン第三軍が作戦を開始した十二月二十二日朝には大吹雪になった。兵士たちは、食料としては平たいパンだけ、寒さから身を守るコートもなく軽装の軍服姿で、厳しい地形には不向きな靴を履き、最悪の条件の中をエンヴェルが彼らに課した超人間的使命を果たすために出陣した。

第一一軍団のオスマン軍部隊は、第九軍団と第一〇軍団が側面から包囲することを計画していたサルカムシュの西方からロシア軍をおびき寄せるために、アラス川の南側堤防に沿って攻撃を開始した。アリ・ルザ・エティ伍長は衛生隊のテントからロシア軍が反撃し、ひどい損傷を与えられたトルコ軍が後退に追い込まれているのを見て、自分たちが捕虜になることもあるのではないかと危惧した。

エティは、逃げてきた負傷兵から、ロシア軍の攻撃をかろうじて逃れたさまざまな話を聞かされた。トルコ軍が保持していた村がロシア軍に取られ、六〇人ほどのトルコ兵が干草倉庫の二階に隠れていた。トルコ兵はカザック連隊の三人のロシア兵に発見されたが、彼らは包皮切除されたペニスを見せてムスリムであることを証明し、隠れていたトルコ兵に、「兄弟たちよ、おれたちは出て行くから、静かにして、ここで待て」と言って、何もせずに立ち去った。戦線を挟んだ、このようなムスリム兵同士の友愛はエティの心に染みた。[21]

だが、アルメニア人とロシア人兵士間のキリスト教徒の同信者意識に、衛生隊伍長エティは腹が立ちっぱなしだった。戦闘開始初日に、彼は二人のオスマン軍アルメニア人兵士が戦線を越えてロシア側に入り、三人目は射殺されそうになったのを見た。トルコ軍兵士たちは、アルメニア人たちは投降するばかりでなく、ロシア軍にトルコ軍の位置や兵員数に関する情報を提供していると非難した。「ロシア軍は、毎日、トルコ軍から逃亡するアルメニア兵から、当然のように情報を得ている」と苦々しげに回想している。「これでは戦後、アルメニア人に対し、なんらかの報復がされかねない[22]」

オスマン軍にいるアルメニア人兵士たちは耐えがたい状況に置かれていた。彼らはロシア軍にいるアルメニア人兵士から積極的な勧誘を受けており、オスマン兵が不信感から彼らを殺そうするので、オスマン軍に長くとどまるのがいかに危険かを知っていた。エティは、すべての大隊で、毎日三人から五人のアルメニア人兵士が「事故で」射殺されていると記しており、「もしこのようなことが一週間続けば、アルメニア人は大隊からいなくなってしまう」と思わずにはいられなかった。[23]

第一一軍団はロシア軍から激しい抵抗を受けた。前線はトルコ軍にとって長過ぎたのでどの地点においても小規模の攻撃をかけるのさえ難しく、ロシア軍をアラス川の北側に追いやらないうちに、キョプリュキョイの自軍の司令部近くまで撃退されてしまった。第一一軍団の死傷者は増えたが、ロシア軍の砲撃を彼らのほうに引き付けたことで、第九軍団と第一〇軍団の側面攻撃に必要な陽動作戦には成功した。作戦開始後、数日間で、これら二軍団はすばらしい成功を成し遂げた。

ハーフィズ・ハック・ベイが指揮していたオスマン第一〇軍団は、ロシア軍の右横から領土を奪うため北上した。彼らはロシア軍の最前線を横切り、防衛の手薄な駐屯地オルトゥを包囲するため前線を越えて北方へ進軍した。その途上、オスマン軍は奇襲により、ロシア軍大佐と、彼の指揮下の七五〇人の兵士を降伏させた。だが、オスマン軍は自軍による不愉快な奇襲攻撃を受けるという一幕もあった。オルトゥの郊外で濃霧に襲われたあるトルコ連隊がほかの連隊をロシア防衛軍と間違えて四時間にわたる友軍同士の撃ち合いとなり、一〇〇〇人以上のオスマン兵の死傷者が出た。だが、その日の終わりまでに、オスマン軍はオルトゥのロシア防衛軍を追い出すことに成功した。ここでやっと、オスマン兵たちは約束された食料と避難所を見つけ、占領した町の略奪に取りかかった。[24]

相変わらずがむしゃらなハーフィズ・ハックは、オルトゥでの勝利の後、エンヴェル・パシャと第九軍団のサルカムシュ攻撃に参加するために東進する代わりに、全軍を率いて退却するロシア軍を追跡した。山岳地帯での連絡のとりにくさを考えれば、このような成り行き任せの計画変更は全戦略を危うくするものだった。

エンヴェル・パシャは第九軍団とともにサルカムシュへの危険なコースを進んでいた。決然としたオスマン兵たちは雪の吹き溜まりに遮られた狭い山道を進み、七〇キロの距離をたった三日で踏破した。兵士たちは野外でテントなしに眠らされ、氷点下の気温にも、集めた枯れ木を燃やして暖まるだけだった。明け方の光の中で、寒さがしのぎ切れず、焚火の燃え残りの周りには、凍って黒ずんだ兵士たちの死体が横たわっていた。第九軍団兵士の約三分の一がサルカムシュ地域に到達できなかった。

それでも、エンヴェルは部下をサルカムシュの郊外へ進軍させたが、十二月二十四日にそこで休息させ、要塞都市への最後の攻撃準備に取りかかった。トルコ軍はロシア兵捕虜を尋問して、サルカムシュには大砲もなく、少数の後衛部隊のほかに、防衛隊はまったくいないことを知った。この戦略的都市がいかに手薄になっていたかがわかると、エンヴェルは、凍えて、疲れ果てた自軍が、全面的勝利を目前にした位置にいることを、自信を持って再確認した[25]。

ロシア軍が、捕虜にしたオスマン軍将校から、エンヴェルの攻撃計画についてのコピーを入手してトルコ軍攻撃の全容を知ったのは十二月二十六日になってからだった。彼らは今や、第九軍団が第三軍にふたたび合流することになり、オスマン軍が兵数では優位に立ったことを知った。彼らはオルトゥの陥落を知り、オスマン軍はアルダハンに進軍しているばかりでなく、まもなくサルカムシュに到達することも知った。黒海沿岸港湾都市バトゥーミとアルダハンの間のムスリム住民は、ロシアに対する蜂起に立ち上がった。これは、オスマン人が喚起したい熱狂的信仰心によるもので、ロシア人がもっとも恐れていた事態だった。戦史家によれば、ロシアの将軍たちは「ほとんどパニック状態になり……サルカムシュは陥落し、コーカサス軍の大部分がカルスへの撤退路を断たれてしまうと思い込んだ」。そこでロシア軍司令官たちは、自軍を、少なくともその一部を完敗から救うため、最後の手段として全面撤退を命じた[26]。

トルコ軍の攻撃計画が明らかになり始めるにつれて、ロシア軍は好運に恵まれた。トルコ軍の出だしはすばらしかったが、天候と人的エラーがオスマン軍攻勢を阻むことになった。コーカサス山脈の高い峰は吹雪に見舞われ、山道は兵士たちの通行がほとんどできなくなっていた。風雪が山道を覆い、視界がゼロになったので、多くの兵士たちが本隊からはぐれ、人員が減っていった。しっかりした道路もなく、極端な悪天候、高い山々がオスマン軍の通信連絡を阻んだ。さらに悪いことに、エンヴェルの配下の将軍たちの一人であるハーフィズ・ハック・ベイが命令を無視してロシア軍の小隊を追い、サルカムシュから数キロ離れてしまっていた。

エンヴェルはハーフィズ・ハック・ベイに至急報を出し、ロシア軍追跡をやめ、最初の戦闘計画の線まで後退するように命じた。第一〇軍団司令官は、アルダハンへの進攻を彼の連隊の一つに任せ（戦闘計画原案どおり）、ほかの二連隊を直接指揮して、エンヴェルのサルカムシュ攻撃に参加した。ハーフィズ・ハック・ベイは十二月二十五日に出発し、翌朝、エンヴェルに会うと約束した。この時点で彼はサルカムシュ前線から約五〇キロ離れたところにおり、冬の猛威の中を海抜三〇〇〇メートルもあるアッラーフエクベル山脈の高い峰を越えなくてはならなかった。それからの一九時間は死の行進に近かった。兵士たちの味わった苦難について、生存者の一人がこう語っている。「登るのはたいへんしんどかったが、統制がとれ、規律も正しかった。だが、ひどく疲労困憊していた。高原に着いたとき、激しい吹雪に見舞われ、視界を失った。互いに助け合うどころか、しゃべることさえできなかった。部隊はすべての秩序を失った。兵士たちは避難場所を求めて走り回り、煙突から煙が出ている家があれば、そこを襲った。将校たちはよく働いたが、兵士たちを命令に従わせることができなかった」。寒さは人間の忍耐の限度を超えたもので、兵士の何人かは気が狂ってしまった。「私は道路脇の雪の中に座った一人の兵士のことをはっきりと覚えている。彼は雪を抱きかかえ、両手いっぱいに雪をつかんで口の中に押し込み、震えながら叫んでいた。私は彼を助けて道路まで連れ戻したかったのだが、彼は叫び続け、私など眼中にないかのように雪を積み上げていた。この憐れな男は気が狂ってしまっていた。われわれはこんなふうに、たった一日で一万人の兵士を雪の中に置き去りにした」[27]

十二月二十五日、エンヴェル・パシャは戦況判断のため、トルコ軍将校とドイツ軍顧問との会議を開いた。ロシア軍はアラス川に沿った前線からサルカムシュへ撤退を始めていた。この戦いは負けだとして撤退するロシア軍を支援するため、援軍が鉄道で送られつつあった。ロシア軍の司令官たちは依然として混乱していた。それは、ロシア軍の大部隊がサルカムシュへ向かって北側からも南側からも降りてきていることでわかった。もしトルコ軍がすぐに行動を起こさなければ、まだ比較的防御が手薄だったこの町を占領する機会を失っていたかもしれない。

この会議で、第九軍団司令官イフサーン・パシャと参謀長シェリフ・イルデンはエンヴェルとドイツ軍顧問たちから厳しく詰問された。オスマン軍はいつサルカムシュへ進攻するのかと問われたとき、イフサーン・パシャは上官たちに、第三軍の位置について厳しい事実を説明した。この時点で、アッラーフエクベル山脈を進軍中のハーフィズ・ハックと第一〇軍団とのすべての連絡が途絶えているので、サルカムシュ攻撃にいつ参加できるかどうか自信を持って言うことができない。現在、この町を攻撃できる距離にいて、すぐに利用できるのは、第九軍団の師団一つだけである。「この作戦に何が必要であるか私にはわからないが、あなた方の命令が一師団で遂行できるのであれば、第二九師団はすぐにあなた方の命令に従います」と、イフサーン・パシャは最後に言った(28)。

エンヴェルはトルコ軍将校の説明を聞いたのち、ドイツ軍顧問の見解を訊ねた。彼らは一緒に戦闘計画の原案を練り、エンヴェルの功名心を煽って、ドイツ軍のタンネンベルクにおける勝利をコーカサス戦線で再現させようとした責任は重い。彼らはハーフィズ・ハックが部隊とともに戻るまで攻撃を待つようにエンヴェルに忠告した。だが、エンヴェルは待つ人ではなかった。彼は待ち時間が長くなればなるほど、自軍の部下たちが対峙するロシア軍部隊の数が増すことを知っていた。さらに、兵士たちがサルカムシュを占領すれば、頭上に屋根のあるところで寝ることができ、食料にもありつける。彼の部隊は野外に放置されたため、毎晩、何百人もの兵士たちが死んでいた。部下の将校たちは、エンヴェルがハーフィズ・ハックへの無言の対抗意識から、第一〇軍団司令官ハーフィズ・ハックがサルカムシュに着き、自分より先にそこを占領してしまうのではないかと恐れて、行動を焦っているのではないかと思った。エンヴェルは、前線ではいつも、自分の名誉のための特別な戦利品を大切にした。

結局、エンヴェル・パシャはすべての顧問団の意見を無視し、自軍に翌朝十二月二十六日に攻撃を開始するよう命じた。この致命的な決定がオスマン軍作戦の転換点になった。このとき以降、すべてのオスマン軍攻撃は、勝つためであろうと、ロシア軍の反撃に対して占領地を保持するためであろうと、兵力が足りなくなってしまった。

エンヴェルの非現実的なプランが、短期間であったにしても、成就したのは、オスマン軍兵士たちの頑張りによるものだった。ハックの部隊が人を寄せ付けないアッラーフエクベル山脈を越えて、カルスとサルカムシュ間の鉄道に達し、きわめて重要な連絡路を遮断した。だが、兵員不足のため、カルスからのロシア軍増援部隊に対抗してそれを保持できなかった。オスマン軍はアルダハンの町を占拠したが、兵力不足のため、一週間以内に撤退した。かつて常勝を誇ったオスマン第一〇軍団は包囲され、当初五〇〇〇人いた兵士のうち生存者一二〇〇人がロシア軍に降伏せざるを得なくなった。オスマン軍部隊はサルカムシュ市内に何とか突入できたが、そのために払った人命の損失という犠牲は、束の間の成果に影を落とした。

十二月二十六日、サルカムシュのロシア陣地に対する第九軍団の最初の攻撃は、町の防衛隊に撃退され、多大な死傷者を出した。その夜、ハーフィズ・ハック・パシャと、アッラーフエクベル山脈を越えて進軍し、疲労困憊した兵士たちの生き残りが、ようやくサルカムシュ近くの陣地に到達した。第九軍団が被った人的損失と強行軍後の第一〇軍団のひどい状況を考慮して、エンヴェルは自軍を統合再編成するため三六時間、作戦を中止することを決めた[29]。

サルカムシュでの決定的な戦闘が行なわれたのは十二月二十九日だった。そのときまでに、寒さでオスマン軍兵力は大幅に失われていた。オスマン第九、第一〇軍団を合わせた最初の兵力五万人が、一万八〇〇〇人に減ってしまったほか、生存者たちも戦闘できる状態ではなかった。サルカムシュのロシア軍は一万三〇〇〇人に増強され、防備の整った陣地にトルコ軍より多い大砲や機関銃を備えていた。これらの重火器を用いてロシア軍は決死のトルコ軍攻撃を一日中撃退することに成功した。

十二月二十九日、エンヴェルは最後の試みとして、夜襲でサルカムシュを奪おうとした。今回は、夜になってからこの駐屯地を強襲し、ロシア防衛軍と銃剣による白兵戦になった。トルコ軍兵士の大半は殺されるか、捕虜になったが、決死の数百人の兵士たちがこの町の中央にある兵舎を占領することに成功した。一夜だけ、エンヴェルの部隊のごく一部がサルカムシュのわずかな一部を占領したと主張することができた。だが、朝になると、ロシア軍は兵舎を包囲し、トルコ軍を降伏させた。この攻撃で、オスマン軍の一師団がまるまる失われた。

ロシア軍はすぐにオスマン侵攻軍がいかに弱いかに気づき、初期に失っていた平静さを取り戻して攻勢に出た。今や、包囲と破滅の危機にさらされているのは、ロシア・コーカサス軍ではなく、オスマン第三軍のほうだった。

一九一五年一月の最初の二週間で、ロシア軍はオスマン軍を追い返し、この戦闘開始時に引き渡した領土のすべてを奪回した。その過程で、彼らは第三軍の軍団を一つひとつ破滅させた。第九軍団はロシア軍に包囲され、一月四日に降伏した。参謀長シェリフ・イルデンはロシア軍に降伏した際、第九軍団の司令部には、一〇六人の士官と八〇人の兵士しかいなかったと記録している。ハーフィズ・ハックは銃火を浴びながら第一〇軍団を率いて撤退し、全滅を何とか回避して、一六日後に約三〇〇〇人の生存者がトルコの安全圏に到達した[30]。

第九、第一〇軍団が崩壊すると、第一一軍団がロシア軍反撃の矢面に立った。ロシア領から撤退するある時点で、トルコ軍は、外国の騎馬隊がロシア軍の左側面を攻撃し、敵を蹴散らしたことに驚かされた。彼らはチェルケス人村民の一団で、スルタンのジハード宣言を知り、直ちにオスマン部隊を助けるために出撃したという。チェルケス人部隊の襲撃を目撃した衛生隊伍長アリ・ルザ・エティにとって、これはこの大戦におけるムスリムの連帯を示すさらなる証拠であった。第一一軍団は一月中旬までにト

4.アルダハンで捕虜になったオスマン軍兵士たち。オスマン軍コーカサス部隊の一分遣隊はサルカムシュの戦いでロシア軍からアルダハンの町を奪うことに成功したが、この町を保持するだけの兵力が足りなかったため、1915年1月初旬、降伏を余儀なくされ、ロシア軍にはコーカサス戦線での最初のロシア軍の勝利ともてはやされた。

ルコ軍の安全圏まで撤退したが、三万五〇〇〇人の最初の兵員のうち、一万五〇〇〇人が戻ったにすぎなかった。だが、オスマン第三軍は撃破されてしまった。だが、この戦闘に送り出された一〇万人近くの兵士のうち、帰還できたのは一万八〇〇〇人しかいなかった。[31]

エンヴェル・パシャは何とか捕えられるのを避け、イスタンブルへ不名誉な帰還をした。だが、エンヴェルもハーフィズ・ハックも、一部の将校から犯罪的過失と非難された出来事に対し、懲戒委員会に出頭させられることもなかった。実際、首都に向かってエルズルムを去る前に、エンヴェルは無鉄砲なハーフィズ・ハックを大佐からパシャの称号のつく少将に昇格させ、第三軍の残りの兵を指揮する地位に就けた(彼は二カ月後にチフスで死亡)。トルコ軍の敗北は、「青年トルコ人」にとってあまりにも無念で、認めにくいものだったので、リーマン・フォン・ザンデルスによれば、第三軍の崩壊はドイツとオスマン帝国の両方で秘密にされていたという。「それを口に出すことは、秩序を乱すことになるため、逮捕と処罰の対象になった」とのちに書いている。(32)

サルカムシュ敗戦の余波は、この戦争中ずっとつきまとうことになる。アナトリア東部に実動部隊がいなくなったので、オスマン軍はロシアの攻勢から領土を守ることができなくなった。オスマン軍の脆弱性は、ロシアとの国境地帯のトルコ人、クルド人、アルメニア人の間の緊張関係を高めた。そして、サルカムシュ作戦の初期段階には、ロシア帝国内のムスリムのジハードへの熱意の盛り上がりがあったが、オスマン軍の完敗によって、ロシア戦線でのイスラーム教徒の蜂起の可能性は消えた。

オスマン軍の大々的な敗北は、ロシアとその同盟国に、ダーダネルス海峡を攻撃し、イスタンブルを占領して、トルコをこの戦争から脱落させるという計画に拍車をかけることになった。(33)

サルカムシュにおけるオスマン軍の敗北から一カ月後、ジェマル・パシャはスエズ運河の英国軍への攻撃を指揮した。エジプトの砂漠とコーカサスの雪嵐の相違は極端過ぎて比べものにならないが、シナイ半島の乾燥した荒地は、サルカムシュ付近の高度の高い山々と同じくらい、侵攻軍にとって対処が難しかった。

一九一四年十一月二十一日、ジェマルがイスタンブル中央駅で民衆にエジプト遠征を宣言して以来、誰一人彼のエジプト遠征のひそかな意図を非難する者はいなかった。英国軍は、そのような遠征が遭遇する障碍を考えると、ジェマルのエジプト「征服」の誓いは絵に描いた餅だと無視していた。彼らはジェマルがエジプトの英国軍を脅かすに足りる軍隊をシリアで立ち上げることができるとは思っていなかった。仮に大侵攻軍を立ち上げたとしても、水源がほとんどなく、草木も生えていないシナイ半島には適切な横断道路さえもなかった。このような荒れ地を行軍する大部隊に、食料、飲料水、弾薬を供給する兵站作戦は不可能に等しかった。もし彼らがこれらの障碍を克服できたとしても、オスマン軍は幅数百メートル、水深一二メートルの水路に阻まれ、軍艦、武装列車、五万人の兵士に守られた運河を越さねばならない。英国軍陣営は難攻不落のように見えた。

英国軍の計算は間違っていなかった。ジェマルはシリアでの攻撃軍を動員するに当たり、重大な制約があることを知った。一九一四年十二月、オスマン軍は、失敗に終わったコーカサス戦線に梃入れするためと、イスタンブルとボスフォラス゠ダーダネルス海峡を守るためにアナトリアの兵士全員を集める必要があった。ジェマルは、地元のベドウィン、ドルーズ、チェルケス諸部族と他の移住民から成る非正規義勇兵によって強化されたアラブ諸州の正規兵軍に頼ることになる。彼の手勢五万人のうち、スエズ作戦に三万人以上用いることはできない。残りの兵士はアラブ諸州の駐屯地を守らなくてはならないからだ。さらにオスマン軍司令官たちは作戦を開始した部隊の防御と増強に備えて五〇〇〇人から一万人の兵力を予備役として確保しなければならないであろう。すると、ジェマルは二万から二万五〇〇〇人の兵士しか使えないことになり、少なくとも二倍の兵力を持ち、塹壕で待機する英国軍攻撃に挑戦するのは、自殺的行為に等しかった。[34]

ジェマルは、成功するために、一連の起こりそうもない出来事を想定した。「英国軍への奇襲攻撃にすべてを懸けた」と、ジェマルはのちに記している。英国軍が奇襲攻撃を受けて運河の相当部分を明け渡せば、オスマン軍は「対岸で確実に掘り出される一万二〇〇〇挺のライフルで強化することができる」。このような橋頭堡から重要都市イスマイリアを占領し、運河西岸のオスマン軍兵力を二万人に増強するという計画をジェマルは立てた。オスマン軍がイスマイリアを占領すれば、英国支配に対するエジプト民衆の蜂起――スルタンが呼びかけたジハードが起こるだろうとジェマルは信じた。ジェマルの説によれば、こうして「きわめて少数の兵力と取るに足りない技術力を用いて予想外の短期間でエジプトは解放されることになるはずだった[35]」。

ジェマルの無鉄砲な計画は、まだオスマン帝国主導のジハードに大きな期待を寄せていたドイツから全面的に支持されていた。さらに、ドイツはスエズ運河の遮断を一段と重視していた。一九一四年八月一日から十二月三十一日の間に、連合国の戦争遂行のため、スエズ運河を通過した輸送船は三七六隻にのぼり、一六万三七〇〇人の兵員を運んでいた。英国は兵員輸送をスエズ運河に全面的に依存しているわけでなく、スエズとカイロや地中海港湾都市を結ぶ鉄道も持ってはいたが、スエズ運河はインド洋から地中海へ航行する軍艦や商船にとって重要な動脈であった。運河が機能している限り、英国は戦争遂行のため、大英帝国領の利点をフル活用できる。オスマン軍のスエズ運河攻撃で英連邦からの輸送が遅滞したり、エジプト防衛に西部戦線用の部隊を転用したりせざるを得なくなれば、その分、ドイツの戦争遂行は容易になる[36]。

十二月六日にダマスカスに着いたジェマルは、危険なシナイ半島横断のため、直ちに兵員と資材集めに着手した。正規兵はレバノン山地とエルサレム自治区、およびアレッポ、ベイルート、ダマスカスのアラブ諸州の若者を主体とする三万五〇〇〇人だった。兵力増強のため、ジェマルはアラブ全域の部族指導者たちの愛国心に訴え、英国軍の攻撃に参加し、エジプトを外国支配から解放しようと呼びかけた。

ドルーズ族名家の貴公子アミール・シャキーブ・アルスラーンは、一九一四年にはオスマン帝国議会の現職議員だった。彼はジェマルの計画を知ると、シナイ半島作戦にドルーズ族志願兵の一隊を率いるため、議会の義務から解放されるようにイスタンブル政府に要請した。「青年トルコ人」リーダーのジェマルは彼との会見で、一〇〇人ほど集めてほしいと頼んだが、アルスラーンは五〇〇人の兵員を提供すると約束した。この会見から戻ったアルスラーンには、「未組織の志願兵は戦争ではあまり役に立た

5.第1次スエズ運河攻撃前にパレスチナに集合したオスマン軍兵士たち。ジェマル・パシャは1915年1月、
シリアとパレスチナにスエズ運河攻撃のための遠征軍主力部隊を集合させた。
オスマン軍正規兵と部族志願兵を合わせた大部隊は、
愛国心を誇示してアラブ諸州に戦争遂行への一般人の支持を高揚させるために集められた。

ない」とジェマルは確信しているように思えた。だが、アルスラーンは、彼のドルーズ志願兵はまったく期待以上で、ダマスカスの軍訓練所では、ライフル射撃、乗馬技術では正規軍よりはるかに勝っていたと主張した。ドルーズ志願兵は、当初予定していた一カ月の訓練の代わりに、すぐに作戦に参加するため、列車で送り出された[37]。

一九一四年十二月から一五年一月にかけて、ダマスカスから南へ約四六四キロ離れた砂漠の中の要塞化された前線都市マアーン（現在南ヨルダン領）に混成軍が集結しつつあった。ダマスカスからメッカへの巡礼ルートにあるマアーンには、ヒジャーズ鉄道の停車場があった。ここでアルスラーンは「メディナ在住の志願兵、ルーマニアからの混成トルコ人部隊、シリアのベドウィン、アルバニア人とその他の部隊」とダマスカスのサラヒーヤ地区からのクルド人騎兵隊に出会った。

紅海沿いのヒジャーズ州（イスラーム発生の地メッカ、メディナを含む）の総督であり、軍司令官でもあったワヒブ・パシャは、マアーンに集結した最大の部隊を指揮していた。アルスラーンの主張によれば、ワヒブ・パシャはメッカのオスマン軍駐屯地から九〇〇〇人の兵士を連れてきたというが、徴募兵の中には出頭しない者もかなりいた。ジェマル・パシャはイスラーム最高の聖地メッカのオスマン帝国宗教権威者の長である太守《シャリーフ》フサイン・イブン・アリーに手紙を書き、彼の息子の一人が指揮する分遣隊を差し出してくれるよう頼んであった。ジェマルは、太守フサインがスエズ遠征に宗教的権威を与え、国家に対する忠誠心を示してくれることを期待していた。太守フサインはジェマルの要請に丁寧に応え、ワヒブ・パシャがメッカから出発する際、彼の息子アリーを同伴させた。だが、アリーはメディナまでしか行かず、自分の手下の志願兵全員を動員できたらワヒブ・パシャを追いかけると約束した。ジェマルは、太守フサインの息子がメディナを離れなかったことに懸念を抱いたと回想録に記している。[38]

一九一五年一月、オスマン遠征軍の本隊がオスマン帝国とエジプトの国境近くのベエルシェバ（現在イスラエル南部）に集結した。ここでオスマン軍とドイツ軍作戦部はこの遠征のための兵站計画を練った。オスマン第八軍の参謀長フリードリヒ・フライヘル・クレッス・フォン・クレッセンシュタイン大佐は、ベエルシェバと、スエズ運河の本部が置かれたイスマイリアの間に、約二四キロごとに補給基地を置いた。各基地には、軍に必要な上水施設を設けるため、工兵隊は井戸を掘り、冬季の雨を貯蔵する堰堤を造った。また、医療設備と食料倉庫も用意することになった。補給基地間の輸送用に、一万頭のラクダがシリアとアラビアから徴発され、リアルタイム通信を可能にするため、暫定的な電信線が敷設された。

オスマン軍の遠征で直面する最大の試練は、スエズ運河渡河用のため設計された二五隻の平底浮船の輸送問題だった。平底船は亜鉛メッキを施した鉄製で、長さ五メートル半から七メートル、幅は一メートル半ある。オスマン軍兵士たちはラクダとラバの助けを借りて、特製のトレーラーに載せた浮船を引っ張ったが、トレーラーの車輪が柔らかい砂に埋まらないように木製の板を敷いて運んだ。オスマン軍兵士たちは陸上では扱いにくい浮船の運搬や浮船で船橋を造る練習を行なった。

英国軍はシリアで遠征軍が形成されていることにまったく気づかなかったように見えた。ジェマルの戦争準備について最初に詳しい情報をもたらしたのは、オスマン軍がエルサレムから追放したフランス人司祭だった。英国軍は十二月三十日に運河地域でこの司祭と会見した。司祭は長年の考古学的調査でシリア砂漠を詳しく知っており、流暢なアラビア語を話した。彼は、ダマスカスとエルサレムに二万五〇〇〇人ほどの兵士が集められ、舟艇、電線、通信機器などの機材がすべてベエルシェバに送られつつあるのを見たと断言した。水の手配もされており、ダマスカスで焼かれた乾パンがシナイ半島の補給基地に貯蔵されつつあるという。最初、英軍は彼の話はばかげているとして取り上げなかったが、話がより具体的になるにつれて、真剣に受け止めるようになった(39)。

英国軍とフランス軍はフランス人司祭の報告を空から確認する目的で、中東戦争で初めて航空機を使用した。シナイ半島中央部は地面がもっとも硬く、軍隊を進軍させるには最適であったこと、また空からの偵察範囲からもっとも離れていたために、作戦の秘密が驚くほど保たれたことが、出撃前夜のオスマン軍にとって幸いした。イスマイリアに基地を置く英国軍の航空機は、航続距離が短く、シナイ半島中央部には到達できなかったし、ポートサイドとアカバ湾から飛び立つフランス軍水上機は、少数のトルコ軍部隊が集中するシナイ半島の北端と南端しか観察できなかった。オスマン軍とドイツ軍には、まだ自軍を支える航空機がなく、連合軍に制空権を握られたままだった。

一九一五年一月十四日、オスマン軍の最初の小部隊がベエルシェバからスエズ運河に向かって出発したとき、英国軍はこの部隊がどこから来て、どこへ向かっているのかわからなかった。オスマン軍の主力部隊はシナイ半島の中央部を通って行進したが、二つに分かれた小部隊の一つがエル・アリーシュから地中海沿岸に沿って進み、ほかの一つの部隊はカラアト・アル・ナフルの砂漠の要塞を通過した。各々の兵士は一キロを超えないナツメヤシ、乾パン、オリーブなどの軽食、および注意深く割り当てられた飲料水を携行していた。兵士たちは冬の夜は寒過ぎて眠れないので、夜間に行進し、日中は休んだ。砂漠を越えるのに一二日かかったが、道中、兵士や動物にまったく損失はなかった。これはスエズ作戦の周到な計画と準備のおかげだった。

一月下旬になると、フランス軍水上機が航続範囲内でトルコ軍の警戒すべき集結を報告しはじめた。低空を飛んだ航空機が、地上軍の砲火によって翼がぼろぼろになって基地に戻ってきた。シナイ半島周辺の数カ所で、敵軍が集結しているという報告を受けた英国軍はスエズ運河沿いの防衛を再検討した[40]。

スエズ運河は、地中海沿岸のポートサイドから紅海のスエズまで一六〇キロの距離がある。この運河には二つの大きな塩水湖があり、その沿岸の四六キロにわたる湿地帯は軍事作戦には適していないので、防備の距離は一一四キロに減っていた。英国軍は運河の北東堤防にあるくぼみを利用して三二キロにわたり塩水を張ったので、運河の防備距離はさらに減り、八二キロになった。英国とフランスの軍艦が運河に沿った戦略地点に配備された。ティムサーハ湖の北ではカンターラとイスマイリアの間、英国軍が、敵襲がもっともありそうだと考えていたグレートビター湖の北ではトゥッサムとセラペウムの間に軍艦が配置された。インド軍は、オーストラリア軍とニュージーランド軍、およびエジプト砲兵隊により強化された[41]。

英国軍は、オスマン軍が次に何をしようとしているのか、半信半疑で見守っていた。若い信号将校でアデン沖の作戦に参加したこともあるH・V・ゲルは、カンターラ近くのスエズ運河北部に配置されていた。「何かの動向」を見逃すまいと努めていたゲルの日記には、彼自身もその上司たちも、オスマン軍が何をしようとしたいのかまったく見当がつかなかったと書かれている。一九一五年一月末には、一連の小競合いやデマがあったという。一月二十五日、運河の西岸を装甲列車でパトロール中に、彼は旅団本部から至急報を受け取った。「直ちに基地に戻れ。カンタ—ラが本当の敵に本格的に襲われつつある」。デマだった。一月二十六日、英国軍陣地がトルコ軍砲火の射程内に入ったとき、ゲルはカンターラの南数キロの陣地に急派された。「三〇〇〇人の敵兵がバッラの近くにいるとの報告あり」と彼は記している。シナイ半島の敵兵の報告に次第に緊張が高まってきたが、英国軍はオスマン軍がどこにいるか、どのくらいの兵数か、どこを攻撃しようとしているのかわからなかった。少なくともこの時点までは、ジェマル・パシャの隠密作戦はうまくいっていた。(42)

用心のため、英国軍はスエズ運河西岸へすべての兵士を撤退させた。彼らは運河東側土手に適切な間隔を置いて犬をつなぎ、近寄る人に吠えるようにした。夜襲の場合は、航空機は部隊の移動を監視することができないので、昔ながらの警戒犬を使う必要があったのだろう。(43)

二月一日、オスマン軍司令官たちは攻撃命令を出した。奇襲攻撃の基本を維持するため、「将校も兵士も完全な沈黙を守ること。咳をしてはならず、命令は大声で出さないこと」。兵士たちは東側堤防から西側堤防へ渡り終わるまで、銃に弾丸を込めないこと、これは偶発的な弾丸発射が英国軍防衛隊を警戒させるのを避けるためであろう。喫煙の禁止——これは神経が高ぶっている兵士たちにはつらいことだ。オスマン軍兵士たちは味方の射撃を避けるために、両方の上腕に白い帯を巻くこと。ジハードの象徴として、襲撃のパスワードは「聖旗」だった。

「アッラーの思し召しにより、われわれは二月二日から三日の夜にかけて敵を攻撃し、運河を奪う」と命令書にある。主力部隊がイスマイリア近くで運河越えを試みる間、北のカンターラの近くと、南はスエズの近くで陽動作戦を行なうことになっていた。さらに、敵の軍艦を砲撃するため、榴弾砲部隊がティムサーハ湖の近くに陣地を構えた。「運がよければ、［榴弾砲部隊が］運河の入り口で船舶を沈めることができる」。運河の占領は作戦の一部にすぎない。船舶を沈めて、運河を塞ぎ、航行を妨害することのほうが、塹壕で防護された運河の英国軍陣地を占領するよりはるかに実効のある目的だった(44)。
攻撃予定の前日、突風が吹いて、激しい砂嵐が起こり、視界は完全に遮られた。フランス軍の一将校の回想によれば、「目を開けているだけでもひどい苦痛だった」という。オスマン軍とドイツ軍司令官たちは砂嵐を隠れ蓑にして、風が止み、澄んだ夜を迎える前に、部隊をイスマイリアのすぐ南の地点の運河まで前進させた。諸条件は攻撃にうってつけだった(45)。
「われわれは夜遅く、運河に着いた」と、バルカン戦争の退役軍人でダマスカス出身のファフミ・アル＝タルジャマンは回想している。「タバコも会話も禁じられたまま、すみやかに前進した」。

誰もが物音一つ立てずに砂漠を歩くことになっていた。一人のドイツ兵がやってきた。われわれは二隻の金属ボートを水面に降ろす予定だった。このドイツ兵はボートを対岸に運び、一時間後に戻ってきた。二度目は、兵士を満杯にして、対岸に運んで彼らを降ろした。ボートがいっぱいになるたびに、彼は運河の対岸に彼らを運んでは降ろしてきた。このようにして、満杯のボートを対岸に運び、空船で帰ってくる作業を繰り返して、二五〇人の兵士を対岸に運び、彼らを作業現場が誰にも干渉されないように、周辺の見張りに立たせた(46)。

渡河にはオスマン軍司令官たちが予想していた以上に時間がかかり、夜明けになってもまだ、運河に架ける舟橋の組み立て作業が続いていた。運河西岸の静けさは、トルコ軍の襲撃隊が運河の防御網から外れた部分に上陸したことを裏づけていた。リビアのトリポリから来たイスラームの戦士と自称するジハード志願兵の一団が、静寂を破り、自分たちを鼓舞するスローガンを叫んだ。遠くで犬が吠え出した。すると突然、六隻目の舟を舟橋につなごうとしたとき、運河西岸で機関銃が火を吹いた(47)。「弾丸が一面に降り注ぎ、水面に当たってしぶきを上げ、運河の水が沸騰するやかんの水のように渦巻いた」とファフミ・タルジャマンは描写している。「舟にも弾が当たり、沈み始めた。射撃できる者は撃ち返したが、兵士たちの大部分は反撃できなかった。泳げる者は助かったが、泳げない兵士たちは溺れ、舟と一緒に沈んだ」。タルジャマンと兵士の一団は攻撃を受けている運河沿岸から「これまでにない全速力で」逃げた。彼は砲口をオスマン軍陣地に向けて運河を遡上してくる装甲艦の一団を見た。「彼らが水上から砲撃を開始すると同時に、頭上の航空機がわれわれに爆弾を投下しはじめた」。通信士のタルジャマンは運河の背後の砂丘のくぼみに通信機を設置し、「後方の部隊と連絡をとり、戦況を報告した。その間も、運河沿いの大砲はわれわれの上に砲弾を浴びせた(48)」。

オスマン軍陣地に向けた熾烈な砲撃の一部は、オスマン軍の舟橋を見晴らせる運河西岸の高所の塹壕に布陣したエジプト砲兵隊から発射されていた。エジプトの古参政治家アフマド・シャフィークは、アフマド・エフェンディ・ヒルミ大尉が砲兵隊に、トルコ軍が運河を渡り切るまで発砲を待てと命令したものの、自分は十字砲火を浴びて戦死した話を詳しく書いている。ヒルミは運河の防衛で戦死した三人のエジプト人の一人で、負傷者も二人いた。第五砲兵隊のメンバーはのちに、彼らの勇敢さに対し、エジプトのスルタン・フアドから勲章を授けられた。だが、シャフィークは読者に次のような事実を思い起こさせることも忘れていない。「エジプトの防衛にエジプト陸軍を参加させることは、エジプト国民の助けなしに、戦争の責任を自分たち自身で取るという英国の誓い［一九一四年十一月六日］に矛盾していた」。だが、エジプト人は、同胞兵士の武勇を褒め称えはしたものの、エジプトが戦う理由のない戦争に英国が彼らを引きずり込んだことに腹を立てていた(49)。

二月三日の戦闘の流れの中で、英国の砲艦はオスマン軍の舟橋のすべてを破壊した。運河を渡ることができたトルコ軍兵士たちは捕虜になるか、殺された。トルコ軍は、最初の目的であった運河沿いに橋頭堡を確保することができなかったので、連合軍の艦船を沈めて、航路を閉塞することに焦点を絞った。榴弾砲の照準を英軍艦ハーディング号に合わせ、発射された弾丸が二つの煙突を直撃しただけでなく、操舵と前方の砲類に損害を与え、無線通信を使用不能にした。沈没の危険にさらされたハーディング号は錨を揚げ、オスマン軍砲兵隊の射程外にあるティムサーハ湖の安全な場所に避難した。

オスマン軍砲兵隊は、次にフランスの巡洋艦ルカン号に、命中に近い精度で砲弾を浴びせた。フランス軍は、反撃して榴弾砲部隊を鎮圧しようとしても、砲煙を見てオスマン軍の砲兵隊の位置を知るのがやっとだった。他方、軽砲兵隊も同じような正確さで英国艦船クリオ号に発砲したが、英国艦のほうも、オスマン軍の砲兵隊の位置を特定し、それを撃破する前に、少なくとも数発の直撃を受けていた(50)。

午後に入るころには、すべてのオスマン軍地上攻撃は英国軍により撃退され、トルコ軍の大砲の大部分が破壊された。ジェマル・パシャは司令部でトルコとドイツの将校たちを集めて会議を開いた。第八軍団のトルコ人司令官メルシンリ・ジェマル・ベイは、軍はもはや戦闘を続けられる状態ではないと主張した。ジェマルのドイツ人参謀長はそれに同意し、直ちに戦闘を中止するように提案した。メルシンリ・ジェマル・ベイのドイツ人参謀長フォン・クレッセンシュタインだけが、最後の一兵になるまで攻撃を続けることを主張したがジェマル・パシャに反対された。ジェマルは第四軍をシリアの防衛に保存しておくほうがもっと重要だと反対し、暗くなり次第、直ちに撤退を命じた(51)。

二月四日、攻撃が再開されると見ていた英国軍は、トルコ軍の大部分が一夜にして姿を消してしまったのに驚いた。英国軍が運河の東岸をパトロールしていると、孤立していて撤退を知らなかったトルコ軍の分遣隊が仰天した。だが、英国軍は撤退するオスマン軍を追わなかった。英国軍は敵軍の総数も知らなかったし、この遠征軍全体が英国軍をシナイ半島の奥深くへおびき寄せる一種の罠ではないかと恐れたからだ。オスマン軍側では、英国軍が追いかけてこないのでほっとして、ゆっくりベエルシェバへと戻っていった。

両軍の死傷者は比較的少なかった。英国軍は運河の戦いで死者一六二人、負傷者一三〇人を出した。オスマン軍の死傷者はもっと多かった。英国軍は死者二三八人を埋葬し、七一六人を捕虜にしたと主張しているが、運河の中で死んだ兵士も大勢いたと思われる。ジェマル・パシャは、オスマン軍の損害は、死者一九二人、負傷者三八一人、行方不明者七二七人であったとしている[52]。

コーカサスとスエズ運河での敗北の直後に、陸軍省のオスマン軍司令官たちは英国軍からのバスラ奪回を決定した。英領インド軍によるイラク南部の占領のすばやさは「青年トルコ人」にとって驚きであったが、またペルシア湾領域におけるトルコ軍の脆弱性も露呈した。課題は、バスラを奪回し、できるだけ少ないオスマン軍正規部隊で英国軍をメソポタミアから追い出すことだった。陸相エンヴェル・パシャはこの仕事を特務機関《テシュキラーティ・マフスーサ》のリーダー格の将校の一人スレイマン・アスケリに任せることにした。

スレイマン・アスケリは、一八八四年にオスマン軍将軍の息子としてプリズレンの町（現代のコソボ）で生まれ、トルコの陸軍士官学校を卒業したエリートで、非常に有能な軍人だった。彼の苗字「アスケリ」さえ、トルコ語でもアラビア語でも「軍人」を意味していた。彼の革命経歴は完璧であった。アスケリは青年将校として、モナスティル（現代のマケドニアのビトラ）に勤務し、一九〇八年の「青年トルコ人」革命にも参加した。その後、一九一一年のリビアにおけるイタリア軍に対するゲリラ戦に将校として志願した。リビアでは、彼はデルナのエンヴェルの部隊と、ベンガジのトルコ軍参謀本部との間の連絡将校の役目を果たした。バルカン戦争時に特務機関に加わり、ひっそりと昇進し、一九一四年にエンヴェルの指揮下で副司令官の地位にのし上がった。性急で、せっかちな性格という批評もあるアスケリは、エンヴェル・タイプの司令官だった。彼は複雑な戦争計画を立案し、帝国の敵に対する輝かしい勝利を夢見た(53)。

アスケリは一九〇九年から一一年にかけてバクダードのオスマン帝国憲兵隊を指揮していた。このときの経験が、オスマン軍が参戦したとき、「青年トルコ人」のメソポタミアについての在住専門家として役立つことになる。英領インド軍がバスラとクルナを占領すると、アスケリは侵攻軍を湾岸へ追い返す反撃を推し進めようとした。バスラでの戦勝がアラブ世界から中央アジアに至るムスリムたちの熱情を刺激して、オスマン人のジハード計画に命を吹き込み、英領インドとロシア領コーカサスに圧力を加えることになるとアスケリは希望をふくらませていた。彼こそ、その仕事の適任者だと確信したエンヴェルと同僚の内相タラート・パシャは、一九一五年一月三日にアスケリをバスラ州の総督兼軍司令官に任命した。この野心的な将校は直ちに任務に就くため出発した。

アスケリは、自分の課題は、最小限のオスマン軍正規兵の徴集で、英国軍を追い払うための部隊を立ち上げることであることを認識していた。その解決策は、バスラとその周辺から相当数の部族兵を集めることだった。部族徴集兵がヨーロッパの帝国主義勢力と戦うために、スルタンの旗のもとに集まってきたリビアのベンガジで目撃したような活力をふたたび生み出したいと願っていたことは疑いない。彼は部族指導者たちに金を払い、帝国の敵に対するジハードを宗教がらみでアピールすることに力を入れた。アスケリは新参兵たちを訓練する時間もほとんどないうちに、英国軍との戦いにその混成部隊を指揮することになった。

彼がメソポタミアに着いて数日後の一九一五年一月二十日、アスケリは、クルナの北一六キロのティグリス川での英国軍との小競り合いで重傷を負い、治療のためバグダードへ送られた。だが、熱血漢であるこのトルコ人司令官は、負傷によって自分の活動が阻まれることを拒否した。部下の将校たちはオスマン軍への部族民の徴募を続けた。アスケリは定期的に配下の司令官たちと会い、バスラ解放計画を協議した。英国軍は、ティグリス川、ユーフラテス川、シャッタルアラブ川の戦略的合流点にあるクルナに軍隊の大半を集めていること、そしてクルナ周辺地域は洪水のため歩兵部隊の通過は実際上困難であることを知っていたので、アスケリと配下の将校たちはクルナを迂回し、バスラの司令部にある英国軍の小駐屯地を攻撃する計画を立てた。

アスケリは負傷がまだ完全に回復していなかったが、一九一五年四月に前線に戻り、バスラ攻撃を指揮した。率いるのは、トルコ軍正規兵四〇〇〇人と非正規のアラブ部族兵約一万五〇〇〇人の混合部隊である。このオスマン作戦部隊がクルナの英国軍陣地の西を通過中、斥候に発見され、四月十一日、バスラの英国軍司令部に通報された。英領インド軍歩兵隊四六〇〇人と騎兵隊七五〇人が、バスラの西、シャイバ（アラビア語でシュアイバ）でスレイマン・アスケリを撃退するため、塹壕を張り巡らせた陣地で配置についていた。

オスマン軍はシャイバの南西にある森林地帯に陣を構えた。四月十二日の夜明け、彼らは攻撃を開始し、療養中のアスケリは森の中の司令部から戦況を見守った。トルコ歩兵隊は次々と英国軍前線を破ろうと攻撃をかけ、自走砲が英国軍陣地を砲撃し、機関銃部隊が塹壕を乱射した。日が昇ると、湿気とまぶしい光線で、両軍の兵士の視界が乱れ、蜃気楼を射撃しているのに気づいた。よく訓練されたオスマン軍兵士たちは規律正しく戦ったが、時間が経つにつれて、部族民非正規兵たちは次第に戦場を離脱するようになった。[54]

スレイマン・アスケリのベドウィン「聖戦士」への信頼感は、やがて裏切られる。イラク部族兵は、スルタンへの忠誠心もカリフへの畏敬の念も感じていなかった。彼らは英国を特別な脅威とも思っていなかった。ペルシア湾岸のアラブの支配者たちの多くは、クウェート、カタール、バーレーンの首長たちのように、オスマン帝国支配に反対して英国の保護を積極的に求めていた。したがって、ベドウィンたちはスレイマン・アスケリの軍隊と一緒に戦いに参加したものの、これはご都合主義に従っただけで、もし好運が英国軍にあれば、立場を変える権利を保持していた。突破口もなく戦闘が長引けば長引くほど、部族兵たちはオスマン帝国の大義名分の利点について耳を貸さなくなっていった。

英国軍は翌日攻勢に出た。利用できる航空機がなかったので、戦場の感覚がわからなかった（シャイバの戦いは、英国軍部隊が事前の上空からの偵察なしに戦闘に入った最後の戦いだった）。砂埃、高温、蜃気楼により、英国軍司令官たちは混乱状態にあった。彼らはアラブ非正規軍の撤退も、残されたトルコ軍兵士が決死の覚悟で戦うのも見えなかった。英国軍司令官サー・チャールズ・ジョン・メリス少将は、自軍の部隊がトルコ軍前線を何とか破ったという知らせを受けたのは、撤退寸前だった。「あのときの不安は二度と経験したくない」と、のちに夫人に書いている。「すべての部署で大勢の死傷者が出ているという報告が私のところに来ていて、これ以上前進できるかどうかは疑わしい状態だった。最後の一兵まで戦闘に投入していたのに、それでも勝敗の行方は見えていなかった(55)」

七二時間にわたる戦闘で、疲労困憊した英領インド軍は、撤退するオスマン軍を追跡しなかった。両軍とも三日間の戦闘で大勢の死傷者を出した。オスマン軍の死傷者は一〇〇〇人にのぼり、英国軍はシャイバで一二〇〇人の死傷者を出していた。戦闘が終わった後で、英国軍衛生隊は初めて戦争の人的被害の大きさを目の当たりにした。ある衛生隊将校の回想によれば、「戦死者とトルコ軍負傷者が混ざり合って荷車に積まれたまま運び込まれた。言葉にできないくらい恐ろしい光景だった」という(56)。

英国軍はトルコ軍の撤退を邪魔しなかったが、戦い疲れたトルコ軍は撤退中、一息つく余裕もなかった。川上のハーミシイヤの駐屯地まで一四〇キロの道中、ベドウィン部族兵が敗北したオスマン軍歩兵隊をしつこく攻撃した。彼らを攻撃している部族兵の大半が、シャイバの戦いのさなかに離脱した「志願兵」だったことが、トルコ軍将校たちにはっきりわかった。アスケリにとって、アラブ部族兵の裏切りは敗北の恥辱をさらに増すものだった。彼はハーミシイヤにトルコ軍将校たちを集め、オスマン軍敗北についてのベドウィンと彼らの役割に怒りを爆発させた。「青年トルコ人」たちがアラブ部族兵と肩を並べて外国人の敵と戦ったリビア戦争の再現はなかった。解放されたバスラを経て、インドまで炎上させる、大規模なイスラーム教徒の蜂起はなかった。栄光の夢を打ち砕かれたスレイマン・アスケリは、ハーミシイヤでピストル自殺した。

シャイバはのちにたいへん大きな影響を与えた遭遇戦だった。オスマン軍は、再度バスラを奪回しようとはしなかったし、シャッタルアラブ川のペルシア湾沿いの英国石油権益は戦争が終わるまで確保された。当分の間、アラブ部族兵による蜂起の恐れも、バスラ州での英領インド軍の占領に反対する町もなくなった。決定的なオスマン軍の勝利が協商国に対する広範囲なジハードを促進するというドイツとトルコの期待もまた消え、この点に関する英国の懸念もなくなった。シャイバは、「この戦争の決定的戦闘の一つだった」と英軍司令官たちは断言した[57]。

多数の死傷者と司令官の自殺が重なって、メソポタミアのオスマン軍兵士たちの士気はひどく低下した。バスラから英国軍を追い払うどころか、スレイマン・アスケリの攻勢失敗により、メソポタミアはさらなる侵攻を受けやすくなった。インド遠征軍部隊は無傷で、勝利によって士気も上がっていたので、トルコ軍の混乱を利用してイラクの奥深く進攻しようとしていた。五月には、英領インド軍はティグリス川沿いのアマーラとユーフラテス河畔のナースィリーヤに向かって進軍した。オスマン軍はバグダードを進攻から守る対策を急いで立てなければならなかったが、シャイバの敗北と、コーカサスで壊滅した第三軍を再建しようとしたときと同様、兵力の継続的不足により、いっそう難しい仕事になった。

一九一四年十二月から一五年四月にかけて、オスマン軍は三つの戦線で先制攻撃をかけたが成功しなかった。サルカムシュの戦いでは、オスマン第三軍はほとんど壊滅状態になり、スエズ運河への最初の襲撃では、ジェマル・パシャは間一髪のところで撤退して、第四軍はほとんど無傷だった。スレイマン・アスケリのバスラ奪回は失敗に終わった。これらの作戦で、オスマン軍司令官たちは非現実的な作戦予想を立てていたが、平均的なオスマン軍兵士たちは極限状態にあっても信じられないほど粘り強く、統制がとれていたことが判明した。これらの戦闘はまた、スルタンのジハードへの要請に限界があることも露呈した。オスマン軍が負け戦に悪戦苦闘していても、地元のムスリムは協商国に対する蜂起には消極的だった。オスマン軍の敗北が決定的になると、連合国はジハードの脅威をすっかり忘れ去ることができた。

オスマン軍の軍事的能力の限界を見くびるようになった連合国は、この戦争からトルコ軍を除外することが作戦上重要だと考えるようになった。そこで彼らは、オスマン帝国の首都イスタンブルと、この古代都市への海路を守るダーダネルス海峡に焦点を絞ることにした。実際、英国軍の戦争計画者たちにボスフォラス゠ダーダネルス海峡への進攻を思い立たせたのは、オスマン軍によるサルカムシュの攻撃だったのだ。

第6章 ダーダネルス海峡襲撃

一九一五年一月二日、英国では、ロシア軍総司令官からの緊急援助要請について考慮するため、軍事会議が開かれた。ハーバート・ヘンリー・アスキス首相のもとに集まったのは英国の戦争遂行の進み具合を指導する重要閣僚たちだった。この軍事会議は、表向きは英国内閣の一つの委員会にすぎなかったが、独立した意思決定機関になっており、決定された政策を既成事実として内閣に報告していた。会議を構成する民間人たちは、海相ウィンストン・チャーチル、大蔵相デイヴィッド・ロイド＝ジョージ、外相サー・エドワード・グレイら錚々たるメンバーがいたが、審議を牛耳っていたのはホレイショ・ハーバート・キッチナー陸軍元帥だった。

一九一四年の英国陸軍募兵用ポスターの際立った口ひげと、指さしている肖像画で有名なキッチナー卿は、大英帝国でもっとも有名な軍人だった。彼は一八九八年、「オムドゥルマンの戦い」で英国軍を勝利に導き、スーダンを再占領した。第二次ボーア戦争（一八九九―一九〇二）では英国軍を指揮し、一九〇九年までインド軍総司令官を務めた。彼は軍事会議の民間人の中では、正真正銘の戦士だった。

一月二日午前の軍事会議では、ロシアのコーカサス地方の一触即発状態に焦点が当てられた。ロシア軍最高司令官ニコライ大公はサンクトペテルブルクで英国武官と会い、ロシアの不安定な立場について説明した。ちょうどサルカムシュのニュースが入り出したころで、十二月二十七日までの報告では、トルコ軍がコーカサスでロシア軍を包囲寸前であるという。ニコライはキッチナーに、オスマン軍の圧力をかわすために、オスマン軍に対し攻勢に出てもらいたいと頼んだ。

英国政府の政治家たちは、コーカサスのトルコ軍の脅威を討議している真っ最中に、現地ではロシア軍がエンヴェル軍に全面的勝利の寸前だったことを知る由もなかった。軍事会議は同盟国の要望を拒みたくなかったので、英国軍がオスマン軍に対して攻勢に出ることに同意した。会議が終わるや否や、キッチナーはサンクトペテルブルクに電報を送り、英国軍は「トルコ軍に対して示威行動を行なう」予定だとニコライ大公に請け合った。この不吉な運命をはらんだ決断から、英国のダーダネルス作戦計画は始まったのである。(1)

キッチナーは、トルコ軍に対しては最初から海軍作戦を提唱していた。英国は西部戦線から兵力を割くことができると思ってはいなかったが、東地中海にある多くの英仏の艦船をオスマン軍に対する作戦に役立てることは可能だと考えていた。課題は、オスマン帝国の利害関係に十分な脅威となる沿岸部の標的を見いだし、連合国軍がそこを攻撃すれば、それに対処するために、イスタンブルがオスマン軍部隊をコーカサスから引き揚げて、再配置するように仕向けることだった。英国海軍はすでに、メソポタミア、アデン、アカバ湾、地中海北東の奥まったところにあるアレクサンドレッタ湾のトルコ軍陣営、ダーダネルス海峡外側にあるいくつかの要塞はすでに砲撃したことがあったが、オスマン軍の動きに目立った影響を与えてはいなかった。キッチナーは、ダーダネルス海峡への新たな攻撃がオスマン帝国首都そのものを脅かすように思われるならば、その目的を達することになると信じていた。「東部への兵力増強を中止させることになんらかの影響を与えそうな示威行動ができる唯一の場所は、イスタンブルへの入り口であるダーダネルス海峡です」と、キッチナーはチャーチルへの手紙に書いた(2)。

キッチナーはチャーチル海相に、このようなダーダネルス海峡に対する海軍の「示威行動」は実現可能かどうか、配下の提督たちと相談するように指示した。チャーチルは、東地中海にいる海軍司令官たちとの会話で、もっと積極的に関与して、艦砲射撃だけでなく、海峡を「艦船のみで強引に突破する」――言い換えれば、イスタンブルを脅かすために、厳重に武装され、機雷を仕掛けられたダーダネルス海峡を軍艦で突破してマルマラ海に出るという案を打ち出した。

ダーダネルス海峡は地中海からマルマラ海まで六六キロの長さがある。イスタンブルを海からの侵攻から守るため、オスマン軍とドイツ軍は地中海から最狭部に至る二二キロまでの防衛を集中的に強化していた。その最狭部はアジア側沿岸からヨーロッパ側海岸まで一四〇〇メートルしかなかった。海峡の戦略的部位に沿った要塞は近代化され、強化された。オスマン軍とドイツ軍は、敵による夜間の進攻を防ぐためにサーチライトを備え付けた。敵潜水艦の行動を阻むために水中網を張り巡らした。そして海峡を通過不可能にするため、数百個の機雷を敷設した。

東地中海の英国海軍司令官サックヴィル・カーデン提督は一月五日付で、オスマン軍の防備を打ち破ることは容易ではないが、海峡は「多数の艦船を用いた大規模作戦で突破が可能である」とチャーチルに返答した。カーデン提督は次に、海峡突破のための四段階のプランの起草に入り、第一段階は海峡入り口の要塞の弱体化にあるとした。これにより、英仏艦船が海峡入り口を広げ、安全航路を確保する掃海艇の活動を援護することができるとした。作戦の第二段階では、海峡の内側六キロのところにある「ケフェズ岬までの防衛陣地を破壊する」ことを呼びかけた。第三段階では、英国海軍が海峡のもっとも広い部分を確保した後で最狭部へ前進する。そこには、機雷原が密集し、海岸砲台が艦船通行路にもっとも近くなるところである。最後の第四段階では、英国艦隊は残りの機雷原を掃海し、最狭部先の防御陣地を破壊してから、ダーダネルス海峡の残りの四三キロを通過し、マルマラ海に入ることになる。カーデン提督はこの野心的プランを海軍だけで、数週間のうちに達成することを提案した。チャーチルは一月十三日に、カーデン提督の概略プランを軍事会議に提出し承認を求めた(3)。

軍事会議がカーデンのプランを考慮するために開かれたときには、コーカサス戦線では、ロシア軍がエンヴェル軍を打ち負かしており、もはや英国軍の助力を必要としていなかった。だが、ダーダネルス海峡での海軍の重要な勝利とオスマン帝国の首都占領見通しは、キッチナーの想像力を刺激した。西部戦線のまったくの行き詰まりで、東部戦線での突破口に大きな期待が集まっていた。一九一四年十一月から一五年一月にかけて、オスマン軍の一連の敗北――メソポタミア、アデン、アレクサンドレッタ湾、サルカムシュ――で、英国政府の多くの人たちは、オスマン軍は壊滅寸前にあると確信していた。連合国軍がダーダネルス海峡を突破し、イスタンブルを占領すれば、この戦争からトルコを一挙に排除できそうだった。

イスタンブルは戦利品だが、地中海と黒海を結ぶ海峡は、戦争遂行のために大きな戦略的資産になる。この海峡が連合国軍の支配下になれば、英仏軍は黒海を通して兵員や資材を送ることができ、東からドイツとオーストリアに対し、ロシア友軍と共同で攻撃をかけることが可能になる。海峡閉鎖が解除されれば、ロシアの穀物を、西部戦線の英仏軍に食料として提供することができる。キッチナーは、危険を認識したうえで、軍事会議の懐疑的な同僚たちに、失敗したら艦船を撤退させるだけでよい、そこが地上軍を必要としない作戦の魅力であると請け合った。

軍事会議は一月十三日、戦争終結を早める突破口になることを願ってカーデン提督のプランを承認した。英国海軍は、「コンスタンチノープルを目的地として、ガリポリ半島を砲撃し、占領するため、二月に海軍の出動準備を整えるよう」命じられた(4)。

中東に新しい戦線を開く決定をした直後、英国は同盟国にその概要を説明した。チャーチルはフランス海相に連絡して、ダーダネルス海峡における英国の計画を知らせた。フランス政府は全面的な支持を表明し、仏艦隊を英国海軍の指揮下に入れ、この作戦を助けることを誓った。一月十九日、チャーチルはロシアのニコライ大公に、小規模の「示威行動」を行なうよりも、むしろ英国海軍はダーダネルス海峡を突破し、イスタンブルを占領することに努めると伝えた。チャーチルは、ロシア海軍が英仏作戦に呼応して、黒海からボスフォラス海峡の北側を攻撃してほしいと頼んだ。ロシアは、英国艦隊がマルマラ海に到達したら、すぐにロシア艦隊をボスフォラス海峡へ送ると約束した。

ロシア軍は、ボスフォラス＝ダーダネルス海峡の連合国軍作戦を助けることなら、すべてに関心を持っていた。ロシアは、ヨーロッパの紛争が彼らにイスタンブルと海峡を占領する機会を与えてくれるのを待っていた。その機会が来た今となっては、ほかの大国、たとえばギリシアなどが、彼らが確実に権利を得る前に、イスタンブルに出兵するのではないかと恐れていた。ロシアは海峡における共同作戦を支持する約束をしてはいたが、軍事的手法よりも外交的努力によってコンスタンチノープルを確実に掌中にするために大きなエネルギーを使っていた[5]。

ダーダネルス作戦計画は、このようにして、連合国間のオスマン帝国分割についての戦時交渉を始めるという意図しない結果をもたらした。英仏海軍のダーダネルス海峡への攻撃を背景にして、ロシア皇帝政府は、トルコ領へのロシアの請求権を連合国に正式に認めさせせようとした。一九一五年三月四日、ロシア外相セルゲイ・サザノフは英・仏両大使宛に手紙を送り、「昔からのロシアの抱負」の線に沿った、「コンスタンチノープルと両海峡の問題について」の連合国の同意を求めた。サザノフはロシアが求めた領土の境界線――すなわち、イスタンブル市、ボスフォラス海峡のヨーロッパ側、マルマラ海とダーダネルス海峡、ミディエ＝エネズ線（一九一二年の第一次バルカン戦争終結時に敗北したオスマン帝国に課せられた国境）までのオスマン領トラキアなどを明記した。ボスフォラス＝ダーダネルス海峡のアジア側、イスタンブルのアジア側半分、マルマラ海のアジア側沿岸はオスマン帝国支配下に残されたが、黒海と地中海を結ぶ重要な水路についてのロシアの覇権を確実なものにすることを要求した。

ロシアの大胆な要求によって英仏の利益がとくに損なわれることがなかったので、ロンドンとパリは前向きだった。三月十二日、英国は、「全戦争の中で最高の戦利品」をロシアに譲ることにしたが、オスマン領土に対する英国自身の要求を適当な時期に明らかにする権利は留保した。フランスもオスマン領土の取り分を明らかにしていた。コンスタンチノープルと両海峡に対するロシアの要求を認める代わりに、フランスは、シリア（パレスチナを含む）、アレクサンドレッタ湾、キリキア（トルコ南東部のアダナ市周辺の沿岸部）を要求した。これらの要求とそれに対する英国の譲歩は、三月四日から四月十日の間に交わされた一連の文書で成文化され、「コンスタンチノープル協定」として知られている。これはいくつかあるオスマン帝国分割の戦時プランの最初のものだが、オスマン帝国は、その敵対国が予想していたよりはるかに敗北させにくい国であることがやがてわかる[6]。

一月末から二月初旬にかけて、連合国は艦隊を海峡の外側に集結させた。ギリシア政府との協定により、英国とフランスは、ダーダネルス海峡から八〇キロほど離れた係争中のレムノス島のムドロス港の「使用権」を得た。英国はまた、ダーダネルス海峡の入り口の両側で、トルコ沿岸を見渡せるインブロス島とテネドス島（今日ではトルコ名のギョクチェダとボズジャダと呼ばれている）を占領した。トルコが第一次バルカン戦争で占領されたこれらの島へのギリシアの主権をけっして認めていなかったことを考慮に入れると、ダーダネルス海峡の入り口への連合国軍の出現は、ギリシアの中立の立場を危険にさらすものではなかった（ギリシアが協商国側について参戦したのは、一九一七年六月になってからである）。

連合国戦争計画者たちは、まもなく、ダーダネルス海峡の海軍作戦の一部として地上軍を展開する必要があることに気づいた。英国情報部の報告によれば、ガリポリ半島には四万人のトルコ軍がいる。これらの兵士が海軍の大々的な攻撃を受けて撤退したとしても、連合国軍の航路の安全のために、英仏軍はダーダネルス海峡沿いの放棄された要塞を確保する必要があった。また、イスタンブルが陥落した場合、この都市を保持する占領軍も必要になる。難しいのは、西部戦線から東方作戦に歩兵隊を転用するようにキッチナーを説得することだった。

キッチナーは全体的な戦争遂行にとって、ダーダネルス作戦が大きな価値があると見て、陸軍を取り込む必要があると考えるようになった。だが、彼はまだチャーチルに、海峡を襲撃するにはまず海軍力に頼るべきだとしきりに促した。陸相の見解としては、歩兵隊は一時的にトルコの短期戦に使った後、もっとも必要とされている西部戦線に戻すべきだと考えていたのである。それゆえ、海軍が海峡を突破するまでは地上部隊は予備として保持しておく。キッチナーはこの方針線に沿って、二月末に在エジプトの英国軍司令官に、ムドロス港の一万人の英国海軍部隊に合流するため、アンザック部隊三万六〇〇〇人を派遣するように命じた。フランス軍もダーダネルス作戦のため地上軍を集結させ始めた。ヨーロッパ部隊、植民地兵、外人部隊の一万八〇〇〇人から成る東部戦線派遣軍が動員され、三月の第一週にボスフォラス＝ダーダネルス海峡へ送り出された。

数万人の連合国軍兵士と水兵がダーダネルス海峡へ集まってくると、「示威行動」は次第に協商国にとって失敗の許されない戦闘行為に変化しつつあった。英国軍は攻撃が成功しなければ、面子を失うことなく撤退できるとしたキッチナーの議論は、もはや正論ではないように見えた。一九一五年二月、ダーダネルス海峡の外側の要塞に対する発砲開始で、英国軍はこれほど派手に示威行動を開始したからには、下手に引き返せば、はなはだしく面目を失うことになりかねなかった。

ムドロス港の湾内に堂々たる艦隊が集結し、工業化時代の新型艦艇が中東戦線にお目見えした。英国は最初の航空母艦をダーダネルス海峡に派遣した。アーク・ロイヤル号は商船を改装したもので、舷側には船体の作業場から水上機を海面に送り出し、着水した水上機を回収するための二本の腕架があった。アーク・ロイヤル号の六機の水上機は、もっと大きく、航続距離が長い航空機のための滑走路がレムノス島とテネドス島に完成するまで、ダーダネルス作戦の航空偵察を行なった。英国とフランスの一四隻の戦艦の中では、クイーン・エリザベス号が、同じ年に就航した「超弩級戦艦」の中では、最大かつもっとも近代的な戦艦であった。その八門の一五インチ砲は東地中海で最強の大砲で、三〇キロ先まで届く一トン砲弾を発射することができた。やや小型の弩級戦艦や、少々古い戦艦も、射程距離はやや短くても強力な一二インチ砲を誇っていた。そのほかに巡洋艦、駆逐艦、潜水艦、掃海艇、魚雷艇などを含む七〇隻の船舶が湾内にぎっしり停泊しており、英仏艦隊の総火力は中型、大型砲を合わせて二七四門にもなった。

海軍作戦は一九一五年二月十九日に開始された。連合国艦隊の最初の目的は、ダーダネルス海峡の海側の要塞、すなわちヨーロッパ側のセデュルバヒルとアジア側沿岸のクム・カレの要塞にある一九門の旧式大砲を破壊することだった。英国の近代的な弩級戦艦は、トルコの大砲に比べてはるかに長い射程距離を持っていた。英国戦艦は沿岸から八ないし一三キロ離れたところから、反撃を受けずに攻撃することができた。オスマン軍陣地への多数の着弾の跡と思われるものを数えてから、その被害状況を調べるため英国艦が岸に近づくと、トルコ軍はそれを待っていて反撃したので、英国艦は戦術を考え直すために安全な距離まで後退せざるを得なかった。

連合国軍による海峡砲撃のニュースは、成功しなかったにもかかわらず、イスタンブルをパニックに陥れた。オスマン帝国政府と宮殿は、首都を放棄して、イスタンブルとアンカラの中間にあるエスキシェヒルに移転する準備を始めた。大蔵省はすでに予備の金塊を安全のためにアナトリアに移し始めていた。このようなオスマン側の反応は、海峡突破が成功すれば、イスタンブルに政治的危機を引き起こし、「青年トルコ人」政府は崩壊して、オスマン帝国政府は早期に降伏に至るであろうという希望を英国政府に抱かせた。その一人であるキッチナーも、イスタンブル強襲の成功は、このような革命的変化の引き金になると常に考えていた(7)。

高波と悪天候により戦闘の再開は五日間遅れた。二月二十五日、カーデン提督はトルコ軍陣地への近接攻撃を再開した。それにより、彼は味方の艦艇を敵の砲撃にさらすことになった。弩級戦艦アガメムノン号はトルコ軍の砲撃で甚大な被害を被った。だが、ほかの艦船によるその日の攻撃が続くうちに、ダーダネルス海峡のアジア側とヨーロッパ側の海に面した要塞からの砲撃は止んだ。トルコ軍守備兵たちは激しい連合国軍の艦砲射撃を浴びて、守備陣地を放棄した。英国海兵隊が残った大砲を破壊するため、ガリポリ半島先の南側に上陸したとき、彼らは抵抗を受けずに要塞に達することができ、大砲陣地を破壊して無事に艦艇に戻った(8)。

連合国軍の艦船は今や、海側の要塞の大砲からの射撃を恐れずにダーダネルス海峡に入ることができた。これによってカーデン提督は作戦の第二段階である機雷掃海と、海峡の入り口からケフェズ岬までの内陸部の防備を破壊する作戦に移ることができるようになった。英国軍が迅速に動いていたならば、ダーダネルス海峡を守っているトルコ軍は比較的少ないことがわかったはずだ。だが、誤った情報と悪天候が英国軍の作戦を遅滞させ、トルコ軍に陣地を強化する貴重な時間を与えた。

強風と荒れた海のため英仏艦船が機雷掃海という微妙な作業を二月末から三月中旬まで阻止された。

天候が回復し、掃海作業ができるようになると、英仏艦隊が海峡の中に入り、沿岸の砲撃から掃海艇を守った。連合国軍はダーダネルス海峡の内陸側に並んだ沿岸砲を破壊する攻撃にいら立つようになった。大砲は、実際には見えず、海面レベルからは到達できないような位置にうまく設置されていた。連合国艦隊の巨弾は砲座の周囲の土を跳ね上げたが、大砲に損傷を与えることもなく、土中に埋めただけだった。いったん艦船が引き下がると、オスマン兵とドイツ兵は砲座を掘り出し、大砲を使えるようにした。(9)

英仏軍が沿岸砲との対決でいら立っているなかで、ドイツ兵がダーダネルス海峡に持ち込んだ新型可動式榴弾砲が連合国艦隊にとって最大の危険な武器になった。「これらの忌まわしい大砲は煙も出さず、非常に小型で、移動も自由にでき、位置を特定するのが難しい」と、フランス海軍のある将校がこぼしている。海峡側面の丘の背後から発射された榴弾は連合国艦隊艦船の剝き出しの甲板に破片を降らせ、多数の死傷者を出した。一発の弾丸が機雷掃海中の巡洋艦アメジスト号に命中し、二〇人の水兵の命を奪った。だが、英国軍パイロットが下にいる艦船に榴弾砲の位置を知らせる前に、榴弾砲操作兵は大砲を新しい安全な場所に移し、侵入艦船へ必殺の砲撃を続けた。(10)

戦艦が可動式榴弾砲を発見できなかったと同様に、掃海艇は機雷の位置探知にも成功しなかった。英国情報部の報告によると、トルコ海軍はダーダネルス海峡の入り口から最狭部まで機雷を設置しているとのことだった。実際は、オスマン海軍は賢くも、少ない機材をダーダネルス海峡の最狭部からさらに北側にも効率よく機雷を敷設し、ケフェズ岬から最峡部までの海域で敵の通過をほとんど不可能にした。このことから、連合国はダーダネルス海峡のもっとも広い部分で、機雷が設置されていない場所の掃海に数週間を費やしていたことがわかる。フランス海軍のある将校は、ドイツ軍が巧みに連合国軍を欺いたと思った。「機雷の位置、数、機雷線の密度などについて、われわれの持つ非常に精密な情報

6.ガリポリ半島のトルコ軍の砲台。ダーダネルス海峡を見渡せる丘の背後から、可動式大砲で攻撃するトルコ軍砲手は連合国軍艦隊に壊滅的な影響を与えた。フランス海軍のある将校は、これらの「忌まわしい大砲は煙も出さず、非常に小型で、移動も自由にでき、位置を特定するのが難しい」とこぼした。

（多分、ドイツ軍の偽情報）にもかかわらず、ただの一個も機雷を発見できなかった」と彼は日記に書いている。「すると、二月二十五日以降、われわれは何をしていたのか？」[11]

一カ月間の作戦で、連合国艦隊はオスマン軍砲座攻撃に対する進展はなく、機雷掃海艇は手ぶらで帰ってきた。ロンドンでは、チャーチルは次第にいら立ってきた。「艦船や人員の損害なしに勝利は得られないにしても、損失を正当化できるような結果を得ることが重要である」と、彼は三月十一日付でカーデン提督に電報を送った。「たとえ残念な損失を引き起こしたとしても、熟慮の末のやむを得ない決断のための計画性のある行動であるならば、われわれの支持を得るであろう」。カーデン提督はチャーチルのプレッシャーに応えて、三月十一日に海峡内陸部の要塞の攻撃と海峡最狭部の突破を命じた。だが、このプレッシャーがカーデンの命を脅かした。彼は三月十六日に倒れ、治療のためマルタ島へ送られた。後継者として、副司令官J・M・デ・ロウベク中将が指名され、彼は三月十八日朝、作戦開始命令を出した。⑫

三月十八日、快晴の静かな朝、英仏艦隊は海峡に入り、あるドイツ軍将校の言葉を借りれば、「浮かぶ装甲艦と地上砲座との間のかつてない最大の戦闘」が始まった。午前一一時、超弩級戦艦クイーン・エリザベス号が英国最大の六隻から成る艦隊を組んで海峡に入ってきて、目撃者の証言によれば、オスマン軍要塞に向けて、「本当に身の毛のよだつような速度で」砲撃を開始した。英国軍艦はトルコ軍陣地に対し猛攻撃を続けた。「要塞の中や近くではいたたまれないような状況だったにもかかわらず、要塞からの反撃は見事だった」。チャナッカレとキリトバハルの町の放棄された木造家屋に火がつき、終日炎上した。九〇分にわたり、両サイドは砲火を交えたが、どちらも決定的優位には立てなかった。⑬

一二時三〇分、四隻のフランス軍艦が勇躍、戦闘に加わり、ケフェズ岬に向かって艦隊を先導した。海峡を北上すると、最峡部の要塞、沿岸砲、可動式榴弾砲から激しい十字砲火を浴びた。それから一時間あまりにわたって、シュフラン号とブーヴェ号は数発被弾したが、粘り強く砲撃を続けた。一時間にわたる激しい砲撃戦の後、トルコ軍の射撃が下火になると、フランス艦隊は撤退を命じられ、新規の英国艦と交代した。

そのころから、連合国艦隊にとってすべてが悪いほうに向かい始めた。ブーヴェ号は向きを変えて海峡から出ようとしていたとき、強い海流に引き込まれて、ダーダネルス海峡のアジア側にあるエレンキョイ湾の機雷に接触した。爆発で船体に大きな穴が開くと、ブーヴェ号はすぐに右に傾いた。マストが水平になり、海水が煙突に流れ込んで沸騰し、ブーヴェ号は二分以内に転覆したが、三個のプロペラはまだ空中で回っていた。船が突然、海底にぶつかったため、七二四人の乗組員のほぼ全員が船内に閉じ込められた。「誰も、神といえども、船体の致命的作動を止めることはできなかったであろう。私が一〇〇年生きたとしても、ブーヴェ号沈没の恐ろしい光景を忘れることはできない」と、あるフランス軍将校が日記に書いている。すべてが数分間で終わった。生き残ったのは、わずか六二人だった[14]。

エレンキョイ湾の機雷に、連合国艦隊は完全に度肝を抜かれた。エレンキョイ湾における英仏艦の数週間にわたる掃海作業の動きを観察していたオスマン海軍は、三月七日夜から八日にかけて、湾の入り口に新しく一連の二〇発の機雷を敷設していた。これらの機雷は連合国軍の掃海艇にも、航空機による偵察にも、まったく気づかれなかった。ブーヴェ号を沈没させたのは、砲撃、漂流機雷か、沿岸からの機雷発射か不明であったが、数隻の英国軍艦もまた、同じようにエレンキョイ湾でひどい目に遭っていた。午後四時ごろ、英国戦艦インフレキシブル号に機雷が当たり、その後すぐに、イレジスティブル号もまた、別の機雷が当たって舵が破壊されたため、コントロールが利かなくなって漂流しはじめた。イレジスティブル号の救助に送られたオーシャン号も機雷で爆発した。一連の二〇個の機雷で、四隻の軍艦が失われた。

トルコ軍砲手たちは、一隻が沈み、三隻が苦境にあるのを見て、勝利を予感し、砲撃を倍加させて残りの軍艦をねらい撃ちした。よくねらった砲弾がフランス艦シュフラン号の弾薬庫に当たり、巨大な爆発を引き起こして一二人の水兵が死亡した。弾薬庫に海水が流れ込み、さらなる爆発を防いだが、艦は沈みかけていた。ゴロワ号もまた、砲撃でひどい損傷を受け、浸水し出した。クイーン・エリザベス号は五発の直撃弾を受けた。損傷を受けたインフレキシブル号が海峡から脱出し、オーシャン号とイレジスティブル号の生き残った乗組員が航行不能な艦から救出されるや否や、デ・ロウベク提督は全艦引き揚げの信号旗を揚げた。

ある砲兵隊が英仏艦隊の苦境にとりわけ満足していた。一九一四年十二月に英国潜水艦の機雷攻撃を

7.沈みゆくイレジスティブル号。エレンキョイ湾に敷設されたオスマン軍の一連の20発の機雷が、1915年3月18日の悲劇的な海戦で4隻の連合国軍の戦列艦——そのなかに英国海軍のイレジスティブル号も含まれていた——を沈没させた。英国海軍はこの沈みかけた船がトルコ軍の砲手に完全に沈没させられる前に、イレジスティブル号の乗組員の大半を救出することに成功した。

受けた不運のメッソウディエ号の大砲が、海底から引き揚げられて、沈んだ艦の名前をつけたにわか作りの砲台に据え付けられた。この「メッソウディエ砲台」で再会した生き残りの乗組員砲手たちは、弾薬がほとんどなくなるまで砲撃しつづけた。メッソウディエ号の砲術将校だったシェフィク・カプタンは、敗北した連合国艦隊が撤退するのを見て感じた深い喜びを思い出し、「戦いに勝ったぞ」と有頂天になった。「われわれは失ったわが艦の復讐を手助けしてやったのだ」。トルコ軍砲手たちは漂流しているオーシャン号とイレジスティブル号への砲撃を続け、両艦とも海底に沈むブーヴェ号(とメッソウディエ号)の仲間入りをさせた(15)。

最後の連合国戦艦がダーダネルス海峡からのろのろと退出したとき、トルコ軍は自分たちの成果の大きさと意義をほとんど把握していなかった。実際は、この「大戦」

で初めてのオスマン軍の勝利だった。喜んだ海峡沿いのオスマン軍砲手たちは、砲台の囲い壁に飛び乗り、「パデシャウム・チョク・ヤシャー！（わがスルタン万歳！）」と伝統的な歓声を上げた。だが、イスタンブルやその他のオスマン都市の反応は皆無だった。在イスタンブル・アメリカ大使は、警察官が一軒一軒回って、住民に勝利を祝うために旗を掲げるように説得しなければならなかったと記している。自然発生的なデモも勝利を祝うパレードもなかった。

オスマン陸軍の若い中尉ハッキ・スナタが海軍の勝利を知ったのは、コーヒーハウスで友人に手紙を書いているときだった。彼が後日、記しているように、その日、「われわれはこの戦闘についてほとんど知らなかった」。そして、「敵の損害の大きさを理解できなかった。最初、政府でさえ、その意義をつかんでいなかったので、大きな勝利として示すことを躊躇したのだと思う」。総司令部はその日の戦闘について、一連の報告をイスタンブルの記者団に対して行なっていた。その中で、連合国艦隊攻撃の残虐性と、世界最大の海軍に対して、母国を守ったトルコ軍の英雄的行為を記していた。だが、オスマン軍は戦闘が終わったことを信じようとはせず、翌日にも連合国艦船が戻ってきて、作戦を再開するだろうと本気で予想していた。[16]

英仏軍側では、敗北の大きさに驚愕していた。三隻の戦艦が沈没し、ほかの三隻は損傷がひどく、実質的には使用不可能になり、戦死者は一〇〇〇人、数百人が負傷していた。連合国艦隊の総勢力は、オスマン陣地にはたいした損害を与えることができないうちに、一日の戦闘で三分の一に減少した。英仏軍は知らなかったことだが、オスマン軍は戦闘による被害はほとんどなかった。海峡内陸部の砲座は大部分損傷がなく、ケフェズ岬から最狭部までの機雷原は無傷で残り、人的損害も一五〇人以下だった。[17]三月十八日の敗北はダーダネルス海峡の海軍作戦に終止符を打ち、地上戦への作戦計画が動き出した。

ロンドンでは三月十九日、非常に不利な状況を精査するために戦争会議が開かれた。ダーダネルスにおける大敗北後、地中海遠征軍を含む歩兵部隊総司令官サー・イアン・ハミルトンは、ボスフォラス＝ダーダネルス海峡は海軍だけでは突破できないことをキッチナーに納得させた。ガリポリ半島を制圧し、敵の砲火を沈黙させて、両海峡に艦艇を入れ、イスタンブルへ進攻するには大地上軍が必要である。このようなひどい敗北の直後に、英国軍が海峡戦から手を引くなどということは論外であった。英国海軍がこのような敗北をふたたび被ることはけっしてできない。西部戦線から離れたところでの主要な作戦に陸軍部隊を投入することに長い間反対してきたキッチナーにも選択肢はなかった。「君は私の考えを知っているだろう」と、キッチナーはハミルトンに答えた。「ダーダネルス海峡の突破は強引に推進しなくてはならない。そして、もし道を開くためにガリポリ半島への大きな軍事作戦が必要ならば、それを行ない、貫徹しなければならない」。キッチナーはこの作戦に七万五〇〇〇人の歩兵の投入を決めた[18]。

この時点で、ロシアはオスマン帝国の首都への連合国軍の襲撃から抜け出した。英仏艦船がマルマラ海に到達できなかったのだから、ロシア軍はボスフォラス海峡の北側を攻撃する義務はないと考えたのだ。黒海沿岸の小規模示威行動を別にして、ロシア軍はダーダネルス海峡の連合国軍を助けることはほとんどしていなかった。英国のガリポリ作戦公式史は寛大にも、「ロシア軍の上陸を恐れて、トルコ軍三個師団が六月末まで、ボスフォラス海峡に留め置かれていた」と記している。そうでなければ、これらの部隊はダーダネルス海峡防衛に派兵されていたかもしれないのだ[19]。

連合国は、ガリポリ半島侵攻準備に一カ月かけることにした。かつてない最大規模の渡海上陸作戦を計画し、調整するには十分な時間ではなかった。だが、連合国の戦争計画者は時間がかかればかかるほど、オスマン軍とドイツ軍はこのような侵攻作戦に対し、いっそう強固な反撃準備ができることがわかっていた。海軍の作戦が遅れたおかげで、トルコ軍はすでに、一カ月早く半島における彼らの陣地の強化に着手していた。英国の戦争計画者にとっての課題は、次の四週間で、オスマン軍とドイツ軍が同じ時間内に構築することになる完璧な防御施設を制圧するための攻撃法を立案することだった。

侵攻軍にはさらに大きな課題が待っていた。海軍と陸上部隊の共同作戦に含まれる兵站と作戦計画は無限に複雑なものだった。兵員、可動式大砲、弾薬、荷役動物、食料、飲料水と補充品を前線に運ぶ輸送船を集めなければならなかった。上陸作戦には多数の上陸用舟艇、平底艀が必要になる。英国軍将校たちは地中海の港を訪れ、手に入る小型舟艇をすべて、現金で購入した（購入担当将校たちの小型舟艇獲得は当然のことながら、トルコ軍とドイツ軍情報機関に上陸作戦は近いという警戒感を抱かせた）。桟橋や舟橋を建設したり、上陸海岸に運んだりしなければならないほか、工兵たちは悪条件のもとでもこれらのドック機材を組み立てる訓練をする必要があった。負傷者を受け入れるため、医療従事者や施設も必要であり、重症者をマルタ島やアレクサンドリアへ輸送するため、病院船も待機させなくてはならない。それぞれの必需品の細目リストは終わりがないように思われた。

侵攻軍の多様性が計画をさらに複雑にした。「大戦」の戦場でガリポリほど多国籍の兵士が戦ったところはない。地中海遠征軍は世界中からの七万五〇〇〇人の兵士から成り、英国軍（ウエールズ、アイルランド、スコットランド、イングランド）に加えて、オーストラリア兵、ニュージーランド兵（白人《パケハ》とマオリ族の両部隊）、グルカ兵、シーク教徒、フランス兵、世界中から集めた外人部隊、アフリカ中からの植民地兵（セネガル、ギニア、スーダン、マグリブ諸島）がいた。兵士たちは互いによく話が通じない男たちに頼らざるを得なかった。各々の部隊の動きを導く、はっきりした戦闘プランがなかったので、遠征軍は本当の「バベルの塔」のように崩れていく危険があった。(20)

オスマン軍の任務は、侵攻軍の準備に比べれば容易ではあったが、その賭けは高くつきかねなかった。彼らはガリポリ戦が帝国の存亡を懸けた戦いであると見抜いていた。コーカサスで第三軍を完全な敗北に導いた後、イスタンブルに戻っていたエンヴェル・パシャは、ふたたび敗北に甘んじるわけにはいかないことを知っていた。勝利するには、全体的な組織と、海峡のアジア側とヨーロッパ側の沿岸で広域にわたって布陣する部隊を途切れることなく結ぶ連絡網が必要だった。一九一五年三月の最後の週に、エンヴェルはダーダネルス海峡に布陣したいくつもの師団を統合して第五軍とすることに決めた。彼は、ドイツ軍事使節団長との過去の行き違いを棚に上げ、誇りを捨てて、オットー・リーマン・フォン・ザンデルスを、ダーダネルス海峡を防衛する新しい第五軍の総司令官に任命した。リーマンは直ちに出発し、ガリポリの町に司令部を設置した。「英国軍は大上陸作戦の前の四週間を私にくれた」と、リーマンはのちに回想録に記している。「絶対必要な準備を整える時間は十分あった[21]」

オスマン第五軍の兵員は五万人で、連合国軍の三分の二にすぎなかった。だが、兵員を要所に配置すれば、海岸の上陸地点の侵攻軍より少ない人数で守ることができる。リーマンの課題は、侵攻部隊が上陸する可能性がもっとも高い場所にオスマン軍を集中的に配備するため、英国軍の計画の先を読むことだった。彼はダーダネルス海峡のアジア側に二師団（各約一万人）を配備し、ガリポリ半島側に三師団を集中させた。だが、半島は約一〇〇キロの長さがあり、オスマン軍の戦争計画者たちは、防衛しにくいところがたくさんあることに気づいた。

慎重に考慮した末、リーマンと配下のトルコ軍司令官たちは、侵攻に対する連合国軍のもっとも弱いところとして、ヘレス岬、アルブルヌとブレアの三カ所を指摘した。半島の最南端ヘレス岬周辺は、連合国艦隊が三方から同時に砲撃できるため、海からの上陸作戦に適していた。アルブルヌ海岸（まもなくアンザック入江として知られるようになる）はダーダネルス海峡から八キロしかない地点で、上陸作戦が容易なところであった。もし連合国軍がアルブルヌと海峡側のマイドス町（現在のエジェアバット町）

を結ぶ線を確保すれば、半島の南を効果的に分断することが可能になり、オスマン軍防衛隊を閉じ込めることができる。だがリーマンは、半島のはるか北にあり、半島の幅が約三キロに縮小するところにあるブレアがもっとも弱いところであると確信していた。ブレアへの上陸が成功すれば、全半島を切断することになり、連合国軍はマルマラ海を制圧する情勢となり、海峡のオスマン第五軍への資材輸送と連絡にとってきわめて重要な航路を遮断することになる。こうした脅威を分析したリーマンは、弱い箇所（ヘレス岬、アルブルヌとブレア）へ各一個師団を配置することを決定した。

オスマン軍将校たちは部下に命じて、防衛用塹壕を掘らせ、上陸を阻止するために、主な砂浜に沿ってワイヤーを敷設した。英国軍航空機はガリポリ半島上空を定期的に飛び、作業場や、部隊の集結場所を艦砲射撃するように命じていたので、オスマン軍は防御工事の大部分を夜間に行なわざるを得なかった。四月中旬までに、海からの上陸を阻むため、防衛軍は機関銃や大砲を見えないように備えた数キロに及ぶ塹壕を構築した。作業は侵攻の前夜まで継続して行なわれた。ムドロス港に集結した艦船と兵員数の多さから、オスマン軍は侵攻が切迫していることを知っていた。

エジプトの駐屯地生活に退屈していた大部分の兵士たちは、ガリポリ行きの艦船に乗るのを喜んでいた。残念がったのは、馬を残していかざるを得ない騎兵隊だけだった。ガリポリ半島の丘の多い地形では、騎兵の突撃の出番もないので、彼らの乗馬はエジプトに残された。

兵士たちは、戦場の栄光を予感して故郷へ手紙を書いた。ニュージーランドのカンタベリー大隊のモスティン・プライス・ジョーンズ伍長は、乗艦が四月十六日にムドロス港に入港したときの感動的な情景を母への手紙に書いている。「戦いを待ち望んでいる英、仏、オーストラリア、ニュージーランドの兵士たち」を乗せた多数の輸送船と、「たくさんの巡洋艦、弩級戦艦、超弩級戦艦、潜水艦、機雷艇、駆逐艦すべてが、すばらしい見ものだった」。彼はこのような目に見える力の存在感に誇りと満足を感じた。「それはわが帝国の偉大な力と強さを感じさせるし、自分がこの壮大で堂々とした同胞の一員（非常に重要でないにしても）であることを感じるとき、ぞくぞくするような誇らしさが身体中を流れます」。ジョーンズとその仲間たちは、これから人生一番の冒険に乗り出すのだと信じていた[22]。

地中海遠征軍の司令官たちは、近づきつつある戦闘を冒険と見る発想を積極的に促していた。上陸前夜、総司令官サー・イアン・ハミルトンは「フランスおよび英国王の兵士たちへ」という声明を発表し、これから起こる戦闘は、「近代戦で前例のない冒険」であると述べた。この華麗な言葉の表現で、ある程度、兵士たちの士気を鼓舞するつもりだったのであろう。だが、それはまた、ほとんどの場合、「近代戦」については兵士たちと同様に経験不足の司令官たちの幻想を反映していた。

トルコ軍にとって、ガリポリ戦はけっして冒険ではなかった。それは生きるか死ぬかの問題だった。アルブルヌのトルコ部隊司令官ムスタファ・ケマル大佐は戦い前の有名な挨拶で、配下の将校たちの決意を固めさせた。「私はおまえたちに攻撃せよとは言わない。死ねと命令する。われわれが死ねば、別の部隊の兵士や司令官たちが取って代わるであろう」。数万人のトルコ軍兵士たちにとって、アタチュルクの名言はのちに悲劇的な現実となる[23]。

四月二十五日、日曜日の早朝、月が沈んだころ、連合国軍艦隊は部隊を上陸させるため、それぞれが位置についた。トルコ軍に接近をさとられないように、艦船は灯火を消し、音を立てないように注意を払った。実際の上陸地点は連合国司令官たちの間でも極秘にされていた。彼らは策略と奇襲で防衛隊を圧倒し、侵攻軍の残りを無事に上陸させるための橋頭堡の確保をめざしていた。

オスマン軍を欺くために、英仏軍は作戦地域の北と南の端に陽動作戦を立てた。フランス軍は、ダーダネルス海峡の南、アジア側沿岸にあるベシカ湾へ多くの艦船を送り込み、そこが主要上陸地点であるかのような陽動作戦を行なった。実際の上陸地点からはるかに離れたところへオスマン軍を引き留めておくのがねらいである。英国軍は、リーマン・フォン・ザンデルスが恐れていたとは知らずに、ガリポリ半島の北のはずれにあるブレアの近くに陽動上陸作戦を行なうことになる。リーマンはブレア・ラインを守るために一師団を派遣し、彼自身も英国軍作戦を観察するためにそこへ出かけていた。これらの陽動作戦のため、実際の上陸地点へ送られることになっていたオスマン軍二個師団が足止めされた。

上陸作戦のため、地中海遠征軍は三グループに分けられた。英国軍は、ガリポリ半島の南端にあるへレス岬周辺の主要上陸地点を受け持つことになった。英国軍部隊はへレス岬周辺の五カ所の海岸への上陸を連携して行なうことになった。フランス軍は、オスマン軍が海峡を挟んで英国軍上陸部隊を砲撃できないように、クム・カレ付近のダーダネルス海峡アジア側海岸を確保することになった。英国軍が受け持った海岸を確保したら、フランス軍はクム・カレでふたたび乗船し、へレス岬の英国軍に加わることになる。オーストラリア軍とニュージーランド軍は、アルブルヌ周辺に派遣され、トルコ軍増強を阻み、オスマン軍後衛を脅かす。同時に多くの地点を攻撃することで、連合国軍はトルコ軍を混乱させ、侵攻軍を撃退するためにどこへ集中するべきかわからなくし、オスマン軍防衛隊を圧倒するため、できるだけ短時間に多くの兵員を上陸させようとした。

夜明け前に、侵攻軍の第一陣が軍艦の高い甲板から縄梯子を降り、下で待っていて彼らを岸まで運ぶ手漕ぎ舟に乗り移った。小型蒸気船が四隻の手漕ぎ舟をロープで牽引して岸辺まで行き、最後の一〇〇メートルほどを水兵たちの手漕ぎに任せた。上陸用舟艇に詰め込まれた兵士たちは砲弾、榴散弾にまともにさらされた。兵士たちを海岸からの砲撃から守るため、英仏艦は四時三〇分に「大々的な砲火、砲煙」を浴びせた。「砲音はすさまじく、空気は火薬のにおいで充満した」と、ある英国海軍将校がのちに書いている。上陸用舟艇が岸まで八〇〇メートルくらいになるまで、軍艦は砲撃を続けた。[24]

長い間、侵攻を予期していたオスマン軍防衛隊にとって、艦船からの連続砲撃は「武器を取れ」という合図になった。トルコ軍将校たちは警笛を鳴らし、部下たちに防衛位置につくように命じた。数方向の艦船から小さな海岸に向かって一斉に集中砲撃が行なわれたため、トルコ軍陣営に恐るべき被害を与えた。マフムト・サブリ少佐の回想によれば、「海岸線は青や緑の混じったどす黒い煙で覆われ、視界はゼロだった」。サブリ少佐は、艦砲射撃がいかに大砲陣地を破壊し、連絡用塹壕を跡形もなくして、「人命を守るはず」のたこつぼ塹壕が「墓地」に早変わりしたかを記録している。「卵ほどの大きさ」の弾の破片が、塹壕で待機していたトルコ軍兵士たちに甚大な被害を与えた。だが、猛烈な砲火は、トルコ防衛隊にパニックを起こさせるどころか、侵攻軍を追い払うという彼らの決意をさらに堅固にしただけだった。「死んだり、手足がもぎれたりした戦友のかたわらで、敵の数に圧倒されもせず、敵の砲火の大きさに悩むこともなく、わが軍の兵士たちは自分たちの兵器を使える瞬間を待っていた」。生き残ったオスマン軍兵士たちは、上陸用舟艇が岸に近寄れるように艦砲射撃が止むのを、ねらいを定めて辛抱強く待っていた。[25]

英国軍の主要上陸地点はセデュルバヒルの古い要塞とヘレス岬の破壊された灯台の間にあるVビーチだった。二月二十五日、英国海兵隊は無事にそこへ上陸し、艦砲射撃から生き残った海岸側の要塞の大砲を破壊した。二月以来、オスマン軍は、湾を見渡せる自然の円形競技場のような形をした陣地を強化するため、あらゆる努力を払った。英国軍戦争計画者の課題は、彼らが遭遇することになる激しい抵抗を乗り越えるのに十分な部隊を上陸させることだった。四隻の手漕ぎ舟を引き連れても、一回に一二〇人から一三〇人しか届けられないのに、英国軍はVビーチへ六回しか行くことができず、最大でも八〇〇人の兵士たちを送り込んだだけだった。侵攻軍はVビーチにもっと多くの兵士を送り込む方法を見いだす必要があった。

古典の教育を受けてきた英国軍将校たちはホーマーに解決策を見いだした。伝説と考古学によれば、トロイ戦争の場所はダーダネルス海峡のアジア側沿岸であったとされている。英国海軍のエドワード・アンウィン大尉の提案によると、「トロイの木馬方式にならって、できるだけ多くの兵士たちを乗せた無害に見える石炭船」を座礁させる。フルスピードで海岸へ向かう蒸気船は防衛隊の気をそらすばかりか、改装されたこの石炭船には少なくとも二一〇〇人の兵士を乗せることができる。いったん座礁すれば、この船は兵士たちにとって遮蔽された上陸デッキとなり、また将来の作戦のための突堤ともなりうる。この提案は直ちに許可され、石炭船リバー・クライド号がこの目的のため改装された。船体は強化され、上陸部隊を援護射撃で守る大砲が設置され、突撃路は船体の両側に開けられ、兵士たちが迅速に下船できるようにした(26)。

四月二十五日朝、リバー・クライド号はアンウィン大尉の指揮でVビーチに向かった。彼は軽蒸気汽船の一団が海峡の強い潮の流れに逆らって船首を上陸地点へ向けようとして苦労しているのを見た。海岸はまだ艦砲射撃の煙に包まれており、まったく静かだった。船橋で彼の横に立っている参謀幕僚のウィリアムズ中佐は分刻みの記録を付けていた。午前六時二二分、リバー・クライド号は上陸用に定められた位置に座礁した。「抵抗なし」とウィリアムズ中佐は楽天的に記録している。「われわれは抵抗を受けずに上陸する予定」。その言葉は時期尚早だった。三分後に曳航された舟艇が岸に近づくにつれて、規律あるトルコ軍防衛隊が砲撃を開始した。六時二五分には「地獄が彼らの真上で炸裂した」とウィリアムズは記録している。彼は、乗員の兵士や水夫全員が死んだ上陸用舟艇がリバー・クライド号のそばを漂流しているのを見てぞっとした。最初八〇〇人いた乗員のうち、わずか一握りの兵士が無傷で上陸し、目の前の砂丘の後ろに避難しただけだった(27)。

マフムト・サブリ少佐はトルコ軍塹壕から見渡した光景についてこう書いている。

敵は救命艇で岸に近づいた。敵が射程内に入ると、わが軍は発砲した。ここでは何十年にもわたって海の色は同じであったが、今や、敵兵の血で真っ赤に変わった。わが軍のライフルの発砲場所がわかると、敵は大砲と機関銃で反撃してきた。だが、敵はわれわれの砲火の激しさを軽減することができなかった。

自分の命を救おうとして、敵兵の何人かは救命艇から海へ飛び込んだ。彼らの司令官たちは軍艦から手旗で岬の後ろに隠れるように救命艇に命令したが無駄だった。敵の砲撃と機関銃射撃にも負けず、わが軍は敵の目標を攻撃しつづけ、死者は海へ転げ落ちた。［Vビーチの］渚は敵の死体でうずまり、そら豆の列のように並んだ。(28)

「トロイの木馬」から考え出されたリバー・クライド号は今や格好の標的にされた。この船は、船体内に閉じ込められ、不安のうちに待っていた二一〇〇人の兵士たちを上陸させるには深過ぎる水中に座礁してしまっていた。乗組員たちは、多くの平底船を牽引していたほか、船から岸へ上陸する兵士たちが使用する浮橋を装備した一隻の小型蒸気船を伴っていた。乗員たちはダーダネルス海峡の強い潮流の中で操船するのに苦労した。リバー・クライド号の海軍士官候補生G・L・ドゥルーリィは、銃火をものともせず、浮橋をかけるために水中へ飛び込んだ。海岸からの射撃があまりにも激しかったので、負傷した一人の兵士を持ち上げようとしたとき、この兵士はドゥルーリィの腕の中で弾に当たり粉々になった。信じられないことだが、ドゥルーリィは射殺されず、浮船橋の工事を何とか続けることができた。その間中、トルコ防衛隊は座礁した石炭船に砲のねらいをつけていた。二発の弾丸が第四船倉に命中し、数名の兵士を死亡させた。トルコ軍の射撃の名手が、舷窓をねらって発砲し、そこから戦闘状況を見ようとしていた兵士たちを殺害した。

リバー・クライド号上の殺戮もひどかったが、死亡者数のピークは浮橋上で最高に達した。よく訓練されたトルコ兵の銃口は、海上通路となった狭い浮橋上にねらいを定め、侵攻軍のマンスター・ダブリン・フュージリアーズの兵士たちが渚に達する前に機関銃でなぎ倒した。ドゥルーリィの記録によれば、「私は艀にいて、兵士たちが上陸できるように努めた。だが、それは非常に危険で、一隻目の艀はすぐに死傷者でいっぱいになった」という。マフムト・サブリのコメントと同様、ドゥルーリィは海兵士たちの血で赤く染まったのを見てぞっとした。「上陸すれば生き延びられるわけではなかった。身を隠す塹壕を掘る前にねらい撃ちされたからだ」

司令官たちが自殺に等しい上陸作戦を中止する前に、一〇〇〇人の兵士たちがこの浮橋を使おうとした。生きて海岸にたどり着いた少数の兵士たちは砂丘のかげに避難し、そこで日が暮れるのを待った。その後、海流が不安定な浮橋を岸から外してしまい、上陸用の橋が壊れてしまった。頑丈な石炭船の船体の中に避難していた残りの兵士たちは、砲火が収まる夕方まで待って橋を修理し、作戦を再開した。彼らが危険にさらされたのは、負傷者を救護班から本船に運び込むときだけだった[29]。

英国軍はWビーチ上陸作戦でも甚大な損害を被った。一〇〇〇人近い英国軍兵士が上陸用舟艇のベンチに不安そうに腰かけ、破壊されたヘレス灯台下の海岸に接近したとき、灯台は激しい艦砲射撃を受けてまだ火がくすぶっていた。彼らは堅固な塹壕を張り巡らせた、全部で一五〇人ほどのトルコ軍防衛隊と遭遇した。上陸用舟艇が海岸から五〇メートル付近に来たとき、ランカシャー・フュージリア連隊のホワース少佐の回想によれば、湾を見渡せる「絶壁からのライフルと機関銃の激しい射撃が始まった」。「勇敢な水兵たちが射撃を受けながらも」、舟艇を手漕ぎで海岸へ進めた。舟艇が海岸に近づくと、ホワース少佐は砲火を避けるため、部下に下船を命じた。まだ水深は胸まであった。彼らの多くはトルコ軍の砲火で負傷し、背嚢の重さ（二〇〇発の弾薬と三日分の食料）で沈み、溺死した。[30]

ホワース中隊はWビーチ（のちにランカシャー上陸地と呼ばれた）に上陸すると同時に、激しい十字砲火に見舞われた。彼に従っていた大尉の一人が致命傷を受けた。銃弾が崖上の塹壕から発射されたことがわかり、ホワースは中隊にその陣地を強襲するよう命じた。彼らが急な斜面をよじ登ろうとしたとき、この英国将校は左右にいた兵士が撃たれて落ちたり、負傷したりするのを見た。ホワース自身も、トルコ防衛兵に至近距離から撃たれて右耳の上部が飛び散り、危うく死ぬところだった。この英国将校は、丘の上の陣地へ登る途中でその敵兵をピストルで撃ち殺した。「私が塹壕に到着すると同時に、恐ろしい爆発が起こった――塹壕に地雷が仕掛けられていたのだ。そして私と近くにいた兵士たちはふたたび、断崖の下まで急いで引き下ろされた」。ホワースは呆然として、彼の中隊の生存者四〇人を集めて崖下に避難したが、その日中、彼らは狙撃兵の標的になった。ホワースが背中を撃たれるまでに六人の部下が射殺された。負傷によって動けなくなったホワースは死傷者たちに混じって、夕暮れに衛生隊が海岸にたどり着くまで取り残された。[31]

英国軍はヘレス海岸のほかの場所では比較的容易に上陸をすることができた。モルト湾では、上陸部隊は少数のトルコ防衛隊に遭遇したが、容易に陣地を築くことができた。トルコ軍はXビーチへの英国軍の上陸を予想しておらず、一個小隊がその地点を守っていただけだった。侵攻軍は比較的軽い損失で海岸を確保できた。

Yビーチの上陸部隊は彼らの陣地がまったく防備されていないことを発見した。一五分以内に二〇〇〇人の兵士たちが海岸を確保し、高台までの急勾配をよじ登った。だが、ヘレス周辺の英国軍陣地を強化するため南方向へ移動しようとしていたとき、彼らはズグンデレ（ガリー峡谷）の険しい川岸を発見した。英国軍戦争計画者が使用していた不完全な地図には、この通過不能の障碍について何の記載もなかった。上陸部隊がはるか南の包囲された英国軍部隊を救うことができなかったばかりか、その日の午後遅く、峡谷を背にして彼ら自身がオスマン軍の激しい反撃に直面した。どこへも撤退できない高台で動きが取れなくなったうえ、夜中にトルコ軍の決死の反撃を受けて、英国軍は翌朝、Yビーチから撤退できるまでに七〇〇〇人以上の死傷者を出した。

時間が経つにつれて、英国軍増援部隊が次々と上陸してきた。侵攻部隊はオスマン防衛隊をヘレス岬の海岸から追い出し始め、英国軍が大勢の死傷者を出したVビーチとWビーチの緊張は緩和された。夜になると、新しい英国軍部隊がこれらの命取りの海岸にも上陸するようになった。リバー・クライド号の乗組員たちは桟橋を組み立て直し、午後八時から一一時三〇分の間に、残りの兵士たちが死傷者のそばを通って上陸した。防衛隊は上陸海岸に「砲弾、榴散弾などあらゆる不快なもの」を撃ち込み続けたが、砲火は弱くなり、リバー・クライド号から見ていた海軍士官候補生ドゥルーリィによると「被害はほとんどなかった」。

一日の激戦の後、トルコ軍防衛兵たちは新しい英国兵が次々と上陸してくるのを見つめて、懸念を深めていた。Vビーチの防衛兵の一人が上官に手紙を書き、増援部隊を緊急要請し、それが無理ならば撤退する許可を求めた。「負傷者を運び出す医師を送ってほしい。ああ、大尉どの、大勢の兵士が上陸中なので、お願いですから増援部隊を送ってほしい」[32]。その夜、Wビーチでは、トルコ兵たちが撤退する前に、二回も英国陣地に銃剣で攻撃をかけてきた。

四月二十六日月曜日の明け方までに、英国軍は五カ所の上陸地点のうち、四カ所を保持していた。その日の午前中に、彼らはYビーチから引き揚げ、生存兵たちをほかの陣地に配備し直した。ガリポリ戦の第一日の終わりには、どうにか一カ所の橋頭堡を確保したが、恐るべき犠牲を払った。オスマン軍の抵抗の激しさに驚いた英国軍は、八キロ内陸にあるアチ・ババ（別名アルジテペ）の高台にたどり着く計画を実現できなかった。一九一五年の残りの日々に投入された人員や資材をもってしても英国軍はアチ・ババに到達できないことになる。

フランス軍はクム・カレの海岸に上陸したとき、最初はほとんど抵抗を受けなかった。午前五時一五分、フランス艦隊は海岸沿いのオスマン軍陣地に対し砲撃を開始した。海流が予想以上に強かったため、部隊の上陸が遅れたので、艦砲射撃は予定以上に長引いた（英国軍がヘレス岬で遭遇した事情と同じ）。フランス軍は二時間の遅れを利用して、クム・カレを灰燼に帰し、防衛隊をメンデレ川の左岸に追いやった。午前一〇時、セネガル部隊が海岸を襲撃したときには、兵士を悩ます機関銃が一挺残っていたが、まもなく艦砲射撃で破壊された。一一時一五分、フランス軍はクム・カレの町を占領し、英国軍のヘレス岬への上陸がここから攻撃されないことは確実になった[33]。

クム・カレへの上陸は一日中続いた。午後五時三〇分までにすべての兵士と大砲が揚陸された。隣町イエニ・シャヒールに集結しつつあるトルコ軍部隊に備えてフランス軍はクム・カレの陣地を固めていた。夜になると、トルコ軍はフランス軍陣地に対する四回にわたる攻撃のうち、最初の攻撃を仕掛けてきて、銃剣突撃からやがて激しい白兵戦となった。両軍の死傷者はどんどん増えた。フランス軍がクム・カレを確保できている間に、イエニ・シャヒールを占領することに疑問を持つようになった。アジア側沿岸の占領は一時的なもので、クム・カレでの一人の損失は、もっとも兵力を必要としているガリポリ半島の英国軍を補強する一人の兵士を失うことを意味した。

四月二十六日朝、八〇人の非武装のオスマン軍兵士（ギリシア人とアルメニア人）の一隊が白旗を掲げてフランス軍前線に向かってきた。彼らは捕虜になった。それからまもなく、数百人のトルコ兵がフランス前線に向かって堂々と歩いてきたが、彼らは武装し、銃剣を構えていた。フランス軍兵士たちは彼らが降伏する意図であると信じ、彼らの近接を許し、武器を下に置くように説得した。ロッケル大尉という一人のフランス軍将校が交渉するために前に出て行ったが、群衆の中に消えてしまい、ふたたび姿を現すことはなかった。トルコ軍兵士たちは混乱に乗じてフランス軍前線に侵入し、占領下のクム・カレの村落の中に陣地を構えた。ほかのトルコ兵たちはフランス軍と揉み合いになり、二挺の機関銃を手に入れた。この状況を知ったフランス軍司令官アルベール・ダマド将軍は、部下たちに発砲を命じた。フランス軍部隊は彼らの前線の裏側の家々から射撃を受け、フランス兵とトルコ兵が混在したグループに飛び込むなど、まったく無秩序状態になった。フランス軍部隊は昼すぎまでにクム・カレを奪回し、トルコ兵に奪われた家々を砲撃した。白旗下の交渉で殺された（と推定される）ロッケル大尉の報復として、一人のトルコ軍将校と八人の兵士の捕虜を裁判なしに殺害した。混乱の種をまいたことで、トルコ軍はフランス部隊をクム・カレに閉じ込め、侵攻軍にひどい損害を与えた[34]。

　フランス軍の損害が増し、英国軍はヘレス岬地区の増強が早急に必要となったので、連合国軍司令官たちは四月二十六日にクム・カレからの撤退を決めた。暗闇を隠れ蓑に、すべてのフランス軍部隊と資材をふたたび積み込み、四五〇人のトルコ兵捕虜も乗船させた。四月二十七日、彼らは今や安全になったリバー・クライド号に接続された上陸用桟橋を使ってVビーチに上陸した。フランス軍はガリポリ半島の連合国軍ラインの右側、つまり東側でダーダネルス海峡を見渡せる地帯に布陣し、英国軍は西側で、エーゲ海を見渡せる地帯に集結した。これで侵攻部隊と、ガリポリ半島の南側にそびえる戦略的高地アチ・ババの間に布陣した強力なオスマン軍の防衛線に対抗する連合国軍の前線が固められた[35]。

　四月二十五日早暁、オーストラリア軍の第一波がアルブルヌ沿岸に向かって行動を開始した。彼らの意図していた上陸地点は、ギャバ・テペ（別名カバテペ）として知られている海に突き出た岩の岬の北側に広がる海岸だった。だが、戦争計画者はここでもふたたび、ガリポリ半島沿岸の海流の強さを見込み違いしていたので、一隻あたり四隻の上陸用舟艇を曳航する蒸気船団は予定航路を外れて二キロほど北に流され、侵攻部隊が自分たちの名をつけた小さな湾（アンザック入江）に上陸した。舟艇を操っていた水兵たちは見知らぬ沿岸の早朝の薄明かりの中で、自分たちの位置の測定が容易にできなかった。このことは、彼らが上陸したとき、計画とまったく違った風景を目にすることになり、高台に到達するにはもう一つ余計な尾根をよじ登る必要があった。この間違いから起きた混乱が、その日中、アンザック部隊の上陸を難しくすることになる。

オスマン軍斥候隊は海岸に近づく平底艀の群れを発見していた。公式史家としてオーストラリア軍に従軍していたジャーナリストC・E・W・ビーンの日記によれば、午前四時三八分に海岸からの最初のライフル射撃音を聞いて、「最初は数発、その後、激しくなり、連続した」という。上陸部隊は海岸に近づくにつれ、敵の標的にされているのをひしひしと感じた。「わが兵たちはイワシのように艀船に詰め込まれ、トルコ兵たちは入江を取り囲んでいる大きな丘の上から愉快そうに銃を連射していた」と、第一陣のあるオーストラリア兵が回想している。周りの仲間たちが手当たり次第に殺されるか負傷するのを見ていた兵士たちは、上陸用艀から急いで飛び降りた。(36)

兵士たちが上陸すると、注意深く起草された戦闘計画はほころび始めた。上陸用艀は海流のためコースを外れ、異なった場所に着いたばかりでなく、違った順序で着いてしまった。兵士たちは指揮を執る将校たちから離れ離れになり、部隊は混ざり合ってしまった。敵の銃撃下で、気が立っていたオーストラリア兵はいちばん近い将校のもとに集まり、着剣して、オスマン軍防衛隊を駆逐するため、最初に目にした丘の稜線へ突進しはじめた。あるオーストラリア歩兵が郷里への手紙に書いているように、「若

8.1915年4月25日朝、アンザック入江に上陸するオーストラリア軍部隊。
「イワシのように艀船に詰め込まれた」この部隊は、オスマン軍防衛隊からの銃撃手、砲撃手からの発砲に容赦なくさらされた。この写真を撮影したA.R.H.ジョイナー伍長はせっかくガリポリ戦を生き延びたのに、1916年12月、西部戦線で死亡した。

者たちはちょっと進むたびに歓声を上げたが、これはトルコ兵の士気をそぐことになったと思う。というのは、われわれが頂上に近づくにつれて彼らは塹壕から悪魔みたいに逃げ出し、一キロほど離れた第二列目の塹壕に向かった」。手早い銃剣突撃の成功は、オーストラリア部隊に誤った自信を与えた。というのは、オスマン軍はすでに侵攻軍撃退の準備を始めていたからである。[37]

ムスタファ・ケマル・ベイはアンザック入江から数キロ離れたところに司令部を置いていた。このオスマン軍司令官は、敵の上陸を聞いたとき、騎兵隊を派遣し、その規模を偵察、報告させた。午前六時三〇分、彼の部隊の司令官たちは、ムスタファ・ケマルに、侵攻軍に対し、一個大隊（約一〇〇〇人）を急派するように命じた。彼自身の得ていた情報から、ムスタファ・ケマルはこのような大軍を撃退するに

9.ガリポリ戦当時のムスタファ・ケマル。ガリポリ、エディルネ、コーカサス、パレスチナ、シリアでの戦いに従事し、第1次世界大戦のもっとも偉大なオスマン軍司令官として頭角を現し、のちに「アタチュルク（トルコの父）」と呼ばれるようになる。彼はその後、トルコ共和国の初代大統領になる。

は一個師団（約一万人）が必要と見ていた。彼自身で前線の情勢把握に出発する前に、オスマン軍第一歩兵師団と騎馬砲兵中隊に戦闘準備するよう命じた[38]。

午前八時までに、八〇〇〇人のオーストラリア軍兵士がアンザック入江に上陸した。午前一〇時四五分に最初のニュージーランド部隊がこの浜辺に上陸した。上陸地帯の北端と南端には致死率の高い榴弾砲と機関銃を配備した塹壕があり、侵攻部隊はそこから激しい反撃を受けた。北端に上陸しようとしていた艀は機関銃の射撃を受け、一四〇人のうち一八人しか無傷で浜辺に着けなかった。ギャバ・テペの近くに上陸した兵士たちは、高台からの激しい榴弾砲攻撃を受けた。だが、午前中に、アンザック軍の主力部隊は中央部の浜辺を確保し、アンザック入江を見渡せる第一と第二の稜線からオスマン軍部隊を駆逐した。前線に向かっていたムスタファ・ケマルは、弾薬を使い果たしたオスマン軍兵士たちの一隊が撤退してくるのに遭遇した。ケマルは弾薬のないライフルに銃剣を装着し、陣地を守るように命じた。

このオスマン軍司令官は、アンザック入江陣営の脆弱性を正確に見抜いていた。彼らは多数の兵士を何とか上陸させたが、オーストラリア軍とニュージーランド軍の前線は、「位置的に不利なうえ、だだっ広い……しかも障碍になるいくつもの谷で分断されている。そのため、敵の前線のほとんどどの地点にも弱点がある」。さらに、ムスタファ・ケマルは部下の兵士たちの攻撃力に大きな自信を持っていた。彼は反撃部隊を組織するに当たって、じっくり考えた。「これは通常の攻撃ではない。この攻撃に参加する者はみな、真剣に勝利を求め、決死の覚悟で出陣している」

トルコ軍の反撃の強さにアンザック軍は驚いた。正午直前、「［オスマン軍は］大幅に増強され、大砲や機関銃の援護を受け、正確な射程距離を保ちながら、決死の反撃を開始した。敵はわれわれに人生でもっとも燃え上がる時間をくれた」と、あるオーストラリア兵士がのちに書いている。新入りのニュージーランド兵たちがアンザック陣地を増強すると、侵攻部隊の兵士たちは塹壕を掘り、「そこにこもって、夜じゅう続く激しい銃火」に耐えた。オスマン軍は戦いに有利な可動式大砲を持ち、榴弾と機関銃弾を侵攻軍に雨あられのように浴びせたので、侵攻軍の死傷率が高くなり始めた(39)。

ニュージーランド軍伍長モスティン・プライス・ジョーンズは戦闘開始初日に、戦争の冒険についての幻想をすべて捨てた。午前中に上陸した彼の小隊は、榴弾砲の攻撃を浴びながら、険しい谷を登って進軍した。「わが兵士たちは次から次へと落下したが、勇敢にも崖にへばりつき、ようやく銃を撃てるところまで進んだ者もいた」。ジョーンズは味方の死傷者の増加で士気が衰えた。「さっきまで、笑ったり、冗談を言ったりしていた親友や仲間が、あらゆる種類の恐ろしい傷を負って周囲に倒れていくのを見るのは、どんなに恐ろしいものか想像もつくまい」。その日の終わりまでに、点呼に応えた者は、彼の中隊の二五六人中、八六人にすぎなかった。残りの者は、死んだか、負傷したか、行方不明か、あるいは、アンザック・ビーチの混乱で、単に隊からはぐれてしまったのかもしれない[40]。

その日も終わるころ、銃撃ラインを放棄して浜辺に戻ってくる孤立した兵士たちが増えた。上陸地帯を見渡せる急な傾斜地を登るために、重い背嚢を海岸に置いていった兵士たちは、一日にわたる激しい戦闘の後、空腹で喉が渇き、弾薬も残り少なくなっていた。疲労困憊し、士気を失った兵士たちは、わかりやすい谷を下って海岸にたどり着いたときには浮浪者になっていた。

トルコ軍防衛隊はアンザック部隊の混乱と秩序の喪失をうまく利用した。おそらく、この日のもっとも大胆な戦略は、オスマン軍兵士の一隊が、英連邦軍の一つとして従軍しているインド人部隊のふりをして、オーストラリア軍の前線を越えてきたことだった。オーストラリア軍はインド人部隊の増援を期待していたので、トルコ軍のたくらみは期待した以上にうまくいった。インド人部隊の一隊が前線に到達し、オーストラリア軍の将校に会いたいと言ってきた。エルストンという名の中尉が通訳を連れて「インド兵」に会うために出かけた。彼らは「いろいろなことを相談するため」、もっと位の高い将校と話したいというので、副官マクドナルド大尉が送られた。すると、「大佐と会いたいというメッセージが来ています」という。指揮官のポープ大佐が着くと、エルストンとマクドナルドが、「着剣した銃を持った六人の兵士たちと話し合いをしていた」が、罠ではないかと疑い始めた。大佐がそのグループに近づくと、トルコ軍兵士たちはオーストラリア人を取り囲んだ。ポープは射撃をくぐって逃げたが、エルストンとマクドナルドと伍長は捕虜になった。この事件は翌日、イスタンブルの新聞が報道した。オーストラリア人ジャーナリストC・E・W・ビーンはこの事件に心を惹かれ、「東洋人がインド人の恰好をして海岸に来るのはなんて簡単なのだろう――われわれの誰一人として見分けることができなかった」と記している[41]。

第一日目の終わりまでに、約一万五〇〇〇人のアンザック部隊がアルブルヌ付近に上陸した。彼らのうち二〇パーセントが死傷、内訳は五〇〇〇人が死亡し、二五〇〇人が負傷した。彼らは使える兵士はすべて投入し、予備の新参兵はいなかった。その日の激戦で、アンザック部隊は海岸の上陸地点を何とか確保したが、オスマン軍の決然とした防衛に直面して目的の半分も達成できなかった。谷も海岸も敗残兵でいっぱいになると、アンザック軍司令官たちは、前線を維持するには不十分な兵士しかいないので、陣地の維持が次第に困難になりつつあると思うようになった。アンザック軍司令官たちは翌日にでも、オスマン軍が大きな反撃を敢行すれば、悲劇を防ぐチャンスが遠のいてしまうのではないかと恐れた。選択肢を考量した司令官たちは、アルブルヌからすべての兵士を撤退させるための船舶を要求することにした。(42)

遠征軍総司令官サー・イアン・ハミルトンは、四月二十五日夜から二十六日にかけて配下の部隊長らと選択肢を検討した。連合国軍は何とか上陸を完遂することができたが、非常に多くの死傷者を出していた。上陸各部隊の一つとして、初日に設定した高い目標を成し遂げることができなかったが、ハミルトンは、すべての連合国軍兵士が上陸した今となっては、最悪の時期は通り越したと信じていた。すべての情報を総合すると、オスマン軍もまた多大な損害を受け、いくつかの地点で、同時に連合国軍と戦うため、兵力を振り分けていることもわかった。陣地を確保するために、連合国軍はオスマン軍防衛隊の抵抗と士気が落ちることを期待した。アンザック軍を撤退のため再乗船させるのは——二日の作業——逆効果で、トルコ軍を元気づけ、撤退する兵士たちがオスマン軍の攻撃にさらされやすくなりそうだった。

ハミルトンはアンザック軍司令官たちの部隊撤退要請を却下することに決めた。「壕を掘り、それにしがみつく以外に方策はない」とハミルトンは説明した。「兵士たちを一人ひとり励ましてやれ……陣地を死守するために最善の努力をするように」。要点を強調するためにハミルトンは付け加えた。「おまえたちは難しい任務をこなしてきた。今はただ、掘るだけだ。掘って、掘って、安全になるまで掘りぬけ」。野戦用大砲がないのを補うために、ハミルトンは艦隊に、オーストラリア軍とニュージーランド軍に陣地を固める時間を与える必要から、アンザック軍の塹壕を越えた先にあるトルコ軍陣地を艦砲射撃するよう命じた。四月二十六日の太陽が昇っても、恐れていたトルコ軍の反撃はなかった。両軍とも、戦闘に戻る前に、再編成の時間が必要であるように見えた(43)。

ガリポリ半島の地上戦の初日から、オスマン軍と侵攻軍の戦力は見事に互角だった。両軍とも、ほとんどすべての参加者にとって最初の経験だった戦闘において、粘り強さと勇気を示した。だが、四月二十五日に動き出した出来事は、これから先の恐ろしい暴力の歳月に、さらなる粘り強さや勇気を要求しそうだった。どちらの司令官も、海峡における部隊の配備と、その他の前線での兵力増強の切実な要求とのバランスを取るという難しい決定に直面することになる。連合国軍にとっては、西部戦線のほうが常に優先権が高かった。オスマン軍にとっては、ダーダネルス海峡が帝国の存亡を握る鍵として、最高の優先権が与えられることになる。

だが、オスマン軍の戦争計画者たちは、ボスフォラス＝ダーダネルス海峡の防衛だけに専念するわけにはいかなかった。「青年トルコ人」はいくつかの前線で、同時に兵力の増強に迫られていた。とくにコーカサス地方では、ロシア＝アルメニア共同作戦が、オスマン軍のとくに弱いところで脅かしていた。このような脅威に対抗するため、「青年トルコ人」は、今日まで人道に反する犯罪であると糾弾されてきた手段に訴えることになる。

第7章 アルメニア人の虐殺

一九一五年の春までに、オスマン帝国は三つの前線で侵攻された。一九一四年末には、英領インド軍が、イラク南部のバスラ地方を占領して以来、オスマン帝国の南門で重大な脅威となっていたし、東では、一九一四年十二月、オスマン第三軍が、サルカムシュでの対ロシア戦で、エンヴェル・パシャの誤った思い込みの結果、壊滅状態に陥った。西では、英仏艦隊がダーダネルス海峡に長期間にわたる攻撃をかけ、連合国軍歩兵部隊が海峡の両岸の数カ所で橋頭堡を何とか確保していた。一九一五年三月、帝国首都に蔓延したパニックにはそれ相応の根拠があった。帝国の崩壊が差し迫っているように見えたのだ。

春の始まりとともに、冬の自然が与えてくれた防御による小休止は終わりつつあった。コーカサスの深い雪は解け始めた。ガリポリ半島では、エーゲ海の冬の強風は収まり、安定した状態に変わってきた。オスマン軍の敵は活動しはじめ、一九一五年四月、帝国には、歴史上、これまでにない重大な事態を招きかねない課題が山積していた。

「青年トルコ人」には、このような一斉攻撃の脅威に立ち向かう手段がひどく限られていた。ロシアの攻撃からコーカサスを守るために、第三軍を再建しようと懸命になる一方、ダーダネルス海峡の防衛にすべての利用可能な部隊を集中していたので、メソポタミアから英国軍を撃退する正規軍はほとんど残っていなかった。オスマン軍は全面戦争に備えて、国民を総動員し、徴兵範囲を広げ、正規歩兵隊を強化するために、警察官や憲兵隊《ジャンダルメ》（地方騎馬警察隊）を配置に就かせた。エンヴェルの特務機関《テシュキラーティ・マフスーサ》は、クルド人、ベドウィン部族兵を動員し、囚人を釈放して非正規軍に仕立てた。そして、一九一五年春、「青年トルコ人」がすべてのオスマン帝国内のアルメニア人は危険な第五列（スパイ）であると宣言したとき、「統一派」は彼らの絶滅計画を助けるため、一般の市民まで動員した。

　サルカムシュにおけるロシア軍による敗北の余波として、オスマン第三軍の生存者たちは、目に見えない敵、伝染病に苦しんだ。一九一四年十月から一五年五月の間に、北東トルコでサルカムシュの戦闘で死んだ六万人の兵士を上回る一五万人もの兵士と市民が伝染病で死亡した[1]。
兵士たちはたくさんの伝染病の病原体保持者だった。病原体に感染して数週間後、免疫システムが非常に弱くなり、汚染された食物や飲み水からチフスや赤痢に感染した。身体を洗わない兵士たちにチフス菌を持つシラミやノミが取りついた。アナトリア東部の町や村に宿泊したオスマン軍兵士たちは、市民に病気を移した。伝染病は、兵士たちから市民へ、また市民たちから兵士へと広がり、一九一五年初めには大流行した。

　すでに負傷者の治療で手いっぱいだったエルズルムのオスマン医療機関は、伝染病の発生により、お手上げになってしまった。軍病院は九〇〇床しかないので、当局はエルズルムのあらゆる学校、モスク、政府庁舎を接収して病人と負傷者を収容した。一日当たり一〇〇〇人の新患者を収容したので、エルズルムの患者総数は、危機のピーク時には最大一万五〇〇〇人に達した。食料と医薬品は急速に底をつき、病人と負傷者の窮状はさらに深刻になった。患者たちには、ときには二、三日間、食事が与えられず、エルズルムでは、兵士たちが病院内で餓死したこともあった。当局はまた、極寒の冬に、これらの臨時医療施設には暖房用の十分な薪も用意できなかった。こうした条件が病人と負傷者を苦境に陥らせ、著しく死亡率を高めた(2)。

エルズルムにあったアメリカのミッション・スクールは四〇〇床の医療施設に早変わりしたが、医療担当伝道者エドワード・ケース博士によれば、この施設は病気の治療よりも、病気の感染に貢献していたという。患者たちは麦わら入りのマットレスを床に並べた部屋にぎっしり詰め込まれていたので、保菌者を隔離したり、検疫したりすることができなかった。消毒剤や病気を抑える衛生対策のない病院は、それ自体が病気の伝播の中心となった。一九一四年十二月から一五年一月にかけて、戦前の人口が六万人にすぎなかったエルズルムで、六万人もの人びと（民間人と兵士たちを含む）が死亡したとケース博士が報告している。エルズルムが特別ではなかった。トラブゾンのアメリカ領事は、一九一四年から一五年の冬にわたって、五〇〇〇人から六〇〇〇人の兵士や民間人がこの黒海の港町でチフスにかかって死んだと推定している。この町の医師によれば、この伝染病最盛期の死亡率は八〇パーセントにも達したという(3)。

こうした状況下の医療従事者は、患者と同じくらい大きな危険にさらされていた。一時は、三〇人から四〇人もの医師たちがエルズルムの「伝染病院」に隔離されていた。ケース博士によれば、「すべてチフスにかかっていたが、ほぼ半数、あるいはそれ以上がこの病気で死亡した」という。このような不衛生な病棟で二カ月近く働いたケース博士自身もチフスに感染したが、回復した。彼は多くの人たちより運がよかったのだ。トラブゾンのアメリカ領事は、一九一四年十月から一五年五月の間にトルコ北東部で三〇〇人の医師と医療関係者が死亡したと報告している。医療従事者の発病や死亡が増えれば増えるほど、病人や負傷者を治療する人が少なくなり、罹患率も死亡率も高くなった。

一九一五年の冬の間ずっと、死者は生存者の重荷になっていた。ケース博士はエルズルムで目撃した恐ろしい情景を次のように述べている。「死者があまりにも多かったので、日中、埋めることを禁止し、夜になってから死者の衣類を剝ぎ取り、裸にして、荷車に積んで壕まで運んだ。壕というよりは大きな穴が、ごみ屑のように投げ捨てられたままのあらゆる姿勢の死体で半分埋まり、半ば剝き出しの頭、腕、脚や身体の一部が見えていた。それらの上に後からほかの者が投げ捨てられ、土がかけられた。それは恐ろしい光景だった」。ケース博士は、死にかけている男たちが、やがて息を引き取ればそこに埋められるのだからと、当然のように共同墓地に並べられるのさえ見た。死者や死にかけた人の数があまりにも多いので、生きている者は憐みの情を失いつつあった(4)。

衛生隊伍長アリ・ルザ・エティはサルカムシュ戦の後、伝染病の最盛期にエルズルムの陸軍病院に配属された。前任者がチフスに感染したので、エティが検疫部門の主任衛生兵に任命された。エティは勤務がきつく、伝染病に感染した数百人の兵士たちに接することに危険を感じた。彼は別の職場への配置換えを何度も希望したが、うまくいかなかった。病人と負傷者で病院は満杯になり、死亡者が出て空いたベッドはすぐに埋まった。前線での勤務の後、エティはこれらの兵士たちに同情するようになった。彼は一般兵の苦しみに次第に怒りを感じるようになった。そしてトルコ兵の苦しみのスケープゴートとして、アルメニア人に怒りの焦点を当てるようになった。

エティはサルカムシュ前線にいるころからすでに、アルメニア人に対して深い敵意を持つようになっていた。彼らが前線を越えてロシア軍に加わったり、敵にオスマン軍陣地の情報を与えたりするなど、オスマン軍に対する忠誠心のなさを事あるごとに非難した。彼は、同僚のオスマン軍兵士によるアルメニア人兵士の「事故」死について、さも満足そうに報告している。だが、エティが深まる憎悪にたまりかねて行動する機会があったのは病院に勤務している間だけだった。

エティの故郷の町出身の一人の兵士の死が、彼のアルメニア人に対する憎悪の触媒になったのは確かだ。この負傷した兵士がエティに語ったことによると、前線から撤退させられた彼を、輸送隊にいたアルメニア人当番兵が人目につかない溝に捨てたのだという。そのトルコ兵は、極寒の中に二日間放置されたので手足に凍傷を負った。エルズルムの医官たちは、この男の命を助けようと試み、手足を切断したが、彼は翌日死亡した。負傷したトルコ兵を溝に置き去りにした「アルメニア人兵士はなんと卑劣なやつか」とエティは怒った。「戦争が終わった後、われわれは兄弟であり、同じ市民であり得るか？ 私としては、あり得ない！ 私が報復するのは易しいことだ。病院で三人か四人のアルメニア人に毒を盛ればよいのだ(5)」

エティ伍長は、アルメニア人に対し、自分なりの作戦を立て、殺人ではなく無慈悲な行為に訴えた。一九一五年一月、彼は医療サービス現場における自分の立場を悪用して、アルメニア人従業員を解雇し、追放した。「私はヴァンから来た一人、ディヤルバクルから来た一人を含む、三人のアルメニア人を田舎の略奪者へ送り出した［つまり、略奪者は衣服や金銭を奪った後で殺すのが常だった］。これがトルコ人の仕返しというものだ」と彼はほくそ笑んだ。彼は四人のアルメニア人女性を解雇し、トルコ人女性を代わりに雇った。「そして、私はもっとも危険な仕事をアルメニア人当番兵にやらせた」と、残酷な復讐心丸出しで記している(6)。

アリ・ルザ・エティは、実際に自分がアルメニア人を殺したとはけっして言ってはいないが、アルメニア人は死んでほしいと願っていたことは明らかだ。それは、彼一人だけではなかった。サルカムシュの敗北と伝染病の破滅的衝撃により、オスマン帝国の東部前線はこれまでになく攻撃を受けやすくなった。多くのトルコ人の目には、一部のアルメニア人の分裂した忠誠心が、すべてのアルメニア人に汚名を着せているように見えた。「青年トルコ人」指導者層は「アルメニア人問題」の恒久策を考え始めた。

「青年トルコ人」は、権力を掌中にしていた短期間に大規模の住民移動を目撃した。バルカン戦争における領土の喪失により、居場所を失ったムスリム難民がオスマン帝国内にどっと避難してきた。彼らを収容する十分な施設がなかったので、「青年トルコ人」指導者層は、帝国内の数千人のキリスト教徒をギリシアに追放して、バルカン難民へのスペースを作り出した。その後で政府委員会は、追放したキリスト教徒の家屋や田畑、仕事場をバルカン・ムスリム難民に割り当てた。こうした「住民交換」は、オスマン政庁とバルカン諸国との間でれっきとした協定、つまり民族浄化の国際的承認のもとに行なわれた[7]。

オスマン帝国からの民族としてのギリシア人の追放にはいくつかの目的があった。追放により、バルカンからのムスリム難民のために家屋や仕事場が空けられたばかりでなく、忠誠心が疑わしい数千人の市民をオスマン人が追放するのを許すことになった。一九一四年の前半六カ月に、ギリシアとオスマン帝国との間に、新たな戦争が起こりそうになったエーゲ海諸島をめぐる緊張で、オスマン帝国のギリシア人の立場は危うくなり、目立つようになった。バルカン戦争の後で始まった住民交換はオスマン帝国の「ギリシア問題」への国際的に承認された解決法になった。

住民交換は、交戦国間の国境付近の特例として始まったが、やがてオスマン帝国から民族としてのギリシア人の全般的、制度的な追放に進展していった。国外追放についての正確な数字はないが、数十万人のギリシア正教徒が第一次大戦前と戦争中に強制的に移住させられた。オスマン帝国領の深部にまで追放が行なわれるようになるにつれて、政府はその目的達成のため、暴力や脅迫に頼ることが多くなった。紛争地のバルカンからはるかに離れたアナトリア西部のギリシア正教徒の村民が、彼らを追い立てようとする政府の努力に抵抗した。憲兵隊が村民を追い立てて集め、男たちを殴り、女たちを誘拐すると脅し、移住に抵抗するオスマン帝国在住のギリシア人を殺しさえした。キリスト教徒市民に対する暴力行為にぞっとさせられた外国領事たちは、いくつかの村で数十人が殺されたと報告している。だが、オスマン帝国在住のギリシア人の殺戮が比較的低レベルであったことは、彼らを移住させるギリシアという国家があったからである。

同じことはオスマン帝国内のアルメニア人については言えない。オスマン帝国内のどの地域でも少数派だったアルメニア人は、第一次世界大戦中にとくに微妙な立場になりやすい三つの県に住んでいた。連合国軍の間近な侵攻におびえるイスタンブルは、アルメニア人の最大の密集地だった。アレクサンドレッタ湾を臨むキリキアでは、アルメニア人コミュニティは連合国艦隊と共同戦線を張るのではないかとオスマン人たちは疑っていた。コーカサスでは、少数派のアルメニア人活動家たちが、オスマン帝国に対抗してロシアと同盟を結んだため、コミュニティ全体の立場を危うくした。「青年トルコ人」は、連合国軍の支持を取りつけてオスマン領土内に独立国を創設したいと願っているアルメニア人もいるので、アルメニア人はギリシア人よりもはるかに大きな脅威をオスマン帝国に与えていると信じていた。

第一次世界大戦参加後のオスマン帝国政府の最初の行動の一つが、一九一四年二月にロシアと結んでいた「アルメニア改革協定」を破棄することだった。この協定は、アルメニア人に自治権のある民族的郷土を与えるために、ロシアとの国境に隣接する東端の六県を、外国人の総督のもとに二つの行政区に再編することを求めていた。オスマン人はこの改革計画に反対した。というのは、かなりの数の多数派ムスリムが住む土地に、ロシア庇護下のアルメニア人国家を創設する計画は、アナトリアのトルコ人中心地の分割の始まりと見たのである。一九一四年二月に仕方なく調印したこの協定を、同じ年の十二月十六日に無効にしたことでオスマン人はほっとした。[8]

サルカムシュの敗北の余波として、「青年トルコ人」は、アルメニア人の民族主義願望が彼らの領土に突きつけていると思われる脅威に対処する極端な方策を考え始めていた。一九一五年二月、特務機関《テシュキラーティ・マフスーサ》の事務総長で、「統一と進歩委員会」（CUP）中央委員会のメンバーであるバハエッディン・シャキル博士がコーカサス前線からイスタンブルに帰還した。前線で集めた報告書や文書を武器に、シャキルはやり手の内相タラート・パシャと、もう一人の中央委員会メンバー、メフメト・ナーズムに会った。シャキルは「内なる敵」に対処する必要性を説いた。というのは、「アルメニア人のトルコに対する反抗的態度と、彼らがロシア軍に提供している援助」のためだった。彼らの会合の議事録はないが――殺戮を考えている者はめったに書面を残さない――オスマン帝国の文書と同時代人のメモは、三人の「青年トルコ人」役人が、一九一五年二月から三月にかけて、トルコのアルメニア人コミュニティの絶滅開始決議をしたことを示唆している。(9)

イスタンブルの不運なアルメニア人コミュニティは、オスマン帝国とドイツに対する連合国の戦いを大っぴらに支援したため、敵の術中にはまった。

グリゴリス・バラキヤンは、一九一四年にベルリンで神学を学んでいたアルメニア人司祭だった。ヨーロッパで戦争が始まると、バラキヤンはすぐにイスタンブルへ帰りたかった。ベルリンのアルメニア人たちは、彼に思いとどまるよう説得した。バラキヤンの回想によれば、「多くの人たちはコーカサスへ行き、アルメニア志願兵グループに参加してロシア軍と一緒に国境を越えてトルコ領アルメニアに入るほうがよいと助言した」という。バラキヤンはロシアのアルメニア人部隊と関係を持ちたくなかった。なぜなら、彼はこの部隊は東部のアルメニア人コミュニティへの支援よりも、むしろ脅威になると見ていたからだ。だが、ベルリンにいる彼の友人たちは、バラキヤンの心配を無視した。「彼らは民族主義的感情に取り憑かれていて、アルメニア人に対するトルコ人のひどい行為をただす、またとない機

10.1913年のグリゴリス・バラキヤン。
アルメニア人司祭のバラキヤンは、
1915年4月24日の夜、イスタンブルで逮捕された
240人のアルメニア人コミュニティ・リーダーの
一人だった。彼は死の行進を生き延びて、
「アルメニア人のゴルゴタ」と名づけた
大量虐殺の目撃証人になった。

会を逃してはならないと主張していた」という[10]。

イスタンブルに到着した彼は、オスマン帝国入国管理官に、ベルリンから帰国したところで、ドイツの戦争遂行とトルコードイツ関係への支持を表明した。バラキヤンの忠誠心溢れる言葉に気を良くした税関役人は、このアルメニア人司祭に忠告した。「司祭様、コンスタンチノープルのあなたの同胞で、あなたと正反対の考え方をしている人たちにちょっと忠告してやってください。そうすれば彼らはロシアへの愛着を捨てるでしょう。彼らはロシア人、フランス人、英国人への親近感と愛着が極端になり過ぎていて、ある日、ロシア軍が勝てば、アルメニア人は微笑し……ロシア軍が負ければ悲しむ。このような度が過ぎた率直さは、後になって彼らにとって多くのトラブルの原因になるでしょうから」。バラキヤンは、到着後数日内に、連合国軍の戦

果にアルメニア人のあからさまな支持を表現しているという税関役人の観察が本当であることを知って心配になった。

連合国軍のダーダネルス海峡への攻撃が始まると、アルメニア人は、トルコ統治からまもなく解放されそうな喜びをまったく隠そうとしなかった。「結局のところ、強力な英仏艦隊はすでにダーダネルス海峡にいなくなっているのではないか」とバラキヤンは皮肉に尋ねた。「ということは、コンスタンチノープルは数日のうちに陥落の瀬戸際にはないということでは?」。彼は、アルメニア人が毎日、「堂々たる英国艦隊が、もちろんアルメニア人を救うことをその使命として、ボスフォラス海峡を通過する」のを目の当たりにできると期待して集まっているのを見て当惑した。バラキヤンは、同胞たちが「長い年月の夢と希望が実現される歴史的瞬間が来た」と信じており、オスマン帝国のトルコ人が存亡の危機に直面しているときに、オスマン帝国在住のアルメニア人は「これまでにない高揚状態」に陥っていたと記している。これが暴力行為につながらないわけがない。[11]

すでにキリキアでは、タラート・パシャとその同僚たちがアルメニア人コミュニティに対する最初の対策に着手していた。アレクサンドレッタ周辺地域は、一九一四年十二月に、英国戦艦ドリス号がデルチョルとアレクサンドレッタ間の鉄道線路と鉄道車両を砲撃したように、とりわけ海軍艦船の攻撃を受けやすいところだった。連合国艦隊はその後もキリキア沿岸部を封鎖して砲撃を続けており、スパイまで送り込んでいた。アルメニア人活動家はこれらの外国人スパイを助け、この地方全域で減少しつつあるオスマン軍兵力の情報を提供しているのではないかと疑われていた。陸相エンヴェル・パシャはこうした展開を追い、懸念を深めていた。「敵がキリキアでのわれわれの弱点をまだ発見していないことを願うばかりだ」と彼はドイツ軍陸軍元帥パウル・フォン・ヒンデンブルクに打ち明けている。この地域のオスマン軍兵士の数を増すことができなかったので、その代わり、エンヴェルとタラートは疑わしいアルメニア人コミュニティを強制移住させることにした[12]。

一九一五年二月、オスマン軍はアルメニア人をデルチョルとアレクサンドレッタ(トルコ名イスケンデルン)からアダナ地方へ移住させ始めた。ギリシア人住民交換の例に従って、ムスリム難民は強制的に明け渡されたアルメニア人の家屋に住みついた。この強制追放によって、アレクサンドレッタ湾におけるトルコの防衛に関する懸念は和らいだ。だが、土地や家を奪われたアルメニア人に何の福祉も提供されず、彼らがアダナで生き抜くには同信のキリスト教徒に頼らざるを得なかった。国家の冷淡さが過去の虐殺の記憶を呼び起こし、アナトリア東部のアルメニア人コミュニティに恐怖が急速に広がった[13]。

デルチョルから北東約一〇〇キロのところにあるゼイトゥン村の活動家が、これら最初の追放に対処するため、オスマン人に対する蜂起を企てた。二月中旬、アルメニア人反徒の一団が、ロシア軍の兵器と支援を求めにゼイトゥンからティフリス(現代グルジアのトリビシ)まで旅した。彼らは、オスマン人に対抗して決起する者が一万五〇〇〇人ほどいると主張した。多くの者たちは、全面的な蜂起が起これば、アルメニア人のための連合国軍介入を促進するだろうという誤った信念に取り憑かれていた。だが、ロシア軍は彼らの前線からはるかに離れたキリキアのアルメニア人を助けるため、武器はもとより、ましてや軍隊など、送ることができる立場にはなかった[14]。

二月末、不安を抱いたゼイトゥンのアルメニア人有力者グループが、活動家たちが蜂起を企んでいるとオスマン当局に警告した。キリスト教徒のリーダーたちは、このような忠誠心を示すことで、自分たちのコミュニティを攻撃から守ろうとしたが、彼らの暴露で、アルメニア人がもっとも恐れた報復を受けることになった。大量逮捕に踏み込むため、オスマン軍兵士がゼイトゥンに派遣された。多くの若者たちは家を捨てて田舎に逃げ、そこで次第に数を増しつつあるアルメニア人反徒と軍脱走者の群れに参加し、政府との対決の準備に取りかかった。

三月九日、武装したアルメニア人の一団がゼイトゥンの近くで、オスマン憲兵隊を待ち伏せし、多くの兵士を殺し（死者は報告によって違うが、六人から一五人の間だった）、武器と金を奪った。この攻撃はゼイトゥンのアルメニア人コミュニティ全員の追放の口実にされた。兵士たちはこの町を封鎖し、アルメニア人著名人を逮捕した。四月から七月の間に、ゼイトゥンのアルメニア人すべては中央アナトリアの町コンヤへ追放され、ムスリム入植者が彼らの資産を接収した。すべての資産を取り上げられ、道中、食事や保護が受けられず、七〇〇〇人のアルメニア人がコンヤでホームレスになった。その夏、シリアへの第二次追放が行なわれるまでに、一五〇〇人ほどのゼイトゥンのアルメニア人が飢餓と病気で死んだ。[15]

一九一五年四月、連合国軍のダーダネルス上陸作戦前夜、タラート・パシャと彼の同僚たちは、アルメニア人が侵攻軍と提携するのを防ぐために、アルメニア人コミュニティの政治的、文化的指導者たちを一掃することを決めた。トルコ警察は政治家、ジャーナリスト、アルメニア人政党のメンバー、専門職、宗教権威者たち二四〇人を四月二十四日の夜襲で一斉逮捕した。彼らはアルメニア人内通者の助けを借りて作ったブラック・リストを利用した。夜遅く、ドアを叩く音がした。逮捕者の多くは拘置所に着いたとき、まだ、寝間着のままだった。

アルメニア人司祭グリゴリス・バラキヤンは四月二十四日夜に逮捕された者の一人だった。彼はほかの人たちと同様、まったくの奇襲で捕まった。警察官は彼を階下の道路に待機させておいた「血の色のバス」へ連行した。逮捕された司祭は友人八人と一緒に、アジア側からフェリーで対岸のイスタンブルのヨーロッパ地区に運ばれた。「その夜は死のにおいがした。海は荒れ、われわれの心は恐怖でいっぱいだった」と彼は回想している。バラキヤンと彼の仲間は中央拘置所に収容されたが、そこでほかのアルメニア人抑留者と会った。「彼らはみな、なじみの顔だった――革命家や政治指導者、公的立場の人たち、パルチザンでない人たち、反パルチザン知識人までいた」。その夜の間に、到着するバスによる新参者がこのグループに加わった。彼らは「精神的苦痛に喘ぎ、まだ知らされていないことにおびえ、慰めを待ち望んでいた」。翌日、アルメニア人抑留者たちは、連合国軍によるガリポリ半島上陸支援のための砲撃音を遠くに聞き、この不気味な轟音が破滅をもたらすのか、救出につながるのか危ぶんだ。(16)

アルメニア人にとって、四月二十四日のイスタンブルにおける政治的そして文化的指導者の逮捕は、アナトリアのアルメニア人コミュニティの組織的破壊の始まりだった。この日は「アルメニア人虐殺記念日」として国際的に認知されている。だが、オスマン人にとってのアルメニア人との戦いは四日前に、アナトリア東部の町ヴァンでのアルメニア人蜂起で始まっていた。(17)

ヴァンは大きな市場町で、アルメニア人地区とムスリム地区に分かれていた。ヴァン湖の畔にあるこの町は、四つの門がある城壁に囲まれ、平原から二〇〇メートルの高さに突き出た大きな岩を背に建てられた古い町である。スレイマン大帝時代に建設されたこの城砦都市は、湖面に突き出た岬のてっぺんにあり、町を見下ろすかたちになっている。二階建ての建物が並ぶ細く曲がりくねった街路は、マーケット、モスク、教会に通じている。町の南東部には、警察署や憲兵隊などの政府系の建物もたくさんあった。

十九世紀に、ヴァンは旧市街地の城壁を越え、東の肥沃な土地へと広がった。「田園地区」には果樹園と高い日干し煉瓦の塀に囲まれた家々があった。多くの外国領事館――英国、フランス、イタリア、ロシア――のほかに、カトリック、プロテスタントの宣教師館も「田園地区」に立ち並んでいた。地方の町としては、かなりのコスモポリタン都市であり、あるフランス人口統計学者の推定によれば、一八九〇年代の人口は三万人にすぎず、ムスリムは一万六〇〇〇人、アルメニア人は一万三五〇〇人、ユダヤ人は五〇〇人であった。町の人たちはこの都市に強い誇りを持っており、この町生まれの作家グルゲン・マハリは古典的著作『燃える園』の中で、ヴァンを「おとぎ話に出てくる不思議な緑の毛の魔法使いの女」と呼んでいる(18)。

ヴァンと、その周辺のアルメニア人コミュニティは大きく、政治的にも活発だった。ペルシアとロシアとの二つの国境に近い戦略的に重要な位置を考えれば、ヴァンはいずれオスマン帝国国家とそのアルメニア人市民の間の発火点になることは避けがたかった。

ヴァン州の総督を務めるジェヴデト・パシャは生え抜きの「統一派」で、エンヴェル・パシャの義兄弟であった。一九一五年三月、ジェヴデトは憲兵隊に命じ、隠された武器を探すため、アルメニア人村を捜査し、オスマン帝国に対抗するための武器所有容疑者を逮捕させた。こうした捜査が、ヴァン周辺の村々でのアルメニア人に対する集団虐殺につながった。アルメニア人コミュニティの指導者層を排除するために、ジェヴデトはヴァンのアルメニア人民族主義政党「ダシュナク」の三人の指導者の殺害を命じたといわれている。アルメニア人指導者の二人、別名イシュハーン（アルメニア語で「プリンス」の意）として知られるニコガヨス・ミカエリヤンとオスマン帝国議会議員のアルシャク・ウラミヤンは殺害された。三番目のリーダー、アラム・マヌキヤンはジェヴデトを信用していなかったので、総督の執務室に来るようにとの招待に応じなかった。彼は二人の同志の失踪と殺害を知り、ヴァンのアルメニア人たちの差し迫った殺戮に備えて、これに抵抗する地下組織づくりに努めた(19)。

ヴェネズエラ出身の兵士ラファエル・デ・ノガレスは、信念からでなく、冒険心からオスマン軍に加わった。エンヴェル・パシャはイスタンブルでノガレスに会い、サルカムシュの敗戦の直後、兵士が減った第三軍に参加しないかと誘った。三月、このヴェネズエラ人はエルズルムの第三軍司令部に到着した。ここでは、士官たちはロシア軍と戦うよりも、チフスとの戦いに関心があった。デ・ノガレスは、実戦を見たくて、ロシア前線で唯一積極的に戦闘活動をしているヴァンの憲兵隊に志願した。彼はエルズルムからヴァンに行く途中、オスマン帝国とアルメニア人の対立がいちばん激しい地域を通った。彼がヴァンに到着したのはアルメニア人がオスマン帝国支配に対して蜂起した日だった。

四月二十日、デ・ノガレスと護衛官はヴァン湖の北西部に延びる道で、「アルメニア人のばらばら死体」が散らばっているのに遭遇した。湖の南岸の村からはいく筋もの煙が立ち上っているのが見えた。「それでわかった」と、彼はのちにこのような出来事をずっと前から予想していたかのように書いている。「賽は投げられた。アルメニア『革命』は始まっていた[20]」

翌朝、デ・ノガレスはヴァン湖の北岸にあるアディルジェヴァズ村のアルメニア人地区で残忍な殺戮が行なわれているのを目撃した。オスマン帝国の役人たちは、クルド人と地元の野次馬の手を借りて家屋や商店を徹底的に捜索して所持品を奪い、アルメニア人男性すべてを殺害したという。オスマン軍将校の制服を着ていたデ・ノガレスは一人の将校に近寄り、殺戮をやめるように要求したとき、その男は「十二歳以上のアルメニア人男性すべてを殺せ……というはっきりした総督［すなわちジェヴデト・パシャ］の命令に従っているだけだ」と答えたので仰天した。デ・ノガレスは総督の命令を覆す権限はないので、この殺戮から身を引いたが、殺戮はさらに九〇分も続いた[21]。

デ・ノガレスは、アディルジェヴァズからモーターボートでヴァン湖を横断し、日が暮れてからヴァンの郊外のエドレミット村に着いた。「燃える村は空を赤く染め」、岸辺を照らしていた。エドレミットはまさに戦場で、家や教会が炎に包まれ、人体の焼け焦げるにおいが立ち込めて、銃声の響きが、破壊音と混じり合っていた。彼はエドレミット村で夜を過ごし、クルド人とトルコ人非正規兵と、どう見ても劣勢のアルメニア人との間の銃撃戦を目撃した。

正午に、デ・ノガレスは護衛官に守られてエドレミットからヴァンに向かって出発した。彼の回想によれば、「道の左右で、ハゲワシの群れが鳴きながら舞っており、あらゆるところに投げ捨てられたアルメニア人の遺体を貪る野犬の群れと争っていた」という。ヴァンに入ったときには、蜂起は二日目で、旧市街はアルメニア人反徒が掌中にしていた。旧市街を見下ろす城塞はまだオスマン軍の支配下に残されており、この高所からトルコ軍は日夜を通して、アルメニア人陣地を砲撃した。砲兵将校であるノガレスにこの仕事が与えられた。彼は城塞のモスクに司令部を設け、砲撃の正確さを観察するため高いミナレットに登った。

二一日間にわたり、デ・ノガレスはヴァンのアルメニア人に対するオスマン軍作戦に従事した。「ヴァンの包囲期間中に、このようなすさまじい戦いを見ることはめったになかった」と彼は回想している。「誰も自分の持ち場を譲ろうとはしないし、それを取ろうと思う者もいなかった」。戦いが進むにつれて、彼はアルメニア人もオスマン人も同じように残虐な行為をしているのを見た。彼のヴァンの包囲戦の回想録は、両者に対する同情と反発の間を揺れ動いている。

ロシア軍はヴァンのアルメニア人防衛隊を助けるため、ペルシアとの国境方面からゆっくり進撃してきて、オスマン軍を撃退しつつあった。ロシア軍にとって、アルメニア人の蜂起は、戦略的に重要なオスマン帝国領土を占領しやすくした。ロシア軍が接近してきたので、ジェヴデト・パシャは五月十二日、仕方なくヴァンにいるムスリムに避難命令を出した。最後のオスマン兵が城砦から撤退したのは五月十七日である。旧市街と「田園地区」のアルメニア人はようやく合流できた。五月十九日にロシア兵が進駐してくる前に、彼らは一緒にムスリム居住区とすべての政府関係の建物を焼き払った[22]。

ロシア軍は「ダシュナク」のリーダー、アラム・マヌキヤンをヴァン州の総督に任命した。マヌキヤンはこの町に民兵や警察を含むアルメニア行政府を設立した。これらの出来事は、アルメニア人歴史家の言葉を借りれば、「アルメニア人の政治意識を刺激し、ロシアの保護の下に解放され、自立したアルメニアを求める人たちの自信を強めた」。どちらもオスマン帝国がもっとも恐れていたものだった。[23]

トルコ軍のほうは、ヴァンをやすやすと手放すつもりはなかったので、ロシア軍とアルメニア軍の陣営を執拗に攻撃した。戦線を広げ過ぎていたロシア軍は撤退を余儀なくされた。七月三十一日、アルメニア人は所持品を持って家を出るように勧告された。約一〇万人のアルメニア人がロシア軍とともに撤退した。これは「大退却」と呼ばれている。ロシア軍がヴァンの町を完全に占領するまでに、トルコ軍との三度の激しい攻防戦があり、一九一五年秋、ようやくロシア軍統治下になったときには、建物の大半は残っておらず、アナトリア東部で生き残ったアルメニア人はほとんどいなかった。

ヴァン地区を統治する権利の見返りに、ロシア軍にヴァンの占領をしやすくさせたことによって、アルメニア人はスパイであり、オスマン帝国の領土保全の脅威であるという「青年トルコ人」の疑念はいっそう強まった。さらに、彼らの蜂起の時期が、連合国軍のガリポリ半島上陸作戦に非常に近かったことから、アルメニア人は協商国と連携して蜂起したと「青年トルコ人」は確信するようになった。ジエマル・パシャの回想によれば、「ダーダネルス戦が危機的にあるまさにそのときに、英・仏の東地中海部隊総司令官がアルメニア人に蜂起せよと命じたことは、反駁の余地のない事実である」という。ジエマルの主張を支持する証拠は残っていないが、「統一派」はアルメニア人が連合国と連携していると信じ込んだ。ヴァンの陥落以後、オスマン帝国政府はアナトリア東部の六州だけではなく、アナトリア全土からアルメニア人の存在を除去する措置をとり始めた。[24]

アルメニア人の強制移住は、政府命令によって大っぴらに行なわれた。「青年トルコ人」政権は、一九一五年三月一日にオスマン帝国議会を休会にしてしまっていたので、内相タラート・パシャは議会での討議なしに自由に法を制定することができた。一九一五年五月二十六日、ロシア軍のヴァン侵攻の一週間前、タラートはオスマン閣僚会議に一つの法案を提出した。政府はタラートの「強制移住法」を速やかに承認し、アナトリア東部六州のアルメニア人をロシア戦線から離れた秘密の場所への全面的移住を許可した。

五月末、内務省は州および地区総督宛に、すべてのアルメニア人を直ちに追放せよと呼びかけるタラートの署名入りの命令書を送った。強制移住の告知は、戦時中の一時的疎開という理由で、わずか三日から五日間、アルメニア人居住区の大通りに告知されただけで実行に移された。アルメニア人は携行できない所持品は政府の金庫に預けるように指示された[25]。

このような強制移住の公示と並行して、「青年トルコ人」は残ったアルメニア人被追放者の集団殺戮の秘密命令も発令していた。絶滅命令は文書ではなく、「統一と進歩委員会」中央委員会メンバーのバハエッディン・シャキル博士、もしくはほかの役人により口頭で州総督に伝えられた。非武装の市民を殺害することに反対したり、文書による命令書を要求したりした総督は、免職もしくは暗殺されたりするケースもあった。あるディヤルバクル州の総督が、自分の州のアルメニア人を殺戮する前に文書による告知を要求したとき、彼は解雇され、ディヤルバクルに出頭を命じられ、その途中で殺害された[26]。

もっと迎合的な総督たちは、当然の仕事として、被追放者を殺害するために武装ギャングを集めた。彼らはエンヴェルの特務機関《テシュキラーティ・マフスーサ》の助けを借りて、刑務所を出所した暴力犯、アルメニア人と長い間、対抗してきたクルド人ギャング、最近、バルカンやロシア領コーカサスから来たムスリム移民などを殺戮に利用した。普通の平均的トルコ村民たちでさえ、アルメニア人被追放者の殺戮に協力した。彼らのある者たちは、被追放者が亡命先で暮らしをつなぐため、大事に所持してきた衣服、現金、宝石などを奪った。アルメニア人を殺すことは、協商国に対するオスマン人のジハードであると政府役人に説得さ

11.1915年のメフメト・タラート・パシャ。1913年以降、最初は内相、のちには大宰相としてオスマン帝国政府を支配するようになった「青年トルコ人」の三頭政治家の一人で、アルメニア人の大量虐殺につながる措置を認可した。

れて、こうした行為に加担した人たちもいた。アルメニア人司祭グリゴリス・バラキヤンがあるトルコ軍大尉との会話を記録している。彼によると、「政府役人は周囲のトルコ人村のすべてに憲兵隊を送り込み、アルメニア人を殺戮することはジハードであるとして、ムスリム民衆を扇動した」という。[27]

強制移住命令と秘密絶滅命令の「二本立ての措置」の証拠は、戦後の政府役人の証言により明るみに出された。一九一八年、オスマン帝国閣僚会議のあるメンバーがこう証言した。「私はいくつかの秘密を知り、興味深いことに遭遇した。強制移住命令はタラート内相の公式チャンネルを通して地方の州に送られた。この命令の後で、『統一と進歩委員会』の中央委員会は、邪悪な仕事の遂行をギャングにやらせる縁起の悪い命令を関係部署に回覧した。これによって、ギャングは野に放たれ、いつでも残忍な殺戮に取りかかれる態勢になった[28]」

殺戮はアナトリア全土で、決まった手順で行なわれた。強制移住の公示後、アルメニア人は、決められた日に、銃剣を持った憲兵隊に家から追い出された。十二歳以上の男子は家族と引き離されて殺された。小さな村では婦女子の目の前や、叫び声が聞こえるところで殺された。大きな町からの男子は、とくに外国人の目撃を避けるために、人目に付かない遠方に連れて行って殺された。男子と別にされた後で、婦女子は武装兵によって町から連れ出された。生存者の話によると、このような隊列のいくつかは、盗賊に襲われたり、殺戮されたりした。また、町から町へと連れ回され、途中、病人、弱い者、老人たちは殺されるか、置き去りにされた。最終目的地はシリアやイラクの茫漠とした砂漠を越える危険な旅をしてたどり着くダイル・アッザウル（トルコ語ではデリゾール）や、モスルなどの収容所であった。

集団殺戮の創案者たち――タラートとそのアドバイザー、メフメト・ナーズム博士、バハエッディン・シャキル博士――はアナトリア東部六州ではアルメニア人はすべて追放し、オスマン帝国のどの地方でも人口の一〇パーセント以下にすることをめざした。こうすれば、アルメニア人がオスマン領土内での独立国家樹立に必要な人口にはけっしてならないはずだった。だが、このような率にまで人口を減らすには、オスマン帝国在住のアルメニア人の大多数の人びとを殺戮する必要があった。これは武装ギャングによるおぞましい虐殺と、砂漠を越える死の行進による高い死亡率によって達成された[29]。

最初に強制移住させられたのは、一九一五年五月、エルズルムとエルズィンジャンのアルメニア人だった。二カ月の行進の後、生存者は二〇〇キロ離れたハルプトの町にたどり着いた。そこのアメリカ領事は、オスマン帝国政府が彼らの短期滞在用に設えたキャンプで追放された人たちに面会した。「男たちの大部分が路上で殺されたのでほとんどいなかった」とレスリー・デイヴィス領事が記している。

「路上で待ち構えていたクルド人が、男性だけを殺すことになっていたように思われる」。女性たちは「ほとんど例外なくぼろをまとい、不潔で、空腹で、病気だった。二カ月もの間、着替えや身体を洗う機会もなく、泊まるところも食べ物もほとんどない状態だったことを考えれば驚くに当たらなかった」。空腹の女性たちが食料を持ってきたガードマンを集団で襲ったが、棍棒で「死ぬほど強く」殴り返されただけだった。絶望した母親たちは、さらなる恐怖を与えないために子供たちをアメリカ領事に託そうとした。「こういう手段でこれらの人びとを追放しつづければ、比較的短期間で彼らのすべてを抹殺することが可能だろう」とデイヴィスは回想している。「これらのすべての動きは、この国では前例のないほど完璧に組織化された、事実上の殺戮であった[30]」

六月に、タラートは強制追放政策をアナトリア東部のすべての州で、「例外なく、すべてのアルメニア人」に拡大させた。エルズィンジャン、スィワス、カイセリ、アダナ、ディヤルバクル、アレッポなどの町は、ダイル・アッザウル、モスル、ウルファへ送られるアルメニア人被追放者の群れの受け入れセンターとなった。行進のどの行程でも、アルメニア人は筆舌に尽くせない残虐行為を受けた。「このような聞いたこともない恐怖の日々を生きていた私たちは、なぜこんなことが起きているのか、まったく把握できなかった」とグリゴリス神父は回想している。「まだ生き残っている私たちは、すでに血塗られた拷問や死という避けられないつけを払った者たちを羨ましく思った。こうして生き延びた私たちは生きている殉教者となり、毎日、少しずつ死にかけては、また生き返った[31]」

アルメニア人司祭グリゴリス・バラキヤンは、何とか生き延びてアルメニア人の虐殺の実態を未来の世代に伝える目撃証人になろうと決意した。連合国のガリポリ上陸の前夜、イスタンブルの快適な家から連れ出されたバラキヤンは、ほかの著名人一五〇人とともに、アンカラの北東にあるアナトリア中央部のチャンクルの町へ連行された。六月二十一日のタラートによるアルメニア人全員強制移住命令が発令されると、チャンクルにいるアルメニア人の一部を強制移住から免れさせてもらうために、金塊一五〇〇個という多額の賄賂を地元役人に渡して交渉した。これで司祭とその仲間たちは、最悪の虐殺が行なわれた七カ月間の執行猶予で命は助かったが、一九一六年二月にはついにダイル・アッザウルに移住させられることになった。バラキヤンとその仲間たちは、アルメニア人の殺害を平然と見るようになっていたギャングや村民たちに大胆に立ち向かった。

すでに数千人のアルメニア人が死の行進をした道を歩きながら、バラキヤンは彼の隊列に付き添うオスマン人将校たちと会話を交わすようになった。オスマン憲兵隊将校たちは、彼らが「護衛している」アルメニア人たちは長生きするとは思わず、どんな質問にも進んで答えてくれた。もっとも率直に答えてくれた将校の一人がシュクリ大尉で、彼は四万二〇〇〇人のアルメニア人の殺害を目撃したことを認めた。

「大尉殿、道端に転がっている人骨はなぜここに?」と、バラキヤンは世間知らずのふりをして尋ねた。

「八月と九月に殺されたアルメニア人の骨だ。命令はコンスタンチノープルから来た。タラート内相は死体を埋める穴を掘らせたが、冬の洪水で泥が押し流され、ご覧のとおり、骨があちこちに散らばっているわけさ」と大尉は答えた。

「アルメニア人殺害は誰の命令で行なわれたのかね?」と、バラキヤンは突っ込んで訊いた。

「命令はコンスタンチノープルの統一派中央委員会《イッティハード》と内務省から来た」とシュクリ大尉は説明した。

「命令をもっとも厳格に遂行したのはヨズガット県副知事ケマルだ。ケマルはヴァンの生まれで、ヴァンの反乱のときに、彼の家族がアルメニア人に殺されたことを知り、その復讐をしたくて、男たちと一緒に女子供たちも虐殺した」[32]

大尉はバラキヤンの質問にうろたえたりしなかった。彼は、道中の長い時間を、自分が語る悪事に慣れたアルメニア人神父と会話しながら歩くのを楽しんでいるように見えた。数千人の男たちを殺した話、所持品を奪われ、子供たちと一緒に殺された六万四〇〇〇人の女たちの話、そういう話を語るとき、彼は、いつも「浄化」（トルコ語で「パクラマク」）という言葉を使った。この大量虐殺者のオスマン軍将校は、アルメニア人神父に愛着を感じるようになって、彼がイスラームに改宗するなら、あらゆる危害から守ってやってもいいと言った。

バラキヤンは、トルコ軍将校たちとの会話を通して、政府側から見たアルメニア人の悲劇のあらゆる様相を学んだ。道中に遭遇した生存者たちとの会話で、アルメニア人の集団殺戮についての知識も深めた。バラキヤンは、両サイドの見方に、自身のすばらしい記憶力を加味して、一九二二年、最初にアルメニア語で、『アルメニア人のゴルゴタ』と題する回想録を出版した。

大量殺戮を生き延びたことを語るのは易しいが、実際に生き延びるのは容易でない。自分を捕えたトルコ軍将校たちとの友好関係を維持することで、彼の言葉を借りれば、突然の死の危険がある中で、神を信じてその日その日を生きていたのだ。長い強制移住行進の途中、司祭と彼の仲間たちは、死者の亡骸、飢えた生存者たちの訴え、自分の命を救うためイスラームに改宗した者たちの恥辱など、オスマン帝国内のアルメニア人コミュニティに降りかかった深遠な恐怖に大胆に立ち向かった。隊列がアナトリアを横切ってキリキアを通り、シリア砂漠に至る間、バラキヤンは日記に詳細を記録した。アルメニア人大量殺戮を生き延びたほかの人たちの供述も、彼が書いたことの大半を裏づけている。

警告なしにいつ来るとも知れぬ暴力による死の恐れが、毎日経験する蛮行、極度の疲労、喪失感に輪をかけた。多くのアルメニア人が異教徒の残酷さに直面するよりも自殺を選んだ。生き延びると誓っていたグリゴリス・バラキヤンでさえも、自殺を考えるところまで追い詰められた。ハリュス川近くで武装ギャングに遭遇したとき、バラキヤンと彼の仲間たちは、前の人たちの多くがしたように、「逃げられない災難」に遭遇したら、急流に飛び込もうと決めていた。「この数万人のアルメニア人の深い墓地は、われわれを急流に引き込むのを拒まず……そして、トルコ人犯罪者の手にかかって味わう苦しみと残酷な死からわれわれを救ってくれそうだった」と彼は回想している。あのとき、バラキヤンが落ち着いて自分たちの隊列をギャングの手の及ばない道をうまく通らせてくれなかったら、全員の命は助からなかった。[33]

マヌエル・ケルキャシャリアン（自分自身をM・Kと呼ぶ）は、母がユーフラテス川の急流に架かる橋から飛び込み自殺をしたとき、わずか九歳だった。アダナの住民だったM・K一家はラス・アル・アイン（現代のシリアにある）のメソポタミア収容所へ強制移住させられようとしていた。子供でしかなかったM・Kは、彼の家族が武装ギャングに襲われたり、護衛の憲兵に殴られたりするのを見た。長い行進で母の足は腫れて痛んだが、取り残された人たちの運命を知っていたので、隊列について行こうと必死だった。[34]

ある夜、もはや歩けないと知ったM・Kの母は、夫に恐ろしい頼みごとをした。「川の縁まで連れて行ってください。私は自分で飛び込みます。もし私がとどまれば、アラブ人は拷問して私を殺すでしょうから」。夫は拒んだが、彼女の恐れに理解を示した近所の男が、M・Kの母を背負って川幅の増したユーフラテス川の岸まで運んだ。幼い息子と司祭が川まで同行したが、彼女が急流に身を投げたとき、M・Kは目をそむけた。振り向くと、急流に押し流される寸前の母が一瞬、ちらりと見えた。

母の死から二日も経たないうちに、M・Kの父は睡眠中に死んだ。この幼い少年は孤児になり、誰もかまう人がいなくなった。裸足だった少年は、足が腫れて歩けなくなった。隊列が置き去りにした多くの女や、自分と同じような子供たちを兵士が殺すのを少年は見た。彼は、残りの衣服をパンツに至るまで奪われ、道路脇に一人で捨てられ、空腹で喉が渇き、おびえていた。

アルメニア人司祭グリゴリス・バラキヤンは、道沿いで多くのこのような孤児に出会った。M・Kが孤児になったところに近いイスラヒーエで、彼は十一歳の姉と一緒に物乞いをしていた八歳の少年に出会ったが、二人ともほとんど裸で、飢餓で死にかけていた。姉は「学校で学んだ正しいアルメニア語」で、彼ら二人を残して、一四人いた家族全員がどんなふうに死んだかを話してくれた。「私たちは生き残りたくなかったのに」と彼女はむせび泣いた。[35]

幼いマヌエル・ケルキヤシャリアンは、自分でコントロールできない力にもてあそばれながらも生き延びた。彼はいつの間にか、自分とは違う言葉を話し、仕草も理解できないアラブ人やクルド人の中に自分がいることに気がついた。食べ物や衣服をくれる者もいれば、石をぶつけたり、彼の物を奪ったりする者もいた。彼はひどい残酷な行為を目撃したり、アルメニア人の死体で覆われた野原を横切ったりもした。誰もいない道をさまよっていたとき、四人のクルド人女性に助けられ、彼女たちの村へ家事手伝いとして連れて行かれた。彼は戦争の残りの歳月を、惨酷な異教徒から逃れ、トルコとシリアの国境地帯の親切なクルド人の村人のおかげで生き延びることができた。

ある日の夕方、M・Kは遠くの丘の上の村が燃えているのを見た。彼を匿ってくれていたクルド人の説明によれば、いくつかの略奪されたキリスト教徒の村の一つ、アザクというアッシリア人の村だという。「おい、異教徒の子よ。見たかい?」と、そのクルド人は満足げに言った。「トルコのアルメニア人はみんな、トルコの異教徒はみんな消されたんだ。燃えている村は異教徒の村で、村民は生きたまま火あぶりにされた」。クルド人は、M・Kを怖がらせようとして、「トルコにはキリスト教徒は一人もいない」と付け加えた。M・Kの回想によれば、「ぼくがいるのに、間違いなく」と思ったという。[36]

アルメニア人と同様に、オスマン帝国のアッシリア人キリスト教徒は「大戦」勃発時に、ロシアに与していると非難された。アッシリア人は古代アラム語から引き継がれた方言を話すキリスト教徒の民族集団だった。何世紀もの間、彼らは現代のトルコ、シリア、イラン、イラクの国境地帯のクルド人コミュニティの中で生活していた。アッシリア人には、主にネストリウス派、シリア合同教会信者、シリア正教会のキリスト教徒などがいた。

オスマン帝国のアッシリア人コミュニティは、アルメニア人と同様、一八九五年、一八九六年、一九〇九年のアダナ殺害事件などで、周期的な虐殺を受けていた。大国の庇護を模索していたアッシリア人もまた、ロシアに期待した。オスマン帝国が「大戦」に参加すると、アッシリア人は協商国に加担していると非難され、「青年トルコ人」政権による絶滅の標的にされた。アッシリア人キリスト教徒の戦前人口六二万人のうち二五万人が第一次大戦中に殺された。子供だったM・Kにとって、ある大きな計画の一部として、アッシリア人とアルメニア人がオスマン国土から完全に消されてしまう可能性があるように思えた[37]。

M・Kは、アナトリア南東部の村々を移動しているとき、自分と同じようにクルド人の間に身を寄せた多くのアルメニア人の子供と若い女性たちに遭遇した。こうした人たちの大半は死の行進から集められ、クルド村民の家庭や農場で働かされていた。M・Kはクルド人保護者の家族の男と結婚した何人かの若いアルメニア人女性に会った。その中に、大量虐殺を生き延びたヘラヌシュ・ガダリヤンがいた。

ヘラヌシュは、二つの教会と修道院があり、二〇〇世帯以上の家族が住む大きなアルメニア人コミュニティであるアナトリア東部のハバブという村の立派な家庭に生まれた。彼女は字を書くことを学ぶとすぐに父宛に手紙を書いた。父は死ぬまでその手紙を財布に入れて大事にしていた。「私たちはみな、あなたが元気であることを望み、祈っています」と、彼女は兄弟姉妹を代表して書いている。「私たち

12.アルメニア人未亡人たち——1915年9月のトルコで撮影。
アルメニア人の計画的虐殺のニュースがトルコから漏れ、
すでに1915年秋にはヨーロッパやアルメニアの新聞に取り上げられていた。

は毎日学校に通い、行儀のよい子供になろうと努めています」。バラキヤン神父なら、学校で教える立派なアルメニア語で書かれていると褒めていたであろう(38)。

三年生のとき、憲兵隊がヘラヌシュの村を襲った。彼らは男性全員を駆り集める前に、アルメニア人村長をおびえた村民の前で殺した。彼女の祖父と三人のおじたちは連れて行かれたが、その後、消息は途絶えた。やがて憲兵隊は村の女たちを近くの市場町パルーへ連行し、教会に押し込めた。彼女たちは教会の壁の外のひどい叫び声を聞いた。一人の少女が教会の高窓に上り、外を見た。ヘラヌシュは、その少女が語った「憲兵隊が男たちの喉を切り、川へ投げ込んでいる」という恐ろしい話を忘れることができなかった。

ハバブの女や子供たちは、パルーからアナトリアを横切ってシリア砂漠に向かう死の行進のアルメニア人群衆に加わった。へラヌシュの回想によれば、「行進中、母は隊列の最後尾になるのを避けようと非常に速く歩くので、私たちがついて行けなくなると、母は私たちの手を引っ張った。列の最後では、人びとは泣いたり、叫んだり、懇願したりしていた」。第一日目の行進が終わるころ、ヘラヌシュの妊娠していた叔母は具合が悪くなり、隊列の後ろに落伍してしまった。憲兵たちは彼女を銃剣でその場で殺し、道端に置き去りにした。「行進中、老人、弱った人、歩けなくなった人たちを彼らは銃剣で殺し、倒れたところに放置した」

ディヤルバクルへの行進中、隊列はマーデンの町で川を渡った。ヘラヌシュは、父方の祖母が、孤児になり、歩けなくなった二人の孫の顔を水につけて窒息させてから川に投げ入れ、自分もグリゴリス・バラキヤンが「数万人ものアルメニア人の深い墓地」と認めた激しい川の流れに身を投げるのを見た。

彼らがチェルミク・ハンマームバシュの町に着いたとき、この地方の住民は哀れな生存者たちを取り囲み、自分たちの家で働けそうな健康な子供たちはいないかと探した。馬に乗った一人の憲兵がヘラヌシュを求め、近くの村から来た男は弟のホレンを欲しがったが、ヘラヌシュの母は即座に断った。「誰も子供たちを私から取れません。私はこの子たちをけっして離しませんよ」とヘラヌシュの母は叫んだ。

ヘラヌシュの母方の祖母は、子供たち自身の安全のため、彼らを手放すように彼女を説得しようとした。「ねえ、おまえ」と祖母はヘラヌシュの母に懇願した。「子供たちは次々と死んでいるのよ。この行進から誰も生きて抜け出ることはできません。もしも、あなたがこの人たちに子供をあげれば、あなたは子供たちの命を救うことになるのよ」。一族の女たちがこのぞっとするような論争を続けているうちに、男たちはさっさと子供たちを捕まえ、馬上の憲兵はヘラヌシュを取り、もう一人の男はホレンを押さえた。彼女の母は馬上の男にできるだけ長くつかまっていたが、彼女の握った手が緩んだ途端、娘を永久に失った。

憲兵はヘラヌシュをチェルミクの郊外の農場に連れて行った。そこで彼女は、故郷の村のハバブ出身で、死の行進から拾われた八人のアルメニア人の娘に会った。娘たちは果樹園で食事を与えられ、丁重に扱われていた。その日の終わりに、騎馬警官はヘラヌシュを引き取りに来て、チェルミク近くの自分の家へ彼女を連れて行った。彼と妻の間には子供がいなかったので、憲兵は彼女を娘のようにかわいがった。だが、彼の妻はこのアルメニア人の娘に彼が示す愛情に嫉妬し、彼女はただの使用人だとヘラヌシュにいつも屈辱感を与え続けた。彼らはヘラヌシュに「セヘル」〔「暁」の意〕というトルコ名を与え、トルコ語を教えた。

ヘラヌシュは自由と本来の身分を失ったが、新しいトルコ名で生き延びた。彼女の家族の多くは強制移住で死んだが、それでも驚くほどの人数が生き永らえた。ヘラヌシュと同じ日に連れ去られた弟のホレンは隣村で働き、羊飼いのアフメトとして知られていた。彼女の叔母で、いちばん美人だった母の妹はクルド人騎手に誘拐されて結婚したが、生き延びただけでなく、新しい家族として暮らすヘラヌシュを何とか探し出した。もっとも驚くべきは、彼女の母がアレッポへの行進を生き残り、そこに戦争が終わるまでとどまり、打ちのめされた家族を探すためにアメリカから帰ってきた夫と再会したことである。だが、ガダリヤン夫妻は娘ヘラヌシュとの再会はできなかった[39]。

ヘラヌシュはすっかりトルコ化された後、十六歳のとき、憲兵の甥の一人と結婚した。彼女の結婚証明書には、憲兵ヒュセインとその妻エスマの娘セヘルと記されていた。セヘルは人生の残りをトルコ人主婦として生き、子供たちを良きムスリムとして育てた。

グリゴリス・バラキヤンは、虐殺を免れるため、イスラーム教徒になった数人のアルメニア人に遭遇した。改宗は大人にとってはもっとも難しいことだったが、子供のほうはずっと適応性があった。数百人、あるいは数千人の若いアルメニア人がトルコ社会に同化したが、彼らの出自はほとんど忘れられた

——だが、完全にではなかった。戦争が終わって何年も経ってからでさえ、トルコ人はこれらの改宗者を、まだ「死に損ない」と呼ぶ者もいたのである。[40]

グリゴリス・バラキヤンはダイル・アッザウルへの致命的な砂漠横断を始める前に、死の行進を放棄する決意をした。彼は、ちょうどダイル・アッザウルから戻ってきたオスマン軍輸送隊の二人のアルメニア人御者に出会った。彼らは生きているアルメニア人司祭に遭遇して驚き、バラキヤンが死の行進に向かうのを必死で思いとどまらせた。「どう話したらわかってもらえるか？」と、二人のアルメニア人御者は絶望的に問いかけた。「ダイル・アッザウルへ行った人たちが経験したことはとても言葉では尽くせない」。それでも、彼らはその恐しさを何とか言葉で表そうとした。

たくさんの家族がアレッポからデリゾールへ向かったが、生きてデリゾールに到着した者は五パーセントにも達しなかった。砂漠の盗賊が……集団で馬に乗り、槍を携えてこれらの無防備な人びとを襲った。彼らは殺し、誘拐し、強姦し、略奪した。彼らは使えそうな人間を選んで連れ去った。それに抵抗した者は恐ろしい拷問にかけて従わせた。後戻りは禁止されていて不可能だったので、生き残った人たちは前進するしか選択肢はなく、新たな攻撃や略奪にさらされた。デリゾールに着いたのは五パーセント未満だった。[41]

御者たちは、その恐しさを詳しく話すことによって、ようやくアルメニア人神父が生き残る唯一のチャンスは、慎重に計画を立て、オスマン軍捕者から逃亡するしかないと確信させることに成功した。バラキヤン神父は、計画を腹心の仲間に漏らした後、一九一六年四月初めにアルメニア人のタバコ密輸業者と一緒にアマヌス山脈地帯で隠れ場所を探した。

ドイツの鉄道会社はアマヌス山脈を貫徹するトンネルを完成させるため、まだ四苦八苦していた。タウルス山脈とアマヌス山脈の連なりがベルリン–バグダード鉄道の完成のための最後の障碍になっているのは明らかだった。この鉄道は、メソポタミアとパレスチナにおけるオスマン帝国の戦争遂行にきわめて重要だったので、陸相エンヴェルは立ちはだかる山脈を貫徹する長いトンネルを完成するために必要な労働者を集めるについては、ドイツの鉄道会社の裁量に任せた。死の行進から逃げ出したたくさんのアルメニア人がアマヌス山脈のトンネル工事現場を避難先にした。バラキヤンによれば、一九一六年初頭にこの鉄道工事現場で働いていた労働者は一万一五〇〇人もいたという。彼らは最低賃金できつい労働に従事していたが、鉄道の仕事は死の行進よりましだった。ここで、グリゴリス・バラキヤンは司祭の僧服を脱ぎ捨て、長老風のひげも剃り、大量殺戮からの逃走を始めた。

バラキヤンはまもなく、流暢なドイツ語のおかげで、現場で働くオーストリア人とドイツ人技師の保護を得て監督者になった。だが、鉄道線路もけっして安全ではなかった。一九一六年六月、トルコの役人は、アルメニア人労働者のほぼ全員の職を奪い、直ちに追放、移住させた。ドイツ人鉄道技師たちはこの処置に対し、鉄道を完成させるためにはアルメニア人労働者が必須であると抗議した。バラキヤンはこの最後の死の行進から除外された一三五人の「特別職」の一人だった。追放から除外されたこれらのアルメニア人には、イスラームへ改宗せよとの圧力が次第に強くかけられるようになった。バラキヤンにとって、改宗は論外だった。このアルメニア人司祭は、ドイツ人同僚たちの助けを借りて、ドイツ人の仮名を使い、この鉄道の別の工事現場へ逃げた（バラキヤンはドイツとオーストリア国籍の人たちの人道的な尽力について好意的に書いているが、ドイツ軍人たちはアルメニア人に対して、「青年トルコ人」と同じくらい敵対的だったとも言っている）。戦争が終わるまで、バラキヤンはひそかに、あるいは偽名で動き、強制移住を免れた。このようにして亡命司祭は、彼自身の推定によれば、一九一五年の終わりまでにオスマン帝国内のアルメニア人の四分の三を抹殺した措置から生き延びた。

「大戦」中、殺戮されたオスマン人キリスト教徒の数については一致した数字はない。ギリシアとの住民交換では、犠牲は比較的に少なくてすんだが、数十万人のアルメニア人とアッシリア人が一九一五年に始まった強制移住で死亡した。一九一五年から一八年の間に起きた集団殺戮は、故意ではなく、戦争のせいだったのか、あるいは意図的な殺戮政策の結果であったのかの論争は、二十一世紀まで持ち越されている。だが、アルメニア人の集団殺戮を認めない人たちでさえ、六〇万人から八五万人の民間アルメニア人が戦時措置の結果、死亡したことは認めている。それに対し、アルメニア人歴史家たちの間には、意図的な国家政策によって一〇〇万から一五〇〇万人にのぼるアルメニア人が死亡した――これは現代初の集団殺戮だった――という説がある。[42]

アルメニア人とアッシリア人の両コミュニティの中で、戦時中のオスマン帝国の敵国に協力していた人たちがいたことは間違いない。一九一五年の春、オスマン帝国はダーダネルス海峡、コーカサス戦線、メソポタミアの三戦線で同時に攻撃対象にされていた。「青年トルコ人」政権が、キリスト教徒の国民に対し、なぜあのような前例のない暴力行為を野放しにしていたのかを説明する助けとして、人道に反する犯罪が続いたことを正当化するわけにはいかない。

皮肉なことに、アルメニア人その他のキリスト教徒コミュニティを絶滅させたからといってオスマン帝国の領土保全はまったく好転しなかった。キリキア地方のアルメニア人を強制移住させたが、連合国は結局、ここを攻撃しなかった。ベルリン－バグダード鉄道で働いていたアルメニア人まで死の行進に追いやったことで、兵員や物資の輸送が滞り、オスマン帝国のメソポタミアでの戦いは、事実上不利になった。アナトリア東部でのアルメニア人コミュニティの絶滅は、ロシアのコーカサスへの侵攻を防ぐことに何の役にも立たなかった。ロシア軍は一九一六年二月、エルズルムの要塞の町をまったく抵抗なしに征服した。その年の暮れ、ロシア軍は黒海沿岸の港町トレブゾンと、商業の町エルズィンジャンを征服したが、アルメニア人を強制移住させた後だから、敗北がアルメニア人のせいであるはずがない。

大方の予想に反して、オスマン帝国がフランス、英国およびその統治国の合同部隊に対し、ダーダネルス海峡で領土防衛に成功したのは、少数派コミュニティを絶滅させておいたからではなく、兵士たちの勇気と決意によるものだった。

第8章 ガリポリ半島でのオスマン帝国の勝利

塹壕に陣地を構えての静かなにらみ合いから始まったガリポリ戦は急速な展開を見せた。連合国は死傷者を除く五万人の兵士の上陸に成功したのに、戦争計画者たちが想定した野心的な任務を遂行することができなかった。英軍はオスマン防衛軍を後退させ、海岸から八キロほど入ったアチ・ババ高地を確保して、そこからダーダネルス海峡に点在するトルコ軍陣営を掌中にしていく予定だった。アンザック軍団はアルブルヌ周辺の海岸を見渡せる尾根を占領するだけでなく、ここから半島の反対側のダーダネルス海峡に面したマイドスに至る高地を確保し、オスマン軍の連絡・補給網を断つことになっていた。彼らがその任務を何とか達成していてくれたなら、連合国軍はダーダネルス海峡沿いの砲台を撃破し、英国とフランスの戦艦が二つの海峡を強行突破してイスタンブル占領への道を開くことができたであろう。ところが、トルコ防衛軍の強靱な抵抗に遭う。トルコ軍はアンザック入江とヘレス岬の間に防衛線を敷き、侵入者がそれを越えるのを断固拒否したのである。

英軍と仏軍は戦略的に重要なクリシアの村とアチ・ババ高地を奪取するため、三度もガリポリ半島の突端のトルコ防衛線を突破しようと試みたが、三度とも失敗した。四月二十八日に行なわれた第一回目のクリシア戦では英軍と仏軍は三〇〇〇人の死傷者（死傷率二〇パーセント）を出しながら、領土はほとんど獲得できなかった。わずか九日後（五月六日）、連合国軍は第二回目の挑戦を試みたが、五〇〇メートルちょっとの領土を獲得するために、六五〇〇人の兵士を（従軍兵のほぼ三〇パーセント）を失った。三回目で最後のクリシア戦（六月四日）には、約一・六キロの前線を二〇〇メートルから四五〇メートルほど前進させるために英軍四五〇〇人、仏軍二〇〇〇人の死傷者を出した。クリシアへの道は一・六キロ当たり連合国軍二万人の死傷者を出したことになる。これが努力の限界だった。(1)

ガリポリの防衛はトルコ側にも同様に恐るべき犠牲を強いた。三回のクリシア戦では、オスマン軍も連合国軍と同等の犠牲者を出し、英軍と仏軍の前線への攻撃では損害はもっと大きかった。侵攻軍を海へ押し戻せというエンヴェル・パシャからの命令を受けたトルコ軍は連合国軍の前線に決死の攻撃をかけた。五月一日から二日にかけてのヘレス岬の英軍陣営への最初の襲撃で六〇〇〇人の死者を出し、五月三日から四日の同じ場所への第二回目の夜間攻撃では、さらに四〇〇〇人――わずか一〇時間で四〇パーセントの兵士を失ったことになる。

オスマン軍は五月十八日夜、オーストラリア軍とニュージーランド軍をアルブルヌの上陸拠点から追い払おうとして五万人の歩兵を動員した。英軍偵察機が軍隊の集結を知らせていたので、アンザック兵は準備を整えて待機していた。オスマン軍の戦略は七時間にわたる戦闘で完全に失敗し、敵の前線との間のあちこちに取り残された死傷者は一万人にのぼった。ガリポリ戦の兵士たちは、西部戦線で戦った同僚たちの苦い経験から、塹壕でマシンガンを構えている防衛軍には太刀打ちできないことを知っていた。(2)

ガリポリ半島での一カ月近い身の毛のよだつような激戦の後、膠着状態が続いた。両軍とも前線を保持するために塹壕に立てこもり、数万人の兵士が戦い、重傷を負い、そして死んだ。オーストラリア軍とニュージーランド軍はアンザック入江の小さな上陸拠点を保持し、英軍と仏軍はヘレス岬からわずか

13.ガリポリ戦における砲類の陸揚げ。
ガリポリ戦における後方支援は、オスマン軍防衛隊からの絶え間ない射撃にさらされながら兵士と軍需品を運ぶという、前例のないものだった。

五キロほど内側の半島の先端部一帯に前線を確保していた。トルコ兵は侵攻軍を海へ追い払うことができなかったが、連合国軍が高地に到達するのを防ぐことには成功していた。狭い窪みに身をひそめていた連合国軍部隊は、巧みに身を隠した狙撃兵から定期的に砲弾、榴散弾、銃弾を浴びせられ、英仏の艦隊はトルコ軍陣営を重砲で攻撃した。それはその場に居合わせた西部戦線の兵士たちならみな経験済みのおぞましい塹壕戦だった。

英国政府はガリポリ戦が計画どおりに進んでいないことを憂慮するようになった。ウィンストン・チャーチルの提唱した海軍による三月十八日の無謀な二海峡の強行突破計画は断念され、キッチナー卿が承認した限定的な地上戦は、オスマン軍の強固な防衛に遮られて頓挫した。死傷率は高く、半島を陸路から攻めて勝利を挙げるには、無傷で戦える兵士の数が足りなかった。アレクサンドリアと（連合国のダーダネルス戦司令部のある）レムノス島との海路ももはや安全ではなくなっていた。

オスマン軍がまず、五月十三日に英戦艦ゴライアス号に奇襲攻撃をかけて、その脆弱性を暴露した。英国のこの古い戦艦は、ガリポリ半島の南端に近いダーダネルス海峡内のモルト湾に投錨していて、仏軍を援護し、トルコ軍の水雷艇駆逐艦ムアーヴェネティ・ミッリイェが連合国軍の停泊地方面に逆行してくるのを抑えようとしていた。水雷艇は後尾を進行方向に向けてゆっくりと動いていたので、当直将校がオスマン軍の船舶を英国船と勘違いしている間に、トルコ船からゴライアスの船体に三発の水雷を撃ち込まれて愕然とした。英国戦艦は二分で沈没し、乗組員七〇〇人のうち五七〇人の命を失ったが、トルコの水雷艇は無傷で通り抜けた。

五月下旬、ドイツのUボートの出現で、ダーダネルス海峡の海軍の勢力均衡に変化が生じた。連合国は文句を言えなかった。一九一四年十二月、英軍がオスマン軍戦艦メッソウディエを撃沈させて以来、英軍、仏軍、オーストラリア軍の潜水艦までがダーダネルス海峡に動員された。オーストラリアの潜水艦AE2は海中の障害物をうまく避けて、一九一五年四月二十五日にはマルマラ海に到達した。英国の二隻の潜水艦E11とE14は同様にこの危険な二つの海峡を航行し、数週間にわたってマルマラ海を遊弋しながらガリポリ半島のオスマン軍への増援部隊や食料などの輸送船、補給船を何隻も沈めていた。それでも連合国は海峡の海中にしつらえられた危険物のために潜水艦隊に大きな損害を被り、しかもマルマラ海に閉じ込められて苦闘した。トルコの水雷艇はオーストラリア軍のAE2がマルマラ海に到着して数日後に撃沈させ、五月までには仏軍はサフィールとジュールの二隻の潜水艦を防潜網と水雷により失った。(3)

ドイツのUボートはエーゲ海の開放水域で英戦艦をやすやすと捕まえた。五月二十五日、ドイツの潜水艦U21は、アンザック入江付近でオスマン軍陣地を砲撃していた英国戦艦トライアンフを水雷で撃沈させた。この船は正午ちょっとすぎに、両方の軍隊の目の前で沈没した。トルコ軍にとっては勝利だが、上陸地にいたオーストラリア軍とニュージーランド軍の士気を著しく削いだ。トライアンフ号は二〇分で沈没し、乗組員の大半は救助されたが、七五人の水兵と三人の士官が船と運命をともにした。その二日後、同じドイツの潜水艦がヘレス岬沖で英国船マジェスティックを撃沈し四九人が死亡した。大陸棚にマストを頭から突っ込んで、支え棒にしたような恰好の戦艦の転覆した船体は、ダーダネルス戦での連合国海軍の敗北を物語るものだった。同じ航路上で続けざまに三隻の船舶が沈んだことで、英国海軍はダーダネルス海峡からすべての大型戦艦を撤退させざるを得なくなった。以後、地上作戦への海軍の支援はモニター艦（海岸攻撃用に造られた浅喫水船）と潜水艦攻撃を受けにくい小型船舶に頼ることになる。だが、潜水艦による危険は、アレクサンドリアとムドロス港の間を走る軍隊輸送船や補給船を絶えず悩ませ、それがこの作戦をいっそう複雑なものにした[4]。

ガリポリ戦での相次ぐ敗北は英国に政治的危機を引き起こした。一九一五年五月、英国自由党のH・H・アスキス首相は保守党と連立を組まざるを得なくなる。新内閣は政治家の浮沈を反映していた。ダーダネルス海峡における海軍の作戦の失敗を非難された海相チャーチルはランカスター公領担当大臣という閑職に格下げされ、代わりに保守党のアーサー・ジェイムズ・バルフォアが就任した。旧軍事会議に代わる「ダーダネルス委員会」が創設され、ガリポリ戦を監督することになった。一九一五年六月七日、ダーダネルス委員会は今後の作戦について初めての会合を開いた。

キッチナー卿は陸軍大臣に留任し、相変わらずこの会合最大の影響力を持った発言者だった（キッチナーは明らかにこの日まで、作戦で最高の意志決定者だったのに、チャーチルが責任を取ったのは皮肉な話である）。彼はダーダネルス委員会に三つの選択肢を提示した。英国とその連合国軍はガリポリ戦を全面的に断念するか、半島征服のために大部隊を派遣するか、もしくはイアン・ハミルトンの指揮下に小規模の遠征隊を援軍として送り続け、ゆっくりではあるが着実にガリポリ征服を進めるか。

委員会のメンバーたちはガリポリからの撤退は論外とした。彼らは、敗北を認めれば、まだどちらにつくか決めていないバルカン諸国が協商国に反旗を翻す可能性があることを恐れていた。ダーダネルス戦の英国人公式史家の言葉によれば、協商国の戦争計画者たちは、敗北がオスマン帝国のジハードへの呼びかけに大きな影響を及ぼし、「ムスリム世界全土を奮い立たせることはほぼ間違いない」という懸念を払拭できなかった。それでも、委員会のメンバーたちは大遠征部隊を派遣するか、現状維持でいくか、決めかねていた。その主な理由は、ガリポリのトルコ軍を凌駕するにはどのくらいの規模の軍隊が必要か、そのような軍隊を送り込むのにどのくらい時間がかかるかがわからないことだった。いささかの遅れもオスマン軍とその同盟国ドイツにいっそう防衛堅固にする貴重な時間を与え、ガリポリ半島を難攻不落にしてしまう恐れがあった(5)。

最終的には、キッチナーは気合いを入れてダーダネルス戦を遂行するために大規模な増援部隊を派遣するという立場に賛成した。地中海遠征軍総司令官イアン・ハミルトン卿は、連合国軍にアンザック入江の境界線を突破し、ガリポリ半島征服を完結させるために、新たな三師団（英国の第一次大戦時の一師団の人数は一万人から一万五〇〇〇人）を要求した。ダーダネルス委員会は、六月七日の会合でこれら三師団の派遣に同意し、六月末には、キッチナーはガリポリ戦の勝利に必要とするハミルトンの要請に従って、さらに二師団、合計五師団の急増派を決定した。最初の部隊は八月初めまでには前線に到着する予定だった。

一九一五年の夏の間に、英仏両軍の兵士はガリポリ半島の緑地を網の目のような複雑な塹壕に変えた。仏軍地区では、兵士たちが前線との間を行き来する幅広い塹壕を掘り、楽観的に「コンスタンチノープル通り」と名づけ、それと並行に掘られた最前線から戻る通路を「パリ通り」と呼んだ。英軍もまた、自軍の塹壕を思いつくままに名前をつけた。前線から南へ「ピカデリー・サーカス」を通って「オックスフォード・ストリート」に至る道は「リージェント・ストリート」と呼ばれ、ちょっと複雑な塹壕の交差点は、ロンドン最大の鉄道交差点にちなんで「クラハム・ジャンクション」と命名された。連隊の兵士たちが戦い、戦死したたくさんの小さな塹壕には、「ランカシャー・ストリート」「マンスター・テラス」「エセックス・ノル」「ウォーセスター・フラット」などの名がある。もっとも皮肉な命名は、最前線そのものを「ハイド・パーク・コーナー」「メイン・ストリート」と呼び、いちばん荒涼とした塹壕を「ホープ・ストリート」と名づけていたことだ[6]。

こうした期待を裏切るような命名も、塹壕戦のすさまじさを覆い隠してはくれなかった。西部戦線とガリポリの両方に出陣した兵士たちは、トルコの前線のほうがはるかに苛酷だと感じた。「二つの戦線を見た者はみな口をそろえて、フランスよりもこちらのほうがずっとひどいと言う」と、仏軍伍長ジャン・レイモンネリーは一九一五年六月に故郷への便りに書いている。英国兵の見方も同様だった。「フランスでは、本格的な攻撃を除けば、歩兵はライフルを一度も発射しないで数カ月を過ごすこともあったし、ライフルの弾に当たって死ぬ可能性もほとんどなかった」とA・P・ハーバートは断言している。「ところが、ガリポリでは、トルコ人とキリスト教徒は互いに一日中ライフルや砲弾を撃ち合い、夜になると四つん這いで出てきて、暗闇の中で互いを刺した。いつも目を凝らし、耳をそばだて、注意をそらさずにいるという緊張感から解放されることがなかった[7]」

塹壕での生活は、兵士の視覚、聴覚、味覚、嗅覚、触覚などすべての感覚を強烈に刺激した。塹壕戦

14.ガリポリ半島のトルコ軍兵士たち。
塹壕で戦うどちらの陣営の戦闘員たちも似たような条件にさらされており、
銃剣や弾丸に当たるのと同じくらいの確率で病気にかかった。

は、殺されもせず、負傷もしなかった兵士たちの肉体的、精神的健康を蝕んだ。ガリポリの塹壕での英国兵の体験についてのハーバートの記述は、トルコ兵にも同じように当てはまる。侵攻軍にとっても防衛軍にとっても、塹壕戦のむさくるしさと恐怖は同じだった。

ある兵士はガリポリに着いた瞬間からずっと、大砲の音が耳から離れなかった。それにいちばん悩まされたのは連合国軍だった。ドイツの潜水艦が英戦艦をダーダネルス海峡の入り口から追い払って以来、海峡のアジア側の岸辺からのオスマン軍の砲撃はこれまでになく激烈になり、とくに仏軍の航路が激しくねらい撃ちにされた。ガリポリ半島では、トルコ軍はヘレス岬とアンザック入江の両方を見渡せる高地を確保していて、榴散弾や砲弾を絶えず撃ちまくってきた。「われわれはアチ・ババの頂上に陣取っていたので、どこにでも思いのままに砲撃でき、こちらの思いどおりに戦いを進めることができたわけだ」とオスマン軍の砲撃手は断言している。英軍も仏軍もオスマン軍の砲座がどこにあるのか、容易に突き止められずにいら立った。トルコ軍は煙が出るだけのおとりの大砲で偽装して、連合国軍の発砲を誘い、自分たちは可動式の榴弾砲で連合国軍に挑戦し、敵方の発砲を抑えた。オスマン軍とそのドイツ同盟国軍はヘレス岬とアンザック入江に大挙して押し寄せた侵攻軍を意のままに撃ちまくった。砲弾は大型だったり、小型だったり、近距離からのものもあれば遠方からのものもあって、その予想できない脅威が兵隊たちを昼夜悩ませ、敵味方両方で死傷者は瞬く間に増えた(8)。

ガリポリ戦の間に、トルコ軍は侵攻軍に狙撃術を教えた。最初、連合国軍はこうした姿なき殺人者に震え上がった。オスマン軍の射撃の名手たちは顔を緑色に塗ってカムフラージュし、侵攻軍よりはるかによく知っている周囲の環境に身を隠し、ヘレス岬でもアンザック入江でも敵が上陸してから、その前線の背後に回り込み、「そこに腹這いになって、異教徒たちを完全にねらい撃ちして死なせた」とA・P・ハーバートは書いている。「連中は非常に勇敢な兵士たちだった」。狙撃者は侵攻軍をすっかり怖気づかせた。「演習ではそんな訓練はしてこなかったからだ」とハーバートは続ける。「彼らはまるで〝目隠し〟されているような感じを嫌った。頭をうんと低くしていればいいのか、いつもかがみ腰で歩いたほうがいいのか、始終気にしていると士気が落ちるうえ、常に気をつけていなければならないのは疲れる。ところが一瞬でも注意を怠ればとても危険だった」。ある兵士はそのときのことを回想した詩を書いている。

終日狙撃手撃ちまくり、
終日弾丸ビュンビュンビュンビュン、

兵士ポロポロ斃れこむ。[9]

やがて侵攻軍は最初のショックから回復し、本来の熟達した狙撃を展開した。ウェリントン騎馬ライフル銃隊の軍曹G・T・クルーニーは一九一五年五月半ば、ガリポリに到着して数日もしないうちにトルコ軍狙撃兵と銃撃戦に入った。「たいへん面白い対決になった」と、彼は五月十六日付の日記に書いている。「自分が顔を上げると、危うく頭を撃ち抜かれそうになった。そこで構える場所を変え、目を凝らしていると、二〇〇メートル足らずのところにあるトルコ軍の塹壕のすぐ後ろの藪の中に相手が見えた。そこでやつにねらいを定めると、向こうもそうした。互いに一〇発くらいは発砲したに違いない。最後に自分の弾がやつに当たり、彼はその場で死んだが、やれやれ、ちょっとの差でこっちが死ぬところだった」。クルーニーは敵の狙撃手を殺した喜びをまったく隠そうとしていない。トルコ兵たちは時間が経つにつれて、連合国軍の射撃手の能力に敬服するようになった。「敵があれほど射撃の名手だったことを知ってショックだった」と、イブラヒム・アリカンの日記にある。「こっちは敵を追っていたのだが、向こうもこっちを追っていた」。だが、侵攻軍の兵士たちはいつ撃ってくるかわからない、見えない殺人者におびえながら生き続けた。[10]

英軍とアンザック軍が何より驚いたのは、トルコ軍の狙撃兵の中には女性が一人ならず活躍していたことである。第一次世界大戦でオスマン軍に女性が軍務に就いていたという記録はない。それに、トルコ社会は性別による住み分けが常態の国であることを考えると、どう見てもそんなことはありそうもなかった。だが、大勢の英軍、アンザック軍兵士が、死傷したり、拘束されたりした女性狙撃手がいたと断言しているとすれば、単なる兵士たちの作り話的な現象だと片づけるわけにはいかない。ある英軍衛生兵は、負傷したトルコ人女性射撃手がヘレス岬の病院に収容されていたことを日記に書いている。われわれ自身がその女性の手当てをしたとは言っていないが、「彼女は腕を撃たれていた」という。ニュージーランドから来たある兵卒が目撃した記述によれば、「われわれは女性狙撃手を捕まえた。しかし彼女は、われわれがその狙撃手が女性であると気づく前に負傷していた。女性狙撃手はその辺りにたくさんいて、狙撃はなかなかうまかった」という。ウィルトシャー連隊の兵卒ジョン・フランク・グレイは、アンザック入江近くのチョコレート・ヒル付近で狙撃兵との対戦に従事していたが、女性狙撃兵の存在を知ったことは、自分たちの部隊の「まったく奇妙奇天烈な発見だった」と言っている。女性は男性の同僚と一緒に武装して、木々の陰に隠れていたという。「女性の中には男のようにズボンをはいている者もいたが、ゆったりしたグレーのスカートをはいている者もいた。彼女たちはガリガリにやせていて、何カ月もものを食べていないかのように見えた」。こうした説明だけでは女性が実際に戦闘に従事していたのか、あるいは連合国軍の兵士が、彼女たちが戦闘員であることを口実に、トルコ人女性に対して暴力を振るうことを正当化していたのかはわからない[11]。

砲兵隊や狙撃手から受ける絶え間ない危険に加えて、連合国軍もトルコ軍もそれぞれ相手の塹壕の下方に休みなく坑道を掘って、地下から爆破しようとしていた。レイモンネリー伍長は深夜に目が覚めた。待避壕の硬い地面に耳を当てると、自分のいる真下で地面を掘る音がはっきりと聞こえた。耳を澄ますと、一定間隔でつるはしが地面に当たる音がする。「トルコ軍に違いない。われわれの要塞を吹き飛ばすために坑道を掘っているのだ」と覚って、すぐにもっと安全な寝場所を探し出した。「怖いのは、自分の人生がこの塹壕の上の空高くに吹き飛ばされて終わることだ」。トルコ軍がいつ自分の足元で爆発物に点火してもおかしくないと思うと塹壕地帯では神経の休まるときがなかった[12]。

メフメト・ファシフ中尉は空高く吹き飛ばされるよりも、地下爆発によって生き埋めになるのを恐れた。この几帳面な若い将校は自分の日記に、敵が坑道から強烈な爆破を行なったため、自分の足元の地面が盛り上がってくるのがわかったと記している。「爆破が起きたのは〔掘削の〕音が聞こえてから数日後だった。七人の兵士が行方不明になっている」。その日の午後遅く、行方不明者の一人が瓦礫の中から自力で生還したので、このオスマン軍中尉はほっとした。メフメト・ファシフの回想によれば、「これ以上ひどい死に方はない。意識がはっきりしたまま、ゆっくりと死んでいくなんて！……そのような運命はごめん蒙りたいものだ[13]」。

大攻撃の合間に塹壕の中で過ごす数週間があった。オスマン軍と連合国軍は交互に攻勢に出るので、塹壕内のどちらの兵士たちも絶え間ない緊張状態に置かれた。フランス戦線に一時期服務したジャン・レイモンネリーは、「攻撃されるのは怖かったが、正直言うと、われわれ自身が攻撃するほうがずっと恐ろしかった」という。塹壕戦でいちばん危険なのは、敵が大挙して押し寄せてくる音が聞こえる恐ろしさ以上に、敵味方の中間地域を死に物狂いで走り抜けるときだった[14]。

英国マンスター・フュージリア部隊のモリアーティ軍曹は五月一日のトルコ軍の攻撃を生き延びた。「連中（数千人）はわれわれの塹壕のすぐそばまで這い寄ってきた。彼らの金切り声、アッラー、アッラーと叫ぶ声がその夜をおぞましいものにした」。マンスター部隊は、自分たちの陣地に波状攻撃をかけてくるオスマン軍兵士と必死で戦った。「人でなしのトルコ軍はぎりぎりに接近してから手榴弾を使うので、わが同胞の遺体は認識票（英国兵が首の周辺に着けていた丸いタグ）でも見なければ判別できないほど木っ端みじんにされた」。モリアーティは一晩中戦い、明け方になってみると、英軍の塹壕の前の地面がトルコ兵数百人の死体で覆われているおぞましい光景が目に入った。「あの夜のことは自分が生きている限りけっして忘れることはない」と、彼は回想録に記している[15]。

オーストラリアの戦争詩人ハーレイ・マシューズはオスマン軍の「アッラー」という雄叫びが耳から離れなくなった。この耳慣れない音声が連合国兵士全員の神経を逆なでした。

丘の上で、鬨の声、口笛、ラッパが鳴り響き、連中がふたたび集まる気配がする。

「アッラー！」という雄叫びとともにドサドサと足音が近づく。

「アッラー！」。左上方からの発砲が激しさを増し、突風が吹きつける。

「攻撃待機！　来たぞ、撃て！」

今度もまた、敵の雄叫びと人影めがけて撃つ――いつの間にかそれも……消え、敵はもういない、何もなかったような静けさに戻る。[16]

どんな兵士にも、「塹壕の胸壁を越える」経験は究極の試練で、たとえ生き延びても、そのトラウマはけっして忘れられない。仏軍伍長レイモンネリーは皮肉を込めてこう回想している。「恐ろしい銃剣攻撃に遭わなければ、塹壕の中の暮らしはそれほど悪くない。兵士はマシンガンと胸壁から身を乗り出しもせずに撃ってくる腕のいいトルコ兵狙撃手になぎ倒されるのだから」[17]

ロバート・アードリーは六月にガリポリに来たマンチェスター出身の地元防衛隊の素人戦士だった。トルコ戦線での彼の最初の攻撃は六月十二日だった。運命を決する命令が出る前の一瞬一瞬を彼は克明に覚えている。「その瞬間が何時間にも思えた――先が見えない――やがてこの将校はゆっくり、とてもゆっくりだが、確実に破滅に向かって動いていく自分の時計の（死を示す）針から目が離せなくなる――もしかしたら生きている時間はあと一秒かもしれない――これは生贄を捧げる宗教儀式なのだ――悲しみが胸いっぱいに広がり、心が沈む。誰かが祈りの言葉をつぶやくのが聞こえるだろう――自分の

15.ガリポリ戦で銃剣攻撃に出るアンザック軍の兵士たち。
塹壕戦では、侵攻軍は常に死傷率がもっとも高かった。

そばに、『死が』『向こうから』確実に忍び寄るのがわかる。そのときが近づくのを恐れる憐れな仲間がいることに気づく」。不安な兵士たちはこの重大な瞬間にはまったく不似合いなむなしい言葉で互いに気分を引き立てようとした。

「おい、元気出せよ！」

「いよいよだぜ、おやじさん。幸運を祈る。頑張れ！」。そして最後の身震いをしたところに命令が下る。

「おまえらも頑張れよ」

アードリーは塹壕の比較的安全な場所から弾の飛んでくる前線に出た。銃剣をしっかり構えながら敵味方の中間地帯を走り抜け、生き延びられたことにわれながら驚いた（脚に一カ所切り傷を負い、壊れた銃剣で鼻先を擦りむいただけだった）が、周囲には死んだり、負傷したりした同僚がころがっていた。負傷者が助けを求める声を聞き、「死にかけた仲間に最後の握手をするという初めての経験をした。その地獄のような一瞬を私は生きている限りけっして忘れないだろう[18]」。

攻撃が行なわれるたびに戦場にはたくさんの兵士が倒れて散らばった。猛暑の中、敵の前線との間で埋葬できずに腐敗する遺体から発散する死臭がガリポリ半島全域に広がった。戦闘が始まってからの数週間には、オスマン軍と連合国軍は遺体を回収して埋葬するために三時間から四時間の地域限定休戦協定を結んでいた。英軍とオスマン軍は五月二十四日、トルコ軍による大規模攻勢の後、アンザック戦線沿いに残された数千人の死者を引き取るために九時間の休戦協定を結んだ。どちら側もこうした休戦状態が必要であることを認めながらも、相手がその隙を利用して敵方の塹壕の様子を探ったり、兵士や物資を戦闘再開前に有利な場所に移動させたりしないかと疑った。五月二十四日の休戦以後は、戦闘の一時停止はなくなり、戦死者は生き残った兵士たちの士気――そして健康にも――をじりじり蝕み始めた。

ロイヤル・スコットランド国境連隊の青年将校バートル・ブラッドショーが故郷に書き送った手紙によれば、「塹壕は不潔で、胸壁の一部には、死んでから何日も経った兵士の遺体が両足を胸壁から突き出すようにして埋められている。ありったけのライムの枝をかぶせたが、ひどい悪臭。わかるかな、死人と五〇センチも離れていないところで眠ったり、食べ物をちょっとでもひらひらさせずに食事したりしなくちゃならないって……」。ブラッドショーがこの文を書きかけてやめたのは、食べ物をひらひら振らないと、すぐにハエがどっとたかる……そのハエは死体にたかっていたハエだったからだった[19]。

A・P・ハーバートが一九一五年にガリポリで書いた「ハエ」という詩は、この塹壕特有のおぞましさをうまくとらえている。

ハエどもよ、　なんてこった！
神聖な死者を汚すハエどもが

死者の目玉に群がるのを見ながら
その兵士の分のパンを分け合うなんて
いまだに忘れられない
戦場の不潔さと悪臭を
胸壁に立てかけた死体を
地面を這い回る蛆虫を[20]

ハエの大軍は死者の病原菌を生者に運んできた。どちらの戦線でも、空気と水が媒介するあらゆる感染症に悩まされた。適当な便所がないため、兵士たちは外へ出たときに狙撃されるのを恐れて、戦い、食事し、眠る壕の中で用を足した。伝染病の赤痢が蔓延した。仏軍砲兵将校レイモン・ウェイルの日記には、自分の部隊にこの病気が広がることへの懸念を募らせている様子が書き留められている。フランス兵が受けているコレラとチフスの予防注射は熱病や胃病には効かない。「最近、病人が続出して将校階級さえ一人もいなくなった」という。「病気休暇については厳重な規定があったが、脱水症状を呈して、戦うどころか歩くことさえできないほど弱った大勢の兵士を戦線から撤退させなければならなかった。夏の真っ盛りには、毎日、数百人の兵士がガリポリ半島から運び出され、戦場に復帰できるほどに回復するまでムドロス港の病院施設に収容された[21]。

塹壕にこもって暮らし、戦う日が続くと兵士の精神状態もおかしくなった。兵士らが休暇には戦闘から離れて町や村に出かける機会が与えられた西部戦線と違い、ガリポリでは熾烈な戦いにさらされずに一息つけるところがなかった。ほんのちょっと戦闘から離れて、気晴らしせずにはいられない兵士が海岸で泳ぐときでさえ、侵攻軍と目されて思わぬ方向から狙撃されて死んだり、手足を失ったりしかねない。ぐっすり眠ることもままならなかった。絶え間ない砲撃音や震動、戦場でひっきりなしに出される命令に、兵士たちはうたた寝するゆとりもなかった。軍務日誌にはほとんど寝ていないという記録が頻繁にある。ジャン・レイモンネリーは、「兵士たちは疲れている。私もだ。何とか頑張っているが」と記している。彼はその夜、午前二時半から四時半までの二時間しか眠れなかった。オスマン軍側も同じだった。「二、三時間眠るのがやっとで、しかも恐ろしい夢を見た」とメフメト・ファシフは書いている。[22]

数週間が過ぎるころには、毎日の不安と不眠がもたらす被害が顕著になり、神経衰弱や砲弾恐怖症にかかる兵士が続出するようになった。英軍野戦救急隊のある軍曹は戦闘開始からちょうど七週間目の六月十四日、初めて「神経症」の患者を目にした。ヘンリー・コーブリッジは、「神経症患者のうつろな目、生気のない外見、身体の一部の麻痺、錯乱状態を示す者もいるなど、悲惨な様子」に愕然とした。ある患者は、「かすり傷一つないが、気が狂っている」大男で、八人がかりでやっと病院船に運んだ。夏の間に砲弾恐怖症はさらに増えたとコーブリッジの記録にある。八月半ばまでに神経症患者は負傷者の五倍になったという。[23]

オスマン軍兵士もまた、砲弾恐怖症に苦しんだ。オスマン帝国憲兵からの志願兵だったイブラヒム・アリカンによれば、歴戦の強者である上官がたこつぼ壕で震えているのを見てびっくりした。「イブラヒム、おまえさん、どこへ行くんだ？」と大尉は彼に尋ねた。アリカンは、大尉がちょっとおかしいのではないかと気づいた。普段なら部下には威張った口を利く大尉が、「おまえさん」と呼びかけたからだ。アリカンの回想録によれば、「大尉は理性も自制心も失い、ライフルを持てないほど手が震えていた」という。戦場の強者でさえ、ガリポリの絶え間ない砲撃にさらされているうちにおかしくなってしまったのだ。[24]

攻撃開始から数カ月すると、侵攻軍も防衛軍も互いに相手の様子がわかってきた。戦争が始まってまもないころはドイツ人への深い憎しみを煽るようなプロパガンダや大衆紙もあったが、英軍、仏軍およびアンザック軍団も、オスマン軍兵士に対して潜在的な敵対意識は持っていなかった。連合国軍兵士たちはトルコ軍兵士をニックネームで呼んでいた。英軍はトルコ兵を「アブデュル」とか「ジョニー・テュルク」とか、仏軍は「ムッシュー・トゥルク」と呼んだりしていた。オスマン軍兵士たちも同じ仲間の兵士を「メフメトチック」とか「チビ・メフメト」などのあだ名で呼んではいたが、侵攻軍に対してはさすがにそんな優しさは見せず、「英兵」「仏兵」、もしくは単純に「敵兵」を示す「ドゥシュマン」と名づけていた。

塹壕は、いくつかの地点で、互いに相手側の話し声が聞こえるほど近いところにあった。それほど近いところで生きていると、兵士たちに人情がわいてくる。戦闘のない穏やかな時期には、彼らは敵の塹壕にちょっとした贈り物を投げたりした。あるトルコ兵は、タバコや干しブドウ、ヘーゼルナッツやアーモンドなどをアンザック軍の前線に投げてやったことを覚えていた。侵攻軍は、感謝のつもりでフルーツやジャムの缶詰をお返しにした。エミン・チョエルは、贈り物を矢と混同したり、お返しに手榴弾を投げたりする者は誰一人いなかったのはすばらしいことだと思った。贈り物の交換は純粋な善意に基づいて行なわれたのだった。(25)

これは連合国軍とオスマン軍が総力戦に至らなかったことを示すものではない。どちらも残虐行為は行なっていたが、敵との境界線を越えた心温まる振る舞いもあった。衛生隊軍曹ヘンリー・コーブリッジの回想録には、英国兵の命を救ったオスマン軍兵士の捕虜を治療した記録がある。エセックス連隊の軍曹だったこの英国兵は、応急手当所に運ばれる負傷したトルコ兵に同伴して、自分を救ってくれた男

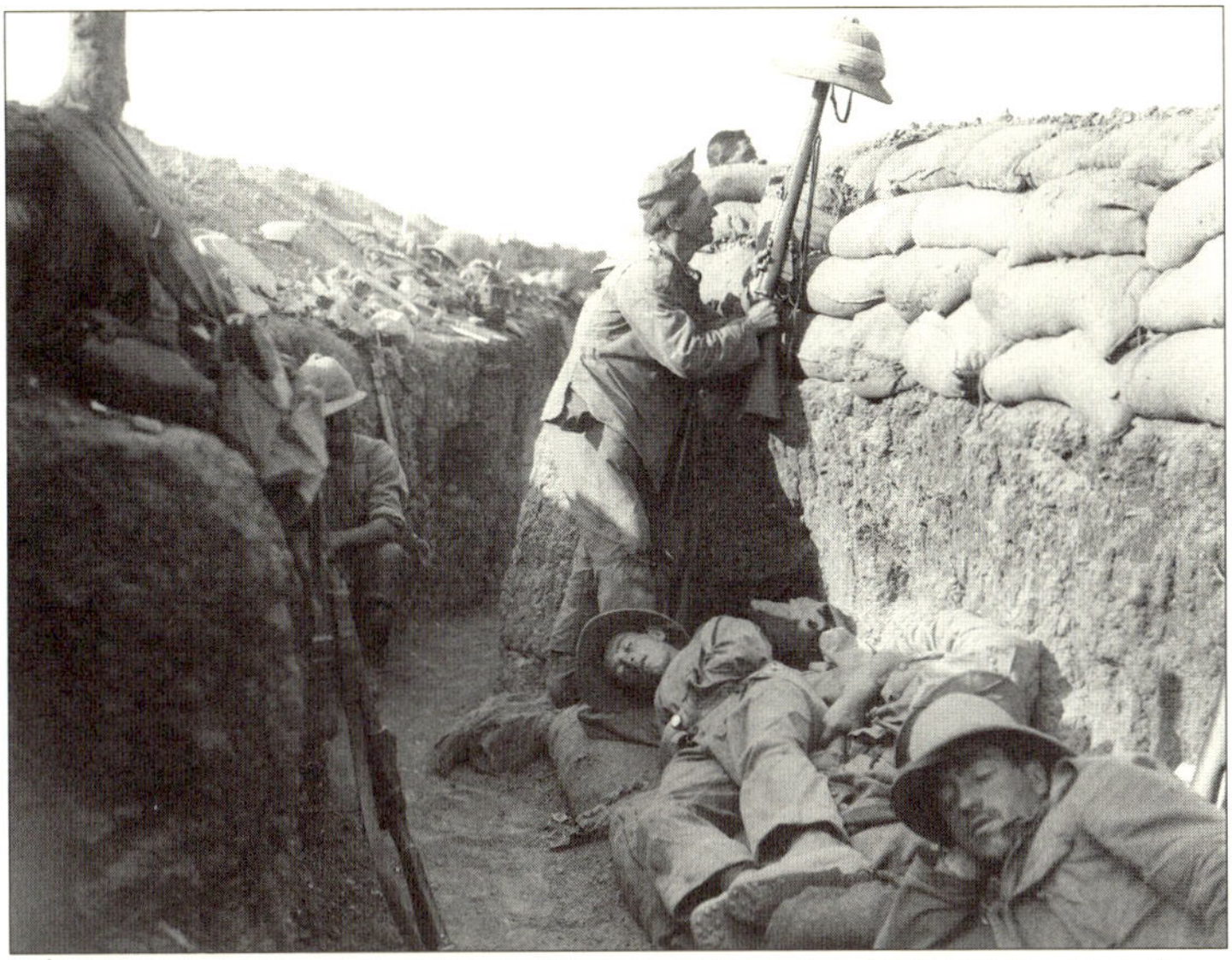

16.英領アイルランド・フュージリア連隊の兵士は、ライフルの上にヘルメットを載せて塹壕の上にかざし、トルコ軍狙撃手を欺いた。

が適切な治療を受けているかどうかを確かめた。そのトルコ兵は、両軍の前線の間で集中砲火を浴びていた英軍曹を助けようとして片腕と片脚を撃たれていた。コーブリッジと部下の看護兵たちは、彼が病院にいる間、「できる限りの手厚い看護を受けているのを見た」[26]。

ランカシャー・フュージリア連隊の兵卒ロバート・アードリーは、戦闘期間中に助けたトルコ兵によって、今度は自分が助けられるという驚くべき体験をした。八月初旬、ランカシャー連隊がガリポリ半島南端のクリシア道路をまたいでトルコ戦線に攻撃をかけた。アードリー兵卒はオスマン軍の前線を突破する銃剣攻撃に出陣した。無人地帯を駆け抜けるとき、同僚が倒れて死んだり、負傷したりしたのを見た彼は、自分が生き延びられたことに今回も驚くばかりだった。アードリーがオスマン軍の塹壕に近づくと、片側に一人の英国兵ともう一方に負傷して無抵抗のトルコ兵が地面に横たわっているのに気がついた。

「邪魔するな――こいつはおれの相棒を殺したんだ。おれがそいつを刺殺してやる」と、その英国兵は怒鳴った。

アードリーは無抵抗な人間を殺すのは卑怯な行為だと同僚を説得した。

「やつの身になってみろよ、明日はわが身かもしれないぜ。あいつを慰めてやれ。やめておけ、あれはいいやつだよ」と、言葉巧みに相手を思いとどまらせた。

アードリーは腹の虫の治まらないランカシャー兵がそのトルコ兵を殺すのをどうにか押しとどめた。気がつくと、いつの間にか塹壕の中に負傷したオスマン兵と自分だけになっていた。二人は言葉が通じなかったが、トルコ兵は明らかに苦痛に喘いでいるのがわかった。「かわいそうに」とアードリーはつぶやきながら、兵士の頭のぽっかり開いた傷に包帯をしてやった。それからこの負傷した兵士を銃弾の飛び交う前線から離れた安全な場所に落ち着かせ、外套を枕代わりに彼の頭の下に置き、しばらく一緒にいて、「身振り手振りで気持ちを伝え合った」。アードリーは歩哨の仕事に呼び戻されたとき、この負傷兵に飲み水とタバコを置いていった。「彼の眼つきからその男が親切な行為に感謝していることがわかった。古いことわざにあるように、それはやがて『情けは人のためならず』ということになる」

ランカシャー・フュージリア連隊はトルコ軍の塹壕を長期間保持できなかった。オスマン軍の大々的な反撃で、英軍は元の戦線まで押し戻されてしまったのだ。アードリーは同僚の撤退を援護するために、占領したトルコ軍の塹壕の一つに残された。彼は自分の居場所の上を数百人のトルコ兵が銃剣を構えて通り過ぎていくのをじっと見ていた。「胸がドキドキし――額から玉の汗がこぼれた――敵はこの地表からわれわれを一掃しようと懸命に全速力で駆け抜けていった」。すると、一人のトルコ兵が銃剣を突き出しながら胸壁を飛び越えて入ってきたので仰天した。「鋭く刺されたのを感じた――左肩に激痛が走った。銃剣でやられたなと思った……グイッと突き刺され、その剣先が抜かれるのがはっきりわかった」。アードリーは死者と負傷者が転がっている塹壕の地面にうつむけに倒れ込み、衝撃と出血で意識を失った。

数時間後、背中の土が掘り返されていることにドキッとして意識を取り戻した。アードリーは眩暈がし、自分がどこにいるのかもわからず、必死で立ち上がろうとすると、ぐるりと彼を囲む敵兵の銃剣が自分の胸元に向けられていることに気がついた。連中が自分を殺そうとしているのは明らかだった。だが、連中が一撃を加える寸前に、頭に包帯を巻いたトルコ軍の負傷兵が塹壕に飛び込んできて、自分の身体を張ってアードリーを守った。アードリーはすぐにその救護者が誰だかわかった。負傷したトルコ兵自身もだいぶ弱っていた——おそらくこのところの反撃で仲間に救助されたばかりだったのだろう——それなのにアードリーは必死で彼にしがみつき、軍曹を呼べと叫んだ。

オスマン軍の軍曹がようやく現れると、その負傷したトルコ兵は一部始終を語った。アードリーの回想によれば、「連中は自分にはわからない言葉でまくしたてた」。救護者が何を言っているのか、まったくわからなかったが、軍曹の顔の表情から、自分が生き延びられる可能性が急に高まっていくのが見て取れた。やがて軍曹はこちらを向いて片言の英語で話しかけてきた。「『エイコクジンよ、立て。誰もあんたを傷つけない——この兵隊がいなかったら、あんたは死んでいただろう——あんたは彼に水をくれ、タバコをくれ、血（傷口からの出血）を止めてくれた——あんたはとても立派なエイコクジンだ』と言って、私の背中を叩いてくれた」。アードリーは連行される前に件《くだん》のトルコ兵に別れの挨拶をした。「私はそのトルコ兵と握手した（こいつと再会できるなら全財産を捧げてもいいと思った）。手を握り合うと、彼と気持ちが通じ合うのがわかった。彼は目を上げ、『神よ《アッラー》』とつぶやきながら私にキスした（今でもそのキスを、まるで自分の頬に烙印を押されたか、あるいは自分の血肉の一部になっているかのように感じることができる)」。しかし、彼らが再会することはなかった。アードリーは大勢のトルコ兵の敵意にさらされながら、塹壕と塹壕を結ぶ通路を尋問のために連行された。その途中で敵意に満ちた兵士から顎を思いっきり殴られた。やがて彼は同じように負傷して捕虜になった数人の英国兵と一緒になった。大部分のトルコ兵が、アードリーの英国兵としての軍服を、侵入してきた敵《ドゥシュマン》の象徴と見て、無礼な反応を示すのは致し方ないように思われた。だが、アードリーの戦闘の日は終わった。それから三年間、彼はオスマン軍の捕虜として、監禁されるか重労働に駆り出される身の上になった。(27)

塹壕陣地は侵攻軍に多大な損害をもたらした。英軍、仏軍の兵士は、着々と補充されるオスマン軍の敵弾によって戦死したり、捕虜になったりし、さらにそれを上回る数の兵士たちが負傷、病気、砲弾恐怖症の治療のためにガリポリ半島から撤退を余儀なくされた。ムドロス、マルタ、アレクサンドリアの病院は満杯になり、客船が次々と病人や負傷者を収容する海上病院に早変わりした。塹壕に残っていた兵士も赤痢で体力を失って戦えない者が多かったが、すでに手薄になっていた連合国軍戦線から戦闘員の補充はしてもらえなかった。他方、オスマン軍のエンヴェル・パシャは、アナトリアやアラブ諸州からオスマン戦線強化のために新兵を続々とガリポリ半島に動員した。キッチナーが新たに五師団をガリポリに派遣してくれなかったら、侵攻軍はとても陣営を保持できなかったであろう。八月三日、キッチナーの新軍の最初の部隊がアンザック入江に到着しはじめ、ガリポリ半島を今度こそは確保するための新たな戦闘開始を助けた。

地中海遠征軍総司令官イアン・ハミルトン卿は数週間かけてこの八月の攻撃計画を練った。彼は連合国軍がヘレス岬でもアンザック入江でも不利な状況にあることに気づいた。トルコ軍は連合国軍のどちらの陣営も見渡すことができる高地を確保しており、侵攻軍はオスマン軍の塹壕地帯を突破し、その高地にまで進軍することができなかった。英軍は四月二十五日の上陸以来占領していた陣地の境界を突破する必要があった。そこでハミルトンは自軍をガリポリ半島北部のアンザック入江とスヴラ湾に集中させる方針をとった。

八月の攻撃計画は複雑だった。作戦としては、オスマン軍を主戦場からできるだけ遠くに引き離しておくための陽動攻撃からスタートする。ヘレス岬の連合国軍は、クリシアの南にあるオスマン軍陣営にフェイント攻撃をかけ、ダーダネルス海峡のオスマン軍を指揮するドイツ人将軍リーマン・フォン・ザンデルスが半島の先端からアンザック入江へ兵士を配備し直すのを防ぐ。ヘレス岬への攻撃は、すでにこの陣地にいる戦闘疲れした部隊を動員し、援軍なしですませなくてはならない。ハミルトンはキッチナーの提供してくれた新師団のうち三師団をガリポリ半島北部に集結させ、残りの二師団をアンザック入江の北の防備の手薄なスヴラ湾の海岸に向かわせた。できれば、敵のいちばん予想外の場所へできるだけ多くの新軍を無事に上陸させたかった。この線でいけば、ガリポリ攻撃への機動力を回復させ、新しい元気な兵士たちを迅速に進軍させ、結果的には、塹壕に閉じ込められることなく、アンザック入江の上の高台にある、トルコ人がアナファルタと呼んでいる地域内にある陣営を側面から包囲したかった。

新着の一師団がサリ・ベア尾根での多方面からの攻撃に参加するため、アンザック戦線に派遣された。この尾根には、「戦艦山」（トルコ語で「ドゥズ・テペ」）、「チュヌク・ベア」（ゴンクベイリ）、九七一山（コジャチュメン・テペ）という、三つのそびえ立つ頂があり、連合国軍の司令官たちにダーダネルス海峡へ入るときの目印として知られていた。ニュージーランド軍のフレッド・ウエィト少佐によれば、戦争計画者たちは、ひと言で言えば、「この尾根を奪取せよ、そうすれば」ダーダネルス海峡の厳重に要塞化されている「水道の最狭部も奪取できるはずだ」と考えていたという。「海軍の水道最狭部通過を可能にせよ、そうすればコンスタンチノープルはわれわれのものだ！」。オスマン軍をこれらの山頂から追い払えば、彼らは陣営を保持できなくなり、スヴラ湾とアンザック入江の味方の師団が合流できれば、オスマン第五軍は分断されて降伏せざるを得なくなるであろう。「この見事な作戦全体を考え出したのはイアン・ハミルトン卿だった」と、オーストラリア軍のオリヴァー・ホウグ大尉は妻のジーンへの手紙に書いている。「幕僚たちは細部に至るまで念入りに段取りを整えた。あとはわれわれの戦術がその戦略に見合う力を発揮できるかどうかを見守るだけだ[28]」

八月六日、英軍はヘレス岬で最初の陽動攻撃を開始した。前述のロバート・アードリーが捕虜になった戦闘である。英軍攻撃部隊はオスマン軍銃撃隊の猛攻撃に遭い、ランカシャー連隊で彼が見た殺戮の光景が前線一帯に広がった。作戦第一日目に英軍は出陣兵士三〇〇〇人のうち二〇〇〇人の死傷者を出し、八月七日には、さらに一五〇〇人が死傷したのに、事実上、領土はまったく獲得できなかった。オスマン軍はもっと大勢の死傷者を出している。八月六日から十三日までのヘレス岬での戦闘で、七五〇〇人の死者、負傷者、行方不明者を出している。だが、この陽動作戦はオスマン軍を主要戦線から決定的に遠ざけるという連合国軍の当初の目的を貫徹できなかった。リーマン・フォン・ザンデルスはヘレス岬の攻撃を陽動作戦だと正確に見抜いていて、援軍を南部の戦線から北部の攻撃に対処するよう動員していたからである[29]。

アンザック入江の南東の「一本松」地帯への第二回目の陽動作戦も同じように両軍に多大な犠牲をもたらした。オーストラリア軍は最初のうち銃剣攻撃に成功して、オスマン軍を「カンルスルト」(血の尾根)と呼ばれるトルコ軍陣地内の塹壕の最前線から追い払った。八月六日から十日にかけて、トルコ軍とオーストラリア軍は、オスマン兵がこのガリポリ作戦でもっとも凄絶な戦闘として記憶している白兵戦になった。そびえ立つ「一本松」はオーストラリア兵の記憶にも鮮明に残っている。「アンザック部隊の従事した戦いで、これほど激しく、一本松付近での戦いほど多くの血を流した戦闘はなかった」

とウィリアム・ベイルブリッジは書いている。トルコ側の記録では、死者、負傷者、行方不明者約七五〇〇人、オーストラリア軍は一七〇〇〇人が死傷した。この攻撃によって獲得した領土は、到底その損害に見合うものではなかった。オーストラリア軍は、サリ・ベア尾根とスヴラ湾に対する北からの攻撃を可能にする程度のやや大きめのオスマン軍陣地をようやく仕留めたにすぎなかった。[30]

オーストラリア軍によるほかの三つの陽動作戦では、砲撃が不十分で、オスマン軍の銃撃隊を撃退できなかったため、死傷率はさらに高かった。「ドイツ将校壕」として知られるオスマン軍陣営に、深夜、二波の攻撃をかけた部隊はほぼ全滅で、兵士一人しか残らなかった。歩兵として参加していたオーストラリア軽騎兵は、「死者の尾根」の三つのトルコ軍塹壕を何とか奪取したが、オスマン軍の猛反撃で大幅に兵士を失い撤退した。だが、ガリポリ戦で兵士の無駄死にの最たるものとして記録されているのがこの「尾根」へのオーストラリア軍攻撃だった。一五〇〇人の兵士による第一陣が塹壕から数メートルのところでトルコ軍の銃撃によってなぎ倒されたのを見ていたオーストラリア軍将校たちは、命令に従い、全滅は目に見えていたのに、さらに第二波を頂上へと出陣させた。「尾根」襲撃を意図した兵士四五〇〇人のうち少なくとも四三五人が死亡もしくは負傷したが、トルコ軍の被害は皆無だった。サリ・ベア尾根の主要攻撃地点からオスマン軍を撃退するために払った犠牲はあまりにも大きかった。[31]

アンザック主戦部隊は、八月六日、夜陰に紛れてサリ・ベア尾根の三つの頂上へ攻撃を開始した。彼らは真夜中に四縦隊に分かれて、九七一高地とチュヌク・ベアを取り巻く深い渓谷を登っていった。二日間にわたる激戦の末、ニュージーランド兵、オーストラリア兵、グルカ兵、英国兵の合同部隊は、九七一高地からトルコ軍を追い払うことはできなかったが、この尾根の中心部にあるチュヌク・ベアを何とか奪取することができた。それはこの攻撃で最大の成果だったが、連合国軍は奪っただけで保持はできないことが判明した。オスマン軍はチュヌク・ベアを見渡せる九七一高地から侵攻軍に思いのままに激しい砲火を浴びせることができたため、八月十日朝の限定攻撃によりこの頂上を取り返すことに成功した。四日間の戦闘の後、アンザック部隊は、すでにスヴラ湾に上陸していて、彼らに合流する予定だった二個師団の救援をむなしく眺めた。

誰に訊いても、スヴラ湾上陸作戦は無駄な試みだったという。英軍は二個師団、二万人を超える兵士を、一五〇〇人ほどで守っていた海岸へ、比較的負傷者の数も少なく上陸させることができたが、組織立った迅速な攻撃ができなかったため、せっかくの上陸作戦の成功を失敗に終わらせた。

八月六日の夜、数隻の英軍艦が、キッチナーの徴集した新軍二個師団をアンザック入江から八キロほど北のスヴラ湾付近まで移送した。これらの大隊は近代的な上陸用舟艇にスムーズに乗り移り、上陸時に兵士たちが足を濡らさずに湾の南端の岬の海岸にうまく上陸した。ところが、スヴラ湾の真ん中あたりに接岸を命じられていた部隊は月明かりのない真っ暗闇の中で想定外の危険に遭遇した。暗闇の中で多くの上陸用舟艇は方向を見失い、想定されていた上陸地点から南にそれて危険な岩礁域に入ってしまった。上陸用舟艇が浅瀬や岩礁に乗り上げてしまい、首まで水に浸かりながら上陸した兵士たちもいれば、舟艇が再浮上したため、上陸が数時間遅れてしまった者たちもいた。いずれにしても間違った場所に上陸してしまったばかりでなく、さらに問題を複雑にしたのは、防衛軍が発炎筒を焚いて、数千人の兵士を下船させるために錨を下ろしていた三隻の英国駆逐艦の姿を露わにさせたことだった。オスマン軍司令部が警戒態勢に入ったため、まだ上陸が始まらないうちに、奇襲攻撃のメリットは失われてしまった。

夜が明けると、最初の貴重な数時間を、侵攻軍はスヴラ平原を見渡す防備の手薄な高地への進軍ではなく、軍の再編成に当てた。夜中の間ずっと戦闘状態にあって、死傷者を出した大隊もいくつかあったが、多くの部隊にはまだ十分な戦闘力があった。だが、兵士の上陸の遅れは砲類や軍事物資の陸揚げの遅れにもつながった。水も援護射撃用の大砲もないので、英軍将校はハミルトンが入念に練り上げた計画で設定されていた目標を無視し、目的を限定して、上陸地点からいちばん近いいくつかの丘を確保することにした。さらに悪いことには、英軍将校らの独断による遅延がトルコ側に援軍派遣の時間的余裕を与えてしまった。リーマン・フォン・ザンデルスはスヴラ湾の脅威に反撃するためにヘレス岬とブレアから軍隊を配備し直し、精力的なムスタファ・ケマル大佐をスヴラ湾とアンザック入江の両方を支配下に入れるアナファルタ戦線の司令官に任命した。

上陸から二四時間後、英軍司令官は兵士たちに一日の休息を与えることにした。戦争経験のない新軍の兵士たちは徹夜の上陸の後、丸一日の戦闘で疲れ果てていた。将校一〇〇人、兵士一六〇〇人の死傷者も出ていた。熱夏の中、食料も水も不足していた。おまけに砲類もまだ、全部は陸揚げされておらず、十分な後方援護射撃もないままの無謀な攻撃で大勢の兵士が死亡したため、将校たちは兵士らが体力を回復し、守りが堅そうに見えるトルコ軍陣営に対処する段取りが整うまで、ようやく確保した海岸の陣地から移動するのを拒否した。そういうわけで八月八日は戦わず、泳いだり、休養したりして過ごした。皮肉なことに、英軍司令官が直ちに攻撃をかけていたなら、どう見ても疲れ果てていた軍隊でさえ、たいした反撃に遭わなかったであろう。リーマン・フォン・ザンデルスの回想によれば、英軍の攻撃の遅れで、この進攻を封じ込めるための軍隊の再編成に必要な時間が稼げたという[32]。

八月九日に戦闘が再開されたときのトルコ側の軍勢は侵攻軍とほぼ互角だった。オスマン軍は高地を確保していたので、侵攻軍より戦術的に有利な立場にあった。さらに、あやふやな地図を手にした未経験の新兵を迎え撃つオスマン軍の兵士たちは、地形を熟知した歴戦の強者ぞろいである。「総司令官［イアン・ハミルトン卿］[33]の企画したスヴラ作戦は、すでに敗北を余儀なくされる運命にあった」と英国の公式戦史は結んでいる。

八月九日から十日にかけて、英軍とオスマン軍による傾斜地での戦いで双方が大勢の死傷者を出した。八月九日、あるところで激しい砲撃が雑木林の藪に点火し、風による高温に煽られて、友軍が近づけないうちに負傷者を生きたまま炎で包んだ。八月十日の英軍の負傷者数はやや減ったが、トルコ軍からほんの少しの領土すら奪うこともできなかった。そればかりではない。サリ・ベア尾根で戦うアンザック軍団への救援物資も届けられなかった。チュヌク・ベアの頂上をめぐる四日間の戦いの後、英軍はアンザック入江の前線まで撤退した。英軍は一万二〇〇〇人の兵士を失い、これ以上戦いを続ける兵力がなくなってしまったのだ。ヘレス岬、アンザック入江、スヴラ湾の三カ所から「突破口を開く」というハミルトンの作戦に従事した連合国軍は、わずか四日間で合計二万五〇〇〇人の死傷者を出した。オスマン軍は連合国軍とほぼ同数の死傷者を出しながらも陣地はかろうじて確保した。

スヴラ－アンザック入江の合同攻撃はすでに八月十日に失敗していたが、連合国軍はなおも攻勢を続けた。八月十二日、全員がサンドリンガムの王室御用地出身のノーフォーク連隊からの将校一五人、兵士二五〇人の一団が、跡形もなく消息を絶った。敵の戦線を越えたところに入ってしまい、一人残らず退路を断たれてしまったらしい。八月十五日には、ついに攻撃を中止せざるを得なくなった。オスマン軍はガリポリ半島の三つの戦線のそれぞれを見渡せる高地を保持し、連合国軍は距離的には長い前線を防衛しながらも、オスマン軍の強固な防衛線を、とうとうどこからも突破できなかった。[34]

スヴラとアンザック入江からの攻撃は完全な失敗に終わり、連合国軍のガリポリ半島の陣営はこれまでになく弱くなった。ハミルトンは八月六日以後の損失を、病気、負傷、死亡合わせて四万人、長くなった前線を守るために残された兵力は全部でわずか六万八〇〇〇人と発表した。スヴラ湾を加えると、連合国軍の前線は二〇キロ以上あった。八月十七日、ハミルトンは激減した部隊の兵力の補充に四万五〇〇〇人の援軍と、さらに五万人の追加の新軍を要求した。すでにガリポリに送ったばかりの五師団で十分勝利を挙げられるはずだと信じていたキッチナーは、この新たな要求においそれと応じたくなかった。彼は八月二十日付でハミルトンに、西部戦線で「大攻勢」を計画しているため、「フランスの主戦場から大幅な増援部隊を回すことはできない」と伝えた。援軍なしではアンザック入江もスヴラ湾も放棄せざるを得ないとハミルトンは回答した。(35)

ガリポリ戦の敗北とダーダネルス海峡突破の失敗はバルカン半島の不安定な政治情勢に影響を与え始め、それが中央同盟国の立場を優位にした。一九一五年九月、ブルガリアは一年近く逡巡していた中立を破り、ドイツおよびオーストリアと軍事協定を結んだ。ドイツ軍のロシアへの進出、トルコ=ドイツ連合軍のボスフォラス=ダーダネルス海峡の防衛の成功で、ブルガリア政府は中央同盟国がこの大戦で優勢になりそうだと確信したのである。十月十五日、ブルガリアはオーストリア=ドイツ連合の対セルビア戦への参戦を決めた。

ブルガリアの参戦は、ダーダネルス海峡で苦戦している連合国軍にとってとどめの一撃にほかならないことが判明した。セルビアとギリシアは、中央同盟国から自国を守るために一五万人の軍隊を要求してきた。通知を受けてから短期間に仏英軍部隊を、大半はガリポリ半島から引き揚げて、ギリシア北東部のサロニカに急遽動員するほかない。ハミルトンは自分の陣営を保持するのに必要な大規模な援軍を派遣してもらうどころか、バルカン半島に出動させるために手持ち兵力のほぼすべてを割愛せざるを得なくなった。

中央同盟国のセルビアへの大々的な進出で、ガリポリ半島のトルコの立場は様変わりした。十一月五日、ドイツとオーストリア軍はセルビアの都市ニシュを征服し、これでベオグラードとイスタンブルを直結する鉄道路線の敷設が可能になった（線路の損傷で定期運行は一九一六年一月まで延期された）。オスマン帝国のヨーロッパ同盟国は、これでようやくトルコに大砲や弾薬を直接、自由に送れることになり、それはガリポリ半島での勢力均衡をがらりと変えた。英国とフランスはこの新たな展開を憂慮した。戦い疲れて、人数も激減した部隊は、頻度も強度も増した砲弾にさらされることになりそうだった。

そういうわけで、英国政府は一九一五年十月には、ダーダネルス海峡での進退に決着をつける必要に迫られた。八月の攻勢の失敗はガリポリ半島での連合国の立場を危機的状況に追い込んでいた。西部戦線での損失とサロニカへの別途の遠征軍の派遣が重なって、ガリポリ戦に回せる兵士はいなくなっていた。砲撃と銃撃による連合国軍の死傷者は着実に増え続けており、病気の蔓延も塹壕保持に残された兵士たちの戦力を弱めていた。他方、トルコ側は高性能の新兵器とアナトリアからの新着部隊の到着で、陣営は強化される一方だった。数カ月に及ぶ多大な損失で、英国とフランスは全面的な敗北は避けられないことがわかってきた。守りきれない陣営を無理に保持しようとしてすべてを失うよりも、上手に撤退して損失を少なくするほうが賢明だと思われた。

十月十一日、キッチナー卿はまずイアン・ハミルトン卿に、「ガリポリからの撤退を決め、入念な計画のもとにそれを実行した場合、貴軍の損失はどのくらいと想定するか?」と撤退案を電報で伝えた。ハミルトンは仰天した。「そんなことをしたら、ダーダネルス戦は世界最大の流血の惨事になる」と、彼は部下の将校たちに心情を打ち明けた。ハミルトンが恐れたのは、最初の一団は気づかれずに脱出できるかもしれないが、すべての軍隊の撤退をトルコ側の監視者から隠し切れるはずはなく、海岸に残された兵士たちがオスマン軍にやられたり、退路を断たれたりする可能性があることだった。ハミルトンは、自分の個人的な想定では連合国軍の損失は三五パーセントから四五パーセントだが、参謀本部の推定では五〇パーセントになるとキッチナーに回答した。[36]

ハミルトンの予想は悲観的だったにもかかわらず、ダーダネルス委員会(ダーダネルス作戦の成り行きを監視する英国閣僚分科会）は、次第に撤退はやむを得ないと考えるようになった。だが、ガリポリ戦のたび重なる失敗を見ていた閣僚たちは、イアン・ハミルトン卿に撤退の指揮を任せるのは心もとないと感じた。そこで十月十六日、地中海遠征軍総司令官ハミルトンは更迭され、代わってチャールズ・モンロー将軍が就任した。まだ、キッチナーをはじめ、ガリポリ戦の遂行を提唱する人たちもいて、西部戦線の防御が固められるなら、ガリポリはやはり、中央同盟国に対する勝利を挙げる絶好の機会であり、この海峡の確保に失敗すれば、ロシアを孤立させ、明らかな敗北につながる危険があると主張していた。だが、こうしたガリポリ戦略の提唱者たちも、新たな攻勢は冬の嵐の季節が終わるまで待たなければならないことは認めた。そのうえ、この冬の間、連合国軍は決意新たなオスマン軍の攻撃に対して自分たちの陣地を保持し切れるかどうかわからなかった。陣地の保持には人材も物資も大幅に投じなければならないが、ほかの戦線でもそれらの需要は逼迫していた。指揮官たちは早急に決断を迫られた。

十月末にガリポリに到着したチャールズ・モンロー卿は、連合国軍の三カ所の孤立した地域を視察してショックを受け、「まるで『不思議の国のアリス』のように（言葉にならないほど）『奇妙奇天烈』」な感じがしたと参謀将校に感想を述べている。ヘレス岬、アンザック入江、スヴラ湾のそれぞれの地域司令官に、ドイツ製の重砲を装備したトルコ軍の救援隊が来たら陣地を守り切れると思うかと訊いてみると、大半の司令官が、兵士らが最善を尽くすしかないと答えた。それを聞いただけで、モンローは撤退が唯一の解決策だと確信した。しかし、キッチナーを説得しなければならない。モンローが自分の見解を本国政府に報告すると、ダーダネルス委員会はキッチナー自身に判断を委ねるため、彼をガリポリに派遣することにした。(37)

フランスを出航してガリポリに向かったキッチナーは、あらゆる犠牲を払ってでも撤退を避けようと決心していた。彼はもっと早くからこの作戦に兵力を増強しておけばよかったと悔やみながらも、西部戦線よりも東部戦線のほうが突破口を開きやすいと確信していた。だが、ムドロス港の地中海遠征軍司令部に着いてみると、周りにいるのは撤退の提唱者ばかりであることに気づいた。ガリポリ半島の前線の一つを視察しただけで、陸軍大臣キッチナーは撤退の不可避を悟った。

十一月十三日、ダーダネルス作戦の主導者キッチナーは、最後に英国、フランス、および植民地から多くの兵士を送り込んだ前線を視察した。兵士たちの中には彼に反感を持っている者もいたかもしれないが、顔には出さず、彼が立ち止まるたびに歓呼の声を上げて迎えた。彼はヘレス岬の司令部にはちょっと立ち寄っただけで、セデュルバヒルの仏軍部隊をここに合流させた。さらにアンザック入江にも足を延ばし、急傾斜の山道をラッセル山の頂上まで登り、大勢のオーストラリア軽騎兵が無駄死にさせられた「尾根」の最前線の塹壕も視察した。スヴラ湾の丘の上からはサリ・ベア尾根の方向に塩湖があり、尾根伝いには、わずかな期間ではあるが、多くのニュージーランド兵がガリポリ戦最大の勝利を挙げたと主張したがるコジャチュメン・テペとチュヌク・ベアが見渡せた。のちにキッチナーがダーダネルス委員会に報告しているところによれば、ガリポリを視察して、「この地域が想像していたよりずっと困難な場所である」ことがわかったという。「トルコ軍の陣地は……天然の要塞で、実際よりずっと多くの兵力を動員して最初に奇襲攻撃をかけなくても、相当な猛攻撃に持ち堪えられたであろう」。英国はオスマン軍に圧勝するだけの大軍を動員できなかったのだから、撤退はやむを得なかったことになる。[38]

撤退は、言うは易しいが実行は難しい。晩秋の風はすでに連合国の陣営に大きな被害をもたらしていた。強風がヘレス岬、アンザック入江、スヴラ湾に設置されたにわか造りの上陸用桟橋の大半を吹き飛ばしてしまい、英国の駆逐艦ルイスはスヴラ湾で浜に打ち上げられて座礁した。十一月の雨は塹壕を水浸しにし、戦場の兵士はどちらの側も難儀した。天候が好転しなければ、兵士や馬、砲類を船に載せるのは不可能だった。

連合国軍司令官たちのいちばんの心配は、差し迫った撤退計画を内密にしておくことだった。オスマン軍あるいはその同盟国ドイツが撤退を知れば、撤退する軍隊に激しい追い打ちにさらされる恐れがある。ロンドンの英国議会では、ガリポリから撤退するべきか否かをめぐって公式声明を要求する議員たちがいて、激烈な議論が戦わされたため、撤退任務はたいへんな危険にさらされた。そうした議論は英国の新聞に取り上げられ、トルコの新聞ももちろんそれを伝えた。十一月十九日、若い中尉メフメト・ファシフは「敵が逃げ出すぞ！」と大声で叫んだ。「ガリポリ戦を諦めるらしい」。ファシフは最初、懐疑的だったが、やがて英国議会が「英軍のチャナッカレからの最終的撤退」を予測した議論をしているというトルコの新聞記事を信じるようになった。だが、オスマン軍とドイツ軍の上層部は、英国がダーダネルス海峡への新たな攻撃計画に気づかれないように、わざと偽情報を流しているのだと高をくくっていた。それでも、最高機密の軍事作戦をこうおおっぴらに議論されては、英国の司令官たちは撤退の危険をめぐる不安が大きくなるばかりだった[39]。

戦闘はまもなく終わると知っても、両軍による相手の塹壕への砲撃は続き、死傷者の続出に悩まされた。どちらの側も状況は悲惨で、士気は衰えつつあった。十一月末ごろが最悪だった。三日続いた強風で塹壕が水浸しになっていたところへ猛吹雪と強い寒気に襲われて、野外にいる兵士たちは凍傷になりかけた。トルコ軍も英軍もスヴラ湾の塹壕を押し流すほどの洪水に溺れた。トルコ軍はそれでも、オーストリアやドイツから重砲類や弾薬が着々と送られてきたことで慰められた。十一月九日付のメフメト・ファシフ中尉の日記には、「貨車三〇〇両の榴弾砲と弾薬がドイツからオスマン帝国領内に入ってきた」という「うれしいニュース」が記されている。「これだけあれば、二二時間どころか七〇時間は敵を砲撃できるはずだ」。軍事力の差が広がるにつれて、連合国軍は負け戦からの早期撤退を望む気風が高まった。[40]

十一月末の大嵐の後、ガリポリには三週間、申し分のない穏やかな日々が続いた。十二月七日、英国閣議はスヴラ湾とアンザック入江の上陸拠点からできるだけ速やかな撤退を最終的に決定したが、ヘレス岬の連合国軍陣営は当面、保持するよう命じた。乗船は直ちに開始された。十二月九日現在で七万七〇〇〇人の英国および帝国傘下の兵士たちがスヴラ湾とアンザック入江にいた。一一日以内に、北部の二つの上陸拠点にいたすべての英軍は立ち去ることになっていた。

連合国軍司令官たちはトルコからの撤退をこっそり行なうため、数々の方策を立てていた。兵士の乗船と砲類の積載すべてが、日が暮れてから行なわれた。十二月は夜が長いので、ほぼ一二時間は目立たずに行動できた。日中、帝国海軍航空部隊はアンザック入江とスヴラ湾付近を絶えず巡回飛行して、敵の航空機をできるだけ近寄らせないようにした。メフメト・ファシフの記録によれば、十二月半ば、アンザック入江付近に飛来した一機のドイツ軍機を四機の連合国軍航空機が迎撃するのを見たという。こうして連合国軍は、部隊の撤退に先立ち、数トンの貴重な軍需品をガリポリの海岸から運び出すことに成功した。[41]

英軍は、外見上、すべてがいつもどおりであるように見せかけるため、海岸での活動も通常と変わらず、海岸と行き来する艦艇の数も制限した。塹壕からの発砲も、長時間集中的に行なったり、かなり長い間、まったく攻撃を停止したりして、トルコ軍を不審がらせた。この戦術はうまくいった。「前線は静まり返っていた」と、ファシフは十一月二十四日夜明けの日記に書いている。日が落ちるころにはさすがにおかしいと感じた。「前線は静かだ。ほんのたまに歩兵隊からの発砲音が聞こえる。手榴弾はほとんど飛んでこない」。翌日には、引き続く連合国軍の抑制ぶりに将校も兵士も神経をとがらせた。十一月二十五日の記録には、「わが軍のとりわけ年配の兵士らは不安になった。彼らはわざと危険を冒し

17.1915年12月、砲類と兵員のスヴラ湾からの撤退。
英国軍のガリポリからの撤退は、最初の上陸時と同じくらい敵の攻撃にさらされやすかった。

てまで自分の陣営がわかるように発砲して敵を挑発してみたが、何の反応もなかった」とある。気が気ではないオスマン軍はパトロール隊を出して被告側の動向をひそかに探らせ、敵陣の塹壕に何度も発砲して反撃を誘発させようとした。四日間の静寂の後、英国軍は十一月二十八日に突然、オスマン軍陣営に激しい集中砲撃を浴びせた。「この突然の活動は嫌な感じだった」という。「とっくにいなくなっていると思っていた存在が新たになるなんて、なんてことだ!」。ファシフの詳細な日記から察すると、連合国軍の予想外の行動に当惑したトルコ軍は、撤退が進行中とは疑いもしなかった。オスマン軍はむしろ、英国軍が新たな攻撃を開始しようとしていると信じるようになった。[42]

アンザック入江とスヴラ湾からの最終的撤退には二晩かかり、十二月二十日の早暁に完了した。死傷者は二万五〇〇〇人にのぼると予想していたが、最後の一兵が撤退するまで一人の死者も出なかった。撤退は、有志を前線の塹壕に配置し、これまでと変わらないように見せかけるためにオスマン陣営に対しときどき発砲するなど、入念に計画されていた。撤退路は、最後の兵士まで暗闇の中を海岸までの道に迷わずたどり着けるようにガリポリの黒い土に粉をまいてしるしをつけた。最後の兵士が無事乗船すると、連合国軍の艦艇は残してきた銃器と火薬に点火し、大爆発を起こさせた。反撃に出たトルコ軍が、誰もいない塹壕と海岸に発砲するのを知って、侵攻軍の兵士たちは苦笑いしながら撤退した。

アンザック入江とスヴラ湾からの撤退の成功後まもなく、ヘレス岬の放棄が最終的に決定した。十二月二十四日、ガリポリ半島先端からの撤退命令が出された。その前の撤退が成功したことで、今回の任務は難しくなった。リーマン・フォン・ザンデルスは、敵の撤退のいかなる徴候も見逃すまいと警戒を強めていたし、ヘレス岬からの撤退には全面攻撃をかけるようにオスマン軍に命じていた。だが、英仏両軍は協同して二晩で全軍の完全撤退をやり遂げ、一九一六年一月九日、午前三時四五分にヘレス岬から最後の一兵の撤収に成功した。

両方の撤退が終わって夜が明けたとき、トルコ軍のパトロール隊は敵が陣地から完全にいなくなっているのを知って愕然とした。退却するアンザック軍団はびっくりするような異様なものを残していった。「最後の一兵が塹壕を出てから数時間後に、ろうそくと石油缶から垂らす水滴仕掛け、古いライフルの時限発射装置や、ばね仕掛けで爆発するような爆弾があちこちの思いがけない場所に設置されていた。最初にやってきたトルコ兵のうち、誰かしら死傷する仕組みである」と、ニュージーランド軍のある銃撃手が故郷への手紙に書いている。トルコ兵はこれにやられた。イブラヒム・アリカンの部下たちは、誰もいなくなった海岸を奪回するとき、たくさんの見えないところに仕掛けられた爆弾を破裂させ、「多数の死者を出した」とアリカンは嘆いている。[43]

去っていった侵攻軍が残していった大量の軍需物資は、寒くて空腹だったオスマン兵たちになによりありがたい戦利品になった。戦死者から防寒服を剝ぎ取っていた兵士たちは、上着、ズボン、コートなどが浜辺に大量に積み上げられているのを見つけて驚いた。イブラヒム・アリカンは英軍が放棄したテントの中を歩いてみると、たくさんの軍需品があることに仰天した。あるテントには、「まるで市場みたいにタイル、トタン板、食器類、自転車、オートバイ、フォーク、スプーンなどが山のようにあった」。海岸には「軍団一つの一年分の需要に匹敵する食料、衣類などの需品がアパートメントくらいの高さに積み上げられていた」という。ハッキ・スナタとその部下たちは放棄されたテントの一つを占拠して、英国製のママレード、チーズ、オイル、ミルクなどで祝会を開いた。(44)

エミン・チョエル部隊の兵士たちは英軍が去った翌日、上機嫌だった。その中のおどけ者が、英軍が残していった軍帽を仲間の一人にかぶらせ、敗残兵を尋問する寸劇をやった。

「ジョニー、おまえなんで置いてきぼりにされたんだ?」

「英国兵」役の兵士が彼の「通訳」をする同僚に尋ねた。

「眠ってたもんで」と、彼はふざけ半分に言った。

「こっちが新型大砲でおまえらを撃ち始めたとき、どうしてたんだ?」と「トルコ兵」役が訊くと、

「英国兵」は黙って自分の膝の間に頭を押し込んでみせ、やがて顔を上げると、「あの砲撃があと一日か二日続いていたら、ここから逃げたのはおれたちじゃなかったはずだよ」と謎めいた返事をした。

「じゃあ、逃げられたとすれば誰だったんだ?」とトルコ軍の尋問官は突っ込んだ。

「おれたちの亡霊だったかもよ」

彼らがあの戦争の殺戮を生き延びて勝利したはずはないと思っていた周囲の兵士たちはみな、笑いが止まらなかった。(45)

一月九日午前八時四五分、リーマン・フォン・ザンデルスは、「ありがたいことに、ガリポリ半島全

域から敵を一掃した」と、オスマン帝国の陸相エンヴェル・パシャに誇らしげに報告した。ガリポリ戦はようやく終わった。

ガリポリ半島戦争は、一九一五年四月二十五日の上陸から、一九一六年一月九日のヘレス岬からの最終的撤退まで二五九日間続いた。キッチナー卿が七万五〇〇〇にとどめておきたかった侵攻軍兵力は、戦争の終わるころには、英軍四一万人、仏軍七万九〇〇〇人と合計で五〇万人近くまで膨らんだ。ガリポリに派遣されたトルコ軍はピーク時で三一万人（その多くは一度ならず負傷したが、再召集された）。

総計約八〇万人のガリポリ戦闘者のうち、五〇万人が死傷、もしくは捕虜になった。ダーダネルス海峡の支配権をめぐる八カ月半の闘争で、死傷者数は防御側も侵攻側もほぼ五分五分だった。内訳は英国および傘下の軍隊で二〇万五〇〇〇人、フランスとその植民地軍四万七〇〇〇人、オスマン軍は二五万人から二九万人だった。ガリポリ戦での死者数は、トルコ軍八万六五〇〇〇人、英国およびその傘下の軍四万二〇〇〇人、フランスおよびその植民地軍一万四〇〇〇人だった[46]。

死者がとりわけ多かったのは英軍で、彼らにとってガリポリ戦は完全な敗北だった。全体的な戦争は主にフランスの前線で行なわれていたのだが、このガリポリ戦で兵士と物資を著しく消耗してしまった。イスタンブルは征服できず、ドイツとオスマン帝国の同盟関係も破綻していない。ロシアと同盟する協商国をつなぐ黒海ルートも確保できなかった。ガリポリ戦は大戦の終結を早めるどころか、事実上、かなり長引かせることになった。トルコとドイツの同盟はこれまで以上に強固になった。鉄道網の直結によって、両国間の人間、金、武器の流通が容易になった。オスマン軍のめざましい勝利の後、連合国軍の戦争計画者たちは植民地内のムスリムによるジハード熱が急に高まるのを恐れた。英国はメソポタミアで早急にさらに多くの軍隊を動員し、宿敵オスマン軍を敗北させせなければならなかった。

トルコ軍にとって、ガリポリ戦での損失は、歴史的勝利で埋め合わせがついた。ボスフォラス＝ダーダネルス海峡を連合国軍から守ったことで、オスマン軍は一九一二年と一三年のバルカン戦争が投げかけた暗い影と、バスラ、サルカミッシュ、スエズ運河での大戦初期の敗北の連鎖から脱出することができた。ガリポリ戦の勝利はトルコ軍が当時の超大国を相手にした近代戦で戦って勝利する能力があることを証明した。さらに、ガリポリ戦で頭角を現した新世代の戦闘司令官たちがオスマン軍を引き続き英軍に対する新たな勝利へと導くことになる。

英国兵とアンザック兵は、塹壕を出るときにオスマン兵に対して再会を約束する走り書きを残していった。あるオーストラリアの戦争詩人が自分たちを撃退したトルコ兵に、「敵ながらあっぱれ」と敬意を表する詩を残している。

トルコ兵はおいらに敬意を払う、おいらがトルコ兵に敬意を払うように。
おいらが戦ったムスリム兵は、立派で、かっこいい戦士だった。
だから、おいらはそれがわかっていたよと書いた手紙を残してきた。
「さよなら《グッドバイ》」とはっきり言わず、「また会おうぜ《オールヴォアール》！」と記して。
この戦争が終わらないうちに、おいらはまた会うだろう！
できたら、もっと広い場所だといいね、地図上でも大きな広がりのあるような、
飛行士の目にはその日の戦いは瓦礫の山と映るだろう！(47)

彼らはその言葉どおり立派だった。英軍側もオスマン軍側も、ガリポリ戦で戦った同じ兵士たちが大勢、この戦争が終わる前にパレスチナでまた顔を合わせることになる。

第9章 メソポタミア侵攻

ガリポリ戦に勝利したオスマン軍は、苦戦を強いられているほかの前線へ数千人の兵士を回すことができるようになった。帝国の首都も確保したエンヴェル・パシャは、ようやく佐官級将校たちからの援軍の緊急要請に応じることができるようになった。損失の激しかったコーカサスのオスマン軍には、ロシアの脅威を押しとどめるために歩兵七個師団が与えられた。ダーダネルス海峡戦に兵力を削られていたシリアとパレスチナのジェマル・パシャ軍は、四個師団を第四軍の補強のため東地中海沿岸地帯に派遣してもらえた。メソポタミアでは、訓練不足のうえ、装備も不十分な兵士たちを出動させて、英領インドの突貫兵と戦わせていたが、今度は、経験豊かで規律ある二個師団が、ガリポリからバグダードへ配置換えされ、メソポタミアでオスマン帝国が優勢になることが期待された(1)。

メソポタミアのオスマン軍は、一九一五年四月のシャイバでのスレイマン・アスケリの敗北の影響で、驚くほど士気が低下していた。イラクでは徴集兵の脱走と、激戦での死者の増加でオスマン軍兵力の衰えは深刻だった。メソポタミアのオスマン軍司令官らは、町から町へと見せしめの懲罰で脅しながら、脱走兵をしらみつぶしに探し出すほかなかった。トルコ軍将校は普段からアラブ人徴集兵を信用していなかったから、力ずくで脱走兵を再徴集しても使いものになるとは思っていなかった。だが、やがてイラクの脱走兵たちがオスマン軍の戦いへの再徴用に激しく抵抗することに驚かされる(2)。

一九一五年五月、ユーフラテス川中流域の町や村で、イラク南部のオスマン帝国支配の最後の二年間に対する反体制蜂起が勃発した。最初に暴動が起きたのは、シーア派ムスリムの巡礼地ナジャフで、この神殿の城壁内に数百人の脱走兵が逃げ込んでいた。イラクのシーア派コミュニティはスンナ派オスマン帝国支配者に次第に不満を抱くようになり、自分たちの生活をめちゃめちゃにする世界規模の戦争に駆り出され、命を落とすのはまっぴらだと徴兵を拒否するようになっていた。脱走兵への弾圧がこれまでになく厳しくなり、イッゼト・ベイという名のイラク人将校が、仮病を使ってこの古都の一角に隠れている脱走兵の摘発にやってきたとき、怒りは頂点に達し、暴動が起きた。

このオスマン軍司令官は、すべての脱走兵に三日間の執行猶予を与えるので自首するようにと告示した。脱走は通常死刑に処せられるが、イラク兵がこの措置を利用して、自主的に兵役に戻ってくるだろうと期待した。ところが、大半の脱走兵は、イッゼト・ベイがナジャフに到着する前に町から逃げ出し、町に残って自首する者はほとんどいなかった。

三日後、オスマン軍司令官は軍隊を動員して各戸の家宅捜査に踏み切った。オスマン軍兵士が、女装して隠れている兵士がいないかどうか、女性のヴェールの下まで検査したので、保守的なナジャフの女性たちの怒りをかき立てた。町の人たちは女性の名誉を傷つけるこうした暴挙に抗議し、報復の機会を虎視眈々とねらっていた(3)。

一九一五年五月二十二日夜、脱走兵の一団が銃を持ってナジャフに戻り、政府の建物や軍隊の兵舎を包囲した。周辺の農村地帯からナジャフに集まってきた脱走兵が、オスマン帝国と、イラク人が望まない世界規模の戦争に反対する立場をとっていることに町の人たちは同情していた。戦闘は三日間続き、暴徒は政府の建物と記録文書を徹底的に破壊した。周辺部の部族が電線を切断し、電柱を倒してしまったので、ナジャフとほかの行政センターとの通信はすべて途絶えた。何とか難を逃れたオスマン軍兵士と役人らは、残っている政府の建物に閉じ込められ、長老たちがナジャフの町のあちこちに伝令を送って商人たちに店を再開させ、普段と同じように商売を始めさせた。

事態を憂慮したバグダードの知事は、町の人たちと話し合うために代表団を送った。町のリーダー格の人たちとの話し合いで、オスマン帝国の代表団はナジャフの人たちに、オスマン帝国は今、異教徒の侵略者たちを相手に、「危急存亡の戦い」に直面していることを思い起こさせ、この戦いを助けることがすべてのムスリムの宗教的義務であると説得した。ナジャフの人たちは、こういう事態に至ったのはすべてオスマン帝国政府自身の責任であるとして、代表団の要求を頑固に拒否した。オスマン政府は仕方なく、包囲していた兵士と役人をナジャフから安全に撤退させ、この宗教都市を管理する最小限度の役人だけを残して退去することで話をつけた。だが、ナジャフの人びとは事実上、政府を乗っ取り、オスマン帝国支配からの独立をかなり高度なまでに掌中にしつつあった。

ナジャフの例に触発されたユーフラテス川中流地域のいくつかの主だった町でも、一九一五年夏、蜂起が発生した。シーア派のもう一つの宗教都市カルバラーの人たちにとって、市民の誇りにかけても、「ナジャフでやれるなら、自分たちにだってできないはずがない」と考え、同じような脱走兵たちが六月二十七日、蜂起を企て、市庁舎や学校、カルバラーの新設の病院まで焼き払った。新市街のペルシア人の住む一角で二〇〇軒が放火され、焼け出された人たちは旧市街に避難した。暴徒と近隣のベドウィンの部族がカルバラーの騒動に乗じて略奪品の分配をめぐって仲間内で争い始め、ふたたびオスマン軍の地域限定支配に移行せざるを得なくなった(4)。

アル・ヒッラの町では、オスマン軍は数で勝っているベドウィンと脱走兵を相手に死闘となり、サマーワでは一九一五年八月、町の著名人たちは英国軍が近づいてきたのを知ると、コーランに手を置いて地域の知事に誓った忠誠を反故にした。地元兵士九〇人から成る分遣隊は集団脱走し、町の人たちとベドウィンは自分たちの間にいるトルコ兵を襲撃した。騎兵隊員一八〇人は全員が武器、馬、衣服を剝ぎ取られ、真っ裸で町から追い出された。同様の事件はクーファ、シャーミイーヤ、トゥワイリジでも起こった。最終的には、脱走兵を現役に復帰させようとする努力は、オスマン帝国にユーフラテス川流域を失わせることになった。

オスマン帝国が領域内の反体制蜂起に直面している間、英国はメソポタミアで着々と前進を続けていた。一九一五年四月のシャイバでの勝利に続いて、インド遠征軍は新兵と新人司令官ジョン・ニクソン将軍を得た。オスマン帝国バスラ州全体を確保するように命じられたニクソン将軍は、ティグリス川の戦略的に重要な河港アマーラまで軍を進める準備に取りかかった。(5)

人口一万人ほどの町アマーラはバスラの北方一三〇キロほどのところにある。数週間にわたる準備・計画を終えたニクソン将軍は、チャールズ・タウンゼンド将軍指揮下の第六軍団に出陣を命じた。ティグリス=ユーフラテス川の分岐点クルナの北でトルコ軍の戦線を突破するために、タウンゼンドは臨時の兵員輸送用に数百隻の地元の川舟を動員し、大砲やマシンガンを備えた英国蒸気船でそれを護衛した。この「タウンゼンドのレガッタ」というあだ名のへんてこな艦隊は、五月三十一日夜明けにアマーラに向かって出航した。大型艦船からの砲撃と、地元の川船で運ばれた大勢の兵士たちの突撃で、英国軍はクルナの北にあるオスマン軍陣営を突破し、撤退するオスマン防衛軍の抵抗にも遭わずに上流まで軍を進めることができた。英国軍はやがて、友好的な領域に入ったことを知る。ティグリス川沿いのアラブ人の村々ではオスマン軍の後退で無秩序状態に陥りつつあったので、英国艦隊に対し白旗を掲げ、新しい征服者を歓迎した。

六月三日、「タウンゼンドのレガッタ」の前衛隊がアマーラの周縁部に近づくと、約三〇〇〇人のトルコ兵は、英領インド義勇軍より先に撤退しようとしていた。乗組員はわずか水兵八人に、一二ポンド砲で武装した英国の川蒸気船は、トルコ防衛軍にまったく抵抗を受けずに航海できた。英国旗をはためかせた船が突然現れたことで、二〇〇〇人のトルコ軍部隊が上流に撤退し、残っていたトルコ軍将校一一人と兵士二五〇人はその場で降伏した。その日の午後、到着したタウンゼンド将軍は、まだ後続の一万五〇〇〇人の部隊が到着しないうちに、アマーラの税関事務所に英国旗を掲げて勝利宣言をした。少人数の前衛部隊を追い払うことは不可能ではなかったはずなのに、数百人のトルコ兵とアラブ兵が投降したことは、オスマン帝国軍の士気の低下をありありと物語っていた。[6]

アマーラの占領に続いて、ニクソン将軍はユーフラテス川をさかのぼり、ナースィリーヤを占領して、英軍によるバスラ州の征服完了を企てた。ナースィリーヤは一八七〇年代に有力なムンタフィク部族連合の商業センターとして設立された新しい町で、人口はアマーラと同様、約一万人だった。ニクソンは、トルコ軍に痛手を与えることによってユーフラテス川流域の有力なベドウィンを首尾よく味方につけたいが、ナースィリーヤに駐屯しているトルコ軍は、クルナとバスラの英国軍にとって目の上のたんこぶである。ジョージ・ゴリンジ将軍指揮下のニクソン部隊がナースィリーヤ進攻を開始したのは六月二十七日だった。

ユーフラテス川の下流地帯はティグリス川よりも航海しにくい。夏には水位が六月なら一・五メートル、七月には一メートル以下になって、八月には航行不可能になる。英国軍は浅瀬を漕いで渡る旧式の外輪船を兵員輸送用に何隻か就航させなくてはならなかった。そのような英国船の一つシューシャン号が初めて就役したのは、一八八五年のハルツームでのゴードン将軍の救出時だった。このような昔風の英国の川舟は、沼地と沼地の間の日を追うごとにどんどん浅くなっていく、迷路のような水路の航行に苦労した。

ナジャフやカルバラーで蜂起が発生していたにもかかわらず、オスマン軍はユーフラテス川下流地域での英国軍に対する防衛には気合いを入れていた。約四三〇〇人のトルコ兵とベドウィン部族民がナースィリーヤの周辺を守っており、最初のうち、兵力は侵攻軍より優勢だった。多勢に無勢の進軍は望ましくないと見たゴリンジ将軍は、七月の第三週目に四六〇〇人の歩兵隊の増援部隊が到着するまで進軍を見合わせることにした。ところが、七月下旬になると川の一部で水位が下がり、増援部隊の出発が遅れた。水路からの増援部隊を期待できなくなったゴリンジ将軍は手持ちの兵士で戦うしかなかった。

七月初旬、英国軍はナースィリーヤの外辺部にあるオスマン軍陣営に暫定攻撃を試みた。オスマン軍には、地元イラク北部の都市モスル出身で、バグダードの兵学校を出てからエリートを養成するイスタンブルのハルビエ陸軍士官学校を卒業し、オスマン軍に入隊したアリー・ジャウダトという職業軍人がいた。彼は職業軍人としての訓練を受けていたにもかかわらず、軍隊への一途な忠誠心の持ち主ではなかった。彼はアラブ人の住む諸州の多くの教育のあるエリートたちと同様、オスマン帝国内でのより大きな自治にあこがれていた。「青年トルコ」政権には不満があり、次第に魅力を失って、オスマン帝国内のアラブ人の自治権の拡大にあこがれるようになっていた。彼は一九一三年のパリのアラブ人会議の後に創設された秘密結社「アル-アフド」(盟約)の発起人の一人だった。軍部の秘密結社「アル-ファタート」(青年アラブ協会)と同格の「アル-アフド」は、イラクではとくに大きな影響力を持ち、大勢の優秀なアラブ人青年将校たちを惹きつけていた。「アル-ファタート」やその反中央集権政党と同様、「アル-アフド」も、ヨーロッパの植民地支配を恐れて、公然とした独立よりも、改革されたオスマン帝国内でのアラブ人の自治を求めていた。第一次大戦が始まると、ジャウダトはトルコ人の同僚たちとともに、協商国と戦うオスマン帝国防衛に献身する決意をし、全面的な忠誠を誓った。

一九一五年には、彼はシャイバの戦いでスレイマン・アスケリとともに戦ったことがある。アスケリと一緒にナースィリーヤに撤退したが、司令官が自殺した後、ジャウダトが代わって近くの町の分遣隊の隊長になった。オスマン軍は、有力なベドウィンの部族長アジャイミ・アッサドゥンを味方につけていた。彼が英国侵攻軍に挑戦するには手薄になっていたオスマン軍を補充するために手下の部族たちを動員してくれていたのである。部族民たちはオスマン軍に弾薬を提供してくれと頼み、ナースィリーヤの防衛に必要な弾薬をこのベドウィンたちに提供する任務を担っていたのがジャウダトだった。

ゴリンジの部隊がユーフラテス川沿いのトルコ軍前線の攻撃に入ると、ジャウダトは、ベドウィンの非正規兵がその状況から判断して、英国軍に寝返り、オスマン軍兵士を襲って彼らのライフルや弾薬を奪うのを目撃した。オスマン軍兵士が英国軍の激しい銃撃にさらされ、死んだり、負傷したりして倒れていくのも見た。ジャウダトの回想録によれば、「オスマン軍兵士たちはベドウィンと英国軍の二方面から銃火を浴びた」という。オスマン軍の主戦線から孤立していたジャウダト自身もベドウィン部族民の待ち伏せ攻撃に遭い、武装解除された後、ナースィリーヤ近くのスーク・アッシュユーフの村で英国軍に引き渡された(7)。

アリー・ジャウダトの経験から判断すると、オスマン軍はユーフラテス川下流域を持続的な攻撃から保持する気構えはなかったようだ。何といっても、英国軍に抵抗するのに十分なオスマン軍正規兵がいなかったし、ベドウィンは彼らが強いと信じるほうにつくのが常だった。トルコ軍将校らは一般的に、アラブ兵やベドウィン兵は信用できないと批判するが、アラブ支持傾向の強いイラク生まれのジャウダトの経験はまさにそれが真実であることを物語っている。ジャウダトはバスラに派遣され、戦争の後半に英国軍がアラブ人活動家を積極的に起用するようになるまで、捕虜として拘束されていた。

英国軍によるナースィリーヤ攻撃自体は、七月二十四日、蒸気船からの一斉射撃で始まった。それに続いて、銃剣を持った英国軍とインド兵が防衛軍の塹壕に波状攻撃をかけた。オスマン軍は陣地を保持し、侵攻軍は数歩進むにも激戦を強いられた。戦闘は日が暮れるまで続いた。死傷者二〇〇〇人を出し、九五〇人が捕虜になったトルコ防衛軍は、夜陰に乗じて撤退した。翌日の早暁、町の代表団がボートをこいで英国軍の船舶にやってきてナースィリーヤの降伏を告げた。英国軍もかなりの死傷者を出していたため、もうこれ以上戦わなくてすむことにほっとした。(8)

ナースィリーヤの占領で、英国軍はオスマン帝国のバスラ州全域を確保した。だが、ニクソン将軍は、ティグリス川がカーブする地点にある戦略的に重要な町クート・アル・アマーラ〔トルコ語ではクッテル・アマーラ〕を掌中にしたかった。クートはナースィリーヤのすぐ南のティグリス川とユーフラテス川を結ぶシャッタル・ハイイ運河の終点に位置している。英国情報筋によれば、ナースィリーヤから撤退したオスマン軍兵士二〇〇〇人がクートに戻り、クートに駐屯している五〇〇〇人の兵士と合わせると、アマーラとナースィリーヤにいる英国軍陣営にとってはかなりの脅威になりそうだった。ニクソンの見解では、オスマン軍がクートを保持している限り、英国軍がバスラ州全体を確保することは難しいという。

ロンドンと英領インドの官僚の間で、中東における軍事政策に大きな隔たりが広がりつつあった。インドは大英帝国の一部で、副王ハーディング卿の支配下の独自の軍隊を持っていて、大英帝国には忠誠を誓い、必要なときには兵力を差し出す義務はあったが、インド政府は自国内の駐屯地を維持する必要にも迫られていた。ペルシアとアフガニスタンにはドイツのスパイが跋扈していたし、インドの北西部の諸州ではムスリムの間にジハードの兆候もあったので、副王としては国内にいざというときには当てになる抑止力としての軍隊を保持しておきたい気持ちが強かった。大英帝国にとってインドが重要であることを考慮に入れれば、ロンドンは副王のそうした懸念は無理もないと思えた。

だが、軍隊の配置に関して、インド政庁とロンドンの英国政府との間には見解の相違があった。ロン

18.ナースィリーヤでユーフラテス川の渡河用に造られた英国軍の舟橋。インド兵が守っている。
1915年7月24日、丸一日の激戦の後、オスマン軍はバグダード防衛のために
ナースィリーヤを英国軍に明け渡し、ティグリス川方面に部隊を配置し直した。

ドンにとって、最優先地域は相変わらず西部戦線であり、ガリポリは二の次、イラクは事実上、後回しにされていた。ところが、インド政庁にとっては、メソポタミアの重要性は、ロンドンとは比べ物にならないくらい高かった。イラクで掌中にした領域はペルシア湾での英国のインドに対する統治権の及ぶ範囲を拡大し、メソポタミアのインド軍に所属する政府官僚たちはいつの日か、イラクが英国のインド政庁管理下に入るであろうと想定していた。そういうわけで、インド副王は、インドの領土保全に悪影響があることを恐れて、大々的な進軍の派遣はしたがらず、インド軍連隊を西部戦線から取り戻して、メソポタミアのインド政庁の統治圏の強化と拡大のために役立てたかった。インド担当大臣クルー侯に言わせれば、イラクの現状に満足していたロンドンの官僚たちは、それよりも「メソポタミアにおける着実な計略」を言い立て

ていた。(9)

ナースィリーヤの占領後、インド政庁はロンドンに、「戦略的必要性」のあるクートの占領の許可を与えてくれるよう急き立てた。インド副王は、当時アデンに派遣されていたインド軍第二八師団をクート攻撃に先立ってニクソン将軍配下の軍勢を強化するために回してほしいと要求しつづけた。それは妥当な要求だったが、南イエメンの英国陣営は手薄だったため、ロンドンとしては今すぐ気前よく応じるわけにはいかなかった。(10)

英国にとって戦略的に重要な港アデンがトルコの手に落ちないようにするには、第二八師団をぜひともイエメンに駐留させておく必要があった。一九一四年十一月の英国軍によるシャイフ・サイードの攻撃はイエメンにおける英国の立場を弱める結果になっていた。インド政庁とロンドンの官僚たちは、英国のアデン駐在官に相談なしに、この紅海への出入りを監視できるトルコ軍の砲台の破壊を決定した。イエメンの植民地官僚らはこの攻撃で、サヌアのイエメン人支配者イマーム・ヤフヤーとの関係が気まずいものになったと感じた。ヤフヤー師はこの攻撃を自分の領土への侵害と見たからだ。イマーム・ヤフヤーは、名目上はオスマン帝国の同盟者ではあったが、英国は彼と誠実な関係を保っておきたかった。ところが一九一五年二月、その願いは砕かれた。イマームはアデンの首席駐在官補佐ハロルド・ジェイコブ宛の手紙で、自分はオスマン帝国に忠誠を誓っていることをあらためて知らせ、したがって英国に対しては敵対関係にあることを暗に示した。(11)

一九一五年二月、イマーム・ヤフヤーの支援を受けたトルコ軍部隊がアデン保護領の境界内に入った。英国官僚は最初、トルコ軍の動向はアデンの英国陣営に対してほとんどあるいはまったく脅威になってはいないと軽視していた。だが、イエメンにおけるオスマン軍の数が増え、トルコ軍のスパイが自分たちの大義名分を認めるよう部族のリーダーたちを大々的に集め始めると、英国の懸念は急に高まった。英国情報筋によれば、オスマン軍の軍勢は六大隊（オスマン軍の一大隊は三五〇人から五〇〇人）で、英国軍の軍勢を上回る。七月一日、オスマン軍はアデンから五〇キロ足らずのところにある英国と同盟関係にあるラヒジュの町を攻撃した。(12)

ラヒジュのスルタン、アリ・アル＝アブダリは英国保護領アデン内にある小国の半独立の支配者で、即位してからまだ一年足らずだったが、英国は彼をイエメン南部の有力な味方の一人だと思っていた。そのラヒジュがオスマン軍の脅威にさらされていると知ったアデンの英国人駐在官は、少人数の経験の浅い駐屯兵をトルコ軍の撃退に動員した。七月三日、マシンガンと一〇ポンド砲を持った二五〇人のインド軍前衛部隊は、夜を徹してラヒジュに向かい、翌日早朝、この町のすぐそばまで到達した。ウェールズ軍とインド軍の本隊は炎暑のイエメンを進軍して、数時間後に到着の予定だった。ウェールズ軍の兵士二人が進軍中に「熱中症」で死亡し、インド兵でさえも熱射病で倒れ始めた。七月四日の日没前に、よれよれになった兵士らが到着したラヒジュの町は混乱の極みになった。

日が暮れると、ラヒジュのスルタンに忠実なアラブ人部族民が空砲を放った。それを合図に、トルコ軍は、英国軍がそのど真ん中にいるとは知らずに、町の中央広場に入ろうとした。英国軍はオスマン軍司令官ラウフ・ベイ少佐を捕らえ、トルコ軍が応酬する暇もないうちに大量のマシンガンなどを押収した。トルコ軍は状況を把握すると銃剣武装兵を繰り出して英国軍に対して攻撃に転じた。混乱の中で、あるインド兵が、トルコ兵と間違えて英国軍が保護しようとしていた味方であるラヒジュのスルタンを殺してしまった。

圧倒的多数のオスマン軍とその部族兵に、ラヒジュにいた四〇〇人の英国軍は急いで撤退するしかなかった。ラヒジュへの強行軍と一晩中の激戦に疲れ果てた英国軍は、戦闘で五〇人の兵士を失い、さらに三〇人が熱中症で死亡した後、四〇人のトルコ兵捕虜を引き連れ、やっとのことでアデンにたどり着いた。さらに、英国軍はすべてのマシンガン、可動式砲台、弾薬の四分の三、軍事装備のすべてを置き去りにした。アデンのすぐそばのラヒジュで、トルコ軍はそれらをすべてわがものにした。

アデンへの道に障害のなくなったトルコ軍は、アデンと目と鼻の先のシャイフ・ウスマーンまで進軍した。第二八旅団の司令官ジョージ・ヤングハズバンド少将の記録によれば、シャイフ・ウスマーンからは「港湾ビル、船舶、駐在員居住区、クラブなどすべてがオスマン軍砲兵隊の射程内にあった」という。さらに悪いことに、アデンへの飲料水の汲み上げから浄化装置のすべてがシャイフ・ウスマーンにあった。英国軍がオスマン軍を近隣の町から駆逐しなければ、アデンの陣地は保持不可能だった。アデンを失えば、英国の海運業、アラブ世界における英国の名声は維持できなかった。[13]

インド政庁は、アデンの英国軍陣営を強化するために、エジプトからの救援隊を急いで派遣してほしいと要請した。英国政府はすぐにそれに応じ、一九一五年七月十三日、ヤングハズバンド将軍は第二八旅団を率いてアデン救済に直行するよう命じられた。部隊は五日後にアデンに到着、トルコ軍にその到着を気づかれないようにするため、夜中になってから上陸した。七月二十一日、英国軍はアデンとシャイフ・ウスマーンの間の海上道路を通ってオスマン軍を奇襲攻撃し、ラヒジュまで退却させた。英国軍の死傷者は少なかったが、オスマン軍は五〇人近くが死亡し、数百人が捕虜になった。

この戦いを指揮したヤングハズバンド将軍は、シャイフ・ウスマーンでの英国軍陣営を強化し、一歩も引かない決意をした。アデンに水を供給する水源地も取り戻した彼はこれ以上戦線を広げて部下の兵士たちを危険にさらすことは拒否した。「一つにはあまりにも暑いこと、もう一つはこの時点で強固な要塞を出て砂漠の中の危険な冒険に出るのは賢明ではないように思われます」と、彼はエジプトの総司令官宛に書いている。ハーディング卿がクート・アル・アマーラの征服を助けるために第二八旅団をメソポタミア戦線に派遣せよと要請したのは、七月下旬のこうした状況にあるときだった。ロンドンの軍事内閣は、当然のことながら、この要求を却下した。約四〇〇〇人のトルコ兵がラヒジュに駐留しているのに、アデンという戦略的に重要な港を救援隊なしに一四〇〇人の部隊で守るのは容易ではない。だが、この状態は戦争が終わるまで続くことになる。[14]

イエメンでは、さらに悪いことに、ガリポリの場合と同様、トルコ軍が前線をがっちりと守っていた。アデン保護領の英国軍は手薄で、地域支配者と領土を守ることはできないことは目に見えていた。ロンドン、カイロ、シムラの英国官僚たちは、領土の喪失以上に、アラブ・ムスリム世界でメンツを失うのではないかと懸念した。アデンの当時の現役駐在官ハロルド・ジェイコブは、「英国がアデンの手前でトルコ軍を敗北させられなかったことが、この国でのメンツを失った最大原因だった」と述べている。ドイツ軍とトルコ軍の異教徒討伐プロパガンダを知り抜いていた英国は、アデンでの敗北が敵に点を稼がせ、ムスリム世界での協商国の立場を全般的に弱めたと感じた。[15]

ニクソン将軍は、たとえメソポタミアへの兵員増強という恩恵が受けられなくても、インド軍はすでに手元にある軍隊でクート・アル・アマーラを奪取できるはずだとインド副王を急き立てていた。ニクソンに言わせれば、イラクにいるトルコ軍部隊は、相次ぐ戦場での敗北で士気が乱れているのに対し、英領インド軍は経験を積み、たび重なる勝利で自信を持つようになっている。やがて熱病から回復すれば（タウンゼンド将軍さえもアマーラの征服の後、病気にかかり療養のためインドに戻らざるを得なくなっていた）、兵士たちはティグリス川上流への果てしない進軍を再開できるはずだと確信していた。彼はクートへの攻撃開始を一九一五年九月まで延期することを提案し、ハーディング卿も次期メソポタミア作戦を承認した。

クートの征服は、手勢の「レガッタ」でやすやすとアマーラを奪取していたタウンゼンド将軍に委ねられることになった。だが、タウンゼンドには英国軍の戦線拡大に大きな懸念があった。「メソポタミアのどこまで進軍するのか?」と、彼は悩みをぶちまけた。彼の懸念は無理もない。メソポタミアに入って約一年後、インド軍は増援部隊を必要としたが、英国軍がこの地域の奥深くに進むにつれて、補給が難しくなることをタウンゼンドは心配した。征服地が広がれば広がるほど、連絡路は長くなり、手段としては河川の輸送路に頼るしかない。だが、インド軍の使える川舟はその目的に適していなかった。バスラからの補給路が十分な輸送手段なしに二倍に伸びると遠征部隊全体が危険にさらされることになる。タウンゼンドはインドで療養中にインド軍総司令官ボウチャンプ・ダフに会い、「十分な兵力の補充なしにクートから先には一足も進ませない」と確約した。このような申し合わせをもとに、タウンゼンドはニクソンからのクートへの進軍命令を受諾し、九月一日、上流に向かって行軍を開始した。[16]

タウンゼンドの懸念には当時実感していた以上に大きな理由があった。オスマン軍が、第一次大戦前のマケドニアとイエメンの反体制運動を鎮圧し、一八九七年のトルコ＝ギリシア戦争で善戦したエネルギッシュなヌーレッティン・ベイをメソポタミア戦線の新しい司令官に任命していたからである。ある軍事史家によれば、ヌーレッティンはアラビア語、フランス語、ドイツ語、ロシア語を話す、「飛び切り才能のある」人物で、バグダードをインド軍から守る任務を与えられると、精力的に立ち回って弱小軍団を建て直し、新しいメソポタミア方面部隊を立ち上げていた。英国軍の兵力が乏しくなる中で、オスマン軍は着々と増員が進むという新たな危機的状況は、メソポタミアに展開する英軍をますます不利にした。[17]

英国とオーストラリアの航空隊はティグリス川上空を飛行して、クート・アル・アマーラ付近のトルコ軍の陣地を偵察した。航空偵察はタウンゼンドと配下の将校たちの攻撃計画には多大な効用があった。トルコ軍がどこに塹壕を構築しているか、これまでのメソポタミア攻撃では見られなかったような高性能の砲台をどこに設置しようとしているかなどがわかったからだ。だが、航空偵察は危険な仕事でもあった。航空機は夏の炎暑と埃で故障しやすく、敵陣営に接近して偵察しようとすると狙撃兵にねらわれて重大な損害を被ることもあった。九月十六日、ある英国航空機がオスマン軍戦線を越えたところで強制着陸させられ、オーストラリア人操縦士と英国人航空偵察員が捕虜になった[18]。

空中偵察によって、トルコ軍はアッシーンとして知られるクートから一〇キロあまり下流のところに強固な陣地を構えていることがわかった。彼らはそこにティグリス川両岸の容易に渡れない沼地と沼地の間に数キロにわたる塹壕を掘って防備していたため、英国軍は相手から丸見えの平地を突進する危険を冒すか、沼地を迂回してトルコ軍を側面から包囲するしかなかった。川には障害物が設置されており、甲板に砲類を備えた英国船の上流への航行を妨げていた。ヌーレッティンは自軍に対して、トルコ軍陣営は難攻不落で、英国軍は突破できないはずだと断言していた。

英国軍の推測によるアッシーンでのオスマン軍兵力は六〇〇〇人。そのうちトルコ兵はわずか四分の一で、四分の三はアラブ兵だった。これに対するタウンゼンドの軍勢は一万一〇〇〇人、砲類にマシンガンも備えていたから、トルコ軍の防衛網の突破には十分と考えられた。若手将校の中にはそれほど楽観的でない者もいた。レナルズ・レッキー大佐は、「敵陣営を見たところ、大規模で堅固な塹壕が掘られており、有刺鉄線が幾重にも張り巡らされている。われわれ以上に大変な汚れ仕事だったことだろう」と記している[19]。

前夜から戦闘配置に就いていた英国軍は、九月二十八日夜明け前、複数の戦線で突撃を開始した。それは精密誘導作戦と呼ばれるもので、一部の部隊がオスマン軍戦線からの発砲を誘導しておいて、その他の部隊がオスマン軍陣営を側面から包囲するという計画である。だが、夜明け前の暗闇の中で英国軍の歩兵縦隊の一部が沼地で道に迷い到着が遅れたため、白昼攻撃を余儀なくされ、奇襲作戦の成功に欠かせないタイミングを失ったばかりでなく、敵の重砲やマシンガンの標的にされた。レッキー大佐は日記によれば、「忌まわしい一日だった。多くの部下が戦死。われわれはある場所で実際にトルコ軍に銃剣を突きつけられた。連中は明らかに下方に照準を合わせ、その位置がちょうどわれわれの頭のてっぺんになるようにねらいを定めていた……私から五メートル足らずのところにいたマシンガン狙撃手の一人が直撃を受け、装備が粉々に粉砕された。一晩中穴を掘り、夜明けごろにはくたくたになった」とある。レッキーの記述が認めているように、オスマン軍は堅固な防衛線を築き、丸見えの英国軍攻撃部隊に多大な損害を与えた。両軍は互いに夜明けから日没まで戦った。戦い疲れた英国軍が夜を徹して獲得した陣地に落ち着くと、オスマン軍は静かにクートの町へと撤退した。レッキー大佐は、「トルコ軍は夜のうちに引き揚げた。何一つ残さず、まことに見事な撤退であった」と敬意をこめて記している。

英国軍は数日かかって、トルコ軍が放置したアッシーンからクートの町へ向かって前進した。オスマン軍が川の流れを遮るように設置した障壁は長い間航行を妨げ、打破するのに時間がかかり、その間に川の水位が下がって、ますます航行を難しくした。負傷者の数は英国の戦争計画者の許容範囲を超え、クートの支配権をめぐってトルコ軍との戦闘を再開する前に、医療設備のある下流のアマーラやバスラに負傷者を搬送しなければならなかった。[20]

最終的には、トルコ軍は英国軍のクート以遠への進出を阻止した。九月二十九日の英軍機の偵察によると、オスマン軍はクートの町を放棄して上流のバグダードへ整然と撤退したという。英国軍がクート・アル・アマーラを抵抗なしに占領できたのは朗報ではあったが、タウンゼンドにとっては勝利というより敗北だった。オスマン軍は英国軍の包囲網をくぐり抜け、砲類と兵士の大半を無傷のまま撤退したからだ。英国軍がメソポタミアでオスマン軍を包囲し、壊滅させることに失敗するたびに、オスマン軍に陣営立て直しの機会を与え、しかも、イラクの奥地へ進めば進むほど、英国軍にとって弱みである補給路や通信線は長くなるばかりだった。

ロンドンでは、ダーダネルス戦は敗北、一九一五年十月のクートでの戦いは勝利という認識が次第に高まった。英国政界では、ガリポリでの英国の敗北で、ムスリム世界における英国の立場が不利になるのではないかと懸念する者が多かった。閣僚たちは、ダーダネルス海峡での敗北が、敵にとってはジハード政策の勝利という宣伝効果を生むに違いないと考えた。すると、ガリポリからの撤退という不面目を撤回するには、バグダードを占領するしかないと見る政治家たちもいた。

しかし、現場の司令官たちの見方は二つに分かれた。ニクソン将軍は、英国軍ならバグダードを奪取できる。そうしなければ、メソポタミアでの英軍陣営の安全確保は難しいと考えた。プーナ師団を率いてアマーラとクートで勝利を挙げたタウンゼンド将軍は、すでに征服して拡大した領土をしっかり保持するべきだと言う。英国軍がトルコ軍からバグダードを奪取できる確率は高いが、この町を確保し、しかもバグダードからバスラまでの季節によって変化の激しいティグリス川沿いの数百キロに及ぶ連絡網を確保するにはかなりの増援部隊が必要である。この作戦には新たに少なくとも二個師団が要るとタウンゼンドは主張した。

そこで十月二十一日、英国政府の中東軍事作戦を司るダーダネルス委員会は今後のメソポタミアで可能な選択肢について討議した。カーゾン卿はタウンゼンドの方針を取り入れ、英国はバスラからクートまでの獲得地域の地固めをするのが最善策であると述べた。外相グレイ卿、海軍相アーサー・バルフォア、ウィンストン・チャーチル(ランカスター公領担当相という閑職に格下げされていたが、政府内での発言は重視されていた）の有力者三人組は、ニクソン案に賛成し、バグダードの完全な占領を要求した。職業軍人であるキッチナー卿はこの二つの立場の中間を取り、戦略的撤退を図るバグダードのオスマン軍に追い打ちをかけて壊滅させ、英国陣営をより強固なものにすることを提唱した。「トルコ軍は、バグダードが占領されたとなれば、ガリポリから立ち退かせた六万から七万人の兵士をバグダード奪回のために派遣できるはずだ」とキッチナーは主張し、タウンゼンドはそれだけの軍勢に対してこの町を保持するには数個師団が必要だろうと述べた。多分、ダーダネルス戦でのたび重なる敗北でキッチナーの閣僚たちへの影響力は低下していたためであろうが、彼の意見を支持する者はほとんどいなかった。この作戦について公式史家は、政治家たちはバグダード占領を「これまでいずれの戦場でも達成できなかったような大成功、それによる東部方面全域での政治的（および軍事的にさえも）利益になるような好機だと、安易に過大評価するわけにはいかなかった」と結んでいる[21]。

ダーダネルス委員会は、結局、結論を出すことができなかった。バグダードへの進軍をきっぱり取り止めにはしなかったが、いちばん強気な人たちが進めようとする方策なら何でも、仕方なく認める格好になった。いちばん強気な連中――ニクソン将軍、インド総督ハーディング卿と閣僚内のその支持者たちであるグレイ、バルフォア、チャーチルらはバグダード奪取に賛成した。インド事務相オースティン・チェンバレンはこれを認め、閣僚たちの承認を得て、十月二十三日、ハーディング卿宛に、バグダード占領の権限をニクソン将軍に与え、インド軍二個師団をフランスからメソポタミアにできるだけ速やかに派遣すると打電した[22]。

メソポタミアのオスマン軍は、この大戦勃発後初めて、英領インド軍に対処するための司令官と軍隊を得た。一九一五年九月、メソポタミアとペルシアのオスマン軍は再編成されて第六軍となり、プロイセン軍の陸軍元帥フォン・デア・ゴルツが総司令官に任命された。そのとき、七十二歳だったゴルツ・パシャとそのドイツ人参謀将校たちが十二月にバグダードに着任すると、英雄扱いで大歓迎を受けた。

このプロイセン軍司令官はイラクにいた前任者たちよりも重要な利点を謳歌できた。配下のトルコ軍の将官たちは英国軍との戦いで貴重な経験を積んでおり、二個師団の新軍を得た第六軍はメソポタミアの英国軍と兵力的にはほぼ互角に近づきつつあった。すでにバグダードを守っているオスマン軍第五一師団は、全員が歴戦の強者のアナトリア出身のトルコ兵で、イラクでこれに対処する戦い疲れたインド軍よりはるかに規律ある軍隊だった。

一九一五年秋の新軍の到着は、バグダード在住の人たちに強烈な印象を与えた。ある住民の回想によれば、「アル・カーズィミーヤ（バグダード地区）の市場中を役人が歩き回って、到着するトルコ軍を歓迎するために川べりの土手に集まるようにとお触れを出した。そこで出かけてみると、兵士を満載した驚くほどたくさんの川舟で水面も見えないくらいだった。川舟から降りて上陸した兵士たちは整列し、音楽に合わせて行進した。人びとは歓声を上げ、女性たちは兵士に『ウルルルー』と高調子の口笛で挨拶した」。戦い疲れたインド軍に比べて、数の上でも質的にも勝るオスマン軍の到来で、メソポタミアの勢力均衡は一変しつつあった。[23]

タウンゼンドの任務は、指揮下の総勢一万四〇〇〇人でバグダードを奪取することだった。ほかにティグリス川のバスラからクート・アル・アマーラまでとユーフラテス川のナースィリーヤまでの駐屯地に配備されている英国軍七五〇〇人の兵士がいた。しかし、約束のインド師団は一九一六年一月までにバスラに到着しそうもなかった。一連の勝利で、英領インド軍に自信がついていたことは確かだが、数カ月に及ぶ進軍と戦闘、イラクの夏の苦戦と伝染病の被害も出始めていた。タウンゼンド指揮下の英国軍部隊は兵力不足のところが多く、インド軍ムスリム兵の忠誠心には懸念がわき始めた。

オスマン軍の宣伝部はイスラーム教徒ならではの忠誠心を煽って、積極的に英国軍兵士の分裂を図った。バグダードで印刷されたヒンドゥー語とウルドゥー語の政府発行の小冊子には、インド軍ムスリム兵に「不信仰者の軍隊」を脱退して、オスマン軍の信仰上の兄弟に加われと呼びかけ、トルコ軍がバグダード防衛のために塹壕を築いている「サルマーン・パク」は、預言者ムハンマドにもっとも忠実だった教友の一人サルマーン(「パク」はペルシア語とトルコ語で「純粋な」という意味で、したがって「サルマーン・パク」は「汚れなきサルマーン」の意)の埋葬地として崇められていることが付記されていた。[24]

英国軍の将官たちは、このような小冊子がムスリム・インド兵の間で「サルマーン・パク」の「聖地」への進軍をためらう傾向となんらかのかかわりがあることに気づいた。すでにいくつかの単発的な反乱も報告されていた。一九一五年十月、レッキー大佐は、トルコの前線近くの監視所で四人のムスリム兵が司令官の喉をかき切り、トルコ軍前線を越える前に英国軍陣営に発砲したと記録している。この「脱走事件」以後、第二〇パンジャブ連隊は、アデンに回されることになった。英国軍は預言者ムハンマドの教友を祀った聖地に焦点を当てたオスマン軍のプロパガンダに呼応してさらなる反乱が起こることを恐れたのだ。この地の宗教的重要性の影を薄くするために、英国軍は一貫して「サルマーン・パク」を昔ながらのササーン朝時代の名前である「クテシフォン」と呼ぶようになった。[25]

クテシフォンのアーチ型の遺跡は、レンガを積み上げて造ったものとしては今日残っている最大のもので、オスマン防衛軍はまさにここを中心に、数カ月前から布陣していた。一〇キロ以上に及ぶ前線には一五カ所の大砲やマシンガンを備えた土塁が築かれていた。本部と前線の間には塹壕が複雑な網の目のように敷設されており、兵士の移動や補給物資の配送に使われ、防衛軍の喉が乾かないように一定の間隔で巨大な水がめが置かれていた。前線から三キロあまり背後にはまた別の堅固な塹壕が掘られており、トルコ軍第二戦線と呼ばれていた。優秀な第五一師団がこの第二戦線に予備役として控えていた。

これらの防衛網はほとんど難攻不落に近かったので、オスマン軍司令官ヌーレッティンと配下の将校たちは、一九一五年十月のクートからの撤退と翌月の英国軍の進攻の間も何とか持ちこたえることができた。

英国軍司令官たちはバグダードを防衛しているオスマン軍についての信頼できる情報を何も持ち合わせていなかった。サルマーン・パクへの攻撃に振り向けられるトルコ軍の軍勢は一万一〇〇〇から一万三〇〇〇人と推定された。十一月初旬、ニクソンとタウンゼンドは、シリアもしくはコーカサスからバグダードに送られてくるオスマン軍増援部隊についてこれと矛盾する報告を受け取っていたが、情報を信用できないとして過小評価していた。情報が不確実になったのは、ニクソンが貴重なもう一機の航空機を敵に追撃された十一月十三日以降、敵の前線以遠への偵察飛行の停止命令を出していたせいもあった。ニクソンとタウンゼンドは自軍の兵力はオスマン軍と互角か、あるいはオスマン軍が自軍よりやや優勢だろうと推測した。だが、トルコ軍防衛隊がプレッシャーに負けて意気消沈しているのを見ていた英国軍司令官たちは、自分たちより相手がやや多い兵力であっても勝ち目はあると自信を持っていた。[26]

一九一五年十一月の戦闘開始前夜、タウンゼンドは最後の広域敵情偵察に二機を発進させた。最初の一機は無事に帰還して、敵陣に大きな変化はないと報告したが、もう一機の操縦士は、クテシフォンの東へ飛び、地上に大きな変化と相当数の増援部隊が来ている証拠を察知した。さらに詳しく知ろうと高度を下げたところでオスマン軍に発砲されてエンジンに穴が開き、敵陣内に着陸を余儀なくされ、操縦士は捕虜になった。彼はオスマン軍の質問に答えるのを拒否したが、トルコ軍第五一師団の位置情報――オスマン軍増援部隊に関する最初の信頼できる情報を記した地図を没収された。トルコ側の記録によれば、「この貴重な情報は、敵側ではなく、味方のトルコ軍司令官の手に渡った」[27]。

英国機の強制着陸で、自軍をはるかに上回る二万人以上のオスマン軍兵力があるという危機的状況をタウンゼンドに知られないですんだばかりでなく、トルコ軍の士気を上げることに大いに役立った。「この小さな出来事は、敵のツキが失せ始めた吉兆だった」と、このトルコ軍将校は記している。まさにそのとおりだった。

十一月二十二日早朝、英国軍はオスマン軍前線に向けて行動を開始した。四列縦隊で進軍した何も知らない兵士たちは、相手を驚かせるのを楽しみにしていた。ところが、英国軍が射程内に入ってくると、防衛軍はマシンガンと大砲で撃ちまくり、そうした幻想はたちまち吹き飛ばされた。「ほとんど直撃に近い」と、レッキー大佐は最初の襲撃で殺された隊員たちの名前を挙げて日記に書いている。「午後四時ごろまで絶え間なくライフル射撃が続いた。すごい激戦だった」

英国軍がオスマン軍の前線沿いの塹壕を奪取するまで、数時間に及ぶ銃剣による襲撃と白兵戦が続いた。ところが、英国軍が前線をようやく確保したばかりのところへオスマン軍の第五一師団の歴戦の強者の一部が激しい反撃に乗り出した。戦闘は夜まで続き双方に死傷者が増えた。「恐ろしい一日。あちこちで死傷者が続出。それを後方に運ぶ手段なし」と、その日のレッキーの日記は終わっている。戦闘第一日の終わりには、英国軍の死者は部隊の四割、オスマン軍ではほぼ五割に達し、両軍とも司令官たちはひどく落胆した。[28]

二日目の十一月二十三日にも戦闘は続き、両軍とも負傷兵を抱えて危機感が高まった。レッキー大佐の記録によれば、「終日、負傷者が搬送されてくる。何の手当ても受けていない者が数百人、担架も、モルヒネも、麻酔薬も何もなし」。夜が更けてもまだ、両軍の接戦は続いた。「午後十時ごろ、ドーセット塹壕沿いを這うようにして移動しているところを激しく攻撃された。塹壕の後ろで倒れたままになっている負傷兵はみじめだった。われわれは銃撃の間隔を詰めて敵を撃ちまくった。［トルコ軍の］将校

19.メソポタミアで反撃に出るトルコ軍歩兵部隊。
オスマン軍はバグダード防衛のために歴戦の強者を前線に配備し、
その反撃の激しさで英国軍進入部隊を慌てさせた。
1915年11月のサルマーン・パクでの決戦では、両陣営とも4割から5割の死傷者を出した。

らが敵を唆して夜の悪魔にしているという声が聞こえた者がいてもおかしくない」

三日間、オスマン軍は英領インド軍を瀬戸際で阻止し、英国軍はオスマン軍前線を保持したが、二列目の塹壕の防衛隊を制圧するだけの兵力がなかった。とりわけ英国軍が抱えていた大きな問題は、手当てをされていない負傷者の数が増え続けていることだった(オスマン軍は負傷者をバグダードの近くまで搬送することができた)。英国軍はそれほど多くの負傷者が出るとは予想しておらず、たくさんの重傷の兵士たちの手当てをする準備が悲しいほどできていなかった。レッキー大佐の記録によれば、「脚を骨折、あるいは両脚がまったくない兵士たちが軍用コートにくるまれて搬送されてきた。彼らの苦痛は筆舌に尽くしがたい」。絶え間ない戦闘、負傷者の憐れなうめき声、トルコ軍が増援されるという噂などが複雑にからみ合って、タウンゼンド軍の士気を低下させた。
十一月二十五日、タウンゼンドと配下の司令官たちは、陣営保持は不可能であることを認めた。インド軍は無勢のうえ、広域に広がり過ぎていた。全員が出陣して、後方支援部隊もなかった。いちばん早い増援部隊も一月にならないとメソポタミアに到着しない。バスラとクート・アル・アマーラ間の英国軍陣営を守り、負傷兵を急遽撤退させるために、多くの無傷の兵士たちを確保しておかなくてはならなかった。タウンゼンドはありったけの川舟を大勢の負傷者の下流への搬送に使い、三日間の激戦で無傷だが疲れ果てていた兵士たちを残していかざるを得なかったが、敵弾に追われながらの撤退はどんな兵士にとっても悪夢にほかならなかった。

英国軍のサルマーン・パクからの撤退は、メソポタミア戦争の分岐点になった。オスマン軍は、戦場においても、またプロパガンダ戦においても、俄然、攻勢に転じた。
一九一五年九月から十月にかけて英国軍がティグリス川をさかのぼってくるまで、オスマン軍とイラクの市民との関係はあまりよくなかった。バグダードの住民は次のように囃し立て、オスマン帝国スルタン=カリフ・メフメト・レシャト〔メフメト五世〕とその軍隊をおおっぴらにからかった。

レシャトよ、フクロウ〔不幸をもたらす鳥〕の息子[29]のおまえの軍隊は負け戦
レシャトよ、いいとこなしのおまえの軍隊は逃走中

ユーフラテス川中流域にあるいくつかの町ではオスマン軍に対して大胆に蜂起するようになり、バグダードの住民がますます剛胆になるにつれて、オスマン軍はジハードの呼びかけを再開することに決め

た。今回の対象は大きな不満を持っているイラクのシーア派住民である。オスマン軍政府は庶民の宗教感情を利用し、「アリーの高貴な御旗」を掲げ、この不人気な戦争にイラクのシーア派住民の支持を取りつけようとした[30]。

アリー・イブン・アブー・ターリブは預言者ムハンマドの娘婿で、イスラームの第四代カリフである。イスラームが勃興して最初の一〇〇年以来、シーア派ムスリムはカリフ・アリーとその子孫をムスリム共同体の唯一の正統な指導者として崇めてきた（実際、「シーア派」という言葉は、アラビア語でアリーの支持者たちを指す「シーア・アリー」すなわち「アリーの党」に由来している）。このことは、シーア派の人たちに、スンナ派のオスマン帝国スルタンのカリフ、もしくは世界のムスリム共同体の精神的指導者としての勅令にそっぽを向かせていた。

オスマン軍は、イラクのシーア派コミュニティを、カリフ・アリーへの彼らの尊敬を利用して動員し、英国侵攻軍との戦いに参加させたいと思っていた。その目的達成のために、彼らはカリフ（シーア派用語では「イマーム」）・アリーを連想させる特殊な威力が宿っている歴史的遺物という印象の強い旗を掲げた、明らかにおためごかしの行列を繰り出した。政府はシーア派イラクの聖地とされる町にこの秘密兵器である旗を掲げた代理人を派遣し、イマーム・アリーの旗のもとでの異教徒との戦いはすべて、忠実なムスリム将軍に勝利をもたらすと宣伝させた。

「アリーの高貴な旗」はあるオスマン軍高官に委ねられ、彼は騎兵隊の分遣隊を率いて、一九一五年秋、イスタンブルからイラクへとそれを運んだ。その道中、実利主義が先に立つベドウィンのリーダーたちの支持を取りつけるために、この一団が金を配るという噂が広まった。代表団はまずイマーム・アリーの埋葬地で、シーア派イラクの政治センターであるナジャフに向かった。ここでは、一九一五年五月に政府に対する最初の蜂起が勃発していた。オスマン軍は、シーア派のイスラーム暦の中でもっとも神聖な月とされる「ムハッラム」（断食月）に、イマーム・アリーの埋葬されているモスクにこの旗を掲げる計画だった。

この旗がナジャフの熱狂的な群衆に披露されたのは、「ムハッラム」の一一日目、西暦では十一月十九日だった。シーア派の名士たちは、英国人不信仰者、つまり「十字架の信奉者」たちに対するジハードへの新たな呼びかけにすっかり共鳴し、英国兵のキリスト教信仰ばかりでなく、東地中海でキリスト教徒とムスリムとを戦わせた中世の十字軍戦争にまで話題は発展して盛り上がった。

戦争の命運はこの高貴な旗の神話に味方した。ナジャフからバグダードまでこの旗を運ぶ一〇日間の間に、オスマン軍は初めて英国軍に勝利した。バグダードの副知事は、町民へのスピーチの中ですぐにこの事実を引き合いに出して、この神秘的な力のある旗を歓迎した。「この『高貴な旗』がナジャフを出るとすぐ、敵は足止めされ、サルマーン・パクへの大々的攻撃は敗北に終わったのです」とシャフィーク・ベイは高調子で語り、群衆は快哉を叫んだ。バグダードで気をもんでいた市民はオスマン軍が英国軍をこの町から遠ざけてくれたことにほっとし、神のご加護があったとはいえ、勝利だって夢ではないと期待するようになった。

政府当局が「アリーの高貴な旗」をイラクで掲げているころ、オスマン軍将校の一団がリビア砂漠でジハードを再開していた。一九一五年五月、イタリアは協商国と同盟を結んでこの大戦に参入していた。「青年トルコ人」グループはこの機会をとらえて、一九一二年にオスマン軍がリビアでやむなく割譲させられたイタリア軍のまだ不安定な陣地を内部崩壊させようと企んでいた。リビアとエジプトの国境地帯で宗教的過激主義を高揚させることによって、オスマン軍とそのドイツ同盟軍は、北アフリカの植民地全土での英国とイタリアの覇権を切り崩そうとしていた。このジハードのパートナーは、サヌースィー教団の団長サイイド・アフマド・アッシャリーフ・アッサヌースィーだった。[31]

サイイド・アフマドは一九一一年のイタリア・トルコ戦争でサヌースィー軍を率いて戦ったことがあった。サヌースィー教団は、大きな影響力を持ったスーフィー（イスラーム神秘主義）教団で、リビアを拠点に北アフリカ一帯に修道場を網目のように張り巡らせてアラブ世界全体に信徒を持っていた。一九〇二年からこのサヌースィー教団のリーダーを務めるサイイド・アフマドは、オスマン軍が一九一二年にリビアをローマに割譲した後でさえ、ローマに対して戦い続けた。国境を越えたムスリム神秘主義教団の頭首として、外国からの侵入者に対して戦う気構えで名声を馳せた彼は、オスマン軍のジハード推進にはもってこいの強力なパートナーだった。

一九一五年一月、二人の大物オスマン軍将校がイスタンブルからリビアへの危険な旅に出発した。使節団長はエンヴェル・パシャの弟ヌーリー・ベイだった。同伴したのはイラクの都市モスル生まれのジャアファル・アル＝アスカリである。オスマン帝国陸軍士官学校を卒業してベルリンで訓練を受けたアスカリはアラビストの秘密結社「アル－アフド」のモスル支部設立者の一人だった。同じアラビスト仲間の将校たちの大半と同様、彼もオスマン帝国とアラブ人の土地を征服し、分け取りしようとする英国とフランスに断固抵抗する意志を持っていた。彼はオスマン帝国へのヨーロッパ人の侵入を防ぐが、トルコ人の支配に対してアラブ人の権利を守るつもりだった。ジャアファル・アスカリはサヌースィーを手助けする任務を快く引き受けた。

ヌーリーとジャアファルはまずアテネに行き、そこで小型の蒸気船と然るべき量の武器を購入し、それを携えてリビアに向かった。彼らは東地中海で敵に見つかるのを避けてクレタ島に進路をとり、そこで望ましい条件が整ったときにリビア沿岸へ急行するつもりだった。彼らは船長にリビアの町トゥブルクからエジプトの国境の町サルームに延びる人里離れた海岸に一行を運ぶように指示した。一行は一九一五年二月、エジプト国境から三〇キロあまり離れたリビアの海岸の然るべきところに上陸し、直ちにサイイド・アフマドと連絡をとった。[32]

オスマン軍将校たちはこのサヌースィー教団の指導者がすでに均衡のとれた行動をとるのが難しい状況にあることに気づいた。西はイタリアの敵に、南はチャドのフランス軍に閉じ込められているため、彼が自分の活動に必要な物資の唯一の補給路を確保するには、エジプトの英国軍とよい関係を保持しておかなくてはならない。英国はエジプトの西の国境の平和維持のためにサイイド・アフマドの歓心をおおっぴらに取りつけていた。だが、オスマン軍がここにやってきたのは、彼が有力なムスリム指導者として、外国からの侵入者に対してジハードを推進するのが彼の義務であることを思い起こさせるためだった。「彼は内心、オスマン軍に好意的であることは間違いなかったが、アラブ人指導者に共通の憂鬱、疑念、心配などの気分を一掃するのは不可能であることを隠せなかった」とジャアファル・アスカリは断言している。

サヌースィー教団の部族民は非正規軍に近いものを生み出していた。部族の血筋を頼りに組織化されたものもあれば、神学校から徴集した兵士もおり、その中にはサイイド・アフマドのボディーガードを務める四〇〇人のエリート宗教学者から成るムハフィズィーヤ軍団も含まれていた。ジャアファル・アスカリの回想録によれば、「彼らが護衛として当直を務める間ずっと、低い、大きな、しわがれ声でコーランの暗誦をしつづける様子は、それを見た人たちに一人残らず敬虔な行為として畏怖の念を起こさせ、強烈な印象を与えた」という。二〇人くらいのアラブ人とトルコ人の将校がいれば、こうした非正規軍を正規の軍隊に編成して、エジプト西部で英国軍と戦わせることも、彼次第でできそうだった。のちに彼らの戦場での戦いぶりを見た英国軍でさえ、アスカリは「兵士のすぐれた養成者だった」と認めている。[33]

リビア東部で数カ月を過ごしたオスマン軍司令官たちは、サヌースィー教団の攻撃開始を待ちきれなくなった。サイイド・アフマドの優柔不断ぶりにいら立ったヌーリー・ベイは、一九一五年十一月下旬、サヌースィー教団指導者の門下生の一部をけしかけて、英国軍陣営を襲撃させた。サイイド・アフマドは自分の将校たちが彼の認可を受けずに行動したことに激怒したが、オスマン軍は、十一月二十二日、サヌースィー軍団が英国軍を撃退したとき、大喜びした。英国軍はサルームの英国軍陣地を放棄し、二〇〇キロ近く東のマルサ・マトルーフまで後退した。

ベドウィンのアウラド・アリー族が英国軍攻撃に参加したことで、サヌースィー教団の活動に弾みがついた。エジプト・ラクダ輸送隊の一分遣隊が、一線を越えて英国軍に対抗するアラブ人の間で高まりつつある社会運動に参加した。サヌースィー教団の大義名分に賛同した地元出身のエジプト沿岸警備隊の将校一四人と兵士一二〇人が、武器、装備、輸送用ラクダを携えて脱走した。彼らの脱走の後、英国軍は用心のため、忠誠心に「疑問のある」エジプト人砲兵隊をマルサ・マトルーフから撤退させた。こうした展開はオスマン軍の野心をかき立て、英国軍に対するエジプト人の蜂起を促し、サヌースィー教団戦士たちの間に士気を高揚させた。

英国軍は、サヌースィー教団のジハードが提起した脅威を封じ込めるために迅速に動いた。約一四〇〇人の英国、オーストラリア、ニュージーランド、インド兵が、新たに編成された西部戦線軍として砲類、装甲車、航空機とともにマルサ・マトルーフに送られた。彼らの任務は、リビア戦線に英国の支配権を再確立し、英国軍がガリポリとメソポタミアの両方で窮地に立たされている一九一五年十二月という危険な時期に、サイイド・アフマドがエジプトとアラブ世界で蜂起を拡大させるのを防ぐことだった。

十二月十一日、西部戦線部隊は、三〇キロ近く西で露営中のアラブ軍を攻撃するためにマルサ・マトルーフを出発した。サヌースィー軍は、英国軍を射程内に引き寄せてから、砲兵隊や騎兵隊が救援に駆けつける前に歩兵の足元をねらって発砲した。戦闘は二日間続き、アラブ兵は実に整然と戦った。部族兵らはねらいを定めた砲撃を受けて散り散りになり、十二月十三日にはついにオーストラリア軽騎兵隊によって後退を余儀なくされた。最初の小競り合いでは両軍とも損害は比較的少なかったが、西部戦線軍の英国人情報部長が死亡した[34]。

一九一五年クリスマス、英国軍はサヌースィー陣営に二度目の奇襲攻撃をかけた。敵の突然の出現にアラブ部族兵たちはパニックに陥った。ジャアファル・アスカリが前線に到着したときの兵士たちには、「秩序ある撤退というより総崩れした群衆の無秩序な退散」が始まっていた。アスカリが戦列を規律あるものに再編成しながら迎えた夜明けの状況は、予断を許さないものだった。「わが陣営は四方八方から敵に包囲されているのがわかった」。西からは歩兵二個大隊が近づき、右横からは大規模な騎兵隊、進路にあたるマルサ・マトルーフ方面からは大きな隊列が行進してくる一方、湾内に停泊中の英国軍艦からのアラブ陣営への砲撃は命中度がしだいに高まっていた。「まったく恐ろしい光景だった」とアスカリは告白している。「兵士たちをそれぞれの部署にとどめておくことはきわめて困難だった」

丸一日の激しい戦いで、英国軍はアラブ軍を丘の上の陣営から撤退させた。ジャアファル・アスカリはかろうじて捕虜にならずにすんだが、ニュージーランド兵にテントを包囲され、書類をすべて奪われた。アスカリの記録によれば、「日が沈んでから撤退の合図をした。死者も負傷者も敵のなすがままに放置し、食料も武器もすべて失って疲労困憊した」。この敗北はアラブ軍戦士たちの士気をくじき、「じわじわと脱走者が出始めた」とオスマン軍将校たちの記録にある。

英国軍は勝利を確実にしたが、五〇〇〇人にまで膨張したサヌースィー軍団を壊滅させたわけではなかった。サルームから英国軍駐屯地のあるマルサ・マトルーフに至る海岸沿いにいるアラブ部族兵を配下にするサイイド・アフマドにはいくつかの大きな強みがあった。ドイツの潜水艦がリビアとエジプトの海岸を往来して、リビア戦に助言するオスマン帝国軍将校たちに銃や弾薬、現金などを提供した。さらに、英国軍のガリポリからの撤退、メソポタミアでのどんでん返しは、嫌われていた英国の植民地体制からの解放を願うエジプトにいる多くの者にサヌースィー蜂起への期待を抱かせた。

英国の戦争計画者たちは、エジプト西部砂漠での一握りのサヌースィー教団の熱血漢による挑戦よりも、メソポタミアでのどんでん返しのほうがはるかに大きな気がかりだった。負け知らずの第六プーナ師団はサルマーン・パクで踵を返し、銃弾にさらされながら撤退した。メソポタミアの英国軍司令官らは、負け戦のタウンゼンド部隊を守るには兵力が足りなかった。約束された増援部隊がバスラに到着するまで、手持ちの部隊で初年度の遠征で占領したいくつかの町を保持するのがやっとだった。

一週間も激しい銃弾にさらされた後、疲労困憊したインド軍と英国軍の兵士たちは十二月二日、隊列を組んでクート・アル・アマーラの懐かしい街路に入った。ティグリス川が馬蹄型に曲がったところに位置するクートは、カンゾウ根の国際取引を始め、地元産の穀物の貿易センターとして繁栄した町だった。複雑な木彫りの装飾をほどこした、数階建ての日干し煉瓦の中庭付き住宅が並び、大きな公共建造物の中には、政府の役所、二つのモスクがあった。その一つにはすばらしい尖塔があり、大きな屋根付きマーケットは英国軍が接収して軍人病院として使っていた。町の北東に向かってティグリス川を見渡すことができる日干し煉瓦の要塞は、川の左岸の半島の根元を通る英国軍防衛線の要衝になった。

タウンゼンドの部下の将校たちの中にはクートに撤退することが賢明かどうか疑問視する者もいた。位置的には、この町はいずれオスマン軍に攻囲されることは確かだった。そうなれば、インド軍だけでなくクートの一般市民も生命の危険にさらされることになる。仮に町の人たちが英国軍に戦わずに降伏したとしても、攻囲が長引けば、彼らの協力は当てにならなかった。人道的な危機を承知のうえで市民を追い出して、結果的に七〇〇〇人の市民をホームレスにするか、住民に攻囲の苦難を共有させるかの選択に迫られたタウンゼンドと配下の司令官たちは、二つの避けがたい弊害のうち、クートの住民を自分の家にとどまらせることにした。ところが、これが裏目に出ることになる。

タウンゼンドは、籠城は短期間で終わると見て、やむを得ないと判断した。サルマーン・パクの残存兵とクートの駐屯兵を合わせて、タウンゼンドには一万一六〇〇人の戦闘員と三三五〇人の非戦闘員が委ねられ、糧食は六〇日分あった。彼は約束された救援部隊が一月にはメソポタミアに到着し、イラク征服を再開できるようになるまでの数週間は持ち堪えられるという自信があった。

トルコ軍の前衛部隊がクートに到着したのは十二月五日。十二月八日にはヌーレッティン・パシャの軍隊が町の周囲の要所を固め、クートを包囲した。メソポタミアで一年近く英領インド軍に敗北しつづけたオスマン軍は形勢を逆転させた。彼らはティグリス川に「アリーの高貴な旗」を掲げ、勝利は間もないと直感した。

第10章 クートの攻囲

「青年トルコ人」グループが第一次大戦に突入した瞬間から、英国はオスマン軍が中央同盟諸国指揮下の部隊でいちばん連帯意識が弱い軍隊と見ていた。ロンドンの戦争計画者たちは、これまで西部戦線で容易に達成できなかった短期間での勝利を、オスマン帝国相手ならできると予想していた。戦争開始から六カ月間のオスマン軍の実績からは、この見解を揺るがす要素はほとんどなかった。連合国の船舶はオスマン帝国の海岸を難なく攻撃できたし、英国軍はバスラ州を比較的容易に確保した。コーカサスとシナイ半島でオスマン軍が始めようとした作戦は、みじめな敗北に終わっていた。

大きな転機になったのはダーダネルス海峡戦だったことは確かだ。トルコ軍は情け容赦のない連合国の攻撃にもまったく後退せずに領土を守り、侵略者たちに屈辱的な撤退を余儀なくさせた。英国は突然、防御する立場になり、オスマン帝国の言いなりに領土を割譲させられる羽目になった。トルコ軍は南イエメンの英国保護領に侵入し、英国にとってきわめて重要な港であるアデンに脅威を与えた。オスマン軍将校たちの指揮下にあるリビアの部族兵たちはエジプトの西部国境線を越えて押し入り、英国軍は海岸沿いに二〇〇キロ近くも後退せざるを得なくなった。メソポタミアではヌーレッティン・ベイが英国の一師団を丸ごとクート・アル・アマーラに閉じ込め、身動きできなくしていた。

こうしたオスマン軍の攻撃は、連合国独自の戦争遂行努力に何一つ重大な脅威となってはいなかった。英国はイエメンとエジプト西部の砂漠にいるアラブ人部族兵に最後には勝てるだろうと自信を持っていた。クートの包囲は、ぜひとも成し遂げるべきバグダード征服が運悪く遅れているだけだと考えた。英国軍にとって、ガリポリ戦の敗北と、イエメン、リビア、メソポタミアでの後退が、ムスリム世界の世論にどんな影響を及ぼすかのほうがずっと大きな関心事だったのだ。彼らは、中東と南アジア全域で活動しているドイツ軍のプロパガンディストが、オスマン帝国の勝利をその都度、悪用していると信じていた。英国軍は前線での宗教的狂信主義と植民地内でのムスリムの蜂起発生を恐れた。その意味では、英国軍もドイツ軍も、カリフによるジハードの呼びかけに対し、オスマン帝国の臣民、もしくは中東、北アフリカ、南アジア全土のムスリムよりも敏感になっていた[1]。

英国側から見て、ジハードの危険性を低くしておくには、失った領土を取り返し、クートの軍隊を救い、オスマン帝国領土の征服を再開して、トルコ軍がどんな犠牲を払っても、この先、勝ち目はないと思わせなくてはならない。

ところが、西部戦線で絶え間ない消耗戦を強いられていた英国は、オスマン帝国との戦線に肩入れするには事実上、限界があった。一九一六年二月、ドイツ軍はヴェルダンのフランス軍陣営に新たな大々的攻撃を開始した。ドイツ軍参謀総長エーリッヒ・フォン・ファルケンハイン将軍は、彼が「消耗戦」と名づけた戦いを開始した。ヴェルダンを奪取するよりもむしろ、フランス軍が自軍の陣営防御に血を流して死に至らせることが目的だった。場所によっては一分間に四〇発という激しい砲撃を耐え忍んだフランス軍は、ドイツ軍の攻撃に対して一〇カ月持ち堪えた。一九一六年十二月、ドイツ軍が激しい攻撃を中止するまでに、ドイツ軍は死傷者三三万七〇〇〇人、フランス軍もほぼ同じくらいの三七万七〇〇〇人の死傷者を出した。英国軍は同盟国フランスを強化し、ドイツ軍にはこの戦争の勝利につながるような重要な突破口を与えないようにするために、西部戦線に兵力を保持しておく必要があった。西部戦線での死闘から軍勢を引き揚げることなしに、オスマン軍がジハードを勢いづかせるような大勝利を阻止するには、西部戦線とオスマン帝国戦線の両方に兵員をどう配分するか、パリとロンドンの戦争計画者たちはジレンマに陥った。クートの救援に際して、彼らはその配分を誤った。

包囲されたクート・アル・アマーラの防衛隊は、「桶の中の魚」ということわざさながらの逃げ場のない危険を感じていたに違いない。「トルコ軍はこの場所を砲弾の海にしはじめた」と、オクスフォードシャー・アンド・バッキンガムシャー軽歩兵隊の若手将校G・L・ヘイウッドは回想録に書いている。「連中は接近しながら平坦な地面を万遍なくマシンガンで撃ちまくった。その日以降、川岸の土手からの狙撃もまた、油断のならないものになった」。英国軍が絶え間ない射撃から身を守るために必死で塹壕を深く掘り下げたが、オスマン軍はそれに対抗する塹壕を英国軍の前線ぎりぎりにまで、掘り進めてきた。「最初の数週間はトルコ軍からの実際の攻撃はなかったが、彼らはどんどん接近してきたため、夜は不安でたまらなくなることがあった」と、ヘイウッドはトルコ軍の前線が英国軍陣営まで一〇〇メートル足らずに迫ったとき、正直に白状している[2]。

オスマン帝国第六軍のドイツ人司令官フォン・デア・ゴルツ元帥はクートの前線を視察し、ヌーレッティン・ベイに会って戦略について協議した。クートを急襲して英国軍を直ちに敗北させるという現場の戦闘指揮官ヌーレッティンと、兵士たちを不必要に戦死させず、兵力を温存するべきだというゴルツ元帥の間で意見は食い違った。ゴルツは包囲を厳重にして英国軍の兵糧を断ち、降伏させるほうがよいという。二人の見解の相違は埋まらなかったので、ヌーレッティンはゴルツがペルシア戦線の視察に出発するまで自軍を戦場に送るのを控えた[3]。

オスマン軍のヌーレッティン司令官はクリスマス・イヴにクートへの攻撃を開始した。砲弾は要塞の日干し煉瓦の壁に大きな穴を開け、英国軍とインド軍兵士たちは自軍の塹壕を攻撃するトルコ軍歩兵部隊に必死で抵抗した。ヘイウッドの部隊はトルコ軍の激しい攻撃の矢面に立たされた。「日が暮れてからも、トルコ軍は夜中いっぱい、襲撃、砲撃を続けた……彼らはこの要塞の砦の一つに足場を獲得した。そこには干草の俵、保存用の缶、粉袋その他のものを手当たり次第に集めて、即席のバリケードが設えられていた。それを境に、一方に敵軍、他方にわが軍がいて、このバリケードに夜中、砲撃が続き、クリスマス当日には死傷者はさらに増えた」。両軍ともに多大な死傷者を出したが、この大戦ではしばしば、攻撃軍のほうが被害は大きかった。クリスマス当日の夜が明けたときのクートには、トルコ軍の死者、負傷者が英国軍の塹壕からトルコ軍の前線に至るまで山のように折り重なって倒れていた。敵陣内で銃弾に倒れたトルコ軍負傷兵を助けようとした英国兵生存者の記録はたくさんある。しまいには、届く範囲内にいる負傷兵たちにパンや水筒を投げてやり、負傷者のうめき声がやがて死によってこのおぞましい戦場に静寂が戻ることに心を痛めた。数週間経っても、オスマン軍死者の大半はクリスマス・イヴに倒れて横たわったままだった。

十二月二十四日の戦闘後、ヌーレッティン・ベイは英国軍陣営をさらに襲撃するのをやめた。その代わりに、彼はゴルツ将軍の戦略に従ってクートへの補給路を断ち、要塞化された地域を常に大砲、マシンガン、スナイパーの標的下に置くように命じた。だが、ペルシアの前線から戻ったゴルツ将軍は、クリスマス・イヴの戦いでのオスマン軍の犠牲の大きさに驚き、自分の命令に従わなかったヌーレッティンを更迭してコーカサス戦線に送り、一月初旬、陸相エンヴェル・パシャの従兄弟で、よいコネのあるハリル・ベイと交代させた。

英国軍もまた、クリスマス・イヴ攻撃で多数の死傷者を出したことを苦々しく思い、クートの司令官チャールズ・タウンゼンド将軍はこうした攻囲状態にある自軍をどれだけ持ち堪えられるか疑問を感じた。クートに着任して最初の数週間の経験から、この英国軍司令官は一日の死者、負傷者、病人が七五人を上回ると見て、一月一日までには現在の兵数七八〇〇人が六六〇〇人に、一月十五日には五四〇〇人にまで減少するであろうと計算した。まだ、大本営と無線連絡が可能だったタウンゼンドは、自軍が解放に貢献できる兵力が保たれている間に、早急に救援措置をとってほしいと上司を説得した。[4]

英国軍救援部隊はすでにメソポタミアに集まりつつあった。最初に到着予定だったのは、ジョージ・ヤングハズバンド将軍の率いる第二八旅団で、早急に必要とされているメソポタミアでの危機に対処するため、オスマン軍のさらなる攻撃の危険のないアデンを出航し、十二月二日、バスラに上陸した。救援部隊の新しい司令官フェントン・エイルマー准将も同じ週に到着した。メソポタミア遠征隊（MEF）の司令官ジョン・ニクソン将軍は十二月八日、エイルマーにティグリス川でオスマン軍を敗北させ、クートのタウンゼンドを救済せよと命じた。バグダードの征服はもはや眼中になかった。

フランスからメソポタミアに向かったインド兵二個師団が到着すれば、その兵力で一九一六年二月までには目的完遂できるだろうとエイルマーは想定した。だが、クートで攻囲されているタウンゼンドは救援を二月まで待つことはできないと見た。オスマン軍には援軍が着々と増えているのに、タウンゼンド軍の兵力は明らかに週を追うごとに減少していた。肝心なのは時間だった。優勢なオスマン軍の兵力がクートのインド軍の兵力を上回らないうちに、どうしてもやっつけてしまわなくてはならない。

ガリポリ戦の敗北からまもないうちにメソポタミアでも敗北した場合の政治的影響を意識した英国軍上層部は、タウンゼンドの懸念をもっともだと思うようになった。エイルマーはヤングハズバンド将軍に、手元にあるわずか三旅団、総勢約一万二〇〇〇人で、一九一六年一月三日、ティグリス川のオスマン軍陣営に向かって出陣するように命じた。救援部隊の兵力が万全になる前にオスマン軍と交戦しなければならないことに狼狽したヤングハズバンドは、のちに回想録に、自分の命令は「非常に重大な過ち」だったと断言している。この早まった出陣のせいで、その後の四カ月間に次々と悲劇を招いたのだ。[5]

オスマン軍はエイルマーの救援部隊とクートのタウンゼンド軍の間にいくつかの防衛線をすでに築き上げていた。オスマン軍二個師団もバグダードの駐屯地にすでに増派してあり、一九一六年一月には、第六軍がティグリス川の英国軍を数の上で凌いでいた。英国軍の推定によると、トルコ軍は地上部隊約二万七〇〇〇人に対し、エイルマーの救援部隊と攻囲されているタウンゼンド軍を合わせても二万三〇〇〇人を超えなかった。英国軍が勝利に自信を持っていたとしたら、それは彼らが相変わらず敵を過小評価していたからにすぎなかった。

エイルマーの救援部隊がオスマン軍と初めて交戦したのは一月七日、クートから四〇キロほど下流のシャイフ・サアドという村の近くだった。トルコ軍は川の両側に数キロにわたって塹壕を広げており、そのため英国軍の正面攻撃は、平坦な地面を激しく、正確なライフル、マシンガン砲弾にねらい撃ちされながら行なわざるを得ない。英国軍は四日間の激戦でトルコ軍の塹壕を奪取するまでに四〇〇〇人以上の死傷者を出した。損失は大きかったものの、英国軍は勝利を宣言し、シャイフ・サアド村に前進基地を設営した。クートで攻囲され、外部世界を通して通信網を維持していたタウンゼンドに、エイルマーは電報を打ち、救援部隊はティグリス川の両岸で進軍中であることを知らせた。三五日間の攻囲の後のこのニュースに、クートに閉じ込められていた兵士たちは「大歓声」を上げたと従軍牧師ハロルド・スプーナーは日記に書いている。[6]

四日後、エイルマーの部隊はアル・ワディとして知られるティグリス川の支流の涸れ谷でオスマン軍と交戦した。大雨と強風の中での戦いで、英国軍は一六〇〇〇人の死傷者を出し、エイルマーの軍隊は九〇〇〇人にまで減った。それでも兵士たちは、通過できない沼地とティグリス川の間の狭い部分に広がるハンナにあるオスマン軍陣営に向かわせられた。

一月二十一日、エイルマーは自軍に、強固な塹壕で防備されたオスマン軍陣営に、何もない平地を進軍して正面攻撃をかけよと命じた。攻撃兵は、身を隠す茂み一つない平地でトルコ軍の激しい銃弾にさらされながら、連日の大雨で泥沼になった地面で滑ったり転んだりした。英国軍は、メソポタミア戦線で初めて、耐えがたいほど大勢の死傷者を出した。二日間の戦闘後、英国軍はヤングハズバンド将軍の言葉によれば、「思い出すのもおぞましいハンナの陣営」保持を諦め、撤退するしかなくなった。クート救済の最初の試みに失敗したエイルマー将軍は、二回目の攻勢をかける前に激減した兵力を立て直すため、さらなる救援隊を待つほかなくなった。(7)

クートにいた従軍牧師スプーナーの一月二十三日付の日記によれば、「わが救援部隊は現状を打開できるほど強力ではなく、引きこもって……救援を待っているかのように見えるのが心配だった」という。わが部隊は緊急支援を期待されていたのにかなわず、さらに数週間の攻囲に耐えざるを得ない。「それまでにトルコ軍は大幅に強化されることは間違いないから見通しは暗い。だが、われわれは落ち込んでいるか？　いや、いや、いや……！」と、いかにも昔ながらの英国軍人らしく結んでいる。

エイルマーの救援作戦を邪魔した雨雲の裏には明るい日差しが隠れていた。大雨でティグリス川が増水し、クートのトルコ軍と英国軍の両戦線の塹壕も水浸しになり、どちらも二キロ近く離れた陣地まで後退せざるを得なくなったのだ。辺り一面じめじめした環境は悲惨ではあったが、おかげで水位が下がるまで、トルコ軍の襲撃や奇襲攻撃は論外になった。差し当たり、雨が収まり、救援部隊が到着するまで、自軍の戦力を保持することがタウンゼンドの任務になった。

タウンゼンドが真っ先に取り組んだのは、自軍の消費物資の節約である。一月二十二日、彼は配給物資すべての量を半分にした。こうした制限は、軍隊ばかりでなくクートの市民六〇〇〇人にも適用された。すべての人たちが同じように限られた食料で我慢してもらうためである。やがて彼は英国軍に町民の家を一軒ずつ家宅捜査して食料を徴発するように命じた。兵士たちは大麦九〇〇トン、小麦一〇〇トン、調理用バターもしくは油脂一九トンを摘発した。クートの住民たちはこの家宅捜査に腹を立てたが、徴発した物資と英国軍の貯蔵品を合わせて、兵士も町民も同じように半量の配給制にしたことで、食料の提供期間を二二日から八四日まで延ばすことができた(8)。

配給食料の削減はクートの住民にとって最後に科せられた耐え難い苦痛だった。屋根付き市場の商店街はすでに接収されて野戦病院になっている。彼らの住宅は始終荒らされ、英国軍兵士らが壁に穴を開け、銃撃を受けずに通れる安全な通路として使われたり、建材ははがして薪にされたりした。民間人も兵士と同じように生死を分ける銃撃にさらされ、日常生活を行なうのも命懸けだった。従軍牧師スプーナーは、川に水を汲みに行った女性が襲撃されて死んだことを嘆く町民のやり場のない悲しみを目撃している。この気の毒な女性は攻囲中に死亡した民間人約九〇〇人の一人だった。

クートの住民は、英国軍からはトルコ軍への情報提供を疑われ、トルコ軍からは英国軍を自分たちの町に匿う協力者とにらまれるという苦しい立場に追い込まれていた。包囲しているトルコ軍はクートから逃げ出そうとする民間人に対して逃さず発砲した。町の人たちにとってオスマン軍の唯一の利用価値は、英国軍の限りある糧食の枯渇を早めてくれることだった。

食料の配給には、クートの英国兵とインド兵にそれぞれ異なる頭痛の種があった。ヒンドゥー教徒の兵士は菜食主義者で、宗教上の理由と食習慣から、ますます少なくなっているパンや野菜を補うために配給する肉を拒否した。牛肉、羊肉の不足で英国軍が仕方なく軍馬やロバを殺し、その肉を配給してもムスリム兵は食べなかった。タウンゼンドは初めのうち、インド兵のために小麦粉や野菜の割合を大目に確保するよう努めるかたわら、インドのヒンドゥー教徒とムスリムの宗教的権威者に食料の分配についておうかがいを立て、兵士たちが配給の肉を食べることを許可してもらおうとした。だが、糧食の削減は悪影響をもたらした。インド兵たちの毎日の食事のカロリーが足りないところへ、寒さと湿気が襲い、肉食をする英国兵たちよりはるかに多くのインド兵が病気にかかったり、死亡したりしたのだ。

オスマン軍はタウンゼンド部隊の人種的分裂をいいように利用しつづけた。英国軍兵士たちは、洪水で放棄されたトルコ軍前線の塹壕を調べているときに、ヒンドゥー語とウルドゥー語で印刷された数千枚のバグダード政府刊行物としての宣伝ビラを見つけた。従軍牧師スプーナーによれば、「現地人兵士は将校（英国人）を殺し、暴動を起こして、トルコ軍に入ってアッラーの加護のもとに集まれ。そのほうが待遇も良く、収入もいいぞ」と勧誘するビラに石の錘《おもり》を付けて束ね、英国軍の陣営に投げ込んだという。

少数だが、インド兵がこのトルコ軍の誘いに乗った。十二月末には、タウンゼンド将軍が、自軍のインド兵の中に、「ある種の望ましくない事件」が起きたことを報告している。もっとはっきり書いている兵士もいた。「攻囲期間中に何度かインド兵（モハメダン）が自軍の塹壕を出て、トルコ軍に投降した。だが、脱走を企てた者のなかには連隊の前で射殺された連中もいる」と、英国軍砲兵隊員でその名もW・D・〝砲手《ガナー》〟のリーは言う。この目撃証言は、実際にオスマン軍戦線を越えたのはインド兵のごく一部で、攻囲終了までに「行方不明」になった兵士は七二人にすぎなかったことを物語っている。だが、インド兵がみな、喜んで大英帝国のために死のうとしていたわけではなかったことは明らかだった。(9)

英国軍はクートで攻囲されている部隊の救出に苦戦する一方、エジプト当局は相変わらずリビアの西部戦線での危機に直面していた。一九一六年一月、エジプトの英国軍司令官ジョン・マクスウェルは、二カ月前、サヌースィー軍団に奪われた領土を取り戻す作戦を公認してほしいとロンドンの陸軍省にせっついた。彼の説によれば、西部砂漠地帯での英国軍の支配権を再主張するのは、軍事的必要というよりも政治的理由によるものだった。大英帝国軍部隊がガリポリから撤退し、サヌースィー軍団にアフリカ西砂漠で敗北したとなると、エジプトの活動家たちに英国軍の実力と問題解決力に疑問を抱かせかねなかったからだ。

ロンドンの承認を得たマクスウェルはリビア国境に至るエジプト領全域の英国支配権を再構築するために西部戦線軍を編成した。ガリポリからの撤退以降、増強された英帝国軍を思いのままに使えるという利点を生かして、マクスウェルは英国軍、インド軍、アンザック軍、南アフリカ歩兵隊までも合わせた大勢の多様な兵士たちを集めた。砂漠の砂地に適した馬やラクダの騎兵隊ばかりでなく、空中偵察や装甲車という近代的テクノロジーも取り入れたアフリカ西部戦線部隊は、伝統的な戦法と近代的な戦法の両方を適用した。

サイイド・アフマド・サヌースィーとともに戦うアラブ部族兵たちは、陸相エンヴェル・パシャの兄弟ヌーリー・ベイとイラクのジャアファル・アスカリの指揮下にあるオスマン軍将校たちから訓練を受けていた。オスマン軍司令部はヌーリーとジャアファルに、「エジプト領内に進入して恐怖と混乱を誘発し、その過程でできるだけたくさんの英国兵をやっつけろ」という明確な指令を出していた。オスマン軍とそのドイツ同盟軍は、サイイド・アフマドのサヌースィー神秘主義教団のリーダーとしての宗教的権威をジハード実施に当たってかけがえのない強みであると見ていた。一九一五年末の彼らの成功は英国軍に警戒感を起こさせ、エジプト人の民族意識を煽った。[10]

一九一六年一月、サヌースィー軍団は、エジプトのマルサ・マトルーフの英軍駐屯地から四〇キロほど南西のビゥル・チュニスに陣営を構えた。英国機がこの陣地の上空を飛行するのを見たジャアファル・アスカリは攻撃が差し迫っていることを知った。彼はサヌースィー露営地の周辺に歩哨を立て、厳重な警戒を指示した。一月二十二日夜の激しい豪雨の後、アスカリのトルコ軍将校の一人が明け方、彼を起こし、「歩兵、騎兵、砲兵、装甲車で構成された敵の長い隊列」がサヌースィー陣営に向かって進軍中であると警告した。トルコ兵たちが一晩中呪った大雨は天恵だった。装甲車は泥濘にはまって動けなくなったことが、アラブ部族兵たちに戦いへの準備の時間を与えてくれたのだ。

一月二十三日はビゥル・チュニスで終日激戦が続いた。オスマン軍配下の非正規軍が砲火にさらされながらも規律を守っていることに英国軍は驚嘆した。ヌーリーはラクダに乗った機関銃手を率いて英国軍の右翼を攻撃し、ジャアファル・アスカリは英国軍の騎兵隊への攻撃を指揮した。サヌースィーのリーダー、サイイド・アフマドは護衛隊の大半を連れて四〇キロ近く南の安全な場所へ撤退した。サヌースィー軍の前線はその日のうちに八〇キロ近くまで広がり防備が手薄になっていたため、英国軍はアラブ軍の中央を突破し放置された露営地を占領した。テントは中身もろとも焼き払われていたが、サイイド・アフマド軍はまたもやその部隊の大半を無傷のまま逃走していた[11]。

マクスウェル将軍にはサヌースィー軍の脅威に対処するため、自在に使える十分な手勢があった。他方、トルコ軍の中のアラブ人部隊は、戦闘が長引くにつれて数が減りつつあった。「われわれの動員可能な兵数は、耐えがたい苦難によって減少しつつあった」と、ジャアファルは回想録に書いている。「提供できる糧食や弾薬の量次第で、戦闘員は名乗り出たり、姿を消したりした。常に中核を成す存在がなく、聖戦士に除隊を申し出られれば、とどめるすべがなかった」。アラブ部族兵はいつものことながら、気まぐれで当てにならなかった。

サイイド・サヌースィーとその信奉者たちがビゥル・チュニスから引き揚げた後、彼らはヌーリーとジャアファルとは別の道を歩み始めた。サヌースィー戦士たちは、南進してリビアの国境に近いシーワ・オアシスからファラーフラ・オアシスとバハレイヤ・オアシスにまで広がる西部砂漠（リビア砂漠）のオアシスの町を占領した。そこはナイル渓谷からは近距離ではあるが英国軍の守備範囲外にあった。ジャアファルとヌーリーは、地中海沿岸の平地に沿って英国軍を執拗に攻撃しつづけた。だが、オスマン軍配下の軍隊には兵士一二〇〇人、速射砲一基、マシンガン三挺しか自由に使える武器はなかったため、兵力を増強しつつある英国軍に次第に脅威ではなくなりつつあった。

英国軍は撤退するアラブ軍を沿岸部の村シーディ・バラーニから南東へ二〇数キロ離れたアカキールまで追跡した。ここで二月二十六日、ジャアファル・アスカリは図らずも英国軍に対して窮地に立たされた。敵が陣営を包囲するなか、味方のヌーリーは捕縛されるのを避けるために、自分の正規軍大隊をジャアファルに何の相談もせずに撤退させてしまい、置き去りにされたヌーリーは少人数の分遣隊だけで英国軍を迎え撃つことになったのだ。半信半疑のジャアファルがヌーリー軍の撤退の知らせを飛脚から受け取ってまもなく、英国軍に包囲されていることに気がついた。

引き続いて起こった乱闘場面はまるでクリミア戦争の一シーンのようだった。抜身のサーベルを手に馬に乗って攻撃をする将校たち。右腕をサーベルで深く切られて使えなくなったジャアファルは、愛馬も下方から撃たれて仕方なく徒歩で戦う羽目になった。英国軍司令官ヒュー・スーターは、ジャアファルの乗っていた馬が撃たれて死ぬと、急遽彼の足元に引き返した。ジャアファルの記録によれば、「次の動作に入る前に敵の騎兵隊に周囲を取り囲まれ、出血多量で気絶した」。ジャアファル・アスカリは捕虜になったが、高官だったため丁重な扱いを受けた。

アカキールの戦いは西部砂漠における英国支配に対するトルコ軍サヌースィー軍団の脅威に終止符を

打った。英国の西部戦線軍は何の抵抗も受けずにサルームの港を取り戻し、リビアとの国境線を再確立した。英国公式史の著者によれば、「エジプトでの戦果は上々で、アレクサンドリア地区の政情不安［サヌースィー派のデモがたびたび発生していた］は大幅に縮小された」という。北部沿岸地方で威信を回復した英国軍は、西部のオアシス確保に集中することができた。一九一六年三月から一七年二月の間に、英国軍はサイイド・アフマドとその軍勢をこれらのオアシスから次々と追い払うことに成功した。(12)

カイロでは、ジャアファル・アスカリはマアーディにある捕虜収容所付属の軍事施設で負傷の手当を受けて回復した。彼はエジプトのスルタン、フサイン・カーミルと英国軍司令官ジョン・マクスウェルに温かく迎えられた。もっとも驚いたのはメソポタミアやシナイ半島戦役で捕虜になったオスマン軍のアラブ人将校などたくさんの友人や同僚に会ったことだった。彼が会った人たちの大半が、彼の旧友で同僚でもあり、バスラで英国軍に捕虜にされたヌーリー・アッサイードのような親アラブ派の政治志向を共有していた。英国情報部は掌中にした大事な人材のナショナリスト志向を、自国の戦争目的推進のために巧みに利用した。

エジプトのサヌースィー主導のジハードの脅威がなくなりはしなかったが、英国の戦争計画者たちはふたたびクート・アル・アマーラのタウンゼンド将軍部隊の救援に集中することができるようになった。

包囲が長引くにつれて、交戦国同士の敵対意識がときたま緩むことがあった。とりわけ大雨が上がった後、水浸しの塹壕で凍えていた英国兵たちが這い出てきて、トルコ軍の標的になる脅威もしばし忘れてフットボール・ゲームで身体を温めた。従軍牧師スプーナーによれば、「トルコ軍の射撃手たちはそのゲームを観ているうちにおもしろくなって」、英国兵の試合が終わるまで「射撃と監視をやめた」という。スプーナー師には塹壕では珍しいユーモアのやりとりを描いたもう一つの逸話がある。せっせと塹壕を掘っていたあるトルコ兵がときどき、英国軍の前線のほうに向かって、まるで「英国の兵隊さんヤーイ！」と言わんばかりにシャベルを振ると、英国兵がライフルを取り上げ、そのふざけたシャベルを撃ち抜いた。「頭に包帯をしたシャベルをふたたびゆっくりと、さもけだるそうに差し伸ばすと、しばらくは作業が休みになった」とスプーナー師は回想している[13]。

そのような敵対意識の中断は、クート包囲をじりじりと狭めるオスマン軍の活動の中で例外的なものだった。一九一六年二月半ばのある朝、低空飛行してきたドイツのフォッカー単葉戦闘機が退屈していた兵士とクートの市民をうっとりさせた。「すごい速さで動く機械に誰もが興味をそそられた」とアレックス・アンダーソン少佐の回想録にある。「それは町の南を旋回した後、やがてふたたび北西に進路を変え、一瞬、太陽の光にきらりと光るものが落ちるのが見えた——実際、四個の落下物が見え、好奇心が募った」。その当時まで、航空機は空中査察にしか使われていなかった。クートの人たちが空からの爆撃を見たのはこれが初めてだった。

高性能爆弾が地上に落ちて炸裂したとき、兵士たちは呆然として言葉もなかった。最初の空襲で大砲は爆破され、歩哨は塹壕の中に埋まった。村の住居地帯も直撃されたが、驚いたことに屋内にいた人は誰も死ななかった。その日以降、単葉戦闘機（英国軍は、パイロットはドイツ人と想定して「フリッツ」というあだ名で呼んでいた）は定期的にクートを空襲し、重量一〇〇ポンドもある高性能爆弾を投下した。フリッツの爆弾の一つが屋根付きバザールの中にある英国軍の病院に落ち、一八人の死者と三〇人の負傷者を出した。空襲でクートの包囲はじりじりと狭められた[14]。

二月十八日、数週間にわたる執拗な銃撃が突然やんだ。最初のうち当惑していた英国軍も、翌日になって初めて、それはオスマン軍がエルズルム陥落を知ったショックによるものと判断した。

コーカサスのロシア軍の参謀長ニコライ・ユデニッチは、連合国のガリポリ半島撤退後、オスマン軍の再編成は必ず行なわれるだろうと予測し、エンヴェルは機会があればオスマン軍第三方面軍を再建すると予言していた。オスマン軍のコーカサス戦線を守っている一二の師団のそれぞれは兵力不足のまま、山岳地帯を数百キロにわたって防衛していた。ならば、エンヴェルが兵員増強のチャンスを得る前のオスマン軍がまだ弱いうちに、第三方面軍を叩きつぶしておこうと決意した。

ユデニッチ将軍は極秘裏にその作戦計画を開始した。彼は機密を知る必要がある配下の将校にだけその一部を知らせ、兵士たちはまったく闇の中に置かれた。部下の兵士とオスマン軍の双方の注目を逸らすため、東方正教会の暦によれば、一九一六年一月七日から十四日までをロシアのクリスマスと新年の休日として気前よく祝う約束をした。また、オスマン軍情報部をいっそう混乱させるために、ロシア軍はペルシア侵攻を計画しているという噂を広めさせた。この偽情報作戦は成功し、オスマン軍はロシア軍が春まで攻撃してくる意図はないと思い込み、冬ごもりをして、その間に兵力を目いっぱい増強できると胸算用した。トルコ軍の司令官たちは、ロシア軍も一九一四年十二月のサルカムシュの経験からコーカサスの冬の死闘は当然回避するだろうと信じた⑮。

ロシア軍は確かにエンヴェルの不手際なサルカムシュ作戦から教訓を得ていた。戦争準備の一部として、ユデニッチは歩兵隊の冬用軍服を注文した。すべての兵士に毛皮のコート、裏のついたズボン、フエルトのブーツ、厚手のシャツ、暖かい手袋と帽子が支給された。彼はさらに、コーカサスの裸山で大勢のトルコ軍兵士が死亡した寒さから守るために、短く切った薪を兵士一人当たり二本ずつ行き渡るように注文した。決定的だったのは、ユデニッチが真冬に攻撃を予想していない敵を奇襲するのがいかに容易か、しっかり見抜いていたことである。サルカムシュにロシア軍が攻め込んだとき、エンヴェルは何の準備もしておらず、パニック状態になって、仕方なくロシア軍に降伏した。ユデニッチは周到な準備と完全な秘密保持で、オスマン軍が敗北した場所で勝利したいと願っていた。
キョプリュキョイは一九一六年一月十日のロシア軍の進攻開始で、三度目の戦場となった。一九一四年十一月の戦闘開始日にオスマン軍が帝政ロシア軍をここで追い返し、一九一五年一月にサルカムシュでの失敗で後退を余儀なくされたときには、敗北した第三方面軍はここに集合した。アラス川のほとりにあるこの戦略的に重要な町はエルズルムの東側入口を防衛していた。ユデニッチはキョプリュキョイ周辺にオスマン軍が集結していると想定して、まずこの町の北方へ陽動作戦を開始し、さらに一月十二日にはアラス川沿いに第二次の陽動作戦を仕掛けた。オスマン軍はロシア軍を撃退するため、キョプリュキョイ周辺にいた九師団のうち五師団を動員して断固反撃に出た。これでキョプリュキョイ自体の兵力が削減されたところへ、ロシアの将軍は一月十四日、この町に本隊を放った。トルコ軍の守りは堅かったが、町が包囲されたことを知ると、オスマン軍は一月十六日夜、ここの駐屯地から撤退した。ロシア軍は翌日、この町を占領した。
キョプリュキョイの敗北はオスマン軍第三方面軍に大きな打撃を与えた。コーカサス前線に配備されていた本来の兵士六万五〇〇〇人のうち、エルズルムに撤退できたのはわずか四万人だった。それでも、彼らはオスマン軍が難攻不落と信じる陣地に後退した。東からの攻勢から守るため、エルズルムの町を囲むように全部で一五カ所の近代的な要塞と砲台が半円形に突き出してつながっている二つの砦があった。さらに、エンヴェルは一月半ばまでに第三方面軍を増強するため、ダーダネルスから七個師団を出発させていて、三月初めには最初のいくつかの部隊がエルズルムに到着することになっていた。オスマン軍は春にはロシアのコーカサス方面軍に間違いなく反撃する予定だったのだ。ロシア軍はトルコの第三方面軍が補強される前に、何としてもエルズルムを占領する必要があった。[16]
ユデニッチは、守りの堅いオスマン軍陣営に軽率に突っ込むよりも、エルズルムの攻撃を念入りに準備した。彼はキョプリュキョイからの道路を前線まで砲類を運ぶ車両が通れるように幅を広げさせた。ロシア鉄道はサルカムシュから戦前のトルコとの国境カラウルガンまで延長させた。シベリア航空隊は初めてコーカサス戦線の空中偵察に派遣された。こうした準備が進む中、ユデニッチと配下の将校たちは攻撃計画を煮詰めた。

オスマン軍の防衛建造物は、エルズルムをキョプリュキョイ方面からの攻撃から守るように構築されていた。ユデニッチと配下の将校たちは、正面からの攻撃を試みて多大な損失を被るよりも、エルズルムの北側の山岳地形に集中することにした。オスマン軍はそこを攻撃には難しい地勢と見て、あまり多くの要塞を築いていなかった。北東部の四つの要塞を占領すれば、北からエルズルムへの道は開けそうだった。

ロシア軍は二月十一日、連続砲撃で攻撃を開始し、その夜、エルズルムを取り巻く地域を守っている北端の要塞のうちの二カ所に攻め込んだ。アルメニア人将校ピルミヤン大佐はダーラングーズの要塞の攻撃を指揮し、数時間にわたる激戦の末、ここを奪取した。ロシア軍は翌日も襲撃を続け、オスマン軍の防御用要塞を一つずつ奪取していった。防衛軍は守備位置を放棄し、町へと後退した。二月十五日までに、ロシア軍の偵察機はエルズルム市内に激しい動きがあり、西方へ向かう貨物列車が出発したと報告している。ロシア軍による襲撃でショックを受け、エルズルム周辺の防衛網が崩壊してしまったため、オスマン軍は総員撤退中であることは明らかだった。

二月十六日、コサック騎兵隊連隊がエルズルムに入城。その瞬間、ロシアとその同盟軍の兵士たちは、一八カ月前、西部と東部の両戦線での硬直状態だった塹壕戦と悲惨な死傷者の続出を思い浮かべた。大慌てで撤退していく敵を追う騎乗兵はついに栄光の一瞬を目の当たりにした。かつては難攻不落を誇った要塞の町になだれ込んだロシア軍は五〇〇〇人のオスマン軍兵士を捕虜にした。オスマン軍の死傷者一万人と、推定一万人はいたと思われる脱走兵を合わせると、オスマン軍第三方面軍の兵力は二万五〇〇〇人に減っているはずだった。ユデニッチの作戦は申し分のない成功だった。彼は第三方面軍を崩壊させ、オスマン軍救援隊がコーカサス前線に到着するはるか前に、トルコ領の奥深くまで拡大征服していた。

ロシアのコーカサス方面軍はオスマン軍の足取りの乱れに乗じて征服地域を拡大し、二月十六日から三月三日の間にヴァン湖近くのムシュとビトリスを掌中にした。三月八日には黒海の港町リゼを、四月十八日にはトラブゾンが陥落した。トルコ軍の増援部隊がようやくアナトリア東部に到着したときには、オスマン軍の陣地は完全に秩序を失っていた。

メソポタミアのオスマン軍兵士たちにエルズルム陥落のニュースが届いた日が静まり返っていたのは少しも不思議ではない。この戦争で最大の領土的喪失に酔いが醒めたオスマン軍は、クートでの勝利達成への努力を倍加した。トルコ軍は英国軍救援部隊の挫折を知るたびに、黒板にフランス語で「クートは征服されている。故国へ引き揚げのときがきた」と記した屋外広告を出した。英国軍も負けておらず、「エルズルムは何たるざまだ? 後ろをよく見ろ」という独自の看板を立てて応酬した。[17]

二月中にフランスからバスラへの増援部隊が次々と出発し、メソポタミア遠征隊に加わった。輸送を急ぐあまり、彼らの到着はバラバラで、砲類や馬などとは別送になることがしばしばだった。バスラの船着き場は大混乱で、前線に出立する前に自分の銃や馬を選り分けて確保するために数週間も足止めされている兵士たちで溢れ返った。川舟だけでは輸送が間に合わず、大半の部隊はバスラからクートの近くの前線まで三〇〇キロあまりを行軍しなければならなかった。こうした事情の中で、メソポタミアの英国救援部隊の司令官エイルマー将軍は、疲労困憊した自軍の救援に約束されていた二個師団を受け取ったが、到着にあまりにも時間がかかり過ぎ、しかも整然とまとまったかたちで到着しなかったのでトルコ軍より数に置いて優勢になることはできなかった。

エイルマーは難しい決断を迫られた。理想的には、救援隊が全部到着するまで待ってからオスマン軍と交戦したかった。だが、週を追うごとに、第六方面軍は新規のオスマン軍部隊で増強されつつあるのに、クートのタウンゼンドと配下の兵士たちは食料と医薬品の不足で体力が落ち、病人が増えていた。エイルマーのジレンマは、双方の兵力の総体的バランスについて不完全な情報しかないまま、最適の瞬間を選んで攻撃を行なわざるを得ないことだった。彼はクートが包囲されて三カ月目に入る一九一六年三月初めに攻撃再開を決めた。エイルマーは、ティグリス川岸の戦闘を中止していた場所よりも、クートの南側のシャットラハイ運河に向かう陸上部に大胆な奇襲攻撃をかけることを提案した。目標は、クートの手前のオスマン軍の最後の大きな防衛地点である高台のドゥジャイラ要塞である。

エイルマーは奇襲という大事な要素を保持するために、部隊を夜中に進軍させ、夜明けにドゥジャイラを攻撃することを提案した。彼はこの見晴らしの利く有利な場所を確保すれば、救援軍と連携するために南からティグリス川を渡ってクートに近づくタウンゼンド軍に安全な通路を開けると期待した。エイルマーの部隊がこの計画に従っていたら、成功していたかもしれない。なぜなら、ティグリス軍団が戦場へ出立した三月七日にはドゥジャイラのトルコ戦線はすべて放棄されていたからである。

だが、暗闇の中で、起伏が多く、不案内な地形を進むうちに方向感覚を失った英国軍は、夜の行軍が大幅に遅れた。三月八日の夜明けにはまだ、ドゥジャイラ要塞の四キロほど手前までしか到達していなかった。英国軍司令官らは、夜明けの光の中、平地を横切ってやってくる英国軍部隊がオスマン軍からありありと見えるだろうと想像した。奇襲攻撃の要素は失われたと信じたエイルマーは、自軍の兵士がオスマン軍前線からの激しい銃撃にさらされることになるのを恐れた。英国軍司令官たちはドゥジャイラのトルコ軍塹壕は空っぽで、オスマン軍には反撃の準備はまったくなかったことに気づいていなかったのだ。

エイルマーは、平地で堅固なオスマン軍の塹壕を襲えば、多大な死傷者を出す危険があることを苦い経験から知っていた。そこで彼は将校たちに進軍を停止させ、トルコ軍が攻撃命令を受けて発砲する前にオスマン軍陣地を激しく砲撃させた。英国軍の砲撃開始は午前七時で、砲撃は三時間続いた。集中砲火は自軍の兵士を敵から守る代わりに、オスマン軍司令官らに攻撃が近いという警戒態勢を取らせ、ドゥジャイラの塹壕にどっと兵士たちが集まった。英国軍が出撃を命じられたときには、空っぽだったドゥジャイラの塹壕は兵士でいっぱいになっていた。

クート南方のオスマン軍の司令官はアリー・イフサーン・ベイだった。彼は一九一五年二月にコーカサスから到着し、メソポタミアでの最初の月は、配下の兵士たちに異なった新しい環境で戦うための訓練を行なった。三月七日の就寝時には敵方の活動について普段と異なる報告は何も聞いていなかった。翌日早朝、集中砲火に気づいた配下の大隊司令官の一人の通報で、彼は初めて英国軍の攻撃開始を知った。

アリー・イフサーンは事の重大さを悟ると直ちに山岳部砲兵隊とマシンガン中隊の司令官たちに相談した。彼は地図上に英国軍の位置を示し、トルコ軍戦線に向かってくる「敵の砲弾に応酬し、進軍してくる敵兵を徹底的に撃て」と命じた。次に彼は、「規律、秩序、練度」に疑問のあるイラクからの徴兵から成るオスマン軍第三五師団の司令官に、ドゥジャイラの北の丘の防衛に最後の一兵に至るまで戦わせよと指示した。「逃げ出そうとする者はすべて処罰する。コーカサス前線での自分の評判を知っている者ならみな、それが嘘でないことがわかっているはずだと私は言った」。信頼しているアナトリアからの兵士たちは、前線保持に戦い抜くと信じて要塞の中心部に配置した。[18]

アリー・イフサーン・ベイは英国軍の集中砲撃が続いている間、配下の部隊すべてをドゥジャイラに投入した。「敵はこちらに砲撃を行なっている間は歩兵隊を進軍させなかった」と、このオスマン軍司令官は記している。「われわれはこの過ちをうまく利用して、自軍のすべてを英国軍が歩兵隊の攻撃開始前にこの要塞に集めることができた」。彼は自軍の兵士たちを戦闘配置に就かせるための三時間を英国軍将軍たちが与えてくれたことに心から感謝した。

ガリポリ戦の古参兵で、同じ部隊の兵士たちとともにメソポタミアに配備されていたアブディン・エーゲは、英国軍歩兵隊が攻撃を開始したときにオスマン軍の最前線にいた。彼は数千人の英国兵、インド兵が平原を渡ってくるのを見て、これほどの大軍をたったの一大隊で阻止できるかどうか疑問を感じた。「われわれと敵との距離はわずか八〇〇メートル。双方から発砲し、戦闘が始まった。敵は懸命にこちらに接近してくるが、われわれの銃火の熱で溶解しつつあった」。トルコ軍の死傷者も同じように増えつつあった――エーゲの報告によれば「犠牲者」は周囲に大勢倒れていたという。だが、トルコ軍はその日の午後、援軍が到着するまで前線を保持することができた。夕方になって、英国軍はもはや攻撃を続けることができなくなって撤退した。「われわれは敵に完全に勝利した」とエーゲは自慢するが、「大隊の半分を失った」という(19)。

トルコ軍には「サビス・ヒルの戦い」として知られるドゥジャイラの襲撃はオスマン軍にとってきわめて重大な勝利だった。英国軍の死傷者はオスマン軍の約三倍も多かった。オスマン軍の勝利でトルコ軍の士気は大いに盛り上がり、英国軍はタウンゼンドと彼のいっそう弱体化したクートの軍隊を救うことは絶望的になった。その絶望感をもっとも切実に感じたのはクートに閉じ込められた人たちだった。「日夜を通して三日間、ほとんど絶え間なく激しい砲撃音が続き、さらにそれがどんどん近づいてくるのを知って――ここ(後方からの出撃地点の橋)では反撃のための準備は万端だった」とスプーナー師の日記にある。「救援部隊がまたまた敗北したことを知るのはつらかった」[20]

オスマン軍司令官ハリル・ベイは、英国軍の士気の崩落をうまく利用しようとした。三月十日、ハリルはタウンゼンド将軍に降伏を促す使者を送った。ハリルはフランス語でこう書いた。「貴殿は軍事的任務を立派に完遂されました。今後、貴殿が安堵される可能性はありますまい。英国軍の脱走兵らによれば、隊内には食料もなく、病気が蔓延しているとのこと。貴軍がクートで抵抗を続けるか、あるいはますます増強されつつあるわが軍に降伏するかは自由です」。タウンゼンドはハリルの申し出を丁重に断ったが、考えさせられた。彼はロンドンへの報告書で、クートの英国軍司令官が、自軍の食料供給がほとんど底をつく四月十七日までにこの陣営の救済見通しが立たない場合、トルコ軍と交渉に入る許可を与えてほしいと連絡した[21]。

暗雲はメソポタミアからロンドンの政府にまで広がった。ガリポリ半島からの撤退からちょうど三カ月で、英国政府はまたもやイラクでの悲惨な敗北に直面させられた。軍事委員会は、タウンゼンドとその部下たちの危機的状況改善よりも、ムスリム世界全般での英国の立場を懸念した。オスマン軍の勝利で、インドとアラブ世界で汎イスラーム蜂起が勃発することを恐れたのだ。英国の閣僚は大きな災難を避けるために、もっとも非現実的な手段さえとるつもりだった。

キッチナー卿は、どちらも実現の可能性が低いことでは似たり寄ったりだったが、タウンゼンド部隊を敵の包囲から解放する二つの方策を提案した。おそらく、キッチナーは、ユーフラテス川中流域——シーア派の聖地ナジャフ、カルバラーとその周辺——のオスマン帝国支配に反対して頻発している民衆蜂起にヒントを得て、トルコ前線の背後に工作員を送って民衆蜂起を唆し、騒動を生じさせてはどうかと提案した。そうした活動が大きな規模になれば、ハリル・ベイは国内の反乱を鎮圧するためにクートから軍隊を割愛せざるを得なくなり、それによって敵の戦線が手薄になれば救援部隊が突破しやすくなる。

キッチナーの第二案はもっと露骨なものだった。トルコの役人たちは元来、腐敗しているものと思い込んでいた彼は、トルコ軍の高官に多大な賄賂を贈って、タウンゼンド軍の全面的撤退に目をつぶってもらうというものである。キッチナーはカイロの陸軍情報部の英国役人に、民衆蜂起の使嗾とオスマン軍司令官への賄賂を渡すのに適切な人物を提供してくれないかと打診した。高官たちは自分たちの威信を傷つかせかねないそのような汚れ仕事を誰一人引き受けようとせず、もっと下の階級の情報将校T・E・ロレンス大尉に白羽の矢を立てた。彼ならアラビア語を話せるし、バスラで捕虜になり、エジプトに拘留中のジャアファル・アスカリやヌーリー・アッサイードを含むオスマン軍のアラブ人将校たちとかなり広い接触がある。ロレンス自身もそのような任務の遂行に自信があった[22]。

ロレンスは三月二十二日にエジプトを発ち、四月五日にバスラに到着した。新司令官G・F・ゴリンジ将軍の指揮する救援部隊はオスマン軍前線を突破しようとさらなる活動を開始しようとしていたが、これまでの企画と同様、成功の望みは薄かった。ロレンスはクートの救済になんらかの影響を与えることができそうなアラブの反乱を開始するにはあまり時間がないことを知っていた。パーシー・コックスとガートルード・ベルを含むイラクの英国情報部に要旨を説明した後、ロレンスはバスラの有力者アラビストと会見の手はずを整えた。最初に面会の約束がとれたのはスレイマン・ファイディだった。

著名なアラビストで、バスラ出身のオスマン帝国議会の元議員でもあったスレイマン・ファイディは、バスラ政界トップの有名人サイイド・ターリブ・アンナキブと密接に連絡をとり合って仕事をしており、結果的にはうまくいかなかったが、一九一四年十月と十一月にはオスマン軍の戦いのためにイブン・サウードの支持を取りつける役回りになったとき、このサイイド・ターリブを同伴していた。ファイディはサイイド・ターリブとともにクウェートに行き、そこで英国軍に降伏して、インドに追放された後、英国占領下のバスラに戻った。オスマン人世界や元アラビストの友人、同僚と縁を切った彼はそこで小さな事業を始め、政界には背を向けていた(23)。

ロレンスはイラクに立つ前にヌーリー・アッサイードと、ほかのアラビスト的政治志向を持つことで知られるカイロにいるオスマン軍人捕虜数人と会っていた。ロレンスがアラビストの秘密結社「アル＝アフド」のメンバーに、イラクに行ったら相談するべき人を挙げてほしいと頼むと、みな口をそろえてファイディを称賛した。ロレンスはその名を控えておいた。二人が会ったとき、ロレンスは相手についての必要情報は把握していた。

ロレンスはバスラの英国軍情報部の事務所でファイディに会う段取りを整えた。このイラク人は、ロレンスの英国人らしい感じのいい風貌と、強いカイロ訛りはあるが、流暢なアラビア語を話すことに強く心を惹かれた。だが、ロレンスの話すことすべてにファイディは不快を感じた。この英国人将校が、イラク人アラビストである自分についてあまりにも知り過ぎていることがファイディを落ち着かない気分にさせた(24)。

「つかぬことをうかがいますが」とファイディは思い切って言った。「以前、あなたにお目にかかったことがあったでしょうか？　もしあったとしても、それがいつだったか思い出せませんが」

「いや、前にお目にかかったことはありません。ですが、あなたとそのご活動についてはよく存じ上げております」とロレンスは答えた。

「どうして私のことをご存じで？　私の活動とは何を指しておられる？」と、ファイディは不快感を露わにしながら相手の質問をはぐらかした。ロレンスがカイロのオスマン軍捕虜の中のアラビストと接触したことを言うと、ファイディは初めてこの英国人が彼の過去について非常によく知っている理由がわかった。

そこでロレンスはようやく本題に入った。アラブ人はトルコの支配から独立したがっていますよね、と水を向ける。オスマン帝国と交戦状態にある英国は、オスマン軍に対する自国の戦争目的推進のために、アラブ人がその独立を達成するのを助けたいと思っている。英国政府は、イラクのオスマン軍に抵抗する民衆蜂起を助長するのに必要な武器と金を喜んで提供する。「そして、あなたの能力を信頼させてもらえるなら、あなたにこの反乱の組織者になっていただきたい」

ファイディは仰天した。「あなたが私にそのような大それた仕事を引き受けるよう要請されるのは大きな間違いです。私はバスラに何の影響力も持っていないし、部族的な後援団体もありません。そんな人間についてくる者はいません」。ファイディは追放中のサイイド・ターリブのほうがこの仕事にはずっと向いているのではないかとほのめかした。しかしロレンスは、英国政府はターリブを危険なナショナリストと見ているため、釈放に同意するはずはないと見て、彼の提案を却下した。おまけにロレンスはイラクでのアラブの反乱が起こせそうなリーダーをほかにあまり知らなかったから、ファイディを強硬に自分の味方に引き入れようとした。

長時間にわたる率直な話し合いにもかかわらず、ファイディはロレンスの提案に合意しなかった。ロレンスが唯一引き出し得た譲歩は、ファイディが自分とコネのある三人のアラビストに会うことに同意したことだった。その三人は、バスラの英国軍によって捕虜にされた元オスマン軍将校たちで、ロレンスの申し出に最終的決断を示す前に彼らの見解を打診してみたらどうかという。そのうちの一人アリー・ジャウダトは一九一五年七月にユーフラテス川で英国軍の捕虜にされた人物だった。

イラク人アラビストたちは、英国の支援のもとにオスマン帝国の支配に反対する部族の蜂起を立ち上げるというロレンスの突飛な提案を四時間かけて一緒に慎重に検討した。彼らにはこの英国人を信頼する理由がなかった。大英帝国はエジプトやインドで大きな顔をしているが、だからといって、ロレンスの言うイラクにとってはどうでもいいような英国の政策を信用するわけにはいかない。それ以上に、彼らは仲間のアラブ人、とりわけベドウィン部族兵を信用していなかった。ジャウダト自身、ユーフラテス戦役でベドウィンに裏切られた経験があったから、アラブ人部族兵を取り込んで行なうような企画には到底乗り気になれなかったであろう。この会合で、最終的に三人の将校たちは、ロレンスの申し出を断れとファイディに率直に迫った。

ファイディは英国情報部の事務室に戻り、ロレンスの申し出をきっぱりと断った。二人は和気あいあいの雰囲気で別れた。ロレンスのその後の報告によれば、「スレイマ《マ》ン・フェイズ《マ》ィは臆病で、こちらが提案したような反乱をリードできるとは期待できない」という。ロレンスの文書には書かれていないが、ファイディの拒絶で、オスマン軍の背後でアラブの反乱を喚起し、クートの攻囲から敵軍を引き剝がそうというキッチナーの成功しそうもない特命の第一案はご破算になった。ロレンスは翌日、オスマン帝国の司令官に賄賂を渡す最上の手段をもくろむため、蒸気船に乗って出発した。[25]

ドゥジャイラでのエイルマー軍の敗北以降、ジョージ・ゴリンジ将軍の指揮する英国救援部隊は、一九一六年四月五日、オスマン軍陣営への攻撃を再開した。この攻撃で、エイルマー軍が足止めを食わされていたハンナの狭い隘路からトルコ軍を追い出したが、わずか十数キロ上流のサッナイヤートでオスマン軍に阻止された。英国軍は勝利の見通しが暗くなる中、敵対行為を再開するにはさらに八日間、待たなければならなかった。

クートの状況は絶望的になりつつあった。包囲された兵士たちは栄養失調の顕著な兆候を示し始めた。彼らの一日のパンの配給はこの数週間ずっと一七〇グラムに削減され、補助食品として馬肉が一日

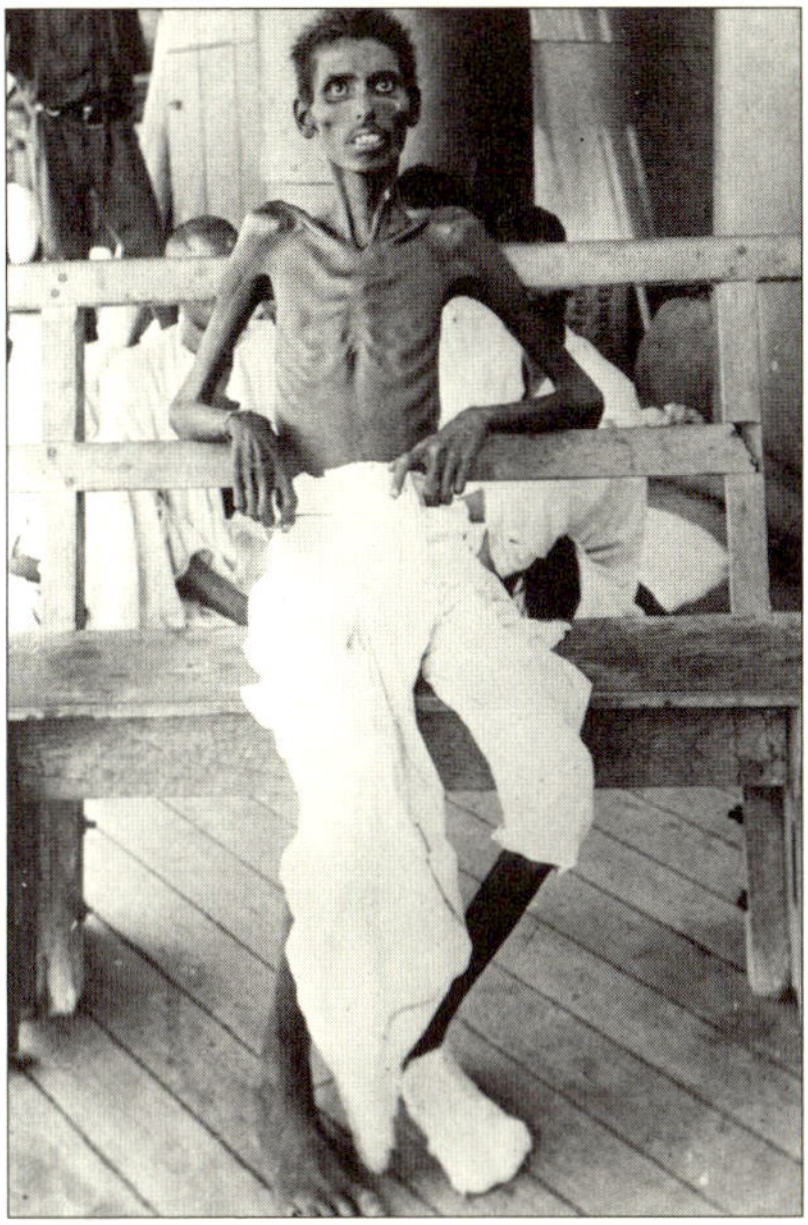

20.クートの包囲で栄養失調になった生存者。宗教的理由から馬肉を食べることを拒否したヒンドゥー教徒とムスリム・インド兵は、最後の数週間に餓死しかけた。このやせ細った英領インド軍の傭兵の写真は、英国軍とオスマン軍の捕虜交換で解放されてから撮影されたもの。

当たり四五〇グラム与えられたが、もらえるのは英国兵だけだった。「英国兵はみすぼらしく、やせ衰えているように見えた」と、スプーナー師は四月九日の日誌に書いている。「インド軍の状況はさらにひどいように思われる」。救援軍がサッナイヤートで頓挫すると、タウンゼンドは食料の配給をふたたびパンと肉を合わせて一五〇グラムにまで減らした。四月十二日までにはヒンドゥー教徒とムスリムも宗教的権威者からお墨付きをもらって馬肉を食べ始めた。タウンゼンド将軍は救援部隊の司令官らに、食料は四月二十三日には底を突く見込みだが、馬は十分いるので、馬肉なら四月二十九日までは供給できると通告した。それ以後、食料は皆無になるはずだった。

さらなる軍事作戦への時間を稼ぐために、英国軍はクートへの食料運搬の斬新な方法を見つけた。空からの爆弾投下をすでに目の当たりにしていたクートの防衛隊は、空からの投下による食料援助を初めて受け取ることになった。ところが、天候が荒れ模様だったり、初期の飛行機には積める重量が限られていたり、パイロットの投下地点のねらいが未熟だったりして、この計画は失敗に終わらざるを得なかった。四月十六日のスプーナー師の日誌によれば、「航空機は一日中必需品の投下をしにやってきた。水上機も来たが、こちらは『投下』が下手で、小包をティグリス川に落としたり、トルコ軍の塹壕に投下したりすることもよくあった！」。トルコの前線側から見ていたアブディン・エーゲは、航空機はそれぞれ支給品の小包を三個ずつ運んできて、四月十六日朝から晩までそれらを投下していたことを書き留めている。「小麦粉二袋がわれわれの塹壕内に落下した」と、スプーナー師の「投下の下手くそなやつ」という観察を裏づけるような記録もある。航空機はその日、一四個の小包を何とか投下したが、全部で一トンとちょっとの食料では、一万三〇〇〇人の兵士と六〇〇〇人の民間人には一人当たり一四〇グラム以下の支給しかできなかった。空中からの投下だけではクートで包囲されている人たちを救うには十分ではなかったであろう。(26)

クートに最後の攻撃をかけるための救援部隊が動員された。四月十七日、バイト・イーサのオスマン軍陣営への英国軍の攻撃は、圧倒的に優勢な兵力を持つオスマン軍の反撃に遭って追い払われた。アブディン・エーゲはオスマン軍の猛攻撃に英国軍が「総崩れ」になったと、その様子を書き留めている。「敵は撤退し、われわれは追撃した。われわれは敵の本陣の塹壕まで彼らを追い詰めた」。バイト・イーサで進撃を阻まれた救援部隊は四月二十二日、クートから二十数キロのサッナイヤートのオスマン軍前線に凄絶な攻撃を仕掛けたが、徹底的に撃退された。午後遅くなってから、両軍の間に負傷者を回収するための休戦協定が結ばれた。回収作業は日暮れまで続き、トルコ軍も英国軍も同胞を担架に乗せて、自分たちの戦線に運んだ。両軍とも、まるで敵対行為はこれで終わりと認識したかのようであった。

クートの一万三〇〇〇人の部隊を解放するための戦いで、救援軍は二万三〇〇〇人の死傷者を出した。四月二十二日、ゴリンジ将軍と配下の将校たちは作戦の停止を命じた。兵労困憊し、士気を失った部隊はもう何もできなかったのだ。

英国軍は時間を稼ぐための最後の絶望的な賭けとして、蒸気船を鋼板で補強し、オスマン軍の封鎖を突破してクートへ食料と医薬品を運ぼうとした。船の装甲と二四〇トンの供給物資（クートの駐屯地の三週間分の食料）で重くなったユルナール号が流れに逆らって上流に進むには速度は五ノットしか出せなかった。ボランティアの乗組員を乗せた救援船は四月二十四日の夜出航した。クートの防衛軍は、この船の役割を知らされていて、ユルナール号が通過したい場所の土手沿いにあるトルコ軍の塹壕に対して砲兵隊が援護するよう命じられていた。ところが、この船はクートからの砲弾の射程内にまではとうとう至らなかった。オスマン軍はティグリス川にケーブルを張り渡し、ゆっくりと航海するユルナール号は目的地から八キロほど手前で魚のように網にかかってしまったのだ。

G・L・ヘイウッド少佐はクートの砲兵隊と一緒にこの蒸気船の到着を待っていた。「船に伴走するライフルと砲弾の音が聞こえ、それを目で追うこともできた。ところが、五キロほど東まで来たときに船は突然止まった。われわれはすぐに最悪の事態を想定した」。オスマン軍がこの船を拿捕し、すべての貴重な積み荷を没収した。船長は処刑され、乗組員は捕虜になり、クートの運命は封印された。

四月二十六日、タウンゼンド将軍は降伏条件についてオスマン軍のハリル・ベイと交渉に入る権限を与えられた。

包囲を耐え抜いた歳月はタウンゼンド将軍に大きな打撃を与え、トルコ軍との降伏条件の交渉に出られる状態ではなかった。「心も身体もぼろぼろです」と、彼は上司のパーシー・レイクに書いている。「自分なりの責任を担ってきましたが、こうした交渉はレイク司令官が行なうべきであると考えます」。

実際、英国軍高級将校の誰一人として英国軍にとって前例のない屈辱で終わることは確かな話し合いにかかわり合いたいと思う者はいなかった。レイクは降伏に自分自身の手を汚すのを避け、タウンゼンドにハリルと話し合いを始めるように指示し、カイロの陸軍情報部からロレンス大尉と、外国語に秀で、勇敢で、英雄的な偉業で有名な情報将校であるオーブリ・ハーバート大尉を派遣すると伝えた[27]。

タウンゼンドは、四月二十七日のハリルとの最初の会合で、自軍の解放を現金と戦利品で買い取ろうとした。もしハリルが、オスマン軍に対して武力行使しないと英領インド軍兵士たちに宣誓させて、撤退を認めてくれるなら、カノン砲四〇門を引き渡し、一〇〇万ポンドを支払うつもりだった。オスマン軍司令官は、自分としては無条件降伏を望むが、支払い金についてはエンヴェルと相談すると言っていったん散会した。タウンゼンドは、エンヴェルとそのドイツ人顧問は現金よりも全面的勝利を望むことを知っていたので、失意のままクートに戻った。「餓死寸前の交渉ということになります」と彼はレイクに書き、この話し合いを上司が引き継いでくれるよう願った。だが、メソポタミア遠征隊の総司令官は個人的に関与するのを断り、再度、ハーバートとロレンス両大尉を派遣すると通告した。

二人の若い情報将校が四月二十九日夜明けにハリル・ベイに会うために出発し、白旗を掲げてトルコ軍の塹壕に近づいた。そこで数時間待たされている間、敵の兵士たちと気さくにおしゃべりをした。「トルコ兵はわれわれに勲章を見せてくれたが、われわれはそれに見合うものを見せられなかったのでちょっと悲しかった」とハーバートはこぼしている。やがてロレンス、ハーバート、二人の上司であるエドワード・ビーチは目隠しをされ、トルコ軍前線を越えてハリルの軍司令部に連れて行かれた。ビーチとハーバートは馬に乗っていったが、ロレンスは膝を怪我していて馬に乗れなかったため彼らとは別行動になった。ロレンスがハーバートより遅れて到着したときにはオスマン軍司令官との話し合いはすでに始まっていた[28]。

フランス語の堪能なハーバートが英国軍の代表として話した。彼とハリルは戦前にイスタンブルの英国大使館のダンスパーティですでに会ったことがあった。ハーバートによれば、「ハリルはその地位にしてはかなり若い男で、三十五歳くらいだったであろう。見かけは立派で、ライオン使いのような目つきをした、顎の角ばった、受け口の男だった」という。ハーバートはクートのアラブ人住民に寛大な措置を願うことから話を始めた。「タウンゼンドのもとにいるアラブ人たちは、弱い立場にある人間が常にそうであるように……つまり、彼らはタウンゼンドを恐れていたので、言われたとおりに務めてきたのです」。ハリルはオスマン帝国の臣民としてのクートの住民については英国軍がとやかく言う問題ではないとはっきり言った。ハリルは険悪な口調で、「斬首や処刑はしない」という確約を与えることを拒否した。

ハーバートはロレンスが到着してから、タウンゼンドの降伏条件について話し合うことにした。オスマン軍司令官ハリルは、タウンゼンドのクート脱出を金で片づけられるかもしれないという英国人の期待をことごとくくじいた。ビーチは、賄賂というデリケートな問題を持ちかける糸口として、ハーバートに「われわれはクートの民間人とアラブ人の維持に喜んで金を出すと言うよう」指示した。ハリルはクートの町の住民は英国軍のあからさまな協力者であると見て、彼らを明らかに軽視していたのか、「この［成功しそうもない］話に取り合わなかった」。

ハリルは英国軍に一つだけ要求した。タウンゼンドとその配下の兵士をバグダードまで運ぶ船を提供してほしいという。「それがないと、彼らに徒歩で行軍してもらうことになるからだ」と彼は理由を述べた。「それはきついだろうからな」。彼は捕虜たちをバグダードに移送したらすぐ、それらの川舟は英国軍に返すと約束した。ビーチ大佐は、英国軍に自軍の兵士を運ぶのに十分な船がないので、ハリルとの約束に同意できそうもないことをハーバートとロレンスに英語で説明し、ハーバートに、この件についてはレイク将軍と相談するとだけ答えよと言った。ハリルとその随行員兵士は、英語はほとんどわからず、ビーチの言う要点を理解できなかったのは確かだ。英国軍が病気や体調不良の兵士を安全に運ぶことにほとんど思いやりを示していなかったとしても、オスマン軍はそれ以上のことを明らかにすることまで期待されているはずはなかった。

オスマン軍司令官は交渉の最中に一度だけ怒りを露わにした。彼はタウンゼンドがその日の朝早く、自軍の大砲をすべて破壊することを命じていたという知らせを受けていた。ハーバートの記録によれば、「ハリルは腹を立て、それを隠しもせずに、タウンゼンドはたいへん立派な軍人だと思っていたが、銃砲類を獲得できなかったことはまことに残念だと言った」。タウンゼンドは、自軍の銃砲が敵の手に渡り、それが英国軍に対して使用されることになるのを防ごうとしたのだと思われる。だが、タウンゼンドは大砲を破壊することによって、ハリルに戦利品の引き渡しを阻んだわけだ。そのことがオスマン軍司令官の態度を硬化させた。

二人の英国軍若手将校たちは戦勝したオスマン軍司令官と取引する権限はなかった。キッチナーの賄賂で釣るという案が拒否されると、ハーバートとロレンスは何も提供できるものがなかった。二人は、タウンゼンドが二日前にハリルに賄賂を贈るという計画に失敗して、その日の朝、無条件降伏を認めていたとは知らなかった。クートはオスマン軍の手に落ち、タウンゼンドと配下の兵士たちはすでに戦時捕虜になっていた。ハリルはこうした重大な出来事を英国人の客には何も明らかにしなかった。ハリルは、ロレンスとハーバート両大尉が何の特別な権限も新たに討議するべき提案もないことを知ると、あくびをして会見を終了させた。「彼はまだするべきことがたくさんあるからと言って席を立った」とハーバートの日記にある。ハリルにとって大忙しの一日だったわけだ。

四月二十九日昼ごろ、飢えてやせ衰えたクートの兵士たちは捕獲者の前に集まった。アレックス・アンダーソン少佐の記録によれば、「長期にわたる戦闘、待機、期待、疑念、不安、飢餓がようやく終わった。およそあり得ない、考えられないようなことが起こり、呆然とした」。だが、衝撃と交じり合った、ある種の安堵も感じられた。一四五日にわたる包囲、絶え間ない銃撃、厳しさを増す飢餓状態の後、英国兵もインド兵もそうした試練が終わることを喜んだ。戦時捕虜という状態は、自分たちがこれまで忍んできた苦難よりはましだろうと彼らは想像した。

英国軍が失意に落ち込んでいるのに引き替え、トルコ軍戦線は意気揚々だった。「みんな喜びとうれしさでにこにこ顔だった」と、ガリポリ戦の戦闘経験者アブディン・エーゲは四月二十九日付の日記に書いている。「今日は『クート休日《バイラム》』だ。そのうちこの日は国民の休日になるだろう」。彼はオスマン軍の勝利の大きさに驚いた。五人の将軍、四〇〇人の将校、一万三〇〇〇人近くを捕虜にしたのだ。「英国軍はこれほどの敗北に直面したことはこれまでなかったであろう」。エーゲの主張はかなり正確だ。英国兵将校二七七、インド軍将校二〇四、英国兵二五九二、インド兵六九八八、インド軍支援スタッフ三二四八の総計一万三三〇九人を失ったクートは、英国軍のこれまでで最悪の降伏だった。(29)

四月二十九日正午、英国兵もインド兵もトルコ軍の到着をいらいらしながら待っていた。午後一時ごろ、「来たぞ!」という大声が上がり、全員がわれ先にそれを見ようと勝手に走り出した。銃座から見張っていたガンナー・リーは、クートの崩れた要塞を通ってやってくる「彼らの縦列」を見た。「黒い塊のような軍隊が走ってくるように見えた。まだ、われわれのところからかなりの距離があったが……喜びいっぱいで近づいてくる様子に驚いた」という。「彼らがクートに無秩序に走り込むのを防ぐために将校たちは金切り声で命令を発するしかなかった」

トルコ兵は長い間戦ってきた相手とすぐに仲良くなった。彼らは英国兵にタバコを手渡したが、英国兵は弱っていて吸えなかった。ガンナー・リーは、「フランス語、トルコ語、〝ロンドン訛りの英語を少々混ぜた〟アラビア語など」、自分が使えるありったけの言語をかき集めて、捕獲者たちと意思疎通を図ろうとした。彼はオスマン軍にはガリポリでオーストラリア軍を追っていた戦闘経験者が多数いることに気がついた。おそらく、アンザック軍が撤退する前に塹壕に残してきた手紙に応えて、トルコ兵が「別の〝小さな戦争〟が始まったとき、わが植民地軍と旧交を温めたがっているように見えた」。将校たちもトルコ軍の同じ階級の軍人と長々と話し込んだ。英国陸軍航空隊の将校T・R・ウェルズは夜の七時半から真夜中まで、「最近の興味深いこまごまとした出来事について話し合っていた[30]」。

包囲の終了はクートの町の人たちには恐怖をもたらしただけだった。ハーバート大尉が恐れていたように、住民は略式裁判で始末された。スプーナー師の報告によれば、英国軍で働いていたと疑われた者の大半は三脚型の絞首台に吊るされ、「そのままゆっくりと窒息死させられた。それらはユダヤ人やアラブ人で、われわれのために通訳をしてくれた人たち、もしくはさまざまな方法でわれわれを補助していたとトルコ軍が想像した人たちだった。その中には、クート・アル・アマーラの族長とその息子たちもいた」。ガンナー・リーは、クートにオスマン軍が入ってきた数日間の「アラブ人女性や子供たちの泣き声、すさまじい叫び声」にぞっとした。英国軍部隊が四日後に整列して町を出て行くころまでには、町の住民の半分は射殺、もしくは絞殺され、「死体になって樹木にぶら下がっていた」と、ある将校は記している[31]。

英国軍とオスマン軍の司令官たちは傷病兵捕虜の交換に合意した。一一〇〇人ほどの英国軍の病兵および負傷兵と、ほぼ同数のトルコ軍傷病兵とが交換された。残りの捕虜は、所持品をまとめてバグダードに出発する準備をするように命じられた。通常の兵士は着替え一組、将校は重さ九〇キロまでの着替えおよびテントなどの携行が認められた。将校と、交換されなかった傷病兵は、いろいろと運の悪い蒸気船ジュルナール号での船旅となった。輸送船は限られていて——英国軍は輸送の提供を快諾しなかったので——ほとんどの兵士がクートから捕虜として収容されるバグダードまで一六〇キロを徒歩で行進させられることになった。

トルコ軍の司令官は、できるだけ少ない所持品でこれから数百キロの砂漠地帯を行軍する準備命令を書き出し、それを英国軍将校に部下の兵士の前で読み上げさせた。落伍者には輸送手段も保護手段もない。取り残された者は、ベドウィン・アラブ人の手で容赦なく殺されることになる。ガンナー・リーの回想によれば、「それを聞いた者はみな、そんな長旅に反対しようと立ち上がろうとした」。そのとき、将校と兵士は分離された。一般兵士にとって、それは恐ろしい瞬間だった。「われわれの前を通り過ぎて行進していく老兵の中にはすすり泣いている者もいた」とL・S・ベル・サイヤーは日記に書いている。「とくにラージプーターナーから来ているインド兵は、英国軍将校と切り離されたら、保護される可能性はゼロだと嘆いた(32)」

最初の英国兵捕虜がバグダードに到着したとき、町は祝賀ムードでいっぱいだった。当時、イラク生まれのアラブ人ターリブ・ムシュタークは高校生で、祖国を侵攻軍から守る軍隊に入隊したいと願うオスマン帝国の熱烈な愛国者だった。彼は群衆に混じって英国兵捕虜が到着するのを見つめた。「イラク人はみな、お祝い気分で、バグダードの町には旗や提灯、月桂樹の葉などを飾り付けた花綱が張り巡らされていた」のを彼は覚えている。彼は捕虜を運んできた蒸気船が川岸に係留されているのを見て、「そうした船の一つに簡単によじ登れたので、敵対感情などまったく持っていない相手と戦ってきた不幸な捕虜たちの姿を自分の目で見た」。彼は甲板で見かけた英国軍軍曹のそばに行った。その男は「数カ月間包囲されていたクートの町で飢えのためやせ細り、やつれて、よれよれになっていた」。ムシュタークは英語をまったく話せなかったが、軍曹はアラビア語が少し話せることがわかった。

「どんな感じ？」とムシュタークは尋ねた。

「元気、元気」と、英国兵はアラビア語で答えた。

「トルコ軍をどう思いました？」とムシュタークは続ける。

「英国軍はズドン……ズドンは強いけど、食い物がない」と、男は片言のアラビア語で返事をした。

「彼の言おうとしていることはわかった」とムシュタークは言う。「つまり、英国軍はずっと強力な武器や大砲を持っていたが、食料がなくなったので降伏せざるを得なくなったのだ[33]」

バグダードでは捕虜は階級と民族によって分けられた。エンヴェル・パシャは彼らを閲兵して、まもなく悪名高くなる約束をした。「親愛なる諸君、君たちの難儀はこれで終わりだ。君たちはスルタンの名誉ある客として扱われるであろう」と、彼は弱って空腹だった捕虜たちに確約した。だが、スルタンは客を厳然と差別していたことがじきに明らかになった[34]。

いちばん厚遇されたのはインド軍ムスリム将校で、彼らは英国人やヒンドゥー教徒とは別扱いされ、もっとも快適な設備の家で美味しい食事やタバコまで与えられ、市内のモスクに礼拝に出かけることも許された。「トルコ兵は彼らにいら立っているように見えた」と、ベル・サイヤー大佐は当然だろうという思いで記している。スルタンのジハードの勝利を宣伝するために、英領インド軍将校はみな、オスマン軍にリクルートされた[35]。

もう一つのジハード関連の戦略として、新参兵として採用されたアルジェリア兵大隊が植民地のムスリムへのスルタンの呼びかけを強化するためにバグダードに配置された。これらの北アフリカ出身の兵士たちは、西部戦線でフランス軍に新規に入隊していた。ベルギーとフランスでドイツ軍の捕虜になったアルジェリア兵は、ベルリンの近くのツォッセン=ヴュンスドルフにある「ハルプモントラーゲル」（三日月収容所）として知られていたムスリム専用捕虜収容所に収容されるという特権を享受した。べルリンでトルコ軍将校にリクルートされた北アフリカ兵約三〇〇〇人はバグダードに来てみると、すぐそばに英国兵の捕虜収容所があることがわかった。第一次大戦で、アフリカ、ヨーロッパ、アジアで協商国と中央同盟国の両方に従軍した経験を持つ者は、北アフリカ兵以外にほとんどいない[36]。

だが、北アフリカ兵はバグダードに入るとまもなく、自分たちが旗色を変える決意をしたことに疑問を感じる者が大勢いた。そこで、彼らはバグダードのアメリカ領事館を訪ねて援助を求めた。チャールズ・ブリッセル領事の報告によれば、「スルタンとの約束で、厚遇され、〝不信仰者〟と戦うために来たのだという者もいれば、ドイツ軍によってここに送られたという者もいた。だが、どちらも、自分たちは騙されたという点では一致していた」。アメリカ領事はトルコ軍の軍服を着た志願兵たちにわずかな金を与える以外、ほとんど何もしてやることができなかった。彼らはのちにペルシア戦線でロシア軍と戦うために派遣された者が大勢いた[37]。

インド軍ムスリム将校たちは、北アフリカ歩兵隊兵士よりよい待遇を受け、その配慮がオスマン軍のジハード活動に貢献した。一九一六年八月、イラクの地方紙は、スルタンがクートで捕虜になったインド軍ムスリム将校たち七〇人の団体に謁見したことを伝えている。スルタンは、将校たちが「カリフ帝国に刃向かう戦役」に不承不承従軍した戦士だったのだからとはっきり言って、彼らの剣をスルタンの個人的な厚意のしるしとして彼らに返した。「このスルタンからの厚意は彼らを感動させ、全員がオスマン帝国のために軍人として尽くす意思表示をした」と、この新聞は報じている。もしこの話が事実なら、オスマン軍はクートで捕虜にしたインド軍ムスリム将校のほぼ全員をオスマン軍がリクルートしたのは成功だったことになる（クートで捕虜にされたインド軍将校は、ヒンドゥー教徒とムスリムを合わせてわずか二〇四人だった）[38]。

二七七人の英国軍将校たちも、階級によってそれなりに厚遇された。オスマン帝国当局から生活費を支給され、買い物や調理担当の使用人を置くことも認められた。住居設備は基本的なものだけだが、屋根付きのまずまずは快適な住居が与えられた。バグダードから最終抑留地のアナトリアへ移送させるときも、将校たちは鉄道や船、馬などを使用することが認められた。逃亡しないという約束（軍隊用語の「合言葉」）を交わせば、将校たちは拘留されている町の中をかなり自由に歩き回ったり、郷里からの手紙や小包を受け取ったりすることもできた。[39]

アナトリア中部の町ヨズガットに抑留されていた若い英国人中尉Ｅ・Ｈ・ジョーンズは、抑留中の英国軍将校たちの様子を詳しく記録している。「一番の問題はどうやって暇をつぶすかで、四人制のホッケーの試合や、トルコ軍が許せば、散歩やピクニック、橇すべりやスキーなどのスポーツをした。室内では、陽気なものや深刻なもの、メロドラマから喜劇、パントマイムまで、脚本を書いて芝居をやったり、収容所内で作った楽器でオーケストラを編成したり、男性合唱団もあれば、彼らのために作曲をする者もいたという。[40]

英国軍将校たちの待遇に比べて、一般兵の扱いは段違いにひどかった。彼らの物語があまり資料として残っていないのは、死の行進を耐え抜いて生き残り、その経緯を語る「兵卒」は非常に少ないからである。生きていても、自分たちが目撃した恐ろしい出来事を語りたがらない。「この行軍中に兵士たちが嘗めた苦痛や蛮行、打ちひしがれたアルメニア人地区でわれわれが目撃したおぞましい場面については、ここには書かない」と、ガンナー・リーはクート包囲の顚末を記した回想録の末尾を結んでいる。オーストラリア軍航空隊のＪ・マック・スロス軍曹の記録はもう少し率直だ。「若者たちがライフルの台尻や鞭で追い立てられていくのは見るに堪えなかった。倒れるまで鞭打たれた者もいた。ある海軍陸戦隊員は二度と立ち上がれなかった。何かものを言えば、鞭で打たれた」。ジェリー・ロング軍曹は、この「死の行進」の最中に、同情してくれたオスマン軍将校に不安をぶちまけた。「われわれの仲間は出発時の半分以下になってしまったと彼に言った……トルコ政府の政策はわれわれがみな死ぬまで行軍させるつもりなのかもしれないと考え始めた[41]」

クートの戦時捕虜の扱いは、とりわけその生き残りの人たちによって、しばしばアルメニア人の死の行進になぞらえられる。双方とも同じ人跡未踏の地域を歩かされた。トルコ軍の守備隊は、そのような厳しい地形を歩くのにふさわしい靴や、日差しを防ぐ衣服、食料、水など、生き延びるための必需品を与えることにはまったく無関心だった。彼らは村人や部族兵の攻撃にさらされ、はぐれた者は何もない道路に置き去りにされて死んだ。

だが、クートの捕虜とアルメニア人の死の行進は異なる点もあった。オスマン軍はアルメニア人を一貫した絶滅政策のもとにシリア砂漠を越えさせた。クートの捕虜は殺害する予定はなかったが、生命維持の手立ては何も配慮されなかった。オスマン軍守備隊は、捕虜が死のうが、生き延びようが、ほとんど気にしていないように思われた。彼らのこうした無関心は無理もなかった。クートの包囲を解かれて出てきた大勢の傷病兵や、飢えた英国兵、インド兵はいわゆる穀つぶしだった。オスマン軍にはそれほど大勢の何もない捕虜に必需品を配布する手立てがなかった。自軍の兵士にさえ、医薬品も食料も不足していたので、つい最近まで、自国に侵入してきて戦っていた敵の兵士の福祉の責任など感じていなかったのだ。オスマン軍は、役務に就けないほど弱っている兵士たちを死の行進に追いやったわけで、それが大多数だった。クートで捕虜になった英国軍の兵卒二五九二人のうち、一七〇〇人以上が収容所もしくは死の行進中に死んだ。その割合はほぼ七〇パーセントにのぼる。「別扱い」のインド兵についての数字は明確ではないが、九三〇〇人のインド兵と支援スタッフのうち、オスマン軍の収容所で死亡したのは二五〇〇人ほどだった[42]。

クートからの捕虜の生き残り組は、労働力としてアナトリアとバグダード間の鉄道の敷設に従事させられた。インド兵がラス・アル・アインの軍事用兵站駅に集められたのに対し、英国兵はタウルスとアマヌス山脈のトンネル工事現場に送られた。鉄道用のトンネル工事は、アルメニア人が一掃され、シリア砂漠の死の平原に追放されて以来、一時差し止めになっていた。アルメニア人司祭グリゴリス・バラキヤンは、一九一六年の真夏、アマヌス山脈の鉄道駅バフチェで、クートから来た英国兵とインド兵の隊列に出くわした。

二〇〇人ほどの英国兵とインド兵の最初のグループは日が暮れてからバフチェに着いた。バラキヤンの回想によれば、彼らはまるで「生きている幽霊……ぼろぼろの服を着て、背中が曲がった、埃だらけの骸骨が暗闇の中で動いているかのようだった」。彼らは、バラキヤンや彼らが仕事場に着いたときに会ったほかの人たちにも話しかけ、「この中にアルメニア人はいるかい？　いたらちょっとでいいからパンをくれ。おれたち、何日も何も食べていないんだ」と尋ねた。あまりにも場違いな問いかけはバラキヤンにも彼の仲間たちにも通じなかった。「私たちは彼らが英語を話すことにびっくり仰天した……彼らは英国人だったのだ……われわれにパンをくれと頼む、同じ運命にある遠来の友人だったのだ……なんという皮肉か！」[43]

到着したとき、トンネルでの重労働を行なえる状態になかった兵士たちには、体力を取り戻すため一週間の休みが与えられた。そのときに、バラキヤンと、アルメニア人の生き残り組の小さなグループの人たちは英国人捕虜と会って言葉を交わしたが、どう見ても相手は似た者同士でしかないことがわかった。「英国軍将校たちが砂漠越えの、胸の張り裂けるような苦難の一部始終を語り終えると、彼らはデリゾールで目撃した恐ろしい場面［アルメニア人の虐殺］について深い同情を示しつつ話してくれた」。オスマン軍は「後世への説明責任などお構いなしに、英国軍捕虜を大勢のアルメニア人追放者と同じように扱った」と、バラキヤンは手記を結んでいる。

クートでの英国軍降伏のニュースが英国のメディアに届くとすぐ、英内閣は説明責任を問われた。ガリポリの敗北後まもなくのクートの陥落でプレッシャーを受けた自由党のアスキス首相は、ダーダネルスとメソポタミアについての二つの調査委員会を設けた。一九一六年八月二十一日に発足したメソポタミア調査委員会は一〇カ月間に六〇回の会合を開き報告書を作成したが、その内容が内閣にとっても、インド政庁にとってもあまりにもおぞましいものだったので、政治家たちは公表するのを二カ月遅らせた。元インド総督で戦時内閣のメンバーでもあったカーゾン卿は結論として、「クリミア戦争以来、私見では、これほどひどい政府のしくじりと無能さをさらけ出すことになったのは誠に残念だ」と述べた。(44)

一九一七年六月二十七日、メソポタミア調査委員会報告が公表されると、翌週の議会で議論が沸騰した。インド省大臣オースティン・チェンバレンはその責任をとって辞表を提出した。皮肉なことに、一九一七年夏にはバグダードはすでに英国の掌中に入っていたのだが、誤算によるメソポタミア戦でクートが陥落し、犠牲になった四万人の命は戻ってこない。ガリポリ戦の死傷者と同様、彼らの払った犠牲で、第一次大戦は短縮されるどころか、かえって長引いてしまった。

どんな結果であれ、英国政府の戦争計画者たちが恐れたのは、英国軍に対するこれほど大きな二回に及ぶオスマン軍の勝利がムスリム世界全土に及ぼす影響だった。カイロの英国軍アラブ局は、オスマン帝国のスルタン=カリフという宗教的権威に対抗するため、オスマン帝国領とイスラーム世界でその次に高位の宗教的権威者で、メッカの太守であり、預言者ムハンマドの末裔であるハーシム家のフサイン・イブン・アリーを戦略上の同盟者にすることに狂奔することになる。

第11章 アラブの反乱

英国とメッカの太守との軍事同盟は、両者がともに戦時中の差し迫った不安から、切実な期待を込めた数カ月にわたる交渉の末、締結されることになる。太守フサインには「青年トルコ人」政権が、彼を打倒、できれば殺害を企てていると信じる理由があった。さらに、オスマン帝国領から独立したアラブ王国を分割形成するという野心的目標を実現するために、大国の支援が必要だった。英国は、最近のオスマン帝国に対する一連の敗北が、協商国に対して植民地内のムスリムの反体制運動に弾みをつけるのではないかと危惧していた。カイロとロンドンの戦争計画者たちは、英国の軍事面での信用が地に落ちている今、イスラームの聖都の守護者と同盟を結ぶことによって、オスマン帝国スルタン＝カリフによるジハードへの呼びかけを無効にしたいところだった。

数百年にわたって預言者ムハンマドのアラブ人子孫だけに受け継がれてきた、ムスリムにとって最高の聖都と、年に一度の巡礼地を司る（「太守《シャリーフ》」という特別の称号で呼ばれる）官職を柱とするメッカの首長府《アミレーツ》は、アラブ・イスラーム世界では政治的にも重要な、ユニークな機関である。オスマン帝国スルタンによって任命されるメッカの首長は、カリフとしてのスルタンに次ぐ宗教的権威者でもある。メッカの首長はどう見ても純然たる宗教的官職ではあるが、きわめて政治色の濃い任務を担っていた。オスマン帝国は、このメッカの統治者であり、ライバル分家でもあるハーシム王家がイスタンブルから極端に独立した存在にならないように牽制してきた。宗教的に由緒あるカリスマ的なアラブ人支配者が、アラブ人の土地におけるオスマン帝国支配に重大な脅威となりかねなかったからである(1)。

太守フサインもそうしたオスマン帝国の思惑を知らなかったわけではない。彼は、父親がスルタンに引きとめられてイスタンブルに滞在していた一八五三年に生まれ、メッカとメディナというイスラームの聖地のあるアラビア半島のヒジャーズ州で暮らすようになったのは、父の死後の一八六一年である。そこで彼は代々のメッカの太守の慣習に従ってベドウィンに預けられて暮らした。太守フサインも、一八九三年、彼なりの理由で四十歳にして異郷暮らしの身になり、オスマン帝国首都のボスフォラス海峡を見渡す家で、アリー、アブドゥッラー、ファイサル、ザイドの四人の息子の父親になった。一九〇八年の「青年トルコ人革命」の後、スルタン・アブデュルハミト二世は、革命の母体となった「統一と進歩委員会」の人間にメッカの首長府を牛耳られたくなかったので、代わりにフサインを候補に挙げた。フサインは、いわゆる当て馬ではあったが、アブデュルハミト二世が一九〇九年に退位させられた後もその地位にとどまった。

一九一三年にエンヴェル、ジェマル、タラートの三人が台頭してくると、太守フサインと「統一と進歩委員会」の関係は悪化しはじめた。メッカの太守としての要職にあるフサインは、ヒジャーズ州にも中央集権化したオスマン帝国支配を浸透させようとする「青年トルコ人」の措置に積極的に抵抗した。彼は新しい行政改革がヒジャーズ州にも適用されるのをあの手この手を使って妨害した。ヒジャーズ鉄道がメディナからメッカの首長府にまで延長される計画にも反対した。そのような措置はメッカの首長の自治権を脅かしかねず、鉄道が通れば、巡礼者をメッカとメディナの間を運ぶラクダ牽《ひ》きの仕事がなくなるなど地域経済を圧迫しかねない。「青年トルコ人」らのイニシアティヴに反対すれば、自分の地位が危うくなることはわかっていた。だが、太守フサインは、イスタンブルからのプレッシャーに屈するくらいなら反乱を起こすことを考えはじめた。一八九九年、オスマン帝国からの独立を願うクウェートの首長が英国に支援を求めたことを知っていたフサインは、息子のアブドゥッラーをカイロ駐在の英国人役人と秘密交渉を行なうために派遣した。

一九一四年四月、アブドゥッラーは当時エジプト総領事だったキッチナー卿、および彼のオリエント担当書記官ロナルド・ストーズに会った。アブドゥッラーは最近、イスタンブルとメッカの間の緊張が高まっていることを英国がどう見ているか探りを入れた。アブドゥッラー（のちにヨルダン国王になった）の回想録によれば、「双方の関係が決裂した場合、英国の支持を期待できるか」と訊いたところ、「キッチナーは、英国とトルコとの関係は今のところ友好的だから、そういうことはできない。それに、そうしたことはトルコの国内問題だから、外国が干渉することは望ましくないと答えた」という。そこでアブドゥッラーは、一八九九年には、クウェートとオスマン政庁の間の国内問題に、友好的関係にあったはずの英国が干渉したことがあったではないかとすかさず突っ込みを入れた。するとキッチナーはにやりと笑って、方針の変更はないと言って立ち上がり、席をはずした。だが、キッチナーもストーズもアブドゥッラーのことをよく覚えていて、それから数カ月後、第一次大戦が勃発し、英国とトルコとの関係がもはや友好的ではなくなったとき、このときの訪問のことを思い出すことになる。(2)

一九一四年九月、英国はオスマン帝国がいつドイツ側について戦争に突入してもおかしくないと見ていた。オスマン帝国を敵とした戦争になれば、尊敬できるムスリムの味方がいることは大きな利点だ。ストーズは、さっそく、ロンドンに呼び戻されて陸相になっていた元上司のキッチナーに、「メッカとタイミングよく話をつけておけば、英国としては中立的立場を保持することも、オスマン帝国が攻撃に出た場合にアラブ人を味方につけることもできるのではないか」と提案した。ストーズの回想録によれば、キッチナーは即座に返事をよこし、信頼できる使者をアブドゥッラーのところに送って、オスマン帝国が宣戦布告した場合には、アブドゥッラーと彼の父親、およびヒジャーズ州のアラブ人たちがわれわれの側につくか、それとも敵側につくか確かめておくように」と指示した。[3]

オスマン帝国が戦争に突入すると、トルコと英国のどちらも、積極的にメッカの太守の忠誠心を得ようとした。オスマン帝国政府は、メッカの太守フサインはアラブ世界のムスリム最高位の官職なのだから、スルタンのジハード呼びかけを是認するよう要請した。フサインは、個人としては支持するが、敵の報復を招きかねないので、その意思を公表するのは差し控えると、あいまいな態度をとった。英国海軍が紅海の諸港を封鎖すれば、ヒジャーズへの食料輸送が止まり、飢饉に陥れば部族の反乱を招きかねないからだと。賢明な言い訳だが、「青年トルコ人」政権はフサインの態度に危機感を覚えた。そこで彼らは、太守フサインが「ヒジャーズ全土に〝ジハード〟を呼びかけ、部族たちがあちこちでその呼びかけに応えつつある」という根拠のない話をでっち上げてオスマン帝国の新聞に流した。本心は、これによって太守フサインを打倒しようと企んだのである。[4]

「青年トルコ人」らが太守フサインにオスマン帝国のジハードへの支持を執拗に求めている間に、英国はそれを逆手に取って、かつてのアラブ人ナショナリストの言葉を思い出し、フサインと協定を結ぶ決意をした。一九一四年十一月、ストーズはキッチナーの名前で太守フサインの息子アブドゥッラーに手紙を書き、太守とアラブ人たちが英国の戦争行為を支持するなら、キッチナーはアラブ人の独立を保証し、外部の侵略から彼らを保護することを誓うと言って、暗黙の同盟関係を示唆した。フサインは、ハーシム王家は英国に対して敵対する政策はとらないが、差し当たり、自分の立場としてはオスマン帝国と仲たがいすることはできないと返事するよう息子に指示した。[5]

ハーシム家はオスマン帝国の傘下にある以上、それ以上の言質を与えることはできなかった。オスマン帝国に反旗を翻して失敗すれば、間違いなく太守フサインの首は飛ぶ。それに、反体制活動を成功させるには十分な兵力が必要だ。さらに、そうした野心的な行動の意味を明確にする必要もあった。自分はヒジャーズ州だけの自治を確保したいのか、それとももっと広いアラブ世界のリーダーになりたいのか？ 英国と細かい交渉に入る前に、そうした問題に腹を決めておかなくてはならなかった。

バクリ家はダマスカスの名家の一つで、ハーシム家の代々の太守とは古くから親交がある。この家の息子ファウズィがオスマン帝国の軍人として召集されたとき、一家はその影響力を使ってこの息子をメッカの太守のボディーガードの地位に就けてもらった。アラブ人召集兵がこのところ送られがちなコーカサスやメソポタミア、ダーダネルスなどの戦線より命の危険は少ないだろうと見たからである。

一九一五年一月、ファウズィがヒジャーズに出発する前夜、弟のナーシブが兄をアラビストの秘密結社「アル-ファタート」（青年アラブ協会）に入会させた。一九〇九年にパリで創設されたこの結社は、一九一三年の第一回アラブ人会議の組織づくりの主役を務めた。その後、「アル-ファタート」はシリアに活動拠点を戻したが、オスマン帝国から弾圧されて地下活動を余儀なくされていた。秘密結社であったため、兄は弟のそうした政治活動のことをまったく知らなかった。若いシリア人ナショナリストたちは、ファウズィを信用して、太守フサインに口頭でメッセージを伝えてくれるように頼んだ。文書にするにはあまりにも危険だったからである。(6)

ファウズィ・アル＝バクリがメッカに着いたのは一月の最後の週だった。彼は側近たちが退出し、太守フサインが一人になったところを見計らって、預かってきたメッセージを耳元でささやいた。シリアとイラクのナショナリスト・リーダーたちはアラブの独立を達成するためにオスマン帝国への反体制活動を始める計画を立てている。メンバーの大半はオスマン帝国軍の高級将校たちだ。太守フサインは彼らの運動を進めることに同意してくれるだろうか？　もし同意してくれるなら、協調行動をとるためにメッカに代表を送りたいが、会ってもらえるか？　太守はその話は聞かなかったふりをして、立ち上がって窓際に行った。巧妙な使者は老政治家がこの問題を内密に考慮する時間を与えるためにその場から退出した。

ファウズィ・バクリがこの秘密のメッセージを太守フサインに伝えてからまもなく、彼を打倒しようとする「青年トルコ人」らの陰謀の明白な証拠が見つかった。太守の家臣たちが、オスマン帝国から派遣されているヒジャーズ州知事ヴェヒプ・パシャの書類入れを調べたところ、太守フサインの打倒と殺害計画の概要を記した政府文書を発見したのだ。六十一歳のメッカの支配者フサインは、それがわかると、戦時中の中立について考え直さざるを得なかった。オスマン帝国に全面的忠誠を誓うか、大英帝国と同盟を結んで反体制活動に立ち上がるか、選択を迫られた。だが、決断する前に、さらに詳しい情報が欲しかった。

太守フサインは息子のファイサルを情報収集のためにダマスカスとイスタンブルに派遣した。如才ないファイサルはこうした任務にはうってつけの人物である。彼は忠実だが洞察力もすぐれたオスマン人として知られ、ヒジャーズ州出身のオスマン帝国議会議員を務めていて、帝国の支持者として知られていた。ファイサルは、表向きはスルタンと大宰相に会って、ヴェヒプ・パシャと「青年トルコ人」らが太守フサインの打倒を図る計画を立てていることに対する父の不安を伝える予定だった。抜け目のないファイサルは、彼らの態度によって、父が将来、オスマン帝国の体制の中で生き残れるか否か、判断できそうだった。だが、首都イスタンブルへの往復の途中でダマスカスに立ち寄ることもファイサルにとって同じくらい重要な意味を持っていた。アラビストの秘密結社のメンバーと連絡を取り合い、ファ

21.メッカの太守フサイン
(1854年頃~1931)。
エジプトの英国人役人たちと微細にわたる
手紙のやりとりの後、太守フサインは
1916年6月5日、「アラブの反乱」を宣言した。

ウズィ・バクリのメッセージを確認し、彼らの反体制活動の準備状況を見極めることになっていたからである。(7)

一九一五年三月末、ファイサルはイスタンブルへ行く途中、ダマスカスに立ち寄った。シリアの総督で第四軍団の司令官でもあったジェマル・パシャは、メッカの太守の息子を自分の私邸に泊まるように勧めた。ファイサルはすでにバクリ家からの招きを承諾してしまっているのでと言い訳して、ジェマルの申し出を断ったが、昼間はオスマン帝国の役人たちに会って戦争の最近の成り行きについて話し合った。ジェマルは最近のスエズ運河での負け戦から戻ったばかりで、次の攻勢にはハーシム家の支援を確保しようとしていた。夜になると、ファイサルは比較的安全なバクリ家でアラビストの秘密結社の主立ったメンバーたちと会合した。

アラビストたちは、フサインが自分たち

の大義名分に共感を抱いていると確信して、このメッカの王子に自分たちの抱負を打ち明けた。彼らはオスマン帝国とは決別したいが、自分たちの領土に関するヨーロッパ人たちの思惑も危惧していた。とくにフランスはシリアへの野心を隠そうとしていない。だから、彼らはオスマン帝国に反旗を翻す前に、アラブの独立にお墨付きを得ておきたかった。ファイサルは、アラビストたちの信頼に応えて、ハーシム家と英国およびキッチナーの陸軍省との秘密交渉の大要を暴露し、英国は対オスマン帝国同盟を結ぶ見返りとしてアラブの独立を保証するという言質を取っていることを告げた。彼はイスタンブルへ旅立つ前に、秘密軍事結社「アル–アフド」と民間の「アル–ファアタート」運動の両方の一員になっていた。オスマン帝国に対するアラブ人の反乱を英国が支持した場合の影響について、アラブ人活動家たちにゆっくり考えておくようにと言い含めて出立した。

イスタンブルでは、ファイサルはスルタンと大宰相ばかりでなく、「青年トルコ人」の指導者層にも会った。一九一五年五月初旬の帝国首都の雰囲気はピリピリしていた。連合国がヘレス岬とアンザック入江の上陸拠点を確保したところだったし、政府はオスマン帝国内のアルメニア人に対して最初の措置を実行に移したばかりだった。「青年トルコ人」らは、アラブ人はアルメニア人よりはいくらか信用できるくらいにしか考えていなかった。ファイサルは、こうした背景の中でのヒジャーズ州知事ヴェヒプ・パシャに対する父の不満を述べた。

オスマン帝国の指導者たちは、ヴェヒプ・パシャの手紙をめぐる太守フサインの統治への脅威の問題にはまったく触れずに、「誤解があった」ことに遺憾の意を表明した。タラートとエンヴェルは、ハーシム家がオスマン帝国の戦争遂行努力を背後から全面的に支えてくれるよう、しきりに促した。メッカの太守がスルタンのジハードへの呼びかけを支持し、新たなシナイ半島遠征に部族民支援者を送ってくれるなら、彼の生命もメッカでの終身の地位も保証するとも言った。エンヴェルとタラートは、この点を強調したファイサル宛の手紙を書き、それを父親のところに持ち帰らせた。若き王子がオスマン政府の立場をはっきり認識してイスタンブルを去ったのは一九一五年五月半ばである。太守フサインは全面的忠誠を誓わなければ、面目を失うことになりそうだった。

ファイサルがダマスカスに戻ると、アラビストたちは彼の留守の間に活発に動いていた。秘密結社のメンバーたちは、キッチナーがアラブ人の独立はどうしても必要だと確約してくれれば、オスマン帝国に対する反乱を正当化することができるだろうと信じていたが、その領域を明確に定義しておきたかった。そこで彼らはその条件を明記した、のちに「ダマスカス議定書」として知られることになる文書を作成した。

この「ダマスカス議定書」は、天然の境界内でのアラブ世界を設定している。その北端は、アナトリア高原の麓の平地に沿ったキリキアの海岸（今日のトルコ南部の都市アダナ、ビレジク、ウルファ、マールディン）にあるメルスィンから、ペルシアとの国境に至るまで。東端はペルシアとオスマン帝国の国境線のペルシア湾水域まで。南端はアラビア海とインド洋、西端は紅海と地中海が境界を定めている。アラビストたちは、大シリア圏、メソポタミア、アラビア半島はすべて明記したが、その中でアデン港だけは引き続き英国の植民地支配下に置くことを認めた。「ダマスカス議定書」はまた、英国とは、同盟国としての防衛協定および「経済的特恵」によって規定される特別な関係に入ることを要求した。[8]

アラビストの指導部はこの議定書で明記した路線に沿って英国とアラブ人の独立について交渉する役を太守フサインに正式に委ねた。彼らの領土的要求を英国に認めさせた暁には、アラビストたちは太守フサインの反乱呼びかけに応え、反乱が成功したら、メッカの太守を「アラブ人の王」として認めると誓った。ファイサルは、彼がイスタンブルでエンヴェルとタラートからもらってきた、彼の父をメッカに帰してもらうという書簡も「ダマスカス議定書」に付け加えた。ファイサルは使命を完了して、父がオスマン帝国の戦争遂行努力に協力するべきか、あるいはアラブの独立に懸けるべきかの選択に必要としていた情報すべてを持ち帰った。

一九一五年六月二十日、太守フサインは息子ファイサルの帰国を待って息子たちを集め、軍事会議を開いた。彼らは一週間かけて、この世界大戦でどちら側につくかで明らかになる危険を比較考量した。その結果、彼らはオスマン帝国のジハードか、アラブの反乱かという危険な二者択一をする前に、「議定書」の諸条件をカイロの英国の出先機関に提出することに決めた。

太守フサインの息子アブドゥッラーはカイロでの連絡係のオリエント担当書記官ロナルド・ストーズ宛に手紙を起草した。彼はオスマン帝国支配からアラブの独立を勝ち取る前に、英国の支持を求めるアラブ民族全体の代表として発言した。アブドゥッラーはさらに、軍事同盟締結交渉の基盤としてのいくつかの「基本条件」を英国が認めてくれるよう念を押した。一九一五年七月十四日付のこの書簡で、アブドゥッラーは「ダマスカス議定書」の諸条件を再録し、「三〇日以内に英国政府が諾否の回答をしてほしい」と要請した。こうして始まった一連の提案のやりとりは、まとめて「フサイン＝マクマホン書簡」と呼ばれるようになり、オスマン帝国時代以降の中東について英国の戦時中のもっとも包括的な――そしてのちに物議をかもすことにもなる協定になった。(9)

「フサイン＝マクマホン書簡」の諸条件とタイミングは、戦時の緊急事態ならではの特徴を持っている。アブドゥッラーの手紙がロナルド・ストーズに届いた一九一五年七月の時点では、英国はまだ、ガリポリ戦でオスマン帝国を敗北させ、その首都を掌中にする自信があった。英国はメッカの太守の領土範囲の主張は度を越していると見た。「彼の申し立てはあらゆる点で誇張されている」と、エジプトの英国高等弁務官ヘンリー・マクマホン卿はロンドンに書いている。だが、八月のガリポリ攻撃で、オスマン軍にスヴラ湾での連合軍の上陸を阻止され、英国が敗北すると、東方戦略を再考せざるを得なくなった。英国は、太守フサインとその息子たちとの交渉の窓口を開いたままにし、大がかりな国内蜂起への期待を煽っておく必要性を切実に感じていた(10)。

マクマホンはアブドゥッラーの手紙への返事をメッカの首長に直接送った。八月三十日付のその手紙は、「貴殿の英国に対する誠意あるお気持ちを率直に表明して下さったことを光栄に思います」という書き出しで、続けてキッチナーのアラブ人の独立支援の約束を再確認し、それがうまくいった暁には、アラブ人カリフ国を認めると記されている。だが、境界線をどこに引くかについては、戦争の真っ最中にそのような細かいことまで討議するのは時期尚早として、話し合いに応じるのは断った。

折り返し九月九日付で急遽したためられた太守フサインの返事は、太守の立場を明確に表していた。彼は高等弁務官がアラブ国の境界線について言及するのを拒否する「冷淡で優柔不断な口調」と「曖昧さ」に抗議した。彼は、自分の個人的野心からではなく、すべてのアラブ人の代表として発言しているのだと主張した。「閣下にあらせられましては、私が個人的にこれらの範囲、すなわちわが子孫「アラブ人」だけの居住区を要求しているのではなく、それらはみな、わが民の申し出にほかならないことをお疑いになることはあるまいと確信しています」と、太守フサインは回りくどい文章で主張している。

フサインがアラブ人の抱負を代表して発言している事実は、意外な方面から裏づけられた。一九一五年八月のガリポリ戦で、あるアラブ人中尉がオスマン帝国陸軍から離脱して英国軍に投降した。イラク北部の町モスル生まれで「アル＝アフド」（盟約）のメンバーでもあったムハンマド・シャリーフ・アル＝ファルキは、「ダマスカス議定書」の詳細も、メッカの首長がカイロの高等弁務官マクマホンと交渉に入っていることも知っていた。秘密結社のメンバーであるアラブ人将校たちが、オスマン帝国スルタンへの忠誠心を捨て、アラブの独立達成のために蜂起を企てようとしている太守フサインに味方すると誓っているのは確かだと証言した。十月までには、ファルキはダーダネルスの捕虜収容所からカイロに送られ、英国軍情報将校から尋問を受けた。彼の証言で、英国は太守フサインが実際に広範囲のアラブ人反体制活動のリーダーで、オスマン帝国に対していつでも反乱を起こす用意があることを確認した。[11]

ダーダネルス海峡での連合国の立場が不利になるにつれて、カイロの英国人役人たちはあらためてハーシム家との交渉再開が急務であると感じた。連合国のガリポリからの撤退で、結果的にトルコは勝利し、オスマン軍を再編成してほかの戦線に回すことが可能になる。そうした事情のもとでは、ハーシム家との協定の重要性が増す。協定をまとめるにはメッカの太守の境界設定要求を店ざらしにはしておけない。高等弁務官マクマホン卿は、一九一五年十月二十四日付の手紙で、英仏の中東における利害関係と、議定書で提示された領土的野心とを一致させようとした。

英国政府の第一の関心は、ペルシア湾沿いのアラブ首長国との特別な関係を保持することだった。オマーン、トルーシャル・ステイツ（アラブ首長国連邦）、カタール、バーレーン、クウェートの支配者、アラビア半島の中部、東部を占めるイブン・サウードらとは、十九世紀初めにさかのぼる協定によって英国の保護下に入っていた。したがって、マクマホンは太守の言う「アラブの首長たちと英国との間の現存する協定に影響を及ぼすことのない」境界線を英国政府が支持する約束をした。

メソポタミア戦では、英国はオスマン帝国のバスラ州とバグダード州をペルシア湾圏内の利害関係の中に入れていた。イラクをはっきりと植民地扱いはしていなかったが、マクマホンは、大英帝国の「確固たる地位と利益」を擁護するには、バグダード州とバスラ州を「外国の侵略から防衛し、地域住民の福祉を増進し、相互の経済的利益を守るための特別な行政管理」が必要であると主張した。つまり、メソポタミアをペルシア湾における英国との休戦協定国の一つにするということだ。

最後に、マクマホンは既存の英仏協定と矛盾しそうなことはアラブ人と約束しないと一札入れておかなくてはならなかった。一九一五年三月、フランスは、戦後処理としてアレクサンドレッタ湾とキリキアからタウルス山脈までを含むシリアの併合（戦後処理の一環として英・露が認めていた）を主張していた。フランスの要求をすべて認めれば、太守フサインとの協定は不可能になり、フランスの要求を少しでも削り取るようなことをすれば、フランス政府の怒りを買うことは確かだった。[12]

マクマホン卿は、細部の線引きを明確にすると逆効果になりかねなかったので、仔細をわざと曖昧にしておいた。彼は、「メルスィーナとアレクサンドレッタの二つの地方と、ダマスカス、ホムス、ハマ、アレッポ地域の西にあるシリアの土地」は、これらが「純粋なアラブ人」のものではないという曖昧な理由によって、アラブ人の主張する領土と英国が認めるのを差し控えた。英・仏とアラブ世界との将来の関係をややこしくすることになる太守と英国との約束からアラブ人の領土を意図的に外したのは見え見えだった。とりわけこの解決策が独立したアラブ人支配の候補として挙げられている地域にパレスチナも含むかどうかなど、言うまでもない。だが、英国の高等弁務官マクマホンが太守フサインに与えた言質とはまさにそのようなものだったのだ。「上記の修正を条件として、英国はメッカの太守が要求する範囲内のすべての地域において、アラブ人の独立を認め、支援する用意がある」とマクマホン卿は断言した。

以後、一九一五年十一月五日から一六年三月十日までの間の往復書簡によって、ヘンリー・マクマホン卿とメッカの太守フサインとの間に戦時同盟協定が結ばれた。これらの書簡が交わされた期間は、ちょうど英国がガリポリとメソポタミアで敗北が続いていた時期とぴったり一致する。十二月十四日付のマクマホンの手紙は、英国閣僚がガリポリのスヴラ湾とアンザック入江の陣営を撤退する決意をした日（十二月七日）とクート・アル・アマーラの包囲が始まった日（十二月八日）の翌週に発信されている。一九一六年一月五日付の高等弁務官の手紙は、ガリポリからの最終撤退日（一月九日）から数日後に書かれたものだ。三月十日付のマクマホンの最後の手紙には、エジプトでサヌースィー部族民との戦いでの勝利と、エルズルムでのロシアの勝利に言及されているが、クートでの降伏が差し迫っていることには触れていないのは驚くに当たらない。彼は引き続く英国の敗北を書き連ねる気になれなかったに違いない。

四面楚歌の英国と交渉中であることを知っていた太守フサインは、自分に有利になるように取引を推し進めた。このメッカの首長はアラブの独立承認を求める代わりに、「アラブ王国」と自分自身が選ばれて指導者になることについてせっせと書くようになった。だが、重要な領土問題では妥協してもよいと認めている。さらに、「イラク諸州」は将来、アラブ王国への統合を望むが、「現在、英国軍によって占領されている諸地域」で「一時的に」英国の管理下にある地域については、見返りとして「占領期間中、それに見合った補償金をアラブ王国に支払う」ことを主張した。

シリアに関するフランスの主張は、この首長にとっては到底承認できないものだった。シリア諸州は「純粋なアラブ国」であって、「アラブ王国」から除外されることはあり得ない。だが、往復書簡の中で、太守フサインは、「この戦時の苦難の中で、英・仏の同盟関係にひびが入るようなことは避けたい」。そこで、「この戦争が終わったら、真っ先に、貴殿と相談のうえ、フランスに残すべき部分は現行のベイルートとその沿岸部」とする、とマクマホンに警告しておいた。残りの往復書簡は、蜂起に必要な物資に焦点が当てられている。金、穀物、銃器はトルコ軍に対する将来のアラブ人の戦いを維持するために欠かせなかった。

マクマホン卿は、これ以上望めないほどよくやった。フランスが主張していたシリア領と英国が保持したかったイラクの諸州を除いて、メッカの太守と協定を結ぶことに成功したのだ。「フサイン＝マクマホン書簡」で仕方なく認めた領土の境界線が曖昧だったのは、戦時中の英国とアラブの関係にとっては利点だった。だが、英・仏の利害関係については、戦後のアラブ人の土地の分割について、もっと明確な協定が必要だった。

英国政府は太守フサインとの約束についてフランスの同意を求めなくてはならなくなった。外相エドワード・グレイ卿は、フランスとシリアとの特別な関係を事前に認めていた。そこで英国外務省は一九一五年十月、マクマホンが太守フサインへの領土的な譲歩事項を認めた後、フランスが主張するシリアの境界線をある程度明確にするため、交渉者をロンドンに送るようフランス政府に要請した。フランス外相が指定したのは、元ベイルート総領事シャルル・フランソワ・ジョルジュ＝ピコで、英国側の交渉相手は、キッチナーの中東顧問マーク・サイクス卿だった。二人は双方が容認できるアラブ人の土地の戦後の分割案を起草した。(13)

太守フサインが将来のアラブ王国にしたいと主張していた土地を、英・仏が自分たちだけで分けてしまったこの「サイクス＝ピコ協定」を、帝国の極悪非道な裏切りと酷評する歴史家は多い。その筆頭であるパレスチナの歴史家ジョージ・アントニウスによれば、「サイクス＝ピコ協定はけしからぬ文書である。この上ない強欲、つまり、疑惑を呼び、愚行につながる強欲の産物であるばかりでなく、驚くべき二枚舌の一例として異彩を放っている」という。だが、過去に危うく戦争になりかけたライバル帝国同士の英・仏であってみれば、「サイクス＝ピコ協定」は、フランスにとってはキリキアとシリアで確保したい領域を明確にし、英国にとっては、ヘンリー・マクマホンが太守フサインとの約束からは除外しておこうとしたメソポタミアの領有権を主張しておくためにも、ぜひとも結んでおかなければならない協定だった。(14)

「サイクス＝ピコ協定」についてはさまざまな誤解がある。一〇〇年後の現在でも、まだ、この協定が現代の中東の国境線を決定したと信じている人がたくさんいる。だが、実際は、サイクスとピコが線引きした地図は今日の中東の国境とはまったく違う。この協定が策定していたのは、シリアとメソポタミアで英・仏が「直接であろうと間接であろうと、自国の思いどおりに管理もしくは支配できる」植民地支配権の確立できる領域を定義したものである[15]。

たとえば、フランスが要求している「ブルー・エリア」は、北はアレクサンドレッタ湾を囲むメルスィンとアダナから、南は現代のシリアとレバノン沿岸の古代港湾都市ティレまでの東地中海沿岸地帯、および、現代のトルコ共和国に入っている北はスィワス、東はディヤルバクルとマールディンまでのアナトリア東部が入り、英国が承認を要求した「レッド・エリア」はイラクのバスラ州とバグダード州である。

「ブルー・エリア」と「レッド・エリア」の間の広大な土地は、「ゾーンA」(シリアの内陸部のアレッポ、ホムス、ハマ、ダマスカス、イラク北部の都市モスル)はフランス、「ゾーンB」(イラクからアラビア半島北部の砂漠地帯からシナイ半島のエジプトとの境界線まで)は英国の間接的支配下に置くとされている。この二つのゾーンは「独立したアラブ国もしくはアラブの首長の宗主権下のアラブ諸国連合」に組み入れられるとされているが、この方式ではマクマホンの太守フサインとの約束と矛盾する。

英・仏が合意できなかったエリアはパレスチナだった。双方の主張は競合して合意に至らず、しかも、ロシアの野心も交渉をややこしくさせかねなかった。そこでサイクスとピコはパレスチナを「レッド・エリア」、「ブルー・エリア」とは別にして、「ブラウン・エリア」と呼んで「国際管理下」に置き、ロシアと「ほかの連合国およびメッカの太守の代理人」との交渉によって最終的に決定することを提案した。「サイクス＝ピコ協定」の中で太守フサインについて言及されているのはこの部分だけである。

一九一六年三月、サイクスとピコは彼らの分割案に協商国の同意を得るため、ロシアに旅立った。帝政ロシアの閣僚たちは、一九一五年の「コンスタンチノープル協定」で確認されているボスフォラス＝

ダーダネルス海峡と首都コンスタンチノープルに加えて、英・仏は、ロシアが最近奪回したエルズルム、黒海沿岸の港トラブゾン、破壊されたヴァンとビトリスも、「サイクス＝ピコ協定」を甘受する条件として要求した。一九一六年五月、連合国はロシアの支持も取りつけ、オスマン帝国の戦後分割についての包括的合意に達した。協商国は、この時点では、アラブの同盟者太守フサインとその息子たちにはすべての事柄を秘密にしていた。

一九一六年初めの数カ月に、協商国が戦後の中東分割協定をひそかに結んでいる間に、太守フサインとその息子たちに対するプレッシャーは高まっていた。シリアのオスマン軍司令官ジェマルはエジプトの英国陣地を新たに攻撃する計画を立てていて、ハーシム家がトルコの戦争遂行努力への忠誠を示すために部族兵を提供するように要請した。オスマン帝国第四軍の司令官だったジェマルはハーシム家の意図と、アラブ人の忠誠心全般に疑念を抱き始めていた。国家総力戦の圧力が高まる中で、ジェマル・パシャのシリア人の土地での独裁主義は次第に恐怖政治の様相を見せ、それがアラブ諸州でのオスマン帝国支配を徐々に弱体化させることになる。

ジェマル・パシャは、戦時中のシリア諸州の総督としての早い時期から、オスマン帝国に対する誰も反論しないほど明らかなアラブ人の不忠実な行為に直面していた。そこでオスマン帝国当局は、戦争に突入すると、情報が内蔵されていそうな英・仏の領事館の文書保管所の資料強奪を命じた。ベイルートとダマスカスでは、オスマン帝国の役人たちは大きな収穫を得た。フランス領事館の文書には、一九一三年の第一回パリ会議に参加した大勢の人たちを含む秘密結社のメンバーからの書簡が大量に含まれていて、彼らがフランスの保護下でより大きな自治から完全な独立まで、アラブ人のさまざまな抱負にフランスの支持を求めていたことがわかったのだ。その文書の中には、ムスリムとキリスト教徒両方の著名人の名が連ねられていて、さながらシリアの国会議員、ジャーナリスト、宗教界の要人、軍将校など有識者エリート名簿のようだった。

初めのうち、ジェマルはこのうっかりかかわるとたいへんなことになりそうな文書に対して何の措置もとらなかった。彼がシリアに来たのは、オスマン軍がスエズ運河に攻撃をかけて、エジプト人を英国支配に対して蜂起させる下心があったからだ。彼はアラビストの政治活動などたかが知れている、オスマン軍が戦場で勝利すれば、そんなものは無力化できると信じていた。政治的な試みは民衆の士気をそぐのがせいぜいで、当時のジェマルは英国の占領下にあったエジプトに戦争を仕掛けるに当たり、目的の統一を促進することが大事だったのだ[16]。

ところが、一九一五年二月、オスマン軍のスエズ運河攻撃が失敗すると、ジェマルのアラビストたちへの態度は硬化した。徴兵されたアラブ人非正規兵らはシナイ半島でのジェマルの屈辱的な撤退を横目で見て何もしなかった。ハーシム家はこの戦争に参加せず、ヒジャーズの部族兵らにスルタンの旗印のもとに馳せ参じるような措置もとらなかった。

さらに、オスマン軍の敗北で、一般国民の帝国の将来に対する疑念も高まりつつあった。エルサレムの中流家庭出身のアラブ人兵士イフサン・トゥルジュマンは三人の友人との会話を日記に書き残している。そのうちの二人はオスマン帝国軍の将校だった。スエズ運河攻撃の失敗の後の一九一五年三月下旬、四人の男たちは「このみじめな戦い」の成り行きと、「この国［オスマン帝国］の命運について語り合った。われわれはみな、多かれ少なかれ、この国の先行きは短く、国家の解体は差し迫っていると感じた」。民間のアラブ人がオスマン帝国の終焉を予想しはじめるにつれて、ナショナリストによる秘密結社が醸し出す脅威は並々ならないものになりつつあった。ジェマル・パシャはアラビストによる脅威を排除する決意をした[17]。

イスタンブル出身の才気煥発な若手ジャーナリスト、ファリフ・ルフクは、ジェマル・パシャが鬱屈した精神状態を必死で隠そうとしているのを目の当たりにした。ルフクは大宰相府勤務から身を起こし、イスタンブルの一流日刊紙『タニン』に毎週寄稿していたコラムを通して「青年トルコ人」指導部から注目されるようになった。バルカン戦争の取材中にエンヴェル・パシャとも出会っている。内務相だったタラート・パシャはルフクを自分の個人秘書に任命した。ジェマル・パシャは、イスタンブルを去ってシリアの総督になり、第四方面軍の司令官になると、ルフクを情報担当として彼の参謀本部に出向させてほしいと特別に要請した。彼がエルサレムに着任したのは一九一五年のあるときだった。

一九一五年当時、ジェマルの司令部は城壁都市エルサレムを眼下に見渡せるオリーヴ山のドイツ軍ゲストハウスの中にあった。ジェマル・パシャの執務室のドアの外に集まっていた神経をピリピリさせた群衆の一人だったルフクに、司令官は背を見せていた。彼は気が立っている様子で、通信文を読んだり書類にサインしたり、部下に怒鳴り散らすように命令したりしていた。「副官にナブルスの名士どもを中に入れろと言え」とジェマルは命じた。

二〇人ほどのおびえきった男たちの集団は、ジェマルの執務室の入り口をくぐる前に短い祈りの言葉を唱えた。彼らはエルサレムとその周辺の農地が眼下に見える大きな窓の前に整列した。ジェマルは彼らの存在などには目もくれず、机に向かって仕事を続けた。ルフクはこの男たちが何の罪で非難されているのか想像もつかなかったが、彼らの不安そうな表情から、自分の命がかかっている問題であることを察した。待たされている名士たちにはそのひとときが永遠のように思えたであろうが、やがて総司令官は机上の書類をぱたんと閉じると、彼らのほうに顔を向けた。

「おまえらは宗主国に対して自分が犯した罪の重大さに気づいておろうな」と、彼は尊大な口調で訊ねた。

「どうかお赦《ゆる》しを」と、男たちは絶望的な表情でつぶやいた。ジェマルはそれを目配せで遮った。「こうした罪への罰は知っているだろう?」とジェマルは続けた。「おまえらは絞首刑に値する」。ルフクは不安そうな男の顔から血の気が引くのを見た。「そう、絞首刑だ。だが、大宰相府の寛大な計らいに感謝したまえ。おまえらとその家族をアナトリアに追放すれば、わしもしばらくはホッとできる」絞首台を免れたことにホッとした名士たちはこれで命が救われたとひれ伏して感謝の祈りを捧げた。「下がってよい」とジェマル・パシャは言って、会合をお開きにした。名士たちはわれ先に部屋から退出した。

執務室に誰もいなくなると、ジェマルは新任のルフクをにこやかに迎えた。彼はこのジャーナリストがナブルスの名士たちとの会合を目撃し、何の罪かは知らないが恣意的に裁かれるのを見て不愉快になったことに気づいていたに違いない。「あきれたか!」と、ジェマル・パシャは肩をすぼめながら言った。「ここじゃあこんなふうに振る舞うしかないんだ!」(18)

オスマン帝国当局は一九一五年以降、忠誠心に疑問のある民間アラブ人を大量に追放しはじめた。ジェマル・パシャはこの政策に大いに貢献した。「わしの一存であちこちに追放した者たちがいる」と彼は一度、笑いながらファリフ・ルフクに言ったことがある。主なターゲットにされたのは、アラビスト寄りと疑われる人間と、ロシアやフランスの大国の保護を享受していた教会に属するアラブ人キリスト教徒だった。

アルメニア人の強制移送と違って、アラブ諸州内の追放は大量虐殺や死の行進の前触れではなかった。むしろ、その人物を「危険な」友人や仲間から切り離すことによって、国家に与える脅威を弱めるための方策の一つだった。追放された人間は個人的資産で食いつなぐしかなく、それが枯渇すれば、オスマン帝国政府に全面的に依存するしかなかった。友人や家族は、追放された近親者を無事帰してもらうには、長期にわたって政府に忠誠心を示さなくてはならなかった。戦争が終わるまでにオスマン帝国が追放した人間は約五万人と推定されている[19]。

徴兵によってすでに人口減少していた村々は、新たな追放政策でさらに過疎化した。商業、農業への影響は破壊的で、商店は閉ざされ、農地は疲労困憊した女性や子供たち、老人しか働き手がおらず、耕されずに放置されていた。自然も戦争の惨禍に同調するかのように、大シリア圏で大量のイナゴが発生した。「イナゴの侵入は七日前に始まり、空一面に広がった」と、イフサン・トゥルジュマンは一九一五年三月の日記に書いている。「イナゴは国中を攻撃しつつあった」。今日はイナゴの雲がエルサレムの町を通り過ぎるのに二時間かかった」。「神よ、今や国中に広がりつつある戦争、イナゴ、病気という三つの伝染病からわれらを守りたまえ」と彼は祈った。

過去、シリアではイナゴの蔓延で苦労したことはあったが、一九一五年の発生は、その密度においても地理的広がりにおいても前例がなかった。イナゴの襲来を食い止めることに必死になったオスマン帝国当局は、十五歳から六十歳までのすべての市民に毎週二〇キロのイナゴの卵を集め、政府の指定した駆除場所に持参するよう命じ、違反者には厳しい罰金を科した。エルサレムの人たちはこの罰金の徴集を深刻に受け止めた。イナゴが最初に現れてから六週間、「ほとんどの人がイナゴの卵集めに出かけてしまったので」エルサレムの商店は閉店しているのにトゥルジュマンは気がついた。

政府の対策はイナゴの脅威を阻止するにはまったく不十分だった。夏の間ずっと、晩秋に至るまで、この昆虫が雲のごとく農場や果樹園を襲った。収穫は台無しになり、シリア地方では穀物の七五〜九〇パーセントが失われた。何とかイナゴの難を逃れたものは軍隊の糧食として没収されるか、幸運な少数者に買いだめされた。その結果、当然のことながら食料不足は深刻になった。パレスチナ、シリア、レバノンの町や村全土に飢饉が広がった。

一九一五年十二月ごろには、エルサレムのマーケットには小麦粉がまったくなくなった。「人生でこれほど暗い日は見たことがなかった」と、イフサン・トゥルジュマンは日記に書いている。「小麦粉とパンは基本的に先週土曜日以降、まったく見かけなくなった。もう何日もパンを食べていない人たちはたくさんいた」。彼はダマスカス門の近くで小麦粉を奪い合う男、女、子供が大勢いるのを見た。その数が膨れ上がるにつれ、争いが起こった。「これまで米、砂糖、灯油がなくても何とか耐えてきたが、パンがなくてはどうやって生きればいいのか？」

一九一六年、空腹は飢餓に変わった。イナゴ、軍事接収、買いだめに加えて、食料の輸送や分配も滞ったため、一九一六年から戦争が終わるまでの間にシリアとレバノンに住む三〇万から五〇万の人たちに飢饉が生じた。シリア各地では飢饉その他の戦時の困難を表す言葉は戦争と同義語になった。国民はそれらをトルコ語で「総動員」を意味する「セフェルベルリキ」と呼ぶようになった。総動員で始まり、冷酷無情な穀物不足、インフレ、伝染病、飢饉、死が、非戦闘員の間に前例のないレベルにまで広がった（第一次）大戦はまさに「総動員《セフェルベルリキ》」だった。[20]

フランス軍のための極秘任務を担ったあるシリア人亡命者が一九一六年四月、シリアとレバノンを旅して回り、そうした苦悩を目撃した。彼は死にかけた村を逃げ出して食べ物を探す生存者たちに会った。飢饉の犠牲になり、道端に倒れたまま、埋葬もされていない骸骨も数え切れないほどあった。ダマスカスで幻滅を感じていたアラブ人将校と話したとき、彼は、オスマン帝国が「不忠実な」キリスト教徒を追放するために、意図的に飢餓を促進しているのだと非難した。「連中は［キリスト教徒］レバノン人を飢餓で抹殺しようとしているのと同じようにアルメニア人の首に剣を突きつけている。そうすれば彼らは二度とトルコ人支配者に厄介な問題を起こすことはないからだ[21]」

エンヴェル・パシャは、戦争開始から数カ月間に設置された「連合軍による海上封鎖」が「この飢饉の原因」になったと主張した。英・仏の船舶は、たとえ人道支援物資を運ぶ船であっても、いかなる船舶もシリアの港への入港を拒否した。伝えられるところによれば、エンヴェルは一九一六年にヴァチカンに接触し、シリアとレバノンに食料支援物資の配送を頼んだという。イスタンブル駐在のヴァチカンの特命全権大使にエンヴェルが話したところによれば、オスマン帝国はシリアの軍隊と民間人の両方に供給するだけの十分な食料がないことを認めたうえで、ヴァチカンに対し、英・仏が少なくとも月に一度、食料を運ぶ船舶一隻を、その食料がトルコ軍兵士に渡らないことを確認したうえで、教皇がこの仕事のために任命するいかなる仲介者でもよいから、認めるよう説得してほしいと要請した。だが、エンヴェルの教皇への嘆願は功を奏さなかった。多くのオスマン軍人と同様、エンヴェルも連合国は、侵攻軍への抵抗力を弱めるか、もしくはオスマン帝国に対して蜂起を促進するために、意図的にシリア人を飢えさせているのだと信じた[22]。

エンヴェルにはシリアの諸州での蜂起を恐れる当然の理由があった。戦時中の苦難に加え、オスマン帝国軍のたび重なる敗北で、多くのアラブ人市民はスルタン政府に背を向けはじめていた。彼は、見せしめのために、オスマン帝国の敵と共通の大義名分を掲げかねないアラブ人の運動を厳しく排除したかった。彼はまた、シリアのエリートたちが分離主義者の政治活動に従事しないよう、脅しをかけたかった。なぜなら、トルコ人ジャーナリスト、ファリフ・ルフクが推量しているように、「統一と進歩委員会は、すべてのナショナリストと、少数派コミュニティ、すなわちアルバニア人、アルメニア人、ギリシア人、アラブ人などのいずれにもある独立運動にとって不倶戴天の敵だった」からだ[23]。

ジェマル・パシャがアラブ人政治活動家たちの大量逮捕に踏み切ったのは一九一五年六月だった。彼は軍事裁判所を設置し、活動家たちを裁判にかけた。軍事裁判所は、同年八月には調査を終えた。ジェマル・パシャは裁判官に、アラビストの秘密結社のメンバー、もしくはフランスと共謀してオスマン帝国に陰謀を企てている疑いのある者は有罪として死刑に処するよう命じた。一三人が有罪とされ、死刑を宣告された（宣告を受けた者のうち二人は、のちに終身刑に減刑された）。

ベイルートで最初の絞首刑が行なわれたのは一九一五年八月二十一日である。オスマン軍兵士が市の中心部にある「ブルジ広場」への一般車両を通行止めにした。兵士と警察官でいっぱいの広場に、死刑囚が夜陰に紛れて絞首台に連行された。絞首刑のニュースはたちまちアラブの諸州に広がった。エルサレムに伝わったのはその月の終わりだった。「自分はその愛国者たちの一人も知らなかった」と、イフサン・トゥルジュマンは九月一日付の日記に書いている。「だが、このニュースにひどく動揺した」。トゥルジュマンはトルコ軍によって処刑されたアラブ人に民族的な絆を感じた。「勇敢な同志たちよ、さらば」と彼は敬意を表した。「われらの心が君たちの高貴な目的が実現される日に会えますように」[24]

これらの最初の絞首刑は恐怖政治の始まりの証拠にほかならなかった。一九一五年九月、ジェマル・パシャはさらに、フランス領事館から押収した文書によって関与が疑われる数十人の逮捕を命じた。彼らはベイルート＝ダマスカス街道沿いのアレイというレバノンの山村に連行された。軍事裁判にかけられる前、容疑者たちは拷問によって、ほかのメンバーの名前とその結社の目的を白状させられた。まだ逮捕されていなかった者たちは地下に潜るか、逃亡しようとした。抑圧は功を奏した。数週間のうちに、一九一五年の「ダマスカス議定書」（フサイン＝マクマホン書簡で太守フサインが主張していた領土の基盤とされたもの）にあるアラブ人の独立国の境界線をひそかに設定していたアラビスト運動は跡形もなく崩壊した。

一九一六年一月、太守フサインの息子ファイサルが、議定書の起草者たちとともに蜂起を立ち上げようとしてダマスカスに戻ってきたとき、この町はもう危険な場所になっていた。ファイサルは用心深く行動した。彼は五〇人ほどの武装した家臣とともに旅をしていたが、彼らを、父である太守フサインがオスマン軍によるスエズ運河への次期攻撃に約束していたヒジャーズ州義勇軍の前衛部隊として、猜疑心でいっぱいのオスマン帝国当局に差し出した。ジェマル・パシャはファイサルとその家臣たちを歓迎し、ハーシム家の客たちを総督司令部に招いてもてなした。

ファイサルはバクリ家を訪問し、その息子ナーシブがジェマルの捜査網をかろうじて逃れたことや、ダマスカスでのアラビストたちの活動の顚末——アラブ連隊を故郷から遠く離れたガリポリやメソポタミアの激戦地に再配置されたこと、民間人が家族ともどもアナトリアに追放されたこと、数十人の著名人がアレイでの軍事裁判以前に反逆罪で裁かれたことなどを知った。政治情勢の変化を目のあたりにしたファイサルは、蜂起の計画すべてをとりあえず棚上げにした。代わりに彼はジェマル・パシャの信頼を築き、投獄されているアラビストたちの無事釈放を取りつけることに努力した。ところが、「青年トルコ人」指導層に敵対心を深めつつあった父親によって、彼の努力は台無しにされた。

「青年トルコ人」指導者たちは、太守フサインに圧力をかけ、部族の義勇兵をスエズ運河の次期攻撃に貢献させようとしていた。エンヴェルとジェマルは、一九一六年二月、鉄道でメディナに行き、ハーシム王国軍を閲兵し、イスラームの聖地からの聖戦士《ムジャヒディーン》の派遣を強く要請した。太守はその返事として、翌月、エンヴェル・パシャに手紙を書き、オスマン帝国スルタンのジハードを支持するための前提条件を提示した。太守フサインの手紙は、スルタンの家臣というより、アラブ・ナショナリスト的な口調で書かれていた。彼は現在係争中のアラブ人政治犯すべての恩赦を要求した。大シリア圏については、イスタンブルからの中央集権的行政管理から外し、地域行政の自律を求めた。さらに、メッカの太守としての一族の地位に付随するすべての伝統的特権を世襲とする権利も手放そうとはしなかった。

22.1916年2月のエルサレムにおけるエンヴェル・パシャ(中央)とジェマル・パシャ(エンヴェルから見て左)。この2人の「青年トルコ人」指導者は1916年初め、アラブ諸州の戦争準備状況を視察するためにシリア、パレスチナ、ヒジャーズ全土を旅した。

エンヴェルの返事は、実も蓋もないほど率直だった。「そのような問題は貴殿の心配の埒外にある。それらをしつこく要求しても貴殿の何の得にもならないであろう」と彼は警告した。彼はフサインに、太守の義務は息子のファイサルが指揮する兵士を国家の戦闘のために提供することで、「ご子息は第四方面軍のゲストとして、戦争が終わるまでこちらで預かる」と記していた。太守は、エンヴェルが息子ファイサルを人質にするという脅しにも屈服せず、「青年トルコ人」に保護預かりされている息子を信じて、自分の差し出した条件を変えなかった。彼はまだ、「青年トルコ人」がアラブ分離主義者の気概を疑わせる人間にどれほど残酷であるか、思い及ばなかったのだ㉕。

一九一六年四月、アレイのオスマン帝国軍事裁判所は審議を終え、数十人の被告を「シリア、パレスチナ、イラクをオスマン・スルタン国から分離し、一つの独立国家を構成することを目的とした活動に参加した反逆罪」で有罪とした。反逆罪は死刑に処せられることをみな知ってはいたが、有罪とされた人たちの中には名家の出身者や、オスマン帝国議会議員など政府高官も大勢いた。政府がそのような著名な市民を普通の犯罪者のように絞首刑にするとは考えられないように思われた(26)。

ハーシム家はアレイで重罪判決を受けた人たちに代わって、歯に衣着せずに発言した。太守フサインは、スルタン、ジェマル・パシャ、タラート・パシャに恩赦を嘆願する電報を打ち、「血は血を求める」ことを理由に死刑に反対する警告を発した。ダマスカスに戻ったファイサルは、ジェマルとの定期的会合でアレイの重罪犯に慈悲を求めた。だが、この「青年トルコ人」指導者はこうした議論に耳を貸さず、アラブ分離主義を金輪際阻止する範を示す決意をした。

一九一六年五月六日夜明け前、何の予告もなしに二一人がベイルートとダマスカスの中央広場で絞首刑に処せられた。ベイルートで処刑を目撃したトルコ人ジャーナリスト、ファリフ・ルフクでさえ、死刑囚に同情し、賛辞を贈った。ルフクの回想によれば、「ベイルートで絞首刑にされた者の大半は若手ナショナリストだった。彼らは監房から絞首台まで、顔を上げたまま毅然として、アラブ讃歌を歌いながら歩いていった」という。その日の午後遅く、ルフクはダマスカスに旅した。そこでは七人が夜明け前に絞首刑に処せられていた。彼は、アラビストらが絞首台に送られてから一五時間後に、ダマスカスの著名人たちがジェマル・パシャの招きに応じて宴会に赴くのを見て愕然とした。「哀悼する人はダマスカスに一人もいなかった。詩人、プロのおべっか使い、雄弁家たちがみなそろって、わからず屋の子供たちからアラビアを救ってくれたこの偉大な男にこの国の感謝を表明した(27)」

アラブ・ナショナリストにとって、ジェマル・パシャはおよそ英雄ではなかった。絞首刑の余波で、ジェマル・パシャは「血を流す人《アッサッファフ》」という極印を押された。ハーシム家にしてみれば、ジェマルは殺人者以外の何者でもなかった。ファイサルがバクリ家の家族と一緒にいたとき、息も絶え絶えの走者が絞首刑のニュースを伝えに来た。政府は死刑囚全員の名前と罪状の載った官報の号外を出した。ファイサルはショックで言葉もなかったが、やがて頭飾りを振りほどいて地面に叩きつけ、それを足で踏みつけて、「アラブ人よ、死は甘味なものになった！」と復讐の誓いを叫んだ(28)。

もはやファイサルにとってダマスカスに残っている理由はなかった。ジェマルはシリア諸州でのいかなる政治的行為も違法として抑圧した。蜂起するならヒジャーズしかない。そこでは部族兵の数が孤立したオスマン軍よりも勝っていた。だが、彼がヒジャーズに戻るには、ジェマル・パシャにダマスカスを去る許可をもらわなくてはならない。少しでも不忠を疑われたら、彼とその部下たちも、殉教者の友人と同様、絞首台に送られるのをファイサルは恐れた(29)。

ファイサルはジェマル・パシャからヒジャーズへ戻る許可をもらえるよう策略を練った。このハーシム家の王子は、ヒジャーズの義勇軍はやる気満々で、シリアのジェマル軍に合流する準備ができていることを確認するメッセージを父からもらっていると主張した。「青年トルコ人」リーダーは、太守フサインがベイルートとダマスカスの公開絞首刑に恐れをなし、服従する気になったに違いないと信じた。ファイサルはメディナに戻り、ヒジャーズの聖戦士《ムジャヒディーン》を自ら率いてダマスカス入りすることを認められた。

ジェマル・パシャはファイサルの話を全面的に真に受けていたわけではなかった。ファイサルは有罪とされたアラビストたちをあまりにも熱烈に弁護していたし、メディナのオスマン軍駐屯地の司令官は、ハーシム家のアリーとヒジャーズ分遣隊が軍事問題に干渉すると非難していた。太守フサインからエンヴェルとジェマルに宛てた手紙は反逆罪すれすれだった。それでも、メッカの太守がオスマン帝国のジハードを支持するという利点は、人質にしていたハーシム家の人間をヒジャーズに帰すのを許す危険より大きかった。

ファイサルがダマスカスを発ったのは五月十六日だった。出発前、ジェマルはファイサルに、ガリポリ戦の勝利で得た戦利品の一つである英国製のリー・エンフィールド・ライフルを土産にくれた。それは本来、ガリポリ戦に従軍した第一エセックス連隊の兵士に与えられたものだった。銃座には金色のオスマン・トルコ文字で「ダーダネルス戦役戦利品」という刻印があった。それは、オスマン帝国がこの戦争に勝つとハーシム家に強く印象づけることがねらいだったであろうが、ファイサルはまもなくその武器をオスマン帝国に向けることになる。[30]

ジェマルはハーシム家の不忠を警戒して、念のため、もっとも信頼できる将軍の一人ファフリ・パシャをメディナの駐屯地司令官として派遣した。ファフリは「信頼性と愛国心の強さで有名だった」とジェマルは言うが、アルメニア人に対する残虐行為で彼を非難する人たちもいた。ファフリは厄介な問題の兆しに気づくとすぐ、太守とその息子たちを捕まえ、メッカの市民行政をメディナのオスマン人知事の支配下に入れることになる。[31]

アラブの反乱前夜の英国とハーシム家の同盟関係は、最初に交渉に入ったときにどちらの側も信じていた手堅さとは程遠いものになっていた。英国は、一九一五年初頭のコンスタンチノープル征服を企てたころの無敵大国ではなくなっていた。ドイツ軍は、西部戦線で英国に恐るべき多数の死傷者を出させていたし、オスマン軍でさえも、それらを屈辱的な敗北と見ていた。太守フサインとその息子たちには、自分たちの同盟国の選択を疑問視する理由はいくらでもあった。

だが、ハーシム家は駆け引きする立場にはなかった。エジプトの高等弁務官マクマホンとの往復書簡すべてにわたって、太守フサインとその息子たちは、自分たちこそ汎アラブ運動のリーダーであるという態度を示してきたからだ。一九一六年五月ころのシリアとイラクでは、大々的な反乱が起こりそうもないことは明らかだった。ハーシム家にできることはせいぜい、ヒジャーズにおけるオスマン帝国の支配に挑戦することぐらいだった。成功するか否かは、規律のないことで悪名高いベドウィンたちを彼らの大義名分のために動員することができるかどうかにかかっていた。

同盟関係が続いたのはおそらく一九一六年夏の時点で、ハーシム家も英国も互いに相手をこれまでになく必要としていたからに違いない。太守フサインと「青年トルコ人」との関係は崩壊寸前でぎくしゃくしていた。フサインは、彼らが隙あれば彼とその息子たちを片づけよう——つまり殺そうとしていたことを知っていた。英国は、オスマン帝国のジハードを無効にするために太守の宗教的権威が必要だった。カイロとロンドンの英国の役人たちは最近、トルコ軍がめざましい勝利を挙げつつあるのを恐れていたのだ。ハーシム家がリードする反乱の結果がどうあろうと、その運動は少なくともオスマン軍の戦力を弱め、トルコ軍はヒジャーズ州と、可能ならばその他のアラブ諸州の秩序維持のために軍隊や必需品を割愛せざるを得なくなる。英国とハーシム家のどちらにも、自分たちとしては急いで反乱を開始させたい理由があった。ファイサルがヒジャーズに戻ってくるのが、待ちきれないくらいだった。

六月五日、ファイサルは兄アリーとメディナの城外で合流し、ヒジャーズ最大のオスマン軍駐屯地への攻撃を開始した。ファフリ・パシャはすでに着任していて、一万一〇〇〇人のオスマン軍兵士の指揮を執っていた。シナイ半島戦役にアリーが集め、自由に使える一五〇〇人の義勇兵だけでは、ハーシム家は鉄道終着駅メディナを奪える状態ではなかった。その代わりに、彼らはファフリ・パシャの軍勢をメディナに留め置き、父と弟たちが三四〇キロあまり南のメッカで比較的無理なく戦えるようにした。メディナ周辺で四日間にわたる奇襲攻撃の後、ハーシム軍は戦いの意図を鮮明にした。太守フサインの長男アリーは、六月九日付でジェマル・パシャに最後通牒を送り、自分の一族に要求されている継続的な忠誠心、誠実さは、彼が「青年トルコ人」に提示するきわめて短い設定期間中に無効とされる。「この手紙を受け取ってから二四時間後に、トルコ人とアラブ人の国の間は戦争状態になる」と警告した。[32]

こうして太守フサインは聖都メッカにある自分の宮殿からアラブの反乱開始の合図の一発を放つことになる。一九一六年六月十日、このメッカの総司令官は、ライフル――おそらくジェマルがファイサルにガリポリ戦の戦利品として与えたものに違いない――を手に取り、蜂起開始の合図にオスマン軍兵舎に向けて発砲した。ハーシム軍はアラブ人の名において、トルコ軍と戦うことになった。アラブ世界がそれにどう対応するか、これから見ていくことになる。[33]

ハーシム家の軍隊は三日以内にメッカの大部分を確保した。オスマン人知事のガーリブ・パシャはメッカの駐屯地から大勢の兵士を連れて、一〇〇キロほど東の高台にあるターイフに避暑に出かけており、聖都の警備には一四〇〇人ほどしか残っていなかった。彼らはハーシム軍に対抗して丘の上の要塞の一つに四週間ほど立てこもり、アラブ人を追い散らそうとしてメッカに向けて銃弾を撃ち込み続けた。大モスクにたくさんの銃弾が飛来し、イスラーム教徒のもっとも神聖な神殿であるカアバ神殿の覆いに火がついた。建物の正面から、別の銃弾の破片が、第三代カリフ、ウスマーン・イブン・アッファーンの名前のところに当たった。オスマン王朝の名祖となった創設者の名もウスマーン(トルコ語ではオスマン)だったため、太守フサインの息子のアブドゥッラーは、メッカの人びとがこれを「オスマン勢力の崩壊が差し迫っている凶兆」と見たと断言した。丘の上に立てこもった射手たちは、最終的には食料と弾薬が尽き、七月九日、降伏せざるを得なくなり、メッカはハーシム家の掌中に残された。[34]

六月十日、太守フサインの開始合図の発砲後まもなく、ハルブ族ベドウィン騎乗部隊四〇〇〇人が、彼らのリーダー、シャリーフ・ムフシンの指揮のもとに紅海の港町ジェッダに向かう坂道を下った。一五〇〇人のオスマン軍兵士たちはベドウィンの士気をそぐため、先手を打って攻撃軍を機関銃と砲撃で撃退した。英国海軍戦艦二隻がこのアラブ軍攻撃を援護し、ジェッダのオスマン軍陣営を絶え間ない砲撃にさらした。英空軍機はトルコ軍陣営に空爆や機銃掃射を行なった。陸、海、空からの攻撃で、防衛軍は六月十六日に降伏した。

太守フサインの次男アブドゥッラーは、ラクダに騎乗した七〇人ほどの家臣の小集団を連れて、反乱勃発の少し前にターイフの麓に移動していた。知事のガーリブ・パシャは、蜂起が差し迫っているという噂について話し合おうとアブドゥッラーを自分の宮殿に招いた。「ターイフの人たちは子供を連れ、持てるだけの品物を携えて家を出て行くのを見たと思うが」と知事は述べ、棚から『コーラン』を取り出して、アブドゥッラーに向かい、「反乱の噂の真相」を問いただした。アブドゥッラーは虚勢を張って、この難しい状況を切り抜けた。「真実は、あなたと太守の両方に対する反乱か、あるいは太守と人びとによるあなたに対する反乱か、のどちらかです。もし後者の説明が真実なら、私がこうしてあなたのところに参り、わが身をあなたに預けていたでしょうか？[35]」

アブドゥッラーは知事邸を辞去するとき、部下に命じて電信線を切断させ、密使が道路を使ってターイフから外部へ出るのを阻止させた。六月十日深夜、周辺の農村から集めた部族兵で強化した自軍にオスマン軍陣営の攻撃を命じた。アブドゥッラーの回想によれば、「われわれの攻撃はすさまじいものだった」という。ベドウィン兵はたちまちトルコ軍前線を突破し、「捕虜数人と略奪品を持って」戻った。だが、夜が明けて、トルコ軍砲兵隊がアラブ軍陣営に砲撃を開始すると、彼らの規律は乱れ、「戦場を離脱し、ばらばらになって家に帰ってしまった」。さらなる攻撃を意図すれば自軍が崩壊することを恐れたアブドゥッラーは、軍隊を再編成し、ターイフの包囲に留め置いた。ライフルを持ったベドウィンの非正規兵は、野砲とマシンガンで装備したオスマン軍正規兵にはとても敵わなかった。五週間にわたる膠着状態の後、英国軍はアブドゥッラー陣営を補強するため、エジプト人砲兵隊を海路でターイフに送った（これもまた、英国の戦闘にエジプト人を巻き込まないというジョン・マクスウェル将軍の一九一四年の約束のさらなる違反）。七月中旬、エジプト人砲手は立て続けに砲撃を行ない、オスマン防衛軍を圧倒した。トルコ軍は九月二十一日まで持ち堪えたが、ガーリブ・パシャは無条件降伏に追い込まれた。「翌日、オスマン軍の旗が正式に要塞から引き降ろされ、アラブ軍の旗が掲揚された」とアブドゥッラーは記録している。「それは感動的な場面だった」。包囲され、敗北を経験して落ち込んでいたオスマン人知事の歴史感覚は、ハーシム家のそれとは違っていた。「これは大きな不幸だ。われわれは兄弟だったのに、今では敵同士になった[36]」

九月末までに、太守フサインとその息子たちはメッカとターイフ、それに紅海の港町ジェッダ、ラービグ、ヤンブーを占領した。どちらの軍も死傷者は比較的少なく、ハーシム軍はオスマン軍兵士六〇〇〇人を捕虜にした。翌月、太守フサインは一方的に自分自身を「アラブ人の土地の王」と宣言し、彼の息子たちは威厳のある「首長」という称号が当然であると考えた（英国はこの発表に当惑し、フサインをヒジャーズ地方の王としか認めようとしなかった）。

反乱のニュースはアラブ世界全土に広まり、オスマン帝国の戦争行為に幻滅を感じていた人びとの間に熱い思いをかき立て始めた。オスマン軍当局が反乱のニュースを数週間伏せておいたエルサレムでは、イフサン・トゥルジュマンが七月十日付の日記にこの縁起のいい出来事について書いている。「太守フサイン・パシャが国家に対する造反を宣言したとは」と、とても信じられないような思いで記している。「これが始まりと言えるのだろうか?」と、トゥルジュマンは感動を隠すことができなかった。

「アラブ人はみな、このニュースを喜ぶはずだ。われわれの最高の青年たちを殺した国をどうして支持できよう？　彼らは公的広場で普通の犯罪人や悪党と同じように絞首刑に処せられた。神よ、ヒジャーズの太守を祝福し、彼の腕に力を与えたまえ。われわれがこの忌まわしい国から脱却できるまで、貴殿の軍事行動がアラブ全土の津々浦々まで広がることを祈る[37]」

ムハンマド・アリー・アル＝アジュルーニはアナトリアに宿営していたシリア連隊の若い将校だった。アジュルーニの経験によれば、この戦争はオスマン軍の中に互いに敵・味方を作っていた。トルコ兵は、モスクでも、士官用食堂でもアラブ兵の同僚と混じり合うことを拒否し、アラブ人の肌の色から「黒ちゃん」と人種差別用語で馬鹿にしていた。オスマン・トルコ政権が無辜の民間人に与えた苦難に彼はぞっとした。彼はキリキア海岸のタルソスの駐屯地から、ジェマル・パシャの施政方針によって、シリア人が列車に乗せられて追放されるのを見た。「どの人の顔にも苦痛と悲しみが深く刻まれていたのを覚えている。もっとひどかったのは、反対方向のシリア砂漠に追放されたアルメニア人たちだった。女性、子供、老人たちが慈悲心のかけらもない監視員によって追い立てられていった」。アジュルーニは、戦時中のオスマン帝国に対する幻滅から、太守フサインの反乱のニュースに元気づけられた。「それは揺らいでいた自信を取り戻し、幅広い希望と抵抗力を喚起してくれた。それはアラブ人にとって新たな夜明けだった」。彼はどんな困難に遭遇しようとも、直ちにこの反乱に参加するためにヒジャーズに向かう決意をした[38]。

ハーシム家の反乱のニュースは、オスマン軍内のアラブ人将校の間で熱い議論を巻き起こした。アジュルーニの親友の一人は、彼が部隊から離脱するのを思いとどまらせようとした。帝国主義の英国と同盟して、オスマン帝国から完全な独立を呼びかけることによって、太守の運動はアラブ世界をヨーロッパ支配にさらすことになるとその友人は言った。アラビストの将校たちの中には、アラブ諸州にもっと大きな自治を与えるような改革が行なわれるなら、オスマン帝国内にとどまるほうがよいと考える者も大勢いた。オーストリア゠ハンガリー帝国をモデルにしたトルコ゠アラブ二重君主国も考えられないわけではないと。アジュルーニは友人の説に注意深く耳を傾けはしたが、太守の大義名分に肩入れする決意は変わらなかった。彼らのやりとりからわかるように、アラブの反乱への熱烈な呼びかけは、アラブ系オスマン兵の間で広く共感を持たれていたわけではなかった。

ハーシム家の反乱はまた、広範なムスリム世界の世論を二分した。インドのムスリム系新聞はメッカの太守がカリフに対して反旗を翻すリーダー役になったことを非難した。激しやすいインド北西部の国境諸州にあるモスクでは、太守フサインとその息子たちに対する礼拝指導者の呪いに同調した。全インド・ムスリム連盟は六月二十七日、太守フサインの振る舞いがジハードへの現実的な大義名分を与えたことを示唆し、ハーシム家の反乱を強い言葉で非難する決議を採択した。エジプトの高等弁務官マクマホンと太守フサインとの交渉に絶えず反対してきたインド政庁の英国人役人は、今では、この反乱が恨みを買い、その結果、インドのムスリムはオスマン帝国をいっそう強く支持しているように思われると論じた。(39)

ハーシム家は地元に近いところでもっと大きな問題に直面していた。緒戦の成功で、フサイン王とその息子たちはメッカと紅海沿岸に沿った町や都市を軍隊なしに保持することができた。ベドウィン義勇兵たちの当初の熱意はたちまち消えた。メッカの太守の権威によって反乱に徴用され、オスマン帝国政府の所有物を襲う機会を得た彼らには、アラブ独立運動へのイデオロギー的な思い入れはまったくなかった。最初の戦闘で勝利していくつかの町を奪うと、部族兵たちは自分たちなりの戦利品を手にして家に帰ってしまったのだ。そのため、フサイン王の息子たちはあらゆる友人やコネを使って、英国軍しか提供できない銃や日当を払うという約束のもとに、新たな部族兵を徴用しなければならなかった。

メディナでは駐屯地司令官ファフリ・パシャが反撃に出る態勢を整えていた。手持ちの軍隊は勢ぞろいし、ダマスカスとの連絡はスムーズにとれていた。反体制派は、ダイナマイトがないと、ファフリの駐屯地への命綱であるヒジャーズ鉄道を切断する手段がない。八月一日、メッカの新しい首長が汽車から降り、国家栄誉礼で迎えられた。「青年トルコ人」政府はハーシム王家のライバル分家の首長、シャリーフ・アリー・ハイダルを七月二日付で背教者フサインの代わりとして任命していた。ファフリ・パシャは、巡礼の季節である十月初めには間に合うように彼をメッカに就任させるつもりだった。

メディナからメッカへは二つのルートがある。内陸部のルートのほうが近いが、途中、水のない、険しい地形のところを軍隊にうまく越えさせるのは難しかった。紅海沿いの港ヤンブーとラービグを経由する沿岸部のルートのほうが距離はずっと長いが、ところどころに水場があって兵士の行軍を続けさせることができる。メッカを守るには、ハーシム軍はヤンブーとラービグを支配下に置いておかなくてはならなかった。八月初旬、オスマン軍がメディナを出立すると、ファイサルはヤンブーへの道路を封鎖する陣地を築き、兄のアリーはラービグを占領した。二人とも適切な位置にいたのだが、オスマン軍を阻止するには、部族の義勇兵に加えて正規兵が必要だった。早期に援軍が得られなければ、ハーシム軍はたちまち敗北に直面する。それはアラブと英国の利害関係に同じように悲劇的な結果をもたらすことになる。

ロンドン、カイロ、シムラ（英領インド政庁の夏の間の首都）の戦争計画者たちは、ハーシム家に英軍を救援隊として送ることの危険性を比較考量した。インド政庁は、英国軍をヒジャーズに送ると、インドのムスリムの間から、カリフに忠実な軍団と戦う英国兵をヒジャーズの神聖な土地を「汚す」「異教徒」兵士と見て、激しい反発が起きかねないという。カイロのアラブ局では、太守の軍隊は崩壊寸前で、メッカでオスマン軍が勝利すると、植民地のムスリムの間に英国の信用をひどく落としかねないという。いずれにしても、ヒジャーズで英国が表面に出ればジハードを唆すことになるため、妥協案として、インドとエジプトにいる英国の捕虜収容所内のムスリム兵士から志願兵を募ることが提案された。

ムスリム兵を自然に集めることができそうなのは、インドとエジプトにある英国の捕虜収容所だった。アラブ系オスマン軍兵士を尋問しているうちに、英国軍はアラビストの大義名分に肩入れしている者がたくさんいることに気づいた。ムハンマド・シャリーフ・ファルキの証言によって、太守フサインが広範な地域にわたるアラブ人の運動の代表として発言していることを確認できた影響が大きかったことはすでに述べた。ほかにも、メソポタミア戦役で捕虜になったイラク人将校ヌーリー・アッサイード、サヌースィー会戦で、リビアの前線で捕まったジャアファル・アスカリらがいた。太守のアラブ独立宣言は、多くの将校たちにスルタンへの忠誠を否認し、ハーシム家の蜂起に加わる決意をさせた。ヌーリー・アッサイードは、一九一六年八月一日、最初の分遣隊をエジプトからヒジャーズに引率してきた。バスラ市で仮釈放されていたアリー・ジャウダトは、英国軍将校たちに勧誘され、メソポタミア戦役のほかの捕虜たちを太守の軍隊に入隊するよう説得するためにインドへ派遣された。ジャウダトは三五人の将校と三五〇人の兵士を説得してアラブの反乱に志願させることに成功した。彼らは九月初めにボンベイを発ち、ラービグに到着時にはヌーリー・アッサイードが出迎えた[40]。

だが、アラブ人戦時捕虜が皆、アラブの大義名分に肩入れしたわけではなかった。イデオロギー信奉者たちの最初の分遣隊が出発した後、英国軍はエジプトとインドの捕虜収容所を空にし、勧誘に乗りそうなアラブ人を船に乗せてヒジャーズ戦役に送ったが、結果はいろいろだった。十一月末、九〇人の将校と二一〇〇人の兵士を乗せた二隻の船がボンベイを出航した。船が紅海の港ラービグ沖に着いたとき、太守側の勧誘者は、わずか六人の将校と二七人の兵士しかアラブ軍に入隊することに同意しなかったことに失望した。残りの者たちは、同じムスリム同士で戦うのは嫌だという者、あるいは捕虜になった場合にトルコ側からの報復措置が怖いという。一〇日間かけてすでに太守のもとに出仕しているアラブ人志願兵から執拗に勧誘を試みたが成功せず、運輸船は紅海を北上して勧誘に応じなかった兵士たちをエジプトの捕虜収容所に運んだ。

太守の大義名分に共感してオスマン軍への奉仕をやめたアラブ人将校や兵士は、限られた数を上回るほど蜂起に大きな貢献をした。軍事訓練を受け、アラビア語も流暢に話せることがベドウィン勧誘兵の訓練や指揮にはうってつけだった。だが、何といっても彼らの数は足りない。ヤンブーとラービグに向かって進軍中のファフリ・パシャの脅威を牽制するには不十分だった。ムスリムの巡礼の季節が近づくにつれ、ロンドンの英国政府は、ハーシム軍陣営を強化するために英国軍を派遣することを再考しはじめた。フランスがヒジャーズ会戦を助けるためにムスリム軍の派遣を申し出ると、英国も行動に出ないわけにはいかなかった。

フランス軍は、巡礼のシーズンをとらえて、北アフリカからメッカへの巡礼客に、武装した護衛隊をつけることにした。この護衛隊は、ヒジャーズに行き、軍事使節として太守の軍隊を助けるようフランスからの命令を受けて十分な訓練と装備を持った軍人たちである。このフランスの軍事派遣団は英国の植民地将校たちの間に警鐘を鳴らした。カイロの英国高等弁務官ヘンリー・マクマホン卿は、フランスが軍隊を提供するという申し出は、「太守が勝利した暁にわれわれに与えられるはずの非常に大きな政治的利点をわれわれから奪うことになる」と「遺憾の意を表した」。実際のフランスは、太守の大義名分がフランスのシリアにおける利害関係を侵さない限り、アラビアでの利点を確保することにそれほどこだわってはいなかった。彼らが将校たちをアラビアに派遣したのは英国の動きを見張るためと、フランスが「サイクス=ピコ協定」で約束されたものすべてを反故にされないように見守るためだった。(41)

フランス軍事派遣団の指揮は、モロッコで殊勲を挙げ、アラビア語も達者なエイドワール・ブレモーン大佐が執ることになった。彼が軍人および民間人混合の代表団と二〇〇人あまりの北アフリカからの巡礼者の団長としてジェッダに到着したのは九月二十一日だった。カイロの高等弁務官は、これに対抗して、エジプト人巡礼のための儀礼的代表団の護衛者としてロナルド・ストーズを派遣した。ストーズはこの機会に、ブレモーン大佐と戦場のハーシム家の軍司令官たちと軍事的戦略について話し合うことができた。誰もが太守軍は今後、ファフリ・パシャと彼のオスマン軍正規部隊を撃退するには弱過ぎると実感させられた。

十分な数のアラブ兵を英国の捕虜収容所から集められないなら、次善策は植民地のムスリム兵をアラブの反乱に効果的に利用することだった。英国はヒジャーズでの作戦行動にエジプト人砲兵手を徴用したが、彼らのエジプト人への約束は、総力戦という制約のもとであっさり破棄された。最初の分遣隊二五〇人はスーダン経由で送られた。エジプトの混成部隊は十二月までに九六〇人を超えるはずだった。[42]

フランス軍には北アフリカ出身の兵士（ムスリム）がたくさんいたにもかかわらず、フランス軍事派遣団は数の上で英国を上回ることはなかった。英国陸軍省がムスリム砲兵隊や、できるだけ多くの軍事専門家──マシンガン射手、工作兵、信号士（とくにアラビア語に堪能な者）、医師──の提供を求めると、フランス軍は当惑して、ムスリム兵の中にそのような専門家はあまりいないことを認めた。一九一六年末までに、フランスのアラビアへの派遣団は、将校（ほぼ全員がフランス人）一二人、歩兵隊（ほぼ全員がムスリム）一〇〇人ほどにしかならなかった。フランス軍は、いちばん多いときでも、将校が合計四二人、兵士九八三人で、その多くはアラビア半島に足を踏み入れることはなく、ポートサイドにとどまった。[43]

これらの植民地兵は、大砲やマシンガンをたっぷり備えたオスマン軍を無力化するうえで、アラブの大義名分のために重要な貢献をしたのだが、一九一六年秋の数カ月間、メディナからハーシム家の海岸沿いの陣営にじわじわと迫ってくるオスマン軍の脅威を阻止するには人数が足りなかった。

オスマン軍の脅威が深刻なものになったのは、ファイサルとその部隊が紅海の港ラービグの後背地の丘にあるハムラの駐屯地から追い払われた十一月初旬だった。手もとに十分なムスリム兵がなかったカイロとロンドンの役人たちは、太守国の大義を強化するために英国軍正規兵を送るべきか否か再考した。英国陸軍は、ファフリ・パシャ軍を紅海沿岸で抑えるに十分な軍隊がないことを理由にこの案に反対した。ロンドンでは、陸軍参謀総長ウィリアム・ロバートソンが、紅海の村ラービグを保持するだけでも一万五〇〇〇人の英国兵が必要だろうと計算した。エジプトの軍司令官アーチボールド・マレー中将は、スエズ運河の防衛を危険にさらすことなしにそれほどの人数を割くことができるとは思えなかった。そこで彼は、ファイサルと一緒に会ったことがあり、ラービグとヤンブーの情勢をじかに知っている英国人若手将校の一人にアドバイスを求めることにした。

クートでタウンゼンド部隊の救援を試みて失敗し、カイロに戻っていたT・E・ロレンスは、一九一六年十月、初めてヒジャーズを訪れた。アラブ局の情報将校だった彼は、自分から進んでオリエント担当秘書官ストーズのジェッダへの派遣団の一人にしてもらい、それを機会に、太守フサインの息子たちと会って彼らの陣営を調査することを目的にラービグから内陸部へ旅する許可をもらった。英国の司令官たちはロレンスの軍事戦略についての知識を高く評価してはいなかったが、彼の地域情勢についての知識は高く買っており、彼のラービグからファイサルの駐屯地ハムラへの数回の調査旅行の後、英国軍をヒジャーズに送るべきか否かという難しい判断に役立つような重要情報を彼が提供してくれると信じた。

すでに古典となっているロレンスのアラブの反乱の物語では、一九一六年秋のハーシム家の置かれた状況について、彼ならではの目撃証言を提供している。彼はラービグで、アリーと、太守の正規軍部隊の訓練を行なっている元オスマン軍属だったアラブ人将校数人――イラク出身のヌーリー・アッサイード、エジプト出身のアズィズ・アリー・ミスリ、シリア出身のフェイズ・グサイン――らと会った。数日間、ラクダに乗って旅をして、ハムラのファイサルの陣営に行ってみると、ファイサルは意気消沈し、兵士たちは士気を失っていたという。彼らは武器、弾薬、資金が枯渇していた。ファイサルの部隊がこの日までに得られた援助はエジプト人の砲兵隊だけだが、隊員たちは「遠い砂漠に送られて、不必要で、苦労の多い戦争をさせられるのは御免だ」と言っていた。ロレンスは、外国人兵士たちは、ムスリムもヨーロッパ人も同じようにヒジャーズ作戦行動には向いていないと判断した。[44]

カイロに戻って役人たちから意見を訊かれたロレンスは、英国軍のヒジャーズ派遣は、英国のアラビア半島における帝国主義的野心と勘繰られるだけだと反対した。太守の承認のあるなしにかかわらず、英国がラービグの森を手に入れ、そこに陣営を築くことができるほどの部隊を上陸させれば、アラブ人はきっと、「われわれは騙されて、彼らの野営地にばらまかれた」と言うに違いないと確信した。それよりもアリーとファイサルに必要な金を与えて、ベドウィン兵を集めさせ、アラブの反乱はアラブ人にやらせ（「部族兵を五カ月間戦場に留め置くには、それ以外、奇跡を起こさせるものはなかったであろう」とロレンスは主張している）、英国は空軍による支援と技術的アドバイスにとどまるほうが賢明だと彼は進言した。英国軍司令官らは、アラブの反乱を戦うのはアラブ人に任せるべきだというロレンスの見解はまことに好都合で、したがって英国の関与を限定的なものにすることに同意した。[45]

ロレンスが十二月初めにアラビア半島に戻ってみると、状況はさらに悪化していて、自分のアドバイスが健全なものだったかどうか疑問に思ったに違いない。トルコ軍はアラブ軍に気づかれないように奇襲攻撃をかけたため、ベドウィン戦士たちは、ロレンスの言葉によれば、「夜を徹して逃亡する暴徒の群れとなって、ヤンブー方面に姿を消した」。ヤンブーへの道にはすでにトルコ軍が待ち構えていたので、ファイサルは兵士五〇〇〇人でそこを塞いだ。それでトルコ軍の進軍を遅らせることはできたが、陣営の保持は不可能だった。トルコ軍は必死でファイサル軍の南下を抑え、彼の兄アリーのラービグにいる部隊から孤立させた。孤立させられたアラブ軍はどちらもオスマン軍に対抗しきれなかった。いったん紅海沿岸部を奪回したトルコ軍は、太守フサイン軍からメッカを取り戻すのに何の障害もなさそうだった。[46]

ファイサルが自軍をヤンブーからラクダで六時間ほどのナフル・ムバーラクというナツメヤシ林に撤退するように命じたので、ロレンスはラクダに乗り、それに同行した。こうした作戦行動中に、このハーシム家の王子は、まずロレンスにアラブ服の着用を勧めた。そのほうがアラブ人戦士たちから「本当に自分たちのリーダーの一人」として扱ってもらえるし、彼のよれよれの英国軍将校の軍服が部族兵に「違和感をかき立てずに」露営地を歩き回れるというのだ。ファイサルはロレンスに、自分が叔母から結婚式の盛装用にもらった衣装を着せた――それはこの英国人がベドウィンの間を動き回るときに違和感を与えないようにというよりも、彼の厚意にほかならなかった。ファイサルはまた、ロレンスにライフルを一挺与えた――数カ月前にダマスカスでジェマルからもらった例のガリポリの戦利品である。ロレンスはすぐに自分のイニシャルと日付をこのリー・エンフィールドの台座に「T・E・L、4-12-16」と焼きつけた。やがてロレンスはファイサルを残し、ラクダに乗ってヤンブーへ警鐘を鳴らしに戻った。

ロレンスは港に戻り、紅海の英国海軍司令官らにヤンブーが「重大な脅威にさらされている」と打電した。ウィリアム・ボイル艦長は、二四時間以内に沖に停泊中の英国船を動員すると約束した。ボイルは約束どおり、ヤンブー防衛のために五隻の戦艦から成る見かけは堂々とした艦隊をヤンブー防衛に回した。それらはほとんど戦列艦とはいえない、「海軍の艦長が動かす最低速度のもっとも旧式な船に近

23.ヤンブー付近のナフル・ムバーラクの軍司令官ファイサル陣営の夜明け。
T・E・ロレンスは1916年12月、「アラブの反乱」が頓挫して、
ファイサルがヤンブーに撤退する少し前にこの陣地を撮影していた。

い」もので、ボイルはそれを「キツネ〔見かけ倒し〕」と呼んでいた。それでも備えている砲類はトルコ軍が自由に使える野戦砲よりもはるかに強力だった。

英国海軍船舶がヤンブー沖に集合している間に、トルコ軍は別のファイサル軍の襲撃に成功した。オスマン軍歩兵三個大隊が野戦砲部隊に援護されつつナフル・ムバーラクに下り、ベドウィン兵たちは無秩序な暴徒と化した。エジプト人砲手は英国軍がハーシム家の戦いに提供した欠陥だらけの大砲を猛烈に撃ちまくった。「旧式のがらくたも未開なアラブ人には役に立つもんだと思った」とロレンスは評価した。照準器、距離測定器、高性能爆薬もないアラブ人砲兵隊の最大の抑止力は、大砲が出す大きな音だけだった。それが功を奏して、オスマン軍は戦闘を一時中止し、撤退中のアラブ軍には勇気を与え、ファイサルには自軍を多大な死傷者を出さずにナフル・ムバ

ーラクから撤退する余裕を与えた。彼らはヤンブーに戻り、高地でのオスマン軍に対するアラブ軍の降伏は完了した。ロレンスの回想によれば、「われわれの戦争は終幕に入りつつあるように見えた」。

ヤンブーの町の中は、ここを最後の砦と踏ん張るアラブ人戦士でごった返していた。彼らはオスマン軍の進軍速度を少しでも抑えるため、土塁を築いたが、これで強硬な襲撃に耐えられると思う者はほとんどいなかった。オスマン軍のヤンブー占領を事実上抑止したのは英国海軍だった。すべての艦砲が岸辺に向けられ、不気味なサーチライトが暗闇の平原を十文字に交差する船舶の異様な存在は、昼となく夜となく敵の攻撃をためらわせた。

十二月十一日にヤンブーの周辺部にたどり着いたオスマン軍はほとんど力が尽きていた。彼らはファイサル軍に対し一連の勝利を挙げたものの、荒涼としたアラビア半島の高地で数週間も戦い続けると、心身ともに疲弊した。兵士の数は病気で激減し、輸送用の動物は過重労働と餌不足で弱っていた。起伏の多い地形で戦う兵士たちを、ベドウィンの部族兵らがオスマン軍の背後から攻撃し、彼らの補給路を遮断した。彼らはアラブ軍を追い続けることはできたかもしれないが、英国海軍に立ち向かう余裕はなかった。メディナの駐屯地から数百キロ手前で孤立したオスマン軍大隊は、ヤンブーで多大な損失を被っても、救援される見込みはゼロだった。「そこで彼らは後退した。あの夜、トルコ軍の敗北が決まったのだと思う」とロレンスは書いている。(47)

オスマン軍はまもなくヤンブーから追い払われた。英国空軍機はナフル・ムバーラクのトルコ軍宿営地を立て続けに空爆した。彼らはさらなる消耗を避けて、メディナ周辺の駐屯地に部隊を撤退させ始めた。太守フサインの息子アブドゥッラーは、メディナを包囲攻撃するには足りないが、町の境界線以遠に軍隊配備を阻止するには十分な兵力を持ったオスマン軍の身動きをとれなくした。ファフリ・パシャはここに戦争が終わるまでとどまることになる。

ハーシム軍は、トルコ軍駐屯地に直接攻撃をかける危険を冒すより、遊撃戦に出ることにした。太守の軍司令官たちは英・仏軍のアドバイザーと連携して、紅海沿岸部を北上し、ワジュフの港を奪取する計画を立てた。さらに、近くにいる英国海軍に紅海からアラブ人部隊を補給してもらえれば、トルコ軍の補給路になっているヒジャーズ鉄道を攻撃することもできそうだった。通常の手段がとれそうもないときには、ゲリラ戦法で行くのが勝利の早道かもしれなかった。

英国の戦争計画者たちは、オスマン軍が撤退し、ヒジャーズで広げた勢力圏がハーシム家の所有として残されたことにホッとした。トルコ軍は、メッカとヒジャーズ州の主要都市をオスマン帝国に取り戻すためのジハードの呼びかけを促したかもしれない大事な勝利を阻止されてしまった。英国軍の動員なしにヒジャーズ州が安定したのは追加のボーナスのようなものだった。インド人ムスリム兵の不安が緩和されたばかりでなく、一九一六年末の英国軍には予備の部隊がなかったからである。英国軍は七月一日、ソンムのドイツ軍陣営への大きな戦いを始めており、わずか一日で五万八〇〇〇人の死傷者という最悪の損害に見舞われていた。ヴェルダンと同様、ソンムの戦いは決定的な成果が出ないまま数カ月も続いた消耗戦の一つだった。一九一六年十一月半ばにそれが終わるまでに、英国軍は四二万人、フランス軍は一九万四〇〇〇人の死傷者を出した。ドイツ軍のソンムの戦いの死傷者は四六万五〇〇〇人から六五万人と推定されている。西部戦線でそのような損失に直面していた英国軍は、ヨーロッパの部隊を削減して中東の戦場へ送るつもりはまったくなかった。

ヒジャーズの太守フサインに援軍を出さずにすんだ英国は、アラブの同盟軍に物質的援助は喜んで提供した。一九一六年末までに英国政府は約一〇〇万ポンドを太守に提供した。英国人パイロットが操縦する航空機による偵察や、ドイツから提供されたオスマン軍航空機による空からの攻撃をひたすら怖がっていたベドウィン兵が攻撃されないように、領空を守る役目も果たした。彼らはまた、フランス軍と提携して、できるだけ多くのムスリム正規兵を派遣しただけでなく、少数ではあるが、ヨーロッパ人の技術将校に鉄道破壊のための技術を供与させた。

ハーシム家の敗北は回避できると知った英国とフランスの戦争計画者たちは、アラブ人の反乱をこの大戦にとって顕著な利点と見るようになった。英国の軍事委員会は、一九一六年七月という早い段階で、ヒジャーズでハーシム家が初期に勢力範囲を広げた強みを基盤にしてエジプトの英国軍の新たな戦略的目標を立てた。委員会は、エジプトの総司令官マレー将軍に、シナイ半島の北端の地中海に面したエル・アリーシュから東端の紅海沿岸のアカバ港までを支配地域として確立するように命じた。これによってシリアとヒジャーズの間の連絡路を断ち、シリアのアラブ人たちにアラブの反乱を支持しやすくできそうだった。こうしてハーシム家のアラビア半島での反乱と英国のパレスチナ侵攻の間に宿命的なつながりが生まれ、それが最後にはオスマン帝国を崩壊させることになるのである。(48)

第12章 負け戦

バグダード　シナイ半島　エルサレムの陥落

ヒジャーズ州でアラブの反乱が起こると、紛争のどちらの戦争計画者たちもシリア各地から目が離せなくなった。連合国は、ハーシム家の運動にはずみをつけるために、シリア（当時は、現在のシリア、レバノン、イスラエル、パレスチナ、ヨルダンを含む）をより広域のアラブの反乱に引き入れて、オスマン軍を敵の領域で戦わざるを得なくさせようとしていた。他方、中央同盟国は、シリアの守備態勢に自信を持っていた。一九一五年二月のスエズ運河への第一次攻撃は別として、第四方面軍はまだ、実戦に出ておらず、戦力は削がれていなかった。オスマン軍は、シリアの自軍部隊がハーシム家の反乱をヒジャーズ州内にとどめておき、スエズ運河沿いの英国の通信網をシナイ半島側から脅かすだけの軍勢はあるので、英国はシナイ半島経由のトルコ軍の攻撃には手も足も出せないはずだと信じていた。

ジェマル・パシャのスエズ運河への第一次攻撃は、最終的には敗北で終わっていたが、オスマン軍はシナイ半島全域を実効支配していた。シナイ半島は英国占領下のエジプトの不可欠な部分ではあったが、戦時内閣は、ほとんど人の住んでいないシナイ砂漠を奪回し、未来のトルコ攻撃から守るために必要な部隊を喜んで差し向けようとはしなかった。英国の最優先事項は、ナイル峡谷の安定を保持し、スエズ運河を通る人間と物資の流れが滞らないようにすることだった。エジプトにおける英国の防衛線はスエズ運河の西側までで、シナイ半島東側にいるオスマン軍は余計な手出しはされずにすんでいた。

一九一六年初頭のオスマン軍は、シナイ半島をスエズ運河沿いの英国軍に対して、いつでも攻撃可能な発射台のようなものに変えていた。第四方面軍の司令官ジェマル・パシャは、ドイツ人顧問たちと密接に連絡をとりながらオスマン軍陣営の強化に努めていた。彼は鉄道をガザの南東の小さな内陸部の市場町ベエルシェバからエジプトとの境界線のアウジャ川以遠のシナイ半島内部にまで延長した。この鉄道のおかげで人間も物資もシナイ半島の中心部まで迅速に輸送できるようになった。ジェマルはここでいくつかの井戸のある軍事基地をネットワーク化して、人間にも動物にも水を供給できるようにした。オスマン軍基地を結ぶ道路ができ、優秀な砂漠部隊がドイツ人司令官の指揮下でシナイ半島をパトロールした。

ジェマルはもはや英国軍を丸ごとエジプトから追い出そうと夢見てはいなかった。その代わり、スエズ運河を航行する船舶を射程内に入れるところまで砲兵隊を進める計画だった。そうすれば、オスマン軍は自軍の兵士を英国のがっちりした塹壕で守られた防衛線にさらすことなく、航行する船舶を攻撃することもできるし、運河の土手から八キロのところにある陣地から重要な水路を閉鎖して、大英帝国の通信網を遮断することも可能である。一九一六年二月、陸相エンヴェル・パシャはパレスチナ前線を視察したとき、ジェマルの戦略を承認し、援軍を送ることを約束した。

陸相は約束を守り、オスマン帝国の首都に戻ると、歴戦の強者、第三歩兵師団をガリポリからパレスチナに派遣した。彼はまた、中央同盟国からの支援物資も確保した。一九一六年四月には、ドイツ空軍機がベエルシェバのオスマン軍司令部に配備された。最新鋭の航空機――すでに西部戦線を悩ませていたルンプラーやフォッカーなどの単葉機――はトルコ軍にシナイ半島全域の制空権を与えた。四月末には、オーストリア軍が野戦砲二門をシナイ半島前線に急派した。この一五〇ミリ榴弾砲はオスマン軍に戦場で英国軍に挑戦できる射撃能力を与えた。最新の軍事テクノロジーで強化されたジェマルはスエズ運河地帯への第二次攻撃を熱心に計画しはじめた[1]。

他方、英国軍はスエズ運河地帯でのトルコ軍の脅威への懸念が高まった。一九一六年二月、エジプト遠征隊（EEF）の司令官アーチボールド・マレー中将は、戦略上重要なオアシスと十字路の強化を基本とした「積極的防衛」に乗り出した。マレーの計画によれば、まずスエズ運河から五〇キロ東のカティア・オアシスの占領が必要だった。真水の水飲み場ネットワークの一部であるカティアは、ほとんど水のないシナイ半島の荒地の中では戦略的に重要な場所だったのだ。カティアを確保できたら、地中海沿岸をエル・アリーシュの港まで進軍し、エル・アリーシュからベエルシェバの南のアル・クサイマまで内陸に延びる直線部分を占領することを提案した。マレーは、一四〇キロあまりある運河沿いよりも、エル・アリーシュからアル・クサイマの間に広がる七〇キロあまりのところでトルコ軍を封じ込めるほうが人材も資源もずっと少なくてすむはずだとしきりに主張した[2]。

英国陸軍参謀総長ウィリアム・ロバートソン将軍は、シナイ半島のオアシスをトルコ軍に利用させないようにするのは賢明だと見た。だが、西部戦線で大きな敗北を重ね、命運尽きたクートの駐屯地を救済するのに悪戦苦闘している英国としては、すでにエジプトにいる軍隊なら支障なく推し進められるかもしれないが、それ以上を必要とする広域作戦をシナイ半島とパレスチナで行ないたくなかった。一九一六年二月二十七日、ロバートソンはカティアとその周辺のオアシスの占領は認め、後日、エル・アリーシュ方面に進軍することについては決定を延期した。

一九一六年三月、英国は運河の町カンタラからカティアまで標準軌鉄道線路の延長を開始した。この線路沿いに、英国は真水を安定的に供給するパイプラインも敷設した。短期契約で働くエジプト人労働者軍団の兵士一万三〇〇〇人が、苛酷な砂漠の暑さの中を鉄道とパイプラインを敷設する骨の折れる仕事に従事した。線路は隊商路の跡をたどって、一週間に六・四キロの割合で延長され、四月末にはカティア・オアシスの近くまで到達した。

これに対しオスマン軍も英国の前進を阻止するために迅速に動いた。トルコ軍砂漠部隊のドイツ人司令官クレッス・フォン・クレッセンシュタインは、鉄道終着駅を守るため、三五〇〇人の兵士を率いて英国軍に大胆な襲撃をかけた。四月二十三日夜明け、カティア周辺のオアシスにいる英国軍に難なく勝利した。オスマン軍は早朝の霧の中、完全な奇襲攻撃に成功し、数時間の激戦の後、英国軍騎兵連隊のほぼ全員を降伏させた。英国の公式記録によると、捕虜にならずに逃げきれたのは将校一人、兵士八〇人だけだった(英国の騎兵連隊は通常、約二五人の将校と五二五人の兵士から成る)。フォン・クレッセンシュタインの部隊は無傷でカティアから撤退した。この攻撃で英国軍の鉄道延長を完全に封じたわけではなかったが、彼らを大慌てさせるくらいの効果はあった。ジェマル・パシャは「わが軍の自信を大いに高めた」と記録している[3]。

カティアでオスマン軍の攻撃に遭った後、率先して英国軍のシナイ半島北部への進出を行なったのはアンザック騎兵師団だった。ニュージーランド騎兵旅団とオーストラリア軽騎兵部隊で構成されたこの騎兵師団は戦い慣れたガリポリ戦の残存者と新参兵とで構成されていた。砂漠地域には車両が使えないので、騎乗部隊がどうしても必要だった。英国軍は実際、広大な砂地に展開するオスマン軍を追うには、騎兵隊にラクダ部隊も含めるなど、多角化せざるを得なかった。そういうわけで、シナイ半島作戦は二十世紀の空軍力、十九世紀の騎兵による攻撃戦術、ベドウィン・スタイルのラクダ戦の入り交じったユニークな様相を呈した[4]。

英国軍による鉄道とパイプラインの延長工事は一九一六年夏の猛暑の中で進められた。労働者も兵士も馬もみな、しばしば五〇度を超える暑さの中で、携帯用の水も不足し、人間にも動物にも群がるハエ

24.オスマン軍騎兵隊の突撃。トルコ軍騎乗部隊は、1916年4月にカティアで英国軍を破るなど、シナイ半島戦のカギを握る役割を果たした。

の大群に悩まされた。彼らは、オスマン軍はこの真夏の暑さの最中に新たに攻撃をかけてくることはあるまいと気休めに信じた。だが、騎兵部隊はカティアでの屈辱を繰り返すまいと厳しい警戒態勢を敷き、砂漠の奥地までパトロールした。

スエズ運河の第二次攻撃は、はるか前から予想しながらたびたび延期されてきたので、オスマン軍もドイツ軍も実行に移したくてうずうずしていた。ジェマルは太守フサインによるヒジャーズ州から志願兵派遣を期待して、第二次シナイ半島作戦を思いとどまらせていたのだ。一九一六年六月のアラブの反乱の勃発で、そうした希望は打ち砕かれ、アラブ諸州で新たな敵対勢力と対峙することになった。ジェマルは、シナイ半島での英国軍に対する勝利は、アラブ諸州でのハーシム家の蜂起の呼びかけを台無しにすると信じ、フォン・クレッセンシュタイン大佐に、英国軍がまさかと思っている真夏の盛りに、延び延びになっていたスエズ運河への第二次攻撃開始にゴーサインを出した。

八月三日早朝、トルコ軍はカティアに近いロマニの英国軍陣地を攻撃した。クレッセンシュタイン大佐は、英国が予想していたよりもずっと小規模のわずか一万六〇〇〇人の部隊で進軍した。進軍開始を待ちに待っていた兵士たちは、少人数を火力で補おうと、砂漠の砂地を悪戦苦闘しながら大砲を運んだ。クレッセンシュタインは、英国軍陣地に奇襲攻撃をかけるために、パトロールしていたアンザック軍団の軽騎兵が基地に戻る頃合いを見計らって、その後を追うようなかたちで兵を進めた。オスマン軍はオーストラリア軍にまったく気づかれずに彼らを生け捕りにするわけにはいかなかったが、アンザック軍団を圧倒的な力で敗北させ、彼らを撤退させて、夜明け前に戦略的に重要な高地を奪取した。

警戒態勢に入った英国軍は、援軍を伴ってロマニにどっと繰り出し、トルコ軍を撃退した。その日も暮れかかるころ、トルコ兵たちは水も弾薬も不足して、数百人が仕方なく降伏した。際立っていたのは、クレッセンシュタインがこの負け戦の中で、アンザック騎兵隊の執拗な追撃をしのいで、疲労困憊した兵士たちを迅速に撤退させ、自軍と重砲類の大半をうまく救ったことである。英国軍司令官たちは、断固としてクレッセンシュタインの遠征軍を捕虜にするか絶滅させる決意で、航空機で追撃部隊を先導させた。だが、オスマン軍は、まだしっかりとトルコ軍の掌中にあったエル・アリーシュに無事撤退を完了する前に、ビル・アル・アブドの井戸に戻って最後の攻撃に出た。

オスマン軍はロマニの戦いで完全に敗北した。オスマン軍が推定一五〇〇人の死傷者を出し、四〇〇〇人が捕虜になったのに対し、英国軍の損害は死者二〇〇人、負傷者九〇〇人にすぎなかった。だが、英国軍はロマニの戦いは中途半端な勝利だったと見ていた。英国軍司令官たちは、フォン・クレッセンシュタインが自軍の崩壊に近い敗北を喫しながらも、軍隊と砲類の大半を無傷のまま撤退させてしまったことは、重大な失敗だったと思っていた。ロマニの会戦はエジプトでの英国軍陣営へのオスマン軍の最後の攻撃だったが、トルコ軍はそれでもなお、パレスチナの前線を防衛するだけの軍隊と砲類を保持していた。[5]

一九一六年夏の英国軍のシナイ半島進出は、ヒジャーズ州でのアラブの反乱発生と偶然重なった。アラブの反乱の最初の二カ月は、ハーシム家の軍隊がメッカ、ターイフ、ジェッダ、ラービグ、ヤンブーでオスマン軍を敗北させ、めざましい成功を収めたことを思い起こしていただきたい。ロンドンの軍事委員会は、アラブの反乱とシナイ半島戦をうまく同調させることができれば、オスマン軍のシリア南部とパレスチナ保持は難しくなるだろうと考え始めていた。一九一六年二月には、大英帝国参謀本部は、スエズ運河防衛のためにカティアでの限定的な作戦しか認めていなかったのに、一九一六年七月には、軍事委員会がマレーの部隊にエル・アリーシュから紅海の港アカバまでのシナイ半島の占領を命じていた。「ここをしっかり押さえておけば、シリア州とヒジャーズ州との間のトルコ軍の連絡路を直接脅かすことになり、シリア州のアラブ人にけしかけて」オスマン軍に対して蜂起させることができそうだったからだ。[6]

几帳面なマレー将軍は、シナイ半島の鉄道とパイプラインの建設と並行して進軍した。一九一六年十二月には、鉄道はエル・アリーシュから六〇キロあまりのマザールの井戸のところまできていた。鉄道終点駅には必需品がすべて積み上げられ、食料、水、弾薬などを不毛の大地で戦う軍隊に運ぶラクダも十分に集められており、英国軍のオスマン軍駐屯地への攻撃準備は整った。

オスマン軍司令官たちはエル・アリーシュの状況を調べ、懸念を募らせた。自軍の空中査察で、英国軍の鉄道建設の進捗状況と、軍隊や需品の集結ぶりが報告されていたのだ。さらに、オスマン軍の駐屯地はシナイ半島沖を航行中の英国戦艦の確実な射程内にあった。オスマン軍の一六〇〇人の防衛隊では英国海軍の砲撃力と四個師団以上の歩兵隊に対して自軍の陣地を守りきれそうもなかった。英国軍の攻撃前夜、オスマン軍はエル・アリーシュから守りのより堅固なパレスチナの前線近くの陣地に後退した。英国陸軍航空隊はトルコ軍が前線を放棄したと報告。十二月二十一日、最初の英国軍部隊がこの戦略的に重要な町を抵抗なしに占領した。

英国軍陣営も安泰には程遠かった。航空偵察によれば、マーダバー村のエル・アリーシュ渓谷の下流地帯にあるオスマン軍陣営は厳重に要塞化されていることが判明。トルコ軍がマーダバーに残っている限り、英国軍の後方部隊は絶えず脅威にさらされる可能性がある。十二月二十三日、アンザック騎兵隊と英国軍ラクダ旅団がマーダバーからトルコ軍を追い払うために派遣された。それは時間との闘いでもあった。エル・アリーシュとマーダバーの間にはまったく水がないので、騎乗兵は日の出前にこの村を奪取しなければならなかった。そうでないと兵士も馬やラクダも水を補給するためにエル・アリーシュに撤退せざるを得なくなる。オーストラリア軍のハリー・ショウヴェル将軍が攻撃中止命令を出すか否か、気をもんでいる午後の早い時間に、騎兵隊とラクダ部隊がオスマン軍の戦線を突破した(7)。

ラクダ部隊のある兵士の回想によれば、「驚いたことに、数人のトルコ兵が塹壕から飛び出してきて、われわれに握手を求めた」。それは、ダーダネルス戦で会ったのが最後の兵士たち同士が旧交を温めるという奇妙な一瞬だった。「やあ、お兄さん、仲直りしようぜ」と、オーストラリア軍の兵卒がガリポリ戦の勲章を着けたトルコ兵捕虜に話しかけた。「おれもあそこにいたんだ。ひでえところだったな。わかるだろ」。やがてこのオーストラリア兵はトルコ兵の勲章を自分の胸に着け、捕虜用のタバコを差し出して自由に取らせてからオスマン軍の別の陣地に進んだ。英国軍がエル・アリーシュ渓谷の占領を達成するまでに、およそ一三〇〇人のオスマン軍兵士が降伏した(8)。

一九一七年一月九日、英国軍は、オスマン帝国とエジプトの境界線にあるラファーの町を占領して、シナイ半島の再征服を完了した。丸一日の激戦の後、アンザック騎兵師団はオスマン軍の塹壕を包囲し、彼らに降伏を余儀なくさせた。彼らはラファーから撤退すると、パレスチナにおける自軍の陣地を守るためにエジプトで戦い続けることを諦めた(9)。

エジプト遠征隊の究極の目的については疑問が持たれていた。一九一六年十二月、戦争行為をめぐる閣僚内で分裂の危機が続く中、デイヴィッド・ロイド＝ジョージが新首相に就任した。保守党の連立政権を率いる前任者アスキスと同様、自由党のロイド＝ジョージは、政府にも国民にも支持を得やすい、迅速で決定的な勝利を求めていた。彼はパレスチナでオスマン軍に猛攻撃をかけてエルサレムを征服すれば、ヴェルダンとソンムのおぞましい敗北の後の英国の世論を盛り上げることができるのではないかと主張した。それに対して、将軍たちは西部戦線以外の勝敗のめどの立たない戦争にさらなる部隊を動員することには気が進まなかった。軍部は、エジプト遠征隊のいちばん大事な使命は、エジプトの防衛であると主張し、彼らの意見のほうが優勢だったため、パレスチナでの大規模な進攻作戦は一九一七年秋まで延期し、フランスに一師団を派遣することに決めた。

他方、シナイ半島から追い払われたオスマン軍は、ガザの海岸部からオアシスの町ベエルシェバまでの防衛線を確立した。一九一七年一月から三月にかけて、オスマン軍の増援部隊は三二キロにわたって配備された。コーカサスからの騎兵隊とトラキアからの歩兵師団が、先々の英国軍の攻撃からパレスチナ南部を守ることを断固誓って、ジェマル軍に参加した(10)。

一九一七年初頭、エジプト遠征隊がパレスチナ戦線への進攻を差し止めていたのに対し、メソポタミア遠征隊（ＭＥＦ）は、ティグリス川での攻撃を再開した。オスマン帝国第六軍を疲弊させることを目的に、用心深く進軍を続けていた英国軍は、バグダードの征服という中東で初めての英国軍の勝利に終わった。

クート救済のためのたび重なる襲撃で、英国軍もオスマン軍も疲労困憊し、一九一六年四月にチャールズ・タウンゼンド少将は降伏した。目的達成に失敗した英国軍は、軍隊もなく、ティグリス川のオスマン軍戦線に攻撃を再開する意欲も失っており、トルコ軍も弱体化していた英国軍に攻撃をかけるには疲れ果てていた。どちらの側も軍の上層部はほかの前線で脅威が高まりつつあることに気を取られて、どちらの側もそれぞれの陣地は強化して傷病兵の手当てや措置を行ない、積極的な攻撃は控えた。

オスマン軍はクートの勝利のすぐ後、ロシア軍のバグダード攻撃の脅威にさらされた。一九一六年五月初旬、ペルシアにいたロシア軍総司令官ニコライ・バラトフ将軍が、国境の町カスレ・シーリーンを占領し、バグダードまで一六〇キロのペルシアとの国境ハーナキーン近くのトルコ軍陣営を脅かした。オスマン軍第六軍を指揮してクートで勝利を得たハリル・パシャは、ハーナキーンの防衛のためにティグリス川前線から軍隊を引き揚げさせたため、クート周辺の軍勢は一万二〇〇〇人に減少した。英国軍はそれ以上攻め上がらなかったので、オスマン軍はロシア軍を撃退して、バグダードの防衛をいっそう強化していた。

英国軍はハリル・パシャの仕事をやりやすくした。英国陸軍参謀総長ウィリアム・ロバートソンは、クートの敗北後のメソポタミアにおける英国軍の目的は「守勢」とすることを確認し、メソポタミア遠征隊司令官に、「クートの占拠、もしくはバグダードの占領は少しも重視しない」と通達した。英国軍は、「戦略的に安全な陣営をできるだけ前方に進める」ことを奨励した。その理由の一つは、クートの敗北の影響で英国の評判をできるだけ落としたくなかったこと、もう一つは、オスマン軍が軍隊をティグリス川にとどめておかざるを得なくすれば、ロシア軍のバグダード攻勢に対処するためにその軍隊を再配置するのを防ぐことができると考えたからだった。だが、ロバートソンはティグリス川のオスマン軍陣営への敵対行動を認めるつもりはまったくなかった。(11)

英国軍が消極路線をとるなか、ハリルはロシア軍に対して全力を投入し、一九一六年六月一日、ハーナキーンでバラトフ軍の進攻をストップさせ、追い払われたロシア軍はペルシアの町をめざして、ケルマンシャー（七月一日）、ハマダーン（八月十日）を占領した。オスマン軍がペルシアに押し寄せたことにロシア軍も英国軍も憂慮したが、ハリル・パシャのバグダード防衛力は危険な水準にまで低下した。彼らの防衛力はついに回復せず、インドやエジプトからメソポタミアへの援軍が到着しはじめるにつれて、ハリルに英国軍の脅威を押しとどめることに悪戦苦闘させることになる。

英国軍は八月、メソポタミア遠征隊に新しい司令官スタンレー・モード少将を任命した。モード将軍はフランスで負傷し、ガリポリ戦の末期にはスヴラ湾の浜辺を最後に離れた人物である。好戦的な司令官だった彼は、ティグリス川前線で攻撃に出る決意をした。一九一六年夏から秋にかけて、彼はメソポタミアに侮りがたい部隊を樹立した。新参の歩兵二個師団を確保した彼は、兵力一六万人以上のメソポタミア遠征隊を編成し、そのうちの五万人をティグリス川前線に配備した（残りはバスラとユーフラテス川の間にある英国軍陣地に分散した）。モードの軍隊が拡大するにつれて、ハリル軍は縮小した。病気、脱走、トルコ軍と英国軍の戦線の間の通常の撃ち合いでの死傷者が出るにつれて疲弊した第六軍は、支援の欠如が何よりも苦しかった。モードの情報によれば、オスマン軍がクート周辺に配備している兵力は二万人足らずとされていたが、実際の数はそれよりはるかに少ない、わずか一万五〇〇〇人程度だったらしい[12]。

英国のティグリス川沿いの前線基地シャイフ・サアドは、一九一六年秋の活気ある活動場所だった。新造の川舟はティグリス川の終点まで毎日、七〇〇トン以上の輸送拡大を可能にした。クートの近くの前線に需品の輸送をスピードアップするために、英国軍はシャイフ・サアドからシャッタル・ハイイ（ティグリス川のクートとユーフラテス川のナースィリーヤをつなぐ運河）まで軽軌道を建設した。オスマン軍の砲撃の射程以遠にまで延びる鉄道は、一九一六年九月に運行が開始され、一九一七年初頭には、シャッタル・ハイイの土手まで開通した。鉄道終点駅から前線への需品や弾薬の輸送力を改善するために、モードはフォード社製の運搬用トラック数百台を注文した。これにより、雨の後に沼地化した地域でも驚くほど効率よく物資の輸送ができることがわかった。

こうした利点があったにもかかわらず、ロンドンの軍事委員会は進撃に警戒的な姿勢をとり続けた。英国陸軍参謀総長ロバートソン将軍は、たとえ補給路がペルシア湾まで延びたとしても、バグダードを奪取するのは難しく、それを保持するのはさらに難しいと思い込んでいた。さらに彼はバグダードの奪取を「この戦争に何の明らかな影響ももたらさない」と言って却下した。一九一六年九月というぎりぎりの時期に、ロバートソンはモードに進軍阻止を命じた。だが、このメソポタミア遠征隊司令官は自分の立てた戦争計画を続行した。十一月には、シャッタル・ハイイのオスマン軍陣営に対して攻撃に出る許可は下りるはずだと確信していたが、作戦開始日を明らかにするのを拒否し、自分の計画を部下の参謀や司令官たちにさえ秘密にしていた。明らかにすれば、彼らは長くは待てないからだ。

十二月十日、モード将軍はインドとロンドンの上司に電報を打ち、準備は完了したので、シャッタル・ハイイへの作戦開始が迫っていることを伝えた。軍事委員会は、日にちが迫っている通知に驚いたかもしれないが、モードが急いだ理由には仰天したであろう。このメソポタミア遠征隊司令官は縁起を担ぐ男だった。モードは「13」を自分のラッキーナンバーと信じていて、攻撃開始日を十二月十三日、第一三師団を前衛部隊として攻撃を開始する決意をしていた[13]。

荒廃したクートの町への三度目で、最後になる戦闘は、十二月十三日、英国軍の砲撃で始まった。およそ四〇キロ近い前線での戦いは二カ月近く続いた。モード軍の兵士たちは強固に張り巡らされたトルコ軍陣営の塹壕に正面攻撃をかけて多大な死傷者を出したが、性能のすぐれた英国軍の砲撃はオスマン軍兵士たちをなぎ倒した。だが、トルコ軍は前線を保持しつづけ、驚くべき粘り強さで反撃した。一九一七年二月半ば、トルコ軍はサッナイヤートの塹壕で正面攻撃をはねつけ、英国軍に恐るべき損害を与えて後退を余儀なくさせた。

クートの戦いがクライマックスに達したのは、英国軍がティグリス川を越えてようやく橋頭堡を確保できた二月二十三日だった。モード将軍は、防衛軍を分散させるために、サッナイヤートの塹壕と、クート近くの両方に襲撃を命じた。この二つの地点で英国軍を撃退しようとするオスマン軍を集結させておいて、モードは前衛部隊にシュムラン・ベンドの橋頭堡を確保させ、クートから八キロほど上流のトルコ軍に奇襲攻撃をかけた。そこにいた少数のトルコ軍防衛隊は、必死で戦ったが、至近距離から発射される英国軍の砲撃にあえなく敗北した。オスマン軍司令官たちが危険を察知したころには、船橋を渡ってくる怒濤のような敵軍を阻止するだけの兵士を派遣することは不可能だった。

英国軍の騎兵隊、歩兵隊、砲兵隊は競って川を渡るにつれて、オスマン軍司令官らは、現状維持は不可能と判断した。包囲されたり、捕虜になったりする危険にさらされたハリル・パシャは、ティグリス川左岸に保持していた自軍の四〇キロあまりに広がる陣営から即時撤退を命じた。オスマン軍の撤退が成功したのは、この命令の実行によるところが大きかった。オスマン軍の本隊は、砲類と、運べるだけの需品を携帯して撤退した。後衛部隊は撤退する本隊が通過し終わるまでルートを保持し、それから最後尾について、撤退する軍隊を敵の襲撃から守った。英領インド政庁政務官アーノルド・ウィルソンの推定によれば、撤退するオスマン軍は総勢六二〇〇人ほどで、それを追う英国軍は歩兵隊、騎兵隊合わせて四万六〇〇〇人だったという[14]。

英領インド部隊がティグリス川の左岸を占領すると、英国海軍のW・ナン大尉は配下の砲艦をクート・アル・アマーラに誘導し、二月二十四日夜、そこに投錨した。翌朝、乗組員を上陸させてみると、一帯は放棄されて人影もなかったため、さっそく英国国旗《ユニオン・ジャック》を掲揚した。荒れ果てた町は、メソポタミア作戦にとって、この川のほかの屈曲部《ベンド》以上の戦略的価値はなかったが、モード将軍と配下の兵士たちにとって大きな象徴的な価値があった。英国国旗を元の場所に掲げたことは、一〇カ月前、タウンゼンドに降伏を余儀なくさせた敗北の不名誉挽回に一歩近づけたことを意味する。タウンゼンドの降伏後、包囲と、オスマン軍による容赦のない報復に耐えたクートの住民たちにとって、どちらの旗が掲揚されても、ひどい目に遭ったことに変わりはなかった。英国軍が戻ってきたからといって、自分たちの将来が良くなるとは思えなかったであろう。

退却するオスマン軍は、英国の歩兵隊、騎兵隊からはうまく逃れたものの、英国海軍からの攻撃にさらされた。海から数百キロも離れたところにいるナン大尉の率いる五隻の砲艦から成る小艦隊は、ハリルの第八軍を追って上流へと速度を上げた。彼らはティグリス川の屈曲部の塹壕に身を隠していたオスマン軍後衛部隊に遭遇した。数キロにわたって英国の砲艦は陸からの激しい砲撃と至近距離からのマシンガン射撃にさらされた。五隻とも直撃を受けて大きな損害を出したが、それでも撤退するオスマン軍を追って、後方守備隊を何とか追い越すことができた。

ナン大尉の小艦隊は撤退する隊列と並行に走る川をさかのぼって、ハリル軍の本隊に追いつき、ありったけの弾丸を発射して、疲労困憊し、士気の落ちたトルコ軍兵士たちを大混乱に陥れた。辺り一帯の上空を飛行したある連合軍のパイロットはその光景を次のように記している。「息をのむような、恐ろしい光景だった。人間とラバの死体、道路に散らばる放棄された銃、ワゴン車、備品、ワゴンには白旗を立てたものが多かった。疲労困憊して飢えた人間や動物は地面にうつぶせになっていた。獲物の臭跡をたどるオオカミのようにうろついているアラブ部族兵の注目を引かずにすんだ者は、いたとしてもわずかだった。私は吐き気をもよおして帰路についた」(15)

日没までに英国海軍小艦隊は撤退するトルコ軍の川船を追い越し、そのすべてを捕獲もしくは破壊した。その中にはこの戦役の初期にオスマン軍に降伏した英国の蒸気船も数隻あった。トルコ軍の病院船バスラ号は白旗を掲げ、数百人の重傷を負ったトルコ軍捕虜を数人の英国兵とともに英国側に引き渡した。その日が終わるころ、ナン大尉は投錨して部下に英国兵の死傷者を収容させ、いちばん近い英国兵のいるところから数キロ先にいるぼろぼろになった船舶の修理を許可した。(16)

二カ月半にわたる戦闘で、モード将軍はハリル・パシャの防衛軍を打破した。モードはこれまで難攻不落だったトルコ軍前線を突き破り、自軍はほぼ全兵力を保持したまま、七五〇〇人近い捕虜をとり、ティグリス川沿いの前線に展開したオスマン軍四個師団を五〇〇〇人以下にまで縮小させた。モード軍の船舶はティグリス川を支配下に入れ、航空機は空を制した。モードはオスマン軍が英国軍によるバグダード占領を阻止するには軍勢が足りないことを知っていた。だが、彼はこの町への進軍を禁止するロンドン政府からの命令に従って行動していた。メソポタミア遠征隊司令官はロンドンに現況報告をし、新たな命令を要請するしかなかった。

ロンドンの軍司令官たちはイラクからの朗報を喜んだが、モード将軍の勝利による利点をどう生かすのがベストかについては意見が分かれた。クートでの降伏がまだ、メソポタミアでの英国軍の士気に長い影を落としていたし、英国陸軍参謀総長ロバートソンはリスク回避志向だった。彼はモード軍がバグダードを占領することはできても、この町を保持できるかどうかに疑問を抱いていた。オスマン軍が強い増援部隊を動員して戻ってきて、孤立している英国軍を再度、包囲する危険を恐れたのだ。ほかの前線から回せる軍隊もなく、もしも英国がスルタン＝カリフの「聖戦士」の手にかかってまたもや屈辱的な敗北を喫した場合のムスリム世界の世論に与える影響を懸念したロバートソン将軍は、モードに「バグダード州での英国の影響力を揺るぎないものにする」以上のことを認可したくなかった。ロバートソンはモード将軍に「バグダード方向の敵に迫り」、好機と見れば、騎兵隊にその町を「襲撃」させてもいいと支持する一方、二月二十八日付で、「その後でいかなる理由であろうと後退を余儀なくされることがあれば、好ましくない政治的影響」が生じかねないので、そのような事態を生じさせないようにと警告した。(17)

英領インドの総司令官チャールズ・モンロー将軍は、その後の電報のやりとりの中で、トルコの足並みが乱れているうちに迅速にバグダードを占領したほうがよいと熱心に主張している。それがうまくいけば、トルコ軍がバスラとペルシアでの英国の利益を脅かすような重要な戦略をとることを阻止し、それが東部イスラーム圏での英国の威信を大いに高めることになる。モードはまた、イラクの英国軍陣営にとって、イラク占領によって得られる利点をロバートソンに強調した。軍事委員会の面々にはもう一つ別な懸念が覆いかぶさっていた。ロシア軍がモスル、サーマッラー、バグダード方面作戦を含むメソポタミアでの春の攻撃を提案してきていたのだ。もしロシア軍のほうが先にバグダードを奪取してしまえば、「サイクス=ピコ協定は無効になりかねない」と推論する英国人役人もいた。(18)

こうした議論の高まりに押されて、ロバートソン将軍はモードへの命令を修正せざるを得なくなった。彼は三月三日付でメソポタミア遠征隊司令官宛に、「早急にバグダードを占領できる可能性は」自分が当初信じていたよりも「おそらくずっと高い」ことを認める電報を打った。モードにバグダード進軍を実際に命じるのはやめて、最終的な決断をモード自身の判断に委ねることに同意したが、「われわれの目的は貴殿の最近の勝利から最大限の好結果を引き出すと同時に、以前のような連絡の不行き届き、もしくはバグダードの占領確定後に撤退を余儀なくされるような、行き過ぎは避けるべきである」というこれまでの懸念も念のため繰り返して付記した。

モード将軍は一息入れて自分の進軍計画を見直した後、自軍をバグダードに向けて上流に進めた。三月六日、彼らはタウンゼンドが一九一五年末に撤退を余儀なくされたサルマーン・パクに、何の抵抗も受けずに到達した。彼らははるかかなたから目に入るクテシフォンのランドマークであるアーチ型の遺構に目を瞠《みは》り、オスマン軍がバグダード防衛のために築いた、幾重にも張り巡らされた塹壕網が放置されているのを検分した。トルコ軍司令官たちは、ティグリス川の支流の一つディヤーラ川に防衛隊を集結させていた。英国軍はディヤーラ川でのトルコ軍の抵抗の激しさに驚いた。モード軍はそこに三日間、釘づけにされ、どちらの陣営にも大勢の死傷者を出した。だが、ディヤーラ川の陣営は、現状維持策にすぎなかった。ハリル・パシャは、モード軍の圧倒的な兵力、火力に対して、バグダードを防衛しきれないと見ていた。

バグダード市内では、文官も軍人もこの町から避難準備をするかたわら、町の秩序維持に最善を尽くしていた。クートで捕虜になった英国兵とおしゃべりしたことのあるバグダードの男子学生ターリブ・ムシュタークにとって、トルコ軍がバグダードを放棄して外国に占領されてしまうとは思ってもみなかった。避難の前夜、ムシュタークとその兄弟は、家族の古くからの友人である総督代理の執務室に呼ばれた。「感に堪えず、苦痛に満ちた表情の」総督代理は、二人の少年に警察官を護衛につけ、父親が勤めているバクバの役所の近くにいる家族のもとに合流させようとしていた。「われわれもバグダードから避難しようとしているところだ」と総督代理は説明した。「トルコ軍はすべての前線から撤退中だ。英国軍は明日か、明後日、バグダードに入ってくる可能性がある」。ムシュタークは信じられなかった。「どうしてバグダードから避難しなきゃならないの？」と、愛国心でいっぱいのティーンエージャーは尋ねた。「この神聖な故郷の土を英国軍の馬の蹄が汚すのは許せない」。だが、総督代理の決意は固かった。二人の少年は学校から連れ出され、護衛に守られてバクバの半狂乱になっている両親のもとへ出発させられた[19]。

　三月十一日の深夜すぎ、オスマン軍とその同盟国ドイツの軍隊がバグダードの軍事施設を破壊しはじめると、瞬く間に正常な日常感覚の幻想は吹き飛ばされた。同盟国ドイツから派遣されていた工兵隊が無線アンテナ塔を支えていた鋼線を切断したため、電柱は地面に倒れた。バグダード鉄道会社の起重機、クレーン、貯水タンクはダイナマイトで爆破され、大きな爆発音が町を揺るがせた。主要な官庁の建物が一つひとつ粉砕され、ティグリス川に架かる橋には火が放たれた。バグダードのアメリカ領事オスカー・ハイザーは、屋上からオスマン軍によるバグダードの徹底的な破壊ぶりを見つめた。オスマン軍が撤退すると、無秩序が蔓延した。「たちまちクルド人や下層階級のアラブ人による商店やバザールの略奪が始まった」と、彼は領事日誌に書き留めている[20]。

　朝方には、略奪が甚だしくなったため、ハイザー領事は武装した従僕を伴って馬に乗り、英国の前衛部隊を探しに出かけた。九時三〇分ごろ、英国人少佐の率いるインド軍槍騎兵隊の分遣隊と出会った彼は、分遣隊を市の中心部に案内した。街路には人びとが溢れていた。ハイザーの記録によれば、「それまで略奪に夢中だった大勢の人たちが、すっかり居ずまいを正して軍隊に声援を送った」という。槍騎兵隊が大きなバザールに入っていくと、男女、子供までが店の棚から最後の商品を漁っているのが見えた。略奪者たちは窓やドア、家屋の木部まではずしていた。指揮官の英国軍少佐が空砲を数発撃つと、略奪者たちはちりぢりになり、バグダードの新しい支配者たちのそばを通り過ぎるとき、槍騎兵に撃退された。

　モード将軍は、その日の午後遅く、治安が維持されたのを確かめてから、ひっそりと入城した。血気にはやる兵士たちがその日の朝、要塞に掲げたユニオン・ジャックは降ろされ、モードの入城後、トルコ軍兵舎の時計塔にあらためて英国旗を掲げた。だが、バグダード征服の公式宣言は、英国政府の承認

25.バグダード陥落。
1917年3月11日、英国軍がバグダードへ入城中にニュー・ストリート沿いに移動するインド軍輸送隊。

を得るまで差し控えた。ロンドンでは、閣僚たちが、キッチナーの中東アドバイザーで「サイクス＝ピコ協定」の共同起草者マーク・サイクス卿に、モード将軍の名で行なう公式宣言の下書きを作成させた。アーノルド・ウィルソンによれば、そのサイクス卿の文書は、「どの行にも［サイクス卿の］ほとばしり出るようなオリエンタリズムが溢れていた」という[21]。

この公式宣言は、「われわれは征服者ではなく、救済者、解放者としてこの町に来た」という美辞麗句で始まっている。

フラグ［十三世紀のモンゴル人征服者］の時代以降、あなた方の都市や土地は異邦人の独裁者の支配下に置かれ、あなた方の宮殿は崩れ落ちて廃墟となり、庭園は荒れ果て、あなた方の先祖もあなた方自身も、軛につながれてうめき声を上げてきた。あなた方の息子は、求めもしない戦争に駆り出され、あなた方の富は不正な者どもによって取り上げられ、遠いところで浪費された[22]。

英語とアラビア語の両方で書かれ、バグダードの街中に無料で配られたこのモードの宣言は、イラク市民には、英国人はイラクを専制支配した異邦人の長いリストの最後の人間にすぎないのではないかと評判が悪かった。前述のイラク人地方公務員の息子ターリブ・ムシュタークの回想によれば、「バグダードに入城したモード将軍は、征服者としてではなく、救済者、解放者としてやってきたと宣言した。よくも臆面もなくそういう嘘がつけたものだ。バグダードの住民ばかりでなくイラク人はみな、英国人がイラク人をいかに奴隷扱い、捕虜扱いにしているか、自分たち自身の目で見てきた。どこに自由があったか？ どこに救済があったか？[23]」。

英国の軍事委員会にとって、そんなことはたいしたことではなかった。オスマン軍戦線では重大な敗北続きだった英国は、やっと大きな勝利を挙げることができたのだ。バグダードは戦争遂行力全体から見れば戦略的価値はほとんどなかったかもしれないが、勝利であれば何でもありがたかった。『アラビアン・ナイト』の町バグダードはエキゾチックな戦利品だった。オスマン軍にとって、バグダードの陥落は重大な逆転だった。アッバース朝カリフ時代（七五〇―一二五八）の古都は、ベルリン-バグダード鉄道の終着駅となるはずだったし、オスマン帝国の戦後のペルシア湾へ進出する拠点としても期待されていた。駐屯地の町エルズルムと黒海の港町トラブゾンを含むアナトリア東部でロシア軍に敗北し、ヒジャーズ州のメッカとジェッダはハーシム家に降伏し、シナイ半島での最近の後退ぶりに加え、バグダードまで失えば、オスマン軍はすべての前線でふたたび後退を余儀なくされつつあることになる。

バグダードで英国が勝利したことで、戦時内閣はエジプトにおける戦略を前向きに見直そうという気になった。一九一七年一月にシナイ半島の国境の町ラファーを掌中にしていたエジプト遠征隊は、さらなる作戦は秋まで延期するように命じられていた。だが、連合国の戦争計画者たちはこの戦争への取り組み方を全面的に見直し始めていた。一九一七年二月二十六日、英国とフランスの将軍たちが英国海峡の港町カレーに集まり、この戦争の総合的戦略を再検討した。連合国は主導権を回復するために、中央同盟国に対して、西部戦線、マケドニア、メソポタミアなどいくつかの前線で同時に春の合同攻撃として行動を起こすことに決めた。三月十一日のモード将軍によるバグダード占領は、エジプト遠征隊もその一役を買う好機を提供したわけだ。

一九一七年四月二日、アメリカがドイツに対して宣戦布告し、連合国の戦列に入ったことも励みになった。アメリカの孤立主義を覆すのは大仕事だった。ウッドロー・ウィルソン大統領は、一九一六年、「彼はわれわれを戦争に巻き込まなかった」というスローガンで再選されていた。だが、大西洋での無制限潜水艦攻撃（一九一五年五月七日のアイルランド沖で客船ルスチアニア号が沈没し、一二〇一人の死亡者のうち、アメリカ人一二八人が亡くなった）と、アメリカの参戦で、ドイツがメキシコとの同盟関係を結ぶ交渉を始めたことなどが重なって、アメリカの連合国の大義名分への傾斜は自然と高まっていった。一九一七年の軍事大国にははるかに及ばないが——アメリカの平和時の兵力は一〇万人——この国の強力な工業生産力と人口の多さは、西部戦線での協商国の命運の立て直しには強力な後ろ盾となり、英国の戦争計画者たちに中東での新たな行動開始に弾みをつけた。[24]

エジプト遠征隊は行動開始準備万端だった。一九一七年前半に始まった鉄道建設はピッチを上げ、三月の第三週にはガザの南二四キロのハーン・ユーニスまで開通していた。水道管の敷設もそれほど遅れてはいなかった。前線の近くに弾薬や需品の大量の備蓄もでき、英国軍将校たちは三月末までには攻撃開始することができそうだった。英国軍は兵力の面でも防衛軍よりはるかに勝っており、騎兵隊一万一〇〇〇人、歩兵隊一万二〇〇〇人、全部で八〇〇〇人の師団の予備軍もいた。オスマン軍は、後方数キロ先には一万五〇〇〇人のトルコ軍前線部隊が駐屯していたが、ガザの兵舎にいたのはわずか四〇〇〇人だった。

マレー将軍と配下の将校たちはシナイ半島でのこれまでの交戦をモデルにした戦闘計画を立ち上げた。アンザック騎兵師団はガザを北部、東部、南東部から包囲し、トルコの退路を遮断するとともに援軍の到来を阻止する。歩兵隊は南部から直接攻撃態勢をとる。シナイ半島の戦闘と同様、ガザ攻撃も時間との闘いになりそうだった。日没前にこの町を奪取できなければ、のどがカラカラになった英国軍は、飲料水を補充するために鉄道の終着駅まで数キロも撤退せざるを得なくなるからだった。

三月二十六日早朝、騎兵隊がガザ包囲のために出発した。一〇時三〇分には町は敵軍に包囲された。だが、濃霧のため、歩兵隊の到着が遅れ、攻撃命令は正午まで発令されなかった。英国軍砲兵隊が発砲しはじめ、人口四万人の沿岸の町は壊滅的打撃を受けた。歩兵隊はトルコ軍前線と、びっしり生えたサボテンをかき分けながらの難しい地形から絶え間ないスナイパーとマシンガン攻撃に遭い、後退した。だが、オスマン軍が南からの歩兵隊の攻撃に集中している間に、アンザック騎兵隊は北部と東部からガザに近づいた。午後六時三〇分、敵の防衛網は崩れ、オスマン軍は降伏寸前の状態になった。トルコ軍にとって最大の幸運は、連絡網が遮断されていたために、英国軍司令官らに自軍の勝利が目と鼻の先にあるとは夢にも思われなかったことである。

ガザをめぐるいくつもの激戦で多大な死傷者を出したその日の午後遅く、英国軍は全軍の撤退を命じた。戦闘開始の予想外の遅延で日没前にすべての目標を達成するには時間が足りなくなり、ガザに向かって進軍するのをオスマン軍増援部隊に差し止められるのを恐れたのだ。飲料水と弾薬の補給ができ

26.1917年3月の第1次ガザ戦争の後、
勝利したオスマン軍部隊に与えられた連隊旗。

なければ、兵士も馬やラクダも二日目にはは戦闘を続けることができない状態になりかねない。英国軍の将軍たちは敗北の危険よりも、その日にかろうじて得た勝利を犠牲にしても兵士たちを保持するほうを選んだ。

英国軍が突然ガザ攻撃を放棄して撤退したことに、戦闘のどちらの側の兵士も同じように驚いた。撤退により、英国軍はオスマン軍の反撃にさらされ、大勢の死傷者を出したため、激戦の末、勝ち取った領土を捨てたことに対する兵士たちの怒りも招いた。オスマン軍にとっては、英国軍の撤退はまるで奇跡のようなものだった。司令官たちは直ちにこの好機を利用して戦略的に有利な地点の奪回に努めた。三月二十七日の戦闘が終わるころには英国軍の死傷者はオスマン軍のそれを上回った。[25]

ガリポリ戦の暗い影がガザを覆った。あるトルコ人ジャーナリストがこの戦闘で負傷した兵士に、「英国軍は戻ってくると思うか?」と尋ねると、「いやあ、連中は戻ってこないよ。おいらの連隊がどんなものか、連中にはわかっているから」と、そのトルコ軍兵士は大まじめに答えた。つまり、英国軍は彼の属していた連隊がガリポリで英国軍を敗北させたことを知っていて、二度と戻ってこないだろうと言ったのだ。[26]

マレー将軍はロンドンへの報告には悪いニュースはできるだけ少なくし、ガザでの最初の攻撃での勝利を強調した。トルコ軍の死傷者は実際には二五〇〇人以下だったのに、わが軍は「敵に死傷者六〇〇〇人から七〇〇〇人という大量の損失を与えた」と報告したために、朗報に飢えていたロンドンの新聞は、マレーの数字を疑いもせず、そのまま掲載した。だが、戦場の兵士たちのほうはよく知っていた。オークランド騎乗ライフル部隊のブリスコー・ムーア中尉は、戦闘が終わってまもない時期に敵機から投下されたビラを拾ってみると、この記録をそのまま載せた挙げ句、「公報ではわれわれを敗北させているが、われわれはガザでおまえらを敗北させた」とそれには書かれていた。[27]

英国の戦時内閣は最終的にはマレー将軍にやれるものならやってみよという態度に出た。陸軍参謀総長ロバートソンは、モード将軍の最近のバグダード占領と、マレー将軍の自称ガザの「勝利」に鑑みて、エジプト遠征隊への指示を変更するとマレーに通知した。マレー将軍の喫緊の目標は、エルサレムの南にいるトルコ軍を敗北させ、聖都の占領へと進軍することである。ロバートソンは、マレー将軍宛の四月二日付の電報で、エルサレムの征服が戦争疲れした英国の一般人に象徴的な重要性があることを強調した。「それゆえ、戦時内閣は貴殿の全力を尽くした作戦行動の推進を切望する」。その見返りとして、ロバートソンは勝利に必要な軍需品はすべて供給すると約束した。

ロンドンとのやりとりの中で、用心深い口調や多くの隠し立てから判断すると、マレー将軍はパレスチナでオスマン軍を敗北させ、エルサレムを奪取する自信はほとんどなかったように見える。乾燥したパレスチナ南部の土地柄を踏まえた彼の戦略全体が、基本的には鉄道とパイプラインに沿って少しずつ進軍することだった。たとえガザを通過できても――最初のガザ戦争の後、オスマン軍に援軍が現れ、その任務はずっと難しくなっていた――数万人の兵士と動物のための補給路が急速に長くなり、飲料水の供給がどんどん難しくなることへの懸念を募らせていた。だが、曖昧な命令は許されない。マレー将軍はガザのオスマン戦線に二度目の攻撃をかける覚悟をした。

英国軍がどこを中心に攻撃をかけてくるかがわかったオスマン軍は、ガザからベエルシェバにかけてのルートを遮断することに全力を尽くした。ジェマル・パシャの回想によれば、「すべてのトルコ軍部隊をそこに集結させ、いかなる犠牲を払っても英国軍に突破させないように前線を保持する決意をした」。彼はガザへの最初の攻撃から三週間の間に、援軍をガザとベエルシェバ間の前線沿いに配備し、近づいてくる敵すべてをマシンガンや砲弾で防ぐために必要な土木工事による防御壁や塹壕を構築させた。[28]

英国軍司令官たちは、塹壕戦では防衛側が有利になりがちなことを経験から知っていた。自軍にトルコ軍の前線を突破させるチャンスを高めるために、マレー将軍は英国軍の兵器庫にあるもっとも恐るべき武器の一部を使うことにした。彼はオスマン軍陣営への最初の攻撃用として毒ガス弾頭付きの砲弾四〇〇〇発を備蓄していた。一九一五年四月の第二次イーペル戦以降、西部戦線ではどちらの陣営も広く毒ガスを使用してきたが、オスマン軍に対して使用したことはこれまでなかった。攻撃に先立って英国兵にはガス・マスクが配布されたが、オスマン軍兵士にはもちろん配布されていない。堅固な塹壕が構築されているトルコ軍戦線に向かう歩兵隊を助けるため、シナイ半島の前線には八両の装甲車がこっそり運び込まれた。ラクダ部隊にいたあるオーストラリア兵の記録によると、「怪物みたいな戦車のことはよく聞いていたが、それが到着すると、これなら戦闘開始後すぐに敵兵を震え上がらせるだろうと大喜びした」という。[29]

第二次ガザ戦争は一九一七年四月十七日、激しい砲撃で始まった。ガス弾は塹壕構築部分に集中的に発射されたが、あまり効果はなかった。沖合からは戦艦からガザに向けて弾丸を雨のように撃ち込んだが、防衛軍を追い払えなかった。やがて英国兵がトルコ軍戦線に近づくと、真正面からマシンガンと砲弾にさらされた。

英国陸軍ラクダ部隊のオーストラリア人兵士フランク・レイドは、ラクダを降りて、「ライフルとマシンガンによる激しい攻撃にさらされながら」前進した。レイドは砲弾が頭上で炸裂して、周囲の仲間が倒れ込むのを見た。突然、左側にいた兵士たちが歓声を上げたので振り向くと、英国軍の装甲車八両のうちの一つが、トルコ軍の塹壕に向かって走るのが見えた。彼は、「装甲車が前線の塹壕に近づけば、トルコ兵は降伏するだろう」と思い込んでいた。ところが、オスマン軍兵士は装甲車に向かってありったけの弾を撃ちまくった。「大きな弾丸の破片が装甲車の鉄板に当たり、すさまじい音を立てて四方に飛び散った。だが、装甲車は平気で前進した」

装甲車の後についてラクダ部隊がトルコ軍の塹壕の第一線に近づき、重傷を負って撤退できずにいた数人のオスマン軍兵士を目前にした。レイドの記憶によると、オーストラリア兵とトルコ兵が戦闘中に顔を合わせると、奇妙な本能が働くものだという。ラクダ部隊の兵士二人が、両腕を胸の前で組んだ負傷したトルコ兵に近づいた。

「殺《や》っちまえ！」と、最初のラクダ隊員が怒鳴った。

「いや、かわいそうなやつにチャンスをやれよ」と二人目の兵士が叫んだ。

するともう一人のラクダ兵が負傷したトルコ兵からライフルを取り上げたものの、ちょっとためらうのをレイドは見た。そのオーストラリア兵は血だらけの兵士を殺さずに、屈み込んで水を飲ませた。

「かわいそうに！　生きたいのはおいらと同じだよ」

27.シナイ半島における帝国ラクダ部隊。
この写真の撮影のためにラクダに乗ってポーズをとった兵士たちは「帝国」の名を冠するのにふさわしく、(左から右へ)オーストラリア、英国、ニュージーランド、インドの出身。

彼は自分の救急箱を取り出してトルコ兵の頭の傷に包帯をしてやった。負傷したトルコ軍将校がそのオーストラリア兵に礼を言おうとよろよろと歩き出すと、哀れみの情はいくらか削がれた。

「よかった」と、そのトルコ軍将校はオーストラリア兵の肩を叩きながら片言の英語で言った。

「よくあるもんか! とっとと行って、死んじまえ。こっちは忙しいんだ」

レイドは装甲車の進行方向について行った。装甲車の乗組員は方向がわからなくなったと見え、迷走しはじめた。やがて敵弾を数発受けると装甲車は突然、爆発炎上した。装甲車の後について行ったオーストラリア人ラクダ隊員と英国人歩兵隊兵士は、トルコ軍の塹壕からの激しい射撃にさらされ、死傷者が辺り一面に倒れ込んだ。彼らは何とかしてオスマン軍の要塞へと急いだが、たちまちトルコ軍の反撃に足止めされた。ラクダ部隊は、英国軍歩兵隊、オーストラリア軽騎兵隊とともに、全員が追い返された[30]。

三日間にわたる戦闘の後、オスマン軍は前線を保持し、英国軍に多大な死傷者を出して後退させた。英国軍の「秘密兵器」はまったくトルコ軍をひるませなかった。トルコ軍は毒ガスに気がつかず、八両の英国軍の装甲車のうち三両を破壊した。トルコ人ジャーナリスト、ファリフ・ルフクは、ガザの戦場に「横倒しになった、空っぽの巨体」となって散らばる「役立たずの戦闘用装甲車」について、抒情的に描写している。英国軍の将軍たちが自軍の死傷者数を調べた結果、交戦をやめ、一回目よりもはるかにひどい二回目の敗北を認めざるを得なかった。四月十九日夜までに、英国軍はオスマン軍の死傷者、行方不明者合わせて二〇一三人の三倍に当たる六四四四人を出した[31]。

パレスチナ作戦はしばらくのあいだ膠着状態になり、マレー将軍はガザでの敗北によって更迭された。代わりに、一九一七年七月、ロイド=ジョージ首相はエドムンド・アレンビー将軍をクリスマスまでにエルサレムを征服せよという、どう見てもできそうもない任務を委ねて送り込んだ。ジェマル・パシャははるかに優位な立場にあった。トルコ軍はパレスチナの水に恵まれた土地を掌中にし、英国軍をシナイ砂漠に閉じ込めた。そればかりか、英国軍とアラブの反乱軍との接触も不可能にした。エジプト遠征隊とアラブ軍が離れ離れになっている限り、オスマン軍はシリアとパレスチナでの陣営を楽々と保持できた。

オスマン軍はエジプト遠征隊を封じ込めはしたが、ヒジャーズではアラブ軍からの新たな脅威に直面した。ハーシム軍はオスマン軍をメディナの駐屯地に閉じ込めたおかげで、自由になったヒジャーズから北のシリアまで支配圏を広げようとしていた。アラブ軍の司令官で、太守フサインの息子ファイサルは、差し当たりの行動目標を英国軍アドバイザーの同意を得て紅海沿いの港町ワジュフまで広げてい

28.第2次ガザ戦争で破壊された英国軍の装甲車。
英国軍が中東作戦で装甲車を出動させたのは一度だけで、
悲惨な第2次ガザ戦争ではあまり利用価値がなかったことが判明した。
オスマン軍の砲撃手は、出動させた8両の装甲車のうち少なくとも3両を破壊した。

た。スエズからワジュフまでの補給路は、ヤンブーまでと比べると三二〇キロも短くてすむ。ワジュフからなら、四〇〇キロにわたるヒジャーズ鉄道の攻撃もしやすい。鉄道線路を遮断すれば、オスマン軍の補給も通信も閉ざされ、メディナに包囲されているオスマン軍の降伏を早めることができそうだった。

ファイサルにとって、ワジュフへの進軍は蜂起参加を促進するまたとない好機であった。蜂起を成功させるためには、これに参加する部族を少しでも多くしておく必要がある。それゆえ、一万一〇〇〇人の兵士を率いての北進は、沿道の地元ベドウィンたちに強烈な印象を与え、元気のいい部族の忠誠心を引きつけることができるともくろんだ。彼はまた、自軍に圧倒的兵力があれば、ワジュフで八〇〇人のトルコ軍防衛隊を戦わずして降伏させせられるのではないかと期待した。

英国海軍はアラブ軍と密接な行動態勢をとっていた。ベドウィン部隊に十分な飲料水を確保するために、英国海軍のハーディング号は、ワジュフの南の指定された場所のタンクに二〇トンの水を補給した。この船はまた、ワジュフの北に四〇〇人の部族兵を前衛部隊として運んでくれた。ファイサル軍が南から到着するころにはこの前衛部隊がオスマン軍の強化もしくはワジュフからの撤退を防ぐことができた。ファイサルと英国軍は一九一七年一月二十三日夜明けに、ワジュフで合流することで合意していた。

ハーディング号から二〇〇人の英国海兵隊と水兵の上陸隊を伴って小規模のベドウィン部隊が予定どおりにワジュフの北に上陸した。ファイサルやその部隊の気配は見当たらなかった。約一〇〇人の部族兵は遮られることなく町に近づき、トルコ軍防衛隊と交戦した。駐屯兵の大半はすでに一〇キロ近く内陸部に入ったところにある古い要塞に退却していたので、攻撃軍はすぐにトルコ軍の前線を突破し、残りのアラブ軍が到着する前に町を略奪した。最後に残った防衛兵はワジュフのモスクに逃げ込んだが、やがてその建物は英国海軍の砲弾が直撃した。その後、英国船が古い要塞に大砲の照準を当てると、オスマン兵は大慌てで撤退した。ファイサルが予定していた敵対行動開始日から二日遅れの一月二十五日に到着したときには、ワジュフはしっかりアラブ軍の掌中に収められていた。強さを見せたことは効果があった。ヒジャーズ州北部から来た部族のリーダーたちは、ファイサルを訪れて、ハーシム家の大義名分のために忠誠を尽くすことを申し出た。(32)

ワジュフに陣営を確立すると、ファイサルとその英国軍アドバイザーたちは、ヒジャーズ鉄道の分断に取りかかった。二月二十日、オスマン軍の列車に爆発物を仕掛け、機関車を破壊すると、ダマスカスとメディナの両方の士気にたちまち大きな影響を与えた。ジェマル・パシャは、メディナのオスマン軍司令官ファフリ・パシャに町から撤退するよう命じた。このジェマルの命令を傍受した英国軍はヒジャーズの将校たちに、オスマン軍の撤退を妨害するために沿線の攻撃力を倍加するように指令した。メディナの駐屯地にファフリの軍隊一万一〇〇〇人が閉じ込められている限り、それ以外の場所にいるアラブ軍も英国軍も恐れるものはなかった。マレーのエジプト遠征隊がガザへの最初の攻撃を準備中であるなら、英国軍はあらゆる犠牲を払ってでもジェマルがメディナの駐屯地からパレスチナ陣営に増派するのを阻止しようとしていたのだ。

三月いっぱいかかって、英国軍工兵とアラブ人ガイドはヒジャーズ鉄道の戦略的地点に地雷を敷設した。三月末には、カイロの英国軍司令部とファイサルの間の連絡係だったT・E・ロレンスまでも、離れたところにある駅舎の爆発に手を貸した。山砲、マシンガン、爆発物を携えたロレンスとそのチームは、彼らが引き起こした大混乱によって三日間、鉄道の運行を差し止めた。この鉄道への攻撃と、ファフリ・パシャが聖都防衛を決意していたために、メディナからの撤退は防げた。だが、ダマスカス―メディナ間の鉄道沿いの連絡網と補給網の妨害には失敗した。オスマン軍には驚くほど臨機応変の才があり、敷設された地雷を爆発前に発見したり、被害を迅速に効率よく修復したりした。ヒジャーズでの戦いは鉄道の破壊だけでは勝てないことは明らかだった。[33]

英国軍将校たちが鉄道爆破技術を駆使する一方で、ファイサルはアラブ軍に訓練を施して組織立った正規軍を作ろうとしていた。ファイサルは、エジプトのサヌースィー教団との戦いで英国軍の捕虜になったオスマン軍将校ジャアファル・アスカリを抜擢して、「適切な方式で軍事的任務を遂行できる正規軍を創設」させることにした。アスカリは大勢のイラク人同僚と再会した。その中には軍人の支持者が多いアラビスト秘密結社「アル＝アフド」のメンバーも大勢いた。彼らはイデオロギー的にもアラブの独立という大義名分に傾倒していて、やがてファイサルのもっとも献身的な信奉者になった。[34]

英国軍の武器と需品は拡大しつつあるワジュフの部族長の本営に溢れるほど到着しはじめた。ライフル三万挺、弾丸一五〇〇万発の船荷がこの紅海の港に届いた。ロールス・ロイス社製の装甲車も陸揚げされ、平坦な砂漠地帯をパトロールしはじめ、可動式の火器を提供した。英国航空隊はヒジャーズ鉄道を爆破する航空機の離発着ができる滑走路を何本か造った。増えつつあるアラブ軍を維持するために、金貨や穀物類も大量に陸揚げされた。こうした援助を得たファイサルは、ヒジャーズ以北からシリア南部にまで戦線の拡大を考え始めた。

北部へのさらに大胆な移動の下準備として、ファイサルは三人の腹心の副官を偵察旅行に派遣した。一人はメディナの著名人でファイサルの腹心の友シャリーフ・ナースィル・イブン・アリー、もう一人は有力なフウェイタート族のリーダー、アウダ・アブー・タイイ、さらにファイサルをダマスカスのアラビスト運動に紹介してくれた一族のナスィーブ・アル＝バクリである。三人は五月十九日、アラビア半島中心部とシリア砂漠を結ぶキャラバン・ルートとして大昔から知られているワーディー・スィルハーン渓谷に出発した。三人はそれぞれはっきりした使命を持っていた。シャリーフ・ナースィルはファイサル個人の代理人としてシリアの部族たちの忠誠を取りつける。アウダはフウェイタートの同族と連絡をとり、輸送・食料用のラクダや羊をシリア南部で戦う予定のアラブ兵のために確保する。バクリはダマスカスおよびその周辺のアラビストと連絡をとり、総勢蜂起への支持を取りつけることになった。[35]

T・E・ロレンスはこの偵察旅行に同行させてほしいと頼み込んだ。三人が出発する三日前、ロレンスは、「サイクス=ピコ協定」の諸条件の概要をハーシム家に説明するためにヒジャーズに来ていたマーク・サイクス卿と会った。サイクス卿がこの機会にロレンスにも状況説明をしていたなら、その可能性はあったように見えるが、この若くて理想に燃えた英国人将校は英国政府の二心ある行為に仰天していたであろう。ロレンスの行動と記録によれば、彼はフランスがやる前に、シリアを確保するためにアラブ人を援助する決意をしていたことは明らかだった。ナースィルの偵察旅行がロレンスに彼の信念に基づいて行動する機会を与えた。[36]

骨の折れる砂漠の旅の後、シャリーフ・ナースィルの偵察隊はワーディー・スィルハーンに着いた。フウェイタート族と三日間を過ごしたこのグループのメンバーたちは、それぞれ違う任務に出発した。ナスィーブ・バクリはアラビストと一緒に仕事をするためにダマスカスに行った。ロレンスは反乱の支持者を大々的に呼び集めるためにダマスカス周辺の地形を偵察したり、さらにベイルートとダマスカスの間の鉄道橋の爆破をしたりした。シャリーフ・ナースィルとアウダ・アブー・タイイは彼らの運動に参加する部族兵たちを積極的に集めた。六月十八日、ナースィル、アウダ、ロレンスの三人はワーディー・スィルハーンの入り口に集まった（バクリはダマスカスにとどまることにした）。アウダとナースィルの一致協力によって、五六〇人ほどのフウェイタート族が彼らの部隊に加わった。この人数ではマアーン（現在ヨルダン領）鉄道駅沿いの補給廠のある大きなオスマン軍駐屯地を攻撃するには不十分だった。そこで六月末、この小部隊は代わりに紅海の港町アカバへ向かった。

アカバ港は、シナイ半島とヒジャーズ州との戦略的に重要な分岐点にある。ここを確保すればエジプトの英国軍とシナイ半島のアラブ軍との通信が可能になり、占領できれば、メディナを除くヒジャーズ州全部をハーシム家の支配下に置ける。シャリーフの部隊にとってはシリア方面への南の入り口を掌中にすることになる。この戦争が始まったころ、英国軍が何の抵抗も受けずにアカバを攻撃して以来、オスマン軍はこの小さな港を海上からの攻撃から守るために堅固な要塞を築いていた。陸路からの攻撃は予想していなかった。シャリーフ・ナースィルの率いる騎馬隊はその弱点を利用した。

約六〇〇人のベドウィン戦士たちはマアーンの駐屯地を迂回してヒジャーズ鉄道を横切り、さらに南のガディール・アル・ハッジュ駅を奪取した。ロレンスはマアーンからのオスマン軍増援部隊の動きを遅延させるために鉄道にできる限りの妨害工作をした。彼の記述によると、爆薬が尽きるまで、「一〇カ所の橋と多数の線路を破壊した」という。[37]

七月二日、シャリーフ・ナースィルの部隊は、アブー・アッラサンという地点でアカバへの接近を防ぐために派遣されていたトルコ軍大隊を包囲した。数時間にわたる射撃でオスマン軍兵士を服従させた後、アウダは自分の部族を引き連れて、一目散に突進した。オスマン軍兵士は走ってくる騎兵たちを見て恐怖で震え上がり、大急ぎで逃げ出した。ロレンスの記述によれば、三〇〇人ほどのトルコ兵が死亡、もしくは死にかけており、生きたまま捕虜にできたのはわずか一六〇人だったという。部族兵の死亡者は二人だけだった。オスマン軍に対するアラブ軍の勝利は部族兵を勇気づけ、ハーシム家の運動への参加者は増えて、小隊は大きく膨れ上がった。

アラブ軍は、トルコ兵の捕虜の一人に協力させて、アブー・アッラサンとアカバの間の孤立している三つの前哨部隊の司令官宛に手紙の下書きを作らせた。それらの手紙には、降伏すれば厚遇するが、抵抗すれば容赦しないと書かれていた。最初の前哨部隊は戦わずに降伏した。二番目の前哨部隊は抵抗したが、アラブ軍に死傷者を出すことなく、捕虜となった。三番目のトルコ部隊は交渉したが、やがて抵

29.1917年7月6日のアラブ軍のアカバ入城。T・E・ロレンスはシャリーフ軍がアカバを奪取し、ヒジャーズにおけるハーシム家の蜂起をアラブの反乱へと変容させた日の象徴的な場面を撮影していた。

抗したため、最終的に拿捕される前に、彼らを取り囲んだ兵士たちが四方八方から発砲した。最後の砦が打破されたため、シャリーフ・ナースィルの小隊は「猛烈な砂嵐の到来のごとく、七キロほど先のアカバへわれ先にと突進し、七月六日、海岸でしぶきを上げた。ワジュフを出てからちょうど二カ月目だった」と、ロレンスはうれしそうに書いている。[38]

アカバの勝利はアラブの反乱のその時点での最大の手柄だった。シャリーフ・ナースィルはその日、ファイサルへの報告書に、部族兵たちの勇敢な行動のおかげだったと書いている。英国軍の戦争計画者にとってそれがいかに重要かを認識していたロレンスは、八人の志願兵を連れてシナイ半島を横断してカイロに向かった。七月十日、汚れたアラブ服のまま、カイロの英国総司令部に到着したロレンスは、自分が与えた衝撃を楽しんでいたかのように見える。初めはぼろをまとったアラブ人と間違えられたが、完璧なオクスフォード・アクセントで質問に答えたので、この日以来、一躍「アラビアのロレンス」として有名になった。上官たちが彼の身なりにいくら顔をしかめようと、アカバでのアラブ軍の勝利のニュースは、彼を一夜にして英雄にした。カイロの高等弁務官レジナルド・ウィンゲートは帝国陸軍参謀総長ウィリアム・ロバートソンに、同夜、大急ぎで電報を打った。その電文を見ると、ロレンスかウィンゲートのどちらかがアラブの勝利を大げさに吹聴していたように見える。「ロレンス大尉は本日アカバより陸路カイロに到着せり。タフィーラ村、マアーン、アカバ間のトルコ軍陣地はアラブの掌中にあり[39]」

エジプト遠征隊の新司令官エドムンド・アレンビー将軍にとって、アカバでのアラブ軍の勝利はシナイ半島での英国の立場を変える可能性を示唆しているように見えた。七月十二日、彼はロレンスを招いて、アカバ占領の経緯を聞いた。まだアラブ服のままのロレンスは、オスマン帝国軍に対するアラブ人の全面蜂起を利用して、南のマアーンから北のハマ（現在はシリア領）に至るまでの鉄道を分断し、オスマン軍のメディナ、ダマスカス、パレスチナ間の連絡網をずたずたにする戦略を詳しく説明した。アラブ人の健闘を支援するため、ロレンスはアレンビーに対し、パレスチナに侵攻してジェマル・パシャの部隊を身動きできなくすることを提案した。アレンビーははっきりした態度を示さず、「そうだね、できるだけのことをしよう」と言って、この会見を終わりにした[40]。

アレンビーはロレンスとアラブの反乱がエジプト遠征隊にうまく役立てられそうだと見込んだ。そこで翌週、アラブ軍とパレスチナ作戦との間の協調態勢を求めるロレンスの提案を支持する手紙を軍事委員会に書き送った。このような二面作戦をとれば、「ヒジャーズとシリアでのトルコ軍攻勢を粉砕し、さらに政治的にも軍事的にも予想以上の成果が出せる」のではないかと彼は述べた。もちろん、アレンビーがこの計画の一部を完遂するには援軍が必要だった。彼はエジプト遠征隊に無傷の二個師団を要請し、実際に受け取った。最後に、二つの部隊の間に緊密な連絡網を保持するために、アレンビーはファイサルとその部隊を自分自身の指揮下に入れることを提案した。ロレンスはファイサルとシャリーフ・フサインに、アラブの反乱を英国の指揮下で行なうことについて暗黙の承認を取りつけるためにワジュフとジェッダに派遣された。[41]

一九一七年八月、アレンビーはシリアとパレスチナの二つの戦線でオスマン軍打倒戦の指揮を執ることが決まり、パレスチナ前線を注目すると同時に、ガザでの第三次攻撃の準備に取りかかった。

アカバでの降伏の後、オスマン軍は相手と同じ手を使ってアラブ軍を敗北させようとした。彼らはトランスヨルダン（英国軍はオスマン帝国シリア州の南端からヨルダン川の東までをこう名づけていた）の有力部族の忠誠を積極的に求め、地域住民の中から武装民兵を募って、広範囲に展開し過ぎている正規軍を補強しようとした。トランスヨルダンのアラブ人をファイサル軍と戦うように呼びかけることによって、オスマン軍はハーシム軍を敵対地域で戦わせようとしたのだ。[42]

オスマン軍による地元民兵勧誘努力は複雑な結果を招いた。トランスヨルダンの北部地区では、若者たちはすでにオスマン軍に徴兵されており、志願兵として残されていたのは年寄りばかりだった。イルビドに聖戦士《ムジャヒディーン》の徴兵検査に派遣されたオスマン軍将校は、「大半が年齢的にも体力的にも弱々しい」年配の殿方の一団を見て唖然とした。[43]軍上層部はイルビドの志願兵部隊に解散を命じ、代わりにそのメンバーには徴兵免除税を払ってもらった。

アンマン（現在のヨルダン王国の首都）の町では、オスマン軍の軍隊への呼びかけに熱心に呼応するチェルケス人コミュニティがあった。チェルケス人は十九世紀末、ロシアのコーカサス地方征服から逃れた難民としてトランスヨルダンにやってきた。難民移住社会では事実上兵役は免除されていた。だが、チェルケス人は究極的にはオスマン帝国体制の支持者で、一九一六年十一月に彼らのコミュニティの長であるミルザ・ワスフィが、「祖国に命を捧げるために」有志による騎兵隊を形成する許可をイスタンブル政府に願い出た。このチェルケス人志願騎兵隊は一五〇人を超える戦士が参加し、ヒジャーズ鉄道の防衛とアラブの反乱軍との戦いに積極的な役割を果たした。[44]

三つ目の志願兵部隊はオスマン帝国副総督の在所、南部の町カラクで形成された。死海を見渡せる十字軍時代に建てられた丘の上のこの町は、一九一〇年に大きな部族蜂起の中心地となり、オスマン軍の大々的な武力行使によって鎮圧された。カラクの町の人たちはオスマン軍を好きではなかったが、彼らを恐れていたことは確かで、第一次大戦中はずっと、仕方なしに忠誠心を示していた。アラブの反乱が勃発すると、ジェマル・パシャはカラクに自ら乗り込んで、町の人びとに「オスマン帝国の臣民はみな、国家を守る義務がある」と述べ、地域防衛のために民兵組織を形成するように要請した。異なる部族や氏族、ムスリムもキリスト教徒もみな、オスマン軍の大佐の指揮する民兵組織に志願した。[45]

オスマン軍はまた、トランスヨルダン国境沿いのベドウィン部族の忠誠心を養成しようと努めた。ジェマル・パシャは官費で汽車を使って有力部族長たちをダマスカスに招待し、ホテルに滞在させて気前よくもてなした。「政府への友好関係や奉仕を示す」ことを推奨し、部族兵にメダルや勲章をどんどん与えた。これが効いて、ルワッラ族、ビッリ族、バニ・アティーヤ族のメンバー全員を取り込むことにほぼ成功した。主要な部族のリーダーであるアウダ・アブー・タイイ（オスマン軍四等級メダル授与者）はハーシム家と運命をともにした一方、ほかの部族リーダーたちはオスマン軍の大義名分に忠実のままだった。実際、アウダでさえどちらに忠誠を誓うか迷った。ロレンスはこのフウェイタート族戦士に、ジェマル・パシャが忠誠心の乗り換えを迫る書簡を証拠として突きつけた。ベドウィンの忠誠心の奪い合いでは、オスマン軍は容易に油断できなかった。[46]

一九一七年七月のアカバの陥落後まもなく、オスマン軍はアラブ人の忠誠心を試した。ハーシム家の衝撃的な勝利でトランスヨルダンのアラブ人がオスマン帝国に背を向けるのではないかと恐れたジェマル・パシャは、部族民兵にアカバのファイサル軍を攻撃するように命じた。彼はベドウィン志願兵たちにオスマン軍が与えることのできる支援――正規歩兵隊、騎兵隊、砲兵隊、航空機などすべてを与えると約束した。オスマン軍はそれぞれの司令官に兵士の五日分の食料と馬の飼料を与えた。騎兵隊一人につき三トルコ・ポンドを金貨で、司令官には同様に五ポンドを与えた。部族兵たちは大喜びで馳せ参じ、七月半ばに駐屯地の町マアーンに集合するために出発した。

オデフ・グッソウスはオスマン帝国の文官として立派な業績を残したカラクの著名人だった。トルコ語が堪能で、政府の役人と地元の町民との間の通訳を務めることもよくあった。キリスト教徒であるグッソウスにとって、メッカの太守は特別な魅力はなかったので、太守フサインのトランスヨルダンの人たちへの提案には距離を置いていた。彼はカラクの民兵の組織化に主導的役割を演じた。グッソウスは四〇〇人あまりのムスリム志願兵とともに八〇人のキリスト教徒を動員してカラク大隊に入れ、自分は彼らの司令官として、一九一七年七月十七日に戦場に出発した。

グッソウスは部族兵たちの戦闘での士気にためらいがあることに気がついた。彼はフウェイタート族とバニ・サフル族の兵士たちを知っていたから、彼らが戦いを躊躇する理由が理解できた。フウェイタート族のアウダ・アブー・タイイを含む両部族のライバル支族がファイサル側に付いていたのだ。同族同士のメンバーを戦闘で殺せば、何代にもわたる血讐が続くことになる。グッソウスはまた、部族民兵がジェマル・パシャの約束した支援を何も受けずに戦場に向かっていることに気がついた。彼らを支援するはずの正規軍も、砲兵隊も、ましてや航空機など何もなかった。ジェマルはトランスヨルダンの部族とハーシム家を支援する部族を、マアーンにある限られた部隊や物資を危険にさらさずに、相互の反目をかき立てようとしていたのだ。

カラクの民兵たちはアカバの北東四〇キロのところの小さな電報局のある町アル・クワイラで、アラブ軍の分遣隊を攻撃した。フウェイタート族とバニ・サフル族は、自分たち自身は戦闘に従事せず、町を囲むいくつかの丘の上から交戦ぶりを見つめていた。戦闘は三時間ほど続き、カラク軍はアラブ軍九人を殺害し、残りを撤退させた後で勝利宣言をした。カラク軍は羊一〇〇〇頭、ロバ三〇頭、ラクダ数頭、テント一〇張りを奪って意気揚々とマアーンに戻った。部族の襲撃の慣習に従って、彼らは獲得した動物を戦利品として扱った。羊五〇〇頭はオスマン軍に贈り物として残し、残りの動物は自分たちが挙げた勝利への当然の報酬としてカラクの居住地に追い立てていった。攻撃はささやかなもの（ファイサル軍がまもなくアル・クワイラを再占領した）だったが、オスマン軍はこの戦争が終わるまで、地元住民とハーシム軍を反目させ続けた(47)。

オスマン軍陸相エンヴェル・パシャは、一九一七年六月二十四日に、自軍の司令官たちをシリア北部のアレッポに招集した。メソポタミアの第六軍司令官ハリル・パシャ、ガリポリの英雄ムスタファ・ケマル・パシャ、コーカサス軍司令官イッゼト・パシャ、シリア州総督で第四軍司令官ジェマル・パシャら全員が、この臨時の会合に出席した。ジェマルの回想録によれば、「四人の陸軍司令官とそれを指揮する参謀総長の会合は日常的な出来事ではなかった」という(48)。

エンヴェルは、これらのトルコ軍部高官たちに新たな提案をした。「バグダード奪回の方向で攻撃を考えている」とエンヴェルは説明した。そして最後に、ドイツ軍の指揮のもとに「ユルドゥルム・グループ」と呼ばれる新しいオスマン軍の結成を提案した。「ユルドゥルム」とはトルコ語で「稲妻」もしくは「電撃」という意味で、ドイツ軍団の方式に従って組織されることになっていた。それはハリル・パシャの第六軍とムスタファ・ケマルの指揮する新しい第七軍団をドイツ軍の一歩兵師団としてまとめたものになるはずだった。総司令官はエーリッヒ・フォン・ファルケンハインで、彼は最近のルーマニアでの勝利で、一九一六年のヴェルダンのフランス戦線突破の際の敗北後の名誉回復を果たしたところだった。ドイツ政府は、一九一七年半ばの著しい財政難の中を、金貨で五〇〇万ポンドをユルドゥルム軍団の勝利を確実にするための財源として提供した。

オスマン軍司令官たちはエンヴェルの計画を聞いて仰天した。バグダード奪回攻撃は、オスマン帝国がほかのたくさんの重要な前線で攻撃される脅威にさらされているときに無謀としか見えなかったのだ。ユルドゥルム軍団のスタッフは外国人将校六五人に対してトルコ軍将校はわずか九人という圧倒的にドイツ人の軍団だった。ドイツ軍とトルコ軍の関係は戦争が進むにつれてぎくしゃくしてきていた。兵士たちの日誌には、将校にも兵卒にも同じように、ドイツ人の傲慢さを腹立たしく思う記述がある。ムスタファ・ケマルはエンヴェルに、トルコが「ドイツの植民地」になりつつあると警告した。オスマン帝国へのドイツ軍使節団長オットー・リーマン・フォン・ザンデルスでさえ、オスマン帝国もしくはトルコ文化について何の知識もない将校たちをドイツから派遣するのは間違いだと思った。ドイツ軍の指令を理解させるために通訳を頼ると、ドイツ軍とトルコ軍の間の善意が翻訳によって伝わらないことがよくあったのだ。

陸軍司令官たち全員の反対にもかかわらず、エンヴェルは思いとどまろうとはしなかった。一九一七年の夏の数カ月の間に、ユルドゥルム・グループはメソポタミアへの戦闘配備のためにアレッポに集結しはじめた。ジェマルはガザ－ベエルシェバ戦線沿いの英国軍の増加ぶりを追跡した情報を提供し、政策の変更を求めるロビー活動を続けていた。こうした骨折りにもかかわらず、ジェマルはパレスチナ戦線での指揮をフォン・ファルケンハインと交替させられた。だが、このドイツの将軍はジェマルの懸念に聞く耳を持たないわけではなかった。九月末までに、フォン・ファルケンハインは英国軍によるパレスチナへの脅威を認め、エンヴェルにユルドゥルム・グループをこの危機に対処させるよう作戦変更を求めた。九月三十日、ユルドゥルム・グループは南のパレスチナ戦線へと移動を開始した。

ドイツ軍とトルコ軍合同のユルドゥルム師団がアレッポに集結しつつあるころ、アレンビーの最初の増援部隊もエジプトに到着しはじめた。政治家たちはアレンビーがエルサレムを、キリスト教徒のプレゼントとして戦争疲れした英国民にもたらしてほしかった。将軍たちは彼が手持ちの部隊だけでできるだけの成果を挙げてほしいと願い、これ以上の支援は不可能であることを明らかにしていた。彼への命令はモード将軍がバグダードへ進軍する前に与えられたものとよく似ていた。トルコ軍前線を突破しトルコ軍を手持ちの部隊でできるだけ遠くまで追い詰めてもらいたいが、万難を排して戦線を拡大し過ぎることがないようにと命じられた。敗北、撤退、クート・スタイルの降伏はあってはならないと。

ガザ周辺でのエジプト遠征隊は、オスマン軍防衛隊を超える兵力に余裕を感じていた。英国軍は推定四万人のオスマン軍歩兵隊の二倍を動員できており、一五〇〇人の騎乗隊の八倍、砲兵隊はトルコ軍より三対二の割合で優勢だった。それでも、防衛隊を単に数で上回るだけでは十分ではない。英国軍は最初の二回のガザでの戦闘で、頑強に守られた塹壕から正面攻撃を受けて敗北していた。トルコ軍は休戦期間中にせっせと防衛網を改善していた。複雑な塹壕網の防衛線を突破するにはアレンビーは偽騙作戦に頼らざるを得なかった。

第三次ガザ戦争は陽動作戦や策略を含む複雑なものだった。英国情報部は、オスマン軍の防衛はガザ周辺が最強で、防衛側から見て険しい地形で攻撃しにくいと思われるベエルシェバがいちばん手薄であることを確認していた。アレンビーはそこを攻撃することに決めた。なぜならベエルシェバを掌中にできれば、軍隊に十分な飲料水を確保できるうえ、オスマン軍陣営を側面から包囲できるからだった。アレンビーの計画を遂行するには、事前にガザ周辺に攻撃をかけ、オスマン軍をこちらに集結させる必要があった。そうすれば、手薄になったベエルシェバを奇襲攻撃しやすい。

英国軍はオスマン軍司令官らを欺くためにたっぷり時間をかけた。情報部長のリチャード・メイナーツハーゲン大佐が馬に乗ってトルコの前線に向かい、オスマン軍騎兵隊が迎撃に出る寸前のところまで進んだ。彼は敵の騎手に銃撃戦をけしかけておいて、逃げるふりをして相手に追わせ、英国軍がガザ攻撃を計画しているという偽文書の入った血まみれのカバンをわざと落としていった。英国情報部はまた、ガザの北に海軍が上陸するという偽情報も広めた。そうした噂を信用させるためだけに、英国戦艦を沖合に停泊させておいた(49)。

アレンビーが命令を出したのは、作戦開始の一〇日前の十月二十二日だった。彼の計画は、歩兵隊と騎兵隊を少しずつベエルシェバと反対の戦闘位置に移動させ、防衛軍に本命の大規模攻撃部隊の増強に警戒心をかき立てないようにすることだった。十月三十日までに攻撃部隊は所定の位置についた。翌日の夜明け前、彼らはベエルシェバのオスマン戦線への激しい砲撃が攻撃開始を告げた。

ガリポリ戦の帰還兵エミン・チョエルはベエルシェバのトルコ軍塹壕にいた兵士の一人だった。彼の回想録によれば、「大砲の音で目が覚めた」という。「どっちみち眠ってはいなかった」。ベエルシェバのトルコ軍戦線はみじめな状態だった。狭い塹壕は身を守るには浅過ぎた。五〇メートル置きに掘られた塹壕はほかの塹壕とはまったく孤立していて、前線から前線へと安全に兵士や物資を移動できる連絡路もなかった。敵の砲撃から身を守る十分な遮蔽物もなかったので、死傷者は塹壕内に積み重なり、生存者が安全に彼らを移動させる手段もなかった。チョエルが差し迫った戦闘を受けて立つ気がなかったのは無理もない。「おいらは何という戦争をしてるんだ？［オスマン］軍には使える大砲も、マシンガンも、飛行機もなく、命令を出す将校もいない。防衛網も、保存物も、電話もなかった。部隊はそれぞれまったく孤立したまま戦っていた。士気は完全に失われていた。実際、この部隊には［勝つために］

必要な物は何一つなかった(50)」

だが、いくら士気が衰えたとはいえ、オスマン軍兵士はしたたかな防衛ぶりを見せた。トルコ軍の激しい射撃に正面から突撃した英国軍歩兵隊は、午後早めに指定された地点にまで何とか到達したが、粘り強い抵抗に遭ってそれ以上進めなかった。英国軍歩兵隊は、南からベエルシェバを見渡せる丘の上の塹壕にこもって、次の命令を待った。

攻撃の勝敗は騎兵隊にかかっていた。四〇キロの道のりを、夜を徹して走ってきた砂漠騎馬隊は、北東から町に入るためにベエルシェバ周辺を囲い込む任務を与えられていた。旗手たちはまたもや水不足に直面した──日没前にベエルシェバとそこにある井戸を奪取しなければ、兵士も馬も翌日戦うための十分な飲料水が得られない。午前中、アンザック騎兵隊はオスマン防衛軍から激しいマシンガン攻撃にさらされ、進軍速度が落ちて作戦全体が危うくなりかけた。昼下がりになっても、この騎兵隊が日没前に町を確保できる可能性は乏しかった。砂漠騎兵隊司令官のハリー・ショウヴェル将軍は、申し合わせた計画を破って、町への侵入を防ぐトルコ軍の塹壕を、危険を承知で直撃することにした。

秋の日が落ちる半時間前、第四オーストラリア軽騎兵旅団は戦闘配置に就いた。約八〇〇人の騎手が二手に分かれて、それぞれ四〇〇メートル近い幅の広い隊列を組み、早足でトルコ軍の前線に向かってスタートした。それはこの戦争で最大の騎兵隊攻撃だった──おそらくこの一〇〇年で最大の攻撃だったであろう（有名な一八五四年のクリミア戦争での軽騎兵旅団も七〇〇人以下の編成だった）。騎兵隊はトルコ軍の射程内に入ると速度を上げ、駆け足から、やがて全力疾走に入った。

防衛軍はそれほど速く動く標的に照準を合わせるのはたいへん難しかった。エミン・チョエルは、自軍の前線に稲妻のように突進してくる騎兵隊を見つめた。数百人の騎手が一列目の塹壕の上を駆け抜けていき、チョエルとその仲間たちは、馬の蹄に踏みつぶされないように必死で身を守らざるを得なかった。騎兵隊のいくつかのグループは馬を下りて防衛隊と白兵戦に入った。チョエルは英国軍に向かって視力が続く限り撃ちまくった。チョエルは突然、意識はあったものの、視界を失った。彼は負傷し顔に血が流れるのを感じた。激戦の真っ最中ながら、戦友たちが彼の傷に包帯をし、降伏する前に危険の少ない場所へと彼を運んだ。「彼らの話によれば、二人の英国兵が近づいてきて、私の手を取り、塹壕の外へ出してくれたそうだ」。チョエルは捕虜になったが、一年ほどで解放されることになる。しかし彼の視力は永遠に戻らなかった[51]。

騎兵隊は、オスマン軍が撤退する前に井戸を破壊するのではないかと恐れて、ベエルシェバへと疾走を続けた。弾薬類の臨時集積場は破壊され、鉄道車両は英国軍の手に落ちるのを防ぐためにダイナマイトで爆破されるにつれて、町はひとしきり激しく振動した。騎兵隊は二カ所の井戸が爆破されているのを発見したが、残りは何とか破壊を免れた。宵闇が辺りを覆うころには英国軍は撤退しようとするオスマン軍を追って、あらゆる方向からベエルシェバへ攻め下りた。深夜までに町は英国軍に確保され、生き残ったオスマン軍部隊は夜陰に紛れて撤退を完了した。

ユルドゥルム・グループの司令官たちはたった一日の戦闘で突然ベエルシェバを失ったことに仰天した。何とか捕虜にならずにすんだ兵士たちは、これまでに二回の侵攻に耐え抜いたガザに戻った。だが、ガザももはや安全な場所ではなくなっていた。英国軍はこの町をヨーロッパ戦線以外では最大の激しい攻撃によって掌中にしていた。十月二十七日から三十一日にかけて、地上軍砲兵隊と海軍の砲撃でガザ周辺のオスマン軍陣営に一万五〇〇〇発の弾丸が撃ち込まれた。ガザに布陣した増援部隊は生き地獄に突入した[52]。

十一月一日と二日、英国軍歩兵隊はガザに面したオスマン軍陣営を攻撃した。これは英国軍が直接攻撃を意図したと防衛軍に思い込ませるための陽動作戦だった。英国軍騎兵隊は、さらに状況を混乱させ

30.1917年に廃墟となったガザ最大のモスク。
オスマン軍は3度の英国軍のガザ攻撃の前に民間人全員を仕方なく疎開させていた。
この町はヨーロッパ戦線以外の場所ではもっとも激しい砲撃にさらされた。

るために、ベエルシェバと丘の町ヘブロンの間でオスマン軍にエルサレムへの直接攻撃を恐れさせるように仕向けた。ユルドゥルム・グループの司令官たちは、さっそく、ガザとヘブロンを防衛する部隊を派遣し、ガザとベエルシェバ間の四〇キロほどの戦線にある本営の防衛は手薄になった。トルコ軍本営の防備が手薄になったところへ自軍の本隊を突撃させるのがアレンビーの究極の目的だったのだ。

第三次ガザ戦争は十一月六日に終盤に入った。アレンビーは自軍の本隊をガザとベエルシェバの中間にあるトルコ軍陣営に出撃させ、丸一日の激戦で、英国軍は一〇キロあまりに広がる前線の重要地点数カ所でトルコ軍戦線を突破し、オスマン軍領土内に一五キロ近く侵入することに成功した。だが、英国軍はトルコ軍の執拗な防衛ぶりに驚嘆した。

英国陸軍ラクダ部隊のオーストラリア人

兵士たちはベエルシェバの北のテル・エル・フウェイルファでオスマン軍に二日間、釘づけにされた。ウェールズ歩兵隊とともに戦っていたラクダ部隊の兵士たちは、パレスチナ戦争で最悪の損害を被った。フランク・レイドは、この凄惨な戦いの間に身近で命を失った同僚の名前をリスト・アップしている。ダン・ポーランド軍曹、弾丸が頭部を貫通／アーサー・オクスフォード、鼻を撃たれる／一九一四年にリガからオーストラリアへ移住したばかりのフランク・マツォナスは頭部を狙撃された／レグ・レイドは道に迷い、トルコ軍の塹壕内で銃剣で刺殺された――など。「ニールセンという名のもう一人のラクダ兵は負傷して数時間も野ざらしにされたまま、トルコ軍の塹壕の近くに横たわっていた。トルコ兵が通るたびにおれを撃ってくれと叫ぶと、やがて穴ぼこだらけにされた。テル・エル・フウェイルファの丘に並んでいたトルコ兵は殺人鬼みたいな連中だった」。もちろん、テル・エル・フウェイルファのオスマン軍防衛隊員の回想録が残っていたら、彼らは英国軍攻撃者を同じように語っていただろう。[53]

十一月七日までに、オスマン軍は全員撤退した。アレンビーの複雑な作戦は見事に成功し、英国軍は抵抗なくガザに入城した。オスマン軍は敵対行為が蔓延する前に、市民を強制的に疎開させていたため、市内には誰も残っておらず、英国兵が徒歩で狭い路地を入っていくと、まともに建っている家は一軒もなく、ガザはまるでゴースト・タウンだった。

オスマン軍はガザの陣地を失った後、エジプト遠征隊がエルサレムへ到達するのを阻止するための防衛線の再構築に苦戦した。だが、ユルドゥルム・グループがまだ編成途中であるうちに、アレンビー軍はほぼ全員がそろって勢いづいていた。アンザック騎兵師団は地中海沿岸部でオスマン軍を追い、英国軍は十一月十四日、エルサレムの南の重要な鉄道分岐点の占領に成功した。翌日、アンザック騎兵師団はラムラとリッダを、オーストラリマ騎兵師団はラトランを占領。十一月十六日にはニュージーランド旅団がヤッフォの港を占領した。エルサレムは南からも西からも孤立し、守りようがなくなっていた。

アレンビー軍がガザに入城する二日前の十一月九日、『ジューイッシュ・クロニクル』は新たな英国のパレスチナ政策を公表した。英国外相アーサー・バルフォアは、十一月二日付のウォルター・ロスチャイルド宛の手紙というかたちで、「英国政府は、ユダヤ人がパレスチナの地に民族的郷土を樹立することにつき好意をもって見ることとし、その目的達成のために最大限の努力を払うものとする」という、のちに彼の名をつけて呼ばれるようになった宣言を発表した。

大英帝国政府は、パレスチナにおける既存の非ユダヤ人社会の公民権と宗教的権利、および他国においてユダヤ人が享受している諸権利ならびに政治的地位を損なってはならないことを明確に理解した上で、ユダヤ人の民族的郷土をパレスチナに建設することに賛成し、この目的促進のため最大限の努力をする。

この「バルフォア宣言」は、英国政府側の常軌を逸した関与だった。英国軍はやっとパレスチナに入ったばかりで、エルサレムからはまだ遠いところにいた。それなのに、まだ主権国家オスマン帝国の領土である地域について、このような約束ができるほど攻略成功に自信をもっていたのだ。

英国はもちろん、この戦争の始まった時点で、オスマン帝国の領土をめぐる分割交渉をしていた。その意味で言えば、「バルフォア宣言」は、一九一五年三月の「コンスタンチノープル協定」、一九一五年から一六年にかけて交わされた「フサイン＝マクマホン書簡」、一九一六年の「サイクス＝ピコ協定」という一連の戦時分割計画の最新版にすぎない。だが、それ以前の分割計画はどれも秘密にされていたのに、「バルフォア宣言」はロンドンの新聞にも公表された。ユダヤ人のための民族的郷土設立の達成に英国が「最大限の努力を払う」という約束は、バルフォアが太守フサインとフランス政府との以前の協定条件に違反しているように見えた。さらに事を複雑にしたのは、「サイクス=ピコ協定」の立案者であるマーク・サイクス卿が英国政府に対し、ユダヤ人の民族運動を支援するように働きかけていたことである。一九一七年十月三十一日、英国軍事閣僚会議の会合の席を立って、室外でそわそわして待っていたシオニストのリーダー、ハイム・ワイツマンに、「ワイツマン博士、男の子だ！」という有名なせりふで、この宣言が承認されたことを告げに行ったのはサイクス卿だった。[54]

オスマン帝国のほかの分割計画と同様、「バルフォア宣言」も戦時の発想の産物である。この宣言を承認したのは軍事閣僚会議で、しかも、その目的はシオニズムを支援するためというより、英国の戦争努力にユダヤ人の影響力を利用するためだったことに注目していただきたい。ワイツマンとその支持者たちが英国閣僚会議の有力メンバーの説得に成功していたのは、シオニスト運動が単なるヨーロッパのユダヤ人の民族運動の一つを代表するものではなくて、離散ユダヤ人全体の政治的、経済的実力——世界の金融を陰で牛耳っているユダヤ人の秘密国際組織があるという古くからの反ユダヤ主義神話のコインの裏側を物語っている。

シオニズムを支持することによって、英国政府のメンバーはアメリカとロシアの有力ユダヤ人の支持を獲得できるだろうとにらんだ。アメリカはその伝統的な孤立主義から、同盟国としてこの戦争に参入するのが遅く、ロシアの関与は二月革命と一九一七年三月のロシア皇帝の退位で疑わしくなっていた。ユダヤ人はアメリカ大統領ウッドロー・ウィルソンとロシアの暫定政権首相アレクサンドル・ケレンスキーに大きな影響力を行使できると思われていた。もしユダヤ人の影響力がこの二つの大国をこの戦争に積極的に関与させることが可能ならば、シオニズムを支持することによってユダヤ人のご機嫌を取り、その支持を取りつけることは、当時としては英国の利益に適っていたのだ。

最終的には、英国の軍事閣僚会議メンバーの大半は、戦時中の協定、とりわけ「サイクス=ピコ協定」の諸条件を改定したいと思っていた。サイクス卿はあまりにも安易にフランスに多くのものを与え過ぎたと思うようになった閣僚が多かったのだ。英国はパレスチナを掌中にするためにあれほど激しく戦ったのだから、戦争終了時の領土獲得を、その定義も曖昧な国際管理に委ねてしまいたくなかった。さらに、英国は戦時中の経験から、パレスチナにおける敵対国がスエズ運河の安全保障を脅かしかねないことを知っていた。英国は戦争終了時に、パレスチナを英国の行政管理下に置きたいと願っていた。シオニストはこのプロジェクトにとって理に適った味方であり、彼らの政治的野心は大国の支援なしには実現不可能であった。

そうした状況を踏まえて、バルフォア卿はパレスチナをシオニスト運動に差し出そうとしたのだ、ロイド=ジョージ政権は事実上、パレスチナを確実に英国支配下に入れるためにシオニスト運動を利用しようとしていたのである。

エルサレムが英国軍に降伏したのは一九一七年十二月九日だった。オスマン軍はこの都市を守ろうと全力を尽くしていた。だが、アレンビーは情け容赦なく兵を進めた。数週間にわたる激戦で、彼の部隊の消耗は著しく、壮健な兵士たちはたった一日(十一月十七日)の休暇しかとれなかったが、オスマン軍に防衛態勢を調える時間をけっして与えなかった。オスマン軍が逃げ腰で、敗北によって士気が落ちている間に押しつぶしておけば、勝利のチャンスは高く、負傷者が出る危険度は低くなるだろうという彼の推論は正しかった[55]。

どちらの側もエルサレムで戦うのは避けたかった。英国軍も、オスマン軍とドイツ軍も、この聖都で戦えば、どうしてもユダヤ教、イスラーム、キリスト教の神殿の破壊は免れないが、それによって国際

31.1917年12月9日、エルサレム市長が初めて英国軍兵士と遭遇する。フセイン・サリム・アル・フセイニ市長(中央で杖とタバコを手にしている)は白旗を掲げてエルサレムを出て、近づきつつある英国軍にこの町を平和裏に明け渡すことを保証した。彼が会った最初の兵士は、ここに写っているセジウィック軍曹とハーコム軍曹だが、2人とも階級が低すぎ、この市の降伏を承認することはできなかった。

的非難を浴びたくなかった。英国軍が南部、北部、西部からじわじわと攻め寄せるにつれて、オスマン軍とドイツ軍は第七軍の残存兵が無傷のまま、東部への撤退を決めた。両軍は十二月八日の夕刻から撤退を開始し、夜のうちに完了した。十二月九日の夜明けには、四〇一年にわたるエルサレムのオスマン帝国支配に終止符が打たれた。

エルサレムを去る知事が最後にしたのは、この聖都を大英帝国に引き渡す降伏文書の起草だった。知事はこの文書を、市長で、この市でもっとも尊敬されている一族の子孫であるフサイン・サリム・アル゠フサイニに託した。英語が話せる市長は大勢の英国軍兵士や将校と会ったが、彼らは市長の降伏文書を受理するには階級が低過ぎた。午後遅くなって、まだヤッフォの司令部にいたアレンビーのお墨付きをもらったシェイ少将が、彼に代わって市の降伏文書を受理した。(56)

アレンビー将軍が公式にエルサレムに入城したのは一九一七年十二月十一日である。陸軍省映像記録委員会は、その時点では最大の軍事的勝利をできるだけ多くの視聴者に確認してもらうために、念入りに演出されたこの行事を撮影した。これはまさに、ロイド＝ジョージの言う「英国国民へのクリスマスプレゼント」だった。アレンビーのせりふは、バグダードのモード将軍の宣言と同様、彼に代わってロンドンで下書きされ、パレスチナに電送された。エジプト遠征隊総司令官アレンビーは、とりわけキリスト教徒に感銘を与えるような謙虚さのジェスチャーとして、聖都に入城する前に馬を下りることまで命令された。この行事の台本は、エルサレムの見物人のためだけではなく、下院での首相の声明のためにも書かれた。ロイド＝ジョージはこの大成功の公報の機会を無駄にしたくなかったので、歴史的瞬間の細部に至るまできちんと収録するように主張した。

アレンビーはエルサレムに入城するとき、パレスチナで戦った兵士たちのそれぞれの国を代表する英国、ウェールズ、スコットランド、インド、オーストラリア、ニュージーランドの儀仗兵の前を通っていった。フランス兵二〇人、イタリア兵二〇人は英国の協商国の代表だった。アレンビーの側近には、アラブの反乱とエジプト遠征隊の間の合同戦略の討議に参与したT・E・ロレンスと、「サイクス＝ピコ協定」の共同作成者シャルル・フランソワ・ジョルジュ＝ピコら要人の姿もあった。

アレンビーは英語で声明書を読み上げ、引き続きアラビア語、ヘブライ語、フランス語、イタリア語、ギリシア語、ロシア語で読み上げられるのをダヴィデの塔の下で見つめた。スピーチは簡単なもので、エルサレムは現在、戒厳令下にあるが、住民は「合法的なビジネスを妨害されることなく」進めることができ、「三つの宗教」の聖都は、「これまでの慣習と、それぞれが神聖とする信仰に従って維持、保護される」ことになる。この点を強調するために、アレンビーはやがて、市の役人や宗教界の要人——キリスト教の主教、ユダヤ教のラビ、イスラームの宗教指導者、エキゾチックな祭服に長いひげを

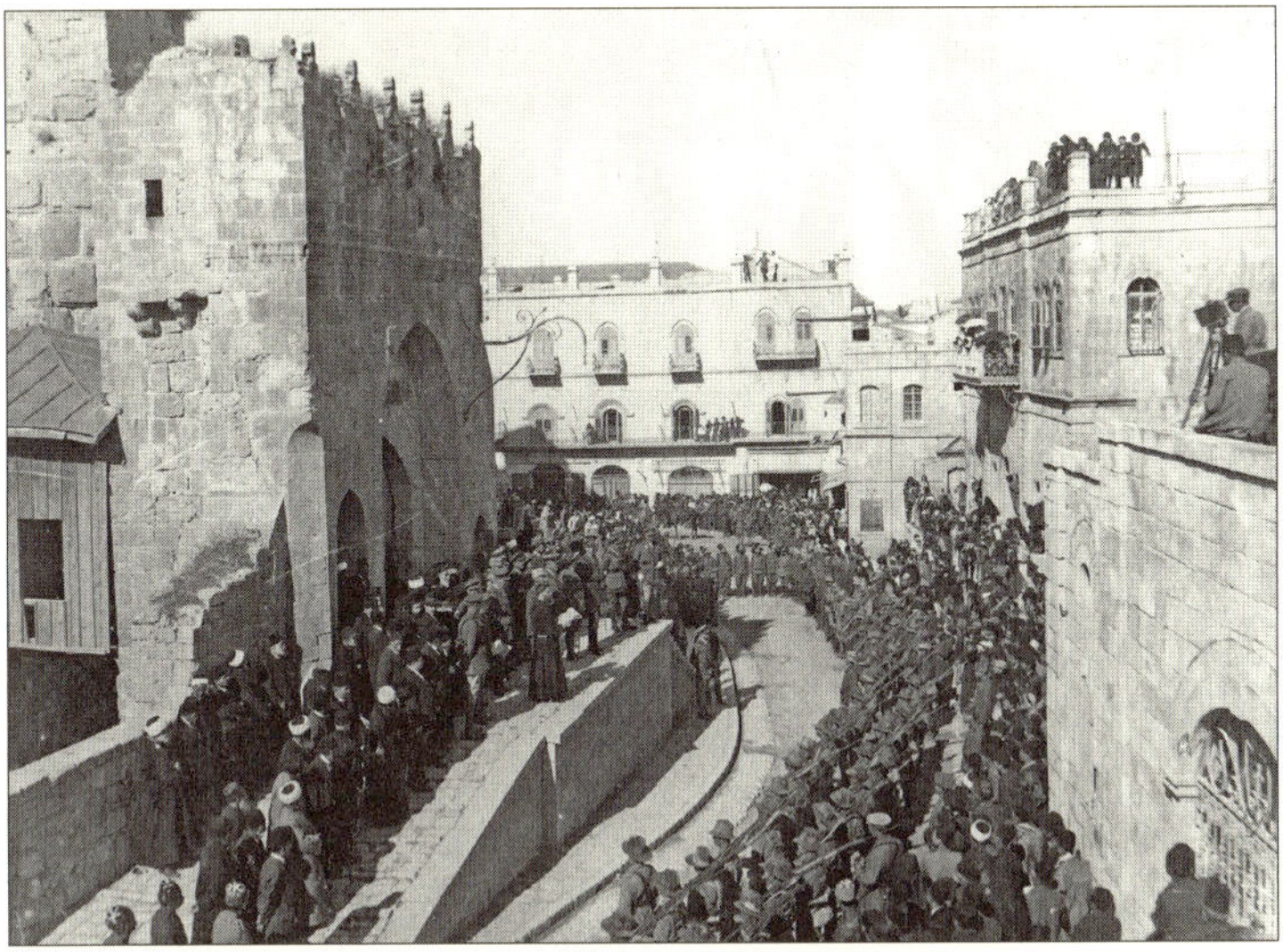

32.英国に占領されたエルサレムでアレンビー将軍により声明書が朗読された。
英国軍のエルサレム入城の映像は、戦争疲れしていた英国人の士気を高揚させるために
念入りな筋書きもとに撮影された。この写真の右上の屋上にいる撮影者に注目されたい。

生やした大主教ら——の挨拶を受けた。撮影は、占領軍の兵士やロバが引く荷馬車、バイク、自動車などの列が押し合いへし合いするエルサレムの群衆のショットで終わっている。(57)

エルサレムの陥落は、第一次大戦の中東における大きな転機となった。一九一七年末までに、オスマン帝国は象徴的価値の高いメッカ、バグダード、エルサレムの三つの都市を明け渡した。こうした喪失、とりわけメッカとエルサレムを失ったことは、オスマン帝国のジハードに対する強烈な打撃だった。エジプトとインドの英国人役人はもはや宗教的狂信主義を触発する戦場での報復を恐れることはなくなった。さらに大事なことは、英国軍のクートとガザでの勝利の後、メソポタミアとパレスチナのオスマン軍前線は突破され、軍勢も装備も整った英国遠征軍により撤退を余儀なくさ

れた。パレスチナの英国軍は、アカバの占領後、ようやくハーシム家の軍隊と連携し、シリア内陸部のオスマン軍陣営を脅かすようになった。

一九一七年末までには、オスマン軍は、敗北はしないまでも、この大戦での目標を、勝利よりも、いかに生き延びるかに狭められつつあった。

第13章　次々と結ばれた休戦協定

一九一七年十一月、ボリシェビキがロシアで権力を握り、中央同盟国と直ちに休戦協定締結を願い出た。エルサレムの陥落で、どん底に陥っていたオスマン帝国がこれで救われるのではないかという期待を抱かせる、思いもよらないどんでん返しだった。

戦争の苦難が巻き起こした二月革命（ロシアの旧暦をもとにこう名づけられたが、「二月革命」の諸事件が実際に起こったのは一九一七年三月だった）で帝政ロシアは打倒され、ニコライ二世は三月十五日に退位させられて、アレクサンドル・ケレンスキーの率いる暫定政府が権力を握った。政変で軍部の規律は最初から乱れていたものの、連合国は初め、革命がロシアの戦争遂行努力に活を入れるのではないかと思った。

新政権がとった最初の措置（一九一七年三月十四日命令第一号）により、ロシア軍将校たちの権限は剥奪され、以後、選挙によって選出された「労兵協議会」が指揮を執ることになった。オスマン帝国領の占領地にいたロシア軍は、さっそくそれに従い、その結果、大混乱が起こった。黒海沿岸の港町トラブゾンにいたアメリカ領事は一九一七年三月二十三日付の政務日誌にこう書いている。「ペトログラードで革命が起きたため、今日、長時間にわたる、数回に及ぶ［ロシア軍］兵士の会合が行なわれた。政治的示威行為の結果として、行き過ぎた行為が心配された。ほとんどの商店が閉店した。大半が兵士たちで構成された執行委員会の選挙の後、事態はだいぶ落ち着いた(1)」

一九一七年春から夏にかけて、ロシアに占領されたトルコ東部地域では不気味な静けさが続いた。戦い疲れたコーカサスのオスマン軍部隊は、戦闘の小休止にホッとした。その年はずっと、駐屯地の保持だけで、腹立ち紛れの発砲は一度もなかった。ロシア軍兵士たちは仲間内で激しい政治論争に耽っていた。話題はもっぱら祖国のことで、自分たちはオスマン帝国領内でこんなことをしていていいのか疑問視する人が多かった。

一九一七年十一月七日（ロシア旧暦により「十月革命」と呼ばれる）に権力を掌中にしたボリシェビキ党は、兵士たちの間で懸念されていた疑問を解決した。ボリシェビキは、この戦争は帝国主義者のプロジェクトであると非難し、「併合も賠償もなしの」講和を求めたのである。「青年トルコ人」らにとっては信じられないような幸運だったであろう。オスマン帝国がやむにやまれずドイツと軍事同盟を結んだのは、ロシアがボスフォラス＝ダーダネルス海峡と、イスタンブルへの領土的野心の拡大を恐れたからだった。戦争が進行する過程で、ロシア軍はコーカサスのオスマン軍防衛拠点を破壊し、東アナトリアでは広範囲にオスマン領土を占領した。ところが、ロシアの新政権は、この戦争からできるだけ速やかに撤退し、これまでに獲得した領土をすべて放棄すると約束したのである。

「青年トルコ人」政府とロシアのコーカサス軍代表は、十二月十八日、占領下の町エルズィンジャンで正式に休戦協定を結んだ。黒海からヴァン湖までの間にいたロシア軍とオスマン軍の兵士たちは、双方の政治指導者たちが講和条約交渉に入ると武器をおいた。アナトリア東部のロシア占領地域ではこの休戦協定によって政治的空白が生じた。トラブゾンのロシア兵たちは、ペトログラードの政権とはおかまいなしに行動した。民主的に選ばれた「労農兵評議会」はすべての権力と権威を主張したが、そのどちらの実行力も持っていなかった。兵士たちは、規律も階級組織も失うにつれて無法者、手に負えない集団になっていった。

一九一七年十二月末、トラブゾンにいたロシア兵の中には、船舶を勝手に奪い取って黒海を渡り、故郷へ帰ろうとする者も出てきた。出て行く兵士たちの大半は、何カ月も報酬をもらっていなかったため、故郷への旅費の足しに町の商店から略奪した。十二月三十一日に戒厳令が出されたが、港町の治安は回復しなかった。街中の無秩序ぶりは周辺部ではいっそうひどく、ロシア軍が撤退するにつれて武装したトルコ人暴力団がのさばり始めた。「発砲、略奪、恐慌は日常茶飯事だった」と、アメリカ領事は一九一八年一月末に報告している。「トルコ人暴力団は日増しに大胆不敵になり、ロシア軍兵士は危害を受けやすくなった」。休戦協定はオスマン軍にとってどれほど救いだったかしれないが、ロシア占領下の街は講和条約によってしか生まれようのないまともな政府の一日も早い復活を待ち望んだ。

中央同盟国は、ボリシェビキ政権の代表とブレスト＝リトフスクにあるドイツ軍司令部で会合を持った。ロシア軍はドイツとオーストリアに取られた領土を取り戻したいと願っていたが、オスマン軍はボリシェビキが併合なしの講和の約束をしたことで得をした。「青年トルコ人」は和平交渉のテーブルに着き、一九一四年の国境線の回復を求めるだけではなく、ロシアが一八七八年に併合した三県（Elviye-i Selâse）、カルス、アルダハン、バトゥーミの返還を求めた。

ドイツ軍は二回の交渉で結論が出なかったため、ロシアに対する敵対行為を再開し、一九一八年二月十八日、ペトログラードに向かって進軍した。ドイツ軍を前にして無防備だったウラジーミル・レーニンは、ロシア軍の交渉者に、どんな条件でもよいから中央同盟国との和平協定を結ぶように指示した。ロシアの支配権が弱まる一方、オスマン帝国は一九一四年の国境線を確実に取り戻し、ロシア軍を三県から完全に撤退させ、その後の裁量権はオスマン政府が組織する国民投票によって決定することになった。三月三日に調印された「ブレスト＝リトフスク条約」でいちばん恩恵を受けたのは「青年トルコ人」だった。

協定調印の翌日、オスマン帝国政府はこのニュースを代議員会に披露した。政治家たちは、ロシアとの講和を、全面的な講和と戦争終結へのプレリュードとして祝った。長い間奪われていた領土を取り戻すというこの条約の好ましい条件は、戦時中、トルコ国民が払ったすさまじい犠牲を償ってくれた。それはまた、コンスタンチノープルとボスフォラス＝ダーダネルス海峡を掌中にするというロシアの永年の主張に終止符を打った。こうした得点が希望をかき立て、この「大戦争」の勝者として浮上することも夢ではなさそうに見えた。

ボリシェビキは退位させられたロシア皇帝政府のとってきた政策を執拗にこき下ろしつづけた。当時、外務人民委員（外相）だったレフ・トロツキーは、一九一七年十一月末、ソヴィエトの日刊紙『イズヴェスチア』に、旧体制最大の恥の一部を暴露した。もっともセンセーショナルだった記事は、三国間で秘密裏にオスマン帝国分割に合意した「サイクス＝ピコ協定」だった。モスクワ駐在の外国人特派員らはさっそくその暴露を取り上げ、自国の編集部へそのニュースを打電した。英語圏で最初にこの「サイクス＝ピコ協定」のニュースを流したのは、十一月二十六日と二十八日付の『マンチェスター・ガーディアン』紙である。

オスマン帝国政府はこの暴露に飛びつき、反乱軍のメッカの軍司令官、太守フサインとその息子のアラブ軍司令官ファイサルを口汚く罵った。エルサレム陥落の数日前の一九一七年十二月四日、ベイルートで行なわれた演説で、ジェマル・パシャは「サイクス＝ピコ協定」の条項を暴露して、聴衆を唖然とさせた。アラブの反乱のリーダー格である太守フサインとその息子たちは、英国の手先となって「敵をエルサレム城壁にまで導いた。仮に独立の夢を実現するためにヒジャーズで蜂起したのなら、こちらも譲歩できる点が少しもなかったわけではない。だが、英国の真意が暴露された今、太守フサインはイスラームのカリフから与えられた尊厳と引き換えに、英国に隷従したことを末永く恥じることになるだろう」。オスマン政府はこのスピーチのコピーをアラビア語に訳して、シリアの新聞社に配った。このセンセーショナルなニュースを載せたベイルートやダマスカスの新聞は、鉄道でメディナに送られ、それがメッカにまでいつの間にか届いてハーシム家の恥さらしになった。[2]

太守フサインとその息子のファイサルは、英・仏の分割案をまったく知らなかったわけではなかった。何といっても、マーク・サイクスとピコはその年の初め、太守とその息子に条約の条件について概要を説明するためにジェッダまで出かけていた。だが、この英・仏の二人の外交官は、自分たちの計画を隅々まで明らかにしてしまうと、英国とアラブの同盟関係を危うくすることを知っていたので、意図的に曖昧な説明をした。サイクスは太守フサインに、英国がイラクを短期間占領する計画で、彼らがそこに駐留する間は彼に使用料を払うことを認めてもらうように誘導した。彼はまた、太守にフランスの短期駐在を認め、シリア沿岸部の小さな一角を含めて同じような条件で貸借契約を結ぶことを勧めた。太守は英・仏の領土的野心について、英・仏同盟国からよりも、ジェマル・パシャの演説からはるかに多くのことを学んでいた。[3]

ジェマル・パシャは、「サイクス=ピコ協定」を利用して、ハーシム家が反乱を中止し、オスマン帝国側に戻れば、いっさいを許すと説得したかった。そのような和解は、シリアとイラクにおけるオスマン帝国の立場に劇的な影響を与えそうだった。オスマン帝国と戦うために太守が招集した現在の装備の整ったアラブ軍も、こちらにがらりと寝返るかもしれなかった。ファフリ・パシャの軍隊をメディナから移動させ、休戦条約によってロシア戦線から解放されたコーカサス軍と合わせれば、バグダードとエルサレムを英国軍から取り戻すこともできそうだった。「青年トルコ人」は、アラブ人の忠誠を取り戻せば、この戦争に勝ち抜くチャンスを得られると信じた。

一九一七年十二月、ジェマル・パシャはアカバにいるファイサル宛の手紙を携えた密使を送った。この「青年トルコ人」リーダーは、ハーシム家の忠誠を取り戻した暁には、オスマン帝国内でなら、「サイクス゠ピコ協定」に概要が示されているような外国支配下の自治とは違う、完全なアラブ人の自治を与えるという条件を出した。太守はそれをエジプトに送った。ファイサルはその手紙に返事はしないで、そのまま父親の太守フサインに転送した。太守はそれをエジプト駐在の高等弁務官レジナルド・ウィンゲートに送った。太守フサインは、一九一七年十一月に「バルフォア宣言」と「サイクス゠ピコ協定」の両方が公開されているからには、同盟国である英国は彼に説明責任があると思ったからだ。

エジプトの英国人役人たちは、自分たちがきわどい立場に立たされていることに気づいた。自分たちは極秘の分割計画にはまったくかかわってこなかったのに、今、大英帝国政府の代表として返事をしなければならない。難しい判断が必要だった。このようなきわどい問題を表沙汰にすれば、英国のメソポタミアやパレスチナでの戦線を危険にさらし、かつ、英国とハーシム家の盟約とアラブの反乱が今こそ勢いづく気運にあるときに、それを台無しにする恐れがあった。

カイロのアラブ局長、D・G・ホウガース司令官は、一九一八年一月付のメッセージで「バルフォア宣言」への太守の懸念にこう答えた。「アラブ人はもう一度世界に一つの国を形成する完全な機会を与えられることになり」、パレスチナの「いかなる人びとも他の人びとに従属させられることはない」という連合国の決意を繰り返した。だが、「世界のユダヤ人の意見」は「ユダヤ人のパレスチナへの帰還」を支持しており、英国政府はその強い願望を支持している。多くの国で「世界の離散ユダヤ人は政治的影響力」を持っており、ユダヤ人のアラブ人に対する友好的気配りが、「軽々しく放棄されるはずがない」とホウガースはこの同盟相手のアラブ人に確信を持って言った。[4]

ウィンゲートは「サイクス＝ピコ協定」にまつわる太守の質問に答える前に、英国外務省にアドバイスを求めた。ロンドンからの一九一八年二月八日付の回答は、典型的な意味曖昧な外交文書だった。英国政府は、太守がジェマルの手紙を回送してくれたことに感謝はしたが、ハーシム家と連合国の間に明らかに「疑惑や疑念の種をまく」ことになるその行為を無視して、英国政府としては「アラブ人の解放に関する約束」を再確認するにとどめた。[5]

太守は英国が分割計画の内容について確認も否定もしなかったことが気がかりだったかもしれないが、彼もその息子たちも、今さら寝返るにはオスマン帝国に対する反乱に深入りし過ぎてしまっていた。ジェマルの太守フサイン宛の手紙に返事は出されなかった。太守フサインとその息子たちは、アラブの独立を支援することを再確認する英国のたびたびの声明にしがみついて、英・仏が秘密外交を通して彼らに与えるつもりはないように見えるものを、軍事的成功によって確保できるかもしれないと願いながら、オスマン帝国との抗争を続けた。

一九一七年七月のオスマン軍のアカバでの降伏以降、アラブ人の反乱の主戦場はヒジャーズからシリア南部に移った。ファイサルはここで、ジャアファル・アスカリの指揮下に自分の正規軍を立ち上げるかたわら、非正規兵として新たな部族兵を募った。エジプトとアルジェリアから植民地軍の助けを借りて、英・仏は技術的専門知識や近代的な火器や砲類を提供した。装甲車、航空機、一〇ポンド砲など、アラブ軍がトルコ戦線を爆撃するための最新軍事技術も与えた。

ファイサル軍はアカバを出て、マアーンの堅固なオスマン軍駐屯地に戦いを挑んだ。ダマスカスとメッカの中間にあるマアーンは、昔から巡礼者を運ぶ鉄道駅の一つで、シリアとヒジャーズの境目に位置しており、ヒジャーズ鉄道の大きな駅であることから主要な駐屯地もここに置かれていた。一九一七年八月のT・E・ロレンスの推定によれば、オスマン軍はここに「六〇〇〇人の歩兵隊、騎兵と騎馬歩兵の連隊が駐屯し、通常の作戦行動では難攻不落なほど堅固な塹壕を張り巡らしていた」という。それはファイサルのゲリラ部隊が奪取できるような代物ではなかった。(6)

エドムンド・アレンビー将軍の「右翼」として北進せよと強いプレッシャーをかけられたアラブ軍は、最初、マアーンを迂回して、ヨルダン渓谷を支配できる高地を掌中にしようとした。ファイサルの末弟ザイドの率いる太守軍の分遣隊は、城下町シャウバクを奪取し、一九一八年一月十五日、オスマン軍司令部のあるタフィーラ村を抵抗なしに占領した。地方駐屯地の司令官ザキー・アル＝ハラビは、二四〇人の兵士を伴ってオスマン軍を離脱し、アラブ軍に鞍替えした。タフィーラを奪われたことに甘んじていられなかったトルコ軍は、一月二十六日、決然としてこの丘の上の町の奪回に立ち上がったが、太守軍とその新たな味方によって撃退され、大勢の死傷者を出した。タフィーラはそれから六週間の間に、二回も所有者が変わった。三月六日にオスマン軍に奪回されたものの、三月十八日にはふたたびアラブ軍に降伏した。(7)

パレスチナではエジプト遠征隊が攻撃を再開した。英首相デイヴィッド・ロイド＝ジョージは、一九一八年二月、アレンビーにパレスチナでの抗争を再開し、オスマン帝国にこの戦争から手を引かざるを得ないような、決定的な打撃を与えよと指示した。アレンビーはパレスチナへ深入りするのは避けて東部での攻撃に出ることに決めた。まず、ヨルダン川を越えた先のアンマンに向かい、そこでアラブ軍の諸部隊と合流して、オスマン軍とマアーンおよびメディナを結ぶ鉄道を分断する計画だった。アンマンの南にいる推定二万人のトルコ軍部隊を無力化して、最終目的地のダマスカスへ向かう前に自軍の右翼への脅威を軽減するのが目的である。

その第一歩として、アレンビーはヨルダン渓谷沿いの町エリコを占領し、そこをトランスヨルダン作戦の前哨基地にしようと考えた。二月十九日、アレンビー軍はヨルダン渓谷の急斜面をゆっくりと慎重に降り、エリコ方面へと進軍を開始した。細い道は、車両は通れず、歩兵隊と騎兵隊の列は八キロにも及んだ。トルコ軍の砲撃で英国軍の前進速度が落ちることはあったが、止められることはなかった。アレンビー軍がエリコに入ったのは二月二十一日である。旧約聖書の「ヨシュア記」からエリコの城壁に想像をかき立てられていたアンザック軍団の騎兵たちは、たちまち現実に引き戻された。あるニュージーランド騎兵隊将校の回想によれば、「これまでわれわれ兵士が通り過ぎてきた東部の町の中で、エリコほど、近づくにつれて汚い、嫌なにおいが立ち込めている町はなかった(8)」。

ヨルダン川を渡る前、アレンビーは北部パレスチナ前線沿いに安全な前哨地帯を確保した。エジプト遠征隊は、一〇キロあまり北へ前進してヨルダン側への水路の一つであるワーディー・アウジャ周辺の高地を支配下に入れた。それと並行して、オスマン軍砲兵隊の射程距離以遠にあるエリコでの作戦行動に入り、トルコ軍がパレスチナからトランスヨルダンの陣営を強化するために軍隊を集結させるには相当な遠回りをせざるを得ないようにした。三月八日に開始されたこの作戦は四日間かかり、オスマン軍は大がかりな交戦を避けて仕方なく撤退した。英国軍は地中海からヨルダン川までの戦線を確保し、アレンビーはトランスヨルダンへの侵攻に備えた。

英国軍司令官たちは、自軍の侵攻計画にアラブ同盟軍を同調させた。アレンビーは、アラブ軍に新設のヒジャーズ作戦参謀長で太守軍との連絡係を務めるアラン・ドーニー中佐とともにマアーンを攻撃させ、そこにある駐屯地の軍勢を身動きできなくさせている間に、エジプト遠征隊がアンマンを掌中にする計画を立てた。ファイサルは英国軍将校たちと会い、その行動計画に同意した。一つの部隊がマアーンの南側のヒジャーズ鉄道を攻撃して線路を破壊し、もう一つの部隊はマアーンの北側で同様の攻撃を行なう。ジャアファル・アスカリはアラブ軍本隊を率いて、二方面で鉄道を切断され、援軍を得られないはずのマアーンのオスマン軍陣営に直接攻撃をかける予定だった。そうすれば、マアーンの駐屯地はそれより北にあるアンマンでの英国の作戦行動の脅威にはならないはずだった。T・E・ロレンスはトランスヨルダンのアレンビー軍と連絡をとり、トルコ軍と戦う英国軍陣営を強化するために有力なバニ・サフル族を帯同することになった。

これらの野心的な計画は、それぞれの当事者がタイミングよくその役割を果たすかどうかが成否を握る。なぜなら、異なった部隊間の通信手段がまったくなかったからだ。英国軍は戦場に伝書鳩を導入していたが、八〇キロに延びているヒジャーズ鉄道沿いで作業するアラブ軍のいくつもの部隊が足並みそろえて行動するには役に立たず、ましてや広大な土地に数百キロも離れて行動しているアラブ軍と英国軍の間ではそれは不可能だった。事がうまくいかなかった場合、味方同士は互いの頓挫の実態を飛脚の速度でしか知ることができなかった。噂や偽情報は、戦場の霧にはつきものだった。[9]

アラブ軍のマアーン襲撃は失敗した。一九一八年三月、トランスヨルダン南部は季節外れの冷たい雨で水浸しになった。マアーン南部の鉄道破壊任務を果たすために襲撃部隊に同行していたジャアファル・アスカリの回想によれば、「土砂降りの雨が肌に染み込み、それ以上進軍することは不可能になった。ラクダや荷役動物は泥道でつまずき、前進できなくなった兵士たちは、夜の間に厳しい寒さと雨にさらされて死亡した者たちもいた」。最終的には、マアーン攻撃は延期され、事態が好転するまで中止された。[10]

マアーン周辺でのアラブ軍の苦戦を知らなかった英国軍は、三月二十一日、ヨルダン川を越えた。彼らはヨルダン渓谷の急な坂道を上り、トランスヨルダンの高地にあるサルトの町へと前進した。オスマン帝国の地区長官の在所であるサルトは、ムスリムとキリスト教徒合わせて人口一万五〇〇〇人ほどのヨルダン川東では最大の町だった。三月二十五日、英国軍がこの町に近づくと、立て続けに銃声が響いたので、一時進軍を停止した。斥候からの報告によれば、銃声は想像していたような戦闘によるものではなく、このオスマン帝国の地方都市を略奪していたオスマン軍が撤退したことを祝って、町の人たちが空砲を放ったのだという。びっくり仰天した兵士の一人の日記によれば、「オスマン軍は、建物の屋根や建具まで外して丸裸にし、残っているのは壁だけだった」という。サルトの住民は、英国軍の占領で戦争が終わると信じ、祝砲を放って束の間の自由を証明しようとしたのだった[11]。

オスマン軍が戦いもせずにサルトを撤退したのはアンマン防衛のために軍隊の再編成をするためだった。パレスチナとトランスヨルダンの「ユルドゥルム・グループ」の新司令官は、ほかでもない、一九一三年以来、オスマン帝国へのドイツ軍事使節団を率いるオットー・リーマン・フォン・ザンデルスだった。彼の豊かな経験は貴重な財産で、彼がオスマン軍将校や兵士たちに示す敬意の見返りに、オスマン軍兵士から厚い信頼を受けていた。リーマンが必要としていたのは、オスマン軍の全面的な協力である。もし英国軍が戦略的に重要な施設である鉄道を含むアンマンを掌中にしてしまうと、それより南のヒジャーズ鉄道沿いにあるオスマン軍駐屯地は保持できなくなり、メディナとマアーンの合計二万人の軍隊はまったく孤立してしまう。ヒジャーズとトランスヨルダンにいるトルコ軍は、ぜひともアンマンを死守しなければならなかった。

英国軍によるサルト占領のニュースを聞いたリーマンは、アンマンで利用できる軍隊すべてを召集した。鉄道線路の破壊で、兵士たちの移動には手間取ったが、ダマスカスからの数百人の援軍もアンマンに溢れ始めた。マアーンからは、アラブ軍の作戦行動によって移動が妨げられることなく、約九〇〇人が列車に乗った。パレスチナのトルコ軍騎兵部隊は、英国軍の陣営よりも上流でヨルダン川の浅瀬を渡り、彼らの連絡路を脅かした。

英国軍はサルトの陣営を歩兵隊で確保し、アンマンは騎兵隊で攻撃する計画だった。目標はアンマンの近くの鉄道用高架橋とトンネルで、これらを一度破壊してしまえば、鉄道を利用する移動は数カ月間できなくなる。サルトを基地とする強力な歩兵分遣隊はオスマン軍の損害復旧を妨げ、ダマスカスとアンマンの南にある駐屯地との連絡路を脅かすことができる。もし英国軍の計画が成功すれば、オスマン軍はアンマンの北へ撤退を余儀なくされ、メディナとトランスヨルダンの南半分を放棄してハーシム軍に手渡すことになるはずだった。

三月二十七日にソルトを出発してアンマンに向かった英国軍は、ずっと南のアラブ軍の作戦行動を妨げていたのと同じ悪天候に遭遇した。道はぬかるんで滑りやすく、動物も人間も移動速度が落ちて、車両は通れなくなった。銃や弾薬は車両からラクダに積み替えて前線に運ぶしかなかった。「ラクダでさえ、滑りやすい道を行くのは容易ではなかった」とリーマンは記録している。「われわれはそうした状態を嘆く英国軍の無線通信を傍受した」。ドイツ軍は英国軍の無線通信を傍受することにより、英国軍の計画を察知し、それに応じた防衛策を講じることができた[12]。

二〇〇〇人のオスマン軍防衛隊がアンマンへの主な侵入地点を守るために配備された。彼らはマシンガン七〇挺、大砲一〇門を敵には見えない場所に配置し、防衛軍に有利な塹壕戦に備えた。三〇〇〇人の英国軍は、ずぶ濡れになり、疲れ果て、アンマンに到着する前に行軍中の死者も出た。大雨で英国軍砲兵隊が前線に到着するのが遅れ、マシンガンや弾薬の供給も、ラクダによる輸送に切り替えたため、雨により足場の悪くなった急斜面で荷を失ったりして数量が減っていた[13]。

トルコ軍はエジプト遠征隊騎兵隊と歩兵隊による猛攻撃に三日間耐え抜いた。英国軍攻撃部隊とまったく同じ悪天候と戦うトルコ軍にも大勢の死傷者が出て、士気が低下しはじめた。リーマン・フォン・ザンデルスは、前線部隊に勝ち目がないと思い込ませないように、「何が何でも最後まで抵抗せよ」と命じた。将校には、この危機を乗り越えるため、ダマスカスとマアーンから毎日、元気な援軍が到着していることを忘れないように注意した。[14]

トルコ軍は自軍の状況を危機的と判断したが、侵攻軍のほうはもっとひどい状態だった。アンザック軍団の騎兵隊は、降り続く雨にずぶ濡れになったまま野営し、厳しい寒さにさらされた。雨で滑りやすくなった道は馬もラクダもほとんど通れず、前方の部隊に弾薬や食料を供給するのがますます困難になった。おまけに負傷者の増加で、撤退も日ごとに困難になった。数日にわたる激戦の後も、トルコ軍はひるむ気配を見せなかった。さらに、ヨルダン川沿いとサルトにある駐屯地からトルコ軍騎兵隊が駆けつけ、英国軍の退路を脅かしていた。英国軍司令官らは三月三十日昼すぎにはアンマン奪取は不可能と判断して全面的撤退を命じた。

オスマン軍はアンマンからソルトに撤退する英国軍を追撃した。英国軍が負傷者を避難させ、貯蔵品の荷造りを始めると、サルトの町の人たちにパニックが広がった。政府の建物は略奪され、残った外郭だけが、彼らのオスマン帝国への背信行為の象徴のように建っていた。トルコ軍が戻ってくれば、なんらかの報復措置がとられるに違いないと彼らは知っていた。五五〇〇人のキリスト教徒と三〇〇人のムスリムは、自分の家を捨て、英国軍と一緒にエルサレムへ撤退した。ある英国兵が英国軍撤退の混乱のさなかの悲惨な有様を日記に書き残している。「祖父を背負っている青年がいた。彼は祖父を背負ったまま二〇キロも歩いた!! 女も男も子供も、身体が半分に曲がるほど大きな荷物を背負い、さらに頭上に物を入れた鍋や洗い桶を帽子のように載せていた。牛は装甲車の通り道を塞ぎ、ラクダは荷を積み過ぎたロバにつまずいた[15]」

それなのに英国紙はこのアンマン「襲撃」を成功と伝えた。実態をよく知っていたのは、死者二〇〇人、負傷者一〇〇〇人を出したこの戦いに従軍した兵士たちのほうである。あるニュージーランド騎兵は、「敵に与えた損害は大勢の英国軍死傷者の苦しみを到底正当化できるものではなかった」。これを成功と吹聴する新聞の見出しは、「真実を知っている者から見れば、新聞報道は多かれ少なかれ冗談みたいに思える」となっている[16]。

英国軍がトランスヨルダンから退却しているころ、ファイサル軍はマアーンで作戦行動を再開した。オスマン軍はアンマンの防衛のために最近、自軍を配備し直していたので、マアーンの駐屯地は手薄となり、それがアラブ軍にこの難攻不落の町を打破するチャンスを高めていた。

二度目のこの計画では、町の中心部を直接襲撃する前に、南と北でマアーンへの連絡路を遮断することになっていた。アラブ軍は参謀長ジャアファル・アスカリをリーダーに、四月十二日、北部の鉄道駅ジュルザーンを襲撃した。配下の軍勢は歩兵一大隊、砲一門、ベドウィン騎兵四〇〇人だった。一行は夜明けにこの駅に近づき、一八ポンド野戦砲で砲撃を開始した。前進する歩兵隊は防衛軍からの激しい銃撃にさらされた。アスカリはベドウィン騎兵が攻撃に出て、歩兵隊を救うのを待った。彼らが「弾が当たらなそうなところを目的もなくうろうろしている」のを見たアスカリは、積極的な行動をとらせるために「彼らが陽動作戦に出て救済してくれなければ、仲間は皆殺しになるぞと熱烈な口調で叱咤勉励した」。すると部族兵たちは駅を襲撃して二〇〇人の防衛隊を投降させた。部族兵らは駅を略奪し、武器・弾薬、軍需品を奪った。その日の夕刻、T・E・ロレンスとハーバート・ヤングが現れ、ジュルザーンの南に架かる鉄道橋を爆破し、マアーンを北部から遮断した[17]。

その同じ夜、ヌーリー・アッサイードが指揮して、マアーンの南にある鉄道駅ガディール・アル・ハッジュを攻撃した。駅への攻撃に歩兵中隊の一つを指揮したのはムハンマド・アリー・アジュルーニだった。この二人の将校の間には、不当な扱いをめぐる個人的な不満があり、それが部隊を分裂させていた。アジュルーニはアスカリと同様、襲撃集団の秩序回復のために「熱烈な叱咤勉励」をせざるを得なかった。フランス軍砲兵隊とマシンガン・チームは、フウェイタート族の有名なアウダ・アブー・タイイの指揮する数百人のベドウィン騎兵と併せて、支援を提供した。ジュルザーンのときと同じように、襲撃は夜明けに行なわれ、砲兵隊は二時間にわたって鉄道駅を砲撃した。防衛軍のほとんどがその日の早いうちに投降したが、オスマン軍兵士の塹壕の一つは数時間も持ち堪えた後、ようやく降伏した。

アラブの反乱によってかき立てられた深い憎しみはガディール・アル・ハッジュで表面化した。アラブ軍の司令官の一人が、トルコ軍に捕えられて拷問を受けた末、生きたまま焼き殺されたといわれる、自軍の大尉に対する残虐行為のことで、三〇〇人のオスマン軍捕虜に仕返しをしようとした。司令官は、オスマン軍捕虜たちに、自軍の大尉のむごたらしい死に報復するために、彼らの中から同じ階級の者四人を選べと命じた。司令官が報復措置の実行に入る前に、ほかのアラブ人将校たちが間に入り、戦時捕虜に与えられている人道的措置をとるように計らった。やがて襲撃集団は仕事を再開し、五カ所の鉄道橋と九〇〇メートル近い線路を破壊し、マアーンと南部とを遮断した。[18]

マアーンと外部との連絡網が遮断されると、アラブ軍は駐屯地のあるこの町そのものに攻撃を開始した。四月十三日、アラブ軍はマアーンの西のサムナの高地を占領した。二日後、彼らはアラブの反乱が出くわしたもっとも凄惨な戦いといわれたこの鉄道駅襲撃を行なった。この鉄道駅の支配権をめぐる戦いは四日間に及び、双方に大勢の死傷者が出た。ジャアファル・アスカリは、ヒジャーズへのフランス軍事使節団のロザリオ・ピザニ大尉の指揮する仏軍砲兵隊が、戦闘開始の第一日目に弾薬を使い切ってしまったことを非難した（アスカリの説明によれば、実際には、戦闘開始後一時間で弾薬切れになったという）。

アスカリは共闘するフランス同盟軍をほとんど信用していなかった。フランス軍はアラブ軍の戦争努力よりも、「サイクス゠ピコ協定」のフランスの分け前のほうをずっと大事にしていると非難した。アスカリの回想によれば、「ピザニ大尉は、仏軍はシリアとの国境以遠には同行できない、つまり、仏軍はその地点より先ではアラブ軍を援助しないと始終、われわれに言っていた。ピザニの宣言はフランスのよこしまな意図を反映していたことは間違いない」。マアーンでの戦闘の目撃証人であるT・E・ロレンスは、ピザニがそう疑われたのも無理もないと書いている。「行ってみると、弾薬を使い果たしたピザニが途方に暮れて揉み手をしていた。仏軍が弾薬を使い果たしてしまっている今、攻撃に取りかかるなとヌーリーに懇請していたのにとこぼした」。アラブ軍司令官ファイサルはのちに、フランス陸軍省宛に、マアーンでのフランス軍の「健闘」に感謝し、「砲兵隊員全員が報奨を受けられる」ことを願う電報を送っている。このアラブの反乱のリーダーのほうが、配下のアラブ軍将校たちよりもずっと如才なかった。(19)

三日間にわたる激戦の後、アラブ軍はマアーンを囲む三重のトルコ軍塹壕を何とか掌中にした。オスマン軍司令官たちは、鉄道線路が遮断されてしまっては援軍も、さらなる弾薬も受け取れないとわかった。将校の中には最後の一兵まで戦えと要求する者もいたし、アラブ軍と降伏の条件について話し合う交渉を始めるべきだと言う者もいた。マアーンの町の人たちは、ファイサルとともに戦うベドウィンが、彼らの家や商店を略奪することを知っていたので、オスマン軍に断固戦うことを求めた。四日目には町民五〇〇人がオスマン軍に加わり、戦い疲れたアラブ軍に対し、新たな決意で戦闘を再開した。

戦闘四日目までにアラブ軍は崩壊寸前に陥った。砲兵隊の援護のない兵士たちはオスマン軍のマシンガンや砲弾の一斉射撃を受け、ちりぢりばらばらになった。正規歩兵隊に見切りをつけたベドウィン騎兵はそれより二日前に撤退してしまっていた。将校の半分以上が死亡もしくは負傷して、正規兵の士気は失われていた。アスカリは仕方なく撤退を命じた。アラブ兵の死者九〇人、負傷者二〇〇人という数字は、西部戦線の標準から見ればわずかだが、マアーン攻略の失敗はこの反乱でアラブ人が経験した最悪のものだった。

　前例のないほどの敗北に直面した軍司令官ファイサルとその参謀長は、打ちひしがれた軍隊の士気の再建に苦労した。ファイサルは軍隊に熱烈なスピーチをし、ジャアファル・アスカリは、兵士たちに、後退は敗北ではなく、十分な砲兵隊を得たならば、勝利間違いなしの戦闘を再開し、マアーンを奪取すると励ました。こうしたスピーチは、ある将校の記述によれば、シリアとイラクの正規兵の間では士気の回復に役立ったというが、トランスヨルダンで傷つけられたハーシム家の威信はしばらくの間回復しそうもなかった。[20]

　一九一八年三月二十一日、ドイツは西部戦線で大きな突破口を開いた。ロシアとの講和のおかげで中央同盟国は東部戦線から兵力を西武戦線に再配備することができ、それが地域的には連合国に対して軍勢の点で決定的に有利な立場を与えたのである。ドイツ軍司令官たちはその前年にこの戦争に参加したアメリカ合衆国が十分な軍隊を派遣して勢力均衡を変えてしまう前に、行動を起こす決定を下した。「ミヒャエル作戦」は英国戦線で比較的守りの薄いサン・カンタンを攻撃目標と決めた。圧倒的な砲撃を加えた後、ドイツ軍は攻撃を開始し、目の前の英国軍を一掃した。戦闘開始第一日目の終わりには、ドイツ軍は一二キロあまり前進し、約一〇〇平方マイルのフランス領を占領した。こうした勝利の代価は大きく、ドイツ軍は多大な死傷者を出した。だが、英国軍の損失は驚嘆すべきもので、その日の終わりまでに死者三万八〇〇〇人を出し、二万一〇〇〇人が捕虜になった。[21]
　エジプト遠征隊は、ドイツの春の攻勢の成り行きを憂慮した。三月二十七日、英国軍事内閣はアレンビーに、パレスチナでの「積極的防衛」を採用し、配下の歩兵師団を直ちにフランスに派遣するよう準備せよと命じた。一九一八年半ばまでに約六万人の実戦経験豊かな歩兵がエジプトとパレスチナからフランスに送られていたが、彼らをインドからの新参兵と置き換えた。インド兵は経験が浅いため、戦場に送り出す前にさまざまな訓練が必要だった。(22)

「積極的防衛」を続行し、配下の最上の部隊をフランスに送り出す前に、アレンビーはトランスヨルダンに最後の賭けに打って出た。厳しい制約があるなかでのこの作戦は、タイミングも悪く、計画そのものが間違っていた。アレンビーはどう見ても部下を罠にはめるために送り出したようなものだった。

アレンビーの計画は、配下の騎兵隊が渡れるようなヨルダン川の浅瀬を何カ所か確保しておくことと、ヨルダン渓谷からアンマン高地への三つの主要通路を守ることだった。騎馬隊は渓谷の斜面を登りサルトを再占領した。サルトの陣営を反撃から守った後、アンザック騎兵隊はヨルダン渓谷を急いで降り、シュナット・ニムリンのトルコ軍駐屯地を背後から襲って降伏させようとした。アレンビー軍はすでにヨルダン渓谷とアンマン高地との間の四番目に重要な通路を遮断するために、有力なバニ・サフル部族と交渉を重ね、サルトとヨルダン渓谷の間に入りオスマン軍を完全に包囲しようとした。英国軍はこの場所からなら、アンマンと周辺の高原を占領するのに好都合であるように思われた。(23)

アレンビーの部下の将校たちはこの計画を実行不可能だと考えた。砂漠騎馬隊の司令官ハリー・ショウヴェル将軍は、オスマン軍はこの攻撃を予想しているに違いないと思った。ドイツ軍がこれまでしばしば、英国軍の無線通信を傍受していることから考えると、これはほぼ確かだったであろう。ベドウィンもまた英国軍の計画をオスマン軍にばらしている可能性があった。ショウヴェルは、アレンビーの計画でベドウィンに大事な役割が与えられていることにひどく困惑した。このオーストラリア人将軍は、戦闘の真っただ中でこの部族兵たちが十分信頼できるとは思っていなかったのだ。実際、バニ・サフル族は、ハーシム家とオスマン軍のどちらに忠誠心を示すか分かれているトランスヨルダンの部族の一つだった。アレンビー軍がオスマン軍寄りのバニ・サフル族の支族と交渉していれば、彼らの計画は直接、リーマン・フォン・ザンデルスに筒抜けになっている可能性があった。

バニ・サフル族による裏切りらしいことが二つあった。一つは、この部族がアレンビーの攻撃の日時の決定に大きな役割を果たしていて、シュナット・ニムリンへのルートを遮断するなら五月四日以前でないとだめだと主張していたことである。この恣意的と思われる日にちを決めた理由は嘘くさかった。それより後だと、再補給のために野営地を変える必要があるからだという。バニ・サフル族は、アレンビーに特定の、しかも予定より早い日に攻撃開始をせざるを得なくさせて、オスマン軍に有利になるように動いているように見えた。そのさらなる証拠に、バニ・サフル族が英国の計画は始める前から失敗すると非難して、シュナット・ニムリンへの戦略的な通路を遮断することで合意していた日に姿を現さなかったのだ。(24)

先陣を切るオーストラリア軍騎兵隊は四月三十日夜明け前にヨルダン川を渡り、この戦闘計画で指定されていた地点に到達した。八時三〇分には攻撃の知らせがリーマン・フォン・ザンデルスに届き、直ちに反撃を開始して、まったくの奇襲攻撃によって敵の侵入を未然に抑えた。リーマンは、コーカサスからの騎兵旅団とドイツ軍歩兵隊を含むかなり大軍の新たな増援部隊をまったく敵に気づかれずにパレスチナに配備していた。ドイツ軍とオスマン軍はまた、部隊を迅速に移動させるために、ヨルダン川の両岸にひそかに舟橋を組み立てて隠しておいた。リーマンの命令で、これらの部隊はヨルダン川を渡り、侵攻軍に挑戦しはじめた。

突然、多勢に無勢になったアレンビー軍騎馬隊はヨルダン渓谷からサルトにつながる四つの通路のうち二つで降伏した。シュナット・ニムリン通路はトルコ軍が自由に通過できるようになっていて、バニ・サフル族の姿はなかった。英国軍が到着もしくは、そこから撤退が可能なサルトへの通路はたった一つしか残されていなかった。しかも、そのルートさえ、アレンビーが予想していたよりはるかに強硬なオスマン軍とドイツ軍にいつ遮断されるかわからない危険が迫っていた。

窮地に立たされたエジプト遠征隊の陣営を保持するために、新たな部隊がヨルダン川を越えて送り込まれた。彼らは英国軍を遮断し敗北させようとするオスマン軍と激しく戦った。弾薬も糧食も乏しくなった四日後、ショウヴェルはアレンビーに撤退の許可を求めた。サルトが放棄されたのはこれで二回目だった。五月四日の深夜までに、生存者全員が無事にヨルダン川を渡りパレスチナに戻った。だが、エジプト遠征隊は二一四人の死者と一三〇〇人近い負傷者を出した。ある英国兵は、「第二次サルト攻撃は完全な失敗だった」と日記に書いている。[25]

エルサレムが陥落してから五カ月の間に、オスマン軍は驚くほど活気を取り戻していた。ロシアとの講和で、アナトリア東部で失った領土を取り戻し、コーカサスとメソポタミアの両方で軍事的脅威が取り払われた。秘密の戦時分割協定の暴露で、英国、フランス、ハーシム家の信用はがた落ちしていた。「ユルドゥルム・グループ」はマアーンのアラブ軍による攻撃を封じ込め、アンマンへのアレンビー軍の二回にわたる攻撃を未遂に終わらせていた。おまけに、ドイツ軍の春の攻勢による英国とフランスの西部戦線突破で、オスマン軍はこの大戦の勝利者側にいるように見えた。

トランスヨルダンにおける世論への影響力は劇的だった。サルトでは、町の人たちがオスマン軍に志願しはじめた。あるフランス軍情報部のスパイはその実情をこう説明している。「あちこちの村の族長たちが大勢、自主的に軍務に就きたいと登録するようになった。住民の話では、英国軍がたいしたこともないトルコ軍と対戦して撤退しなければならないとしたら、オスマン軍が増強されつつあるところへさらに進軍するなどできるわけがない。だから、われわれはトルコ軍とよい関係を保ち、彼らに良く思われるようにしなければならない」。ファイサル軍への信頼もまた、揺らいでいた。トランスヨルダン中部の部族への彼の呼びかけに応じる者はなかった。フランス情報部の現地人スパイの説明はこうだ。「アラブ人ならファイサルにきっと次のように答えていただろう。フランス軍はタフィーラを奪取したのに撤退した。英国軍は二度もサルトを奪取したのに撤退した。仮にわれわれがトルコ軍に宣戦布告したとしても、今われわれの中に混ざり合っている軍隊を皆殺しにした後、あんたらはわれわれを捨てるのではないかと心配だ」[26]

アレンビーは経験豊富な兵士たちを送り出し、新米兵士を受け取りながらも、パレスチナでのさらなる軍事行動は早くても秋までは延期せざるを得なかった。春の悲惨な作戦行動の後、エジプト遠征隊にとって唯一の好結果は、アンマンへの二回の攻撃が不成功であったにもかかわらず、オスマン軍がトランスヨルダンの陣営を強化するためにパレスチナから自軍を引き揚げるように仕向けたことだった。これはアレンビーの功績で、エジプト遠征隊の最終目的はトランスヨルダンではなく、パレスチナだったからだ。

オスマン軍がアレンビー軍をパレスチナに押し込めてくれたので、エンヴェル・パシャはコーカサスでのオスマン帝国陣営の強化に必死で乗り出した。一九一八年三月にロシアと「ブレスト＝リトフスク条約」を結んだ後、エンヴェルとその同僚たちは、ロシアが革命と内戦で混沌としている間に失った領土を取り返す好機を探っていた。ロシアとはもはや交戦状態ではないが、東部戦線に今ほど兵力が必要とされるときはないとエンヴェルは見た。

オスマン軍はすでに一九一八年二月には戦争の成り行きでロシアに占領された領土の返還を求める動

きに出ていた。トラブゾンの政治権力の空白は、オスマン軍が二月二十四日、戦わずに市内に入ったことで最終的に解決した。ロシア軍は、戦うどころか、手持ちのブラス・バンドでトルコ軍の到着を歓迎した。元気いっぱいのトルコ軍は、エルズルム方面に勢力を伸ばし、三月十一日、ここを攻撃した。食料の支給が不足がちだったトルコ軍兵士たちは、ロシア軍が残していった軍需物資に驚嘆した。三月二十四日に一九一四年の国境線にたどり着くまでの兵士たちの食料を十分に賄って余りあるほどだった。[27]

トルコ軍は、一八七八年にロシアに割譲されたが「ブレスト＝リトフスク条約」で取り戻した三県が自国の領土であることを主張するために、一九一四年の国境以遠に進んでいくうちにジレンマに遭遇した。一つには、トルコ軍がオスマン帝国の領土を取り戻そうとすることは国家的な優先事項であるが、オスマン帝国とロシアの間に緩衝国を作っておくこともオスマン軍にとって得策であるということだった。ロシア帝国の崩壊によって、グルジア、アルメニア、アゼルバイジャンという比較的弱い新しい国が出現することはロシアという超大国よりも安全な隣国になる可能性がある。問題は、グルジアのバトゥーミ、アルメニアのカルスやアルダハンなど、元オスマン帝国領を、コーカサス国境にある新しい隣国を不安定化させずに取り戻すことだった。

四月十九日、トルコ軍はグルジアのバトゥーミに、四月二十五日にはアルメニアのカルスに入り、「ブレスト＝リトフスク条約」に従って、オスマン帝国への併合を認めるかどうかを住民投票で決める下準備をした。トルコ人の文官による委員会の監督のもとにオスマン軍が投票の段取りを整え、全員男子の有権者の九七・五パーセントの賛同票を得て、予想どおり、これらの県のオスマン帝国への併合が認められた。この経緯は、オスマン帝国皇帝スルタン・メフメト六世ワヒデッティンが、この地域の住民がオスマン帝国の「神に守られた土地」に復帰することを認める一九一八年八月十一日の勅令によって公認された。

オスマン軍がこの三県を越え、アゼルバイジャンの首都バクーに手を出そうとすると、同盟国のドイツ、ボリシェビキ、英国から同じように敵視された。豊富な石油産地としてのバクーはコーカサス最大の、努力して手に入れる価値のある都市だった。ドイツ軍はすでにこの戦争のスタート時にこのカスピ海沿岸の都市に用地を獲得し、一九一八年夏には、そこから得られる石油資源をこれまでになく必要としていた。ペルシアに進出していた英国軍は、バクーをドイツにも、その同盟国のオスマン帝国にも渡すまいと覚悟していた。

ボリシェビキは、「バクー・コミューン」として知られるアルメニア人ナショナリスト「ダシュナク」と提携してバクーをそれとなく支配していたが、一九一八年三月、コミューンの軍隊がこの辺りに住むアゼリー人（トルコ系民族）ムスリム一万二〇〇〇人を大量虐殺した。人口の半数にあたる虐殺を免れたムスリムは、市から比較的安全な地方に逃げ、助けを求めた。エンヴェルはさっそく彼らの訴えを取り上げ、そのついでにカスピ海の石油へのオスマン帝国の影響力を拡大しようとした。

一九一八年六月四日、オスマン帝国とアゼリー人は友好同盟協定を結び、アゼリー人はオスマン帝国にボリシェビキのテロからの解放を求めてトルコ軍の援助を要請した。ドイツ軍は同盟国トルコのバクーへの進出にいら立った。こうしたことがあって、ドイツ軍の支配者エーリッヒ・ルーデンドルフとパウル・フォン・ヒンデンブルクは、「ブレスト＝リトフスク条約」で認められた境界線まで軍隊を後退させ、コーカサス師団を緊急に必要とされているアラブ戦線へ回すようにエンヴェルに勧告した。エンヴェルは軽率にもこの「勧告」を無視し、自分の計画を強行した。パレスチナが全体的に落ち着いているこの機会をつかんで、エンヴェルは急速に変化しつつある地政学的ゲームでオスマン帝国の有利な立場を確保したかった。エンヴェルは、バクーから軍隊を南のメソポタミアに動員し、バグダード奪回を想定していた。

バクー「解放」の先頭に立つために、エンヴェルは「コーカサス＝イスラーム軍」と呼ばれるコーカサス志願兵による軍団を創設した。彼はこの志願兵部隊のリーダーに、腹違いの兄弟で、一九一五年から一六年にかけてジャアファル・アスカリと一緒に西部砂漠でサヌースィー戦争に従軍したヌーリー・パシャを任命した。ところが、ヌーリー・パシャの新兵募集に応募者が少なかったため、エンヴェルはオスマン軍歩兵一師団を「コーカサス＝イスラーム軍」を強化するために移動させなくてはならなかった。八月五日の最初のバクー占領計画は、ボリシェビキ砲兵隊と、英国軍分遣隊の突然の出現によって撃退され、未遂に終わった。ヌーリーは急いで援軍を要求し、エンヴェルはバクー征服を援助するためにさらに二連隊を派遣した。オスマン軍は九月十五日にようやくこの町を奪取したが、バクーをオスマン帝国に併合せず、この新しいアゼルバイジャンという国を確実に帝政ロシア没落後のコーカサス地方の忠実な従属国にしたかった。

エンヴェルはコーカサス地方のオスマン帝国領を取り戻し、アナトリア東部の国境地帯に新しい国々をオスマン帝国に有利なかたちに整えることに成功した。もしもオスマン帝国がこの大戦に勝利していたなら、この国の東部国境線を揺るぎないものにした先見の明のある政治家として有名になっていたかもしれない。だが、オスマン軍のバクー入りの数日後、アレンビー軍はパレスチナのドイツ軍戦線を突破した。エンヴェルがトルコ軍をメソポタミアとパレスチナに二分していたため、彼のコーカサス作戦は、オスマン帝国の維持どころか、崩壊につながる拙速な戦略として記憶されることになってしまった。(28)

一九一八年の夏までには、西部戦線での連合国軍はドイツ軍の進出を押しとどめていた。そこで英国政府はアレンビーに、手持ちの軍勢と資材でやれる限りのオスマン帝国戦線の攻撃再開を奨励した。アレンビーは七月半ばまでに、秋には作戦を再開する計画であることを陸軍省に知らせた。このエジプト遠征隊司令官は、やがて熱心に計画を練り始めた。

アレンビーはおとり作戦の名人だった。ベエルシェバの戦い（一九一七年十月三十一日）では、アレンビーは、万全を尽くしてガザに第三次攻撃をかける計画であるようにオスマン軍に確信させておいて、実際に攻撃しようとしていた場所の防衛が手薄になるように仕向けた。今回はパレスチナの地中海沿岸にあるオスマン軍陣営に大々的な攻撃をかける計画を隠すために、アレンビーは第三次アンマン攻撃を計画しているような大芝居を打つことにした。

アレンビーの部隊には、間近に迫った戦闘のための基本的訓練には従事させず、木材や布地を使って等身大の馬を全部で一万五〇〇〇頭作らせた。それから夜陰に乗じて少しずつ、騎兵隊と歩兵隊をヨルダン渓谷とジュデアン・ヒルズ〔エルサレム北方の山岳地帯から南に広がる地域〕から沿岸部へと移動を開始し、ドイツ軍の偵察機から察知されないようにカムフラージュしたテントに宿泊させた。本物の馬の代わりに木材と布でできた代わりの馬を残し、兵士たちはロバの引く荷馬車を駆って、ヨルダン渓谷の乾燥した土地を横切り、騎兵隊の作戦行動が土埃を立てているように見せかけた。工兵隊はヨルダン川に新しい橋を架け、無線信号は誰もいない司令部に送られた。

アラブ軍はトランスヨルダンにオスマン軍の注目を引きつけるための大きな役割を果たした。ジャアファル・アスカリの正規部隊は英国軍の装甲車、フランス軍の砲兵隊、エジプト兵のラクダ部隊、オーストラリアと英国の航空機で強化された八〇〇〇人を超える軍勢になっていた。シャリーフ・ナースィルは、アラブの反乱を支持すると誓ったベドウィン非正規兵数千人を集めていた。九月初旬、アスカリと彼の率いる大軍はマアーン周辺の駐屯地に残り、一〇〇〇人のアラブ軍分遣隊はアンマンの東八〇キロのところにあるオアシスに配置された。彼らが突然姿を現したことで、アンマンにアラブ人の攻撃が差し迫っているという噂を広めるのに役立った。その間にファイサル軍は、ヒジャーズ鉄道とハイファ分岐線を結ぶ大きな接続駅ダルアーで鉄道線路を切断する任務を与えられていた。

英国空軍は九月十六日、オスマン軍の通信連絡網を遮断し、リーマン・フォン・ザンデルスをヒジャーズ鉄道の防衛に集中するように仕向けるため、ダルアーへの空からの攻撃を開始した。T・E・ロレンスは、アラブ軍を率いてダルアーの南の線路上に装甲車と共同で攻撃をかけ、橋を一つ破壊することに成功した。翌日にはアラブ軍本隊がダルアーの北の線路を比較的楽に攻撃した。オスマン軍が駆けつけて線路を修復し、リーマンはダルアーを強化するために沿岸部のハイファの港から予備役を召集するなど、何もかもアレンビーのおとり作戦の筋書きどおりになった。

アレンビーは攻撃の詳細を何としても秘密にしておきたかったので、自軍の旅団長や連隊長に対する実際の攻撃目標の概要説明を、攻撃三日前の午前零時まで控えた。その時までに、彼は、ほぼ四〇〇門の重砲に支援された三万五〇〇〇人の歩兵隊、九〇〇〇人の騎兵隊をヤッフォの北の地中海に沿った二四キロにわたる前線にうまく集結させることができた。トランスヨルダンのトルコ軍陣営は差し迫った攻撃を予想して大幅に増強されていたのに対し、海岸線の防衛に当たるトルコ軍は一万人、大砲一三〇門だった。(29)

攻撃開始の二日前、一人のインド兵が英国戦線を離脱してオスマン軍の塹壕に入った。オスマン軍とドイツ軍将校たちに尋問されたその兵士は、英国軍が九月十九日に開始される攻撃で地中海沿岸部のオスマン戦線の突破を意図しているという喫緊の戦闘について知っていることすべてを暴露した。リーマンの記録によれば、その戦場離脱者は、だから「逃げたかった」のだという。だが、アレンビーのおとり作戦はあまりにも完璧だったため、リーマンと配下の将校たちは離脱者の説明を意図的な偽情報として却下した。アズラクへのアラブ軍の大量集結、ダルアーへの攻撃で、リーマンは連合国が彼の主要連絡路であるヒジャーズ鉄道の分断を図っていると確信し、トランスヨルダンの陣営をいっそう強化した。[30]

九月十九日夜明け前、英国軍はヤッフォの北のオスマン軍塹壕へ本命の激しい砲撃を行なった。多くの新参インド兵にとって、一分間に一〇〇〇発という大規模な砲撃は初めての経験で、びっくり仰天した。「砲撃とマシンガンの発砲はすさまじかった」と、あるシーク教徒の兵士が父親への手紙に書いている。「耳はまったく何も聞こえず、兄弟の見分けもつかないほどだった。地面さえ揺さぶられた」[31]

砲撃が終わるとすぐ、英国軍とインド軍歩兵隊がオスマン軍の徹底的に破壊された塹壕を急襲した。後退したトルコ兵が潜んでいた第三、第四防衛線辺りでは白兵戦になったが、残りは降伏した。作戦行動開始から最初の二時間半で、歩兵隊はトルコ軍戦線を突破して六キロあまり前進し、パレスチナ北部へ進攻する騎兵隊のために道を開いた。

アンザック軍団とインド軍の騎兵隊が歩兵隊の開いた道を通って海岸に溢れ、考案された作戦どおりにオスマン軍第七軍と第八軍を包囲し、主立った町を掌中にした。最初の目的地の一つが鉄道の接続地点であるトゥルカルムだった。戦前に学生としてパリに留学していて、一九一三年の「アラブ人会議」の組織づくりを助けたことがあるターフィク・スウェイディは、この戦闘が勃発したとき、トゥルカルムで将校としてデスクワークを担当していた。彼も同僚も、砲撃のすさまじい音で目が覚めて「パニックに陥った」。屋上に上がると、十数キロ先で砲弾が飛び交うのが見えた。「双方が互いに相手を容赦なく攻撃するにつれて、前方一帯が飛び交うものすごい砲火で覆われた」。日が昇るとまもなく、後退するオスマン軍兵士がトゥルカルムにどっと入ってきた。「トルコ軍の残兵を捕虜にしようとする英国軍はあちこちから姿を現した」[32]

英国航空機がトゥルカルムを爆撃すると、市民は恐怖を感じて町から逃げ出した。スウェイディは彼らと一緒に隣村に避難した。彼はそこで将校の軍服を脱ぎ、パレスチナ農民の服装に着替えた。この簡単な仕草のおかげで、スウェイディは急に増えつつあるオスマン軍からの離脱者の群れに混じることができた。トルコ軍が秩序を失って後退しつつある英国軍占領地内に残ったスウェイディは、オスマン軍の「大戦争」を放棄し、故郷のバグダードに戻ることを夢見た。

英国軍騎兵隊はパレスチナ北部へ突進し、主な町や幹線道路の交差点を掌中にして、かつては侮りがたい存在だった「ユルドゥルム・グループ」の中核を成す第七軍と第八軍を完全に包囲した。九月二十日の夜明け、バイザーンとアフラが英軍の手に落ちた。英国空軍とオーストラリア航空隊による爆撃で、オスマン軍の電話線が断絶された。トルコ軍とドイツ軍の将校たちは連絡路が遮断されたため、英国軍進攻の警告もオスマン軍の損失の情報も届かなくなった。

作戦開始後二四時間で、ナザレの司令部にいたリーマンは、町外れに英国軍が突然姿を現したことを知って仰天した。このドイツ軍司令官は、市街戦で英国軍の進入速度が遅くなったおかげで、かろうじて捕えられずにすんだ。あるインド兵が故郷に送った手紙によれば、「何より不思議だったのは、敵の飛行機が何機か、操縦士ともども、ここ［すなわちナザレ］で捕まったことです。言ってみれば、騎兵隊がものすごく優秀で、小鳥を手で捕まえちゃったようなもんだね」。英国軍は断固とした抵抗に遭ったものの、九月二十一日、ナザレを確保した。(33)

戦闘開始後、三日目までに、英国軍はパレスチナ丘陵地帯の主な町を占領し、ヨルダン川に架かるジスル・アル・マジャミの大きな鉄道橋の支配権を握った。ヨルダン川西岸地区からトランスヨルダンへの避難路をすべて遮断した英国軍は、九月二十一日に両方とも存在しなくなった第七軍と第八軍からのトルコ軍兵士数万人の投降を認め始めた。パレスチナ征服を完了するために残されていたのは北部の港湾都市アクレとハイファの確保だけだったが、そこも九月二十三日には英国軍とインド軍騎兵隊の手に

33.1918年9月22日、パレスチナのトゥルカルム付近で捕虜になったオスマン軍兵士たち。
9月19日のパレスチナ北部のオスマン軍陣営への奇襲攻撃で、
オスマン軍第7軍と第8軍は壊滅状態になり、1万人のトルコ兵が降伏せざるを得なくなった。
この写真は英国軍騎兵隊が1200人のオスマン軍捕虜を護送しているところ。

落ちた。

パレスチナを確保したアレンビーはトランスヨルダンに向かった。ニュージーランド騎兵旅団が迅速にサルト（九月二十三日）とアンマン（九月二十五日）を確保した。マアーンに駐屯していた四〇〇〇人の兵士は、ダマスカス防衛のため、第四軍の再編成を意図した最終的手段の一部として、アンマンに撤退を命じられていたが、第二オーストラリア軽騎兵旅団に待ち伏せされた。トルコ軍兵士たちは降伏に同意したが、敵側に立つアラブ部族兵に囲まれると、武器を手放すのを拒否した。捕虜も、捕虜を捕まえたほうも、武器を携えたまま一緒にアンマンに向かったが、トルコ兵はベドウィンから攻撃される心配がないとわかってからようやく武器を手放した。

オスマン軍がダマスカスへ後退するにつれて、アラブ軍とアレンビーのエジプト遠征隊は合同でシリアの首都奪取に急いだ。

アラブ軍は九月二十六日から二十七日にかけてダルアーを急襲し、翌日、そこで英国軍と合流した。彼らは直ちにダマスカスに向かう一方、アンザック軍とインド軍騎兵隊は、オスマン軍による西はベイルート、北はホムス方面への撤退路を遮断するためにパレスチナ北部へ回り込んだ。英国軍とアラブ軍は、予定どおりダルアーから北へ一二〇キロ近くをオスマン第四軍の残存部隊を休みなく追って前進し、九月三十日には連合軍はダマスカス周縁部まで到達した。

パレスチナ遠征をめぐる政治的駆け引きは、ダマスカス入城で最高潮に達した。この戦争中にたくさんの分割案が話し合われたが、アレンビーの戦略もそうした政治的配慮に無縁だったわけではない。六月には、彼は戦場での武勇と犠牲によってパレスチナでのシオニストの主張を広げようとするユダヤ人の英国フュージリア連隊を受け入れていた。フランス軍は長年のシリアへの権利の主張をないがしろにされないように、パレスチナ・シリア方面への分遣隊を差し出していた。フランス軍分遣隊の中のある連隊は、全員が有名なモーセ山《ムーサー・ダー》の包囲からフランス軍によって救出されたアルメニア人難民で構成されていた。アラブ軍の軍司令官ファイサルは、支援者T・E・ロレンスとともに、拡大アラブ王国の一部としてのシリアの支配をハーシム家が担うことを顕示するために戦陣の先頭に立った。戦闘がクライマックスに近づいたときのダマスカスの門の前には、「フサイン＝マクマホン書簡」「サイクス＝ピコ協定」「バルフォア宣言」の利害関係者たちが妍《けん》を競うがごとく勢ぞろいした(34)。

ハーシム家の協力に報いるために、英国軍はダマスカス陥落をファイサルのアラブ軍の手柄とした。だが、ダマスカス一番乗りの功績は、第三オーストラリア軽騎兵旅団だった。この騎兵隊は、十月一日、オスマン軍の北のホムス方面への退路である主要道路を遮断するため、夜明けにダマスカスを横切る許可を得ていた。それは妨害されずにすんだ。最後のオスマン軍はすでに、町の名士たちの委員会が手はずを整えて、その前夜にレバノンのラヤク行きの列車に乗り、この町を去っていたのだ。トルコ軍

34.ダマスカスに入城する第2オーストラリア軽騎兵連隊。
オーストラリア軍は10月1日、ダマスカスにいちばん先に到着するところだったが、
政治的な理由から、アラブ軍司令官ファイサルに市の降伏を承認させた。

35.1918年10月1日、ダマスカスに入城するアラブ軍騎兵隊。この写真の際立った特徴は、
英国軍将校が近代的な自動車を運転してアラブ軍騎兵隊と逆の方向に走っていることである。

英国とアラブの政治的駆け引きもダマスカス陥落以降、同じように行き違いになったことを象徴している。

の旗は、ファイサルの入城を予想して、太守軍の旗に取り換えられていた。オーストラリア軍は、次に予定されていた戦闘配置につくためにダマスカスを早めに出発し、この町を太守軍が正式に占領するかたちにした。

アラブの反乱のスタート時点からハーシム家の大義名分に賛同して参戦してきたシャリーフ・ナースィルが、自称アラブ人の王であるメッカの太守フサインの代理としてダマスカスに入城した。同行したのは、一五〇〇人のベドウィン兵の先頭に立ち、ファイサルの作戦行動を支援するもっとも有力なベドウィン族長アウダ・アブー・タイイとヌーリー・シャアラーンの二人だった。町の人たちは街路に行列をつくって、ハーシム軍を解放者として歓迎したが、商人たちは神経をとがらせていた。彼らが恐れていたようにベドウィン兵は町に入ってまもなく強奪や略奪を始めた。英国軍とその同盟軍は解放されたこの町へ入ってきたが、オスマン軍の撤退を、長く、恐ろしい戦争の終幕と見抜いた群衆と人びとの高揚感に圧倒された(35)。

それから二日間にわたって華麗な祭典が繰り広げられた。最初にアレンビー将軍がダマスカス入りし、最後の一九一八年十月三日には、アラブ軍司令官ファイサル自身が到着した。アラブの反乱で特別任務を負っていた英国軍将校ハーバート・ヤングが、T・E・ロレンスの代役のようなかたちで、リーマン・フォン・ザンデルスがダマスカスに放置していった大型の赤いメルセデスを運転してファイサルを迎えに出かけた。アラブのプリンス、ファイサルは「大きな騎馬隊の先頭を」馬に乗って「有頂天なダマスカス人が狭い街路に押し寄せる中をやってきた」。ヤングが市の中心部までこの車でと申し出たが、ファイサルは同乗を断り、ドイツ製のリムジンに乗るより、アラブ馬でダマスカスに入城するほうを選んだ。

ファイサルはアレンビー将軍との歴史的な初会合にふさわしい名前のヴィクトリア・ホテルに直行し

た。二人の会合は祝福の瞬間になるはずだったのに、アレンビーがロレンスを通訳として、この機会にファイサル軍司令官に新たな行政管理の段取りを明示したことで暗雲に覆われた。「バルフォア宣言」の路線に従えば、パレスチナはアラブ人の行政範囲から外されることになる。「サイクス＝ピコ協定」で認められたフランスの利益を尊重すれば、レバノンはフランスの管理下に入り、アラブ政権にレバノンでの役割はなくなる。フランスの意向を尊重すれば、ファイサルはベイルートの公共の建物に掲げられている太守軍の旗を降ろさなくてはならない。最後に、この戦争状態が続く限り、協商国が占領したすべてのアラブ人領土の最高指揮権はアレンビーが執ることになるはずだった㊱。

ヴィクトリア・ホテルでアレンビーとの会見を終えたファイサルは、ダマスカスの一般人の歓迎を受けるため市民会館に向かった。だが、このアレンビーとの会見の後で、ダマスカスの解放者として祝われるファイサルの胸中にはどんな思いが去来したであろうか。

英国軍は十月いっぱい、シリアとレバノンの大きな町すべてを掌中にするためにオスマン軍を追撃した。オスマン軍は九月十九日に始まった英国軍の進攻を押しとどめる防衛線をとうとう確立できなかった。十月二十六日のアレッポの陥落で、目的をすべて達成したこの作戦行動に幕が下ろされた。シリアにおけるオスマン軍の崩壊で、オスマン軍はこの戦争から離脱さざるを得なくなる。この時点での連合軍の死傷者、行方不明者は五六六六人と驚くほど少なくてすんだ。この戦闘でのトルコ軍の死傷者については公式数字がないが、英国軍は七万五〇〇〇人を捕虜にしたと発表している㊲。

オスマン帝国がシリアで敗北を迎えたころ、中央同盟国にもいよいよ終焉が近づいていた。世界中で連合国側に参入する国が増えていた。一九一七年七月にはギリシアが中央同盟国に宣戦布告。八月には中国がそれに続いた。南アメリカの数カ国もドイツに宣戦布告をするか、ドイツとの国交を断絶した。

さらに、アメリカ軍遠征部隊が協商国側についたことが勢力の均衡を変えた。アメリカ軍は参戦して一八カ月の間に、兵員数が一〇万人から四〇〇万人に増員され、そのうち二〇〇万人を海外に派遣できた。反対に、四年間の絶え間ない殺戮で疲弊したドイツとその同盟国は、アメリカの威力に太刀打ちできる兵士も、物資も枯渇していた。

一九一八年九月三十日、まずブルガリアが敗北してサロニカでフランス軍司令官と休戦協定を締結。ブルガリアの降伏で、トルコとドイツの通信網が断絶し、長い間オスマン帝国の戦争努力に武器や軍需物資を供給するルートが遮断された。ドイツ軍にも終わりが見えてきた。西部戦線での連合国の立て続けの勝利で、ドイツ軍は撤退を余儀なくされた。「青年トルコ人」が、同盟国ドイツがアメリカ大統領ウィルソンに、英・仏との停戦の仲介を打診していることを知ったとき、オスマン帝国も同様に講和を求める以外に選択の余地がないことを悟った。

イスタンブルのオスマン政権も混乱していた。タラート・パシャを大宰相とする「統一派」政権は十月八日に辞職した。戦時中のオスマン帝国の意志決定に共同責任のある大宰相タラート、陸相エンヴェル、元シリア総司令官ジェマルの三人組は、勝利した連合国との休戦協定交渉という厄介な役目を果たすしかなかったが、内閣総辞職により一週間の政治的空白が生じ、降伏手続きをとる責任ある政治家がいなくなってしまった。そこで、コーカサスのオスマン軍司令官だったアフメト・イッゼト・パシャが講和条約締結のための新政権を立ち上げた。

新政権は英国との休戦協定について話し合いを始めるために、戦時捕虜の最高位者を派遣した。クート・アル・アマーラで包囲された駐屯地の元司令官チャールズ・タウンゼンド将軍は、それ以後の戦時中、マルマラ海のプリンセス諸島にある別荘で快適に過ごしていた。クートのほかの生き残り組は悲惨な運命に苦労してきたというのに、タウンゼンドは敵の厚遇に甘んじていると評判が悪かった。タウンゼンドはレスボス島に派遣され、オスマン軍がこの戦争から撤退する意図であることを伝えた[38]。

英国地中海艦隊司令官サマーセット・A・ゴフ＝カルソープ提督は、休戦協定の条件を提示してもらうために、オスマン軍使節団をレムノス島に招いた。この交渉開催地の選択は、オスマン軍の苦々しい思いを強めた。この島は第一次バルカン戦争でギリシアにとられ、ムドロス港はガリポリ戦の間、英国の作戦基地の役目をしていたからだ。四日間の交渉で条件はまとまり、英国軍とオスマン軍の代表は十月三十日、ガリポリ戦で使われて傷だらけの英国船アガメムノン船上で休戦協定に調印した。

休戦協定の諸条件はそれほど厳しいものではなかった。カルソープ提督はオスマン帝国に全面降伏を確約させたが、厳格な条件については講和条約を通して設定する政治家たちに委ねた。オスマン帝国は、連合国艦隊にボスフォラス＝ダーダネルス海峡の自由な航行を認め、機雷を除去して航路の安全を保障し、ダーダネルス海峡に設置された要塞を連合国の管理下に置くことになった。オスマン帝国兵は全員、直ちに除隊させ、すべての艦船は英国とフランスに引き渡す。鉄道、電信、無線通信施設などの連絡網は連合国の管理下に置く。ドイツ軍とオーストリア軍は一カ月以内にオスマン帝国領から撤退する。連合国の戦時捕虜、アルメニア人抑留者はイスタンブルに移送し、連合国に「無条件で引き渡される」が、オスマン軍の戦時捕虜は連合国の管理下に残すことなどが決められた[39]。

このムドロス休戦協定の基本要素は、オスマン帝国の将来を憂慮させるものだったであろう。二度にわたって言及されているアルメニア人問題は、人道に反する戦争犯罪としてオスマン帝国当局の責任を追及されることになるであろう。フランスが当然のようにキリキアからのオスマン軍の撤退を要求し、「戦略的拠点はすべて」安全保障のために連合国が占領することを認め、「政情不穏」の折は、六つの「アルメニア人の多い地域」のどこでも、連合国が占領する権利があるなど、領土が分け取りされる可能性がありありと見えた。この文書を調印することによって、トルコ軍代表は、事実上、アルメニア人

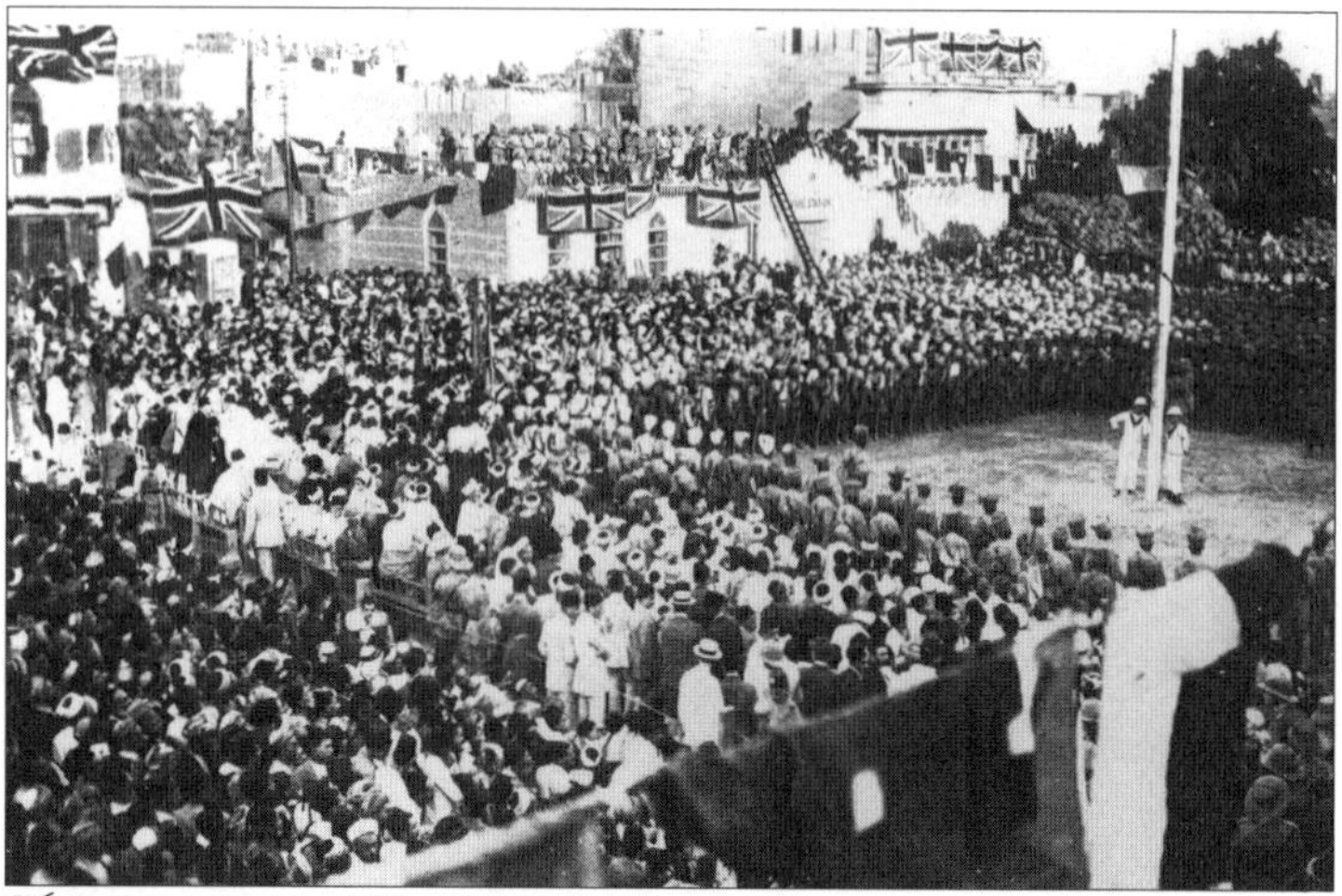

36.1918年10月31日、バグダード中心部で休戦協定が布告された。
この戦争終結までに英国軍はバグダードを約20カ月にわたって占領していた。
すでに帝国主義的棲み分けは歴然としていて、
スタンドにいるスーツ姿で帽子をかぶった西欧人の見物人と地元民の群衆とがはっきり分かれている。
広場を囲む建物の屋上からたくさんの英国旗が垂れ下がっているのに注目されたい。

が東部アナトリアの六州について、オスマン人自身よりも強く権利を主張できることを認めざるを得なくなった。

一九一八年十月三十一日正午、休戦協定の諸条件への合意によって、敵対関係は終了した。オスマン帝国の終戦は、ロシアのちょうど一年後、ドイツの降伏は一一日後の一九一八年十一月十一日だった。オスマン帝国が戦争の最後の日々をしぶとく生き延びたことに誰もが驚嘆した。だが、その粘り強さによってオスマン帝国が得たものは何もなかった。長かった戦争は、さらに大きな苦難と敗北経験からくる絶望感を生んだだけだった。

敵対関係の終了で、兵士たちは生き延びられたことを喜び、故郷へ帰る日を夢見た。あるインド兵は兄弟にウルドゥー語でこう書いている。「流れる水も、吹く風も、みな過ぎゆき、やっと本当に穏やかな日が来そうだ。平和なインドに必ず帰るよ」。彼の言葉は、この地球上で、オスマン軍戦線でこの大戦を戦い抜き、生き延びることのできたすべての兵士の胸の高鳴りを代弁している。(40)

終章
オスマン帝国の終焉

オスマン帝国は「大戦」（第一次世界大戦）で敗北した。それは国家にとって悲惨な出来事だったが、前例がなかったわけではない。一六九九年以降、オスマン帝国は彼らが戦った戦争のほとんどで敗北しているが、それでも帝国は生き延びてきた。だが、この「大戦」の講和交渉ほどたくさんの利害関係の処理に直面したことはなかった。戦勝国とトルコ人ナショナリストたちの相反する要求の狭間で、オスマン帝国は、究極的には、敗北の大きさよりも講和条件のもたらした結果によって滅びることになった。

一九一八年十一月十三日、連合国艦隊は機雷が一掃されたばかりのダーダネルス海峡を通ってイスタンブルへ向かった。戦争開始以来、陥落を免れてきたこのオスマン帝国の首都は、戦勝国の前に無防備な姿をさらしていた。英国の弩級戦艦アガメムノンを先頭に、四二隻の連合国艦隊がボスフォラス海峡の海岸通りにそびえ立つドルマバフチェ宮殿に近づいた。編隊を組んだ複葉機が、英国、フランス、イタリア、ギリシアの戦艦の上空を飛び越えると、この壮大なショーは終わった。やがてサマーセット・ゴフ=カルソープ提督ら軍人たちがこの都を占領するために上陸した。協商国の兵士たちが軍楽隊の後について街路を行進した。イスタンブル在住のキリスト教徒は彼らを英雄として歓迎した。

イスタンブルの丘のてっぺんからこの艦隊の到着を見つめる群衆の中にグリゴリス・バラキヤンがいた。このアルメニア人司祭はあらゆる困難を乗り越えて大量虐殺を免れ、一九一八年九月に故郷の町に戻ってきた。相変わらず再逮捕を恐れていたバラキヤンは、それからの二カ月、彼がとっくに死んでいると諦めていた母や姉妹の家を転々として身を隠していた。その間、辛い記憶がまだ生々しく残っているうちに、じかに目撃したり人から聞いたりした苦難のすべてを盛り込んだ『アルメニア人のゴルゴタ』の執筆を続けた。だが、彼は連合国艦隊の到着を自分の目で見て、アルメニア人の戦時中の苦難がやっと終わることになる瞬間を心に留めておきたかった。

イスタンブルのアジア側からヨーロッパ側にやってきたバラキヤンは、自分の身分を用心深く隠すため、フロックコートにシルクハットという服装だった。ボスフォラス海峡を渡るボートの船頭は、自分が運んでいる人物がアルメニア人司祭だとは疑いもしなかった。「だんな、わしらはひどい時代に生まれ合わせたもんだね！　なんて暗い時代に入ってしまったんだろう！　タラートとエンヴェルは祖国を破滅させておいて、渡りに船を見つけて逃げちゃって、われわれを見殺しにした。外国の艦隊が華々しくコンスタンチノープルに入ってきて、われわれムスリムがただの見物人になるなんて誰が信じただろう？」。(1)バラキヤンは自分がこの男を、「暗い時代もそのうち過ぎるさ」と慰める立場になっていることに驚いた。

その日の群衆の中にはまた、ドイツの将軍オットー・リーマン・フォン・ザンデルスもいた。彼はドイツ軍使節団長として五年間オスマン帝国のために働き、最終的にはパレスチナで「ユルドゥルム・グループ」の司令官を務めた。彼は九月にナザレで捕虜になるところをかろうじて逃れ、英国軍の激しい追撃を受けてシリア経由で後退した。トルコのアダナで、彼は残存していたオスマン軍の指揮権を、トルコ軍司令官で、ガリポリ戦の英雄ムスタファ・ケマル・パシャに引き渡した。リーマンはその後、イスタンブルに戻り、休戦協定の条件に従ってドイツ軍をオスマン帝国からドイツに帰還させる仕事を監督した。

ドイツ将軍リーマンと、アルメニア人司祭バラキヤンは、この日の出来事をまるで異なった見地から眺めていたが、連合国艦隊がイスタンブルを占領したときのこの町の光景を驚くほどよく似た筆致で書き残している。家々にはギリシア、フランス、英国、イタリアの国旗が掲げられていた。キリスト教徒の少女たちが、戦勝国の兵士たちの通る街路に花を投げ、男たちは帽子を空中に放り上げて、お互いを抱擁し合って祝福した。その日も終わるころには、町の人たちと占領軍が親しくなるにつれて、ワインがふんだんに振る舞われた。リーマンもバラキヤンも酔っぱらいのどんちゃん騒ぎを不愉快に思った。「こういう示威行動には品がないと誰だって思うであろう」とリーマンは嫌悪感を表し、バラキヤンは、「トルコの首都はバビロンになってしまった」と残念がった。(2)

イスタンブルのキリスト教徒は祝賀ムードだったが、多数派のムスリムは連合国の兵士たちがこの町を占領するのを閉じた窓の後ろから、屈辱感と絶望に圧倒されながら、黙って見つめていた。彼らの怒りは、バラキヤンがボスフォラス海峡を渡ったときの船頭と同様、不本意な戦争で国民をみじめな目に遭わせておきながら、休戦条約が発効するとさっさと逃げてしまった「統一と進歩委員会」(CPU)のリーダーたちに向けられていた。

十一月一日の真夜中、「青年トルコ人」指導者たちは極秘裏にドイツ海軍の艦艇に乗り込み、オスマン帝国領土から去った。メフメト・タラート、イスマイル・エンヴェル、アフメト・ジェマルら三人は、腹心の側近四人とともに出航してオデッサに向かい、黒海沿岸から陸路でベルリンに向かった。この「統一派」の人たちがやがて勝者の裁きに直面するのを知っていたドイツ同盟国は、彼らの逃亡を助け、亡命者が身を隠すのを認めた。他方、トルコの新聞各紙は、この委員会の三人組の失政、戦時中の

残虐行為、とりわけアルメニア人虐殺がトルコ国民に与えたつぶさな影響について書き立て、国民の怒りを煽った。(3)

一九一八年十一月、トルコの議会と新聞紙上には、アルメニア人虐殺について、おおっぴらな怒りが表出された。政府の戦時中の措置として殺されたアルメニア人の数にはバラつきがある。オスマン帝国議会のメンバーは、アルメニア人民間人で虐殺されたのは八〇万人から一五〇万人と控えめに推定している。最高値をとろうが、最低値をとろうが、あるいは中間値をとろうが、いずれにしてもこの虐殺が勝利側の協商国（英・仏・露）との和平交渉に長い影を落とすことになるのは明らかだった。

協商国側はアルメニア人虐殺についてオスマン政府をあからさまに非難した。アメリカと英国はトルコの戦時中の人道にもとる犯罪について報復的な裁きを厳しく求めた。オスマン新政権は厳格な講和条件の設定を防ぐために、軍事法廷を設定してアルメニア人コミュニティの絶滅の責任者を裁くことにした。政府は、虐殺の企画者としての国際的な非難を「青年トルコ人」指導者たちに向け、トルコ国民全体が罰せられるのを避けようとした。

一九一九年一月から三月にかけて、オスマン政府当局は約三〇〇人のトルコ人役人の逮捕を命じた。身柄を拘束された人たちの中には、県知事、「統一派」国会議員から地方の下級役人もいた。警察は、警告もせず真夜中に逮捕を行ない、すでに亡命している三人組とその顧問たちと同様、大半が欠席裁判にかけられた。主な軍事裁判はイスタンブルで行なわれた。裁判は国家が証拠をもとに公開で行ない、その結果は官報（Takvim-i Vekdyi）に掲載された。

公開された起訴状には、アルメニア一般市民の大量虐殺の全責任は「青年トルコ人」指導者にあるとされていた。検察官は、「これらの大量虐殺はタラート、エンヴェル、ジェマルらの承知のうえで、その命令により遂行されたものである」と強く主張した。彼らはあるアレッポの役人が「タラート自身から、殲滅せよという命令を受け」、「この国の安泰」はアルメニア人の絶滅にかかっていると説得されたという言葉を引用した。証拠物件として法廷に提出された一通の電報では、この大量殺戮の企画者といわれるバハエッディン・シャキル博士が、マームレテュルアズィーズ州［発音しにくいので「エラズィズ」もしくは「エラズー」「エリャーズフ」などと呼ばれるようになった］知事に、担当州のアルメニア人「殲滅」について、「貴殿の報告にある厄介者たちは強制的に追放されたのか、殺されたのか？　あるいは追い出されてどこかへ送られたのか？」、「信頼できる報告書」を要求している。(4)

大量虐殺がどのように行なわれたかという目撃者の証言もあった。書面による追放命令に続いて、口頭で追放者を殺害せよという命令が来たという。証言を行なったのは、拘置所から釈放された殺人容疑者で、「殺し屋」と呼ばれるギャング集団に動員された者たちだった。検察官らは、エンヴェルの秘密情報機関（Teskilat-i Mahsusa）の殺人集団形成にかかわる説得力のある文書を集めた。検事たちはまた、大量殺戮、大勢の死に責任があったとされる人物、数十万人の強制移住者を出したとされる州についても幅広い証拠を集めた。(5)

数カ月に及ぶ審議ののち、法廷はアルメニア人虐殺にかかわった一八人の容疑者に死刑を宣告した。タラート、エンヴェル、ジェマルは、「統一と進歩委員会」の主な指導者で、彼らの後を追って亡命したバハエッディン・シャキル博士やメフメト・ナーズム博士らとともに死刑が宣告された。欠席裁判されたた一五人のうち最終的には下級役人三人が絞首台に送られただけだった。グリゴリス・バラキヤンがアルメニア人四万二〇〇〇人を虐殺したと断言したヨズガット県副知事メフメト・ケマルは一九一九年四月十日に絞首刑に処せられ、エルズィンジャン県の国家憲兵隊司令官ハーフィズ・アブドゥッラー・アヴニは一九二〇年七月二十二日に処刑された。三番目で、最後に処刑されたのは、バイブルト県の地区長官のベフラマザーデ・ヌスレットで、一九二〇年八月五日に絞首刑にされた。(6)

一九二〇年八月の時点で、軍事裁判はアルメニア人虐殺の主犯を裁判にかけるために行なわれたのではないことは明らかだった。これを行なったからといってオスマン帝国の厳しい講和条件が緩和されるわけでもなかった。軍事裁判の有用性が時効になれば、その役目は終わってしまう。だが、こうした裁判記録は、アルメニア人虐殺の組織と行状に関してトルコ当局が集めたもっとも詳細な証拠を提供している。トルコ語で出版されたこれらの記録は一九一九年以降、公開されており、「青年トルコ人」政権がオスマン帝国領内にあったアルメニア人コミュニティの抹殺を組織的に実行するよう命じていたことは否定しようがない。

「青年トルコ人」リーダーたちが亡命して裁きを逃れているのを黙視したくなかったアルメニア人過激派「ダシュナク」党の一団は、自分たちで勝手に制裁をすることにした。彼らは、一九二一年三月から二二年七月にかけて、「オペレーション・ネメシス」（報復作戦）として知られるプログラムによって、「青年トルコ人」の主なリーダーたちの暗殺を命じた。(7)

暗殺者たちが最初に襲ったのはベルリンだった。そこには多くの「青年トルコ人」のリーダーたちが避難していたからだ。一九二一年三月十五日、エルズィンジャンの大量虐殺の生き残りで、二十五歳のソゴモン・テフリリアンがタラート・パシャを射殺した。この若き暗殺者は、逮捕され、裁判にかけられたが、アルメニア人虐殺で受けた心的外傷と心身耗弱による限定責任能力を根拠に無罪とされた。アルシャヴィール・シラギヤンはイスタンブル生まれの二一歳で、すでに一九二一年十二月五日にローマで元大宰相サイード・ハリム・パシャを暗殺していたが、一九二二年四月十七日、ベルリンで、バハエッディン・シャキル博士と、トラブゾン州の残忍な総督ジェマル・アズミの二人の射殺に手を貸した。

三人組の政治家のうち、生き残った二人ジェマルとエンヴェルはコーカサスと中央アジアで死亡した。戦時中のシリアの総督だったジェマル・パシャを、アルメニア人暗殺団はグルジアのトビリシまで追い詰め、一九二二年七月二十五日に殺害した。ジェマルは、殺害者がアルメニア人であることを知ったら驚いたであろう。シリアでアラブ人ナショナリストたちを処刑したことでひどく嫌われていた彼は、追放されたアルメニア人——一九一六年一月までだけでも約六万人——をシリア各地に落ち着かせるという功績があったからだ。だが、生き残ったアルメニア人をイスラームに改宗させるために死の行進をさせた措置は、以前の彼の人道的な努力を台無しにした。元三人組支配者の中で暗殺を免れたのはエンヴェルだけだった。この「青年トルコ人」リーダーは、一九二二年八月、タジキスタンとウズベキスタンの国境地帯にあるドゥシャンベの近くで、ムスリム民兵を率いてボリシェビキと戦っている最中に死亡した。(8)

一九二六年までに、イスタンブルの軍事法廷でアルメニア人虐殺に加担したとして死刑を宣告された一八人のうち一〇人が死亡した。指揮系統では下位にあったほかの八人は、処刑を免れたが、有罪判決を受けたことで、残りの人生をずっと、目を付けられているように感じたことだろう。

「パリ講和会議」で連合国が押しつけてくる諸条件をオスマン帝国が緩和するすべはまったくなかった。戦争開始直後から、英国、フランス、ロシアはオスマン帝国領の将来の分割を話し合っていた。ロシアはボリシェビキ革命の後、その主張を取り下げたが、代わりに新しい同盟国が参入した。イタリアとギリシアがオスマン軍前線に出陣したのは比較的遅かった(イタリアのトルコへの宣戦布告は一九一五年八月、ギリシアは一九一七年六月)が、両国ともオスマン帝国領土の獲得に関しては帝政ロシア政権に負けず劣らず貪欲だった。一九一九年四月、イタリア軍は地中海に面した港町アンタリヤに上陸し、ギリシア軍は五月十五日にイズミル港を占領した。

一九一九年六月、オスマン帝国代表団がパリ講和会議の最高会議に姿を現したときには、彼らに同情的な発言の機会が与えられるという自信はほとんどなかった。「ウィルソン大統領の十四カ条の原則」――「オスマン帝国の現在のトルコ支配下の」「民族の自治の保障」を求める有名なウッドロー・ウィルソンの十四カ条のうちの第十二条――に訴えて、彼らは戦後のオスマン帝国についてそれぞれの構想を提示した。基本的には、一九一四年十月の国境線以内のすべての領土を、トルコが直接支配下に置く地域（アナトリアとトラキア）と、オスマン帝国の旗印のもとに高度の地域支配権を持った自治区（アラブ諸州と論議の的になっているエーゲ海の島々）に分けて保持することを求めた。「この瞬間の重大さに気づいた人はトルコには誰もいなかった」とオスマン帝国代表団の覚書は結ばれている。「しかしながら、オスマン帝国国民の考え方は明確に定義されている。帝国の国土分割、あるいは分割して複数の委任統治下に置くことは認めない」(9)

オスマン帝国代表団がこの覚書を提出してから五日後の一九一九年六月二十八日、連合国とドイツは「ヴェルサイユ条約」に調印した。この条約は戦勝国が敗戦した中央同盟国に課することになる高レベルの厳しい条件を設定していた。ドイツはこの戦争によって生じた損失と損害の責任を認めることを強要された。軍隊は武装解除されることになった。領土の喪失は二万五〇〇〇平方マイル以上。さらにドイツは前例のない三一〇億四〇〇〇万ドル（六〇億六〇〇〇万ポンド）の賠償金の支払いを命じられた。(10)

ほかの敗戦国の取り扱い条件もこれに勝るとも劣らない厳しさだった。一九一九年九月十日、サン・ジェルマン・アン・レーで調印されたオーストリアとの講和条約は、オーストリア゠ハンガリー帝国は解体され、オーストリアは戦争を起こした責任を認めさせられ、重い戦争賠償金を科せられたうえ、オーストリアの領土はハンガリー、チェコスロヴァキア、ポーランド、セルビア王国、クロアチア、スロヴェニア（のちのユーゴスラヴィア）を含むたくさんの後継国家に分配された。

一九一九年十一月、連合国はブルガリアの歴史に「二度目の国家としての悲惨な出来事」（一度目は一九一三年の第二次バルカン戦争でのブルガリアの敗北）として記憶されている「ヌイイ・シュル・セーヌ条約」を締結した。この条約でブルガリアは、トラキアの西側と西側国境線上にある領土の譲渡（最終的にはギリシアへの報償として与えられた）を余儀なくされ、一億ポンドの賠償金が科せられた。

一九二〇年六月四日、トリアノンで調印されたハンガリーとの講和条約は、元オーストリア＝ハンガリー帝国のハンガリーの土地を戦前の領土の二八パーセントに削減し、多額の賠償金が科せられた、海に面したところのない国にした。

オスマン帝国が戦時の同盟国以上に寛大な条件を適用されるとは、どう見ても期待できなかった。実際、国際連盟規約に組み込まれたドイツとの間に調印された「ヴェルサイユ条約」は、オスマン帝国の分割をはっきり念頭に置いて考案された委任統治システムを国際法で認めている。この規約第二十二条には、「元トルコ帝国に属していたいくつかの地域社会は、独立した国々としての存在を暫定的に認められる段階に到達しているが、それぞれが独り立ちできるときが来るまで、委任統治国が行政上のアドバイスや援助を与えることを条件とする」とある。(11)

トルコの代表団がイスタンブルに帰った後、戦勝国はオスマン帝国領土の究極的分配に合意を取りつける最終交渉を行なった。英国、フランス、イタリアの首相は一九二〇年四月、イタリアのリゾート地サン・レモに集まり、「フサイン＝マクマホン書簡」「サイクス＝ピコ協定」「バルフォア宣言」の間の矛盾の解決策を練った。六日間にわたる討議の後、利害関係のない日本のオブザーバーを含む三国は、英国がパレスチナ（トランスヨルダンを含む）とメソポタミアを、フランスがシリア（レバノンを含む）の委任統治権を保持することに同意した。イタリア政府は、アナトリアでイタリアが主張している利権について、満足できる取り決めができるまで、この協定の正式承認を留保した。

連合国は一度アラブ人の土地の分割に同意してしまうと、オスマン帝国との講和条約をまとめにかかった。一九二〇年五月に初めてトルコの大宰相府にも提示された諸条件は、トルコ国民にとって最悪のものだった。アラブ諸州すべてをヨーロッパの委任統治国の管理下に入れただけでなく、起草された講和条約ではアナトリアの分割と、元オスマン帝国臣民の中でトルコ人が人口比で多数を占める地域や、敵対関係にある隣国の分配まで要求していたのだ。

アナトリア東部はアルメニア人とクルド人に分けられることになった。トラブゾン、エルズルム、ビトリス、ヴァンなどの北東部諸州はアルメニア人の影響圏と指定された。これら四つの州は、アメリカの仲裁のもとでオスマン帝国から離脱して、完全な自由を謳歌し、コーカサス地方の新しいアルメニア共和国に編入され、首都をエレヴァンとする。その南側国境線に沿って、クルド人はディヤルバクルの町を中心とした小さな一帯を提供された。この協定の諸条件のもとでは、クルド人はまた、オスマン帝国から離脱して、独立国を設立する自由を与えられた。

アナトリア西部は、スミルナ（現在のイズミル）港とその後背地がギリシアの管理下に置かれた。ギリシア政府は、地元のギリシア人コミュニティに議会の創設を助け、スミルナが将来、ギリシア王国と一体化するための法律を制定する権限を持たせる。エディルネ（オスマン帝国は第一次バルカン戦争でここを失ったが、第二次戦争で取り戻した）を含むトルコ領トラキアの大部分もまた、ギリシアに割譲された。オスマン帝国は、黒海と地中海を結ぶ戦略上重要な水路の支配権も失った。ボスフォラス＝ダーダネルス海峡とマルマラ海は、トルコも国際連盟に参入を認められた暁には、メンバーとなる国際委員会の管理下に置かれることになった[12]。

アナトリアの分割はそこで終わらなかった。英国、フランス、イタリアとの間に別々に結ばれた協定によって、アナトリアの地中海地方はフランスとイタリアに分割されることになる。キリキア沿岸の内陸部はスィワスに至るまでの地帯はフランスの勢力圏にあることが明確に示された。アンタリヤの港と内陸部のコンヤの町を含むアナトリア南西部はイタリアにという主張も認められた。名目的にはまだ、オスマン帝国の一部であるトルコの地中海沿岸部は、事実上、フランスもしくはイタリアの植民地支配下に置かれることになりそうだった[13]。

講和条約草案ではトルコ人に残された領土はごく少なかった。オスマン帝国は事実上、イスタンブルを首都とするブルサ、アンカラ、黒海沿岸のサムスンの誰も欲しがらないアナトリア中央部に縮小された。さらに、そのイスタンブルさえも、お情けでトルコ人に与えられたのだった。連合国は、もしオスマン帝国が条約で定められた約束を守らなければ、戦後のトルコに褒美として与えられたコンスタンチノープルは取り戻すと脅した。

こうした講和条件はオスマン帝国全土に激しい反発を招いた。トルコの領土内に外国人軍隊が駐留していることだけでも強い憤りを巻き起こしていた。一九一九年五月、ガリポリ戦の英雄でこの国のもっとも尊敬されている軍部のリーダー、ムスタファ・ケマル・パシャは、講和条約の条件に従ってオスマン軍の解体状況を視察するためにサムスンに派遣されていたが、イタリア軍とギリシア軍がこの二カ月のうちにキリキアとイズミルを占領したのを見て、自分の使命とは反対に、軍部の解体命令には従わず、軍部によるレジスタンス運動を立ち上げる決意をした。彼はアナトリア中央部の町アンカラに基地を設立し、「トルコ民族主義運動」を立ち上げて、トルコ国民の政治的指向を代表するイスタンブルのオスマン政権に対する敵対意識を募らせていった。

一九一九年七月から九月にかけて「トルコ民族主義運動」は、エルズルムとスィワスで二つの大会を開き、その根本方針を「国民協定」として知られる文書にまとめた。この「国民協定」はその根本方針を明確に記述することによって、「公正で永続的な平和」と「安定したオスマン・スルタン国」との和解を求めた。「国民協定」の立案者たちは、アラブ諸州の喪失は認め、ボスフォラス＝ダーダネルス海峡の自由な航行を保証する話し合いには応じることにした。だが、「宗教、人種、目的を一つにするオスマン人［トルコ人］ムスリムが大多数を占め、一つの統一体を形成している」地域においては、「いかなる理由があっても分割を認めない」として、その分割を拒否した。一九二〇年一月、その最終的な会合の一つで、イスタンブルのオスマン帝国議会は、アンカラのトルコ民族運動と運命をともにし、「国民協定」を圧倒的多数で採択した。[14]

民族主義者たちの方針がいかに国会議員たちに人気があろうと、大宰相府はアナトリア中部の「トルコ民族主義運動」を政府の権威に対する危険な脅威であると見なした。一九二〇年五月、連合国からの講和条件提示に続く国家の危機に直面したオスマン帝国政府は、戦勝国に協力する以外に選択の余地はないと信じた。大宰相府は、戦勝国による厳しい条件を短期的には承認することによって、長期的にはよりよい条件を確保したかった。他方、「トルコ民族主義運動」は、この講和条約で引き渡した領土と主権をオスマン帝国はけっして取り戻せないだろうと考えた。ムスタファ・ケマルとその支持者たちは、厳しい条件を拒否し、アナトリアのいかなる分割にも抵抗することを呼びかけた。

ムスタファ・ケマルと「トルコ民族主義運動」が提唱する挑戦的姿勢は、たとえオスマン帝国の軍隊も経済も壊滅状態にあることを考慮に入れても、破滅につながりかねないと懸念した。抵抗すれば、講和条約の条件に従ってオスマン帝国の首都イスタンブルも犠牲にされかねなかった。オスマン政府は、ムスタファ・ケマルほか数人の民族主義運動のリーダーたちを背信の容疑で告訴し、一九二〇年五月、アルメニア人裁判を行なったのと同じ軍事法廷が欠席裁判により、「ガリポリの英雄」に死刑を宣告した。

大宰相とその閣僚たちが間違っていたことは歴史が証明することになる。講和条約に抵抗していなかったら、トルコは主権を維持することができなかったであろう。ムスタファ・ケマルはけっして反逆者ではなかった。ケマルは筋金入りのオスマン主義者として、スルタン国の維持という観点から自分の行動すべてを組み立てていた。「国民協定」でさえ、国民を表す言葉として「トルコ人」ではなく「オスマン人」を使っている。ケマリストたちが決起したのは、オスマン政権がトルコ国民を容赦ない講和条約と外国の占領下にあるアナトリアの分割を成り行き任せにしてしまったときだった。「セーヴル条約」が調印された一九二〇年八月十日、大宰相府は「トルコ民族主義運動」と妥協不可能な分裂状態に陥った。この日以降、ケマリストたちはこの条約と、それに調印したオスマン政府の両方の粉砕に踏み切った。

一九二二年までに、ケマルらはコーカサスでのアルメニア人、キリキアでのフランス軍、アナトリア西部でのギリシア軍という三つの戦線での激しい戦争を戦い抜き、トルコ領内のすべての外国軍に対して全面的に勝利した。一九二二年十月十一日、ギリシアとの休戦協定を締結したトルコ大国民議会は、十一月一日、オスマン帝国スルタンの廃位を決定した。最後のオスマン帝国スルタン、メフメト六世（終戦の四カ月前の一九一八年七月に腹違いの兄弟メフメト五世の跡を継いだばかりだった）は、十一月十七日、英国軍艦でマルタ島に追放された。

一九二三年七月、トルコ民族主義政権は、かつての戦勝国との間に、おおむね現在の国境線内にトルコの独立を認めさせる新条約をスイスのローザンヌで調印した。国際的な承認のおかげで、一九二三年十月二十九日、ムスタファ・ケマルを初代大統領としてトルコ共和国が発足した。トルコ議会はのちに、近代的なトルコの創設に果たした彼のリーダーシップを認めて、ムスタファ・ケマルに「トルコの父」を意味する「アタチュルク」という称号を与えた。

スルタン政権がアタチュルクの運動を生かし、セーヴルで戦勝国に押し付けられた条件に抗議していたら、オスマン帝国は現代のトルコ共和国の境界線内で生き延びていたかもしれない。第一次大戦での彼らの敗北がどれほど悲惨な結末であったとしても、苛酷な講和を承認したことがオスマン帝国を崩壊に導いたのだ。

一九一八年十月、敵対関係が終了すると、どちらの側の兵士たちも早く故郷へ帰りたがった。中東から最初に引き揚げたのは敗戦した中央同盟国の兵士たちだった。休戦協定の条件に従って、リーマン・フォン・ザンデルスはオスマン帝国領域からのドイツ兵の復員を監督した。差し当たり、すでにイスタンブルにいたドイツ軍とオーストリア軍は、船でオデッサに運ばれ、そこから陸路でウクライナ経由で故郷に向かった。だが、メソポタミアの第六軍にいたドイツ兵とオーストリア兵一二〇〇人と、シリアとパレスチナで従軍していた兵士たちはイスタンブルに到着するのに数週間かかった。リーマンの推定によれば、一九一八年十二月までに船で送り出せた兵士は約一万人だったという。彼は五隻の蒸気船を確保して兵士たちをイスタンブルから直接ドイツに輸送し、一九一九年一月末にリーマン自身も一二〇〇人の将校と一八〇〇人の兵士らとともに乗船して、戦争で破壊された故郷への長い旅路についた。こうしてドイツとオスマン帝国との同盟関係は終了した。(15)

連合国占領地に残っていたオスマン軍兵士たちはたくさんいた。メディナのオスマン駐屯地司令官ファフリ・パシャは、戦争末期の数カ月、敵軍に包囲されながらも、武装解除を拒否し、最後に降伏したトルコ人将軍としてその名を残した。メディナのオスマン軍駐屯地は、戦争の最後の数カ月間、完全に包囲されていたが、兵糧を配給制にし、いかなる投降の呼びかけも拒否した。エジプト駐在の英国高等弁務官レジナルド・ウィンゲートは、休戦協定を結んだ後、ファフリに降伏を促す手紙を書いた。この頑固なトルコ人将軍は即座に拒否し、「私はオスマン人。イスラーム教徒だ。バリ・ベイ［スレイマン大帝時代の武将」の息子で軍人だ」と返事した。スルタンへの献身とメディナの預言者モスクへの畏敬の念に溢れたファフリは英国人に自軍の剣を差し出すつもりはまったくなかった。[16]

休戦協定締結から一〇週間、このオスマン軍駐屯地は持ち堪えた。アラブ軍がこの町を急襲すると脅かすと、ファフリ・パシャはいくつもの弾薬の入った木箱とともに預言者モスクに閉じこもり、降伏するよりはこの聖殿を爆破すると脅した。だが、数週間に及ぶ窮乏生活の間に戦争が終わったことを知った部下の兵士たちの士気は日増しに衰え、司令官を見捨ててアラブ軍に投降しはじめた。一九一九年一月十日、ついに熱血将軍は説得されて聖都をハーシム家に引き渡した。ハーシム家の軍司令官アブドゥッラーの回想によれば、メディナから出てきたファフリは、「檻に入れられたライオンのように辺りを見回し、逃げ道はないと知って、意気消沈し、腹を立てていた」という。彼はヤンブーの港から栄誉礼で見送られて英国の駆逐艦に乗り、捕虜としてエジプトに送られた。それから数週間の間にオスマン軍の撤退はアブドゥッラー軍司令官の監督のもとに行なわれ、オスマン軍駐屯地にいたアラブ兵はハーシム軍に有無を言わさず組み入れられた。トルコ兵はエジプトに送られて、そこの捕虜収容施設に収容され、トルコへ帰還できる日を待つことになった。

フランスの植民地当局は、ドイツの捕虜収容所からオスマン軍に入ってしまった北アフリカからの兵士たちに、戦時中の背信行為の代償を支払わせた。すでに一九一七年のスタンレー・モード少将のバグダード占領以降、多数の北アフリカ兵がオスマン軍から英国の捕虜収容所に移されていた。彼らはやがて本国帰還のためフランスに送られた。フランス南部には、チュニジア、アルジェリア、モロッコからの「現地人部隊」を受け入れるたくさんの収容所が開設されていた。これらの忠誠心に疑問がある兵士たちは北アフリカへ帰還することも、フランスでムスリムと親しくすることも禁じられた。第一次大戦の復員兵の中で、北アフリカ出身の戦時捕虜ほど、ほとんどやる気もないのにあちこちの戦線で戦った兵士たちはいなかった[17]。

連合国の兵士たちも講和条約締結後、速やかに帰還できたわけではない。オスマン帝国のアラブ諸州は連合国占領敵国領土管理下に入れられた。外国の占領を疎ましく思う地元社会と、戦争で無感覚になり、帰国したくていらいらしていた英国軍および大英帝国自治領部隊との間に緊張が高まった。

一九一八年十二月半ば、パレスチナのある村人がニュージーランド人軍曹を殺害したことから、軍隊による報復措置が始まった。諸説はあるが、六〇人から二〇〇人といわれるニュージーランド軍が、軍曹を殺した男が隠れているとされるサラファンドという村（今日のレバノン南部）を包囲した。彼らは女子供、老人らを追い出した後、村の男たちを攻撃した。ニュージーランド側の資料によると、復讐心に燃えた兵士たちが三〇人以上の男性を死傷させた挙げ句、村と近くの野営地に火を放った[18]。

アレンビー将軍はこの虐殺事件に関して形式的な取り調べを行なったが、アンザック軍団は共謀して沈黙を守り、サラファンド周辺に宿営していたアンザック軍団兵士の誰一人口を割らなかった。どの資料も見ても、アレンビーは自軍の兵士の不服従にたいへん腹を立てたという。だが、集団処罰を行なえば、さらなる反抗的行為を誘発しかねないと見たアレンビーは、アンザック軍団をエジプトとの国境地帯のラファーまで後退させ、そこであらためて軍を解体し、兵士らをニュージーランドとオーストラリアに帰らせることにした。

ラファーでは軍部がアンザック騎兵隊の馬を殺し始めた。正確に言うと、大半は殺されたが、一部は占領軍のために残され、健康状態のよいものは売るためにとっておかれた。兵士たちが受けた説明によれば、兵士と馬の両方を輸送するだけの十分な船舶がない、あるいは馬は長旅には向いていない、動物は伝染性の病気を持っていることがあるため、オーストラリアとニュージーランドの地元の動物群にそれが広がる危険があるためなど、いろいろと理由の説明があった。しかし、オークランド軽騎馬ライフル隊のC・G・ニコル軍曹の回想によれば、「騎兵たちと馬の別れは哀れを誘った」という。何年も一緒に戦った騎士と馬の間の絆は、ほかの兵士たち以上に強い愛着があった[19]。

騎兵隊員の中には、残していけば、食肉として市場に出すために処分されることに忍びず、違法と知りながら、自分の馬を自分で殺した者も大勢いた。ガリポリとパレスチナの両戦線を経験したオーストラリア人の従軍記者オリヴァー・ホウグは、トゥルーパー・ブルーガムという筆名で、典型的な騎馬兵の自分の「ウェイラー」（オーストラリア産の軍馬「ニュー・サウス・ウェールズ」の通称）への気持ちを、「残された馬たち」という題の詩のかたちで書いている。

わが愛しの老馬が　エジプト人を背に
カイロ旧市街をうろつくだけかという思いを
どうして堪えられよう。
パレスチナから行った英国人旅行者の中には
失意のわがウェイラーが木の鋤を引いているのを
目にする者がいるかもしれない。

いや、そんなことになるなら、やつを撃ち殺し
小さな嘘をつくほうがました。
「やつはアナグマの穴に落ちてあがき、やがて死んだのさ」と。
軍法会議にかけられるかもしれないが
オーストラリアに戻りたい一心で愛馬を残していけば

地獄落ちは間違いない[20]。

一九一九年三月中旬、アンザック軍団はエジプトを発って故国へ戻る予定だった。ところが乗船直前にエジプトで全国規模の蜂起が起こり、オーストラリア軍とニュージーランド軍はちょっと長めに足止めされた[21]。

第一次大戦で生まれたエジプトおよびアラブ人の土地では独立気運が高まった。ウッドロー・ウィルソンの「十四カ条」の第十二条は、オスマン帝国のその他の臣民と同様、アラブ人に「明白な生命の保証と、絶対的に自由なる自治発展の機会」を保障した。政治活動家たちはシリアでもメソポタミアでも、数十年にわたるオスマン帝国の政治的抑圧によって押し付けられた制約から解放され、それぞれ異なる政治的ヴィジョンをさっそく討議しはじめた。エジプトでは、政界のエリートたちは自分たちが何を望んでいるか明確に認識していた。三六年にわたる英国の占領の後、彼らはエジプトの完全な独立を求めていた[22]。

エジプトの著名な政治家たちの一団はカイロの英国当局に出向いて、パリ講和会議に自分たちの独立を訴えるため、代表を出席させてほしいと要請した。英国高等弁務官レジナルド・ウィンゲートは、ドイツとの休戦協定成立の二日後の一九一八年十一月十三日、老練な政治家サアド・ザグルールの率いる代表団を迎え入れた。だが、彼は代表団の意向を聞くと直ちに、はっきりした理由もなく、彼らの講和会議への出席要求を却下した。パリ講和会議は敗戦国の運命を決めるためのもので、エジプトの出る幕はなかった。ザグルールとその同僚たちが簡単に引き下がらずにいると、一九一九年三月八日、一行は逮捕されて、マルタ島に追放された。すると翌日、エジプトでデモが行なわれ、たちまち全土に広がり、さまざまな社会階級がこぞって独立を要求した。

都市部でも農村部でも、エジプト人は英帝国の威力がにおう場所をすべて攻撃した。鉄道、電話線などが破壊され、政府や役所が焼き打ちに遭ったり、本庁舎に抗議者が殺到したりした。英国は兵士による秩序回復を図ったが、群衆を制御できず、死傷者が増え始めた。エジプト人は英国兵によるデモ参加者への実弾の発砲、村の焼き打ち、強姦さえ含む残忍な行為を非難した。三月末までにその暴挙によるエジプト人の死者は八〇〇人、負傷者一六〇〇人にのぼった。[23]

事態を収拾するため、英国はザグルールらをエジプトに帰国させ、代表団を一九一九年四月、パリに送ることにした。しかし、一行がパリに着く前に、英国首相デイヴィッド・ロイド゠ジョージは同盟国フランスとアメリカに、エジプトは「一帝国の問題であって、国際間の問題ではない」と説き伏せた。エジプト代表団がパリに到着した日、米大統領ウィルソンは、エジプトが英国の保護領であることを認め、代表団は講和会議の公聴会には出席を認められなかった。戦争は終わったが、英国のエジプト支配は終わっていなかったのだ。

ハーシム家の軍司令官ファイサルのダマスカス行政部もまた、パリの講和会議で自分たちの発言を聞いてもらえそうもなかった。このハーシム家の王子は、アラブの反乱を先導することによってオスマン帝国の敗退に役立ち、連合国に貢献したと自負していたのに、彼の主張はシリアにおけるフランスの野望と競合するものだったのだ。

一九一九年一月、ファイサルはパリ講和会議の最高会議にアラブの独立を求める大義名分を提出した。ヘンリー・マクマホン卿が太守フサインとの間で約束した有名な書簡にある広範囲の領土を考慮に入れれば、ファイサルの立場はたいへん穏当なものだった。彼は大シリア圏（現在のシリア、レバノン、ヨルダン、イスラエル、パレスチナ自治区に相当する）と彼の父フサイン王が統治しているヒジャーズ州を合わせた地域でアラブ王国の即時、完全な独立を求めた。アラブ人とシオニストの抱負の食い違いを解決するために、パレスチナでの外国の介入も快く受け入れた。メソポタミアについては、英国の主張を認めたが、これらの地域はやがて平和条約調印国を説得して、彼が設立したいと願っている独立したアラブ国に加えられるものと信じていた。

ファイサルは、ハーシム家が同盟を結んだ英国が約束してくれていた範囲より少なめでも仕方ないと思ったが、その控えめな彼の要求さえ、英国はファイサルに提供できなかった。ロイド＝ジョージ首相は、メソポタミアとパレスチナを英国が確保するためにフランスの同意を得なければならなかった。フランスはこの戦争のまさに勃発当初から、その代償としてシリアの名を挙げていたのだ。こうした両者の競合する主張を和解させることができなかった英国は、大事な同盟国フランスを支持したため、ファイサルは自力で打開策をとるしかなくなった。

一九一九年十一月一日、英国軍はシリアをフランス軍に委ねて撤退し、この国をフランス軍の支配下に引き渡した。大シリア圏の各地からの代表とファイサルの支持者たちによるシリア全体会議は、一九二〇年三月八日、ファイサルを国王とするシリアの独立を宣言した。だが、ファイサルのシリア王国は存続不可能になる。フランスはレバノンから植民地軍を派遣してダマスカスを支配下に入れた。ベイルートとダマスカスの間の山中でファイサルのアラブ軍の残存部隊に遭遇したフランス軍は、一九二〇年七月二十四日、ハーン・マイサルーンで二〇〇〇人の名ばかりの防衛隊を敗北させ、そのまま抵抗なしにダマスカスに進軍し、短命だったファイサルのシリア王国を崩壊させた。ファイサルは潰えたアラブの反乱の夢を抱えたまま亡命した。

ダマスカスのファイサル政権が失脚してしまうと、パレスチナ人は英国による占領、すなわち「バルフォア宣言」に独自に対処せざるを得なくなった。シリア全体会議で主役を務めていたパレスチナ諸都

37.1919年、「パリ講和会議」当時の軍司令官ファイサル。「アラブの反乱」の司令官だった彼は、T・E・ロレンスを翻訳者として、この講和会議にアラブ人の要求を提出した。だが、フランスの帝国主義的野心から守り抜くことができず、彼のシリア王国は短命に終わった。

市の有力者、町村民代表らは、一九一九年の夏までにパリ講和会議に自分たちの見解を送付していた。六月十日から七月二十一日にかけて、アメリカのキング゠クレーン調査団が大シリア圏を旅行し、この地域の政治的未来について住民の意見を集め、吟味した。すると、パレスチナ・アラブ人の大半がファイサルのアラブ王国の一部として統治されることを望んでいることがわかった。さらに、パレスチナ・アラブ人住民は、「シオニストの郷土づくり計画全般に強く反対しており」、「パレスチナ住民は何にも増してこのことには意見が一致していた」とキング゠クレーン調査団は報告している[24]。

一九二〇年、「バルフォア宣言」によるユダヤ人の移民が増え始めると緊張が高まった。一九一九年から二一年にかけて、一万八五〇〇人のシオニストがパレスチナに上陸した。一九二〇年四月の第一週には、エルサレムで暴動が起こり、ユダヤ人五人、アラブ人四人の死者、二〇〇人以上の負傷者が出た。一九二一年、メーデーのパレードの最中にヤッフォの港町でユダヤ人コミュニストとシオニストの間で起こった争いにアラブ人町民が仲裁に入ると、暴動の規模はさらに大きくなった。引き続いて起こった暴動で、四七人のユダヤ人、四八人のアラブ人が死亡し、二〇〇人以上が負傷した。非ユダヤ人地元民の権利と利権を損なわずに、ユダヤ人の郷土を創設するという「バルフォア宣言」は矛盾していることはすでに明らかだった。

エジプトとシリアの成り行きに注目していたイラク政界のエリートたちは、自分たちの未来への懸念を強めた。英国とフランスは一九一八年十一月の時点では、自律のプロセス次第で国民政府と行政機関の設立を認めると言っていたのに、一九二〇年四月のサン・レモ会議で、列強はイラクを英国の委任統治下に入れることに合意したというニュースは、イラク人がいちばん恐れていたこの不安をいっそう強める結果になった(25)。

一九二〇年六月末、イラク全土で英国統治に反対する蜂起が発生した。規律ある、よく組織された反乱軍がバスラ、バグダード、モースルの英国軍を脅かしたが、活動の中心は第一次大戦中にオスマン軍に対して蜂起したのと同じ、ユーフラテス川中流地帯のシーア派の聖地のいくつかの町だった。蜂起が広がるにつれて、英国軍は蜂起鎮圧のために、メソポタミアからまだ解体されていない六万人の軍隊に加えて、インドからも援軍を呼び寄せ、十月末までには一〇万人態勢ですべての前線でイラク人の断固とした抵抗を抑えた。空爆と重火砲による砲撃で、英国軍はユーフラテス中流地帯を焦土戦術により制圧した。一九二〇年十月、ナジャフのあるジャーナリストは、「このところ人口の多いいくつかの町で虐殺、破壊が行なわれ、神聖な祈りの場所が汚されているのは人びとの涙を誘う」と書いている。英国軍の発表によれば、十月末に蜂起が鎮圧されるまでに、自国の軍隊から二二〇〇人、イラク軍は推定で八四五〇人が死傷したという。[26]

この時点で、ヒジャーズ州の王であった太守フサインは、シリア、パレスチナ、イラクの出来事を見て、裏切られたという思いを深くした。彼はヘンリー・マクマホン卿との往復書簡のコピーをすべて保管しており、英国がその約束をことごとく破ったと感じた。アラブ人の王になることを切望していたのに、ヒジャーズ州に封じ込められた彼は、今やその場所の安全保障さえも難しくなっていた。隣国のアブデュルアズィーズ・サウード（欧米ではイブン・サウードが通り名になっている）が率いるライバル王国がヒジャーズを席巻しようとしていたからである。踏んだり蹴ったりだったのは、イブン・サウードが大英帝国と協定を結んで、英国国庫から毎月寛大な手当をもらっていたことだった。

英国もまた、ヒジャーズ州の将来を憂慮していた。英国は一九一五年にイブン・サウードと正式な協定を結んでいたが、ハーシム家との関係は軍事同盟というかたちで結ばれていた。戦争が終われば、軍事同盟は解消される。ヒジャーズの老王と英国との間に協定がなければ、英国はこの地を保護する何の法的根拠も持たない。だが、フサイン王を協定に署名させるには、サン・レモ会議で打ち出された戦後処理案を彼に認めさせる必要があった。一九二一年夏、この気難しいフサイン王との英国＝ヒジャーズ協定の諸条件を交渉するという成功しそうもない役目を与えられたのがT・E・ロレンスだった。

ロレンスがフサイン王と会うまでに、英国はマクマホンとの間の反故にされた約束をいくらかでも埋め合わせようとしていた。当時の植民地相ウィンストン・チャーチルは、一九二一年三月、英国の中東における新しい委任統治の将来像を検討するため、カイロで秘密会議を招集した。その席上、英国高官らはフサインの息子ファイサルをイラク王に、もう一人の息子アブドゥッラーをまだ未確定地域であるトランスヨルダン（一九二三年に正式にパレスチナから分離された）の統治者にすることで合意した。チャーチルは、パレスチナを除く英国委任統治国すべてに、予定されたハーシム家の支配者を候補に挙げることによって、マクマホンの戦時中の約束を、たとえ文面どおりにではないまでも、その精神を生かす方向に役立てたと断言してもよかったであろう。

一九二一年七月から九月にかけて、ロレンスはフサイン王と英国の中東における戦後処理策に同意を求め、交渉を続けたが無駄だった。フサインは彼自身の野望をヒジャーズに封じ込められるのを拒否した。彼はシリアとレバノンをアラブ人の土地から切り離し、フランスの委任統治下に置くことに反対した。フサインはまた、たとえ名目上はイラクとトランスヨルダンを彼の息子たちの統治下に置くとはいっても、英国の委任統治下に入れられるのは拒否した。それに加えて、パレスチナにユダヤ人の民族的郷土を樹立するという約束の承認もしなかった。フサイン王は英国の戦後処理策を何一つ受諾できなかったので、英国＝ヒジャーズ協定が成立する余地はなかった。ロレンスは何の収穫もなくロンドンに戻った。

英国は一九二三年にヒジャーズとの協定を結ぼうと再度心がけたが、気難しい老王はこれを拒否したため、イブン・サウードが紅海沿いのこの州の征服を企てているまさにそのときに英国の保護を失った。一九二四年十月六日、フサイン王は長子のアリーに王位を譲り、亡命した。アリー王の統治は一九二五年末にサウード家にヒジャーズを征服されて終わった。ハーシム家は、ファフリ・パシャの条件付き降伏の約七年後の一九二五年十二月に聖都メディナを明け渡した。

最終的には、第一次大戦におけるオスマン帝国戦線は、同時代人が想像していた以上に大きな影響を及ぼしたことが証明されている。連合軍の戦争計画者たちは、落ち目になっていたオスマン帝国に手早く勝利し、中央同盟国の降伏を早めることができると思っていたのに、この戦争のほぼ全期間にわたって、いくつもの戦役に引きずり込まれることになった。コーカサスやペルシアでの戦闘、ダーダネルス海峡戦の強行の失敗、メソポタミアでの戦況の反転、シナイ半島、シリア、パレスチナでの長期戦は、西部、東部両戦線の主戦場から、さらなる兵士と軍事物資を転用せざるを得なくさせた。オスマン帝国戦線は、紛争の終結を早めるどころか、かえって戦いを長引かせた。

中東における連合国の戦争努力の大半は、ジハードに対するいわれのない恐怖によって駆り立てられたものだった。植民地のムスリムが概してオスマン帝国のスルタン=カリフの呼びかけにすぐに反応しなかったのに対し、ヨーロッパの帝国主義大国は、トルコ軍の勝利、もしくは連合軍の後退は、インドや北アフリカの彼らの植民地で恐るべきイスラーム教徒の蜂起をかき立てるのではないかと想定しつづけた。皮肉なことに、これはカリフの呼びかけに応じるはずのムスリムよりも、連合国を過敏に反応させた。これは一〇〇年後の今日に至るまで続いていて、欧米諸国はムスリムが集団で狂信的な行動をとるのではないかという懸念を捨てきれていない。二〇〇一年九月十一日以降の「テロとの戦い」が示しているように、欧米の政策策定者たちは、ジハードを一九一四年から一八年にかけての戦争計画者と同じ思いで眺め続けている。

第一次大戦が現代の中東のありように与えている影響は計り知れないほど大きい。オスマン帝国崩壊後、その領土はトルコに代わってヨーロッパ帝国主義の支配下に入れられた。四〇〇年間、オスマン人ムスリム支配下で多民族帝国としてまとまっていたアラブ人は、英国とフランスの支配下のいくつもの新しい国に組み入れられた。トルコ、イラン、サウジアラビアのように、それぞれの領域内で独立できた国もあるが、戦後処理の一環として、帝国主義大国に国境線と政治形態を押しつけられた国々もあった。

オスマン帝国の戦後の分割は、長らく続いた戦争当事国間交渉の重要な課題だった。今になって思えば、それぞれの分割協定は、戦時中に連合軍がイスタンブルを手っ取り早く征服しようともくろんで結んだ一九一五年の「コンスタンチノープル協定」、オスマン人のジハードに対処するムスリムの味方が必要だった英国による一九一五年から一六年にかけての「フサイン＝マクマホン書簡」、パレスチナ統治を確保するための「サイクス＝ピコ協定」の条件を改定したかった英国による一九一七年の「バルフォア宣言」などが結ばれた当時の背景を考慮に入れずに理解することはできない。こうした戦時中でしか考えられないような奇妙な協定は、英国とフランスの帝国主義の拡大だけを目的に結ばれた。ヨーロッパ列強が安定した中東の樹立を念頭に置いていたなら、国境線の引き方はまったく異なったものになっていただろうと考えざるを得ない。

戦後処理の結果として引かれた国境線が、今日にまで至る驚くほど長期にわたる紛争のもとになっていることは明らかである。トルコ、イラン、イラク、シリアに分けられたクルド人は自分たちの文化的、政治的権利を求めて、過去一〇〇年にわたってそれぞれの居住国との紛争に巻き込まれた。一九二〇年にフランスによってキリスト教国として創設されたレバノンは、やがてムスリム人口がキリスト教徒を上回るようになって、それを引き金に一連の内戦に発展した。ナショナリストたちの多くが自国の一部と思っている部分をレバノンにしてしまったことに納得できないシリアが、一九七六年、軍隊を派遣し、約三〇年にわたってこの国を占領しつづけた。イラクは、天然資源にも人材にも恵まれているにもかかわらず、第二次大戦中にクーデターと英国との紛争、一九五八年の革命、一九八〇年から八八年までのイランとの戦争をはじめ、一九九一年のサッダーム・フセインによるクウェート侵攻、二〇〇三年のアメリカの侵攻によるフセインの打倒に至るまで、この戦後領域内に平和と安定が続いたためしがない。

だが、戦後の分割による遺産の最たるものであるアラブ＝イスラエル紛争は、中東を戦争地帯と同義語にしてきた。イスラエルとその近隣のアラブ諸国との間で、四八年、五六年、六七年、七三年に四つの大きな戦争が起き、七九年にはイスラエルとエジプト間に、九四年にはイスラエルとヨルダン間に和平協定が結ばれたにもかかわらず、中東にたくさんの未解決の厄介な問題を残したまま、いまだに解決されていない。パレスチナ難民はレバノン、シリア、ヨルダンに離散したままだし、イスラエルはシリアのゴラン高原や、レバノン南部のシェバア農場を占領しつづけている。イスラエルはまた、ガザのパレスチナ人地域と西岸地区の支配をやめようとしない。イスラエルと近隣アラブ諸国との行為には双方に責任はあるものの、紛争のルーツは基本的に矛盾した「バルフォア宣言」にまでさかのぼる。

中東の国境線が妥当なものかどうかは、最初にそれが引かれたときから問題になっていた。一九四〇年代、五〇年代のアラブ人ナショナリストたちは、帝国主義者の遺産として不評を買っていた国境線を撤廃して、アラブ諸国の間に共通した社会・政治機構をつくろうと呼びかけていた。汎イスラーム主義者たちは同じ目的を持った広域イスラーム連合を提唱した。二〇一四年、自称「イスラム国」という軍団が「サイクス＝ピコ協定を粉砕する」として、シリアとイラク北部に広がるカリフ国を宣言した。中東の国境線については、一〇〇年経ってもまだ論議が絶えず、不安定なままである[27]。

「大戦」（第一次世界大戦）の一〇〇周年記念日は、中東ではあまり盛大に祝われなかった。トルコ軍とアンザック軍の復員兵らが、長期にわたって戦没者を悼んで集まるガリポリ以外は、オスマン帝国戦線で戦った世界中から集まった軍隊による抗争、犠牲者のことは、現代のはるかに強烈な関心事のせいで影が薄くなっている。エジプトの革命後の混乱、シリアとイラクの内戦、イスラエルとパレスチナの間で続く果てしない暴力の連鎖が、「大戦」から一〇〇年を迎える中東人の関心を奪っている。だが、中東以外の世界の人びともこの戦争を思い起こすときには、オスマン人がこの紛争に果たした役割を考慮に入れなくてはならない。なぜなら、ヨーロッパの「大戦」が、オスマン帝国戦線とそのアジアの戦場に広がり、世界のあちこちの国から兵士たちが参戦したことによって、「第一次世界大戦」になったからだ。今日もなお、世界中で中東ほど「大戦」の名残を感じさせられるところはない。

謝辞

本書の調査・執筆を可能にしてくれたのは、英国学士院と、英国芸術・人文研究評議会の寛大な支援のおかげである。とりわけ英国学士院と、二〇一一～一二年度のユダヤ人難民協会による感謝の捧げものとしての英国人特別研究員待遇の授与にたいへん感謝している。また、二〇一二～一三年度の芸術・人文研究評議会による上級研究員待遇の授与にも負うところが大きい。

前著 *The Arabs*（邦訳『アラブ500年史（上・下）』白須英子訳、白水社、二〇一三年）と同様、オクスフォード大学のすぐれた中東研究仲間から知識と激励をいただいた。本書の大部分は、最初、オクスフォード大学の階段教室で学生たちに公開して、厳密な吟味、遠慮のない批判的な意見を聞かせてもらった。彼らのフィードバックに感謝している。そしてまた、中東センターの同僚ウォルター・アームブラスト、セリア・カースレイク、ローレント・ミグノン、ターリク・ラマダン、フィリップ・ロビンズ、アヴィ・シュライム、ミカエル・ウィリスにも感謝したい。

私が心惹かれている研究分野を知って、たくさんの友人、家族、同僚たちが書物や文献を使わせてくれ、それがこの研究に多大な貢献をした。トウフォウル・アボウ＝ホデイブとアダム・メスティヤンは、シリアでの戦争について多くのアラビア語の参考文献を調べてくれ、アリー・アラウィは、メソポタミアでの戦争に関する資料を教えてくれた。ヨアフ・アーロンとファイエズ・アル・タラウネフは「アラブの反乱」にまつわる回想録を、テュイ・クラークはオスマン軍戦線でのニュージーランド軍の体験記を探し出してくれた。ハミルトン侯爵夫人ジルは、彼女の図書室と、中東におけるアンザック軍と英国軍に関する彼女自身のすぐれた研究の活用を申し出てくださった。ヘンリー・ローレンスは、寛大にも、ドミニコ会司祭アントーニン・ジャウッセンの集めたフランス軍情報部の写しを提供してくれた。マーガレット・マクミランは、第一次世界大戦の起源についての彼女自身のすばらしい研究書 *The War that Ended Peace*（邦訳『平和に終止符を打った戦争』滝田賢治監修、真壁広道訳、えにし書房、二〇一六年）を執筆中に発見したオスマン帝国の戦争遂行活動についての論文すべてを自由に使わせてくれた。マーティン・バントンとフセイン・ウマルは、英国の戦争遂行へのエジプトの貢献についての貴重な文献を提供してくれた。私の大伯父に当たるジョン・マクドナルドの生涯と死について調べてくれたわが母マーガレット・ローガンに特別な感謝を表明したい。

この「大戦」のトルコ軍復員軍人の戦時日記を探すに当たって、オスマン帝国末期の歴史を学ぶ二人の優秀な学生と一緒に仕事ができたのはうれしかった。二人ともオクスフォード大学の学生のジェーン・バジャランとケレム・タイナーズは、イスタンブルの書店を探し回って、最近、続々と出版されるようになった第一次大戦中のトルコ軍兵士と将校たちの回想録を苦労して手に入れてくれた。ジェーンは本書の最初の二章の調べものを手伝ってくれ、ケレムは第3章から第13章までの調べものを助けてくれた。この二人の手助けがなかったら本書を完成させることはできなかったであろう。

歴史家がその仕事上必要な文献を見つけ出せるかどうかは、古文書保管者や司書次第である。中東センターの司書マスタン・エブテハージ、中東センター古文書保管人のデビー・アシャーの寛大な支援にはひときわ感謝している。私はまた、アメリカのメリーランド州カレッジパークの国立公文書館の古文書管理者、広範囲にわたる改造を通して読者に奉仕しつづけるロンドンの帝国戦争博物館の古文書管理者、およびニュージーランドのウェリントンにあるアレクサンダー・ターンブル図書館の抜群に有能な古文書管理者たちにも感謝を捧げたい。

たくさんの同僚たちが私の提案や、各章の草稿に目を通し、計り知れないほど深い洞察力や、修正箇所を提示してくれた。とりわけフレデリック・アンスコム、ベン・フォートナ、ロジャー・オーウェン、ジョセフ・サッソン、ナイリー・ウッズに感謝している。

執筆の発端から刊行に至るまで、エージェントのフェリシティ・ブライアンとジョージ・ルーカスが、叡智と経験により私を導いてくれていることをいつもありがたく思っている。アレン・レイン（英国）、およびベーシック・ブックス（アメリカ）から出版するなによりの喜びは、ノンフィクション分野の編集者としては業界最高のララ・ヘイマート、サイモン・ウィンダーの両人と仕事ができることである。

だが、もっとも感謝するべきは、私が執筆に集中して家族をおろそかにしているときでさえ、愛情を持って見守り、激励してくれた家族である。どの章を書いているときも、ナイリーは私の魂の伴侶であった。リチャードはアラブ的なものはすべて取り込むのが大好きで、私を喜ばせた。イザベルはいつも私の心の灯火《ともしび》だった。それゆえ、本書は彼女のものでもある。

訳者あとがき

世界史の中の帝国は〝偉人〟に譬《たと》えられようが、「オスマン帝国」ほどその本来の姿にふさわしく弔われなかった帝国はない。久しく〝ヨーロッパの病人〟と呼ばれながら、驚くほど長生きしたこの〝偉人〟への弔辞は、ほとんどが第一次大戦でオスマン帝国を葬った戦勝国の側から述べられていて、その多大な影響を受け継いでいるはずの〝身内〟の声はあまり公《おおやけ》にされなかった。

本書 *The Fall of the Ottomans, The Great War in the Middle East, 1914-1920*, Penguin Books, 2015 は、戦勝国側で戦った兵士を先祖に持ちながら、あるいは持つゆえにこそ、この〝偉人〟をあらためて世界史に位置づけずにはいられなかった歴史家ユージン・ローガンによる、オスマン帝国側から見た第一次大戦の諸相である。

ローガンが本書を執筆することになったきっかけは、二〇〇五年、母と息子を連れてトルコに旅行した折、第一次大戦の激戦地ガリポリ半島で戦死した母方の大伯父の墓参りをしたことだった。ガリポリ戦と言えば、一九一五年六月、英国軍が緒戦で三八〇〇人の戦死者を出して敗退したことが欧米では語り草になっている。十九歳で戦死した大伯父もその一人だった。

墓参りの途中、道に迷ったローガンは、英国軍の墓地ではなく、間違ってトルコ軍の戦没者慰霊碑の前に出てしまった。そこで、図らずも、この戦いで勝利したトルコ軍のほうが、その日、英国軍よりはるかに多い一万四〇〇〇人という死傷者を出していたことを知る。中東研究の史家としての彼が旅行前に調べた資料には、これほどたくさんのトルコ兵戦死者に言及したものは一冊もなかった。

帰国した彼は、この大戦でのトルコ側およびアラブ側の経験が、欧米にはいかに知られていないかに気づいて衝撃を受けた。ガリポリでの「チャーチルの完全な失敗」、クート・アル・アマーラでの「タウンゼンドの降伏」、「アラビアのロレンス」の手引きによる「アラブの反乱」、「アレンビーによるエルサレム征服」などを描いた本なら山ほどある。連合国兵士たちの日記や回想録もあちこちの図書館に保管されている。だが、強大な侵攻軍から生き延びるために死闘を余儀なくされたオスマン軍兵士たちの不屈の抵抗ぶりを記した資料は、トルコやアラブ世界の古文書館に保管されていたり、出版されているものはあっても、アクセスが難しかったり、原語が読めなかったりで、近年、研究者は増えているとはいえ、実態を知る作業はまだ始まったばかりであることを知って本書の執筆を思い立ったという。

その意図は、まことに正鵠を得ている。一四五三年、スルタン・メフメト二世がビザンツ帝国の首都コンスタンチノープルを征服して以後、ローマ帝国にほぼ重なり合うほど広大な版図を広げてきたオスマン帝国は、第一次大戦での敗北によってヨーロッパ列強に領土を分け取りされて崩壊し、現在のトルコ共和国のあるアナトリアとイスタンブルを残すだけになった。今日、中東での諸事件を耳にするとき、よほどの中東通でない限り、レバノン、シリア、ヨルダン、パレスチナ、イラクが百年前までオスマン帝国という一つの国の治下にあったことを即座に思い浮かべる人は少ないのではないだろうか。ユダヤ教、キリスト教、イスラームの三大世界宗教の聖都エルサレムと、イスラームの総本山メッカがオスマン帝国の特別行政区だったことも。

一九一七年十一月九日、「バルフォア宣言」が公表された時点のエルサレムには、宗教的祭事に集まる信徒や市民の治安維持のためにトルコ軍が駐屯していた。そこに住むユダヤ人もアラブ人もアルメニア人もみな、オスマン帝国臣民だった。

戦闘が長引く中、エルサレムの防備が手薄で勝ち目がないと判断したトルコ軍は、攻め寄せる英国軍内のユダヤ人部隊を市内に住むユダヤ人が手引きするのを恐れて、ユダヤ人住民を市内から強制追放したうえで、整然と列をつくって撤退した。エルサレム市民が白旗を掲げて英国軍に降伏の意を表したのは、「バルフォア宣言」から約一カ月後の一九一七年十二月九日である。

トルコ軍は、エルサレム市内から撤退したものの、町を標的にできるすぐそばのオリーブ山に陣取ってにらみを利かせた。アレンビー将軍は、十二月十一日、三大世界宗教の聖地に敬意を表して、古都の城門前で馬を下り、徒歩で入城して正式にエルサレム占領を認めた後、治安維持のため、一部の兵士をロナルド・ストーズ軍政官のもとに残してさらに北進した。連合軍とトルコ軍のパレスチナでの戦いはそれから一年近く続き、この段階ではまだ、連合国の対トルコ戦の勝利は必ずしも保証されていたわけではなかった。

代々メッカの太守《シャリーフ》を務めてきたハーシム家は、メディナに駐屯するトルコ軍が守ってきたその軍司令官ファフリ・パシャは、ハーシム家の首長フサインとその一族が第一次大戦中、スルタンを裏切って英国の口車に乗り、「アラブの反乱」の旗振りをしたことを遺憾に思い、休戦協定締結から一〇週間も武装解除を拒否し、最後に降伏したトルコ人将軍として名を残した。

長らくオスマン帝国の恥部とされていたアルメニア人虐殺問題についても、帝国の不屈の申し子である現代のトルコ共和国民の中から貴重な証言や、それを裏づける研究が、近年、提示され始めている。

一九一四年、大戦勃発時にベルリンで神学を学んでいたアルメニア人、グリゴリス・バラキヤン司祭（一八七五年トルコ生まれ）は、イスタンブルに戻ると、首都の異様な雰囲気に気がついた。首都圏に住むアルメニア人は、アナトリア東部の同胞居住地域でロシア軍の攻勢が続いていたことから、オスマン帝国よりも同じキリスト教徒であるロシアへの愛着を率直に示す者がたくさんいた。連合国軍のダーダネルス海峡への攻勢が始まると、アルメニア人は英国艦隊が自分たちを救いに来て、まもなくトルコ統治から解放されると、喜びを露わにした。これでは戦況逼迫を憂慮するトルコ政府が彼らに警戒感を強めない理由《わけ》がない。

一九一五年春には、アルメニア人の強制移住措置がひそかに計画された。デリゾールへの〝死の行進〟に駆り立てられたバラキヤン司祭は、途中で脱走してバグダード鉄道の工事現場に身を潜め、変名、変装して首都に戻り、のちに *Armenian Golgotha: A Memoir of the Armenian Genocide, 1915-1918*（アルメニア人のゴルゴタ——アルメニア人集団殺戮回想録）, New York: Vintage, 2010［アルメニア語の初版は一九二二年］を著してその詳細を後世に伝えた。

アンカラ大学法学部出身の女性弁護士フェティィェ・チェティン（一九五〇年、トルコのマーデン生まれ）は、一九七五年のある日、祖母から打ち明け話を聞かされた。きれい好きで料理上手、聡明で優しい祖母を中心にした自分の家族は典型的なトルコ人ムスリムだとばかり思っていたフェティィェは、祖母が五〇年前、デリゾールへ〝死の行進〟の途中、憲兵隊に誘拐されてトルコ人隊長の家に連れて行かれたアルメニア人キリスト教徒だったのだと聞いて仰天した。名前をトルコ風に〝サヘル〟と変えられ、イスラームに改宗させられた祖母は、子供のいない夫妻に娘のようにかわいがられたが、身分は家事使用人だった。十六歳で隊長の甥と結婚させられ、三人の娘を産んだ。そのうちの一人が若くして未亡人になり、二人の子供を連れて実家に戻った。祖母はフェティィェを長子とする孫たちを丁寧に育てた。フェティィェ・チェティンが、祖母の体験をもとにまとめた *My Grandmother: An Armenian Turkish Memoir*（私の祖母　あるアルメニア系トルコ人の回想録）を二〇〇四年にトルコ語で出版すると、たちまち七刷になり、英・仏・伊、アルメニア語、ギリシア語にも訳された。二〇〇八年の英語版翻訳者モーリーン・フリーリーの解説によれば、トルコ共和国の人口約七五〇〇万人のうち、フェティェのような祖父母を持つトルコ人は約二〇〇万人いるという。

アルメニア問題について、本書に頻繁に引用されている文献の著者タネル・アクチャムは、一九五三年アルダハン生まれの歴史家で、アンカラの中東工科大学大学院に在学中、過激な活動を理由に投獄されたが、脱走してドイツに亡命し、市民権と博士号を取って、今ではアメリカの大学でアルメニア人の組織的虐殺研究の第一人者になっている。

著者ユージン・ローガンは一九六〇年アメリカ生まれの歴史家で、コロンビア大学で経済学を学び、ハーヴァード大学で中東研究の修士号、博士号を取得、ボストン・カレッジ、サラ・ローレンス・カレッジで教鞭を執った後、一九九一年からオクスフォード大学に移り、セント・アントニー・カレッジ中東センターの所長を務めている。

本書は、中東研究の泰斗ローガンが、前著 *The Arabs: A History*, *Penguin*, 2009（『アラブ500年史』上下巻、白須英子訳、白水社、二〇一三年）に続いて、中東という同じ地理的空間を、「オスマン帝国の崩壊」という切り口から描くことにより、多様な人種、民族、文化が錯綜する元「オスマン帝国」世界が発揚する重層的ダイナミズムで読者を瞠目させる一冊になっている。本書も前回と同様、白水社編集部の阿部唯史氏にたいへんお世話になった。また、中東国際関係研究がご専門の山内昌之氏に、特殊用語や日本語表記その他について貴重なアドバイスやご教示をいただいた。心より感謝申し上げる。

二〇一七年九月

白須英子

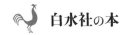

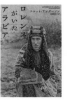

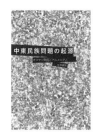

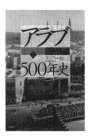

訳者略歴

翻訳家。一九五八年、日本女子大学英文学科卒業。
主な訳書に『オスマン帝国衰亡史』（中央公論社）、『エルサレムの20世紀』『イスラーム世界の二千年』『イラン人は神の国イランをどう考えているか』（以上、草思社）、『情熱のノマド』（共同通信社）、『皇女セルマの遺言（上下）』（清流出版）、『変わるイスラーム』『仮想戦争』（以上、藤原書店）、『アラブ500年史（上下）』『北緯10度線』『湿原のアラブ人』（以上、白水社）など、著書に『イスラーム世界の女性たち』（文春新書）がある。

オスマン帝国の崩壊

中東における第一次世界大戦

二〇一七年 九 月二五日 印刷
二〇一七年一〇月一〇日 発行

著者 ユージン・ローガン
訳者© 白《しら》須《す》英《ひで》子《こ》
装幀 日下充典
組版 閏月社
発行者 及川直志
印刷所 株式会社三陽社
発行所 株式会社白水社

東京都千代田区神田小川町三の二四
電話 営業部 〇三(三二九一)七八一一
編集部 〇三(三二九一)七八二一
振替 〇〇一九〇―五―三三二二八
郵便番号 一〇一―〇〇五二
http://www.hakusuisha.co.jp
乱丁・落丁本は、送料小社負担にてお取り替えいたします。

株式会社 松岳社

ISBN978-4-560-09566-9

Printed in Japan

索引

ア行

カ行

サ行

タ行

ナ行

ハ行

マ行

ヤ行

ラ行

ワ行

原注

はじめに

(1) Colonel J. M. Findlay, *With the 8th Scottish Rifles, 1914-1919* (London: Blockie, 1926), 21.

(2) Findlay, *With the 8th Scottish Rifles*, 34.

(3) ブリティッシュ・カウンシルは、2013年9月、英国の世論調査機関「YouGov」に、エジプト、フランス、ドイツ、インド、ロシア、トルコ、英連邦の成人住民を対象にオンライン調査を依頼した。その結果は、以下の表題の報告書にまとめられている。"Remember the World as Well as the War: Why the Global Reach and Enduring Legacy of the First World War Still Matter Today," British Council, February 2014, http://www.britishcouncil.org/organisation/publications/remember-the-world.

(4) 下記のようなすぐれた日記が、最近、トルコ語やアラビア語から英語もしくはフランス語に翻訳されている。Lieutenant Mehmed Fasih の *Gallipoli 1915: Bloody Ridge (Lone Pine) Diary of Lt. Mehmed Fasih* (Istanbul: denizler Kitabevi, 2001); Falih Rıfkı Atay の 1981 年の回想録 *Zeytindağı* の仏訳 *Le mont des Oliviers: L'empire Ottoman et le Moyen-Orient, 1914-1918* (Paris: Turquoise, 2009); エルサレム出身の兵士 Ihsan Turjman の日記（Salim Tamari 訳）*Year of the Locust: A Soldier's Diary and the Erasure of Palestine's Ottoman Past* (Berkeley: University of California Press, 2011). アンカラのトルコ軍事戦略研究資料館での引用による近年の研究としては、Mustafa Aksakal, *The Ottoman Road to War in 1914: The Ottoman Empire and the First World War* (Cambridge: Cambridge University Press, 2008); M. Talha Çiçek, *War and State Formation in Syria: Cemal Pasha's Governorate During World War I, 1914-17* (London: Routledge, 2014); Edward J. Erickson, *Ordered to Die: A History of the Ottoman Army in the First World War* (Westport, CT: Greenwood Press, 2001); Hikmet Özdemir, *The Ottoman Army, 1914-1918: Disease and Death on the Battlefield* (Salt lake City: University of Utah Press, 2008) などがある。

第1章◆革命と三つの戦争

(1) 製パン業者組合長だった国会議員の言葉は、Stanford J. Shaw と Ezel Kural Shaw が *History of the Ottoman Empire and Modern Turkey* (Cambridge: Cambridge University Press,1985), 2:187 に引用したもの。

(2)「青年トルコ人」については、Feroz Ahmad, *The Young Turks: The Committee of Union and Progress in Turkish Politics, 1908-1914* (Oxford: Oxford University Press, 1969); M. Sükrü Hanioğlu, *Preparation for a Revolution: The Young Turks, 1902-1908* (New York: Oxford University Press, 2001); Erik J. Zurcher, *Turkey: A Modern History* (London: I. B. Tauris, 1993) を参照されたい。

(3) アブデュルハミト二世の言葉は、Francois Georgeon, *Abdulhamid II: Le sultan calife* (Paris: Fayard, 2003), 401 に引用されたもの。

(4) 新聞記事の引用は、前述の Georgeon, *Abdulhamid II*, 404. ジェマルとタラートについての引用は、Andrew Mango, *Atatürk* (London: John Murray, 1999), 80.

(5) Anonymous, *Thawrat al-'Arab* [The Revolution of the Arabs] (Cairo: Matba'a al-Muqattam, 1916), 49.

(6) ムハンマド・イッザド・ダルワザの言葉は、*Nash'at al-Haraka al-'Arabiyya al-Haditha* [The Forma-

tion of the Modern Arab Movement], 2nd ed. (Sidon and Beirut: Manshurat al-Maktaba al-'Asriyya, 1971), 277から引用。

(7) Darwaza, *Nash'at al-Haraka*, 286.

(8) Zurcher, *Turkey*, 98.

(9)「ベルリン条約」第61条は、*The Middle East and North Africa in World Politics*, ed. J. C. Hurewitz (New Haven, CT: Yale University Press, 1975), 1:413-414に引用されたもの。ほかにH. F. B. Lynch, *Armenia: Travels and Studies*, Vol. 2: *The Turkish Provinces* (London: Longmans, Green and Co., 1901), 408-411も参照されたい。

(10) Dikran Mesob Kaligian, *Armenian Organization and Ideology Under Ottoman Rule, 1908-1914* (New Brunswick, NJ: Transaction Publishers, 2011), 1-2.

(11) Lynch, *Armenia*, 2:157-158.

(12) Georgeon, *Abdulhamid II*, 291-295.

(13) ジェマル・パシャによれば、1万7000人のアルメニア人が殺されたという。Djemal Pasha, *Memories of a Turkish Statesman, 1913-1919* (London: Hutchinson, n.d.), 261. 大量虐殺に関する公的諮問委員会にアルメニア人代表として出席したZohrab Efendiによれば、アルメニア人の死者は合計2万人だったという。「1908-1914年の第二次立憲制時代における青年トルコ人とアルメニア人の関係」については、Feroz Ahmad, *From Empire to Republic: Essays on the Late Ottoman Empire and Modern Turkey* (Istanbul: Bilgi University Press, 2008), 2:186より。ほかにアダナの大量虐殺では1万人から2万人のアルメニア人が殺害されたという主張については、Kaligian, *Armenian Organization*, 36も参照されたい。

(14) Zabel Essayan, *Dans les ruines: Les massacres d'Adana, avril 1909*［廃墟の中で――1909年4月のアダナの大虐殺］(Paris: Libella, 2011), 1911年初版のアルメニア語からの翻訳。引用は40頁より。

(15) Kaligian, *Armenian Organization*, 45-47; Djemal Pasha, *Memories of a Turkish Statesman*, 262.

(16) イタリア軍のリビア侵攻については、Jamil Abun-nasr, *A History of the Maghrib* (Cambridge: Cambridge University Press, 1971), 308-312; Mango, *Atatürk*, 101-111.

(17) この戦役のあるトルコ軍復員兵によれば、オスマン軍の軍勢はわずか1000人だったという。イタリアの資料では、トリポリタニアとキレナイカのトルコ軍は総勢4200人とされている。Philip H. Stoddard, "The Ottoman Government and the Arabs, 1911 to 1918: A Preliminary Study of the Teşkilat-i Mahsusa" (PhD diss., Princeton University, 1963), 205-206n174. ほかにE. E. Evans-Pritchard, *The Sanusi of Cyrenaica* (Oxford: Oxford University Press, 1954), 104-124も参照されたい。

(18) M. Sükrü Hanioğlu, ed., *Kendi Mektuplarinda Enver Paşa*［エンヴェル・パシャ自身の手紙］(Istanbul: Der Yayinlari, 1989), 75-78.

(19) Mango, *Atatürk*, 102.

(20) Hanioğlu, *Kendi Mektuplarinda Enver Paşa*, 92-94. Georges Rémond, *Aux campes turco-arabes: Notes de route et de guerre en Tripolitaine et en Cyréanaique*［トルコ－アラブ陣営にて――トリポリとキレナイカにおける旅と戦いについての覚書］(Paris: Hachette, 1913).

(21) Hanioğlu, *Kendi Mektuplarinda Enver Paşa*, 148-153, 185-188, 196-198. ほかにG. F. Abbott, *The Holy War in Tripoli* (London: Edward Arnold, 1912)も参照されたい。

(22) Abun-Nasr, *History of the Maghrib*, 310.

(23) l. S. Stavrianos, *The Balkans Since 1453* (London: Hurst, 2000), 535-537.

(24) Hanioğlu, *Kendi Mektuplarinda Enver Paşa*, 1912年12月28日付の手紙と1913年1月12日付の手紙、216-217, 224.

(25) エンヴェルは1月23日の出来事を、1913年1月23日から28日にかけてのたくさんの手紙の中で詳述している。Hanioğlu, *Kendi Mektuplarinda Enver Paşa*, 224-231. ほかにAhmad, *The Young*

Turks, 117-123 も参照されたい。

(26) Niyazi Berkes, *The Development of Secularism in Turkey* (New York: Routledge,1998), 358 に引用されたもの。

(27) Hanioğlu, *Kendi Mektuplarinda Enver Paşa*, 247-248.

(28) Hanioğlu, *Kendi Mektuplarinda Enver Paşa*, 1913 年 8 月 2 日付の手紙 , 249-250.

(29) Hanioğlu, *Kendi Mektuplarinda Enver Paşa*, 1913 年 8 月 2 日付の手紙 , 249-250.

(30) これらおよび戦前の「アラビスト」協会の起源、目的、構成員については、George Antonius, *The Arab Awakening* (London: Hamish Hamilton, 1938, 101-125); Eliezer Tauber, *The Emergence of the Arab Movements* (London: Frank Cass, 1993) を参照されたい。

(31) Zeine N. Zeine, *The Emergence of Arab Nationalism*, 3rd ed. (New York: Caravan Books, 1973), 84 に引用されたもの。

(32) Tawfiq al-Suwaydi, *My Memoirs: Half a Century of the History of Iraq and the Arab Cause* (Boulder, CO: Lynne Reiner, 2013), 60. Suwaydi のアラブ人会議についての記述は、62-68 を参照。

(33)「パリ協定」については Tauber, *Emergence of the Arab Movements*, 198-212 を参照されたい。

(34) Suwaydi, *My Memoirs*, 68.「脱中央集権党」の Abd al-Hamid al-Zahrawi,「アル－ファタート」の Muhammad al-Mihmisani と Abd al-Ghani al-Uraysi は、1916 年 5 月、オスマン帝国当局により処刑された。

(35) Hanioğlu, *Kendi Mektuplarinda Enver Paşa*, 1913 年 8 月 2 日付の手紙 , 249-250.

第2章◆「大戦」前の平和

(1) NARA, Istanbul vol. 284, US deputy Consul General George W. Young, "Automobiles," 3 July 1914.

(2) B. A. Elliot, *Blériot: Herald of an Age* (Stroud, UK: Tempus, 2000), 165.

(3) NARA, Istanbul vol. 285, US vice consul in Mersin to consul general, Istanbul, 16 February 1914.

(4) NARA, Istanbul vol. 285, Consul General Ravndal, "Successful demonstration of 'Curtiss Flying Boat' at Constantinople," 15 June 1914.

(5) NARA, Istanbul vol. 282, report from Jerusalem dated 29 April 1914. ヤッフォの陸軍徴兵局からパレスチナの各村長宛に送られた布告の翻訳を含む 1914 年 4 月 29 日付のエルサレムからの報告。

(6) Mustafa Aksakal, *The Ottoman Road to War in 1914: The Ottoman Empire and the First World War* (Cambridge: Cambridge University Press, 2008), 42-56.

(7) Michael A. Reynolds, *Shattering Empires: The Clash and Collapse of the Ottoman and Russian Empires, 1908-1918* (Cambridge: Cambridge University Press, 2011), 36-41.

(8) Justin McCarthy, *Muslims and Minorities: The Population of Ottoman Anatolia and the End of the Empire* (New York: New York University Press, 1983), 47-88. オスマン帝国の統計数字が示す 1911-12 年の 6 つの州のアルメニア人総数は 86 万 5000 人とされているが、アルメニア正教会総主教府のこの 6 州の 1912 年の人口総計は 101 万 8000 人 とされている。ハルプト州はマムレテュル・アズィズ州としても知られているが、現代トルコではエラズー州と呼ばれていることに注意されたい。

(9) Roderic H. davison, "The Armenian Crisis, 1912-1914," *American Historical Review* 53 (April 1948): 481-505.

(10) Taner Akcam, *The Young Turks' Crime Against Humanity: The Armenian Genocide and Ethnic Cleansing in the Ottoman Empire* (Princeton, NJ: Princeton University Press, 2012), 129-135.

(11) Sean McMeekin, *The Berlin-Baghdad Express: The Ottoman Empire and Germany's Bid for World Power, 1898-1918* (London: Allen lane, 2010), 14 に引用されたもの。

(12) NARA, Istanbul vol. 295, reports from Mersina, 3 July 1915, and Constantinople, "Baghtche Tunnel," 3 September 1915; McMeekin, *The Berlin-Baghdad Express*, 233-258.

(13) NARA, Baghdad box 19, Consul Brissel's reports of 2 June 1914 and 10 October 1914.

(14) スルタンのこのコメントは、Otto Liman von Sanders, *Five Years in Turkey* (Annapolis, Md: US Naval Institute, 1927), 1-12 に引用されたもの。

(15) Aksakal, *The Ottoman Road to War*, 80-83; Liman von Sanders, *Five Years in Turkey*, 6-7.

(16) Djemal Pasha, *Memories of a Turkish Statesman, 1913-1919* (London: Hutchinson, n.d.), 99-106.

(17) 三国同盟のメンバーだったイタリアは、ドイツとオーストリアとは防衛同盟しか結んでいなかった。そのドイツとオーストリアが攻撃に出たので、イタリアは1914年には参戦しなかった。イタリアが協商国側について最終的に参戦したのは1915年になってからだった。

(18) Djemal Pasha, *Memories of a Turkish Statesman*, 116-117.

(19) Aksakal, *The Ottoman Road to War*, 96.

(20) Aksakal, *The Ottoman Road to War*, 99.

(21) "Secret Treaty of defensive Alliance: Germany and the Ottoman Empire, 2 August 1914," in *The Middle East and North Africa in World Politics*, ed. J. C. Hurewitz (New Haven, CT: Yale University Press, 1979), 2:1-2.

(22) Irfan Orga, *Portrait of a Turkish Family* (1950; rpt. London: Eland, 1988), 47-48. オルガはこうした会話を再生するに当たり、自分自身の記憶だけを頼りにしたのではなく、「後年、母親が断片的に彼に語ったことをつなぎ合わせたもの」(46) であることを認めている。

(23) NARA, Istanbul vol. 285, Heizer to Morgenthau, 4 August 1914; telegrams from Consul Grech, dardanelles, 4 and 27 August 1914.

(24) Aksakal, *The Ottoman Road to War*, 117 に引用されたもの。

(25) Ulrich Trumpener, *Germany and the Ottoman Empire, 1914-1918* (Princeton, NJ: Princeton University Press, 1968), 28; Aksakal, *The Ottoman Road to War*, 115.

(26) Djemal Pasha, *Memories of a Turkish Statesman*, 118-119; Halil Menteşe, *Osmanli Mebusan Meclisi Reisi Halil Menteşe'nin Anilari* [オスマン帝国議会議長ハリル・メンテシェの回想録] (Istanbul: Amac Basimevi, 1996), 189-191.

(27) John Buchan, *Greenmantle* (London: Hodder and Stoughton, 1916), 7.「イスラーム・ポリティーク」については、Tilman ludke, *Jihad Made in Germany: Ottoman and German Propaganda and Intelligence Operations in the First World War* (Munster: Lit Verlag, 2005), 33-34 を参照されたい。

(28) オッペンハイムの言葉は、McMeekin, *The Berlin-Baghdad Express*, 27, 91 に引用されたもの。

(29) エンヴェルのコメントは第1章(注25)に引用されたもの。Djemal Pasha, *Memories of a Turkish Statesman*, 144.「統一派」のジハードについての見解については、Philip H. Stoddard, "The Ottoman Government and the Arabs, 1911 to 1918: A Preliminary Study of the Teşkilat-i Mahsusa" (PhD diss., Princeton University, 1963), 23-26 を参照されたい。

(30) Aksakal は、*The Ottoman Road to War*, 126-135 で、ロシアの外交文書からの引用により、オスマン帝国のロシアへの提案全文を記録している。Sean McMeekin はエンヴェルの提案を「ハッとするような言葉で相手の出方を見ようとする相手を小ばかにした行為」として退けたと *The Russian Origins of the First World War* (Cambridge, MA: Harvard University Press, 2011), 106-107 に書いている。

(31) Hew Strachan, *The First World War*, vol. 1: *To Arms* (Oxford: Oxford University Press, 2001), 230-278. ロシアとセルビアとの対戦で受けたオーストリアの損失については、David Stevenson, *1914-1918: The History of the First World War* (London: Penguin, 2005), 70-73 および D. E. Showalter, "Manoeuvre Warfare: The Eastern and Western Fronts, 1914-1915," in *The Oxford Illustrated History of the First World War*, ed. Hew Strachan (Oxford: Oxford University Press, 2000), 39-53 を参照されたい。

(32) ファルケンハインの言葉は、Aksakal, *The Ottoman Road to War*, 149 に引用されたもの。

(33) Mustafa Aksakal, "Holy War Made in Germany? Ottoman Origins of the 1914 Jihad," *War in History* 18 (2011): 184-199.

第3章◆世界規模の動員令

(1) Hew Strachan, *The First World War* (London: Pocket Books, 2006), 97.

(2) シリア、スミルナ、エルサレム、トラブゾンでの兵役年齢の男子の移住についてのトリポリからの報告は、NARA, Istanbul vol. 280, "Annual Report on the Commerce and Industries of Turkey for the Calendar Year 1913," 29 May 1914; Istanbul vol. 292, "Report on Commerce and Industries for Calendar Year 1914," Jerusalem, 15 March 1915 にある。

(3) NARA, Istanbul vol. 282 は、1914年4月29日付のエルサレムからの報告で、「ヤッフォ徴兵支部長」からパレスチナのムフタール（村長）に送られた1914年4月25日付の指令書の翻訳が含まれている。Yigit Akin, "The Ottoman Home Front during World War I: Everyday Politics, Society, and Culture" (PhD diss., Ohio State University, 2011), 22. 兵士募集のポスターの文言は、Mehmet Beşikci, "Between Voluntarism and Resistance: The Ottoman Mobilization of Manpower in the First World War" (PhD diss., Bogaziçi University, 2009), 407-409 からの再録。

(4) Ahmad Rida, *Hawadith Jabal 'Amil, 1914-1922* [Events of Jabal Amil] (Beirut: Dar Annahar, 2009), 35.

(5) NARA, Istanbul vol. 282 は1914年8月3日付のアレッポのアメリカ領事からの報告。vol. 292 は1915年3月31日付のトラブゾンのアメリカ副領事からの報告。

(6) Irfan Orga, *Portrait of a Turkish Family* (1950; rpt. London: Eland, 1988), 65-66.

(7) "Ey gaziler yol göründü, Yine garib serime, dağlar, taşlar dayanamaz, Benim ahu zarima." Orga, *Portrait of a Turkish Family*, 67, 71.

(8) Edward J. Erickson, *Ordered to Die: A History of the Ottoman Army in the First World War* (Westport, CT: Greenwood Press, 2001), 7; Şevket Pamuk, "The Ottoman Economy in World War I," in *The Economics of World War I*, ed. Stephen Broadberry and Mark Harrison (Cambridge: Cambridge University Press, 2005), 117; Beşikci, "Between Voluntarism and Resistance," 141.

(9) David Stevenson, *1914-1918: The History of the First World War* (London: Penguin, 2005), 198-205.

(10) NARA, Istanbul vol. 292, "Special Report on Turkish Economics," 8 May 1915.

(11) NARA, Istanbul vol. 282, report from Aleppo, 3 August 1914; Istanbul vol. 292, "Trade and Commerce at Beirut for the Year 1914, and January 1915," 15 April 1915; "Annual Report on Commerce and Industries for 1914," Harput, 1 January 1915; Istanbul vol. 295, "Trade depression in Turkey Caused by European War," Smyrna (Izmir), 26 February 1915.

(12) Pamuk, "The Ottoman Economy in World War I," 117.

(13) Beşikci, "Between Voluntarism and Resistance," 73-76; NARA, Istanbul vol. 292, "Special Report on Turkish Economics," Istanbul, 8 May 1915.

(14) NARA, Istanbul vol. 279, アダナ総督 Hakki Pasha からメルスィンのアメリカ領事宛の手紙（dated 6 Aghustos 1330）; 商店の略奪、強奪についての記述は、vol. 279 の1914年9月19日付のエルサレムのアメリカ領事宛の手紙；1914年9月と10月の Singer Manufacturing Company との書簡；1914年8月のアダナのオスマン人総督からメルスィンのアメリカ領事宛の手紙；1914年10月5日付のバグダードのアメリカ領事からの報告。Istanbul vol. 292, "Special Report on Turkish Economics," 8 May 1915 も参照されたい。

(15) Erik Jan Zurcher, "Between death and desertion: The Experience of the Ottoman Soldier in World War I," *Turcica* 28 (1996): 235-258; Pamuk, "The Ottoman Economy in World War I," 126; NARA, Istanbul vol. 292, "Special Report on Turkish Economics," Istanbul, 8 May 1915; Istanbul vol. 294, "Increased Cost of living in Constantinople," 2 december 1915.

(16) Ahmed Emin, *Turkey in the World War* (New Haven, CT: Yale University Press, 1930), 107.

(17) フランスのサン・シール陸軍士官学校で学んだエリートで、アルジェリアの名家出身のハーリド・エル・ハシェミ中尉は、こうした規範のめったにない例外だったように思われる。Gilbert Meynier, *L'Algérie révélée: La guerre de 1914-1918 et le premier quart du XXe siècle* (Geneva: Droz, 1981), 85-87.

(18) 彼のフランス語綴りのフル・ネームは Mostapha Ould Kaddour Tabti. Mohammed Soualah, "Nos troupes d'Afrique et l'Allemagne," *Revue africaine* 60 (1919): 495-496.

(19) Meynier, *L'Algérie révélée*, 98-103.

(20) Jean Melia, *L'Algérie et la guerre (1914-1918)* (Paris: Plon, 1918), 28-32. この歌のフランス語版は "La République nous appelle, Sachons vaincre ou sachons périr, Un Français doit vivre pour elle, Pour elle un Français doit mourir." で、メッサーリの回想録にあるその最終行は "Pour elle un Arabe doit mourir" となっている。Messali Hadj, *Les mémoires de Messali Hadj, 1898-1938* (Paris: J. C. Lattès, 1982), 76.

(21) Hadj, *Mémoires*, 70. タブチの 65 の二行連句すべては、アラビア語とフランス語に翻訳され、Soualah, "nos troupes d'Afrique et l'Allemagne," 494-520 に収録されている。

(22) Meynier, *L'Algérie révélée*, 271-274.

(23) Meynier, *L'Algérie révélée*, 280-282; Melia, *L'Algérie et la guerre*, 257-260, 270-276; Augustin Bernard, *L'Afrique du nord pendant la guerre* (Paris: les presses universitaires de France, 1926), 94, table II.

(24) Peter Dennis et al., eds., *The Oxford Companion to Australian Military History* (Melbourne: Oxford University Press, 1995), 104-109; Cedric Mentiplay, *A Fighting Quality: New Zealanders at War* (Wellington: A. H. & A. W. Reed, 1979), 13.

(25) James McMillan, "40,000 Horsemen: A Memoir," Archives New Zealand, Alexander Turnbull Library, MS X-5251; Terry Kinloch, *Devils on Horses: In the Words of the Anzacs in the Middle East, 1916-19* (Auckland: Exisle Publishing, 2007), 32-34; Roland Perry, *The Australian Light Horse* (Sydney: Hachette Australia, 2009), 38-43.

(26) ニュージーランド遠征隊の 12 人の復員兵にインタビューして書き留めた参加の動機についての詳細は、Maurice Shadbolt, *Voices of Gallipoli* (Auckland: Hodder and Stoughton, 1988) に収録されている。Trevor Holmden の文書は Alexander Turnbull Library, Wellington, New Zealand, MS-Papers 2223 に保管されている。

(27) Jeffrey Grey, *A Military History of Australia*, 3rd ed. (Cambridge: Cambridge University Press, 2008), 88; Christopher Pugsley, *The ANZAC Experience: New Zealand, Australia and Empire in the First World War* (Auckland: Reed, 2004), 52-55, 63; Fred Waite, *The New Zealanders at Gallipoli* (Auckland: Whitcombe and Tombs, 1919), 10-19.

(28) 英国軍、オスマン軍に対するインド兵の態度については、Algernon Rumbold, *Watershed in India, 1914-1922* (London: Athlone Press, 1979), 9-10 を参照されたい。

(29) P. G. Elgood, *Egypt and the Army* (Oxford: Oxford University Press, 1924), 1, 42-43.

(30) Robin Kilson, "Calling Up the Empire: The British Military Use of Nonwhite Labor in France, 1916-1920" (PhD diss., Harvard University, 1990), 262-263 に引用されたもの。

(31) Ahmad Shafiq, *Hawliyat Masr al-siyasiyya* [The Political Annals of Egypt] (Cairo: Matba'a Shafiq Pasha, 1926), 1:47-48.

(32) Peter Hopkirk, *On Secret Service East of Constantinople: The Plot to Bring Down the British Empire* (London: John Murray, 2006), 66-84; Sean McMeekin, *The Berlin-Baghdad Express: The Ottoman Empire and Germany's Bid for World Power, 1898-1918* (London: Allen lane, 2010), 90-92.

(33) Quoted in Budheswar Pati, *India and the First World War* (New Delhi: Atlantic Publishers, 1996), 12 に引用されたもの。

(34) Pati, *India and the First World War*, 15-16.

(35) Pati, *India and the First World War*, 18-21.

(36) Judith Brown, *Modern India: The Origins of an Asian Democracy*, 2nd ed. (Oxford: Oxford University Press, 1994), 195; Robert Holland, "The British Empire and the Great War, 1914-1918," in *The Oxford History of the British Empire*, vol. 4: *The Twentieth Century*, ed. Judith Brown and William Roger Louis (Oxford: Oxford University Press, 1999), 117; Pati, *India and the First World War*, 32-38.

(37) この2人のものを含むたくさんの公式発表文書が、北アフリカの宗教界の名士たちの忠誠心を示すアラビア語(フランス語の翻訳付)の声明書の提示というかたちで、フランス人ムスリムとこの戦争のために用意された特集号 *Revue du monde musulman* 29 (December 1914) に掲載されている。

(38) James Mcdougall, *History and the Culture of Nationalism in Algeria* (Cambridge: Cambridge University Press, 2006), 36-43; Peter Heine, "Salih Ash-Sharif at-Tunisi, a North African Nationalist in Berlin during the First World War," *Revue de l'Occident musulman et de la Mediterranée* 33 (1982), 89-95.

(39) Tilman Ludke, *Jihad Made in Germany: Ottoman and German Propaganda and Intelligence Operations in the First World War* (Münster: Lit Verlag, 2005), 117-125; Heine, "Salih Ash-Sharif at-Tunisi," 90.

(40) アンカラのトルコ軍公文書館に保存されているオスマン帝国軍による尋問記録は、Ahmet Tetik, Y. Serdar Demirtaş, and Sema Demirtaş, eds., *Çanakkale Muharebeleri'nin Esirleri-Ifadeler ve Mektuplar* [Prisoners of the Gallipoli Campaign: Testimonies and Letters] (Ankara: Genelkurmay Basımevi, 2009), 1:93-94 に再録されたものから引用した。

(41) 著名な訪問者の中には、アルジェリア人亡命者で、1911年のリビア戦争の復員兵で、有名なアルジェリア・レジスタンス運動のリーダー、アミール・アブデュルカーディルの息子のアミール・アリー・パシャがいた。 Melia, *L'Algérie et la guerre*, 230-237; Heine, "Salih Ash-Sharif at-Tunisi," 91.

(42) Peter Heine は、サーリフ・アッシャリーフについての記事の中で、ドイツの文書は戦時捕虜の抑圧について、「トルコ側について積極的に戦うつもりだった兵士たちが、トルコへの出発が遅くなったこと」に怒りを表明したという報告以外、何の証拠も提供していないと断言している。

第4章◆一斉射撃始まる

(1) C. F. Aspinall-Oglander, *Military Operations: Gallipoli* (London: William Heinemann, 1929), 1:34-35.

(2) W. E. D. Allen and Paul Muratoff, *Caucasian Battlefields: A History of the Wars on the Turco-Caucasian Border, 1828-1921* (Cambridge: Cambridge University Press, 1953), 245-247.

(3) Ali Rıza Eti, *Bir onbaşının doğu cephesi günlüğü, 1914-1915* [東部戦線における伍長の日記 1914～1915年] (Istanbul: Türkiye Iş Bankası Kültür Yayınları, 2009). キョプリュキョイの戦いについての彼の記述は37-42頁を参照されたい。

(4) オスマン帝国軍の死傷者数については、Edward J. Erickson, *Ordered to Die: A History of the Ottoman Army in the First World War* (Westport, CT: Greenwood Press, 2001), 72n4. ロシア軍の死傷者数は、M. Larcher, *La guerre turque dans la guerre mondiale* [The Turkish War in the World War] (Paris: Etienne Chiron et Berger-Levrault, 1926), 381. エンヴェルの言葉は、Otto Liman von Sanders, *Five Years in Turkey* (Annapolis: US naval Institute, 1927), 37 に引用されたもの。

(5) Philip Graves, *The Life of Sir Percy Cox* (London: Hutchinson, 1941), 120-126; Daniel Yergin, *The Prize* (New York: Free Press, 1992), 134-149.

(6) デラメインへの命令書は、E. G. Keogh, *The River in the Desert* (Melbourne: Wilke & Co., 1955), 39-40 に再録されたもの。

(7) ブーラードの判断は、Arnold T. Wilson, *Loyalties Mesopotamia, 1914-1917* (London: Oxford University Press, 1930), 1:4 に引用されたもの。

(8)「バスラ改革協会」とサイイド・ターリブ・アルンナキブについては、Eliezer Tauber, *The Emergence of the Arab Movements* (London: Frank Cass, 1993) を参照されたい。サイイド・ターリブの同時代の英国人による人物紹介は、Wilson, *Loyalties Mesopotamia*, 1:18 を参照されたい。

(9) Basil Sulayman Faydi, ed., *Mudhakkirat Sulayman Faydi*［スレイマン・ファイディの回想録］(London: Dar al-Saqi, 1998), 194-196.

(10) ノックスの 1914 年 10 月 31 日付の声明は、Wilson, *Loyalties Mesopotamia*, 1:309 に再録されたもの。「1914 年 11 月 3 日、英連合王国のクウェートを英国保護下の自治国として承認」は Hurewitz, *Middle East and North Africa in World Politics*, 2:6-7 に再録されたもの。

(11) コックスの 1914 年 11 月 5 日付の声明は、Wilson, *Loyalties Mesopotamia*, 1:310-311 に再録されたもの。

(12) Faydi, *Mudhakkirat*, 199.

(13) Faydi, *Mudhakkirat*, 203.

(14) F. J. Moberly, *The Campaign in Mesopotamia, 1914-1918* (London: HMSO, 1923), 1:106-153; Charles Townshend, *When God Made Hell: The British Invasion of Mesopotamia and the Creation of Iraq, 1914-1921* (London: Faber and Faber, 2010), 3-10.

(15) Edmund Candler, *The Long Road to Baghdad* (London: Cassell and Co., 1919), 1:111.

(16) Moberly, *The Campaign in Mesopotamia*, 117-27; Ron Wilcox, *Battles on the Tigris: The Mesopotamian Campaign of the First World War* (Barnsley, UK: Pen & Sword Books, 2006), 2-26; Townshend, *When God Made Hell*, 30-40.

(17) NARA, Basra box 005, letter from John Van Ess dated Busrah, 21 November 1914.

(18) 1914 年 11 月 22 日付のパーシー・コックスのバスラの住民への声明は、Wilson, *Loyalties Mesopotamia*, 1:311.

(19) Moberly, *The Campaign in Mesopotamia*, 1:151-152.

(20) 死傷者数の集計は Moberly, *The Campaign in Mesopotamia*, 1:106-153 より引用。

(21) IWM documents 828, 兵卒 W. R. バードの 1915 年 1 月 14 日付の日記より。

(22) Townshend, *When God Made Hell*, 66.

(23) IWM, P 158, documents 10048, ゲル中尉の 1914 年 11 月 11 日から 12 日付の日記より。

(24) G. Wyman Bury, *Arabia Infelix, or the Turks in Yamen* (London: Macmillan, 1915), 16-19.

(25) Harold F. Jacob, *Kings of Arabia: The Rise and Set of the Turkish Sovranty in the Arabian Peninsula* (London: Mills & Boon, 1923), 158-161.

(26) W. T. Massey, *The Desert Campaigns* (London: Constable, 1918), 1-3.

(27) Letter dated Zeitoun Camp, 4 January 1915, in Glyn Harper, ed., *Letters from Gallipoli: New Zealand Soldiers Write Home* (Auckland: Auckland University Press, 2011), 47-48. Trevor Holmden の回想録 chap. 3, Alexander Turnbull Library, Wellington, New Zealand, MS-Papers 2223 も参照されたい。

(28) Ian Jones, *The Australian Light Horse* (Sydney: Time-life Books [Australia], 1987), 25; Fred Waite, *The New Zealanders at Gallipoli* (Auckland: Whitcombe and Tombs, 1919), 38.

(29) オーストラリア帝国軍の公式戦史家 C. E. W. Bean は、赤線地帯と 1915 年 4 月 2 日の騒動について、1915 年 3 月から 4 月にかけての個人的な日記に詳述している。Australian War Monument に保管されているこれらの日記（以下、C. E. W. Bean diary）は、オンラインの www.awm.gov.au/collection/records/awm38 にアクセスすれば読むことができるかもしれない。

(30) オーストラリア軍、ニュージーランド軍の暴動やその大義名分については、Harper, *Letters from Gallipoli*, 50-51; C. E. W. Bean diary, March-April 1915, 30; Trevor Holmden memoirs, chap. 3, 3-5

を参照されたい。

(31) C. E. W. Bean diary, March-April 1915, 25-28 に引用されたもの。

(32) Ahmad Shafiq, *Hawliyat Masr al-siyasiyya* [The Political Annals of Egypt], Part I (Cairo: Matba'a Shafiq Pasha, 1926), 84. Latifa Muhammad Salim, *Masr fi'l-harb al-'alimiyya al-ula* [Egypt in the First World War] (Cairo: Dar al-Shorouk, 2009), 239-243 も参照されたい。

(33) Larcher, *La guerre turque*, 172.

(34) NARA, Istanbul vol. 282, Alfred Grech report from Dardanelles, 31 August 1914; C. F. Aspinall-Oglander, *Military Operations: Gallipoli* (London: William Heinemann, 1929), 1:32-36; Mustafa Aksakal, *The Ottoman Road to War in 1914: The Ottoman Empire and the First World War* (Cambridge: Cambridge University Press, 2008), 136-137.

(35) Liman von Sanders, *Five Years in Turkey*, 47-48; Erickson, *Ordered to Die*, 75-82.

(36) NARA, Istanbul vol. 292, report of US vice consul, Trebizond, 31 March 1915.

(37) NARA, Istanbul vol. 281, report of US consul, Mersin, 2 November 1914; vol. 282, report of US consul, Mersin, 30 November 1914; vol. 293, report of US consul, Mersin, 5 March 1915.

(38) NARA, Istanbul vol. 293 には、アレクサンドレッタ事件にかかわる以下のようなたくさんの報告、電報、文書が含まれている。US Consul Jackson in Aleppo of 21 December 1914 and 8 January 1915, and from US Consular Agent H. E. Bishop in Alexandretta of 24 December 1914, 26 December 1914, and 12 January 1915.

(39) NARA, Istanbul vol. 281, 1914 年 12 月 14 日のダーダネルス海峡におけるメッソウディエ号の沈没について、目撃証人 C. Van H. Engert のリポート。

(40) メアテン中将の言葉は、C. Van H. Engert の 1914 年 12 月 14 日のリポートに引用されたもの。ダーダネルス海峡におけるメッソウディエ号の沈没と、協商国の計画についてのオスマン帝国総司令部の見解については、General Ali Ihsan Sabis の回想録 *Birinci Dunya Harbi*［第一次世界大戦］(Istanbul: Nehir Yayinlari, 1992), 2:261-26 を参照されたい。

第5章◆ジハード開始

(1) Hew Strachan, *The First World War*, vol. 1: *To Arms* (Oxford: Oxford University Press, 2003), 335-357.

(2) Ulrich Trumpener, *Germany and the Ottoman Empire, 1914-1918* (Princeton, NJ: Princeton University Press, 1968), 36-37; Mustafa Aksakal, *The Ottoman Road to War in 1914: The Ottoman Empire and the First World War* (Cambridge: Cambridge University Press, 2008), 136-137, 145-155.

(3) 1878 年に失った 3 州を取り戻すという基本方針については、Michael A. Reynolds, *Shattering Empires: The Clash and Collapse of the Ottoman and Russian Empires, 1908-1918* (Cambridge: Cambridge University Press, 2011), 171; M. Larcher, *La guerre turque dans la guerre mondiale*［世界大戦の中のトルコの戦争］(Paris: Etienne Chiron et Berger-Levrault, 1926), 383; Edward J. Erickson, *Ordered to Die: A History of the Ottoman Army in the First World War* (Westport, CT: Greenwood Press, 2001), 53 を参照されたい。

(4) Djemal Pasha, *Memories of a Turkish Statesman, 1913-1919* (London: Hutchinson, n.d.), 137-138.

(5) Henry Morgenthau, *Ambassador Morgenthau's Story* (1918; rpt. Reading, UK: Taderon Press, 2000), 114.

(6) Otto Liman von Sanders, *Five Years in Turkey* (Annapolis: US Naval Institute, 1927), 37-39.

(7) Strachan, *The First World War*, 1:323-331; Sean McMeekin, *The Russian Origins of the First World War* (Cambridge, MA: Harvard University Press, 2011), 85-86.

(8) たとえば、当時、イスタンブルの総司令部に勤務していた Ali Ihsan Sabis のエンヴェルの好運に対する信頼と不安については、*Harp Hatıralarım: Birinci Cihan Harbi*［私の戦時回想録――第一次世界大戦］(Istanbul: Nehir Yayınları, 1992), 2:247 を参照されたい。

(9) Larcher, *La guerre turque*, 378-379; Erickson, *Ordered to Die*, 57.

(10) Sabis, *Harp Hatıralarım*, 2:238.

(11) Reynolds, *Shattering Empires*, 115-117; McMeekin, *Russian Origins*, 154-156.

(12) McMeekin, *Russian Origins*, 154.

(13) M. Philips Price, *War and Revolution in Asiatic Russia* (London: George Allen & Unwin Ltd., 1918), 55 and chap. 8. エンヴェル・パシャのリポートは、トルコの軍事文書館にある文書から、Reynolds, *Shattering Empires*, 116 に引用されたもの。

(14) Ali Rıza Eti, *Bir onbaşının doğu cephesi günlüğü, 1914-1915*［東部戦線における伍長の日記 1914～1915年］(Istanbul: Türkiye Iş Bankası Kültür Yayınları, 2009), 60; Erickson, *Ordered to Die*, 46, 54. ほかに、Köprülü Şerif Ilden, *Sarıkamış* (Istanbul: Türkiye Iş Bankası Kültür Yayınları, 1999) 124 も参照されたい。この本の中で著者は、11 月 16 日から 17 日の夜にかけてヴァン州の国境線を越えたアルメニア人亡命者 30 人が、アラス川沿いのオスマン軍前線の手薄な部分の詳細をロシア軍に教えたと断言している。

(15) Eti, *Bir onbaşının . . . günlüğü*, 51, 60-66.

(16) Eti, *Bir onbaşının . . . günlüğü*, 60.

(17) Ilden, *Sarıkamış*, 146-147.

(18) 部隊の数については資料によって大きなばらつきがある。本書に揚げた数字は、W. E. D. Allen and Paul Muratoff, *Caucasian Battlefields: A History of the Wars on the Turco-Caucasian Border, 1828-1921* (Cambridge: Cambridge University Press, 1953), 252 から引用した。Larcher は、コーカサスのオスマン軍とロシア軍の兵数は、オスマン第 3 軍が総勢 15 万人で、そのうちの 9 万人が武装し、戦闘に従事できるよう訓練された兵士で、ロシア軍の総兵力は 6 万人だったと述べている。Larcher, *La guerre turque*, 283.

(19) Allen and Muratoff, *Caucasian Battlefields*, 253.

(20) エンヴェルの命令は、Ilden, *Sarıkamış*, 151-152, および Larcher, *La guerre turque*, 383-384 に再録されている。

(21) Eti, *Bir onbaşının . . . günlüğü*, 102-103.

(22) Eti, *Bir onbaşının . . . günlüğü*, 104.

(23) Eti, *Bir onbaşının . . . günlüğü*, 104.

(24) オルトゥへの攻撃が行なわれたのは 12 月 23 日だった。オスマン軍第 31 師団と第 32 師団の間の戦いについては、Fevzi Çakmak, *Büyük Harp'te Şark Cephesi Harekâtı*［大戦における東部戦線の作戦活動］(Istanbul: Türkiye Iş Bankası Kültür Yayınları, 2010), 76 を参照されたい。2000 人のオスマン軍兵士が友軍の部隊に殺されたという説には Ilden, *Sarıkamiş*, 167-168, および Allen and Muratoff, *Caucasian Battlefields*, 257; Larcher, *La guerre turque*, 386 も参照されたい。

(25) Allen and Muratoff, *Caucasian Battlefields*, 258; Cakmak, *Büyük Harp*, 77.

(26) Allen and Muratoff, *Caucasian Battlefields*, 260-268; ほかに Larcher, *La guerre turque*, 387-388 も参照されたい。

(27) Ilden, *Sarıkamış*, 212-213.

(28) Ilden, *Sarıkamış*, 177-179.

(29) 12 月 26 日の戦いの詳細な体験記は、Ilden, *Sarıkamış*, 191-201 に記されている。

(30) Ilden, *Sarıkamış*, 231; Allen and Muratoff, *Caucasian Battlefields*, 278.

(31) Eti, *Bir onbaşının . . . günlüğü*, 121-122. サルカムシュのオスマン軍の死傷者 7 万 7000 人のうち、約 6 万人が死亡し、残りは捕虜にされたと推定されている。Cakmak, *Büyük Harp*, 113-114; Allen and Muratoff, *Caucasian Battlefields*, 283-284.

(32) この戦役でのエンヴェルとハック・ハーフィズに対するもっとも厳しい批判については、と

くに第 9 軍団の参謀長だった Şerif Ilden の回想録、Ilden, *Sarıkamış*, 149, 158-159, 174-175, 208, 216-218, 232, および Sabis, *Harp Hatıralarım*, 302-317; Lliman von Sanders, *Five Years in Turkey*, 40 を参照されたい。

(33) Allen and Muratoff, *Caucasian Battlefields*, 286-287.

(34) Georges Douin, *L'attaque du canal de Suez (3 Février 1915)* (Paris: Librairie Delagrave, 1922), 45-46.

(35) Ddjemal Pasha, *Memories*, 154.

(36) Douin, *L'attaque*, 60.

(37) アルスラーンのシナイ半島作戦への関与については、Shakib Arslan, *Sira Dhatiyya* [Autobiography] (Beirut: Dar al-Tali'a, 1969), 141-147 に記録されている。

(38) Djemal Pasha, *Memories*, 152.

(39) この司祭とは、戦時中、ポートサイドでフランス軍情報将校として従軍していたドミニコ会のアントーニン・ジャウッセン神父であることはほぼ間違いない。ジャウッセンはヒジャーズ州で考古学的調査を行ない、ヨルダン南部のベドウィンについて民族誌的研究の著作がある。Douin, *L'attaque*, 77-79. ジャウッセンについては、Henry Laurens, "Jaussen et les services de renseignement français (1915-1919)," in *Antonin Jaussen: Sciences sociales occidentales et patrimoine arabe*, ed. Geraldine Chatelard and Mohammed Tarawneh (Amman: CERMOC, 1999), 23-35.

(40) Douin, *L'attaque*, 79-80; George McMunn and Cyril Falls, *Military Operations: Egypt and Palestine from the Outbreak of War with Germany to June 1917* (London: HMSO, 1928), 29.

(41) McMunn and Falls, *Military Operations*, 25.

(42) IWM, P 158, H. V. Gell 中佐の個人的文書 , Documents 10048, Diary entries of 24 to 28 January 1915.

(43) NARA, Istanbul vol. 293, "The Egyptian Campaign of the Turkish Army," report by US Vice Consul S. Edelman, Jerusalem, 20 March 1915.

(44) IWM, RN, P 389, papers of Commander H. V. Coates, Documents 10871, translations of Ottoman army orders for the attack on the Suez Canal, 1 February 1915.

(45) Douin, *L'attaque*, 92.

(46) ファフミ・アル゠タルジャマンが自分の戦争体験を娘のシハム・タルジャマンに伝えた *Daughter of Damascus* (Austin: Center for Middle Eastern Studies, 1994), 166-199. この部分は 180 頁から引用した。

(47)「ジハード志願兵」が静寂を破り、犬が吠え出した光景については、Douin, *L'attaque*, 96 および McMunn and Falls, *Military Operations*, 39 の両方に記述がある。オスマン帝国の戦場命令を翻訳したものの中に、この渡河が行なわれたセラピウム付近の陣地に配属されていたアフリカのトリポリ出身の「イスラーム戦士」(ムジャヒード)についての言及がある。IWM, RN, P 389, papers of Commander H. V. Coates.

(48) Tergeman, *Daughter of Damascus*, 181.

(49) Ahmad Shafiq, *Hawliyat Masr al-siyasiyya*［エジプト政治年鑑］(Cairo: Shafiq Pasha Press, 1926), 1:81.

(50) Douin, *L'attaque*, 100-102; McMunn and Falls, *Military Operations*, 43-45.

(51) Ali Ihsan Sabis, *Birinci Dunya Harbi*, 346-347; Djemal Pasha, *Memories*, 157.

(52) McMunn and Falls, *Military Operations*, 50; Djemal Pasha, *Memories*, 159.

(53) スレイマン・アスケリについては、Philip H. Stoddard, "The Ottoman Government and the Arabs, 1911 to 1918: A Preliminary Study of the Teşkilat-i Mahsusa" (PhD diss., Princeton University, 1963), 119-130 およびトルコ軍の小冊子の要約 Muhammad Amin, "The Turco-British Campaign in Mesopotamia and Our Mistakes," in *The Campaign in Mesopotamia, 1914-1918*, comp. F. J. Moberly (London: HMSO, 1923), 1:352-355.

(54)シャイバの戦いに参加したアラブ部族兵の士気の低さと離脱率の高さについては、Jamil Abu Tubaykh, ed., *Mudhakkirat al-Sayyid Muhsin Abu Tubaykh (1910-1960)* [The Memoirs of al-Sayyid Muhsin Abu Tubaykh] (Amman: al-Mu'assisa al-'Arabiyya li'l-Dirasat wa'l-Nashr, 2001), 40-45 を参照されたい。

(55)Arnold T. Wilson, *Loyalties Mesopotamia, 1914-1917* (London: Oxford University Press, 1930), 34; Charles Townshend, *When God Made Hell: The British Invasion of Mesopotamia and the Creation of Iraq, 1914-1921* (London: Faber and Faber, 2010), 88.

(56)オスマン帝国軍の公式数字については、Edward J. Erickson, *Ordered to Die*, 110-111. F. J. Moberly は、英国公式戦史の中で、英国軍の死者 161 人、負傷者 901 人、オスマン軍は、アラブ非正規兵 2000 人を含む 6000 人の死傷者を出したと述べている。これはアラブ兵が英国兵やトルコ兵以上にこの戦闘で積極的な役割を果たしたことを物語っているであろう。F. J. Moberly, comp., *The Campaign in Mesopotamia, 1914-1918*, (London: HMSO, 1923), 1:217. Wilson は、*Loyalties Mesopotamia*, 34 で、英国軍の死傷者数を 1257 人とし、トルコ軍の死者は「その約 2 倍」としている。この文は、Townshend, *When God Made Hell*, 89 に引用されている W. C. Spackman の日記からとったものである。

(57)Sir George McMunn, quoted in Townshend, *When God Made Hell*, 80. また Wilson は *Loyalties Mesopotamia*, 34 で、シャイバは「この戦線で初めての決戦だった」と力説している。

第6章◆ダーダネルス海峡襲撃

(1)Sean McMeekin, *The Russian Origins of the First World War* (Cambridge, MA: Harvard University Press, 2011), 129-130.

(2)C. F. Aspinall-Oglander, *Military Operations: Gallipoli* (London: William Heinemann, 1929), 1:51-53.

(3)Aspinall-Oglander, *Military Operations: Gallipoli*, 1:57.

(4)Henry W. Nevinson, *The Dardanelles Campaign* (London: Nisbet & Co., 1918), 33; Aspinall-Oglander, *Military Operations: Gallipoli*, 1:59.

(5)ロシアと同様、ギリシアには歴史的にも、宗教的にも、コンスタンチノープルを獲得する権利があり、ボスフォラス=ダーダネルス海峡での連合国の作戦を助けるために多数の歩兵隊を送ると申し出たが、英国はロシアの微妙な立場に敬意を表して断った。 McMeekin, *Russian Origins*; Aspinall-Oglander, *Military Operations: Gallipoli*, vol. 1 を参照されたい。

(6)"The Constantinople Agreement," in *The Middle East and North Africa in World Politics*, vol. 2: *1914-1945*, ed. J. C. Hurewitz (New Haven, CT: Yale University Press, 1979), 16-21.

(7)Henry Morgenthau, *Ambassador Morgenthau's Story* (1918; rpt. Reading, UK: Taderon Press, 2000), 123-134.

(8)ニュージーランド兵の 4 月 15 日付の手紙に「マストが撃ち抜かれ、煙突が木っ端みじんにされた」とあり、アガメムノン号の被害は、この時はまだ歴然と残っていた。Glyn Harper, ed., *Letters from Gallipoli: New Zealand Soldiers Write Home* (Auckland: Auckland University Press, 2011), 59.

(9)3 月中旬、オスマン帝国官僚とともにボスフォラス=ダーダネルス海峡を視察したアメリカ大使モーゲンソーは、トルコの砲台は連合国による激しい砲撃にも事実上ほとんど無傷であることを知った。Morgenthau, *Ambassador Morgenthau's Story*, 135-149.

(10)Capitaine de Corvette X and Claude Farrére, "Journal de bord de l'expédition des Dardanelles (1915)," *Les oeuvres libres* 17 (1922): 218-229.

(11)Capitaine de Corvette X and Farrére, "Journal de bord," 214-215. フランス戦艦シュフラン号に乗船していたと思われる匿名の最初の著者とクロード・フェレール大尉は、1915 年 3 月 18 日に沈没したブーヴェ号の生存者だった。

(12)Nevinson, *The Dardanelles Campaign*, 57-58.

(13) Hans Kannengiesser, *The Campaign in Gallipoli* (London: Hutchinson & Co., n.d.), 76. AP通信のジャーナリスト、ジョージ・シュライナーの記述は、Tim Travers, *Gallipoli 1915* (Stroud, UK: Tempus, 2004), 33に引用されたもの。

(14) ブーヴェ号の沈没で生き延びたフェレールは、乗船者724人のうち、救助されたのはわずか62人だったと述べている。Capitaine de Corvette X and Farrére, "Journal de bord," 235-238.

(15) Mehmed Fasih, *Gallipoli 1915: Bloody Ridge (Lone Pine) Diary of Lt. Mehmed Fasih* (Istanbul: Denizler Kitabevi, 2001), 6への編者による序文から引用。

(16) I. Hakkı Sunata, *Gelibolu'dan kafkaslara: Birinci Dunya Savaşı anılarım* [From Gallipoli to the Caucasus: My First World War Memoirs] (Istanbul: Türkiye Iş Bankası Kültür Yayınları, 2003), 84-85. 新聞記者向けに発表された政府報告の例は、Murat Çulcu, *Ikdam Gazetesi'nde Çanakkale Cephesi* [The Dardanelles Front in the *Ikdâm* newspaper] (Istanbul:Denizler Kitabevi, 2004), 1:160-165に再録されているイスタンブルの半官半民の日刊紙*Ikdâm*を参照されたい。

(17) Kannengiesser, *The Campaign in Gallipoli*, 77-78.

(18) Aspinall-Oglander, *Military Operations: Gallipoli*, 1:98-99.

(19) Aspinall-Oglander, *Military Operations: Gallipoli*, 1:124-125.

(20) トルコ軍によって捕虜にされたセネガル人兵士の一部は、実際にはスーダン人だった。Muhammad Kamaraはトルコ軍の尋問者に、「自分はスーダン人だ。だが、このころのフランス人は黒人をみなセネガル人と呼んでいる……[フランス軍には]スーダン人が大勢いる」と答えた。Ahmet Tetik, Y. Serdar Demirtaş, and Sema Demirtaş, eds., *Çanakkale Muharebeleri'nin Esirleri-Ifadeler ve Mektuplar*［ガリポリ戦役の捕虜――証言と手紙］(Ankara: Genelkurmay Basımevi, 2009), 1:22.

(21) Otto Liman von Sanders, *Five Years in Turkey* (Annapolis: US naval Institute, 1927), 54-58によれば、エンヴェルはトルコの同盟国ドイツの周到なロビー活動があって初めて決断したのだという。

(22) Harper, *Letters from Gallipoli*, 58-64.

(23) IWM, "Ataturk's Memoirs of the Anafartalar Battles" (K 03/1686).

(24) IWM, private papers of Lieutenant G. l. Drewry, Documents 10946, Letter of 12 May 1915.

(25) Mahmut Sabri Bey, "Seddulbahir Muharebesi Hatıraları" [Memoirs of the Seddulbahir Battle] in *Çanakkale Hatıraları* (Istanbul: Arma Yayınları, 2003), 3:67-68.

(26) Aspinall-Oglander, *Military Operations: Gallipoli*, 1:132. IWM, private papers of Captain E. Unwin, Documents 13473を参照されたい。

(27) Aspinall-Oglander, *Military Operations: Gallipoli*, 1:232.

(28) Sabri, "Seddulbahir Muharebesi," 68-69.

(29) 英国マンスター・フュージリアーズの下士官D. Moriartyは何とか上陸できたが、午前7時から午後5時までずっと、敵にねらい撃ちされた。上陸の際、彼の大隊のうち、17人が死亡、200人が負傷した。IWM, private papers of D. Moriarty, Documents 11752, diary entry of 25-26 April. またIWM, private papers of Lieutenant G. l. Drewry, Documents 10946, letter of 12 May 1915も参照されたい。ドゥルーリイ、アンウィン大尉、リバー・クライド号のその他の乗組員には、敵前での勇敢な行為を対象としたヴィクトリア十字章が授与された。

(30) Aspinall-Oglander, *Military Operations: Gallipoli*, 1:227.

(31) IWM, private papers of Major R. Haworth, Documents 16475, letter of 3 May 1915.

(32) Aspinall-Oglander, *Military Operations: Gallipoli*, 1:254に引用されているセデュルバヒル要塞で英国軍が入手したトルコ軍の文書より。

(33) クム・カレのフランス軍による「陽動作戦」についての記述は、X. Torau-Bayle, *La campagne des Dardanelles* (Paris: E. Chiron, 1920), 61-64; François Charles-Roux, *L'expédition des Dardanelles au jour le jour* (Paris: Armand Colin, 1920); Association nationale pour le souvenir des dardanelles et fronts d'orient,

Dardanelles Orient Levant, 1915-1921 (Paris: L'Harmattan, 2005); Aspinall-Oglander, *Military Operations: Gallipoli*, 1:257-264 をもとにしている。

(34) Travers, *Gallipoli 1915*, 76-77.

(35) トルコ側の資料によれば、クム・カレでのオスマン軍の損害は、将校 17 人、兵士 45 人が死亡、将校 23 人と兵士 740 人が負傷し、将校 5 人と兵士 500 人が捕虜になるか行方不明になった。フランス軍の報告では、20 人の将校、766 人の兵士が死亡、負傷、行方不明となっている。Edward J. Erickson, *Gallipoli: The Ottoman Campaign* (Barnsley, UK: Pen & Sword Military, 2010), 85.

(36) C. E. W. Bean の手書きによる戦中日記の原文はデジタル化されて、以下のウェブサイトで読むことができる。the Australian War Memorial (AWM) website (http://www.awm.gov.au/collection/records/awm38/3drl606); C. E. W. Bean diary, AWM item 3dRl606/5/1, April-May 1915, 18-19. 匿名のオーストラリア軍兵士 "Malcolm" から従兄弟への手紙は、1915 年 5 月 2 日にアレクサンドリアの公立病院から発送されたものである。IWM, two letters from Alexandria (Australian soldier), Documents 10360.

(37) IWM, letter from Australian soldier "Malcolm" of 2 May 1915, Documents 10360.

(38) この部分とその先に続くムスタファ・ケマルからのコメントすべては、IWM, "Ataturk's Memoirs of the Anafartalar Battles" (K 03/1686) からの引用。

(39) IWM, letter from Australian soldier "Malcolm" of 2 May 1915, Documents 10360.

(40) Mostyn Pryce Jones, letter to his mother, n.d., in Harper, *Letters from Gallipoli*, 89- 90. 彼の経験はけっして特異なものではなかった。ほかのニュージーランド兵たちの「ガリポリからの手紙」にも、「恐ろしい」「地獄の底にいるような」経験が綴られている。

(41) C. E. W. Bean はこの物語を詳しく調べ、ポープ大佐が提供した報告書から広範囲にわたって引用した。C. E. W. Bean diary, AWM item 3dRl606/5/1, April-May 1915, 30-31, 39.

(42) Aspinall-Oglander, *Military Operations: Gallipoli*, 1:196-198. C. E. W. Bean は、オーストラリア軍司令官らがこれらの点について討議しているのを耳にした。C. E. W. Bean diary, AWM item 3DRl606/5/1, April-May 1915, 40.

(43) Aspinall-Oglander, *Military Operations: Gallipoli*, 1:269-270.

第7章◆アルメニア人の虐殺

(1) NARA, Istanbul vol. 294, "Consul Heizer Report on Typhus Fever, Trebizond [Trabzon]," 22 May 1915.

(2) Hikmet Özdemir, *The Ottoman Army, 1914-1918: Disease and Death on the Battlefield* (Salt Lake City: University of Utah Press, 2008), 51.

(3) NARA, Istanbul vol. 294, "Consul Heizer Report on Typhus Fever, Trebizond [Trabzon]," 22 May 1915.

(4) NARA, Istanbul vol. 294, report by Dr Edward P. Case, medical missionary at Erzurum, Turkey, 16 May 1915.

(5) 正確に言うと、エティは犠牲者たちを脅して、正式には梅毒の治療用に使われる非常に毒性の強い化合物である塩化水銀を無理矢理飲ませた。Ali Rıza Eti, *Bir onbaşının doğu cephesi günlüğü, 1914-1915*［東部戦線における伍長の日記 1914-1915 年］(Istanbul: Türkiye Iş Bankası Kültür Yayınları, 2009), 135.

(6) Eti, *Bir onbaşının . . . günlüğü*, 140, diary entry of 31 January 1915.

(7) Taner Akcam, *The Young Turks' Crime Against Humanity: The Armenian Genocide and Ethnic Cleansing in the Ottoman Empire* (Princeton, NJ: Princeton University Press, 2012), 63-96. Ryan Gingeras は国外追放とマルマラ海南岸沿いの住民交換について、*Sorrowful Shores: Violence, Ethnicity, and the End of the Ottoman Empire* (Oxford: Oxford University Press, 2009), 12-54 で検証している。

(8) 1914 年 2 月の「アルメニア改革協定」の背景とその条件については第 2 章で論じている。

(9) Akcam, *Young Turks' Crime Against Humanity*, 175, 183-184. アルメニア人司祭 Grigoris Balakian, *Armenian Golgotha: A Memoir of the Armenian Genocide, 1915-1918* (New York: Vintage, 2010), 46 も参照されたい。

(10) Balakian, *Armenian Golgotha*, 22-23.

(11) Balakian, *Armenian Golgotha*, 28, 32-34.

(12) 1914 年 12 月のアレクサンドレッタの出来事については第 4 章で詳述した。Aram Arkun, "Zeytun and the Commencement of the Armenian Genocide," in *A Question of Genocide:Armenians and Turks at the End of the Ottoman Empire*, ed. Ronald Grigor Suny, Fatma Muge Gocek, and Morman M. Naimark (Oxford: Oxford University Press, 2011), 223.

(13) Donald Bloxham, *The Great Game of Genocide: Imperialism, Nationalism, and the Destruction of the Ottoman Armenians* (Oxford: Oxford University Press, 2005), 78-83.

(14) Sean McMeekin, *The Russian Origins of the First World War* (Cambridge, MA: Harvard University Press, 2011), 165-166.

(15) Akcam は、*Young Turks' Crime Against Humanity*, 56-57 で、ムスリム移民のゼイトゥンへの 移転が始まったのは、アルメニア人の追放開始のわずか 12 日後だったと断言している。Arkun, "Zeytun," 229-237. アメリカ大使ヘンリー・モーゲンソーは、「ゼイトゥンとスルタニから来た 5000 人のアルメニア人はまったく食べ物を与えられていなかった」と 1915 年 7 月に書いている。*Ambassador Morgenthau's Story* (1918; rpt. Reading, UK: Taderon Press, 2000), 230.

(16) Balakian, *Armenian Golgotha*, 45, 56-57.

(17) トルコ政府と、トルコ歴史協会 (the Türk Tarih Kurumu) によって代表される公式史関連の政府機関は、1915 年から 16 年にかけてのアルメニア人殺戮に「組織的大量虐殺」という言葉を使うのを拒否しつづけている。だが、ノーベル賞受賞者オルハン・パムクや多くの歴史家、ジャーナリストを含む大勢のトルコ人学者や有識者が、かつてはタブーだったこの問題について、公開の場で討議しようという努力が広がりつつある。本書を執筆するに当たって、筆者は Taner Akcam, Fatma Muge Gocek, Baskın Oran, Uğur Ümit Üngör その他の方々に助言を求めた。トルコの過去を公正に、かつ強い信念をもって振り返れと迫る彼らの勇気ある努力を支持する筆者は、ここでは、戦時中のアルメニア人の抹殺を「ジェノサイド」(組織的大量虐殺) と呼ぶことにする。1948 年のジェノサイドにかかわる国連会議に従って、筆者は、オスマン帝国政府は、明確な民族的、宗教的集団としてのアナトリアのアルメニア人コミュニティの「一部もしくは全部を意図的に破壊した行為」に責任があるという説を全面的に支持する入手可能な証拠があると信じている。

(18) 人口統計数字は Justin McCarthy et al., *The Armenian Rebellion at Van* (Salt lake City: University of Utah Press, 2006), 3-7 から引用した。 彼自身、人口統計学者である McCarthy は、Vital Cuinet の 1890 年代の数字は「低過ぎる推定」としている。彼が引用している町と周辺の村々を含めたワン地区の 1912 年のオスマン人の人口は、ムスリム 4 万 5000 人、アルメニア人 3 万 4000 人、その他 1000 人としているが、女性、子供、兵士、行政管理者その他は数に入れていない。Gurgen Mahari は 1903 年にヴァンで生まれ、湾の放棄の後、彼の家族はロシアに移住した。彼はソヴィエト連峰で残りの人生を過ごし、1966 年に、*Burning Orchards* という小説を発表して物議を醸した。英語版は Black Apollo Press (no place of publication) により 2007 年に刊行され、引用はその 49 頁から。

(19) Michael A. Reynolds, *Shattering Empires: The Clash and Collapse of the Ottoman and Russian Empires, 1908-1918* (Cambridge: Cambridge University Press, 2011), 145-147. Anahide Ter Minassian, "Van 1915," in *Armenian Van/Vaspurakan*, ed. Richard G. Hovannisian (Costa Mesa, CA: Mazda, 2000), 217-218; McCarthy et al., *The Armenian Rebellion*, 200.

(20) Rafael de Nogales, *Four Years Beneath the Crescent* (New York: Charles Scribner's Sons, 1926), 58. デ・ノガレスと彼が書いたものについての厳密な研究は、Kim McQuaid, *The Real and Assumed Personalities of Famous Men: Rafael de Nogales, T. E. Lawrence, and the Birth of the Modern Era, 1914-1937* (London: Gomidas Institute, 2010) を参照されたい。

(21) De Nogales, *Four Years*, 60-61. 強調は原文のもの。

(22) Reynolds, *Shattering Empires*, 145-146; McCarthy et al., *The Armenian Rebellion*, 221.

(23) Ter Minassian, "Van 1915," 242.

(24) Djemal Pasha, *Memories of a Turkish Statesman, 1913-1919* (London: Hutchinson & Co., n.d.), 299; Bloxham, *Great Game of Genocide*, 84-90.

(25) Taner Akcam, *A Shameful Act: The Armenian Genocide and the Question of Turkish Responsibility* (London: Constable, 2007), 168-169.

(26) Akcam, *Young Turks' Crime Against Humanity*, 193-196. バラキヤンは、*Armenian Golgotha*, 82-83, 104, 106-107 で、アルメニア人を虐殺する気になれなかったので、辞職もしくは解雇されたオスマン系ユダヤ人の名前を記録している。その中にはアンカラ、アレッポ、カスタモヌ州の知事もいた。

(27) Akcam, *Young Turks' Crime Against Humanity*, 410-413. バラキヤンは、*Armenian Golgotha*, 95, 100 で、トルコ人がアルメニア人を虐殺する役目を天国に入る資格を得るためのジハードと見ていたという話を詳述している。この大尉は会話の中で、アルメニア人を大量虐殺することは宗教的義務であると自分の役目を正当化した (144, 146)。

(28) Taner Akcam は、*Young Turks' Crime Against Humanity*, 193-202 で、こうした「2 本立ての措置」について、オスマン帝国の古文書館およびドイツ軍の報告書をもとに幅広く収録している。1918 年 11 月 21 日のオスマン帝国議会下院での Reşid Akif Pasha の証言は Akcam, *A Shameful Act*, 175 から、また、やや異なった翻訳は *Young Turks' Crime Against Humanity*, 193-194 から引用した。

(29)「10 パーセント原則」については Fuat Dundar, "Pouring a People into the desert: The 'Definitive Solution' of the Unionists to the Armenian Question," in Suny, Gocek, and Naimark, eds. および *Question of Genocide*, 282 を参照されたい。 Akcam は *Young Turks' Crime Against Humanity*, 242-263 で「5 ~ 10 パーセント原則」という彼の言葉の意味をもっとも詳しく分析している。

(30) NARA, Istanbul vol. 309, report by Leslie Davis, US consul in Harput, 11 July 1915.

(31) Balakian, *Armenian Golgotha*, 109.

(32) Balakian, *Armenian Golgotha*, 139-140.

(33) Balakian, *Armenian Golgotha*, 167.

(34) Baskın Oran, *MK: Récit d'un déporté arménien 1915* [M. K.: Narrative of an Armenian Deportee, 1915] (Paris: Turquoise, 2008), 37-51.

(35) Balakian, *Armenian Golgotha*, 247-249.

(36) Oran, *MK*, 59. アザク村はその後「イディル」村と改名された。

(37) Bloxham, *Great Game of Genocide*, 97-98. Paul Gaunt は "The Ottoman Treatment of the Assyrians," in Suny, Gocek, and Naimark, *Question of Genocide*, 244-259 で、25 万という数字は低過ぎ、30 万人のアッシリア人が抹殺された可能性があると論じている。現代トルコの学者の中には、アッシリア人のジェノサイドの主張を否定する人たちもいる。Bülent Özdemir, *Assyrian Identity and the Great War: Nestorian, Chaldean and Syrian Christians in the 20th Century* (Dunbeath, UK: Whittles Publishing, 2012).

(38) 彼女の父への手紙は、Fethiye Cetin, *My Grandmother: A Memoir* (London: Verso, 2008), 8-9 に引用されたもの。ハババはのちにエキノズと改名され、ハルプトとパルーの間に位置している。

(39) ヘラヌシュの父はバラバラになった家族を再集合させるためにアメリカからシリアへ旅し

た。妻は1920年にアレッポのアルメニア人難民の中にいるのを見つけた。彼はその後、密入国斡旋業者を雇い、ハバブの被追放者がたどったルートを洗い出せた。1928年に息子のホレンが見つかった。ホレンは姉とその夫を訪ね、家族と再会するために自分と一緒にアレッポへ旅しようと説得した。結局、セヘルことヘラヌシュの夫が、彼女が行くのを禁じたため、彼女はとうとう家族に会えずじまいだった。ホレンは両親と再会し、アメリカに移住して、生き残ったガダリヤン家の人たちははぐれた娘と接触しようとしたが無駄だった。1970年代半ば、セヘルは自分のたどった人生の物語を孫娘のフェティェ・チェティンに語った。孫娘は祖母がアルメニア人だったとは夢にも思っていなかったので仰天した。アンカラに住む若手弁護士のジェティンは、最終的にはアメリカ在住のガダリヤン一族と連絡をとることに成功したが、祖母は年をとり過ぎていて、弟のホレンと再会するために旅をすることはできなかった。祖母との話し合いや、アメリカ在住のガダリヤン家の人たちとのその後のたび重なる会合を通して、フェティェ・チェティンはセヘルことヘラヌシュの悲劇とサバイバルのすばらしい物語を再構築することができた。彼女の本は2004年にトルコで最初に出版されて絶賛を浴び、4年後に英訳が出るまでに、もとのトルコ語原本は7刷まで増刷された。

(40) Cetin, *My Grandmother*, 102.

(41) Balakian, *Armenian Golgotha*, 250.

(42) 戦争中の虐殺はジェノサイドには相当しないと主張する人口統計学者 Justin McCarthy は、オスマン帝国の統計数字をもとに、戦時中、60万人から85万人のアルメニア人が死亡したと断言している。Justin McCarthy, *Muslims and Minorities: The Population of Ottoman Anatolia and the End of the Empire* (New York: New York University Press, 1983), 121-130; Justin McCarthy, "The Population of Ottoman Armenians," in *The Armenians in the Late Ottoman Period*, ed. Türkkaya Ataöv (Ankara: Turkish Historical Society, 2001), 76-82 を参照されたい。Richard Hovannisian と Vahakn Dadrian のようなアルメニア人のジェノサイド史家は、意図的なジェノサイドの結果として、100万人のアルメニア人が死亡したと主張している。Richard Hovannisian, ed., *The Armenian Genocide: History, Politics, Ethics* (Houndmills, UK: Macmillan Palgrave, 1992); Donald Bolxham, *The Great Game of Genocide: Imperialism, Nationalism, and the Destruction of the Ottoman Armenians* (Oxford: Oxford University Press, 2005) も参照されたい。

第8章◆ガリポリ半島でのオスマン帝国の勝利

(1) 死傷者数については、C. F. Aspinall-Oglander, *Military Operations: Gallipoli* (London: Heinemann, 1929), 1:294, 347; ibid. (London: Heinemann, 1932), 2:53 より引用。

(2) Edward J. Erickson, *Gallipoli: The Ottoman Campaign* (Barnsley, UK: Pen & Sword Military, 2010), 92-114.

(3) 潜水艦戦については、Henry W. Nevinson, *The Dardanelles Campaign* (London: Nisbet & Co., 1918), 145-146, 163-166; P. E. Gueprattte, *L'expédition des Dardanelles, 1914-1915* (Paris: 1935), 116-125 を参照されたい。この戦争の後半に、連合軍はさらに多くの潜水艦を失った。マリオット号は1915年7月に潜網に引っかかり、乗組員のうち32人が捕虜になった。Ahmet Tetik, Y. Serdar Demirtaş, Semademirtaş, eds., *Çanakkale Muharebeleri'nin Esirleri*［チャナッカレ戦における戦時捕虜］(Ankara: Genelkurmay Basımevi, 2009), 1:198-216 を参照されたい。

(4) 1915年6月、U-21がフランスの輸送船を沈没させ、8月13日には、ドイツの潜水艦が英国の輸送船ロイヤル・エドワード号を沈没させて、乗船していた1400人の兵士の3分の1しか救助されなかった。1915年秋までには、東地中海にいた潜水艦は14隻を下らなかった。Aspinall-Oglander, *Military Operations: Gallipoli*, 2:37-39.

(5) Aspinall-Oglander, *Military Operations: Gallipoli*, 1:364.

(6) Nevinson は、1915年7月からの塹壕の精密な見取り図を自著 *The Dardanelles Campaign* の巻末に綴じられた地図集の中に収めている。

(7) Jean Leymonnerie, *Journal d'un poilu sur le front d'orient* (Paris: Pygmalion, 2003), 109. A. P. Herbert のすばらしい小説 *The Secret Battle* は、1919年ロンドンのマスーアン社から刊行され、高く評価された（ウィンストン・チャーチルは増刷の折に序文を添えている）。ハーバートは、英国海軍にいたときの個人的な体験を詳述し、負傷してフランスで療養中の1917年に一冊の本にまとめ上げた。引用部分は1919年の48刷より。

(8) Mehmet Sinan Özgen, *Bolvadınlı Mehmet Sinan Bey'in harp hatiraları* [Bolvadinli Mehmet Sinan Bey's War Memoirs] (Istanbul: Türkiye Iş Bankası Kültür Yayınları, 2011), 26-27.

(9) Herbert, *The Secret Battle*, 49-51. 英国の戦争詩人 John Still は、のちに捕虜になり、1916年にアフィヨン・カラヒサールの捕虜収容所でこれらの詩を書いた。Jill Hamilton, *From Gallipoli to Gaza: The Desert Poets of World War One* (Sydney: Simon & Schuster Australia, 2003), 107 も参照。

(10) Kevin Clunie and Ron Austin, eds., *From Gallipoli to Palestine: The War Writings of Sergeant GT Clunie of the Wellington Mounted Rifles, 1914-1919* (McCrae, Australia: Slouch Hat Publications, 2009), 29-30, diary entry of 16 May 1915. Ibrahim Arıkan, *Harp Hatıralarım*［私の戦時回想録］(Istanbul: Timaş Yayınları, 2007), 53.

(11) IWM, private papers of H. Corbridge, Documents 16453. ヘレス岬の射撃手の話は、1915年4月27日付の日記にある。1915年5月14日の彼の日記には、負傷した女性射撃手についての記述がある。一兵卒だった Reginald Stevens の1915年6月30日付の手紙は、Glyn Harper, ed., *Letters from Gallipoli: New Zealand Soldiers Write Home* (Auckland: Auckland University Press, 2011), 149 に再録されたもの。 女性射撃手についての言及は、Trooper Alfred Burton Mossman の1915年5月20日付の両親への手紙 (136) および John Thomas Atkins の1915年6月11日付（148）の故郷への手紙も参照されたい。一兵卒グレイの言葉は、オーストラリア国会図書館のデジタル化された新聞 *Trove*（http://trove.nla.gof.au/newspaper）の前身である *The Register, Adelaide* に掲載されたものである。1915年7月16日付の『ロンドン・タイムズ』にも、4日にWビーチで連合国軍に拿捕された女性射撃手についての記事が載っている。

(12) Leymonnerie, *Journal d'un poilu*, 110-111.

(13) Mehmed Fasih, *Gallipoli 1915: Bloody Ridge (Lone Pine) Diary of Lt. Mehmed Fasih* (Istanbul: Denizler Kitabevi, 2001), 86-87.

(14) Letter of 20 June 1915, in Leymonnerie, *Journal d'un poilu*, 107.

(15) IWM, D. Moriarty の個人的文書、Documents 11752. 日記の日付は1915年5月1日および2日。日記の最後の記入は1915年7月13日となっている。

(16) Harley Matthews, "Two Brothers," reproduced in Hamilton, *From Gallipoli to Gaza*, 120-121.

(17) Leymonnerie, *Journal d'un poilu*, 105.

(18) IWM, private papers of R. Eardley, Documents 20218, typescript memoir, 25-26.

(19) IWM, private papers of B. Bradshaw, Documents 14940. ブラッドショーの手紙は日記のかたちで書かれている。この記述は6月6日から9日の間に書かれたもの。彼は1915年6月10日の戦闘で死亡した。

(20) A. P. Herbert, reprinted in Hamilton, *From Gallipoli to Gaza*, 79.

(21) Diary of Raymond Weil, reproduced in Association nationale pour le souvenir des Dardanelles et fronts d'orient, *Dardanelles Orient Levant, 1915-1921* (Paris: l'Harmattan, 2005), 42. Ernest-Albert Stocanne in ibid., 56, 60. Tim Travers, *Gallipoli 1915* (Stroud, UK: Tempus, 2004), 269 も参照されたい。

(22) Leymonnerie, *Journal d'un poilu*, 122; Fasih, *Gallipoli 1915*, 66.

(23) IWM, private papers of H. Corbridge, Documents 16453, 日記の日付は、6月14日、6月28日、7

月12日、8月7日。8月14日の記録には「本日、負［傷者］17、神［経症］患者85」とある。砲弾恐怖症のため、撤退させられた兵士についての記述については、IWM, private papers of M. O. F. England, Documents 13759を参照されたい。

(24) Arıkan, *Harp Hatıralarım*, 54-55.

(25) Emin Çöl, *Çanakkale Sina Savaşları: bir erin anıları* [The Dardanelles and Sinai Campaigns: One Man's Memoirs] (Istanbul: Nöbetçi Yayınevi, 2009), 53.

(26) IWM, private papers of H. Corbridge, Documents 16453, diary entry of 7 August 1915.

(27) IWM, private papers of R. Eardley, Documents 20218, memoir, 29-33. オスマン帝国当局によるアードリーへの尋問の簡単な記録はアンカラのトルコ軍事文書館に保管されている。その中で彼は、「わが大隊の第1および第2中隊は8月8日にアルチテペの攻撃期間中に敗北した。小生はトルコ軍の反撃の間に捕虜になった」と記している。原文、転写、翻訳はTetik, Demirtaş, and Demirtaş, *Çanakkale Muharebeleri'nin Esirleri*, 2:735-736に再録されている。原文にあるアードリーの名前は英語とオスマン・トルコ語の両方ではっきり書かれているが、編集者が草書体のEをSと間違えて、この本では、彼の名前は「Sardley（サードリー）」になっている。

(28) Fred Waite, *The New Zealanders at Gallipoli* (Auckland: Whitcombe and Tombs, 1919), 219. Oliver Hogue, "love letter XXXI," 7 August 1915, reproduced in Jim Haynes, ed., *Cobbers: Stories of Gallipoli 1915* (Sydney: ABC Books, 2005), 256.

(29) Erickson, *Gallipoli: The Ottoman Campaign*, 140-144; Aspinall-Oglander, *Military Operations: Gallipoli*, 2:168-177.

(30) Erickson, *Gallipoli: The Ottoman Campaign*, 147-148. ウィリアム・ベイルブリッジの「一本松」の話は、Haynes, *Cobbers*, 249-252に再録されたもの。

(31) Waite, *The New Zealanders at Gallipoli*, 200-201. 1981年のピーター・ウィアー監督による映画『ガリポリ』は、この尾根でのオーストラリア兵たちの悲劇を物語っている。オーストラリア軍の将校たちはこの攻撃の中止を申し立てたが、上官は彼らを無視した。

(32) Otto Liman von Sanders, *Five Years in Turkey* (Annapolis: US Naval Institute, 1927), 88-89.

(33) Aspinall-Oglander, *Military Operations: Gallipoli*, 2:282.

(34) サンドリンガム中隊として知られるノーフォーク連隊の5分の1の消滅は、彼らが雲の中に消えたという戦場伝説を生んだ。この物語は、1999年に物議を醸した映画*All the King's Men*の主題になり、Buket Uzunerのトルコ語のベストセラー小説*Uzun Beyaz Bulut—Gelibolu*にも取り上げられている。英語版は*The Long White Cloud—Gallipoli* (Istanbul: Everest, 2002).

(35) Ian Hamilton, *Gallipoli Diary* (New York: George H. Doran, 1920), 2:132-136.

(36) Hamilton, *Gallipoli Diary*, 2:249-253.

(37) Aspinall-Oglander, *Military Operations: Gallipoli*, 2:402.

(38) Nevinson, *The Dardanelles Campaign*, 379-380; Aspinall-Oglander, *Military Operations: Gallipoli*, 2:417.

(39) Fasih, *Gallipoli 1915*, 104, 130.

(40) 英国軍の報告によれば、兵士200人が11月26日から28日にかけてのこの嵐で溺死または凍死し、5000人が凍傷にかかったという。Aspinall-Oglander, *Military Operations: Gallipoli*, 2:434. I. Hakkı Sunataは、*Gelibolu'dan kafkaslara: Birinci Dunya Savaşı anılarım*［ガリポリからコーカサスへ——私の第一次大戦回想録］(Istanbul: Türkiye Iş Bankası Kültür Yayınları, 2003), 184で、オスマン軍兵士も塹壕内で大勢溺死していたという。Fasih, *Gallipoli 1915*, entries of 9 November (p. 74), 14 November (p. 87), 19 November (p. 102), 24 November (p. 122), and 2 December (pp. 157-158).

(41) Fasih, *Gallipoli 1915*, 199, diary entry of 15 December.

(42) Fasih, *Gallipoli 1915*, 121, 124, 126, 148. Hakki Sunataの日記には、スヴラ湾に艦艇が集結するのを見て、将校たちは新たな連合軍による攻撃を予想していたと記されている。「5時間前に

はわれわれは敵の上陸を予想していた。ところが今、彼らは突然逃げ出しはじめた」。Sunata, *Gelibolu'dan kafkaslara*, 198.

(43) Douglas Rawei Mclean, NZ Machine Gun Corps から父親宛の 1916 年 1 月 4 日付の手紙は、Harper 版の *Letters from Gallipoli*, 290; Arıkan, *Harp Hatıralarım*, 61 に再録されている。

(44) Arıkan, *Harp Hatıralarım*, 64; Sunata, *Gelibolu'dan kafkaslara*, 200.

(45) Çöl, *Çanakkale*, 62-63.

(46) 英国軍による公式の死者数は、Aspinall-Oglander, *Military Operations: Gallipoli*, 2:484 から引用。トルコ軍の数字は、Edward J. Erickson, *Ordered to Die: A History of the Ottoman Army in the First World War* (Westport, CT: Greenwood Press, 2001), 94-95 から引用。

(47) The poem was written by the anonymous "Argent" という匿名で書かれたこの詩は Haynes, *Cobbers*, 314-315 に転載されたもの。

第9章◈メソポタミア侵攻

(1) Edward J. Erickson, *Ordered to Die: A History of the Ottoman Army in the First World War* (Westport, CT: Greenwood Press, 2001), 123.

(2) 1915 年 4 月の「シャイバの戦い」については第 5 章で詳述した。

(3) ユーフラテス川中流地帯での蜂起については、'Ali al-Wardi, *Lamahat ijtima'iyya min tarikh al-'Iraq al-hadith* [Social Aspects of the Modern History of Iraq] (Baghdad: al-Maktaba al-Wataniyya, 1974), 4:187-219; Ghassan R. Atiyyah, *Iraq, 1908-1921: A Political Study* (Beirut: Arab Institute for Research and Publishing, 1973), 80-81 を参照されたい。

(4) Wardi, *Lamahat*, 4:193.

(5) 1915 年 3 月 24 日、30 日、31 日付のニクソンの命令書は、F. J. Moberly, *The Campaign in Mesopotamia, 1914-1918* (London: HMSO, 1923), 1:194-195 に再録されている。

(6) アマーラの戦いでは、英国軍は実質的にはほとんど死傷者を出さなかった──死者 4 人、負傷者 21 人──のに対し、オスマン軍は死傷者 120 人、約 1800 人が捕虜になった。Moberly, *The Campaign in Mesopotamia*, 1:260-262, 265.

(7) Ali Jawdat, *Dhikrayati, 1900-1958* [My Memoirs, 1900-1958] (Beirut: al-Wafa', 1968), 31-36.

(8) Moberly, *The Campaign in Mesopotamia*, 1:297 によれば、英国軍の死傷者は 533 人だった。インド軍将校 R. L. Lecky 大尉 は、英国軍の損失は死傷者合わせて 1200 人だったという。IWM, Captain R. L. Lecky, Documents 21099, diary entry for 24 July 1915.

(9) クルーの言葉は Moberly, *The Campaign in Mesopotamia*, 1:303-304 に引用されたもの。

(10) Moberly, *The Campaign in Mesopotamia*, 1:303-304.

(11) シェイク・サイドへの攻撃については第 4 章で詳述した。

(12) イエメン南部での英国とオスマン帝国との敵対については、Robin Bidwell, "The Turkish Attack on Aden 1915-1918," *Arabian Studies* 6 (1982): 171-194; Harold F. Jacob, *Kings of Arabia* (London: Mills and Boon, 1923), 168-172; G. Wyman Bury, *Pan-Islam* (London: Macmillan, 1919), 40-50; George Younghusband, *Forty Years a Soldier* (London: Herbert Jenkins, 1923), 274-277 を参照されたい。

(13) Younghusband, *Forty Years a Soldier*, 274.

(14) Bidwell, "Turkish Attack on Aden 1915-1918," 180.

(15) Jacob, *Kings of Arabia*, 180.

(16) タウンゼンドとダフの両人については、Charles Townshend, *When God Made Hell: The British Invasion of Mesopotamia and the Creation of Iraq, 1914-1921* (London: Faber and Faber, 2010), 120 からの引用。*When God Made Hell* の著者で現代の歴史家であるチャールズ・タウンゼンドは、メソポタミアの第 6 師団の司令官チャールズ・タウンゼンド将軍とはまったく関係のない別人である

ことに注意。

(17) Edward J. Erickson, *Gallipoli and the Middle East, 1914-1918: From the Dardanelles to Mesopotamia* (London: Amber Books, 2008), 133.

(18) オーストラリア航空隊のJ. McK. Sloss軍曹は、操縦士はHarold Treloar大尉、偵察員はAtkins大佐だったことを確認している。彼はこの航空機にエンジン・トラブルがあったと明言しているが、ほかの資料では、この航空機は撃墜されたとしている。IWM, private papers of J. McK. Sloss, MSM Australian Flying Corps, Documents 13102.

(19) Reynolds Lamont Lecky大尉はインド軍の予備役将校で、メソポタミア戦役の間、第120ラジュプタナ歩兵隊に属していた。IWM, Documents 21099.

(20) 英国兵の死者は100人以下だったが、負傷者は1100人を超え、その多くが重傷だった。オスマン軍の死傷者は2800人で、1150人が捕虜になった。Moberly, *The Campaign in Mesopotamia*, 1:337.

(21) キッチナーの言葉は、Townshend, *When God Made Hell*, 140-141; F. J. Moberly, *The Campaign in Mesopotamia, 1914-1918* (London: HMSO, 1924), 2:15に引用されたもの。

(22) Moberly, *The Campaign in Mesopotamia*, 2:28.

(23) Wardi, *Lamahat*, 4:224.

(24) 預言者ムハンマドの理髪師だったサルマーンは、サルマーン・アル・ファルシ（ペルシア人サルマーン）として知られている。Wardi, *Lamahat*, 4:224.

(25) IWM, Lecky diary, entry of 29 October 1915.

(26) Erickson, *Ordered to Die*, 112-113; Moberly, *The Campaign in Mesopotamia*, 2:49-58.

(27) Moberly, *The Campaign in Mesopotamia*, 2:59に引用されているStaff Major Mehmed Aminの記事より。

(28) IWM, Lecky diary, entry of 22 November 1915. 戦闘開始初日の11月22日だけで、英国軍は240人の将校と4200人の兵士が死傷した。オスマン軍は死者4500人、負傷者4500人、捕虜1200人を出した。Erickson, *Ordered to Die*, 113.

(29) この二行連句のアラビア語は以下のとおり。*Rashad, ya ibn al-buma, 'asakirak mahzuma/Rashad, ya ibn al-khayiba, 'asakirak ha li-sayiba*. Wardi, *Lamahat*, 4:233.

(30)「アリーの高貴な旗」の説明（アラビア語で*al-'alam al-haydari al-sharif*）は、Wardi, *Lamahat*, 4:233-242. "haydar"という言葉は、カリフ・アリーにちなんだもの。

(31) オスマン軍のリビアでのジハード推進努力については、Sean McMeekin, *The Berlin- Baghdad Express: The Ottoman Empire and Germany's Bid for World Power, 1898-1918* (London: Allen lane, 2010), 259-274; P. G. Elgood, *Egypt and the Army* (Oxford: Oxford University Press, 1924), 270-274; Latifa Muhammad Salim, *Masr fi'l-harb al-'alimiyya alula* [Egypt in the First World War] (Cairo: Dar al-Shorouk, 2009), 290-296を参照されたい。

(32) 1915年のリビア戦役のJafar al-Askariの説明は、彼の回想録*A Soldier's Story: From Ottoman Rule to Independent Iraq* (London: Arabian Publishing, 2003), 54-85を参照されたい。

(33) George McMunn and Cyril Falls, *Military Operations: Egypt and Palestine from the Outbreak of War with Germany to June 1917* (London: HMSO, 1928), 106.

(34) アスカリの訓練に対する高い評価については、McMunn and Falls, *Military Operations*, 112を参照されたい。英国の公式史によれば、12月11日と13日の戦闘における英国軍の損失は、死者33人、負傷者47人、サヌースィー教団の死傷者は推定250人とされているが、アスカリの報告では、アラブ人戦士の死者はわずか17人、負傷者は30人とされている。この戦闘で殺された英国の情報将校は、エジプト沿岸警備隊のC. l. Snow中佐だった。

第10章◆クートの攻囲

(1)ジハード推進に向けたドイツ軍の取り組みについては、Peter Hopkirk, *On Secret Service East of Constantinople: The Plot to Bring Down the British Empire* (London: John Murray, 1994); Sean McMeekin, *The Berlin-Baghdad Express: The Ottoman Empire and Germany's Bid for World Power, 1898-1918* (London: Allen Lane, 2010) を参照されたい。

(2)IWM, private papers of Major G. l. Heawood, Documents 7666. ヘイウッドの説明は1917年に書かれたもの。

(3)'Ali al-Wardi, *Lamahat ijtima'iyya min tarikh al-'Iraq al-hadith* [Social Aspects of the Modern History of Iraq] (Baghdad: al-Maktaba al-Wataniyya, 1974), 4:231. Wardi によれば、2人の将軍の間の緊張は、ヌーレッティンが第6軍の司令官に非ムスリムを任命することに反対したことから生じたという。

(4)F. J. Moberly, *The Campaign in Mesopotamia, 1914-1918* (London: HMSO, 1924), 2:194.

(5)George Younghusband, *Forty Years a Soldier* (London: Herbert Jenkins, 1923), 284-285.

(6)IWM, private papers of the Reverend H. Spooner, Documents 7308, entry for 9 January 1916.

(7)ハンナへの最初の攻撃が行なわれたのは1916年1月20日から21日にかけてだった。英国軍の死者は2741人、オスマン軍の損失は推定2000人だった。Moberly, *The Campaign in Mesopotamia*, 2:275-276; Younghusband, *Forty Years a Soldier*, 290-291.

(8)町民の家宅捜査が行なわれたのは1月24日だった。Charles Townshend, *When God Made Hell: The British Invasion of Mesopotamia and the Creation of Iraq, 1914- 1921* (London: Faber and Faber, 2010), 215.

(9)Moberly, *The Campaign in Mesopotamia*, 2:200. 従軍牧師スプーナーは、1916年3月30日、第24パンジャブ中隊が「離反のため武装解除され」「大勢のモハメダンが敵側に脱走した」と書いている。IWM, papers of W. D. Lee of the Royal Garrison Artillery, Documents 1297.

(10)サヌースィー戦役についてのジャアファル・ベイの説明については、Jafar al-Askari, *A Soldier's Story: From Ottoman Rule to Independent Iraq* (London: Arabian Publishing, 2003), 85-93 を参照されたい。

(11)1月23日のビゥル・チュニスでの英国軍の死傷者は312人、アラブ軍は死者200人、負傷者500人と推定されている。George McMunn and Cyril Falls は、この会戦を *Military Operations: Egypt and Palestine from the Outbreak of War with Germany to June 1917* (London: HMSO, 1928), 122 の中で「ハラーズィン事件」と呼んでいる。

(12)McMunn and Falls, *Military Operations*, 134.

(13)従軍牧師スプーナーは、1916年1月26日のフットボールの試合の話と、2月1日の包帯をしたシャベルの逸話を記録している。

(14)IWM, private papers of Major Alex Anderson, Documents 9724, 57-59. アレックス・アンダーソンの初めての空爆についての記述の中で、パイロットは「すでにフリッツとして知られていた」と記している。病院の爆撃については74-75頁を参照されたい。従軍牧師スプーナーの3月18日の日記にも、死傷者についての記述の後、「ぞっとするような光景」とだけ記されている。

(15)ロシア軍のエルズルム占領に関しては、W. E. D. Allen and Paul Muratoff, *Caucasian Battlefields: A History of the Wars on the Turco-Caucasian Border, 1828-1921* (Cambridge: Cambridge University Press, 1953), 320-372; Michael Reynolds, *Shattering Empires: The Clash and Collapse of the Ottoman and Russian Empires, 1908-1918* (Cambridge: Cambridge University Press, 2011), 134-139; Sean McMeekin, *The Russian Origins of the First World War* (Cambridge, MA: Harvard University Press, 2011), 191-193; Edward J. Erickson, *Ordered to Die: A History of the Ottoman Army in the First World War* (Westport, CT: Greenwood Press, 2001), 120-137 を参照されたい。

(16) Allen and Muratoff の *Caucasian Battlefields*, 342 によれば、オスマン軍のキョプリュキョイでの損失は、死傷者、凍死者合わせて「約1万5000」、捕虜5000人と「ほぼ同数の戦場離脱者」があり、総計2万5000人に及んだ。ロシア側の損失は、死傷者1万人、凍傷で病院に運ばれた者2000人とされている。

(17) Younghusband, *Forty Years a Soldier*, 297.

(18) アリー・イフサーン・ベイはのちに、ドゥジャイラを自分の姓であるサビス・ヒルというトルコ名で呼ぶようになる。Ali Ihsan Sabis, *Birinci Dünya Harbi*［第一次世界大戦］(Istanbul: Nehir Yayınları, 2002), 3:121-127.

(19) Abidin Ege, *Harp Günlükleri*［戦時日記］(Istanbul: Türkiye Iş Bankası Kültür Yayınları, 2011), 275-278.

(20) オスマン軍の死傷者1285人に対し、英国軍の死傷者は3474人にのぼった。Moberly, *The Campaign in Mesopotamia*, 2:525.

(21) Russell Braddon, *The Siege* (New York: Viking, 1969), 207-208.

(22) ロレンスのメソポタミアでの使命については、Jeremy Wilson, *Lawrence of Arabia: The Authorized Biography of T. E. Lawrence* (London: Heinemann, 1989), 253-278; Townshend, *When God Made Hell*, 250-253を参照されたい。

(23) スレイマン・ファイディとサイイド・ターリブの戦前の活動については第4章で詳述した。

(24) スレイマン・ファイディは、T・E・ロレンスとの会合について、回想録の中で、2人の間での対話のかたちで詳しい記録を残している。*Mudhakkirat Sulayman Faydi* [The Memoirs of Sulayman Faydi] (London: Saqi Books, 1998), 221-242.

(25) Wilson, *Lawrence of Arabia*, 268.

(26) Ege, *Harp Günlükleri*, 294.

(27) Townshend の *When God Made Hell*, 250-253 から引用。

(28) Scott Anderson, *Lawrence in Arabia* (London: Atlantic Books, 2014), 176-178. ハリルとの交渉についてのハーバートの説明は、Aubrey Herbert, *Mons, Anzac and Kut* (London: Hutchinson, n.d. [1930]), 248-256.

(29) Ege, *Harp Günlükleri*, 307; Moberly, *The Campaign in Mesopotamia*, 2:459. クート陥落以前の英国軍最大の降伏は、7500人あまりを失ったコーンウォリス将軍のヨークタウン（1781）の戦いだった。タウンゼンドのクートの敗北をしのぐ記録は、日本軍に英国、インド、オーストラリア軍合わせて8万人を捕虜にとられた1942年のシンガポール陥落である。

(30) IWM, private papers of Major T. R. Wells, Documents 7667, diary entry of 29 April 1916.

(31) 民間人の死傷者数については Moberly, *The Campaign in Mesopotamia*, 2:459 から引用。スプーナー師の説明は IWM, "Report Based on the diary of the Rev. Harold Spooner, April 29th, 1916 to Nov. 1918," Documents 7308 から引用。IWM, diary of Captain Reynolds Lamont Lecky, Documents 21099, diary entry of 2 May 1916 も参照されたい。

(32) IWM, private papers of Lieutenant Colonel l. S. Bell Syer, Documents 7469, diary entry of 6 May 1916.

(33) Talib Mushtaq, *Awraq ayyami, 1900-1958* [Pages from My life, 1900-1958] (Beirut: Dar al-Tali'a, 1968), 1:15. 彼はその英国軍軍曹がアラビア語で言った "*Al-Inkliz damdam aqwa, lakin khubz maku.*" という言葉を引用している。

(34) Sergeant P. W. Long, *Other Ranks of Kut* (London: Williams and Norgate, 1938) による引用。原文では強調体。

(35) IWM, diary of Lieutenant Colonel l. S. Bell Syer, entry of 14 May 1916. トルコ兵はインド軍ムスリム兵を「えこひいき」したという Major T. R. Wells の文書（8 May and 4 June）およびスプーナー師の5月17日の日誌も参照されたい。

(36)「三日月収容所」については第3章で詳述した。P. W. Long は、*Other Ranks of Kut*, 33 で、「アルジェリア軍の一大隊が丸ごと、バグダードの英国軍捕虜収容所のすぐそばに露営していた」と報告している。彼らがこれまでフランス軍に属していたことから、「あなた方の味方だ」と長々と説明したが、「英国人は彼らの申し入れを受け入れなかった」。北アフリカ兵はその後、「トルコ兵に代わってロシア軍と戦うために」ペルシアに派遣された。

(37)NARA, Baghdad vol. 25, Brissel report dated Baghdad, 9 August 1916.

(38)*Sada-i Islam* newspaper of 29 Temmuz 1332 (11 August 1916) から引用されたこの記事は、US Consulate of Baghdad, NARA, Baghdad vol. 25 という文書の中に保存されている。英国の公式史では、スルタンが英国軍のムスリム将校を謁見し、オスマン軍はスルタンに仕えることを「拒否した者」を逮捕したため、彼らの剣を返還したことを認めている。Moberly, *The Campaign in Mesopotamia*, 2:466.

(39)多くの将校が、以下のような抑留体験の詳細な回想録を残しているので参照されたい。Major E. W. C. Sandes, *In Kut and Captivity with the Sixth Indian Division* (London: John Murray, 1919); Captain E. O. Mousley, *The Secrets of a Kuttite: An Authentic Story of Kut, Adventures in Captivity and Stamboul Intrigue* (London: John Lane, 1921); W. C. Spackman, *Captured at Kut: Prisoner of the Turks* (Barnsley, UK: Pen & Sword, 2008).

(40)E. H. Jones, *The Road to En-Dor* (London: John lane The Bodley Head, 1921), 123.

(41)IWM, private papers of J. McK. Sloss, MSM Australian Flying Corps, Documents 13102; Sergeant P. W. "Jerry"Long の *Other Ranks of Kut*, 103 より。この本はクート陥落以後の一般兵の体験を描いた最初の出版物になった。

(42)Arnold T. Wilson, *Loyalties Mesopotamia, 1914-1917* (Oxford: Oxford University Press, 1930), 140.

(43)Grigoris Balakian は、*Armenian Golgotha: A Memoir of the Armenian Genocide, 1915- 1918* (New York: Vintage Books, 2010), 294-298 で、1916年6月初旬に、バフチェからのアルメニア人の強制移住の2、3週間後に英国兵と遭遇したと書いている。ということは、クートの生き残り組が鉄道駅に着いたのは、6月下旬か7月初旬であったことを示唆している。

(44)カーゾンの言葉は、Townshend, *When God Made Hell*, 335 に引用されたもの。

第11章◆アラブの反乱

(1)「首長国（アミレーツ）」という言葉は、メッカの首長（アミール）が司る国という意味。「アミール」とは小国の王もしくは司令官のこと。メッカを統治している王は「アミール」、あるいは「メッカの太守」と呼ばれる。

(2)アブドゥッラーの説明は、*Memoirs of King Abdullah of Transjordan* (New York: Philosophical library, 1950), 112-113 に記されたもの。Ronald Storrs, *Orientations* (London: Readers Union, 1939), 129-130; George Antonius, *The Arab Awakening* (London: Hamish Hamilton, 1938), 126-128 も参照されたい。Antonius 自身は熱心なアラブ・ナショナリストで、彼の「アラブの反乱」についての説明の大部分は、ハーシム家の指導的立場にある人たちとの会見および彼らの私的文書の原文をもとにして述べられている。

(3)Storrs, *Orientations*, 155-156.

(4)ベイルートの新聞 *al-Ittihad al-'Uthmani*［オスマン連合］, 29 December 1914 から翻訳され、Antonius, *Arab Awakening*, 145 に引用されたもの。

(5)アラブ・ナショナリスト George Antonius's *The Arab Awakening*, 140 からの引用。アントニゥスは、太守フサインと彼の息子アブドゥッラーおよびファイサルとの度重なる立ち入った会見をもとにこの話を書いている。 C. Ernest Dawn, *From Ottomanism to Arabism: Essays on the Origins of Arab Nationalism* (Urbana: University of Illinois Press, 1973), 26.

(6)第1回アラブ会議における「アル-ファタート」とその役割については、第1章で扱った。

(7)このファイサルのイスタンブルとダマスカス訪問の使命についての記述は、Dawn, *From Ottomanism to Arabism*, 27-30; Antonius, *The Arab Awakening*, 150-159; Ali A. Allawi, *Faisal I of Iraq* (New Haven, CT: Yale University Press, 2014) から引用した。

(8)Antonius, *The Arab Awakening*, 157-158.

(9)「フサイン=マクマホン書簡」の翻訳は、*The Middle East and North Africa in World Politics: A Documentary Record*, ed. J. C. Hurewitz (New Haven, CT: Yale University Press, 1979), 2:46-56 に再録されたもの。

(10)マクマホンのロンドンへの手紙は、Jonathan Schneer, *The Balfour Declaration: The Origins of the Arab Israeli Conflict* (New York: Random House, 2010), 59 に引用されたもの。

(11)ファルキのすっぱ抜きについては、Scott Anderson, *Lawrence in Arabia: War, Deceit, Imperial Folly and the Making of the Modern Middle East* (London: Atlantic Books, 2013), 139-143（邦訳『ロレンスがいたアラビア（上・下）』山村宜子訳、白水社、2016年）, Antonius, *The Arab Awakening*, 169; David Fromkin, *A Peace to End All Peace* (London: Andre Deutsch, 1989), 176-178; Schneer, *Balfour Declaration*, 60-63 を参照されたい。太守フサインは、1916年1月1日付の手紙にムハンマド・シャリーフ・ファルキという名の記述があり、たぶん、このアラビスト将校の離反について、マクマホンの密使から聞いて、知っていたことは明らかだ。

(12)大シリア圏に対するフランスの領土獲得要求は、1915年3月1日〜14日付の駐ペトログラード・フランス大使からロシア外相宛の手紙に提示されている。本文は、Hurewitz, *Middle East and North Africa in World Politics*, 2:19 に再録されたもの。

(13)Fromkin, *Peace to End All Peace*, 188-193.

(14)Antonius, *The Arab Awakening*, 248.

(15)「サイクス=ピコ協定」の本文は、Hurewitz, *Middle East and North Africa in World Politics*, 2:60-64 に再録されたもの。

(16)Djemal Pasha, *Memories of a Turkish Statesman, 1913-1919* (London: Hutchinson and Co., n.d.), 197-199.

(17)トゥルジュマンの友人たちはエルサレムの名家の出身で、Hasan Khalidi と Omar Salih Barghouti は2人ともオスマン軍の尉官級以上の将校、Khalil Sakakini は教師で日記作家だった。Salim Tamari, *Year of the Locust: A Soldier's Diary and the Erasure of Palestine's Ottoman Past* (Berkeley: University of California Press, 2011), 91.

(18)Falih Rıfkı Atay, *Le mont des Oliviers* [The Mount of Olives] (Paris: Turquoise, 2009), 29-30. 本書は最初、*Zeytindağı* という表題で、1932年にトルコ語で出版された。

(19)Eliezer Tauber, *The Arab Movements in World War I* (London: Frank Cass, 1993), 38.

(20)George Antonius は *Arab Awakening*, 241 で、飢餓による死者30万人は「疑問の余地はない」が、実際の数字は35万に達していた可能性があるという。Linda Schatkowski Schilcher は "The Famine of 1915-1918 in Greater Syria,"in *Problems of the Modern Middle East in Historical Perspective*, ed. John Spagnolo (Reading, UK: Ithaca Press, 1992), 229-258 で、ドイツ領事館の記録をもとに、飢餓と飢餓にまつわる病気による死亡数は「1918年末までに50万人に達していた可能性がある」と論じている。「セフェルベルリキ（総動員）」についてのシリアとレバノンの一般人の記憶については、Najwa al-Qattan, "Safarbarlik: Ottoman Syria and the Great War," in *From the Syrian Land to the States of Syria and Lebanon*, ed. Thomas Philipp and Christoph Schumann (Beirut: Orient-Institut, 2004), 163-174.

(21)Q. B. Khuwayri, *al-Rihla al-suriyya fi'l-harb al-'umumiyya 1916* [The Syrian Journey during the General War, 1916] (Cairo: al-Matba'a al-Yusufiyya, 1921), 34-35.

(22)連合国による海上封鎖を突破して人道支援物資を運ぶのを妨害する協商国の活動とエンヴェルが率先してとった措置については、Shakib Arslan, *Sira Dhatiyya*［自伝］(Beirut: Dar al-Tali'a, 1969), 225-236.

(23)Djemal Pasha, *Memories of a Turkish Statesman*, 213; Rıfkı Atay, *Le mont des Oliviers*, 75-76.

(24)Tamari, *Year of the Locust*, 130-132.

(25)太守フサインからエンヴェル・パシャへの手紙とその返事は、Sulayman Musa, *al-Thawra al-'arabiyya al-kubra: watha'iq wa asanid* [The Great Arab Revolt: Documents and Records] (Amman: Department of Culture and Arts, 1966), 52-53 に再録されたもの。ジェマル・パシャとシャリーフ・アブドゥッラーは、太守フサインとエンヴェル・パシャとの間の往復書簡について異なった説明をしている。Djemal Pasha, *Memories of a Turkish Statesman*, 215 および King Abdullah, *Memoirs of King Abdullah of Transjordan*, 136-137 および Tauber, *Arab Movements in World War I*, 80 も参照されたい。

(26)Antonius, *The Arab Awakening*, 190.

(27)Rıfkı Atay, *Le mont des Oliviers*, 73-79. 言うまでもなく、同時代のアラブ人はベイルートとダマスカスで絞首刑にされた人たちへの賛辞にもっとずっと心を揺さぶられた。Dr Ahmad Qadri は、*Mudhakkirati 'an al-thawra al-'arabiyya al-kubra* [My Memoirs of the Great Arab Revolt] (Damascus: Ibn Zaydun, 1956), 55-56 で、「アルーファタート」のメンバーで、アラビスト活動を疑われてオスマン当局に2度逮捕され、釈放されたあるシリア人は、ベイルートで処刑された多くの人たちの英雄的な最期の言葉を繰り返し述べている。

(28)その年の暮れ近く、ジェマル・パシャはアレイでの軍事裁判を正当化する本をトルコ語、アラビア語、フランス語で出版した。その本 *La verite sur la question syrienne* (Istanbul: Tanine, 1916) には、8つのアラブ人秘密結社、ベイルートとダマスカスのフランス領事館から押収された再録文書、軍事裁判で有罪判決を受けた人たちの名前と罪状が簡潔に記されている。ジョージ・アントニウスは、ファイサルのこの処刑に対する反応を、ファイサル自身から聞いたと思われる。アントニウスは *The Arab Awakening*, 191 で、アラビア語の "*Taba almawt, ya* 'Arab" という言葉の持つ力を翻訳で表現するのは難しいと書いている。それは「すべてのアラブ人に、武器を取って立ち上がり、命を捨てる覚悟で、惨酷な処刑に復讐することを呼びかけるものだった」からである。

(29)ジェマル・パシャは、ファイサルと彼の兄弟、彼らの父親の太守フサインを反逆罪で逮捕しなかったことをあからさまに後悔した。Djemal Pasha, *Memories of a Turkish Statesman*, 220-222 を参照されたい。

(30)このライフルは、ロンドンの帝国軍事博物館に保管されている。このライフルの来歴については、Haluk Oral, *Gallipoli 1915 Through Turkish Eyes* (Istanbul: Bahcesehir University Press, 2012), 233-236 を参照されたい。

(31)Djemal Pasha, *Memories of a Turkish Statesman*, 223. T. E. Lawrence は、*Seven Pillars of Wisdom: A Triumph* (New York: Doubleday, Doran & Co., 1936), 93 で、ファフリ・パシャがアルメニア人大虐殺に関与していたと主張している。Christophe Leclerc は、*Avec T. E. Lawrence en Arabie: La mission militaire francaise au Hedjaz, 1916-1920* (Paris: l'Harmattan, 1998), 28 で、ファフリを1909年のアダナとゼイトゥンでのアルメニア人大量虐殺に関連づけている。

(32)King Abdullah, *Memoirs of King Abdullah of Transjordan*, 138.

(33)トルコの歴史家 Haluk Oral は、*Gallipoli 1915*, 236 で、太守フサインが、ジェマル・パシャがファイサルに与えたガリポリの戦利品を用いて、反乱の開始を告げる一砲を放ったと断言しているが、英国の軍事博物館はこの主張に言及していない。

(34)Abdullah, *Memoirs of King Abdullah of King Abdullah of Transjordan*, 143.

(35) Abdullah, *Memoirs of King Abdullah of King Abdullah of Transjordan*, 144-146.

(36) アブドゥッラーのターイフ攻囲攻撃についての記述は、*Memoirs of King Abdullah*, 143-153 に記録されている。

(37) Turjman, *Year of the Locust*, 155-156.

(38) Muhammad Ali al-Ajluni, *Dhikrayat 'an al-thawra al-'arabiyya al-kubra* [Memories of the Great Arab Revolt] (Amman:Dar al-Karmil, 2002), 22-25. アラブの反乱の告知とその利点や危険についての論議は、27-28 頁を参照されたい。アジュルーニは、オスマン帝国時代のシリア州の一部で、現在はヨルダン北部にあるアジュルン地方の出身者である。

(39) インド人の反応については、James Barr, *Setting the Desert on Fire: T. E. Lawrence and Britain's Secret War in Arabia, 1916-1918* (New York: W. W. Norton, 2008), 41-42 を参照されたい。

(40) ハーシム家の軍事活動に対するアラブ人オスマン軍将校の募集については、Tauber, *The Arab Movements in World War I*, 102-117. 西部砂漠におけるジャアファル・アル・アスカリの逮捕については第 10 章で詳述した。ハーシム家の大義名分への彼の同意については、彼の回想録、*A Soldier's Story: From Ottoman Rule to Independent Iraq* (London: Arabian Publishing, 2003), 108-112. アリー・ジャウダトのナースィリーヤでの逮捕については第 9 章で触れ、バスラでの交流については第 10 章で述べた。彼の捕虜収容所からの引き抜きについては、Ali Jawdat, *Dhikrayati, 1900-1958* [Memoirs, 1900-1958] (Beirut: al-Wafa', 1967), 37-40.

(41) 1916 年 9 月 13 日付のマクマホンの電報は、Barr, *Setting the Desert on Fire*, 56 に再録されたもの。「サイクス=ピコ協定」保持へのフランスの懸念については、Leclerc, *Avec T. E. Lawrence en Arabie*, 19 を参照されたい。ブレモーンの軍事派遣団については、Robin Bidwell, "The Brémond Mission in the Hijaz, 1916-17: A Study in Inter-allied Co-operation," in *Arabian and Islamic Studies*, ed. Robin Bidwell and Rex Smith (London:Longman, 1983): 182-195 を参照されたい。

(42) Bidwell, "Brémond Mission," 186.

(43) Edouard Brémond, *Le Hedjaz dans la guerre mondiale* (Paris: Payot, 1931), 61-64, 106-107. エジプトを基盤にしたフランス使節団は、全部で将校 42 人、兵士 983 人に達した (Brémond, *Le Hedjaz*, 64).

(44) Lawrence, *Seven Pillars*, 92.

(45) ロレンスの 1916 年 11 月 18 日付の報告書は、Barr, *Setting the Desert on Fire*, 77-78 に引用されたもの。Anderson's analysis of Lawrence's report in *Lawrence in Arabia*, 223-226 も参照されたい。

(46) 1916 年 12 月の出来事についてのロレンスの説明は、*Seven Pillars*, 119-135 に詳述されている。

(47) Lawrence, *Seven Pillars*, 130.

(48) 1916 年 7 月 6 日の軍事委員会の勧告は、George McMunn and Cyril Falls, *Military Operations: Egypt and Palestine from the Outbreak of War with Germany to June 1917* (London: HMSO, 1928), 230-232 に再録されている。

第12章◆負け戦

(1) ドイツ軍の航空機配備については、Desmond Seward, *Wings over the Desert: In Action with an RFC Pilot in Palestine, 1916-1918* (Sparkford, UK: Haynes Publishing, 2009), 29-32 を参照されたい。オーストリア軍砲兵隊については、Djemal Pasha, *Memories of a Turkish Statesman, 1913-1919* (London: Hutchinson, n.d.), 169 と比較されたい。

(2) 1916 年 2 月 15 日のマレーの提案の全文は、George McMunn and Cyril Falls, *Military Operations: Egypt and Palestine from the Outbreak of War with Germany to June 1917* (London: HMSO, 1928), 170-174 に再録されている。

(3) Djemal Pasha, *Memories of a Turkish Statesman*, 170;「カティア事件」については、McMunn and Falls, *Military Operations*, 162-170; Anthony Bruce, *The Last Crusade: The Palestine Campaign in the First*

World War (London: John Murray, 2002), 37-40 を参照されたい。

(4) 帝国ラクダ部隊については、Frank Reid, *The Fighting Cameliers* (1934; rpt. Milton Keynes, UK: Leonaur, 2005); Geoffrey Inchbald, *With the Imperial Camel Corps in the Great War* (Milton Keynes, UK: Leonaur, 2005) を参照されたい。

(5) McMunn and Falls, *Military Operations*, 199.

(6) 1916 年 7 月 6 日の軍事委員会の勧告は、McMunn and Falls, *Military Operations*, 230-232 に再録されている。

(7) Inchbald, *With the Imperial Camel Corps*, 113.

(8) Reid, *The Fighting Cameliers*, 50-52; McMunn and Falls, *Military Operations*, 257.

(9) 英国軍はオスマン軍兵士および将校 1653 人を捕虜にし、推定約 200 人のオスマン軍兵士をラファーの戦いで殺したと報告している。英国軍の損失は死者 71 人、負傷者 415 人だった。McMunn and Falls, *Military Operations*, 270.

(10) Edward J. Erickson, *Ordered to Die: A History of the Ottoman Army in the First World War* (Westport, CT: Greenwood Press, 2001), 161.

(11) 1916 年 4 月 30 日付のインド軍総司令官宛の CIGS 電報は、F. J. Moberly, *The Campaign in Mesopotamia, 1914-1918* (London: HMSO, 1923-1927), 3:3-4 に再録されている。

(12) Erickson, *Ordered to Die*, 164-166.

(13) Charles Townshend, *When God Made Hell: The British Invasion of Mesopotamia and the Creation of Iraq, 1914-1921* (London: Faber and Faber, 2010), 344-345.

(14) Arnold T. Wilson, *Loyalties Mesopotamia, 1914-1917* (Oxford: Oxford University Press, 1930), 222.

(15) Lieutenant Colonel J. E. Tenant, cited in Wilson, *Loyalties Mesopotamia*, 223.

(16) Moberly, *The Campaign in Mesopotamia*, 3:193-195; Wilson, *Loyalties Mesopotamia*, 222-223; Townshend, *When God Made Hell*, 355-357.

(17) モード、ロバートソン、モンローの間の交信は、Moberly, *The Campaign in Mesopotamia*, 3: 204-211 に再録されている。

(18) Wilson, *Loyalties Mesopotamia*, 216.

(19) Talib Mushtaq, *Awraq ayyami, 1900-1958* [Pages from My life, 1900-1958] (Beirut: Dar al-Tali'a, 1968), 17-18.

(20) NARA, Baghdad vol. 28, transcription from Consul Heizer's Miscellaneous Record Book, 10-13 March 1917.

(21) モードの公式宣言とその弱点については、Wilson, *Loyalties Mesopotamia*, 237-241 を参照されたい。

(22) この公式宣言の全文は、Moberly, *The Campaign in Mesopotamia*, 3:404-405, appendix 38 に再録されている。

(23) Mushtaq, *Awraq ayyami*, 19.

(24) Hew Strachan, *The First World War* (London: Pocket Books, 2003), 215-223. アメリカ合衆国はオスマン帝国に対してはけっして宣戦布告はしなかったが、ドイツとの戦争に入ると同時にオスマン帝国領内の領事をすべて撤退させた。

(25) 英国軍は死傷者の数を、死者 523 人、負傷者 2932 人を含む 4000 人以下と報告しているが、リーマン・フォン・ザンデルスは、第一次ガザ戦争の後、トルコ軍は 1500 人の英国軍死者を葬ったと断言している。オスマン帝国の損失は、死者 301 人、負傷者 1085 人を含む 2500 人以下だった。McMunn and Falls, *Military Operations*, 315, 322; Otto Liman von Sanders, *Five Years in Turkey* (Annapolis: US Naval Institute, 1927), 165 を参照されたい。

(26) Falih Rıfkı Atay, *Le mont des Oliviers* [The Mount of Olives] (Paris: Turquoise, 2009), 205-206.

(27) A. Briscoe Moore, *The Mounted Riflemen in Sinai and Palestine* (Auckland: Whitcombe and Tombs, n.d. [1920]), 67.

(28) Djemal Pasha, *Memories of a Turkish Statesman*, 179.

(29) Reid, *The Fighting Cameliers*, 98. Reid はまた、第二次ガザ戦争（97頁）前にガス・マスクが支給されたと記している。英国公式史によれば、第二次ガザ戦争のパレスチナ前線で初めてガス弾が使われたという。McMunn and Falls, *Military Operations*, 328.

(30) Reid, *The Fighting Cameliers*, 102-110.

(31) Rıfkı Atay, *Le mont des Oliviers*, 213-214; McMunn and Falls, *Military Operations*, 348, 350.

(32) James Barr, *Setting the Desert on Fire: T. E. Lawrence and Britain's Secret War in Arabia, 1916-1918* (New York: W. W. Norton, 2008), 90-106.

(33) ロレンスは、3月29日から30日にかけてヒジャーズ鉄道のアバー・アン・ナーム駅に最初の攻撃をかけた。T. E. Lawrence, *Seven Pillars of Wisdom: A Triumph* (New York: Doubleday Doran and Co., 1936), 197-203.（邦訳『知恵の七柱（完全版）』1～5、田隅恒生訳、平凡社、2008年、2009年）

(34) Jafar al-Askari, *A Soldier's Story: From Ottoman Rule to Independent Iraq* (London: Arabian Publishing, 2003), 112-114. アスカリのエジプト西砂漠での逮捕については第10章で詳述した。

(35) Ali Allawi, *Faisal I of Iraq* (New Haven, CT: Yale University Press, 2014), 94-95.

(36) Barr, *Setting the Desert on Fire*, 135. サイクスは、同伴者ピコとともに、1917年5月18日、ジェッダでファイサルと太守フサインに会い、太守に「サイクス＝ピコ協定」の詳細を提示したが、フランスの行政管理下におけるアラブ人の自治の度合いを、かつて意図されていたよりも大きく示している。Ibid., 138-141.

(37) Lawrence, *Seven Pillars*, 298.

(38) Lawrence, *Seven Pillars*, 300-312.

(39) アラブ人歴史家たちをひどく悔しがらせたのは、アカバの占領がロレンスの手柄――実際、彼が自分の手柄にした――とされてしまったことである。彼が『知恵の七柱』の中で、「アカバを奪えたのは私の努力による計画のおかげだった。その代価は私の脳と神経に重くのしかかった」（323頁）と書いている。Ali Allawi は *Faisal I of Iraq*, 95-96 で、シャリーフ・ナースィルは7月6日付のファイサルへの報告書に、「この攻撃の計画と組織づくりにおけるロレンスの役割に何の言及もしていない」と記している。彼の説によれば、ロレンスは、「圧倒的多数がアラブ人のほかの役者がこの物語を否認したり、訂正したりする立場にないことを十分承知したうえで、自分自身の役割を大げさに言い立てた」のだという。この点については、Suleiman Musa, *T. E. Lawrence: An Arab View* (Oxford: Oxford University Press, 1966) も参照されたい。ウィンゲートの言葉は、Barr, *Setting the Desert on Fire*, 160-161 に引用されたもの。

(40) Lawrence, *Seven Pillars*, 322.

(41) Barr, *Setting the Desert on Fire*, 166 に引用されたもの。

(42) Eugene Rogan, *Frontiers of the State in the Late Ottoman Empire: Transjordan, 1851-1920* (Cambridge: Cambridge University Press, 1999), 224-229.

(43) イルビドの著名人が民兵を募る命令を出したという話は、Salih al-Tall の未刊の回想録（236-237頁）から引用した。この貴重な文書のコピーを許可してくれた Mulhim al-Tall（故人）に感謝している。

(44) このチェルケス人志願兵部隊の司令官ミルザ・ワスフィの個人文書は、ヨルダンのアンマンにあるヨルダン国立公文書館に保管されている。志願騎兵隊については、MW 5/17, docs. 6 と 10, 3-10 November 1916 を比較されたい。

(45) Odeh al-Goussous, *Mudhakkirat 'Awda Salman al-Qusus al-Halasa* [Memoirs of Odeh al-Goussous al-Halasa, 1877-1943] (Amman: n.p., 2006), 84.

(46)ハーシム家の影響力に反撃するために部族のリーダーたちを懸命にもてなした話は、Odeh al-Goussous が *Mudhakkirat 'Awda Salman al-Qusus al-Halasa*, 84 に書いている。オスマン帝国公文書館には、シリア南部の部族リーダーたちに授与されたメダルの一覧が保存されている。Prime Ministry Archives, Istanbul, DH-KMS 41/43 and 41/46 (August and September, 1916) を参照されたい。ロレンスのアウダとの対決については、Lawrence, *Seven Pillars*, 355 を参照されたい。Barr, *Setting the Desert on Fire*, 169-170.

(47)この攻撃が行なわれたのは、1917 年 7 月 17 日直後だった。この交戦についてロレンスの『知恵の七柱』でまったく言及されていないのは、彼がこの時期にカイロにいたためだったからに間違いない。Goussous, *Mudhakkirat 'Awda Salman al-Qusus al-Halasa*, 86-88. だがロレンスは、オスマン軍に対する部族の忠誠心について、以下の文書で報告している。T. E. Lawrence, "Tribal Politics in Feisal's Area," *Arab Bulletin Supplementary Papers* 5 (24 June 1918): 1-5.

(48)1917 年 6 月 24 日の会合と、「ユルドゥルム・グループ」の結成については、Djemal Pasha, *Memories of a Turkish Statesman*, 182-193; Liman von Sanders, *Five Years in Turkey*, 173-184; Erickson, *Ordered to Die*, 166-172 を参照されたい。

(49)Bruce, *The Last Crusade*, 119-120.

(50)Emin Çöl, *Çanakkale Sina Savaşları: bir erin anıları* [The Dardanelles and Sinai Campaigns: One Man's Memoirs] (Istanbul: Nöbetçi Yayınevi, 2009), 103-104.

(51)Çöl, *Çanakkale Sina Savaşları*, 106-108. 第 4 オーストラリア軽騎兵旅団の攻撃については、Roland Perry, *The Australian Light Horse* (Sydney: Hachette Australia, 2010), 3-13 を参照されたい。

(52)Cyril Falls and A. F. Becke, *Military Operations: Egypt and Palestine from the Outbreak of War with Germany to June 1917*, Part 1 (London: HMSO, 1930), 65.

(53)Reid, *The Fighting Cameliers*, 139-147.

(54)Chaim Weizmann, *Trial and Error* (New York: Harper and Brothers, 1949), 208; Tom Segev, *One Palestine, Complete: Jews and Arabs under the British Mandate* (London: Abacus Books, 2001), 43-50; Jonathan Schneer, *The Balfour Declaration: The Origins of the Arab-Israeli Conflict* (New York: Random House, 2010), 333-346.

(55)パレスチナ戦役では、両軍とも大勢の死傷者を出した。エルサレム征服までに、英国軍は死傷者 1 万 8928 人、オスマン軍は 2 万 8443 人を出している。さらに、アレンビーの報告によれば、約 1 万 2000 人のトルコ兵を捕虜にした。Bruce, *The Last Crusade*, 165.

(56)Segev, *One Palestine, Complete*, 50-54.

(57)「アレンビー将軍のエルサレム入城」という 13 分の無声映像は、帝国軍事博物館に保管されており、オンラインで見ることができる。

第13章◆次々と結ばれた休戦協定

(1)NARA, Trebizond, Turkey, vol. 30, Miscellaneous Record Book, 1913-1918, entry of 23 March 1917. アメリカ人はロシアのトラブゾン占領中、領事館を開いており、領事は政治的事件について簡単な政務日誌を Miscellaneous Record Book というかたちで書き留めていた。以下のすべての引用は、この文書から得たものである。ほかに、Michael A. Reynolds, *Shattering Empires: The Clash and Collapse of the Ottoman and Russian Empires, 1908-1918* (Princeton, NJ: Princeton University Press, 2011), 167-190; Sean McMeekin, *The Russian Origins of the First World War* (Cambridge, MA: Harvard University Press, 2011), 224-235 も参照されたい。

(2)「サイクス=ピコ協定」のロシアでの公開、およびジェマル・パシャのハーシム家への申し入れについては、George Antonius, *The Arab Awakening* (London: Hamish and Hamilton, 1938), 253-258; Ali Allawi, *Faisal I of Iraq* (New Haven, CT: Yale University Press, 2014), 108-112 を参照されたい。英国、

フランス、ロシアと、イタリアの間に成立した協定についてのジェマル・パシャの言及は、イタリアがアナトリアにおけるオスマン帝国領内に領有権を主張した 1917 年の「サンジャンドモーリエンヌ協定」の条項も公表していたことを示唆している。

(3)スコット・アンダーソンは、T・E・ロレンスが「サイクス=ピコ協定」の詳細を、1917 年 2 月という早い段階で共有していたと論じている。だが、この説を支持するには状況証拠しかない。Scott Anderson, *Lawrence in Arabia: War, Deceit, Imperial Folly and the Making of the Modern Middle East* (London: Atlantic Books, 2013), 270-272. マーク・サイクス卿とジョルジュ=ピコが、ジェッダに太守フサインをほんの短期間訪問したことについては、同書の 314-319 頁を参照されたい。

(4)1918 年 1 月の「ホウガース・メッセージ」は、J. C. Hurewitz, ed., *The Middle East and North Africa in World Politics* (New Haven, CT: Yale University Press, 1979), 2:110-111 に再録されている。

(5)「1918 年 2 月 8 日付の英国政府からヒジャーズの王への通信」は、Antonius, *The Arab Awakening*, 431-432 に再録されている。

(6)T. E. Lawrence, *Seven Pillars of Wisdom: A Triumph* (New York: Doubleday Doran and Co., 1936), 341.

(7)Muhammad Ali al-Ajluni は、オスマン軍を離脱して、アラブの反乱に参加し、タフィーラの防衛に一役買ったことが彼の回想録、*Dhikrayat 'an al-thawra al-'arabiyya al-kubra* [Memoirs of the Great Arab Revolt] (Amman: Dar al- Karmil, 2002), 58-59 に綴られている。オスマン軍は 死者 100 人、捕虜 250 人を出したが、アラブ軍の損失は死者 25 人、負傷者 40 人だった。James Barr, *Setting the Desert on Fire: T. E. Lawrence and Britain's Secret War in Arabia, 1916-1918* (New York: W. W. Norton, 2008), 225-227.

(8)Lieutenant Colonel Guy Powles の言葉は、Terry Kinloch, *Devils on Horses: In the Words of the Anzacs in the Middle East, 1916-19* (Auckland: Exisle Publishing, 2007), 252 に引用されたもの。

(9)アラブ軍への英国人顧問 Alec Kirkbride は、*An Awakening: The Arab Campaign, 1917-18* (Tavistock, UK: University Press of Arabia, 21) で、彼がアカバにハト小屋を持つことになっており、「自分のリポートを送り返すときに使うために供給されることになっていた」と書いている。

(10)Jafar al-Askari, *A Soldier's Story: From Ottoman Rule to Independent Iraq* (London: Arabian Publishing, 2003), 138.

(11)Bernard Blaser, *Kilts Across the Jordan* (London: Witherby, 1926), 208.

(12)Otto Liman von Sanders, *Five Years in Turkey* (Annapolis: US naval Institute, 1927), 211.

(13)Cyril Falls and A. F. Becke, *Military Operations: Egypt and Palestine from the Outbreak of War with Germany to June 1917* (London: HMSO, 1930), 2:1:348; A. Briscoe Moore, *The Mounted Riflemen in Sinai and Palestine* (Auckland: Whitcombe and Tombs, 1920), 115.

(14)Liman von Sanders, *Five Years in Turkey*, 213.

(15)IWM, papers of D. H. Calcutt, diary entry of 1 April 1918. ほかに J. Wilson の日記（35 頁）も参照されたい。D. G. Hogarth, "The Refugees from Es-Salt," *Arab Bulletin* (21 April 1918): 125; Blaser, *Kilts Across the Jordan*, 216.

(16)Moore, *The Mounted Riflemen*, 115. 英国軍の公式死傷者数として、死者 200 人、負傷者 1000 人、オスマン軍の死者 400 人、負傷者 1000 人は、W. T. Massey, *Allenby's Final Triumph* (London: Constable, 1920) および Falls and Becke, *Military Operations*, Part 1, 347 に再録されたもの。

(17)Askari, *A Soldier's Story*, 138-139.

(18)Ajluni, *Dhikrayat*, 67-68; Barr, *Setting the Desert on Fire*, 236.

(19)Askari, *A Soldier's Story*, 136-137, 142-146; Lawrence, *Seven Pillars*, 520; Edmond Brémond, *Le Hedjaz dans la guerre mondiale* (Paris: Payot, 1931), 268-269.

(20)アラブ軍に抵抗したマアーンの町民と、マアーンからの撤退後の士気高揚のためのスピーチは、両方とも Tahsin Ali in *Mudhakkirat Tahsin 'Ali, 1890-1970* [The Memoirs of Tahsin Ali] (Beirut:

al-Mu'assasat al-'Arabiyya li'l-Dirasat wa'l-Nashr, 2004), 70-71 に詳述されている。

(21) David Stevenson, *1914-1918: The History of the First World War* (London: Penguin, 2005), 402-409.

(22) Falls and Becke, *Military Operations*, 2:2:411-421.

(23) Kinloch, *Devils on Horses*, 282-283.

(24) Falls and Becke, *Military Operations*, 2:1:365-366.

(25) IWM, papers of D. H. Calcutt, diary entry of 6 May 1918, 49-50. ほかの第二次トランスヨルダン攻撃当事者の説明は、the diary of A. L. Smith; W. N. Hendry, "Experiences with the London Scottish, 1914-18"; Captain A. C. Alan-Williams, scrapbook vol. 2, loose-leaf diary, "Second Attempt to Capture Amman April 29th 1918"; diary of J. Wilson, 36-38 などを参照されたい。

(26) French Military Archives, Vincennes, SS Marine Q 86, 21 May 1918, no. 23, "Jaussen"; French Military Archives, Vincennes, SS Marine Q 86, 29 May 1918, no. 31, "Salem ebn Aisa, Tawfik el-Halibi."

(27) 以下の分析は、Michael Reynold のすぐれた研究である *Shattering Empires*, 191-251 および W. E. D. Allen and Paul Muratoff による古典 *Caucasian Battlefields: A History of the Wars on the Turco-Caucasian Border, 1828-1921* (Cambridge: Cambridge University Press, 1953), 457-496 から引用されたもの。

(28) コーカサス戦役について、リーマン・フォン・ザンデルス以上に批判的な者はいなかった。彼は *Five Years in Turkey*, 268-269 で、カルス、アルダハン、バトゥーミ、バクーを確保するためにもっと手段を講じていたなら、パレスチナとメソポタミアでオスマン帝国は生き残ることができたかもしれないと論じている。

(29) Anthony Bruce, *The Last Crusade: The Palestine Campaign in the First World War* (London: John Murray, 2002), 215.

(30) Liman von Sanders, *Five Years in Turkey*, 274.

(31) 1918 年 10 月 28 日付のあるインド兵からの匿名扱いの手紙は、英国の検閲官によって翻訳され、パレスチナのインド兵からの手紙のコレクションに収められている。Cambridge University Library, D. C. Phillott Papers, GB 012 MS.Add.6170, 80-82.

(32) Tawfiq al-Suwaydi, *My Memoirs: Half a Century of the History of Iraq and the Arab Cause* (Boulder, CO: lynne Rienner, 2013), 71.

(33) Cambridge University Library, D. C. Phillott Papers, letter dated 20 October 1918, 106-110.

(34) 一般にはユダヤ人大隊として知られていた第 38、第 39 英国フュージリア大隊はについては、J. H. Patterson, *With the Judaeans in the Palestine Campaign* (London: Hutchinson, 1922) を、パレスチナ戦役におけるフランス軍については、Falls and Becke, *Military Operations*, 2:2:419, 473 を参照されたい。

(35) ダマスカス入城のアラブ人目撃証言については、Tahsin Ali, *Mudhakkirat*, 78-82; Ali Jawdat, *Dhikrayat*, 66-72; Muhammad Ali al-Ajluni, *Dhikrayat*, 81-83 を参照されたい。

(36) Hubert Young, *The Independent Arab* (London: John Murray, 1933), 256-257.

(37) Falls and Becke, *Military Operations*, 2:2:618; Erickson, *Ordered to Die*, 201.

(38) クートの包囲で生じた英国軍とインド軍の捕虜の苦難については、第 10 章で詳述した。Charles Townshend, *My Campaign in Mesopotamia* (London: Thornton Butterworth, 1920), 374-385.

(39) 休戦条約の諸条件は、Hurewitz の *The Middle East and North Africa in World Politics*, 2:128-130 に再録されたもの。

(40) Cambridge University Library, D. C. Phillott Papers, GB 012 MS.Add.6170, letter dated 27 October 1918, 78.

終章◆オスマン帝国の終焉

(1) Grigoris Balakian, *Armenian Golgotha* (New York: Vintage, 2010), 414.

(2) Otto Liman von Sanders, *Five Years in Turkey* (Annapolis: US naval Institute, 1927), 321-325; Balakian, *Armenian Golgotha*, 414-416.

(3) Vahakn N. Dadrian and Taner Akçam, *Judgment at Istanbul: The Armenian Genocide Trials* (New York: Berghahn Books, 2011), 25-26.

(4) Dadrian and Akçam, *Judgment at Istanbul*, 250-280.

(5) 1919年4月12日の重要な告訴状の写しは、*Takvîm-I Vekâyi* 3540 (27 Nisan 1335/27 April 1919) で公開され、翻訳された全文は Dadrian and Akçam, *Judgment at Istanbul*, 271-282 に載っている。

(6) Dadrian and Akçam, *Judgment at Istanbul*, 195-197. この裁判についてのバラキヤンの意見は、*Armenian Golgotha*, 426-427 にあるので、比較されたい。

(7) Jacques Derogy, *Opération némésis: Les vengeurs arméniens* [Operation nemesis: The Armenian Avengers] (Paris: Fayard, 1986).

(8) オスマン帝国古文書館の資料に基づいたジェマルのアルメニア人に対する政策の最近の研究については、M. Talha Çiçek, *War and State Formation in Syria: Cemal Pasha's Governorate During World War I, 1914-17* (London: Routledge, 2014), 106-141 と比較されたい。エンヴェルの死については、David Fromkin, *A Peace to End All Peace: Creating the Modern Middle East, 1914-1922* (London: André Deutsch, 1989), 487-488 を参照されたい。

(9) "Ottoman Memorandum to the Supreme Council of the Paris Peace Conference, 23 June 1919," in Hurewitz, *The Middle East and North Africa in World Politics*, 2:174-176.

(10) この戦後の平和条約の条件は、Margaret MacMillan, *Peacemakers: The Paris Conference of 1919 and Its Attempt to End War* (London: John Murray, 2001) で分析されている。

(11)「1919年6月28日の国際連盟規約第22条」は、Hurewitz, *Middle East and North Africa in World Politics*,2:179-180.

(12)「1920年8月10日のセーヴル条約の政治的条項」は、Hurewitz, *Middle East and North Africa in World Politics*, 2:219-225.

(13) 1920年8月10日のアナトリアについての英帝国、フランス、イタリアの三国間（セーヴル）協定については、Hurewitz, *Middle East and North Africa in World Politics*, 2:225-228.

(14) 1920年1月28日の「トルコ国民協定」は Hurewitz, *Middle East and North Africa in World Politics*, 2:209-211.

(15) Liman von Sanders, *Five Years in Turkey*, 321-325.

(16) トランスヨルダンのアブドゥッラー国王の *Memoirs of King Abdullah of Transjordan* (New York: Philosophical Library, 1950), 174 より引用。ファフリ・パシャの降伏については、アブドゥッラー国王の回想録（174-180頁）、James Barr, *Setting the Desert on Fire: T. E. Lawrence and Britain's Secret War in Arabia, 1916-1918* (New York: W. W. Norton, 2008), 308-309 を参照されたい。

(17) 忠誠心に疑問のある北アフリカ兵の拘留センターについては、Thomas DeGeorges, "A Bitter Homecoming: Tunisian Veterans of the First and Second World Wars" (PhD diss., Harvard University, 2006), 45 を参照されたい。

(18) A. H. Wilkie, *Official War History of the Wellington Mounted Rifles Regiment* (Auckland: Whitcombe and Tombs, 1924), 235-236; C. Guy Powles, *The New Zealanders in Sinai and Palestine* (Auckland: Whitcombe and Tombs, 1922), 266-267; Roland Perry, *The Australian Light Horse* (Sydney: Hachette Australia, 2010), 492-496.

(19) C. G. Nicol, *Story of Two Campaigns: Official War History of the Auckland Mounted Rifles Regiment, 1914-1919* (Auckland: Wilson and Horton, 1921), 242-244.

(20) H. S. Gullett and Chas. Barrett, eds., *Australia in Palestine* (Sydney: Angus & Robertson, 1919), 78 に再録されたもの。同様の感傷的な詩 "Old Horse o' Mine," in ibid., 149 も参照されたい。

(21)アンザック軍団が最後に出航したのは1919年の真夏だった。最初のニュージーランド軍団の出発は6月30日、残りは7月23日に出発した。

(22)戦後措置については、拙著 *The Arabs: A History* (New York: Basic Books, 2009; London: Allen Lane, 2009)（邦訳『アラブ500年史（上・下）』白須英子訳、白水社、2013年）の第6章でさらに詳しく分析している。Kristian Coates Ulrichsen, *The First World War in the Middle East* (London: Hurst and Company, 2014), 173-201も参照されたい。

(23)講和会議へのエジプト代表団については、*White Book: Collection of Official Correspondence from November 11, 1918 to July 14, 1919* (Paris: Privately printed, 1919).

(24)この調査団の報告によれば、パレスチナで受け取った陳情書260通のうち222通、総数の85パーセント以上が、シオニスト・プログラムに反対を表明していた。「これはこの地域でひところの最高の比率である」と調査団は主張している。「1919年8月28日付のシリアとパレスチナについてのキング=クレーン調査団の勧告」については、Hurewitz, *Middle East and North Africa in World Politics*, 2:191-199.

(25)「1918年11月7日の英仏宣言」については、Hurewitz, *Middle East and North Africa in World Politics*, 2:112.

(26)ナジャフの *Al-Istiqlal* 紙、1920年10月6日付、'Abd al-Razzaq al-Hasani, *al-'Iraq fi dawray al-ihtilal wa'l intidab*［イラクの占領と委任統治の2つの時代］(Sidon: al-'Irfan 1935), 117-118に引用されたもの。

(27)この「イスラム国」のツイートは、Roula Khalafの記事 "Colonial Powers did not Set the Middle East Ablaze," *Financial Times*, 29 June 2014に引用されたもの。

参考文献

公文書館資料

ニュージーランド公文書館、アレクサンダー・ターンブル図書館(ウェリントン、ニュージーランド)

Trevor Holmden Papers, MS-Papers 2223
Cecil Manson Papers related to service in Royal Flying Corps 90-410
Francis McFarlane Papers, MS-Papers 2409
James McMillan, "40,000 Horsemen: A Memoir," MS X-5251

オーストラリア戦争記念館[AWM](キャンベラ、オーストラリア)

Diaries of C. E. W. Bean, 次のサイトにアクセス可。www.awm.gov.au/collection/records/awm38

ケンブリッジ大学図書館(ケンブリッジ、英国)

D. C. Phillott papers, MS.Add.6170

アメリカ国立公文書記録管理局[NARA](カレッジ・パーク、メリーランド州)

Record Group 84, U.S. Consular Archives
バグダード：
　Boxes 016-019 (1913-1914)
　Volumes 0016-0030 (1915-1918)
バスラ：
　Boxes 002-005 (1913-1918)
　Volume 0003 (1910-1918)
ベイルート：
　Volumes 0008-0010 (1910-1924), 0018 (1916-1917), 0180-0181 (1914), 0184, 0185 (1915), 0191 (1916), 0458 (1917-1919)
ダーダネルス：
　Volume 0005 (1914)
イスタンブル：
　Volumes 0277-0285 (1914)
　Volumes 0292-0295 (1915)
　Volumes 0307-0309 (1916)
　Volumes 0315-0317 (1917)
ウルファ：
　Volume 0004 (1915)
トラブゾン：
　Volume 0030 (1913-1918)

帝国戦争博物館[IWM](ロンドン、英国)

Private Papers Collection
Anonymous Account of the Anzac landing at Gallipoli, April 1915 (Doc.8684)
Anonymous Account of the Evacuation of Gallipoli, Jan 1915 (Doc.17036)
Major Sir Alexander Anderton (Doc.9724)
Ataturk's Memoirs of the Anafartalar Battles (K 03/1686)
Lt Col L. S. Bell Syer (Doc.7469)
W. R. Bird (Doc.828)
B. Bradshaw (Doc.14940)
Captured Turkish Documents, First World War (Doc.12809)
Commander H. V. Coates, RN (Doc.10871)
Staff Sergeant Henry Corbridge (Doc.16453)
Lt G. L. Drewry VC (Doc.10946)
Robert Eardley (Doc.20218)
M. O. F. England (Doc.13759)
Lt Col H. V. Gell (Doc.10048)
Maj. R. Haworth (Doc.16475)
Major G. L. Heawood (Doc.7666)
Capt R. L. Lecky (Doc.21099)
W. D. Lee (Doc.1297)
Letter from a Turkish Officer, 1915 (Doc.13066)
D. Moriarty (Doc.11752)
Capt A. T. L. Richardson (Doc.7381)
Col. R. B. S. Sewell (Doc.14742)
Major D. A. Simmons (Doc.21098)
J. McK. Sloss (Doc.13102)
Rev. H. Spooner (Doc.7308)
Major J. G. Stilwell (Doc.15567)
J. Taberner (Doc.16631)
Two Letters from Alexandria (Australian Soldier) (Doc.10360)
Major T. R. Wells (Doc.7667)

中東センター公文書館[MECA](セント・アントニー・カレッジ、オクスフォード、英国)

J. D. Crowdy Collection
Sir Wyndham Deedes Collection
Harold Dickson Collection
Sir Harold Frederick Downie Collection
Cecil Edmunds Collection
Sir Rupert Hay Collection
Sir Francis Shepherd Collection
A. L. F. Smith Collection
A. L. Tibawi Collection
Sir Ronald Wingate Collection

未公刊の博士論文

Akin, Yigit, "The Ottoman Home Front during World War I: Everyday Politics, Society, and Culture," PhD diss. (Ohio State University, 2011).

Beşikci, Mehmet, "Between Voluntarism and Resistance: The Ottoman Mobilization of Manpower in the First World War," PhD diss. (Bogaziçi University, 2009).

DeGeorges, Thomas, "A Bitter Homecoming: Tunisian Veterans of the First and Second World Wars" PhD diss. (Harvard University, 2006).

Kilson, Robin, "Calling Up the Empire: The British Military Use of non-white labor in France, 1916-1920," PhD diss. (Harvard University, 1990).

Stoddard, Philip H.,"The Ottoman Government and the Arabs, 1911 to 1918: A Preliminary Study of the *Teşkilât-i Mahsusa*," PhD diss. (Princeton University, 1963).

刊行資料

Abbott, G. F., *The Holy War in Tripoli* (London: Edward Arnold, 1912).

Abramson, Glenda, "Haim Nahmias and the labour battalions: a diary of two years in the First World War," *Jewish Culture and History* 14. 1 (2013) 18-32.

'Abd al-Wahab, Akram, *Tarikh al-harb al-'alimiyya al-ula* [History of the First World War] (Cairo: Ibn Sina,2010).

Abun-Nasr, Jamil, *A History of the Maghrib* (Cambridge: Cambridge University Press, 1971).

Abu Tubaykh, Jamil, ed., *Mudhakkirat al-Sayyid Muhsin Abu Tubaykh (1910-1960)* [The Memoirs of al-Sayyid Muhsin Abu Tubaykh] (Amman: al-Mu'assisa al-'Arabiyya, 2001).

Ahmad, Feroz, *From Empire to Republic: Essays on the Late Ottoman Empire and Modern Turkey*, 2 vols (Istanbul: Istanbul Bilgi University Press, 1908).

Ahmad, Feroz, *The Young Turks: The Committee of Union and Progress in Turkish Politics, 1908-1914* (Oxford: Oxford University Press, 1969).

Ahmad, Kamal Madhar, *Kurdistan during the First World War* (London: Saqi Books, 1994).

'Ajluni, Muhammad 'Ali al-, *Dhikrayat 'an al-thawra al-'arabiyya al-kubra* [Memories of the Great Arab Revolt] (Amman: Dar al-Karmil, 2002).

Akcam, Taner *A Shameful Act: The Armenian Genocide and the Question of Turkish Responsibility* (London: Constable, 2007).

Akcam, Taner, *The Young Turks' Crime Against Humanity: The Armenian Genocide and Ethnic Cleansing in the Ottoman Empire* (Princeton, NJ: Princeton University Press, 2012).

Aksakal, Mustafa, "Holy War Made in Germany? Ottoman Origins of the 1914 Jihad," *War in History* 18 (2011): 184-199.

Aksakal, Mustafa, "Not 'by those old books of international law, but only by war': Ottoman Intellectuals on the Eve of the Great War," *Diplomacy and Statecraft* 15. 3 (2004) 507-44.

Aksakal, Mustafa, "The limits of diplomacy: The Ottoman Empire and the First World War," *Foreign Policy Analysis* 7 (2011) 197-203.

Aksakal, Mustafa, *The Ottoman Road to War in 1914: The Ottoman Empire and the First World War* (Cambridge: Cambridge University Press, 2008).

'Ali, Tahsin, *Mudhakkirat Tahsin 'Ali, 1890-1970* [The Memoirs of Tahsin Ali] (Beirut: al-Mu'assasat al-'Arabiyya li'l-dirasat wa'l-nashr, 2004)

Allawi, Ali. A, *Faisal I of Iraq* (New Haven, CT: Yale University Press, 2014).

Allen, W. E. D., and Paul Muratoff, *Caucasian Battlefields: A History of the Wars on the Turco-Caucasian Border, 1828-1921* (Cambridge: Cambridge University Press, 1953).

Anderson, Scott, *Lawrence in Arabia: War, Deceit, Imperial Folly and the Making of the Modern Middle East* (London: Atlantic Books, 2014).（スコット・アンダーソン『ロレンスがいたアラビア（上・下）』山村宜子訳、白水社、2016 年）

Anonymous, *Australia in Palestine* (Sydney: Angus & Robertson, 1919).

Anonymous, *Thawrat al-'Arab* [The Revolution of the Arabs] (Cairo: Matba'a al-Muqattam, 1916).

Anonymous, *The Kia Ora Coo-ee: The Magazine for the Anzacs in the Midle East, 1918* (Sydney: Angus & Robertson, 1981).

Antonius, George, *The Arab Awakening* (London: Hamish Hamilton, 1938).（ジョージ・アントニウス『アラブの目覚め』木村申二訳、第三書房、1989 年）

Arıkan, Ibrahim, *Harp Hatıralarım* [My War Memoirs] (Istanbul: Timaş Yayınları, 2007).

Arnoulet, Francois, "Les Tunisiens et la Première Guerre Mondiale (1914-1918),"[The Tunisians and the First World War] *Revue de l'Occident Musulman et de la Mediterranée* 38 (1984) 47-61.

Arslan, Shakib, *Sira Dhatiyya* [Autobiography] (Beirut: dar al-Tali'a, 1969).

Askari, Jafar al-, *A Soldier's Story: From Ottoman Rule to Independent Iraq* (London: Arabian Publishing, 2003).

Aspinall-Oglander, C. F., *Military Operations: Gallipoli* (London: William Heinemann, 1929).

Association nationale pour le souvenir des Dardanelles et fronts d'orient, *Dardanelles, Orient, Levant, 1915-1921* (Paris: L'Harmattan, 2005).

Atay, Falih Rıfkı, *Le mont des Oliviers: L'empire Ottoman et le Moyen-Orient* [The Mount of Olives: the Ottoman Empire and the Middle East], *1914-1918* (Paris: Turquoise, 2009).

Atiyyah, Ghassan R., *Iraq, 1908-1921: A Political Study* (Beirut: Arab Institute for Research and Publishing, 1973).

Avcı, Halil Ersin, ed., *Çanakkale Şahitleri* [Martyrs of the dardanelles] (Istanbul: Paraf Yayınları, 2011).

'Azawi, 'Abbas, *Tarikh al-'Iraq bayn ihtilalayn* [The history of Iraq between two occupations], vol. 8, 1872-1917, (Baghdad: Shirkat al-tijara wa'l-tiba'a, 1956).

Balakian, Grigoris, *Armenian Golgotha: A Memoir of the Armenian Genocide, 1915-1918* (New York: Vintage, 2010).

Balakian, Peter, *Black Dog of Fate: A Memoir* (New York: Broadway, 1997).

Balakian, Peter, *The Burning Tigris: The Armenian Genocide and America's Response* (New York: HarperCollins, 2003).

Barr, James, *Setting the Desert on Fire: T. E. Lawrence and Britain's Secret War in Arabia, 1916-1918* (New York: W. W. Norton, 2008).

Behesnilian, Krikor, *Armenian Bondage and Carnage: Being the Story of Christian Martyrdom in Modern Times* (London: Gowans Bros, 1903).

Bekraoui, Mohamed, *Les Marocains dans la Grande Guerre 1914-1919* [The Moroccans in the Great War] (Casablanca: Commission Marocaine d'Histoire Militaire, 2009).

Berkes, Niyazi, *The Development of Secularism in Turkey* (New York: Routledge, 1998).

Bernard, Augustin, *L'Afrique du nord pendant la guerre* [North Africa during the war] (Paris: les presses universitaires de France, 1926.

Bidwell, Robin, "The Brémond Mission in the Hijaz, 1916-17: A Study in Inter-allied Co-operation," in Robin Bidwell and Rex Smith, eds., *Arabian and Islamic Studies* (London: Longman, 1983) 182-195.

Bidwell, Robin, "The Turkish Attack on Aden 1915-1918," *Arabian Studies* 6 (1982) 171-194.

Blaser, Bernard, *Kilts Across the Jordan* (London: Witherby, 1926).

Bliss, Edwin M., *Turkey and the Armenian Atrocities* (London: T. Fisher Unwin, 1896).

Bloxham, donald, *The Great Game of Genocide: Imperialism, Nationalism, and the Destruction of the Ottoman Armenians* (Oxford: Oxford University Press, 2005).

Braddon, Russell, *The Siege* (New York: Viking, 1969).

Brémond, Edourard, *Le Hedjaz dans la Guerre Mondiale* [The Hijaz in the World War] (Paris: Payot, 1931).

Brown, Judith, *Modern India: The Origins of an Asian Democracy*, 2nd ed. (Oxford: Oxford University Press, 1994).

Bruce, Anthony, *The Last Crusade: The Palestine Campaign in the First World War* (London: John Murray, 2002).

Buchan, John, *Greenmantle* (London: Hodder and Stoughton, 1916).

Bury, G. Wyman, *Arabia Infelix, or the Turks in Yamen* (London: Macmillan, 1915).

Bury, G. Wyman, *Pan-Islam* (London: Macmillan, 1919).

Busch, Briton Cooper, *Britain, India and the Arabs, 1914-1921* (Berkeley: University of California Press, 1971).

Çakmak, Fevzi, *Büyük Harp'te Şark Cephesi Harekâtı* [Operations on the Eastern Front of the Great War] (Istanbul: Türkiye Iş Bankası Kültür Yayınları, 2011).

Campbell Begg, R., *Surgery on Trestles* (Norwich: Jarrold & Sons, 1967).

Çanakkale Hatıraları [Dardanelles Memoirs], 3 vols, (Istanbul: Arma Yayınları, 2001-2003).

Candler, Edmund, *The Long Road to Baghdad*, 2 vols, London: Cassell, 1919).

Capitaine de Corvette X and Claude Farrère, "Journal de bord de l'expédition des dardanelles (1915)," [Ship's log of the Dardanelles expedition] *Les oeuvres libres* 17 (1922): 218-229.

Carver, Field Marshal Lord, *The National Army Museum Book of the Turkish Frong, 1914-18* (London: Pan, 2003).

Cetin, Fethiye, *My Grandmother: A Memoir* (London: Verso, 2008).

Chamberlin, Jan, *Shrapnel & Semaphore: A Signaller's Diary from Gallipoli* (Auckland: New Holland, 2008).

Charles-Roux, Francois, *L'expédition des Dardanelles au jour le jour* [Day by day in the Dardanelles expedition] (Paris: Armand Colin, 1920).

Çiçek, M. Talha, *War and State Formation in Syria: Cemal Pasha's Governorate During World War I, 1914-17* (London: Routledge, 2014).

Chehabi, H. E., "An Iranian in First World War Beirut: Qasem Ghani's Reminiscences," in H. E. Chehabi, ed., *Distant Relations: Iran and Lebanon in the last 500 years* (London: I. B. Tauris, 2006) 120-32.

Clunie, Kevin and Ron Austin, eds., *From Gallipoli to Palestine: The War Writings of Sergeant GT Clunie of the Wellington Mounted Rifles, 1914-1919* (McCrae, Australia: Slouch Hat Publications, 2009).

Çöl, Emin, Çanakkale–Sina Savaşları: *Bir Erin Anıları* [The Wars in the Dardanelles and Sinai: One man's memoirs] (Istanbul: Nöbetçi Yayınevi, 2009).

Commandement de la IV Armée, *La verite sur la question syrienne* [The truth on the Syrian question] (Istanbul: Tanine, 1916).

Çulcu, Murat, *Ikdam Gazetesi'nde Çanakkale Cephesi* [The Dardanelles Front in the *Ikdam New*spaper], 2 vols, (Istanbul: Denizler Kitabevi, 2004).

Dadrian, Vahakn N., and Taner Akcam, *Judgment at Istanbul: The Armenian Genocide Trials* (New York: Berghahn Books, 2011).

Darwaza, Muhammad 'Izzat, *Nash'at al-Haraka al-'Arabiyya al-Haditha* [The Formation of the Modern Arab Movement] (Sidon and Beirut: Manshurat al-Maktaba al-'Asriyya, 2nd Edition 1971).

Das, Santanu, ed., *Race, Empire and First World War Writing* (Cambridge: Cambridge University Press, 2011).

Davison, Roderic H., "The Armenian Crisis, 1912-1914," *American Historical Review* 53 (April 1948): 481-505.

Dawn, C. Ernest, *From Ottomanism to Arabism: Essays on the Origins of Arab Nationalism* (Urbana: University of Illinois Press, 1973).

Dennis, Peter, et al., eds., *The Oxford Companion to Australian Military History* (Melbourne: Oxford University Press, 1995).

de Nogales, Rafael, *Four Years Beneath the Crescent* (New York: Charles Scribner's Sons, 1926).

Der-Garabedian, Hagop, *Jail to Jail: Autobiography of a Survivor of the 1915 Armenian Genocide* (New York: Universe, 2004).

Derogy, Jacques, *Opération némésis: Les vengeurs armeniens* [Operation Nemesis: The Armenian Avengers] (Paris: Fayard, 1986).

Djemal Pasha, *Memories of a Turkish Statesman – 1913-1919* (London: Hutchinson & Co, n.d.).

Douin, Georges, *L'attaque du canal de Suez (3 Février 1915)* [The attack on the Suez Canal] (Paris: Librairie Delagrave, 1922).

Ege, Abidin, *Harp Günlükleri* [War diaries] (Istanbul: Türkiye Iş Bankası Kültür Yayınları, 2010).

Egyptian delegation to the Peace Conference, *White Book: Collection of Official Correspondence from November 11, 1918 to July 14, 1919* (Paris: Privately printed, 1919).

Elgood, P. G., *Egypt and the Army* (Oxford: Oxford University Press, 1924).

Elliot, B. A., *Blériot: Herald of an Age* (Stroud, UK: Tempus, 2000).

Emin, Ahmed, *Turkey in the World War* (New Haven, CT: Yale University Press, 1930).

Enver Paşa, *Kendi Mektuplarinda Enver Paşa* [Enver Pasha in His Own Letters], M. Sükrü Hanioğlu, ed. (Istanbul: Der Yayinlari, 1989).

Erden, Ali Fuad, *Paris'ten Tih Sahrasına* [From Paris to the Desert of Tih] (Ankara: Ulus Basımevi, 1949).

Erickson, Edward J., *Gallipoli and the Middle East, 1914-1918: From the Dardanelles to Mesopotamia* (London: Amber Books, 2008).

Erickson, Edward J., *Gallipoli: The Ottoman Campaign* (Barnsley, UK: Pen & Sword Military, 2010.

Erickson, Edward J., *Ordered to Die: A History of the Ottoman Army in the First World War* (Westport, CT: Greenwood Press, 2001).

Essayan, Zabel, *Dans les ruines: Les massacres d'Adana, avril 1909* [In the Ruins: The Adana Massacres, April 1909] (Paris: Libella, 2011).

Eti, Ali Rıza, *Bir onbaşının doğu cephesi günlüğü* [Diary of a corporal on the Eastern Front], 1914-1915 (Istanbul: Türkiye Iş Bankası Kültür Yayınları, 2009).

Evans-Pritchard, E. E. *The Sanusi of Cyrenaica* (Oxford: Oxford University Press, 1954).

Falls, Cyril, *Armageddon, 1918: The Final Palestinian Campaign of World War I* (Philadelphia: University of Pennsylvania, 2003).

Falls, Cyril and A. F. Becke, *Military Operations, Egypt and Palestine from June 1917 to the End of the War* (London: H.M.S.O., 1930).

Fasih, Mehmed, *Gallipoli 1915: Bloody Ridge (Lone Pine) Diary of Lt. Mehmed Fasih* (Istanbul: Denizler Kitabevi, 2001).

Faydi, Basil Sulayman, ed., *Mudhakkirat Sulayman Faydi* [Memoirs of Sulayman Faydi] (London: dar al-Saqi, 1998).

Fenwick, Percival, *Gallipoli Diary* (Auckland: David Ling, n.d.).

Findlay, J. M., *With the 8th Scottish Rifles, 1914-1919* (London: Blockie, 1926).

Ford, Roger, *Eden to Armageddon: World War I in the Middle East* (New York: Pegasus Books, 2010).

Francis, Richard M., "The British Withdrawal from the Bagdad Railway Project in April 1903," *The Historical Journal* 16. 1 (1973) 168-78.

Fromkin, David, *A Peace to End All Peace: Creating the modern Middle East, 1914-1922* (London: Andre Deutsch, 1989).（デイヴィッド・フロムキン『平和を破滅させた和平——中東問題の始まり（上・下）』平野勇夫、椋田直子ほか訳、紀伊國屋書店、2004 年）

Georgeon, Francois, *Abdulhamid II: le sultan calife* (Paris : Fayard, 2003).

Ghusein, Fâ'iz El-, *Martyred Armenia* (London: C. Arthur Pearson, 1917).

Gingeras, Ryan, *Sorrowful Shores: Violence, Ethnicity, and the End of the Ottoman Empire* (Oxford: Oxford University Press, 2009).

Goussous, 'Odeh al-, *Mudhakkirat 'Awda Salman al-Qusus al-Halasa* [Memoirs of 'Odeh al-Goussous al-Halasa], *1877-1943* (Amman: n.p., 2006).

Graves, Philip, *The Life of Sir Percy Cox* (London: Hutchinson, 1941).

Grey, Jeffrey, *A Military History of Australia*, 3rd ed. (Cambridge: Cambridge University Press, 2008).

Guepratte, P. E., *L'expédition des Dardanelles, 1914-1915* [The Dardanelles expedition] (Paris: 1935).

Gullett, H. S., and Chas. Barrett, eds., *Australia in Palestine* (Sydney: Angus & Robertson, 1919).

Günay, Selahattin, *Bizi kimlere bırakıp gidiyoursun türk? Suriye ve Filistin anıları* [To whom are you going to leave us, Turk? Memoirs of Syria and Palestine] (Istanbul: Türkiye Iş Bankası Kültür Yayınları, 2006).

Hadj, Messali, *Les mémoires de Messali Hadj, 1898-1938* [The memoirs of Messali Hadj] (Paris: J. C. Lattès, 1982).

Hamilton, Ian, *Gallipoli Diary*, 2 vols (New York: George H. Doran, 1920).

Hamilton, Jill, *From Gallipoli to Gaza: The Desert Poets of World War One* (Sydney: Simon & Schuster Australia, 2003).

Hammond, J. M., *Battle in Iraq: Letters and diaries of the First World War* (London: The Radcliffe Press, 2009).

Hanioğlu, M. Sükrü, ed., *Kendi Mektuplarinda Enver Paşa* [Enver Pasha in His Own Letters] (Istanbul: Der Yayinlari, 1989).

Hanioğlu, M. Sükrü, *Preparation for a Revolution: The Young Turks, 1902-1908* (New York: Oxford University Press, 2001).

Harper, Glyn, ed., *Letters from Gallipoli: New Zealand Soldiers Write Home* (Auckland: Auckland University Press, 2011).

Hassani, Abd al-Razzaq al-, *al-'Iraq fi dawray al-ihtilal wa'l intidab* [Iraq in the Two Eras of the Occupation and the Mandate] (Sidon: al-'Irfan 1935).

Haynes, Jim, ed., *Cobbers: Stories of Gallipoli 1915* (Sydney: ABC Books, 2005).

Heine, Peter, "Salih Ash-Sharif at-Tunisi, a north African nationalist in Berlin during the First World War," *Revue de l'Occident musulman et de la Mediterranée* 33 (1982): 89-95.

Herbert, A. P., *The Secret Battle* (London: Methuen, 1919).

Herbert, Aubrey, *Mons, Anzac and Kut* (London: Hutchinson, 1919, rpt. 1930).

Hogarth, D. G., "The Refugees from Es-Salt," *Arab Bulletin* (21 April 1918).

Holland, Robert, "The British Empire and the Great War, 1914-1918," in Judith Brown and Roger Louis, eds., *The Oxford History of the British Empire*, vol. 4: *The Twentieth Century* (Oxford: Oxford University Press, 1999).

Hopkirk, Peter, *On Secret Service East of Constantinople: The Plot to Bring Down the British Empire* (London: John Murray, 2006).

Hovannisian, Richard G., ed., *Armenian Van/Vaspurakan*, (Costa Mesa, CA: Mazda, 2000).

Hovannisian, Richard G., ed., *The Armenian Genocide: History, politics, ethics* (Houndmills: Macmillan, 1992).

Hurewitz, J. C., ed., *The Middle East and North Africa in World Politics*, 2 vols (New Haven and London: Yale University Press, 1975, 1978).

Hynes, James Patrick, *Lawrence of Arabia' Secret Air Force* (Barnsley UK: Pen & Sword, 2010).

Ihsanoglu, Ekmeleddin, *The Turks in Egypt and their Cultural Legacy* (Cairo: American University in Cairo Press, 2012).

Ilden, Köprülülü Şerif, *Sarıkamış* (Istanbul: Türkiye Iş Bankası Kültür Yayınları, 1999).

Inchbald, Geoffrey, *With the Imperial Camel Corps in the Great War* (Milton Keynes, UK: Leonaur, 2005).

Istekli, Bahtiyar, ed., *Bir teğmenin doğu cephesi günlüğü* [Diary of a lieutenant on the Eastern Front] (Istanbul: Türkiye Iş Bankası Kültür Yayınları, 2009).

Jacob, Harold F., *Kings of Arabia: The Rise and Set of the Turkish Sovranty in the Arabian Peninsula* (London: Mills & Boon, 1923).

Jacobson, Abigail, *From Empire to Empire: Jerusalem Between Ottoman and British Rule* (Syracuse: Syracuse University Press, 2011).

Jamil, Husayn, *al-'Iraq: Shihada siyasiyya, 1908-1930* [Iraq: a political testament, 1908-1930], (London: Dar al-Lam, 1987).

Jawdat, 'Ali, *Dhikrayat 1900-1958* [Memoirs] (Beirut: al-Wafa', 1967).

Jones, E. H., *The Road to En-Dor* (London: John Lane The Bodley Head, 1921).

Jones, Ian, *The Australian Light Horse* (Sydney: Time-life Books [Australia], 1987).

Kaligian, Dikran Mesrob, *Armenian Organization and Ideology under Ottoman Rule, 1908-1914* (New Brunswick and London: Transaction Publishers, 2011).

Kannengiesser, Hans, *The Campaign in Gallipoli* (London: Hutchinson & Co., n.d.).

Karakışla, Yavuz Selim, *Women, war and work in the Ottoman Empire: Society for the Employment of Ottoman Muslim Women, 1916-1923* (Istanbul: Ottoman Bank Archive and Research Centre, 2005).

Keogh, E. G., *The River in the Desert* (Melbourne: Wilke & Co., 1955).

Khoury, Dina Rizk, "Ambiguities of the Modern: The Great War in the Memoirs and Poetry of the Iraqis," in Heike Liebau, Katrin Bromber, Katharina Lange, Dyala Hamzah and Ravi Ahuja, eds., *The World in World Wars: Experiences, Perceptions and Perspectives from Africa and Asia* (Leiden and Boston: Brill, 2010) 313-40.

Khuwayri, Q. B., *al-Rihla al-suriyya fi'l-harb al-'umumiyya 1916* [The Syrian Journey during the General War, 1916] (Cairo: al-Matba'a al-Yusufiyya, 1921).

King Abdullah of Transjordan, *Memoirs of King Abdullah of Transjordan* (New York: Philosophical Library, 1950).

King, Jonathan, *Gallipoli Diaries: The Anzac's own story day by day* (Sydney: Simon & Schuster, 2003).

Kinloch, Terry, *Devils on Horses: In the Words of the Anzacs in the Middle East, 1916-19* (Auckland: Exisle Publishing, 2007).

Kirkbride, Alec, *An Awakening: The Arab Campaign, 1917-18* (Tavistock: University Press of Arabia, 1971).

Kitchen, James E., *The British Imperial Army in the Middle East: Morale and Military Identity in the Sinai and Palestine Campaigns, 1916-18* (London: Bloomsbury, 2014).

Köroğlu, Erol, *Ottoman Propaganda and Turkish Identity: Literature in Turkey during World War I* (London: I. B. Tauris, 2007).

Kundar, Ravinder, "The Records of the Government of India on the Berlin-Baghdad Railway Question," *The Historical Journal* 5. 1 (1962) 70-79.

Larcher, M., *La guerre turque dans la guerre mondiale* [The Turkish War in the World War] (Paris: Etienne Chiron et Berger-levrault, 1926).

Laurens, Henry, "Jaussen et les services de renseignement français (1915-1919)," in Géraldine Chatelard and Mohammed Tarawneh, eds, *Antonin Jaussen: Sciences sociales occidentales et patrimoine arabe* [Western social science and Arab patrimony] (Amman: CERMOC, 1999) 23-35.

Lawrence, T. E., *Oriental Assembly* (London: Williams and norgate, 1939).
Lawrence, T. E., *Seven Pillars of Wisdom: A Triumph* (New York: Doubleday, Doran & Co., 1936).（ジェレミー・ウィルソン編『完全版　知恵の七柱』全 5 巻、田隅恒生訳、平凡社、2008-09 年）
Lawrence, T. E., "Tribal Politics in Feisal's Area," *Arab Bulletin Supplementary Papers* 5 (24 June 1918) 1-5.
Leclerc, Christophe, *Avec T. E. Lawrence en Arabie: La mission militaire francaise au Hedjaz, 1916-1920* [with T. E. Lawrence in Arabia: the French military mission to the Hijaz] (Paris: l'Harmattan, 1998).
Lehuraux, Leon, *Chants et chansons de l'Armée d'Afrique* [Songs of the Army of Africa] (Algiers: P. & G. Soubiron, 1933).
Leymonnerie, Jean, *Journal d'un poilu sur le front d'orient* [Diary of a French soldier on the Eastern front] (Paris: Pygmalion, 2003).
Liman von Sanders, Otto, *Five Years in Turkey* (Annapolis, Md: US naval Institute, 1927).
Long, P. W., *Other Ranks of Kut* (London: Williams and Norgate, 1938).
Ludke, Tilman, *Jihad Made in Germany: Ottoman and German Propaganda and Intelligence Operations in the First World War* (Munster: Lit Verlag, 2005).
Lynch, H. F. B., *Armenia : Travels and Studies, vol. 2: The Turkish Provinces* (London: Longmans, Green and Co, 1901).
Lyster, Ian, ed., *Among the Ottomans: Diaries from Turkey in World War I* (London: I. B.Tauris, 2010).
MacMillan, Margaret, *Peacemakers: The Paris Conference of 1919 and Its Attempt to End War* (London: John Murray, 2001).
MacMillan, Margaret, *The War that Ended Peace: How Europe Abandoned Peace for the First World War* (London: Profile, 2013).（マーガレット・マクミラン『平和に終止符を打った戦争』滝田賢治監修、真壁広道訳、えにし書房、2016 年）
Maghraoui, Driss, "The 'Grande Guerre Sainte': Moroccan Colonial Troops and Workers in the First World War," *The Journal of North African Studies* 9. 1 (Spring 2004) 1-21.
Mahari, Gurgen, *Burning Orchards* (n.p.: Apollo Press, 2007).
Mango, Andrew, *Atatürk* (London: John Murray, 1999).
Massey, W. T., *Allenby's Final Triumph* (London: Constable, 1920).
Massey, W. T., *The Desert Campaigns* (London: Constable, 1918).
Mazza, Roberto, ed., *Jerusalem in World War I: The Palestine Diary of Consul Conde de Ballobar* (London: I. B. Tauris, 2011).
McCarthy, Justin, *Muslims and Minorities: The Population of Ottoman Anatolia and the End of the Empire* (New York: New York University Press, 1983).
McCarthy, Justin, Esat Arslan, Cemalettin Taşkıran and Ömer Turan, *The Armenian Rebellion at Van* (Salt Lake City: University of Utah Press, 2006).
Mcdougall, James, *History and the Culture of Nationalism in Algeria* (Cambridge: Cambridge University Press, 2006).
McMeekin, Sean, *The Berlin-Baghdad Express: The Ottoman Empire and Germany's Bid for World Power, 1898-1918* (London: Allen Lane, 2010).
McMeekin, Sean, *The Russian Origins of the First World War* (Cambridge, MA: Harvard University Press, 2011).
McMunn, George and Cyril Falls, *Military Operations: Egypt and Palestine from the Outbreak of War with Germany to June 1917* (London: H.M.S.O., 1928).
McQuaid, Kim, *The Real and Assumed Personalities of Famous Men: Rafael de Nogales, T. E. Lawrence, and the Birth of the Modern Era, 1914-1937* (London: Gomidas Institute, 2010).
Melia, Jean, *L'Algérie et la guerre (1914-1918)* [Algeria and the war] (Paris: Plon, 1918).

Mennerat, *Tunisiens héroïques au service de la France* [Heroic Tunisians in the service of France] (Paris: Berger-Levrault, 1939).
Menteşe, Halil, *Osmanli Mebusan Meclisi Reisi Halil Menteşe'nin Anilari* [Memoirs of the Speaker of the Ottoman Parliament Halil Menteşe] (Istanbul: Amac Basimevi, 1996).
Mentiplay, Cedric, *A Fighting Quality: New Zealanders at War* (Wellington: A. H. & A. W. Reed, 1979).
Meynier, Gilbert, *L'Algérie révélée: La guerre de 1914-1918 et le premier quart du XXe siècle* [Algeria revealed: the war of 1914-1918 and the first quarter of the 20th century] (Geneva: Droz, 1981).
Miquel, Pierre, *Les poilus d'Orient* [French Soldiers of the East] (Paris: Artheme Fayard, 1998).
Mission Scientifique du Maroc, *Les Musulmans Francais et la Guerre* [French Muslims and the War], special issue of *Revue du Monde Musulman* 29 (December 1914).
Moberly, F. J., *The Campaign in Mesopotamia, 1914-1918*, 4 vols. (London: H.M.S.O., 1923-1927).
Moore, A. Briscoe, *The Mounted Riflemen in Sinai and Palestine* (Auckland: Whitcombe and Tombs, n.d. [1920]).
Morgenthau, Henry, *Ambassador Morgenthau's Story* (Ann Arbor MI: Gomidas Institute, 2000) rpt. 1918 edition.
Mortlock, Michael J., *The Egyptian Expeditionary Force in World War I* (Jefferson NC: McFarland, 2011).
Mouseley, E. O., *The Secrets of a Kuttite* (London: John Lane The Bodley Head, 1921).
Musa, Sulayman, *al-Thawra al-'arabiyya al-kubra, watha'iq wa asanid* [The Great Arab Revolt: documents and papers] (Amman: da'irat al-thaqafa wa'l-funun, 1966).
Mushtaq, Talib, *Awraq ayyami, 1900-1958* [The pages of my life, 1900-1958] (Beirut: Dar al-Tali'a, 1968).
Nevinson, Henry W., *The Dardanelles Campaign* (London: Nisbet & Co., 1918).
Nicol, C. G., *Story of Two Campaigns: Official War History of the Auckland Mounted Rifles Regiment, 1914-1919* (Auckland: Wilson and Horton, 1921).
Öklem, Necdet, *1. Cihan Savaşı ve Sarıkamış* [The First World War and Sarikamiş] (Izmir: Bilgehan Basımevi, 1985).
Omissi, David, ed., *Indian Voices of the Great War: Soldiers' Letters, 1914-18* (Houndmills: Palgrave Macmillan, 1999).
Oral, Haluk, *Gallipoli 1915 Through Turkish Eyes* (Istanbul: Bahcesehir University Press, 2012).
Oran, Baskın, *MK: Récit d'un déporté arménien 1915* [M. K.: Narrative of an Armenian Deportee, 1915] (Paris: Turquoise, 2008).
Orga, Irfan, *Portrait of a Turkish Family* (1950; rpt. London: Eland, 1988).
Özdemir, Bülent, *Assyrian Identity and the Great War: Nestorian, Chaldean and Syrian Christians in the 20th Century* (Dunbeath, UK: Whittles Publishing, 2012).
Özdemir, Hikmet, *The Ottoman Army, 1914-1918: Disease and Death on the Battlefield* (Salt Lake City: University of Utah Press, 2008).
Özgen, Mehmet Sinan, *Bolvadinli Mehmet Sinan Bey'in harp hatiralari* [Bolvadinli Mehmet Sinan Bey's War Memoirs], (Istanbul: Türkiye Iş Bankası Kültür Yayınları, 2011).
Pamuk, Şevket, "The Ottoman Economy in World War I," in Stephen Broadberry and Mark Harrison, eds., *The Economics of World War I* (Cambridge: Cambridge University Press, 2005).
Parker, Gilbert, *Soldiers and Gentlemen* (Privately printed, 1981).
Pati, Budheswar, *India and the First World War* (New Delhi: Atlantic Publishers, 1996).
Patterson, J. H., *With the Judaeans in the Palestine Campaign* (London: Hutchinson, 1922).
Perreau-Pradier, Pierre and Maurice Besson, *L'Afrique du Nord et la Guerre* [North Africa and the War] (Paris: Félix Alcan, 1918).
Perry, Roland, *The Australian Light Horse* (Sydney: Hachette Australia, 2009).

Philips, Jock, Nicholas Boyack and E. P. Malone, eds., *The Great Adventure: New Zealand Soldiers Describe the First World War* (Wellington NZ: Allen & Unwin, 1988).

Philips Price, M., *War and Revolution in Asiatic Russia* (London: George Allen & Unwin, 1918).

Powles, C. Guy, *The New Zealanders in Sinai and Palestine* (Auckland: Whitcombe and Tombs, 1922).

Price, M. Philips, *War and Revolution in Asiatic Russia* (London: George Allen & Unwin Ltd., 1918).

Pugsley, Christopher, *Gallipoli: The New Zealand Story* (Auckland: Sceptre, 1990).

Pugsley, Christopher, *The ANZAC Experience: New Zealand, Australia and Empire in the First World War* (Auckland: Reed, 2004).

Qadri, Ahmad, *Mudhakkirati 'an al-thawra al-'arabiyya al-kubra* [My memoirs of the Great Arab Revolt] (Damascus: Ibn Zaydun, 1956).

Qattan, Najwa al-, "Safarbarlik: Ottoman Syria and the Great War," in Thomas Philipp and Christoph Schumann, eds., *From the Syrian Land to the States of Syria and Lebanon* (Beirut: Orient-Institut, 2004), 163-174.

Reid, Frank, *The Fighting Cameliers* (1934; rpt. Milton Keynes, UK: Leonaur, 2005).

Rémond, Georges, *Aux campes turco-arabes: notes de route et de guerre en Tripolitaine et en Cyréanaique* [in the Turco-Arab camps: notes on the course of war in Tripolitania and in Cyrenaica] (Paris: Hachette, 1913).

Reynolds, Michael A., *Shattering Empires: The Clash and Collapse of the Ottoman and Russian Empires, 1908-1918* (Cambridge: Cambridge University Press, 2011).

Rida, Ahmad, *Hawadith Jabal 'Amil, 1914-1922* [Events of Jabal 'Amil] (Beirut: Dar Annahar, 2009).

Rogan, Eugene, *Frontiers of the State in the Late Ottoman Empire: Transjordan, 1851-1920* (Cambridge: Cambridge University Press, 1999).

Rogan, Eugene, *The Arabs: A History* (New York: Basic Books, 2009; London: Allen Lane, 2009).（ユージン・ローガン『アラブ500年史（上・下）』白須英子訳、白水社、2013年）

Ruiz, Mario M, "Manly Spectacles and Imperial Soldiers in Wartime Egypt, 1914-1919,"*Middle Eastern Studies* 45. 3 (2009) 351-71.

Rumbold, Algernon, *Watershed in India, 1914-1922* (London: Athlone Press, 1979).

Rush, Alan, ed., *Records of Iraq, 1914-1966, vol. 1: 1914-1918* (Cambridge: Archive Editions, 2001).

Sâbis, Ali Ihsan, *Birinci Dünya Harbi: Harp Hatırlaraım* [The First World War: My War Memoirs], 4 vols. (Istanbul: nehir Yayınları, 1991).

Sakakini, Khalil al-, *Yawmiyyat Khalil al-Sakakini* [Diary of Khalil al-Sakakini], *vol. 2, 1914-1918* (Jerusalem: Institute of Jerusalem Studies, 2004).

Salim, Latifa Muhammad, *Masr fi'l-harb al-'alimiyya al-ula* [Egypt in the First World War] (Cairo: Dar al-Shorouk, 2009).

Sandes, E.W.C., *In Kut and Captivity with the Sixth Indian Division* (London: John Murray, 1919).

Satia, Priya, *Spies in Arabia : The Great War and the Cultural Foundations of Britain's Covert Empire in the Middle East* (Oxford : Oxford University Press, 2008).

Schilcher, Linda Schatkowski, "The Famine of 1915-1918 in Greater Syria," in John Spagnolo, ed., *Problems of the Modern Middle East in Historical Perspective* (Reading, UK: Ithaca Press, 1992) 229-258.

Schneer, Jonathan, *The Balfour Declaration: The Origins of the Arab Israeli Conflict* (New York: Random House, 2010).

Scott, Keith Douglas, *Before ANZAC, Beyond Armistice: The Central Otago Soldiers of World War One and the Home they Left Behind* (Auckland: Activity Press, 2009).

Segev, Tom, *One Palestine, Complete: Jews and Arabs under the British Mandate* (London: Abacus Books, 2001).

Seward, Desmond, *Wings over the Desert: In Action with an RFC Pilot in Palestine, 1916-1918* (Sparkford, UK: Haynes Publishing, 2009).

Shadbolt, Maurice, *Voices of Gallipoli* (Auckland: Hodder and Stoughton, 1988).

Shafiq, Ahmad, *Hawliyat Masr al-siyasiyya* [The Political Annals of Egypt] (Cairo: Matba'a Shafiq Pasha, 1926).

Shaw, Stanford J., and Ezel Kural Shaw, *History of the Ottoman Empire and Modern Turkey, vol. 2: Reform, Revolution and Republic* (Cambridge: Cambridge University Press, 1977).

Sheffy, Yigal and Shaul Shai, eds., *The First World War: Middle Eastern Perspective* (Tel Aviv: Proceedings of the Israeli-Turkish International Colloquy, 2000).

Smith, Michael, *Fiery Ted, Anzac Commander* (Christchurch NZ: Privately printed, 2008).

Soualah, Mohammed, "Nos troupes d'Afrique et l'Allemagne," [Our African troops and Germany] *Revue africaine* 60 (1919) 494-520.

Spackman, W. C., *Captured at Kut: Prisoner of the Turks* (Barnsley, UK: Pen & Sword, 2008).

Stavrianos, L. S., *The Balkans since 1453* (London: Hurst, 2000).

Stevenson, David, *1914-1918: The History of the First World War* (London: Penguin, 2005).

Storrs, Ronald, *Orientations* (London: Readers Union, 1939).

Strachan, Hew, ed., *The Oxford Illustrated History of the First World War* (Oxford: Oxford University Press, 2000).

Strachan, Hew, *The First World War*, vol. 1: *To Arms* (Oxford: Oxford University Press, 2001).

Strachan, Hew, *The First World War* (London: Pocket Books, 2006).

Sunata, I. Hakkı, *Gelibollu'dan kafkaslara: Birinci Dunya Savaşı anılarım* [From Gallipoli to the Caucasus: My First World War memoirs] (Istanbul: Türkiye Iş Bankası Kültür Yayınları, n.d.).

Suny, Ronald Grigor, Fatma Muge Gocek and Morman M. naimark, eds., *A Question of Genocide: Armenians and Turks at the End of the Ottoman Empire* (Oxford: Oxford University Press, 2011).

Suwaydi, Tawfiq al-, *My Memoirs: Half a Century of the History of Iraq and the Arab Cause* (Boulder, CO: Lynne Reiner, 2013).

Tamari, Salim, "Shifting Ottoman Conceptions of Palestine, Part 1: *Filastin Risalesi* and the two Jamals," *Jerusalem Quarterly* no. 47 (2011) 28-38.

Tamari, Salim, "With God's Camel in Siberia: The Russian Exile of an Ottoman Officer from Jerusalem," *Jerusalem Quarterly* no. 35 (2008) 31-50.

Tamari, Salim, *Year of the Locust: A Soldier's Diary and the Erasure of Palestine's Ottoman Past* (Berkeley: University of California Press, 2011).

Tamari, Salim and Issam Nassar, eds., *The Storyteller of Jerusalem: The Life and Times of Wasif Jawhariyyeh, 1904-1948* (Northampton MA: Olive Branch Press, 2014).

Tauber, Eliezer, *The Emergence of the Arab Movements* (London: Frank Cass, 1993).

Tergeman, Siham, *Daughter of Damascus* (Austin: Center for Middle Eastern Studies, 1994).

Tetik, Ahmet, Y. Serdar Demirtaş and Sema Demirtaş, eds., *Çanakkale Muharabeleri'nin Esirleri-Ifadeler ve Mektuplar* [Prisoners of War at the Çanakkale Battles-Testimonies and Letters], 2 vols (Ankara: Genelkurmay Basimevi, 2009).

Torau-Bayle, X., *La campagne des Dardanelles* [The dardanelles Campaign] (Paris: E. Chiron, 1920).

Townshend, Charles, *When God Made Hell: The British Invasion of Mesopotamia and the Creation of Iraq, 1914-1921* (London: Faber and Faber, 2010).

Tozer, Henry Fanshawe, *Turkish Armenia and Eastern Asia Minor* (London: Longmans, Green and Co, 1881).

Travers, Tim, *Gallipoli 1915* (Stroud, UK: Tempus, 2004).

Trumpener, Ulrich, *Germany and the Ottoman Empire, 1914-1918* (Princeton: Princeton University Press, 1968).

Ulrichsen, Kristian Coates, *The First World War in the Middle East* (London: Hurst and Company, 2014).

Uyar, Mesut, "Ottoman Arab Officers between Nationalism and Loyalty during the First World War," *War in History* 20.4 (2013) 526-44.

Üzen, Ismet, *1. Dünya Harbinde Sina Cephesi ve Çöl Hatıraları* [Memoirs of the desert and Sinai Front in the First World War] (Istanbul: Selis Kitaplar, 2007).

Uzuner, Buket, *The Long White Cloud—Gallipoli* (Istanbul: Everest, 2002).

Waite, Fred, *The New Zealanders at Gallipoli* (Auckland: Whitcombe and Tombs, 1919).

Wardi, 'Ali al-, *Lamahat ijtima'iyya min tarikh al-'Iraq al-hadith* [Social Aspects of the Modern History of Iraq], vol. 4 (Baghdad: al-Maktaba al-Wataniyya, 1974).

Wavell, Archibald, *Allenby: A study in greatness* (London: George C. Harrap, 1940).

Weizmann, Chaim, *Trial and Error* (New York: Harper and Brothers, 1949).

Westlake, Ray, *British Regiments at Gallipoli* (London: Leo Cooper, 1996).

Wilcox, Ron, *Battles on the Tigris: The Mesopotamian Campaign of the First World War* (Barnsley, UK: Pen & Sword Books, 2006).

Wilkie, A. H. *Official War History of the Wellington Mounted Rifles Regiment* (Auckland: Whitcombe and Tombs, 1924).

Wilson, Arnold T., *Loyalties Mesopotamia, 1914-1917* (London: Oxford University Press, 1936).

Wilson, Jeremy, *Lawrence of Arabia: The Authorised Biography of T. E. Lawrence* (London: Heinemann, 1989).

Wilson, Robert, *Palestine 1917* (Tunbridge Wells: Costello, 1987).

Witts, Frederick, *The Mespot Letters of a Cotswold Soldier* (Chalford, UK: Amberley, 2009).

Woodward, David R., *Hell in the Holy Land: World War I in the Middle East* (Lexington: University of Kentucky, 2006).

Yergin, Daniel, *The Prize* (New York: Free Press, 1992).

Young, Hubert, *The Independent Arab* (London: John Murray, 1933).

Younghusband, George, *Forty Years a Soldier* (London: Herbert Jenkins, 1923).

Zeine, Zeine N., *The Emergence of Arab Nationalism*, 3rd ed. (New York: Caravan Books, 1973).

Zurcher, Erik Jan, "Between Death and Desertion: The Experience of the Ottoman Soldier in World War I," *Turcica* 28 (1996) 235-258.

Zurcher, Erik Jan, *Turkey: A Modern History* (London: I. B. Tauris, 1993).

写真クレジット

1 George Grantham Bain Collection, Prints & Photographs Division, Library of Congress（これ以降、Bain Collection Library of Congress と表示）, LC-DIG-ggbain-50066.
2 World War I in Palestine and Syria, Prints & Photographs Division, Library of Congress, LC-DIG-ppmsca-13709-00009.
3 Bain Collection, Library of Congress, LC-DIG-ggbain-18446.
4 Photo by Roger Violet/Getty Images, 159147188.
5 Middle East Centre Archive, St Antony's College, Oxford, Saunders Collection, Alb 5-4-003.
6 Bain Collection, Library of Congress, LC-DIG-ggbain-20341.
7 Bain Collection, Library of Congress, LC-USZ62-110854.
8 Imperial War Museum, Q 112876.
9 Imperial War Museum, Q 101744.
10 Permission of Peter Balakian, Balakian Family Archive.
11 General Photographic Agency/Hulton Archive/Getty Images, #52782735.
12 Bain Collection, Library of Congress, LC-DIG-ggbain-03954.
13 Bain Collection, Library of Congress, LC-DIG-ggbain-19425.
14 Bain Collection, Library of Congress, LC-DIG-ggbain-20342.
15 Imperial War Museum, Q 13659.
16 Imperial War Museum, Q 13447.
17 Imperial War Museum, Q 13637.
18 Imperial War Museum, Q 34379.
19 Imperial War Museum, HU 94153.
20 Imperial War Museum, Q 79446.
21 Imperial War Museum, Q 59888.
22 World War I in Palestine and Syria, Prints & Photographs Division, Library of Congress, LC-DIG-ppmsca-13709-00069.
23 Imperial War Museum, Q 58838.
24 World War I in Palestine and Syria, Prints & Photographs Division, Library of Congress, LC-DIG-ppmsca-13709-00187.
25 Imperial War Museum, Q 24196.
26 Middle East Centre Archive, St Antony's College, Oxford, Estelle Blyth Collection, PA-1-995-006.
27 Imperial War Museum, Q 105525.
28 G. Eric and Edith Matson Photograph Collection, Prints & Photographs Division, Library of Congress, LC-DIG-matpc-05792 and LC-DIG-matpc-05793.
29 Imperial War Museum, Q 59193.
30 Middle East Centre Archive, St Antony's College, Oxford, Estelle Blyth Collection, PA-1-995-016.
31 Middle East Centre Archive, St Antony's College, Oxford, Jerusalem and East Mission Slide B ox4-022.

32 Middle East Centre Archive, St Antony's College, Oxford, PA-1-603-001.

33 Imperial War Museum, Q 12326.

34 Imperial War Museum, Q 12379.

35 Imperial War Museum, Q 105670.

36 Middle East Centre Archive, St Antony's College, Oxford, Bowman Collection, Album 2-05-2.

37 Imperial War Museum, Q 105615.